全国高等职业院校汽车类专业规划教材

汽车故障诊断与检测技术

柳炽伟　主　编
魏胜君　齐建民　副主编

中国铁道出版社
CHINA RAILWAY PUBLISHING HOUSE

内 容 简 介

全书主要以汽车故障诊断与维修的工作过程为导向，选取了15个汽车各系统典型故障的诊断过程作为学习项目，分属汽车故障诊断基础、电控汽油发动机故障诊断与检测、柴油发动机故障诊断、汽车底盘故障诊断和汽车电器故障诊断五个模块。每个项目按汽车故障诊断的思维与过程需要设置了问诊、汽车故障现象认知与原因分析、汽车故障诊断方案制定、汽车故障诊断方法与技能，关联故障的诊断与案例学习等任务。各任务按学习需要设计了“任务导入”、“知识准备”、“任务实施”等环节。

本书适合作为高等职业院校、成人教育高校、民办高校、本科院校举办的二级职业学院以及技工学校等的汽车类相关专业的学生使用，同时也可作为汽车维修人员和工程技术人员的实用参考资料和培训用书。

图书在版编目（CIP）数据

汽车故障诊断与检修技术 / 柳炽伟主编. —北京：中国铁道出版社，2012.10

全国高等职业院校汽车类专业规划教材

ISBN 978-7-113-14929-1

Ⅰ. ①汽… Ⅱ. ①柳… Ⅲ. ①汽车－故障诊断－高等职业教育－教材②汽车－故障检测－高等职业教育－教材 Ⅳ. ①U472.9

中国版本图书馆CIP数据核字（2012）第207086号

书　　名： 汽车故障诊断与检测技术

作　　者： 柳炽伟　主编

策划编辑： 张永生　　　　　　**读者热线：** 400-668-0820

责任编辑： 张永生　何红艳

封面设计： 付　巍

封面制作： 白　雪

责任印制： 李　佳

出版发行： 中国铁道出版社（100054，北京市西城区右安门西街8号）

网　　址： http://www.51eds.com

印　　刷： 北京鑫正大印刷有限公司

版　　次： 2012年10月第1版　　2012年10月第1次印刷

开　　本： 787mm×1092mm　1/16　**印张：** 21　**字数：** 515千

印　　数： 1～3 000册

书　　号： ISBN 978-7-113-14929-1

定　　价： 39.80元

前言

FOREWORD

我国已成为世界汽车生产和消费大国，2011 年产销汽车超过 1 840 万辆，汽车工业和市场都进入一个新的发展阶段，随之而来的，是汽车后市场相关产业链的迅猛发展，而高素质的汽车运用与服务技术人才短缺现象日益突出。这种人才的需求不仅仅体现在数量上，同时也体现在对人才的新的专业知识和技能提升的要求上。

当前，国家在大力发展职业教育，强调职业教育在培养学生熟悉行业岗位技能的同时，还要着眼于学生职业的发展，注重培养学生的综合职业能力，以就业为导向，以能力为本位，面向市场，面向社会，为区域经济结构调整和科技进步服务。为有效实现职业教育的能力本位目标，大部分职业院校都在进行教学方法和课程的改革，从学科式教育到以工作过程为导向（选取企业相关岗位的典型工作任务为载体），再到目前以系统化工作情境为参照，设计系统化的学习项目，采用理实结合的教学方法进行教育教学的改革，因此也需要与新的人才培养模式和理实一体化教学相适应的专业教材。

本书通过选取汽车发动机、底盘和空调电器等系统 15 种典型故障的诊断排除作为项目，围绕企业典型工作任务来设计学习过程，按照工作过程系统化的思维进行教材编排，在每个汽车典型故障的诊断学习项目中，都注重工作过程的结构完整，选取故障问诊、故障现象认识与确认、故障原因分析、故障诊断流程制定、故障（参数）的检测与诊断等典型工作任务，进行任务驱动形式的理实一体化教学，体现“学习的内容是工作，通过工作实现学习”的工学结合特色。

本书内容选取和编排强调高等职业院校学生对故障的分析与诊断思路的培养，同时兼顾经验诊断、简单仪表测量、综合分析仪和专用计算机诊断设备的应用等多种检测方法的灵活应用，使学生能在检测仪表、设备的使用和操作技能得到有效训练的同时，更强调培养学生的综合运用专业知识进行问题分析与解决问题的能力，同时考虑学生日后的可持续发展的需要，灵活地将各种先进的学科知识结合到实际故障排除情境中进行学习，使学生不仅在技能上得到训练，而且在综合职业能力方面得到较好的发展。

在学习任务的实施环节上，本书以引导式问题推动学生充分思考，训练规范的汽车故障诊断思维方式，体现以学生为主体的思想，强化学生地位，增加学生学习兴趣，有效提高学生的学习积极性，使学生在学习完成后能在职业能力方面发挥较强的专业知识特长。

本书由柳炽伟担任主编，并负责全书的统稿工作，魏胜君、齐建民担任副主编。具体编写分工：柳炽伟编写模块一、模块二、模块三及模块四中的项目 13；魏胜君编写模块四中的项目 10、11、12；齐建民编写模块五。

在本书的编写过程中，得到许多企业同行和老师的帮助，同时参考了大量的著作、文献和相关资料，在此对有关作者、编者和同行表示真诚的感谢。

由于编者水平所限，书中难免有不妥和疏漏之处，恳请读者批评指正。

编　者

2012 年 5 月

目录

CONTENTS

模块一　汽车故障诊断基础知识

项目 1　汽车故障诊断基础知识学习

【学习目标】

- 能解释汽车故障诊断的基本概念。
- 懂得汽车故障的主要形成原因及变化规律。
- 掌握汽车故障原因分析和诊断的各种方法及其特点。
- 能利用故障树方法进行故障原因分析与判断。
- 会通过故障原因分析制定简单的故障诊断流程。

【案例引入】

有一辆丰田佳美轿车从外面拖进厂里，车主向服务顾问反映车子打不着火了。班长让小王给车辆做一个初步的诊断，将车辆大约需要维修哪些项目以及需要多少时间、费用等进行估算并报给服务顾问，让服务顾问与车主进行有效沟通。你知道汽车故障诊断的工作流程、内容和方法是怎样的吗？

任务 1　认识汽车故障的特性

一、任务导入

结合故障案例，理解汽车故障的定义、特征、成因及形成规律等。

二、知识准备

（一）汽车故障的定义与分类

1. 汽车故障的定义

汽车故障是指汽车部分或完全丧失工作能力的现象，其实质是汽车零件本身或零件之间的配合状态发生了异常。

汽车按技术文件规定的使用性能指标，执行规定功能的能力，称为汽车的工作能力，或称为汽车的工作能力状况。它是动力性、经济性、工作可靠性及安全环保等性能的总称。只要汽车工作能力遭到破坏，汽车就处于故障状况。

汽车故障发生的类型较多，其产生的原因也多种多样，当某个零部件出现故障时，因其损坏程度不同可能会造成汽车不同的故障症状，而汽车同一种故障症状却有可能是不同的故障零部件或多个故障原因造成的。这些故障现象看起来很复杂，而且在一定程度上看似偶然，但实质上，汽车故障的发生有一定的变化规律，绝大多数故障通过故障症状的细致分析和诊断，总能找到其故障产生的原因。

2．汽车故障的分类

汽车故障的分类方法多种多样，常见的按故障性质及状态的不同可分为如下几种类型：

1）按故障的严重程度划分

（1）轻微故障：一般不会导致汽车停驶或性能下降，不需要更换零部件，用随车工具作适当调整即可排除。例如，点火时刻、喷油时刻不正确，怠速过高等。

（2）一般故障：导致汽车停驶或性能下降，但一般不会导致主要零部件和总成的严重损坏，可更换易损零件或用随车工具在短时间内排除。例如，来油不畅，滤清器脏、堵，个别传感器损坏等。

（3）严重故障：可能导致主要零部件的严重损坏，必须停车，并且不能用更换零件或用随车工具在短时间内排除。例如，发动机拉缸、抱轴、烧瓦、打齿等。

（4）致命故障：可能引起车毁人亡的恶性重大事故。例如，柴油机飞车，连杆螺栓断裂，活塞碎裂，制动系统失效等。

2）按工作状态划分

（1）间歇性故障：有时发生，有时消失。

（2）永久性故障：故障出现后，如果不经人工排除，它将一直存在。

3）按故障形成速度分类

（1）急剧性故障：故障一经发生后，工作状况急剧恶化，不停机修理，就不能正常运行。

（2）渐变性故障：故障发展缓慢，故障出现后一般可以继续行驶一段时间，然后再进行修理。

（3）突发性故障：与急剧故障相似的一种故障，在该故障发生的前一刻没有明显的症状，但故障一旦发生往往导致汽车功能丧失，甚至引发危及人身、车辆安全的事故。

4）按故障的部位范围划分

（1）局部功能故障：汽车某一部分存在故障，这一部分功能不能实现，但其他部分功能仍完好。

（2）整体功能故障：可能是汽车的某一部分出现了故障，但整个汽车的功能不能实现。

（二）汽车故障的现象与特征

1．汽车故障现象

汽车故障的具体表现称为故障现象，又称故障症状。为方便汽车故障原因的分析，从人的感知类别区分可将常见的汽车故障现象归纳为以下几方面：

1）性能工况异常

主要表现是汽车动力性和操控性等方面出现不正常现象。动力性异常，例如，难着车甚至不能着车，加速无力，怠速不良容易熄火等。操控异常，例如，挂挡困难，制动发软或跑偏，转向沉重或发飘等。这些故障的原因多涉及汽车工作系统的技术状况变坏，渐进性和突发性的故障都有可能发生。

2）乘坐感觉异常

主要是车主乘坐时舒适性变差，例如，汽车振抖，定位不正确而出现的前轮摆振或跑偏；由于曲轴或传动轴动平衡不好而产生的发动机或传动系统在运转中的振抖；各种异常响声，包括机械运转的响声、风噪、路噪等。在机械响声中，很大一部分故障是汽车发动机或底盘部分的不正常响声，这种故障症状明显，一般可及时发现。一些声响异常的故障能酿成零部件的大事故，因此要认真对待。经验表明，凡响声沉重，并伴有明显振抖现象多为恶性故障，应立即停机，查明原因。

3）外观察觉异常

将汽车停放在平坦路面上，检查外形状况，如果有横向或纵向的倾斜等外观异常，其原因多为车架、车身、悬挂、轮胎等出现异常，这样会引起方向不稳、行驶跑偏、轮胎早磨等故障。也有一些电气系统故障呈现出外观异常，例如大灯不亮、转向灯不亮。

渗漏是指燃油、润滑油、冷却液、制动液（或压缩空气）、动力转向油的渗漏现象，也是一种明显的故障现象。渗漏易造成过热、烧损及转向、制动的失灵故障。

发动机在工作过程中，正常的燃烧生成物是 CO_2 和少量水蒸气，应为无明显颜色的烟雾。若燃烧不正常，烟雾的颜色将发生改变，会排出黑烟、蓝烟、白烟。排黑烟主要是燃料燃烧不完全，含有大量的碳粒、HC、CO；排蓝烟主要是机油进入燃烧室被燃掉所致；排白烟是因为燃油中进水。排气不正常已成为发动机故障诊断的重要依据。

4）气味异常

汽车在运行中，如果有制动拖滞、离合器打滑，则会散发出摩擦片的焦臭味；发动机过热、机油或制动液燃烧时，会散发出一种特殊气味；电路断路，搭铁导线烧毁也有异味。行车中一经发觉，应立即停车查明故障所在。

5）温度异常

过热现象通常表现在发动机、变速器、驱动桥、制动器等总成上，以及一些电器元件上。在正常情况下，无论汽车工作多长时间，这些系统、机构均应保持在一定的工作温度范围内，超过这个温度范围为温度异常。发动机正常温度：载重车正常冷却系温度为 80～90 ℃、轿车冷却系温度为 85～115 ℃，超过此温度范围为发动机过热。对于变速器、主减速器、制动器、电器元件，这些部位正常的工作温度为 50 ℃左右，若用手触试感到烫手难忍，即表明该处过热。

2. 汽车故障特征

故障特征是汽车故障现象通过各个工作部位表现出来的性能和状态特点，有许多故障现象同时具有多种特征。表 1-1 所示为常见的一些故障特征。

表 1-1　汽车故障特征

故障部位	故障特征
转动配合部位	磨损、不平衡、发热、变形、震动、异响
滑动配合部位	松动、磨损、发热、熔焊
密封部位	泄漏、分离、漏气
导电部位	接触不良、断线、脱落、电压下降、短路、发热
摩擦力配合部位	磨耗、打滑、发热、衰损、震动、异响
啮合传动部位	磨损、破损、发热、异响、位移

续表

故障部位	故障特征
弹簧推顶部位	老化、打滑、磨槽、弯曲、多个弹簧弹力不均
弹簧拉吸部位	衰损、老化、多个弹簧弹力不均
弹簧支撑部位	衰损、老化、破损、冲击、变形
大负荷部位	弯曲、扭曲、磨损、破损、断裂、发热、异响
高温部位	磨耗、烧蚀、熔焊、变形、硬度变软、附着异物
液体流通部位	泄漏、堵塞、蒸发、气阻、渗漏

（三）汽车故障成因

1. 汽车故障的成因

汽车故障产生的原因有很多，有人为操作不当，设计与制造缺陷，材料和备件品质不稳定，使用维护不好，零件的失效等，其中大部分故障是汽车零件在车辆长期运行后，磨损或老化失效造成的。

1）零件失效

汽车零件失效的主要形式为零件之间的自然磨损或异常磨损，零件与有害物质接触造成的腐蚀，零件在长期交变载荷下的疲劳断裂，在外载荷及温度残余内应力下的变形，非金属零件及电器元件的老化，偶然的损伤等。其中，老化是非金属零件及电器元件失效的主要原因，而金属零件失效的主要原因是磨损，且汽车零件的内在磨损有一定的规律性。

2）汽车外部的使用条件

（1）道路条件：在坎坷崎岖的路面上行驶，车体剧烈震动，悬架、车架、轮胎及其他一些零部件受到震动、冲击，超过疲劳强度时将发生损伤，出现故障；在山区行驶，会造成制动器的早期磨损。

（2）天气状况：在严寒低温时，发动机启动困难，启动次数增多，致使启动零部件、气缸壁、活塞环等使用寿命缩短；同时，燃油难以雾化，液态燃油稀释气缸壁上的润滑油，造成缸壁加速磨损；在盛夏高温时，润滑油黏度下降，运动零部件磨损加剧；在酷暑时，轮胎易爆胎、发动机易过热。

3）设计制造上的缺陷

汽车在设计和制造上的缺陷，会给零部件带来先天性不良，以致使用不久就出现故障。例如，有的发动机与底盘匹配不合适，造成换挡耸车；有的发动机散热性能差，经常出现发动机过热；有的气缸体内部有铸造气孔，造成发动机使用不久就出现故障；有的曲轴材料缺陷、制造工艺不好、热处理工艺不良，出现早期的断裂和变形等；有的发动机曲轴、传动轴动平衡不好，会造成车身振抖。

4）维修保养不良

（1）燃油、润滑油使用不当。正确使用燃油、润滑油，是保证汽车正常行驶、减少故障和延长使用寿命的重要因素。

如果汽油标号过低，发动机就会发生爆震，冲坏气缸垫或烧毁活塞顶，并使动力性下降；电喷发动机要求使用无铅汽油，若使用含铅汽油，会导致氧传感器铅中毒，造成发动机动力性下降；柴油机在严寒地区使用高凝点的柴油，就使启动困难；润滑油黏度过稀或过稠、性能不好，都会使零件因润滑不良而容易磨损，走合期使用标号不对的机油，会导致拉缸。

（2）维修质量差。维修人员技术水平较低，维修工艺不合理、不规范，检测维修设备不齐全，配件质量差，使行驶故障较多。

5）使用操作不当

汽车在使用中经常超载，各系统、零件长时间超负荷工作，会出现早期损伤，导致故障的发生。汽车驾驶员应了解汽车日常维护、操作技术、故障处理的基本方法，掌握新车型、新装置使用注意事项，汽车驾驶员若是技术不熟练，行车中频繁制动，则将加速损坏制动系和行驶系；变速换挡不熟练，则将造成打齿和变速器齿轮早期磨损。

2．汽车零件的失效机理

图 1-1 所示为汽车零件磨损规律曲线。它反映两个相配合零件磨损量与汽车行驶里程关系，也称磨损特性。零件磨损可分以下三个阶段：

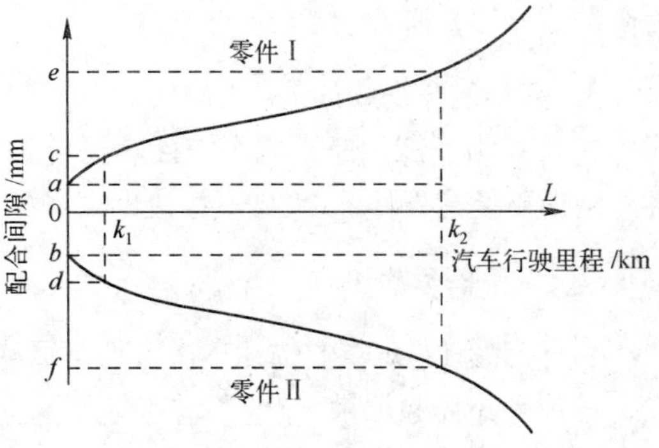

图 1-1　汽车零件磨损规律曲线

1）零件的磨合期

在配合初期，图 1-1 所示的行驶里程在 0～k_1 段，由于零件表面粗糙度的存在，其实际接触面积较小，比压力极高，因此初期磨损量较大。但随着行驶里程的增加，配合质量不断提高，磨损量的增长速度开始减慢。零件在磨合期的磨损量主要与零件的表面加工质量及对磨合期的使用有关。

2）正常工作期

当零件过了初期磨合阶段，行驶里程在 k_1～k_2 段，其表面质量、配合特性均达到最佳状态，润滑条件也得到相应改善，因而磨损量较小，磨损量的增长也比较缓慢，就整个阶段的平均情况来看，其单位行驶里程的磨损量变化不大。零件在正常工作期的磨损属于自然磨损，磨损程度取决于零件的结构、使用条件和使用情况，合理使用将会使正常工作期相应延长。

3）加速磨损期

当行驶里程在 k_2 点以后，随着磨损量的不断积累，零件间的配合间隙不断增大，当配合间隙达到极限值时，润滑条件恶化，磨损量急剧增加，若继续使用，将会由自然磨损发展为事故性磨损，造成零件恶性损坏。此时进入加速磨损期又称极限磨损期。

当零件磨损量相对较小时，其对应的正常工作期就更长，因此要延长零件的使用寿命，应降低磨合期的磨损，减缓正常工作期的磨损，推迟加速磨损期的到来。

（四）汽车故障的变化规律

汽车故障的出现有其一定规律，为了能正确使用和维护车辆，准确及时判断和排除故障，我们应掌握这一规律。

这种规律可用故障率来表示。汽车的故障率是指汽车发生故障的频率随行驶里程或行驶时间而变化的规律。图 1-2 所示为汽车的故障率曲线，图中横坐标 t 代表车辆使用时间，纵坐标 λ 代表故障率。曲线两端高、中间低平，呈浴盆状，也称“浴盆曲线”。

与零件磨损规律相对应，汽车故障率曲线也分为三个阶段：

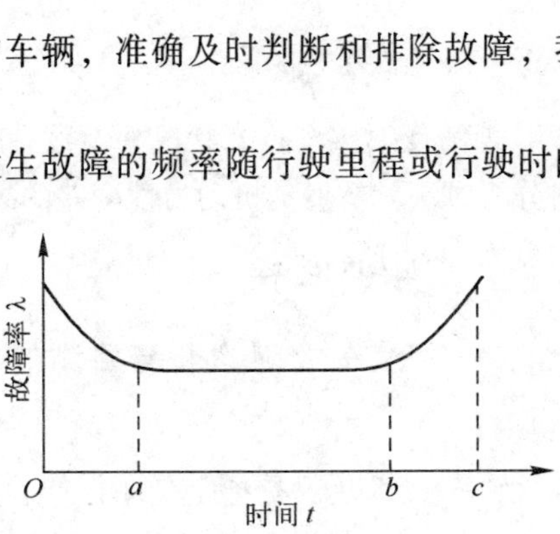

图 1-2　汽车故障率曲线

1）早期故障期（Oa）

早期故障期相当于汽车的走合期。由于材料缺陷、零件加工刀纹及残留物、工艺过程引起的应力、装配与调整的质量不适应汽车使用条件等，使初期故障率较高。随着走合期过后，故障率迅速下降。

2）随机故障期或偶然故障期（*ab*）

随机故障期是汽车的正常使用时期，故障率较低，不随时间而变化。曲线平坦，看不出变化规律，故障的出现是随机的，多由于使用不当、润滑不良、维护欠佳或材料内部隐患、工艺结构缺陷等偶然因素所致。

3）耗损故障期（*bc*）

进入耗损故障期时，汽车零件磨损或老化失效增多，可靠性下降，故障率急剧上升，进入换件（定期更换易损件）、大修或报废期。

三、任务实施

引导问题1：观察并描述本次实训车辆的故障现象有哪些？

故障现象体验记录：____

____

____

引导问题2：什么是汽车故障？汽车故障怎样分类？汽车故障成因有哪些？

（1）汽车故障是指汽车______________________的现象，其实质是汽车零件本身或零件之间的__________发生了异常变化。

（2）汽车故障按故障严重程度划分为 __________、一般故障、__________；按故障的形成速度可划分为__________、__________、突发性故障。

（3）汽车故障成因主要有__________、外部使用条件不良、__________、__________、使用操作不当。

引导问题3：如何理解汽车零件磨损与汽车故障率曲线的特点及其关系？

（1）零件磨损可分三个阶段__________、__________、和__________。

（2）汽车故障率曲线两端高、中间低平，呈浴盆状，也称“浴盆曲线”。与零件磨损规律相对应，汽车故障率曲线也分为三个阶段：早期故障期、__________、__________。

任务2　掌握汽车故障原因分析与诊断的方法

一、任务导入

理解反映汽车技术状况的参数有哪些？如果汽车动力性能下降会出现什么故障现象？利用故障树分析方法分析发动机动力性变差的故障原因，并列举出相应的汽车故障诊断方法。

二、知识准备

（一）汽车故障诊断与检测的基本概念

1. 汽车技术状况

汽车技术状况是指定量测得的表征某一时刻汽车外观和性能参数值的总和。

汽车技术状况的好坏一般用汽车使用性能指标、汽车装备的完善程度以及车辆外部完好状况来进行综合评价。汽车使用性能指标包括动力性、经济性、制动性、操纵稳定性和平顺性等。

2. 汽车故障诊断与检测的定义

汽车故障诊断是指在不解体（或仅拆下个别小零件）的情况下，确定汽车的技术状况，查明故障部位及故障原因的汽车应用技术。

汽车检测是指为确定汽车技术状况或工作能力所进行的检查和测量。

（二）汽车故障树分析方法

汽车故障原因可能会涉及多个系统零件和部位，在诊断之前进行有序合理的逻辑分析，从故障特征着手进行系统检查，可以避免漏检漏项造成的困难。故障树分析法是汽车故障诊断最常用的分析方法。故障树分析法又称故障树诊断法，它将汽车的故障现象作为分析目标，找出导致此故障发生的全部直接原因，然后再找出导致下一级故障的全部直接原因，一直追查到那些最基本的、无需再深究细解的原因为止，形成了反映汽车故障因果关系的树枝状图形——故障树。故障树是对复杂系统进行故障分析的有效方法，其目的是通过推理分析判明故障原因和故障部位。图 1-3 所示为散热风扇不转故障树分析图。

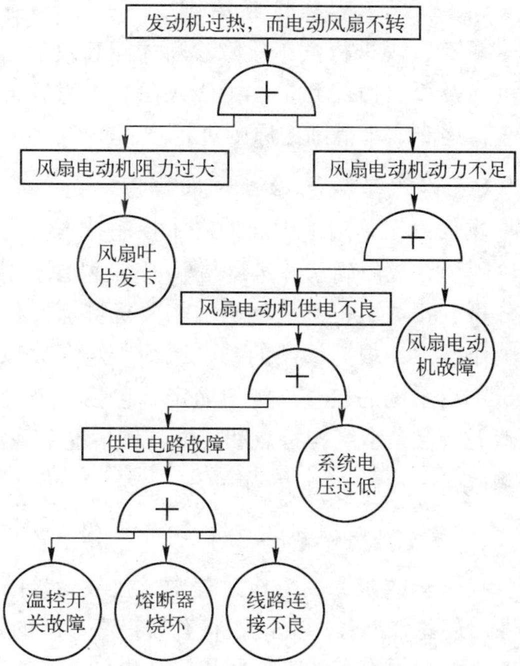

图 1-3　散热风扇不转故障树分析图

（三）汽车诊断参数与标准

1. 诊断参数

供诊断用的能够反映诊断对象技术状况的可测物理量或化学量，是汽车诊断技术的重要组成部分。诊断参数与结构参数紧密相关，它带有关于诊断对象技术状况的足够信息。在汽车或总成不解体的条件下，可直接测量的汽车结构参数是极少的。因此，在进行汽车故障诊断时，常常采用一些能够反映汽车技术状况的间接指标。

汽车诊断参数包括工作过程参数、伴随过程参数和几何尺寸参数。

工作过程参数能表征诊断对象总体状况，显示诊断对象主要功能的质量，例如发动机功率、汽车制动力和点火电压等。它提供的信息较广，是进一步深入诊断的基础。

伴随过程参数能反映诊断对象本质特征，例如震动、噪声、发热等。它提供的信息较窄，常用于复杂系统的深入诊断。

几何尺寸参数是指间隙、自由行程等由机构零件之间最起码的关系决定的参数，它提供的信息量有限，但却能表明诊断对象的具体状态。

在具体的汽车故障诊断工作中，主要根据诊断参数与诊断对象技术状态变化联系的相关性、灵敏性和在相同的测试条件下诊断参数的稳定性选用诊断参数。

2. 诊断标准

诊断标准是在规定测试条件下，确定诊断对象技术状况好坏的诊断参数测量值的极限值。它提供一个比较尺度，如果将测得的参数值与相应的诊断参数标准相比较，就可以确定诊断对象的技术状态。

根据用途不同，汽车诊断标准可分为初始标准、极限标准和许用标准三类。初始标准是无故障新车或汽车大修时必须达到的极限值；极限标准是判断诊断对象是否可继续使用的极限值，若诊断参数测量值不符合极限标准，则诊断对象必须进行维修；许用标准是在汽车维护时判断诊断对象技术状态的依据，若诊断参数测量值符合许用标准，则可保证诊断对象在规定的后续行驶里程中不发生故障。

（四）汽车故障诊断原则

只有合理进行汽车故障诊断才能高效查出故障部位和原因，而查找汽车故障的程序一般应遵循由表及里、由简到繁、由浅入深、先思后行、先易后难、先小后大的顺序，按系统、部位分段检查，逐步缩小范围的原则进行。

（五）汽车故障诊断一般程序

现代汽车采用了大量的电子控制技术，完整的故障诊断的程序与思路应包括以下的步骤和程序：问诊、故障确认（进厂检验）、故障原因分析、基本检查、制定诊断流程、故障码查询、数据流分析、相关电控系统检测、相关机械部件检测、油路及液压控制系统检测、诊断分析等。在实际工作当中，根据诊断的基本原则，结合故障症状及特征分析，是先做电控系统检测还是机械或液压控制系统的检查，视情而定，包括每个检测项目模块内的具体步骤均应在遵守故障诊断原则基础上结合车型结构特点和故障具体情况来确定。

（六）汽车故障诊断方法

1．汽车故障诊断流程图

在汽车故障原因分析过程中，按故障诊断一般原则，结合车型具体特点，制定故障诊断实施步骤，避免诊断程序混乱，将有效提高诊断的效率和准确度。

这种根据汽车故障征兆和技术状况之间的逻辑关系，反映汽车故障诊断的综合分析、逻辑推理和判断思路，描述汽车故障诊断操作顺序和具体方法，从原始故障现象到具体故障部位和原因的顺序框图即为汽车故障诊断流程图，它是汽车故障诊断过程中检测思路、综合分析、逻辑推理和判断方法最常用的具体表达方式。故障诊断流程图是故障诊断思路的反映，特别对于一些较复杂的综合故障，认真做好诊断流程图，再按步骤进行检测与判定，能有效避免诊断程序和方法的混乱。

2．汽车故障诊断一般方法

1）直观诊断法

（1）问。问又称“问诊”，在汽车进厂维修时，一般由服务顾问完成，对于一些疑难故障由检测诊断人员直接与客户沟通，获取有益的资料与信息。

问诊主要是在诊断故障前，应先问明有关情况。例如，车辆已驶过的里程、近期的保修情况、故障发生前有何征兆以及故障发生的过程是渐变的还是突变的，具体包括车辆故障发生的频率、 发生时间、车辆使用路况、故障发生时气候和温度等。服务顾问在客户接待时，可使用故障问诊表，方便记录相关情况，问诊表如表 1-2 所示。如果不做好问诊工作，对故障发生的情况不了解便盲目诊断，往往影响排除故障的速度。因为有的个别故障属于汽车使用过程中的必然现象，而有的故障则是由于对汽车的使用维护不当或特定工况下所造成的。一般问诊方法可参考“5W2H 问诊法”。

“5W2H 问诊法”又称“七何问诊法”。它简单方便，易于理解使用，被广泛应用于技术活动中。对于决策和执行性的活动措施也非常有帮助，也有助于弥补考虑问题的疏漏。发明者用 5 个以“W”开头的英语单词和两个以“H”开头的英语单词进行询问，寻找故障情况。发现解决问题的线索，从而提高问题解决效率。

表 1-2 汽车维修接待时故障问诊内容

客户姓名 先生 / 女士		车型和年款	车辆识别号
发动机号		变速箱	里程
故障日期		生产日期	投入使用日期
燃油		□ 汽车燃油用完而熄灭	
症状	□ 启动性能	□ 不启动 □ 不燃烧 □ 部分燃烧 □ 受节气门位置影响部分燃烧 □ 非节气门位置影响部分燃烧 □ 难启动 □ 其他 [ ]	
	□ 怠速	□ 无快怠速 □ 不稳定 □ 高怠速 □ 低怠速 □ 其他 [ ]	
	□ 驾驶性能	□ 发动机不稳定 □ 喘振 □ 敲缸 □ 动力不足 □ 进气回火 □ 排气回火 □ 其他 [ ]	
	□ 发动机熄火	□ 在启动时刻 □ 当怠速时 □ 当加速时 □ 当减速时 □ 刚好停机后 □ 当负载时	
事件产生		□ 在供货后 □ 最近 □ 在早上 □ 在晚上 □ 在白天	
出现频率		□ 任何时候 □ 在特定条件下 □ 有时候	
气候条件		□ 无影响	
	天气	□ 晴天 □ 雨天 □ 雪天 □ 其他 [ ]	
	温度	□ 炎热 □ 温暖 □ 凉爽 □ 寒冷 □ 潮湿 °F	
发动机条件		□ 冷机 □ 暖机期间 □ 暖机后 发动机转速 0 2 000 4 000 6 000 8 000 r/min	
路况信息		□ 城镇 □ 市郊 □ 公路 □ 野外（上坡 / 下坡）	
行驶条件		□ 无影响 □ 当启动时 □ 当怠速时 □ 当高速空转时 □ 当加速时 □ 当巡航时 □ 当减速时 □ 当转向时（左转 / 右转） 车速 0 20 40 60 80 100 120 km/h	
故障指示灯		□ 接通 □ 未接通	

① Where 是指间歇性故障发生的地点，例如国道、高速公路、市内公路等。

② Who 是指间歇性故障发生时的驾驶人员，即是谁在驾驶车辆。

③ What 是指间歇性故障发生时的详细情况，主要内容包括哪个系统发生了什么故障，当时发动机、变速器、仪表指示灯、灯光、空调、音响及其他功能等的状态。

④ Why 是指间歇性故障发生原因咨询，问题发生前车辆有没有发生过其他故障或做过维修保

养、改装或事故等。

⑤ When 是指故障发生的日期时间，了解故障随时间而变化的程度、快慢等情况。

⑥ How 是指怎么发生的，客户是否有简单的感觉判断，发生时有没有其他伴随现象，例如下雨、特殊路面、特殊地区等。

⑦ How much 是指间歇性故障发生的频率。到目前为止共发生了多少次。

对于间歇性故障的提问需要注意的是，要尽量先用开放性问题询问故障发生时的详细情况，避免先入为主的观点。如果预先设立立场或观点，采用封闭式的问题询问客户，就容易产生判断失误，把思维引到错误的方向。如果客户能够准确地描述故障现象，则服务顾问要边听边在接车单上记录下详细情况。另外，如果客户不是汽车专业人士，开放性的问题有时会使客户花很多时间表述很多与车辆故障完全无关的细节信息，这时候服务顾问要及时引导客户回到“5W2H”的问诊轨道上来。

（2）看。通过观察车辆外表反映出来的现象，再结合其他情况，来判断车辆的故障。例如，看燃油管、制动液管、冷却液管及其接头是否变形、松动或泄漏；各种导线是否连接牢靠；各种警告灯是否正常闪烁；各种仪表指示是否正常；轮胎磨损是否过多，排烟是否正常等。

（3）听。通过耳朵来判断发动机运转状况，从而进一步判断发生故障的部位。发动机和底盘运动部件经常会出现响声异常的故障，一般通过“听”来初步确定响声的性质和大致部位，再借助简单的拆卸或工具来进一步确定故障部位。

例如，在用“听”的手段来分析发动机异响故障时，首先要判断哪些是发动机的正常响声，哪些属于异响。所谓正常响声，是指允许存在的轻微响声。它主要包括活塞环与气缸壁的摩擦声，机油的激溅声，发动机爆发形成时的声音以及其他一些汽车运行过程中允许出现的声音。异常声音则是指不正常的金属敲击声或其他不应有的声音，主要包括活塞敲缸响、活塞销响、连杆轴承响、曲轴轴承响、离合器分离轴承响、正时齿轮响、气门脚响、气门挺杆响及传动轴不正常响等。不同的故障有不同的异响。例如，活塞敲缸响在怠速时比较明显，且为清脆而有节奏的“当当”的金属敲击声。活塞销响在怠速或高于怠速时比较明显，尖脆而有节奏，类似钢球碰撞的“嗒嗒”敲击声；连杆轴承响在急加速时比较明显，是有节奏的“哒哒”金属敲击声；曲轴轴承响在突然加速或减速时比较明显，是有节奏的“咚咚”金属敲击声。同时，当消声器发出“突突”声时，应在各种转速下察听其是有节奏的“突突”声，还是无节奏的“突突”声。

（4）嗅。凭借嗅觉察知发动机、底盘和电器部分在运行中有无异常气味，以诊断其工作是否正常。有些故障发生时会发出不正常的气味。例如，由离合器摩擦片、制动蹄片有无烧蚀时的焦烟味来诊断离合器是否打滑烧蚀或制动蹄拖滞；由有无导线绝缘烧焦的橡胶臭味来诊断电路是否有短路或者过载故障；由发动机排出废气有无很浓的生油味来诊断混合气是否过浓。对于异常气味绝不可掉以轻心，尤其是在行车中，一旦闻到电线的烧着似的橡胶臭味，便应立即靠边停车，查明原因，防止火灾的发生。

（5）摸。用手接触可能发生故障的零部件的工作温度及其震动情况，以诊断有关系统工作是否正常。通常表现在发动机、变速器总成、驱动桥总成及一些电器元件。在正常情况下，无论汽车工作多长时间，这些总成均应保持一定温度，除发动机外，倘若用手触摸这些总成时，感到烫痛难忍，即表明该处过热，说明此处有故障。

2）试验比较法

一般汽车故障诊断利用“直观诊断法”只能判定简单的或直观损坏的汽车故障，以及初步确定故障区域，为进一步确诊，还要进行更深入的检测或利用“试验比较法”进行确认。“试验比较法”主要指通过简单的换件，接入或断开工作部件，模拟故障发生的条件进行试验等方法来进行诊断，往往属于经验诊断的范畴。

（1）环境模拟诊断法。对于不少间歇性发生的故障，其故障发生在一些特定的条件下，为方便故障的排除，切实找到故障，须模拟故障发生的情况，以便于寻找故障原因。

① 震动法。当震动可能是故障发生的主要原因时，可采用震动法模拟车辆震动的情况。主要方法如图 1-4 所示。图 1-4（a）所示为在垂直和水平方向轻轻摇动连接器，图 1-4（b）所示为在垂直和水平方向轻轻地摇动配线。连接器的接头、固定支架和穿过开口的连接器体都是应仔细检查的部位。图 1-4（c）所示为用手指轻拍装有传感器的零件，检查是否失灵。需要注意的是，不可用力拍打继电器，否则可能会使继电器断路。

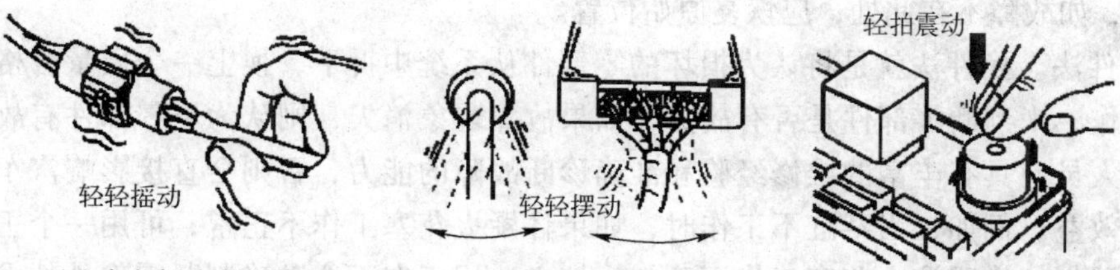

（a）轻轻摇动连接器　（b）轻轻摇动电脑配线　（c）轻拍电器元件

图 1-4　模拟震动诊断方法

② 加热法。若怀疑汽车故障是由于某一部位或元件受热而引起的，可用电吹风机或类似工具加热可能引起故障的零件，检查是否出现故障，如图 1-5 所示。需要注意的是，加热温度不得高于 80 ℃，且不可直接加热 ECU 中的零件。在汽车电控系统出现软性故障，例如，发动机启动后或电子设备开机后，经过一段时间故障才出现，说明有电子元件出现软击穿（达到一定热度后异常，冷却后又恢复正常的现象）故障。这时应根据故障出现的现象，初步确定需要加热的部位或元器件，在启动或开机的状态下，用 20 W 电烙铁进行烘烤，当烘烤到某个部位或元件时故障出现，说明该部位或元件为故障源，应更换新件。

③ 水淋法。有的故障常常发生在雨天或高湿度环境下，可用水喷淋在车辆上，模仿潮湿环境条件，检查此时车辆是否发生故障，如图 1-6 所示。需要注意的是，不可将水直接喷在发动机零部件上，而应喷在散热器前面，间接改变温度和湿度。不可将水直接喷在电子器件上。如果车辆漏水，漏入的水可能侵入 ECU，因而此法要慎用。

图 1-5　加热法

图 1-6　水淋法

（2）隔除法。隔除法是指部分隔除或隔断某些系统、某些部件的工作，通过观察故障现象的变化来确定故障范围或部位的方法。例如应用在发动机故障诊断：当隔除或隔断某些系统或部件后，若故障现象立即消失，则说明故障发生在此部位或与此部位有关；若现象仍然存在，说明故障在其他部位。如用单缸断火法（或单缸断油法）来判断故障缸：当发动机排蓝烟时，将某缸断火，蓝烟消失，则该缸为故障缸。用此方法还可判断发动机因为哪个缸工作不良导致的排黑烟、白烟、发动机异响、发动机抖动。应用在底盘故障诊断：可用断续切断某部分动力传递的路线的方法确定故障区段。例如，诊断底盘异响时，可将变速杆放在空挡位置，断续地接合和分离离合器，根据声音的变化判断响声是发生在变速器还是离合器。电器故障诊断常用将某线路暂时隔除的方法来确定故障的部位。例如，喇叭不响，可以直接给喇叭供电来判断是喇叭故障还是线路故障。

（3）试探法。试探法是指对故障可能产生的部位通过试探性的排除或调整来判断其是否正常。例如，气门异响，若怀疑是气门间隙过大引起的异响，可将气门间隙重新调整。若故障消失，异响为气门间隙过大引起的；若异响仍有，再查其他部位。应注意的是，用试探法时应记住调整前的原始位置，如故障不在此处，应恢复原始位置。

（4）换件法。换件法就是将认为损坏的零部件从系统中拆下，换上一个质量合格件代替怀疑部件进行工作，来判断零部件是否有故障，如果故障现象消失，则认为原零部件有故障。这种方法要求维修人员应具有丰富的维修经验和准确诊断故障的能力，否则会直接影响汽车故障维修的时间和经济效益。例如，当某缸不工作时，如果怀疑火花塞工作不正常，可用一个正常的火花塞换上，故障消失，说明该火花塞工作不正常。该方法用于在不能准确判断零部件技术状况下。诊断时，切忌盲目换件。

（5）负载增减法。针对油路、电路故障，当怀疑故障可能是负荷变化过大而引起时，利用油路、电路中增减载荷模拟验证油路、电路的故障症状，以诊断由负荷引起的疑难故障。例如，怀疑电路载荷过大导致故障，可接通所有电器负载，包括空调器、鼓风机、前照灯、后窗除雾器等，检查是否发生故障，以便于诊断和排除故障。

3）利用随车自诊断系统诊断法

随车自诊断是利用汽车自身的电控系统所提供的故障自诊断功能对电控发动机故障进行诊断的方法，即利用故障自诊断系统调取发动机电控系统的有关故障代码，然后根据故障代码的提示，找出故障原因的方法。

随车自诊断系统通常只能提供与电控系统有关的电器装置或线路故障，一般只能做出初步诊断，具体故障原因还需要通过直观诊断和简单仪器进行深入诊断。在电控发动机故障诊断中随车自诊断只是一种简便快捷的诊断方法，其诊断的范围和深度远远满足不了实际使用中对故障诊断的要求，常常出现发动机运行不正常而故障自诊断系统又不能诊断出故障原因的现象。因此，在汽车故障诊断中不能完全依赖随车自诊断系统。

4）仪器诊断法

仪器诊断具有快速、准确、预见性好等特点，现代汽车的诊断越来越多地依赖仪器的诊断，根据所用仪器情况可分为以下几种：

（1）利用简单仪表诊断。利用简单仪表诊断就是利用常见的仪器和设备，对电控发动机故障进行诊断的方法。这种诊断方法简单，但要求维修人员对系统的结构、线路及其工作原理有相当详细的了解，才可能取得满意的诊断效果。常用的设备包括试灯、万用表、测温计、电流钳、油压表、真空表、气缸压力表、示波器和发动机综合分析仪信号模拟器等。

① 试灯和万用表。测电源、搭铁、信号电压、元件电阻和线路等。

② 油压表、真空表和气缸压力表等。用于判断机械方面的故障。由于需要拆装操作，一般在

确定电控系统正常，而且最常见的可能原因已经排除时才使用。

③ 示波器。图 1-7 所示为汽车专用示波器，用于测量传感器波形、喷油波形、点火波形、其他电磁阀波形、发电机电压波形、电脑之间的信号波形等。通常情况下，只有在汽车出现了疑难故障，而且依靠常规的方法无法解决才选择示波器。

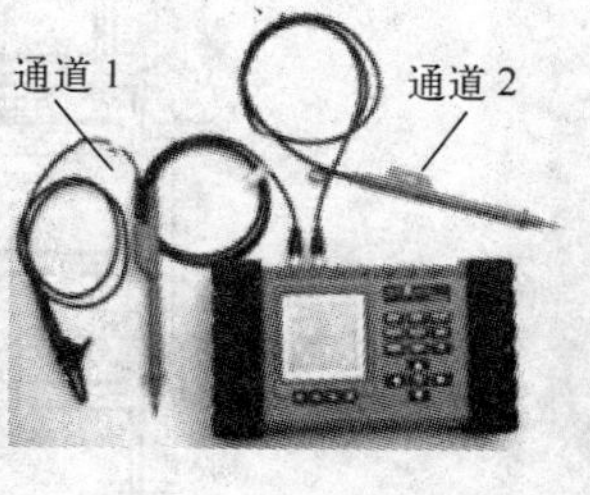

图 1-7　汽车专用示波器

④ 信号模拟器。可以用来进行曲轴与凸轮轴信号模拟、电压信号模拟、频率信号模拟、开关信号模拟等。在某些情况下确实能够提高诊断速度，不过使用时要注意模拟信号与原车信号之间的匹配，否则可能会引发原车电脑的故障。

（2）利用专用诊断仪器诊断。随着汽车电子化进程的加速，各种汽车专用诊断仪器应运而生。这些专用诊断仪器大多数为带有微处理器的电子计算机系统，对汽车故障的诊断十分有效，大大提高了对电子控制系统的诊断效率。

专用诊断仪器根据其体积大小可分为台式电脑分析仪、便携式电脑分析仪和袖珍型电脑分析仪。在对发动机电控系统进行的故障诊断中，使用最广的是便携式发动机电脑分析仪。

专用诊断仪器按使用范围又分为多品牌兼容型和品牌专用型。各品牌 4S 店专用的诊断仪器一般只针对本品牌车型，功能强大，它不但能读取控制单元存贮的故障码，而且能读取实时或故障时段的数据流，测试车辆某些系统的执行器工作性能，虽然成本较高，但当汽车故障超出常规范围，且经验法又无能为力时，用读取故障码或数据流的方法是最佳选择，利用原车电脑信息来判断故障最具有科学性和准确性。

图 1-8 所示为美国 Snap-on 公司生产的 Scanner 汽车电脑解码器，这种汽车电脑解码器本身也是一个小型电脑，它的软件中储存有各种不同车型的电脑及控制系统的检测程序和数据资料，并配有各种检测插头。使用时，只需将被测汽车的生产厂家名称和车辆识别码输入汽车电脑解码器，就能从软件中调出相应的检测程序，然后按照解码器屏幕显示的检测步骤，将相应的故障检测插头和汽车上的电脑故障检测插头连接，就可以对汽车发动机、自动变速器、制动防抱死装置等各个部分的电脑及控制系统进行有选择的检测。

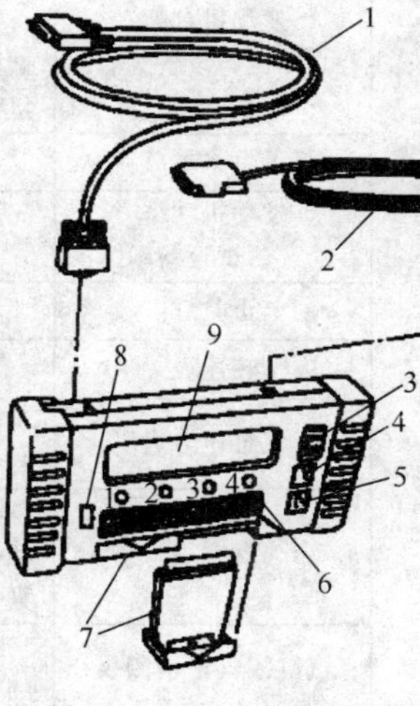

图 1-8　汽车电脑解码器

1—检测连接电缆；2—打印机连接电缆；3—选择滚轮；4—操纵按钮；5—打印机连接插孔；6—显示灯；7—软件卡；8—备用电源按钮；9—显示屏

（3）发动机综合分析仪。例如，EA 3000、FSA 740、VAS5051/SOS_2 等综合分析仪，可以用来进行各缸功率平衡分析、各缸压缩压力平衡分析以及进行点火波形、进气管真空波形、柴油机高压油路波形、电控系统各信号波形等测试；与废气分析仪连接，还可以进行尾气排放与发动机工作情况的分析，简单而言，它集多种检测仪器的功能于一身，方便维修人员及时对发动机的各种工况信息进行检测提取。不同型号的发动机综合分析仪在结构、使用方法等方面各不相同，使用时注意认真阅读使用说明书。图 1-9 所示为元征 EA-1000 型发动机综合分析仪。

为方便大家对汽车检测诊断仪器的了解，可参见表 1-3 所示汽车常用诊断检测仪器设备及其功能情况。

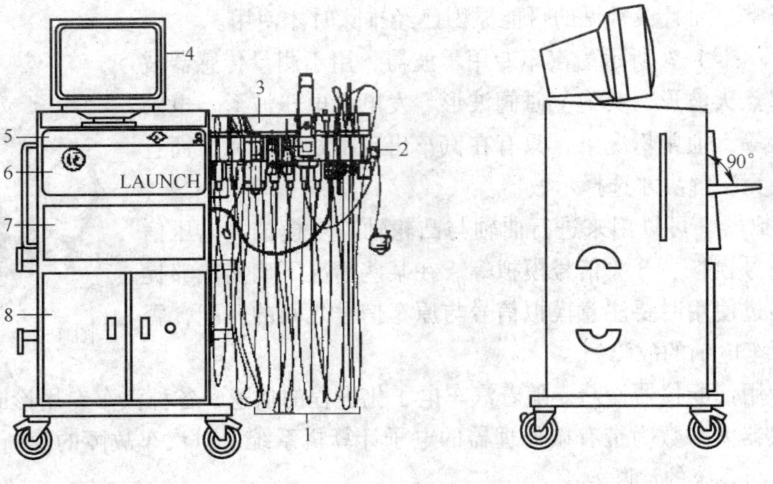

图 1-9 元征 EA-1000 型发动机综合分析仪

1—信号采集系统；2—传感器挂架；3—前端处理器；4—显示器；5—热键板；6—主机柜和键盘柜；7—打印机；8—废气分析仪柜

表 1-3 汽车常用诊断检测仪器设备一览表

类别	设 备 名 称	设备/仪器功能
发动机性能检测诊断仪器设备	发动机台架试验设备	此类设备主要与测功机、油耗计、水温传感器、油温传感器、机油压力传感器、转速传感器等仪器配套，可以完成发动机的空转特性、速度特性、负荷特性等常规试验项目的测试，可进行发动机扭矩、转速、功率、油耗率、比油耗、排气温度、机油压力、冷却水、温度等参数的检测
	汽车点火示波器	显示点火波形，通过对波形的分析从而对点火系故障进行快速诊断
	发动机功率测试设备	用于测试发动机的输出功率、扭矩大小
	正时灯	用于 12V 供电点火系统的点火提前正时。可测量点火提前角、转速等
	转速表	用于测量发动机及其他旋转体的转速
	汽缸压力表	用于检测汽缸压缩压力，根据检测结果可判断汽缸衬垫、汽缸体与缸盖之间的密封状况、活塞环与缸壁配合状况及燃烧室内积炭是否过多等有关汽缸的工作状况
	真空表	用于检测汽油发动机进气歧管的真空度，通过进气歧管的真空压力数值及其变化状况，判断汽缸组和进气歧管密封状况，也可用于检测油泵输出压力、油路泄漏及真空控制系统的功能
	汽缸漏气量检测仪	在活塞处于上止点位置，气门关闭时，将压缩空气注入汽缸内，观测汽缸内压力的变化，通过测量表所示压力数值判定汽缸和气门的密封情况
	曲轴箱漏气量检测仪	测量曲轴箱漏气量，以判断发动机漏气、磨损、拉缸、断环等缸内状况及动态密封性
	油耗计	用来测定各类发动机燃油消耗量、瞬时流量，可进行定容量、定重量、定时间等参数的测量
	润滑油质量分析仪	用来快速检测润滑油质量，确定在用润滑油被污染的程度从而决定是否更换，同时从油质变化状况可判断发动机工况，有助于及时发现隐患和排除故障
	发动机异响测听器	用于发动机异响测听分析，可诊断轴承、滤清器、气门、齿轮等损伤故障，可检测液压泵、阀门、空压机和发电机等方面问题，亦可检测车门、车窗及天窗的密封
	喷油泵试验台	用于检测喷油泵泵体的密封性、出油阀的开启压力、喷油泵各缸喷油量及其均匀度、喷油泵喷油开始点及喷油间隔角、机械式调速器的检查。加上附具后，对输油泵、滤清器进行试验
发动机性能检测诊断仪器设备	工业纤维内窥镜	在不解体情况下窥视发动机燃烧室，观察汽缸组有关零部件的技术状况
	废气分析仪	用于检测汽车排放废气中的污染物的含量
	烟度计	用于检测柴油机或柴油车的排气烟度
	声级计	用于测量汽车行驶产生的车内、外噪声

续表

类别	设备名称	设备/仪器功能
底盘检测与诊断设备	底盘测功机	可测量汽车驱动轮的输出功率和驱动力，汽车在给定速度区间内的加速时间，汽车在给定速度下的滑行时间和距离及进行车速/单程表校验，并能显示功率-速度、驱动力-速度关系曲线
	底盘间隙检测仪	用于对汽车底盘各部位因磨损而产生的间隙进行检测
	汽车制动试验台	可检测汽车左、右轮的最大制功力、阻滞力，左、右轮的制功力的和与差、最大过程差、制动协调时间等有关制动性能参数
	汽车侧滑试验台	用于检测汽车侧滑量以确定前轮定位是否准确
	汽车轴重仪	轴重也称轴荷，即汽车某一轴的重量。用于测量汽车车轴或车轮荷重，是检测制动力的配套设备
	汽车车速表试验台	用来检验汽车车速表表示值误差，并判断其是否合格
	汽车前束尺	可用来测量汽车前束值
	前轮定位仪	一般由转弯半径测量仪及倾角水准仪组成，分别用来测量转弯半径（最大转向角）、前轮外倾角、主销后倾角与内倾角
	计算机四轮定位仪	可检测的项目包括前轮前束、前轮外倾、主销后倾、后轮前束、后轮外倾、轮距、轴距、后轴推力角和左右轴距差等
	转向力、角测量仪	用于各类机动车辆机械转向系的转向力（矩）和转向角的测量
	车轮动平衡机	能够检测车轮的不衡量及相位，并能对其进行平衡
	轮胎气压表	用来检查轮胎气压值
电器试验设备	电器万能试验台	用于检验汽车的直流、交流发电机、硅整流发电机、启动机、磁电机、分电器、调节器、蓄电池、点火线圈、电容器、电动刮水器、电喇叭等电器设备、并能对外充电
	电池检测仪	用于蓄电池性能的检测
	前照灯检测仪	用于检测前照灯的发光强度及照射方向
电控系统检测诊断设备	发动机综合分析仪	用于汽油机与柴油机的综合测试。对发动机的点火系统、管理系统、电子变速系统、电子控制的柴油喷射系统安全及舒适性、电子控制系统都可进行测试。一般具有发动机测试仪、万用表和数字示波器三种测试仪器的功能
	解码器	可对发动机、变速器、ABS防抱死制动和车身等各计算机控制系统的故障进行检测与诊断
	汽车示波器	可测试各类传感器和开关元件的波形，包括节气门位置传感器、温度传感器、空气流量计、进气歧管绝对压力传感器、氧传感器、轮速传感器、爆震传感器及怠速开关等波形曲线

（七）汽车故障诊断注意事项

（1）诊断故障前要先搞清故障部位的工作原理及结构类型，对故障认真分析，制定合理有序的诊断流程，做到胸有成竹。分析时要追究导致故障产生的深层原因，否则可能会导致故障的反复出现。

（2）故障的判断要有充分的依据，不要乱拆、乱接、乱试，胡拆乱碰不但排除不了故障，反而有可能造成新的故障或损坏。在进行故障判断时，应从简到繁、由表及里、逐步深入。

（3）电控系统发生故障时，一般应先查是否油路堵塞、导线接触不良等故障，不要轻易怀疑是电控系统元件（特别是ECU）故障，因为电控系统工作可靠，出现故障的可能性一般很小。

（4）应用高阻抗的仪表检测微机系统，如果用低阻抗的仪表对微机系统进行测量，就相当于微机的测试点并联一个较大的负载，可能因超负荷而损坏微机系统。

（5）在故障点找到后，换元件之前一定要把元件所在部分的线路及印制电路板图搞清楚，而且元件各脚的含义及连接位置等要记载下来，以备后查。焊接工艺及工具都要符合CMOS组件的要求，例如功率大小、外壳接地、电源切断后再进行焊接等。

（6）不要带电插拔各类控制板和插头，这一方面容易造成短路；另一方面容易产生较强的感应电动势。因为电感在切断电源时，产生的自感电动势正比于电感的大小和电流变化率，在断开电源的瞬时，电流变化率非常大，所以产生的自感电动势有时高达几千伏，这样高的瞬时电压通过电源线加到微机系统，即使一般汽车微机系统装有电源保护装置，但电压过高，持续时间过长，也可能造成保护装置的损坏，进而使系统受损。

（7）蓄电池的任一根线不能随便断开，因为蓄电池，负载与发电机并联，而蓄电池在电系中相当于一个低阻抗、大电容的瞬变电压抑制器，在断开电感负载时所产生的瞬变电压能量均由蓄电池吸收。且蓄电池的容量愈大，吸收瞬变能量的作用也就愈大。即使电路中有时切断电感性负载，也不会产生过高的瞬时过电压。

（8）在跨接启动其他车辆或用其他车辆跨接启动本车时，须先断开点火开关（即切断微机电源），才能装拆跨接连线。

（9）在对微机系统检测或更换芯片时，操作人员一定要将身体接地，即带上搭铁金属带，将其一头缠在手腕上，另一头夹到车上，这样才能将人体产生的静电传入车体，防止对微机零件的侵害。

（10）某些对汽车总成或零部件有伤害的故障应避免长时间或反复测试，否则将使故障更加严重，造成更大的损失。

三、任务实施

引导问题1：如何进行汽车技术状况的综合评价？

汽车技术状况的好坏一般用汽车__________、__________的完善程度以及车辆外部完好状况来进行综合评价。汽车使用性能指标包括：______、经济性、制动性、_________和平顺性等。

引导问题2：汽车动力性包括哪些参数指标？

汽车动力性能指标包括：汽车__________、__________、__________等。

引导问题3：什么是故障树分析法？

故障树分析法又称__________法，它将汽车的_________作为分析目标，找出导致此故障发生的全部_________，然后再找出导致下一级故障的全部_________，一直追查到那些最基本的、无需再深究细解的原因为止，形成了反映汽车故障因果关系的__________图形——故障树。

引导问题4：故障诊断的一般方法有哪些？

汽车故障诊断的一般方法主要分以下四种：

（1）直观诊断法包括：问、_________、_________、_________、摸等方法。

（2）试验比较法包括：__________、隔除法、试探法、换件法和_____________法。其中环境模拟法包括：振动法、_______法、_______法。

（3）随车自诊断法：利用汽车自身电控系统所提供的_________功能对电控系统故障进行诊断的方法。

（4）仪器诊断法包括：利用简单仪器法、_________法和发动机综合分析仪诊断法。

思　考　题

1. 什么是汽车故障，简述其分类及成因有哪些？
2. 分析汽车零件磨损有何特点，它对汽车故障变化的规律有无影响？
3. 汽车故障规律各阶段的特点是什么？
4. 汽车故障诊断的定义和故障诊断原则是什么？

模块二　电控汽油发动机故障诊断与检测

项目 2　发动机异响的故障诊断

【学习目标】

- 能识别发动机异响的特征、判断发动机的异响区域。
- 会分析发动机各种性质异响的影响因素和故障原因。
- 能结合发动机构造和异响的特征制定合理的诊断流程。
- 能熟练运用各种仪器和方法进行异响的诊断。
- 可以将本次故障诊断过程编写成技术报告或案例。

【案例引入】

一辆花冠轿车，行驶里程有 78 541 km，最近在发动机冷车启动时听到发动机有“嗒嗒嗒”的响声，当发动机温度逐渐升高过程中，声音渐渐变小，当发动机达到正常工作温度时，声音基本正常。冷车发响时，提高发动机转速“嗒嗒嗒”声音频率会随之增大，但响声变小。请分析其可能发生的故障原因并进行诊断。

任务 1　发动机异响的征兆与故障原因分析

一、任务导入

仔细倾听故障车辆发动机运转声音，描述你听到的声音的特征，初步确定响声的来源范围，并针对声源区域初步断定响声的性质，并分析其形成原因。

二、知识准备

（一）发动机异响的性质

发动机异响是指发动机在正常工作中发出的超过技术文件规定的不正常的响声。

发动机运转时的声音不是纯声，而是一组复杂噪声。依照噪声的来源可分为机械噪声、燃烧噪声、空气动力噪声和电磁噪声。发动机种类、转速和负荷不同时，占主导地位的噪声成分也不同。无负荷时，汽油机的主要噪声是机械噪声，而柴油机由于燃烧过程工作粗暴，主要噪声是燃烧噪声。各种噪声尽管来源不同，却都混杂在一起。发动机技术状况不正常时，所发出的异常声响与各种噪声叠加在一起，形成了连续声谱。发动机的工作过程是周期性循环的，因此发动机工作时发出的各种噪声和异响也是周期性重复出现的。发动机工作时发出的各种噪声、异响在向外传播过程中，若遇到缸体、缸盖、气门罩、油底壳的阻挡，不可避免地会转化为这些部件外表面的振动。由于各种噪声混杂在一起，由此引起的表面振动也是交织在一起的。

发动机异响是发动机产生的不正常响声，主要是气体与金属的冲击声响和金属与金属之间的敲击异响，一般可以分为机械异响、燃烧异响和空气动力异响等。不同类型的异响其产生的原因也不相同。

1. 机械异响

主要是运动副配合间隙太大或配合面有损伤，运转中引起冲击和震动造成的。因磨损或调整不当造成运动副配合间隙太大时，运转中要产生冲击和振动声波，例如，曲轴主轴承响、连杆轴承响、凸轮轴轴承响、活塞敲缸响、活塞销响、气门脚响、正时齿轮响等。有些异响也可能是配合面有损伤或其他原因造成，例如定时齿轮齿面损伤等。

2. 燃烧异响

主要是发动机不正常燃烧造成的。例如，柴油机工作粗暴时气缸内均会产生极高的压力波，这些压力波相互撞击并撞击燃烧室壁和活塞顶，发出了强烈的类似敲击金属的异响。排气管发出的放炮声或“突突”声时，也是燃烧异响。

3. 空气动力异响

主要是在发动机进气、排气和运转中的风扇，因气流震动而造成的。

4. 电磁异响

主要是发电机、电动机和某些电磁器件内，由于磁场的交替变化，引起机械中某些部件或某一部分空间产生震动而造成的。

（二）发动机异响的震动区域

在发动机异响的故障诊断中，应初步确定异响的发生部位，才进一步采取不同的方法确定异响的产生零件或位置。而发动机异响的具体震动区域如图 2-1 所示。震动区域大致可分为以下四部分：

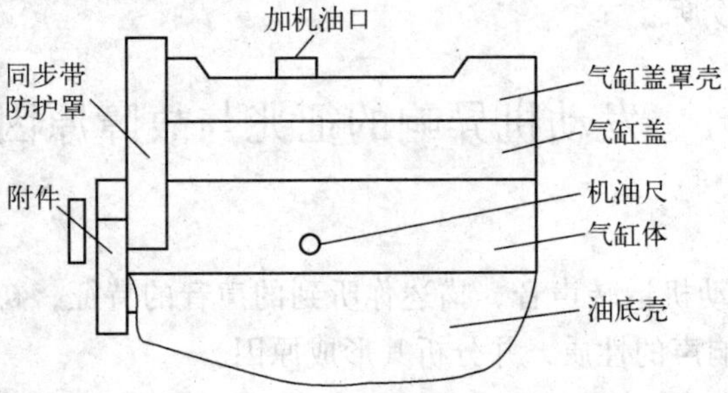

图 2-1 发动机异响的震动区域

（1）气缸体与油底壳之间：曲轴轴承响，曲轴裂纹，连杆轴承响等。

（2）气缸体与气缸盖之间：气门座圈响，气缸上部凸肩。

（3）气缸盖与气缸盖罩壳：凸轮轴轴承响，液压挺杆响，气门脚响等。

（4）发动机前端的附件部分：发电机等附件及传动带的异响。

（三）发动机异响的主要影响因素

1. 转速

一般情况下，转速越高异响越严重。但高速运转时响声混杂，反而不易于听诊，诊断异响应在响声最明显的转速范围内进行。异响部位不同，响声最为清晰的转速范围也不相同。在汽车发动机工作过程产生的异响中，活塞敲缸响、活塞销响、气门脚响等在怠速或低速时异响较为明显；连杆轴承响、气门座圈响、气门烧损响、凸轮轴响等在中速时异响较为明显；而曲轴轴承响、连杆轴承响、活塞环响等在稳定转速下运转时异响不明显，急加速时较为明显。

2. 负荷

许多异响与发动机负荷有关，如曲轴主轴承响、连杆轴承响、活塞敲缸响、点火敲击响等均随负荷增大（爬坡、加速、满载等）而增强，随负荷减小而减弱。而有些异响与负荷无关，如气门响、凸轮轴响等，负荷变化时响声基本不变。

3. 温度

有些异响与发动机温度有关，而有些异响与发动机温度无关或关系不大。例如，活塞冷敲缸响在低温时响声明显，温度升高后异响减弱或消失；发动机过热引起的早燃突爆声，活塞因变形、配合间隙过小引起的敲缸异响等在低温时响声不明显，温度升高后异响明显加重；主轴承响、连杆轴承响、气门脚响等受温度影响较小。

4. 润滑条件

若润滑不良，曲柄连杆机构和配气机构异响均会明显加重。而有些异响又会导致润滑条件进一步恶化，如曲轴主轴承异响和连杆轴承异响，往往会造成机油压力过低、润滑不良。

5. 缸位

单缸断火（断油）或复火（复油）时响声有明显变化的现象称为异响上缸，即异响与缸位有关。例如，连杆轴承响、活塞环响、因汽缸配合间隙过大造成的活塞敲缸异响等在单缸断火（断油）时响声减轻或消失；活塞销窜出或松旷响、连杆轴承盖螺栓松动响、活塞因裙部锥度过大造成的敲缸等，在单缸断火（断油）时响声明显加重；曲轴主轴承响单缸断火（断油）时响声变化不明显，相邻两缸同时断火（断油）时响声减轻或消失；气门脚等配气机构异响在单缸断火时响声不变或变化不明显。

6. 工作循环

发动机异响与工作循环有很大关系，尤其是曲柄连杆机构和配气机构。一般曲柄连杆机构异响每工作循环发响 2 次，配气机构异响每工作循环发响 1 次。

（四）发动机异响的症状

当发动机技术状况良好时，在其怠速运转过程中，唯一能够听到的仅是均匀的排气声音。在高速运转期间，则为平稳的轰鸣。而在加速运转时，将发出有力且过渡圆滑的轰鸣。如果在发动机运转过程中，伴随其他声响，如间歇发出金属敲击声、连续的金属敲击声、连续的金属摩擦声等，表明发动机运转声响不正常。所伴随的声响通常称为异响，异响可以表明发动机存在着不同性质和不同程度的故障。其中，某些异响（例如，连杆螺栓松动的连杆轴承响、气门座圈响）还可以预告发动机将可能发生的事故性损坏等。因此，异响仅是现象，故障才是本质。对发动机异响的诊断就是透过现象看本质，是汽车故障诊断的一个重要方面。

常见的发动机异响的症状及部位如表 2-1 所示。

表 2-1　发动机异响的症状及部位

发动机异响的现象	发响的部位原因	主要影响因素
异响仅在怠速或低速时存在	① 活塞与汽缸壁间隙过大； ② 活塞销装配过紧或连杆轴承装配过紧； ③ 凸轮磨损； ③ 挺柱与其导孔间隙过大； ⑤ 启动爪松动影响带轮响（在转速改变时明显）	异响与发动机转速相关，随转速变化而变化
异响在发动机急加速时出现，维持高速运转声响仍存在	① 连杆轴承松旷，轴瓦烧熔，尺寸不符而松动； ② 活塞销折断； ③ 曲轴轴承松旷，轴瓦烧熔	
维持某转速时，声响紊乱，急加速时，相继发出短暂声响	① 凸轮轴正时齿轮破裂，其固定螺母松动； ② 活塞销衬套松旷； ③ 凸轮轴轴向间隙过大或其衬套松旷	
某缸断火，声响加重或原来无响，反而出现声响	① 活塞销铜套松旷； ② 活塞裙部锥度过大； ③ 连杆轴承盖固定螺栓松动过甚或轴瓦合金烧熔脱落； ④ 活塞销窜出； ⑤ 飞轮固定螺栓松动过甚	响声与发动机缸位有关
某缸断火，异响消失或减轻	① 活塞敲缸； ② 连杆轴承松旷； ③ 活塞环漏气； ④ 活塞销折断	
低温发响，温度升高后声响减轻甚至消失	① 活塞与缸壁间隙过大； ② 活塞因主轴承机油槽深度、宽度失准或机油压力低而润滑不良	响声与发动机温度变化有关
温度升高后有声响，温度降低后声响减轻或消失	① 过热引起的早燃； ② 活塞反椭圆形； ⑧ 活塞椭圆度过小； ④ 活塞变形； ⑤ 活塞与缸壁间隙过小； ⑥ 活塞环各间隙过小	
曲轴每转一圈发响一次（火花塞跳火一次发响两次）	① 活塞敲击缸壁； ② 活塞销敲击声； ③ 活塞顶碰汽缸凸肩； ④ 连杆轴承松旷过甚； ⑤ 活塞环漏气	响声次数与发动机曲轴或凸轮轴转动转角有关
曲轴每转两圈发响一次（火花塞跳火一次发响一次）	① 气门间隙过大； ② 推杆与挺柱孔间隙过大； ③ 凸轮线形磨损； ④ 气门杆与其导管间隙过大； ⑤ 气门弹簧折断； ⑥ 凸轮轴正时齿轮径向破裂； ⑦ 气门座圈松脱； ⑧ 气门卡滞不能关闭	

（五）发动机常见异响故障原因分析

1. 气门响

1）故障现象

发动机怠速运转时在气门脚处发出连续不断的、有节奏的“嗒、嗒、嗒”或在气门座处发出“啪、啪、啪”的敲击声，转速增高时响声也随之增高；温度变化和单缸断火时响声不减弱。若有数只气门响，则声音显得杂乱。气门脚响和气门落座响统称为气门响。

2）故障原因

（1）气门落座响的原因如下：

① 气门杆与其导管配合间隙太大。

② 气门头部与其座圈接触不良。

③ 气门座圈松动。

④ 气门脚间隙太大。

（2）气门脚响的原因如下：

① 气门脚润滑不良。

② 因磨损、调整不当造成气门间隙过大。

③ 气门间隙处两接触面不平。

④ 配气凸轮磨损过大，缓冲段效能下降，加重了挺杆对气门脚冲击。

⑤ 摇臂轴配合松旷。

2. 液压挺杆响

1）故障现象

发动机怠速运转时在凸轮轴附近发出有节奏的金属敲击声，中速以上响声减弱或消失。

2）故障原因

（1）挺杆与导孔配合面磨损严重。

（2）挺杆液压偶件磨损。

（3）润滑油供油不足。

3. 曲轴主轴承响

1）故障现象

发动机稳定运转时声响不明显，急加速或负荷较大时发出较沉重、有力、有节奏的“当当”声，严重时机体会振抖。发动机温度变化时，异响变化不明显，发动机跳火 1 次，发响 2 次，即每工作循环响 2 次。

2）故障原因

（1）因主轴颈磨损失圆造成的主轴承配合间隙过大或配合不良。

（2）润滑不良。

（3）主轴承盖螺栓松动。

（4）轴承合金脱落、烧损、轴承破裂。

（5）曲轴弯曲等。

4. 连杆轴承响

1）故障现象

发动机怠速运转时无异响或响声较小，急加速时有明显的较重且短促的“当当当”的连续的敲击声。发动机温度变化时，响声通常不变，但有时也受润滑油温度的影响。发动机点火 1 次，发响 2 次，即每工作循环响 2 次。

2）故障原因

（1）连杆轴承或轴颈磨损，使配合间隙过大或配合不良。

（2）油压过低或机油变质，或连杆轴承油道堵塞，致使润滑不良。

（3）连杆轴承盖螺栓松动或折断。

（4）连杆轴承尺寸不符，引起转动或断裂。

（5）连杆轴承减磨合金脱落或烧毁。

5．活塞敲缸响

1）故障现象

活塞敲缸指活塞上下运动时在汽缸内摆动或窜动，其头部或裙部与汽缸壁、缸盖碰撞发出的响声。该异响通常专指活塞与汽缸壁间隙较大，活塞上下运动时撞击汽缸壁发出的响声。一般发动机怠速或低速运转时，在汽缸的上部发出清晰而明显的、有节奏的“嗒嗒嗒”的连续不断的金属敲击声，严重时响声沉重，即为“当当当”的声响。中速以上运转时异响减弱或消失。当负荷加大，响声加大。冷车时响声明显，热车后响声减弱或消失，即冷敲缸；严重时冷热均敲缸，并伴有振抖。曲轴转 1 圈，发响 1 次，且有节奏性，转速提高响声加快。活塞敲缸往往会伴随有排气管排蓝烟、缸压降低等现象。

2）故障原因

（1）活塞与汽缸壁配合间隙过大。

（2）活塞裙部腐蚀，或汽缸磨损过大。

（3）活塞装配不当。

（4）油压过低，汽缸壁润滑不良。

热态敲缸的故障原因为连杆轴颈与主轴颈不平行、连杆弯曲、连杆衬套轴向偏斜等原因造成的活塞偏缸，活塞配合间隙过小、椭圆度过小或反椭圆、活塞变形等造成的活塞过紧，活塞环端隙、背隙过小造成的活塞环卡滞等。

6．活塞销响

1）故障现象

发动机在怠速、低速和从怠速向低速抖动节气门时，可听到清脆而又连贯的“嗒、嗒、嗒”的金属敲击声；响声严重时，随转速的升高而增大，随负荷的增大而加重，发动机温度变化时，对响声稍有影响但影响不大；机油压力不降低；单缸断火时响声明显减弱或消失，复火瞬间响声又出现。

2）故障原因

（1）活塞销与连杆小头衬套配合松旷。

（2）衬套与连杆小头孔配合松旷。

（3）活塞销与活塞上的销座孔配合松旷。

7．气缸的漏气异响

1）故障现象

发动机运转时可从加机油口处听到曲轴箱内发出“嘣、嘣、嘣”的漏气声，负荷、转速愈高时响声愈大。当收回油门或单缸断火时，响声减弱或消失。此外，随着响声的出现，可看到加机油口处脉动地向外冒烟，脉动次数与发响次数相同。

2）故障原因

（1）活塞环与气缸壁漏光度太大。

（2）活塞环开口间隙太大或各环开口重合。

（3）活塞环弹力太弱或因其侧隙、背隙太小而造成背压力建立不起来。

（4）活塞环卡死在环槽内。

（5）气缸壁拉伤，出现沟槽。

8. 正时齿轮响

1）故障现象

有的有节奏，有的无节奏。在有节奏的响声中，有的属于间响，有的属于连响。转速越高，响声往往越大。使用单缸断火，响声不减弱。

2）故障原因

（1）齿轮啮合间隙过大或过小。

（2）曲轴主轴承孔与凸轮轴轴承孔中心距在使用或保修中发生变化，变大或变小。

（3）齿轮的齿形不符合要求或齿面磨损过甚。

（4）齿轮转动一周，其啮合间隙松紧不一或发生根切。

（5）齿轮齿面碰伤、脱层或轮齿断裂。

（6）齿轮在曲轴或凸轮轴上松动或脱出。

（7）曲轴或凸轮轴轴向间隙过大。

（8）重新装配一对正时齿轮时，改变了原来的啮合位置。

（9）未成对更换齿轮。

三、任务实施

引导问题 1：你所觉察到实训发动机异响有何故障症状或特征？

____

引导问题 2：发动机外观检查和润滑油量检查是否正常？

____

引导问题 3：认真倾听异响，注意发动机从冷车到正常工作温度过程中响声的变化，你初步判定响声发自____________区域？该响声与以下____________影响因素有直接关联。

A. 转速　B. 负荷　C. 温度　D. 润滑条件　E. 缸位　F. 工作循环

引导问题 4：根据以上情况，分析异响的性质及其产生的原因。

____

任务 2　发动机异响的故障诊断流程制定

一、任务导入

结合上述故障原因分析和初步判断，考虑故障车型的特点，选择合适的诊断方法，制定出合理的发动机异响的诊断流程。

二、知识准备

在发动机运行过程中，各种异响的响声模糊杂乱，现象与成因之间的关系复杂，因此异响诊断一直是汽车故障诊断中的难点，诊断人员必须经过大量的诊断实践，才能区分各种不同异响。诊断过程中需在加速时，仔细监听响声的变化情况，同时密切注意机油压力表或机油压力报警器的工作状况，逐级缓慢加速，以免造成新的更为严重的故障，影响发动机的寿命。发动机异响故障的诊断程序是确定异响的存在，初步判断异响的区域和性质，再进一步确定响声是否上缸，是哪一个部位发出，其主要原因是什么，是否需要拆卸发动机进行大修等，一般诊断需经过以下步骤。

1. 确定异响故障出现

汽车在行驶过程中可听到多种响声，首先应确认异响的故障现象，在众多混杂的发动机运转声响中，应确定哪些是正常的声响，哪些是异响。异响中哪些是允许存在的，哪些则是不允许继续存在，必须予以排除，这是异响诊断过程中首先应明确的。异响的确定原则如下：

（1）若声响在低速运转时显得轻微、单纯，在高速运转时虽显得轰鸣但却平稳均匀，在加速和减速时声响显得过度圆滑，则为正常声响。

（2）若声响小伴随着沉闷的“镗、镗”声，清脆的“当、当”声，短促的“嗒、嗒”声，细微的“唰、唰”声，尖锐的“喋、喋”声和强烈的“嘎、嘎”声等声响，即表明发动机存在不正常的异响。至于异响是否允许存在，可依据以下情况判断。

① 声响仅在怠速运转时存在，转速提高后即自行消失，在整个使用过程中声响又无明显变化的，则属于危害不大的异响，允许暂时存在，待适当时机再进行修理。

② 声响在突然加速或突然减速时出现，而且在中、高速运转期并不消失，同时又引起机体振抖，则属于不允许继续存在的异响，应立即查明原因，予以排除。

③ 如果声响是在运转中突然出现的，且又较猛烈，则不应继续运转或试听诊断，而应立即停机拆检。一般拆检顺序是先拆油底壳，然后拆缸盖，再拆气门室盖（罩）。

2. 异响的确诊

所谓异响的确诊是指对异响进行特性分析，进而认定异响的部位、原因和程度。就异响出现的时期和连续存在的时间而言，异响一般都分别存在于怠速或低速运转期间、高速运转期间、整个运行期间等几种时期。

当遇到发动机在运转过程中出现异响，可依以下顺序诊断。

（1）用单缸断火法检查异响与缸位是否有关联。若某缸断火后异响有明显的变化，说明故障即在该缸；若某缸断火后异响并无明显的变化，说明异响与该缸并无关系。继而逐个缸检查异响与工作循环是否有关联，判定出故障所在部位。

（2）逐渐提高发动机转速，听察异响有无变化，根据异响随转速的变化，判断运动零部件耗损的程度。

（3）在诊断过程中，还应注意观察发动机温度的变化对异响的影响。通过上述过程的诊断，基本可查明异响与发动机的负荷、工作循环、转速、温度之间的关系。若异响与某种异响特性相符合，则可做出准确诊断结论。

运行中的发动机异响，一般都能在停车后使发动机处于同速度运转中得到重现，从而推断出异响故障的确诊结论。但有时也有例外，运行中的异响，停车后使发动机同速度运转，却不再出现这种异响。遇到这种情况则应调节节气门开度或急剧改变转速，一般都能使异响再现。然后再确诊缸位和原因，得出确诊的结论；有时运行中出现的异响，不一定是发动机产生的，也可能是其他机构产生的异响，为此应踩下离合器踏板或脱开变速器挡位，再做急加速试验。若异响消失，表明异响不在发动机而在底盘或车身部位。

3．发动机异响诊断流程

发动机异响的诊断思路遵循由外到内的原则，先排除外部响声的影响，逐步确定异响的部位和性质，最后拆解发动机进行检查与维修，其诊断流程如图 2-2 所示。

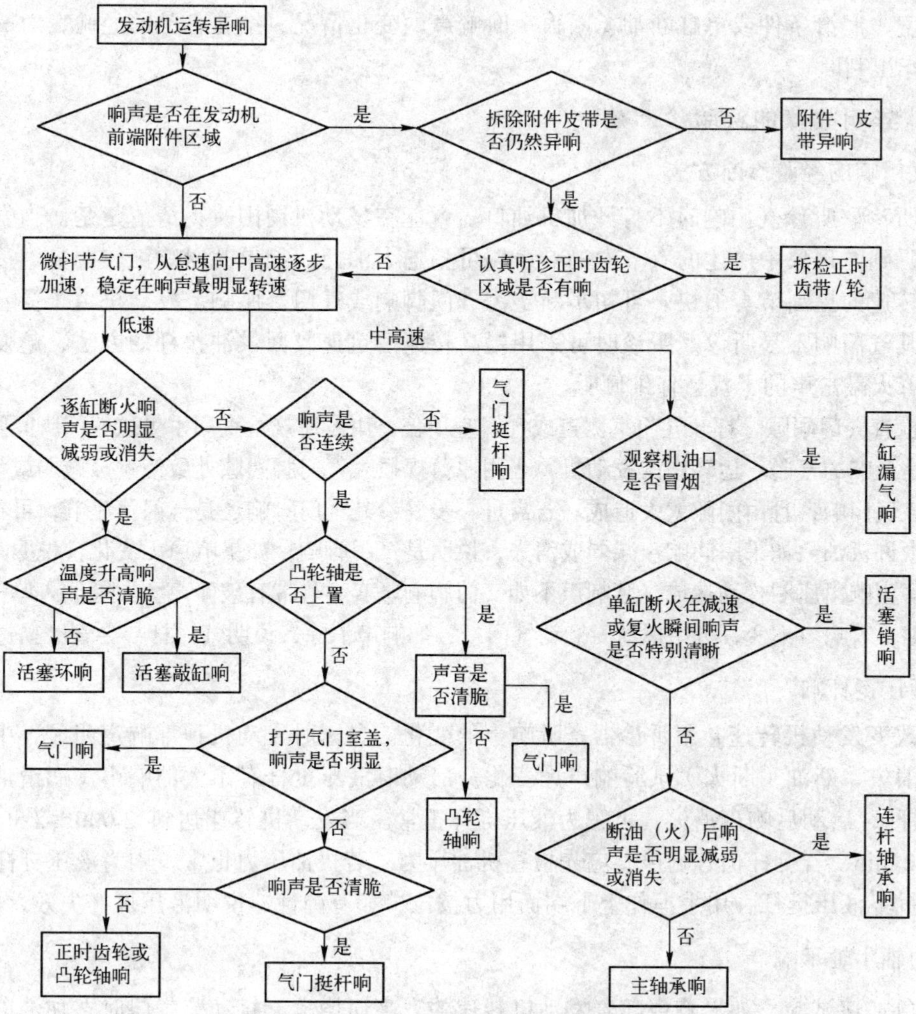

图 2-2　发动机异响的诊断流程图

三、任务实施

针对故障车辆情况，初步判定响声所在的区域，参考上述一般异响的诊断流程，拟订适应本车异响现象的具体诊断步骤和流程。

任务 3　发动机异响故障的诊断与检测方法

一、任务导入

按拟定的故障诊断流程进行故障诊断，注意诊断和检测方法的选用，准确记录诊断参数并参考相关数据作出合理判断。

二、知识准备

异响具有各自的特点和规律，可由人工诊断，也可利用诊断仪诊断。维修企业一般采用人工经验诊断法进行异响的诊断分析，即由诊断人员综合异响的音调、异响部位及改变发动机的转速、负荷、温度、润滑条件或单缸断油（断火）时响声的变化情况，结合自己的经验，对故障原因和故障部位作出判断。

（一）异响故障的经验诊断法

1．气门响的经验诊断方法

（1）听诊。听诊气门响时不打开加机油口盖就能在发动机周围听得清清楚楚。当发动机怠速运转时，听到像现象中所述的有节奏的响声，可稍加大油门。如果此时响声较明显，逐渐加油时响声又随转速的提高节奏加快，可初步断定为气门脚响或气门落座响。发动机由于受着火敲击声的影响，其气门响不易听诊。听诊时可采用提高转速后迅速收回供油拉杆的方法，趁发动机降速时，避开着火敲击声的干扰，仔细倾听。

（2）检查气门间隙。打开气门室侧盖或气门室顶盖，用厚薄规检查用手晃试气门脚间隙，间隙最大的往往是最响的气门。运转中的发动机，当用厚薄规插入气门脚间隙处致使响声减弱或消失时，即可确定是该气门响，且由间隙太大造成。若需进一步确诊是气门脚响还是气门落座响，可在气门脚间隙处滴入少许机油。如果瞬间响声减弱或消失，说明是气门脚响；如果响声无变化，说明是气门落座响。气门落座响由座圈松动造成，其响声不如气门脚响坚实，且带有破碎声。如果插入厚薄规后，气门没有间隙，若响声不变，可用螺丝刀撬动气门杆，如响声消除，说明气门杆与导管磨损过甚。

2．液压挺杆响

（1）改变发动机转速并用听诊器查听响声的变化。怠速时发动机顶部响声明显，中速以上响声减弱或消失，断油（断火）试验响声无变化。启动时液压挺杆有不大的响声（润滑油未充分进入液压挺杆），启动后响声消失，可视为液压挺杆正常。当发动机转速达到 2 000～2 500 r/min 时继续运转 2 min，若挺杆仍有响声，应先检查机油压力。若机油压力正常，则为液压挺杆故障。

（2）拆下液压挺杆，用手捏住上下端面用力按压，如有弹性，说明液压挺杆失效，应更换。

3．曲轴主轴承响

（1）急加速试验。如果响声随着发动机转速的升高而增大，抖动节气门时在加油的瞬间响声较明显，这一般是由于主轴承松旷造成的；如果发动机在怠速或低速运转时响声较明显，高速时显得杂乱，则可能是由于曲轴弯曲造成的；如果在高速时机体有较大震动，机油压力显著降低，则一般是由于主轴承松旷严重、烧毁或减磨合金脱落造成的。

（2）从加机油口处听诊。打开加机油口盖，从加油处仔细倾听，同时反复变更发动机转速进行试验。如果是主轴承响，可明显听到沉重有力的金属敲击声。

（3）用听诊器具听诊。将听诊器或自制的简易听诊杆，在节气门开度不断变换的同时，触在机体曲轴箱两侧与曲轴轴线齐平的位置上进行听诊，响声最强的部位即为发响的主轴承。

（4）断火试验。松开高压油管接头，如果一缸断火后响声明显减弱，则为第一道主轴承响；如果最末缸断火后响声明显减弱，则为最后一道主轴承响；如果任意相邻两缸同时断火响声明显减弱，则为两缸之间的主轴承响。曲轴轴向窜动所产生的响声，单缸断火无变化。

（5）踩离合器踏板试验。踩下离合器踏板保持不动，如果响声减弱或消失，则为曲轴轴向窜动产生的响声。

（6）柴油机的降速试验。诊断柴油机主轴承响时，为了避开着火敲击声的干扰，可采取加大供油拉杆行程后再迅速收回的方法，趁发动机降速之机，如果听到坚实而沉重的“刚、刚、刚”声，则有可能为主轴承响，同时应打开加机油口盖，辅之听诊法和气缸断油法，以便于确诊。

4．连杆轴承响

（1）变换转速试验。使发动机怠速运转，然后由怠速向低速，由低速向中速，再由中速向高速加大节气门进行试验，同时结合逐缸断火法和在加机油口处听诊等方法反复进行。响声随着转速的升高而增大，抖动节气门时，在加油的瞬间异响突出。响声严重时在任何转速下均可听到，甚至在怠速时也可以听到清晰、明显的敲击声。

（2）断火试验。在怠速、中速和高速情况下，逐缸反复进行断火试验。如果某缸断火后响声明显减弱或消失，在复火的瞬间又能立即出现，则可断定为该缸连杆轴承响。

（3）听诊。在加机油口处直接倾听，可清楚地听到连杆轴承敲击声。

（4）检查机油压力。诊断中要注意检查机油压力。如果响声严重，又伴随有机油压力低，这往往成为区别连杆轴承响与活塞销响、活塞敲缸响的重要依据。

（5）柴油机连杆轴承响的诊断。与汽油机相比，柴油机连杆轴承的响声比较钝重，诊断时只有避开着火敲击声的干扰才能听得清楚。如果随着供油拉杆行程的加大，响声逐渐增强，并在迅速收回供油拉杆，趁发动机降速之际，能明显听到坚实的“哐、哐、哐”敲击声，即可初步断定为连杆轴承响。

5．活塞敲缸

（1）在不同水温下诊断。敲缸响的特点是冷车时明显，热车时减弱或消失。因此，应先在冷车时诊断。若冷车时有敲击声，热车响声消失，说明是活塞敲击响，且故障尚轻，车辆可继续运行；若发动机热起后响声虽有减弱，但仍较明显，特别是大负荷低转速时听得非常清楚，说明响声严重，应停驶检修。

（2）断火试验。把发动机置于敲击声最明显的转速下运转，松开高压油管接头进行断火试验。如果某缸断火后响声减弱或消失，则为该缸敲缸响。

（3）加机油确诊。为了进一步确诊是否是活塞敲缸响，可将发动机熄火，卸下有响声气缸的喷油器，往气缸内倒少许机油，并用手摇把或启动机转动曲轴数圈，使机油布满在气缸壁与活塞之间，然后装上喷油器，启动发动机，若响声短时间内减弱或消失，过一会儿又重新出现，则可确诊为活塞敲缸响。

（4）听诊。将听诊器或简易听诊杆触在机体上部的两侧进行听诊。一般在发响气缸的上部往往响声较弱并稍有振动，再结合断火试验，即可确定出发响的气缸。有时听诊还可诊断出发响的原因，如果听到“嗒、嗒、嗒”好像用小锤敲水泥地的声音时，一般是气缸与活塞间隙太大造成的；如果听到“刚、刚、刚”好像用小锤敲钢管的声音时，则有可能是气缸壁润滑不良造成的。

（5）观察伴随现象。活塞敲缸往往会伴随有排气管排蓝烟、缸压降低等现象。若用手将螺丝刀或听诊器抵紧汽缸两侧上部触试，有明显的震动感。

发动机敲缸包括冷态敲缸、热态敲缸和冷热态均敲缸。发动机冷态不响，热车后怠速发响，并伴有机体轻微抖动，且温度越高，响声越大，即为热态敲缸。热态敲缸要及时排除，否则会转化成拉缸事故。

6．活塞销响

（1）转速变化时，响声也随之周期性变化，加速时声响更大，在发动机转速稍高于怠速时比较明显，比轴承响声清脆。抖动节气门，从怠速向低速加速时，响声能随转速的变化而变化，且在转速升高的瞬间，发出清脆、连续而有节奏的响声。

（2）温度上升，响声不但没有减弱，反而更加明显。有时冷车时响声小，热车时响声大。

（3）单缸断火时，响声减弱或消失。复火时响声会明显出现 1 响或连续 2 响。严重时，在响声较大的转速下进行断火试验时，往往响声不消失且变得杂乱。

（4）用螺丝刀或听诊器抵触在发动机上侧部或气缸盖上听，同时变换转速，在气缸壁上部可听到清脆的响声，上部听诊比在下部明显。

（5）根据不同征兆进行具体诊断：

① 若转速越高，响声越大，单缸断火时响声反而杂乱，则故障为活塞销与衬套间隙过大。

② 怠速运转时，响声为有节奏而较沉重的响声，提高转速声响不减，同时伴有机体轻微抖动，断火试验响声加重，则说明活塞销自由窜动。

③ 若急加速时声响尖锐而清晰，断火试验响声减轻或消失，则很可能是活塞销折断。

7. 气缸的漏气异响

（1）断火试验。打开加机油口盖，提高发动机转速至响声最明显、冒烟最大处稳住。将某缸断火后响声减弱或消失，且加机油口处的冒烟量明显减少，说明漏气异响是该缸发出的。

（2）加机油法。为了进一步确诊是否活塞及活塞环过度磨损，可将发动机熄火，卸下有响声气缸的喷油器，往气缸内倒少许机油，并用手摇把或启动机转动曲轴数圈，使机油布满在气缸壁与活塞之间，然后装上喷油器，启动发动机，若响声短时间内减弱或消失，过一会儿又重新出现，由此可判断气缸活塞密封不好，漏气响。

8. 正时齿轮响

诊断的方法有两种：一种是变换油门开度法，另一种是听诊法。在配合使用上述两种方法的同时，还要结合以下情况分别进行判断：

（1）诊断中若发现响声是无节奏的，且在发动机怠速运转时发出“嘎啦、嘎啦”的响声，中速时响的更为明显，高速时响声变得杂乱并带有破碎声，响声严重时齿轮室盖处振动，这有可能是齿轮啮合间隙太大造成的。

（2）如果出现一种连续不断的“嗷、嗷、嗷”的响声，发动机转速越高时响声越大，并且经证实该机更换过正时齿轮，则有可能是齿轮啮合过紧的缘故。

（3）加速时出现有节奏的“哽、哽、哽”的响声，发动机转速越高时响声越大，则可能是齿轮啮合间隙不均造成的。若响声为连响，则故障出在曲轴正时齿轮上；若响声为间响，则故障出在凸轮轴正时齿轮上。

（4）若响声是有节奏的，发动机怠速运转时能听到“嗒啦、嗒啦”的声音，中速以上时又变为紧凑的“嗒、嗒、嗒”的响声，这往往是金属齿轮齿面碰伤以后出现的响声，故障在曲轴正时齿轮为连响，在凸轮轴正时齿轮上为间响。

（5）若在发动机怠速运转时听到“咯啦、咯啦”的撞击声，加大油门开度变为较杂乱的“哇啦啦”的声音，甚至还带点“咯棱、咯棱”的撞击声，正时齿轮室盖处又伴随有振动，通常这是一对金属正时齿轮发生根切造成的。

（二）利用发动机异响诊断仪诊断

1. 发动机异响的特征

要分辨发动机工作时发出的声响是正常声响还是异常噪声，以及区分各类异响，确定发出异响的部位，需要对异响的特征进行研究。

1）振动频率和振幅振动

物体发出的声音以波的形式向外传播，因此有波动频率和波动幅度两个要素，分别决定于声波振动的快慢和强度。这样，声波所导致的发动机外表面的振动也具有与声波的频率和振幅相对应的振动频率和振幅。研究表明，发动机每种敲击响声即声源引起的振动并非单一的，而是常常由一组频率不同的振动组成，但每种声响所引起的一组频率不同的振动之中也常含有一个或多个区别于其他声响的振动频率，称为信息频率或特征频率。信息频率取决于声源的物理特征。因此对同类发动机而言，同一声源所导致的振动的信息频率是近似的。所以，可以根据信息频率判断发出异响的声源或异响部位。当发动机相互运动配合副磨损间隙增大时，配合副相互冲撞加剧，所产生声响的声强或声压增大，由之引起的表面振动的振幅也增大。因此，振幅的大小可反映配合副的技术状况好坏。

2）相位

发动机各缸按一定次序周期性工作，各缸燃烧后所产生的最高压力也以该次序产生。因此，尽管各缸同类部件发出异响的特征频率相同或类似，但出现的相位不同，各缸异响信号间也存在时间上的差异。同样，同一缸不同部位所产生的异响也存在相位上的差异，即出现于不同曲轴转角处，如气门响则是与进、排气时刻相对应。虽然许多部位发出的异响出现在作功行程，如活塞敲缸、活塞销响、连杆轴承响、曲轴轴承响，但由于作用力传递过程的时间差异，不同部位的异响也存在相位上的差异，即异响发生时刻所对应的曲轴转角不同。

2．仪器诊断异响的原理

发动机异响诊断仪的基本工作原理建立在以上关于异响特征研究的基础上。简单来说就是利用仪器的加速度传感器（拾振器），把各种异响对应的振动信号拾取出来变为电信号，经过选频、放大后送到示波器显示出振动波形，对异响进行频率鉴别和幅度鉴别，再辅之以单缸断火（或单缸断油）、转速变化、听诊等传统手段，就能快速地判断出异响的种类、部位和严重程度。

异响诊断常用仪器有两种类型：便携式异响诊断仪和带相位选择的示波器显示异响诊断仪。许多发动机综合检测仪都具有发动机异响诊断的功能，常用的如深圳EA-1000型、BOSCH FSA-560型、济南 WFJ-2 型、天津 YT416 型、QFC-3 型等。

1）便携式异响诊断仪

便携式异响诊断仪由传感器、前置放大器、双 T 型选频网络、功率放大器和显示仪表五部分组成。异响诊断仪的传感器通常采用压电式加速度计，它由两片石英晶体或锆钛酸铅压电陶瓷等压电材料组成，压电材料片上置一铜制质量块，并用片簧对质量块预加负荷。当压电材料受到外力作用时，不仅其几何尺寸发生变化，而且内部极化，表面上有电荷出现，形成电场；当外力去掉时，其又恢复到原来状态，这种现象称为压电效应。当加速度计受到振动时，质量块随之振动，同时会有一个因振动而产生的惯性力作用于压电材料片上，该惯性力的大小与振动加速度及质量块的质量有关。作用于压电材料片上的惯性力使表面产生电荷。在表面所积聚的电荷量与惯性力及振动加速度成正比。对于振动加速度来说，其大小、方向是周期性变化的，电荷量 q 也随之周期性变化，因此，带电表面与壳体间就会出现周期性变化的电压，其变化频率取决于振动频率。振动的振幅越大，振动加速度越大，压电材料表面产生的电荷量越大，输出电压越高。因此，输出电压信号的变化频率可表示振动频率，而电压高低反映振动幅度。若振动由异响引起，则电压值就可反映异响的强弱。

压电加速度计常制成两种类型：一是具有磁座，可将其吸附在发动机壳体上；二是制成手握式，通过与加速度计相连的探棒接触检测部位并传递振动。当把异响振动所产生的电压信号从各种不同噪声振动所产生的信号中分离出来，就可以诊断异响。因此，压电加速度计输出信号经屏蔽导线连接到有高输入阻抗的前置放大器输入端，再经差动放大器放大后输入双 T 型选频网络。该网络实质上是一组具有不同中心频率的选频放大器，而且中心频率可用琴键开关变换对应于经试验研究确定的发动机各主要异响的特征频率。选频放大器的功能是放大电压信号中与中心频率相一致的部分，削弱或滤去与中心频率不一致的成分。经过选频放大，异响特征频率电压信号强度加强，再经功率放大输给扬声器或耳机，同时由电压表指示电压信号峰值，电压表又用作转速表，这样实现异响的诊断。

2）带示波器的异响诊断仪

示波器显示异响诊断仪一般带有相位选择功能，其异响振动信号获取和处理的基本原理与便携式类似，特点是相位选择在一定时刻让信号通过诊断装置，该时刻对应于故障零部件出现异响振动的时刻，即把异响振动与曲轴转角联系起来；同时，异响振动波形可在示波器上显示出来。由于某缸配合零部件的敲击振动总在该缸点火后发生，某一时刻结束，因此对于汽油机而言，可用转速传感器从一缸点火高压线上获得点火脉冲信号，用点火脉冲信号触发示波器的扫描装置，在开始点火的时刻使经选频后的异响振动电压信号导通。导通的相位和导通的时刻可以均匀调节。这样，相位选择装置从振动波形时间及相位上的差异来分辨异响。通过选频的振动信号输送到示波器垂直偏转放大器输入端，同时来自一个缸高压线的点火脉冲信号触发相位选择器以控制示波器的扫描装置，从而在示波器屏幕上显示出经过相、频选择的振动波形，可用于直接观察振动波形的振幅、相位和延续时间。

3．异响振动波形检测方法

采用带相位选择的示波器显示异响诊断仪或具有异响诊断功能的发动机综合检测仪，可通过对异响振动波形的检测对发动机异响进行诊断。在检测异响振动波形前，应首先阅读所使用仪器的使用说明书，按说明书的要求进行操作。下面以 WFJ-1 型微电脑发动机检测仪为例介绍异响波形的检测方法。

（1）在第一缸安装转速传感器。

（2）检测曲轴主轴承响时，输入操作码“33”，压电加速度计探棒垂直顶在振动最明显部位，一般应在油底壳上。先把发动机转速稳定在 600～800 r/min 之间，然后抖动加速踏板，若有明显瞬时波形，则说明曲轴轴承响。在抖动加速踏板的同时，按一下“存储”键，则主轴承响的振动波形存贮在仪器中，复位后输入“6×”（×代表发动机的缸数），可在屏幕上重显存入的波形。按下“全缸”键，屏幕上显示出各个气缸曲轴主轴承响波形，从中确定振动波形幅度最大的气缸；再按下“单缸”键，可依次单独显示出各缸波形，以判断异响出现的部位及异响波形的幅度。按下“打印”键，还可打印出上述波形。

（3）检测连杆轴承响时，仍然输入操作码“33”，加速度计探棒触在缸体侧面，对准缸套的上部。提高发动机转速，找到异响明显的转速，并在该转速下抖动加速踏板，若有瞬时高峰波形出现，则说明连杆轴承响。可按检测曲轴主轴承的方法进行波形存贮、全缸波形重显和缸位判断，并可打印出波形。

（4）检测活塞敲缸响时，需输入操作码“33”或“34”，加速度计抵在气缸体的上部。活塞敲缸响一般在冷车下较为明显，在低速下较为清晰。在 800 r/min 以下的转速下轻抖加速踏板，若有明显瞬间波形，说明有活塞敲缸响。

（5）检测活塞销响时，需输入操作码“34”或“35”，加速度计抵在缸盖、缸体结合处，中高速下抖动加速踏板，若有窄而尖的瞬间波形出现，说明活塞销响。

（6）检测气门响时，需输入操作码“36”，加速度计触在进、排气门附近，发动机在 1 200 r/min 左右的转速下运转。若波形幅度明显增大，说明气门响。

4．常见异响的波形检测分析

1）曲轴主轴承响

将加速度传感器抵在发动机油底壳中上部稍前位置，如图 2-3（a）中所示黑点部分。曲轴主轴承异响全缸波形如图 2-3（b）所示，第 5 缸主轴承异响故障波形如图 2-3（c）所示。

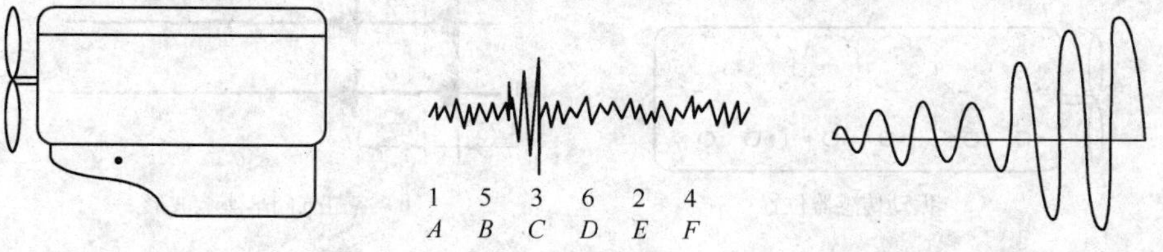

（a）振动传感器位置　（b）主轴承异响全缸波形　（c）第 5 缸主轴承异响波形

图 2-3　曲轴主轴承异响波形

2）连杆轴承响

将加速度传感器抵在曲轴箱上部对正连杆轴承处，测 1、2、3 缸时连杆轴承异响的波形如图 2-4 所示。

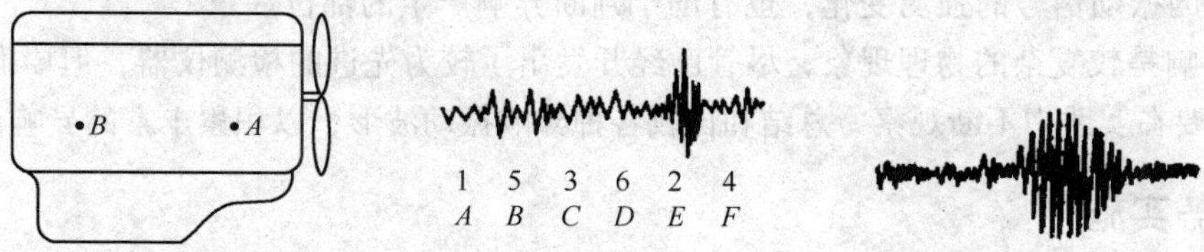

（a）振动传感器位置　（b）连杆轴承异响全缸波形　（c）第 2 缸连杆轴承异响波形

图 2-4　连杆轴承异响波形

3）活塞敲缸响

将振动传感器安装在气缸上部位置，可以检测发动机活塞敲缸的响声振动波形，如图 2-5 所示。

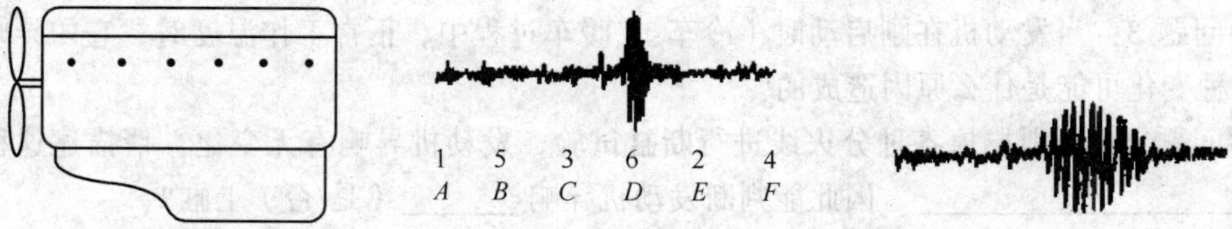

（a）振动传感器位置　（b）活塞敲缸异响全缸波形　（c）第 6 缸敲缸异响波形

图 2-5　活塞敲缸异响波形

4）气门落座响

将加速度传感器抵在气缸盖上对应进、排气门附近，如图 2-6（a）所示。气门落座波形及其位置如图 2-6（b）所示。

从上述波形分析可知，一般在点火提前角正常的情况下，活塞销异响故障波形出现在整个波形的前部（或中部），活塞敲缸异响故障波形出现在整个波形的中部（或前部），连杆轴承响出现在中后部，曲轴轴承响出现在波形最后部。因各种异响对应着不同振动频率，同时振动中的振幅大小变化过程存在差异，因此显示在示波器上的振动波形所对应的凸轮轴转角和形状有所不同。

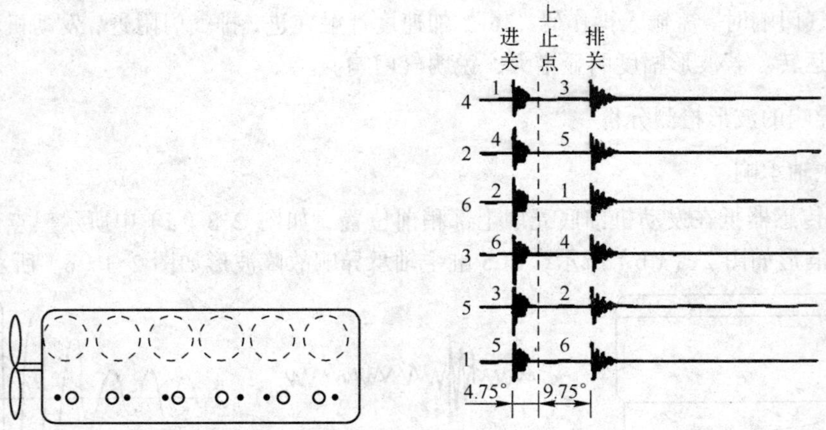

（a）振动传感器位置　　（b）各缸气门落座响波形

图 2-6　气门落座响波形

发动机发生异响的部位由发动机的结构确定，但异常的能量随离开声源的距离越远越弱，即声波的声强或声波在发动机外表面所引起的振动的振幅，随检测点距声源的远近而变化。因此，为了准确测得异响信号或获得足够强的异响信号，异响检测点应距声源越近越好。此外，测量点变化后所测得的振动信号的强弱变化，也有助于判断异响产生的部位。

发动机异响是较复杂的物理现象，尽管已经开发出了较为先进的检测仪器，但要准确地进行异响诊断，还需要在实践中不断观察、总结和比较各种异响振动波形，以积累丰富的异响诊断经验。

三、任务实施

引导问题 1：利用听诊器对实训故障车辆的异响进行诊断，是否能较容易识别出异响部位是在____________________区域？

引导问题 2：轻抖节气门，再分别将转速保持在怠速、中速和高速位置，发动机响声有变化吗？异响在______________转速附近响声最大？响声的频率与曲轴的转速有关系吗？请选________________（有/无）？如果有关，那么曲轴每转两圈，它会响__________次？

引导问题 3：当发动机在刚启动时（冷车）、暖车过程中、正常工作温度时，它的异响声有何变化？这种变化可能是什么原因造成的？

引导问题 4：分别拔掉各种分火线进行断缸试验，发动机异响有无变化，请描述这种声音变化_______________________，因此能判断发动机异响_______（是/否）上缸？

引导问题 5：利用异响诊断仪对异响故障进行检测，将波形打印出来，并分析异响波形。

引导问题 6：根据以上检测与诊断情况，判定异响的部位与原因，并简要写出你的检修方案。

思　考　题

1．试述发动机异响的性质和分类。

2．试分析发动机转速、负荷、温度、缸位、工作循环对发动机异响的影响。

3．发动机的异响常见类型、原因与部位有哪些？

4．叙述发动机曲轴轴承响和连杆响的现象、原因及诊断的异同之处。

5．说一说发动机气门响与正时齿轮异响的原因与诊断方法。

项目 3　电喷汽油发动机加速性能不良的故障诊断

【学习目标】

- 能识别电喷汽油发动机加速不良、动力不足等故障现象。
- 会利用故障树分析方法分析发动机加速不良等故障的原因及部位。
- 能结合发动机构造特点及故障现象制定发动机加速不良等故障的诊断流程。
- 能熟练操作检测仪器，运用多种方法进行电喷发动机加速和动力性能故障的诊断。
- 可以将本次故障诊断过程编写成技术报告或案例。

【案例引入】

丰田凯美瑞轿车，行驶里程 69 857 km，最近行驶过程中发现冷车时急加速转速响应滞后，进气管有时有轻微回火现象，行驶一段时间后发动机故障警告灯会点亮。将发动机熄火后再着车，故障灯会熄灭，行驶一段时间又会点亮，而且发动机油耗升高。请思考如何检修与排除该车故障？

任务 1　发动机加速性能不良故障现象与故障原因分析

一、任务导入

描述你见到的发动机加速性能不良的症状有哪些？分析有哪些故障原因，将它们用故障树的方法列出来。

二、知识准备

（一）电喷发动机加速不良的故障现象

与传统化油器发动机加速不良故障现象一样，当电喷发动机加速不良故障表现较严重时，停车空挡急踩加速踏板时发动机转速不能跟随节气门的开大而升高，有的还出现熄火现象。故障稍轻的表现是，转速能随节气门开大而缓慢提升，但常伴有进气管回火、排气管放炮、水温高，发动机燃烧异响等现象。故障不明显的表现为车辆往往在空加油时转速表现正常，但行驶过程中出现提速响应慢，自动变速器车辆升档迟缓，换挡冲击，最高车速下降等现象。一般情况下，电喷发动机加速性能不良，在行驶一段时间后，由于燃烧不正常，电控单元通过含氧传感器反馈的信号检测到发动机排放超标，发动机故障警告灯都会点亮。如果是电控系统出现问题，故障警告灯会直接点亮。

（二）加速不良原理分析

图 3-1 所示为常见的 L 型电控汽油喷射发动机的组成图，其工作原理是当发动机运转时，气缸内活塞向下运动时产生的真空吸力使空气从进气管道中进入，进气道中有计量空气流量的传感器（L

型)、进气真空压力传感器（D 型)，以及其他水温传感器、节气门位置开关及传感器等，它们共同反馈信号给发动机控制单元，通过电控单元的计算，电控单元按电脑存贮的预设的喷油规律控制喷油时间，由于燃油供给系统的系统油压与进气歧管压力基本保持有一相对稳定的压差，使电脑通过控制喷油时间达到了控制喷油量的目的，结合电控点火系统的精准点火，进而使发动机正常运转。

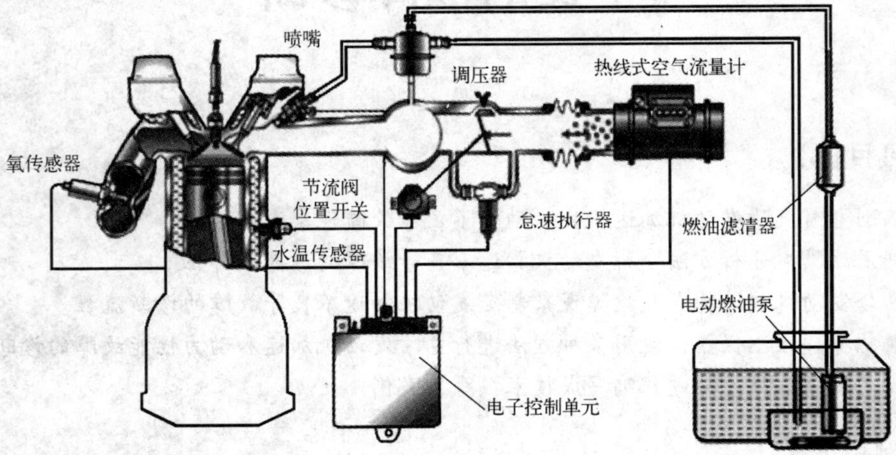

图 3-1 L 型电喷发动机的组成

根据内燃机原理，发动机正常燃烧必须达到以下三个条件：一是合适的混合气；二是正时准确而且能量充足的点火；三是良好的气缸压缩力。其中任意一个燃烧条件不良，都会导致发动机内不完全燃烧，使发动机动力与功率得不到有效的发挥，因此在分析加速不良的故障原因时，可分别从上述三个方面分别进行考虑。要获得合适的混合气，一是有满足加速需要的充足的进气充量；二是空燃比的控制应精确，对电控燃油发动机而言，其影响因素基本上已包含了整个发动机的空气供给系统、燃油供给系统和电控喷射系统等三个方面。气缸压缩力主要与发动机的机械部件的工作状态有关，包括气缸壁、活塞、活塞环磨损情况，气门密封性以及配气正时有关。因此，当发动机出现加速不良故障时，应系统地从发动机的空气供给系统、燃油供给系统、电控系统、点火系统、气缸密封性和气门正时等零部件工作状况方面进行分析和诊断，排除其中可能出现故障的原因。

（三）故障部位与原因

造成汽车加速不良故障的主要原因有：

1. 影响喷油量和空燃比的电控系统故障

（1）使用空气流量传感器（MAF）的进气系统发生较严重的泄漏，充气系数增加，混合气过稀，造成怠速高，而急加速不良。

（2）进气歧管绝对压力传感器的真空通道被积炭堵塞，造成混合气过稀，大负荷动力不足，急加速不良。

（3）进气歧管绝对压力传感器的真空软管破裂，造成怠速高，急加速不良。

（4）热丝、热膜或翼片式空气流量传感器被积炭污染，造成混合气过稀。

（5）水温传感器、进气温度传感器、含氧传感器、节气门位置传感器、发动机 ECU 及相关线路等故障。

2. 喷油系统故障

（1）喷油器堵塞，使喷油量减少，导致混合气过稀，造成怠速抖动，急加速不良。

（2）燃油压力过低或燃油流量过低，导致混合气过稀，造成怠速抖动，急加速不良。

（3）燃油压力过高，会导致火花塞积炭、加速排气管放炮等现象。

3. 气缸压缩力与进气充量不足等机械方面故障

（1）燃烧室密封不良：燃烧室积炭过多，造成进气门通气量减少和关闭不良；积炭过多导致气门杆和气门导管卡滞，造成气门关闭不严；气门间隙过小，或排气门烧蚀造成气门关闭不严；气缸壁、活塞、活塞环磨损；气门正时不准确，高速进气量不足。

（2）进、排气不通畅，包括空气滤清器堵塞、三元催化器堵塞、节气门卡滞或拉线松脱、可变辅助进气系统及进气增压系统故障等造成进气量减少，充气系数不足，没有高速。

4. 点火系统故障

（1）点火正时不对，造成缓加速正常，急加速不良。

（2）点火线圈故障造成高压火弱。

（3）火花塞、分火盖、分火头、高压总线等故障造成高速失火或火弱。

（4）爆震传感器故障。

5. 其他故障

如燃油品质不良，燃油中有水等。

三、任务实施

引导问题1：汽油发动机正常燃烧的三个必备条件是________________、________________、________________。

引导问题2：汽油机电控燃油喷射系统由哪三个子系统组成？它们分别由哪些元件组成？

引导问题3：说出空气供给系统常见的三个故障现象________________、________________、及____________。并说明其影响发动机加速性能的原因何在？

引导问题4：汽油机燃油供给系统的常见故障元件有哪些？燃油压力低的原因有____。

引导问题5：描述你所见到的实训车辆的加速不良故障现象是____。

引导问题6：如果发动机加速时回火，可能的故障原因是什么？放炮的故障原因是什么？

引导问题7：点火系统中高压总线或__________、__________损坏会造成点火能量不足，发动机会出现什么症状？如果个别缸火花塞或分火线不良，会不会造成加速性不良？为什么？

引导问题8：发动机曲轴、凸轮轴、分电器轴的相位关系是怎样的？如果配气相位不准确，是否会对发动机的加速性或动力性能产生影响？分别有哪些方面的影响？

引导问题9：写出五个造成发动机气缸压力低的影响因素：____。

任务2 电喷汽油发动机加速不良故障诊断流程制定

一、任务导入

根据任务1的故障特征分析，结合该车型结构特点及你所拥有的诊断检测仪器，制定出合理的诊断步骤及方法。

二、知识准备

带有汽油喷射电控系统的发动机出现故障后，首先应判定故障是否与汽油喷射电控系统有关。此时应观察组合仪表中的发动机故障报警灯是否点亮，如果发动机故障报警灯不亮，大多数情况下故障与汽油喷射电控系统无关。这时，就应该像发动机没有装汽油喷射电控系统一样，先确认发动机各工作机构、燃油供给、冷却和润滑等系统工作是否正常。如果发动机故障报警灯点亮并闪烁故障诊断代码，说明汽油喷射电控系统有故障，则应进行电控系统故障自诊断，按指引查找相关电器元件及线路，直至把故障诊断出来，恢复汽油喷射电控系统正常的技术状况。如果故障报警灯不亮或显示正常代码，而故障又确实存在，就应分别从供油与燃油喷射控制、点火、进排气（压缩力）等方面全面进行检测和诊断。

一般来说电喷汽油发动机加速性能不良的诊断思路如图 3-2 所示。

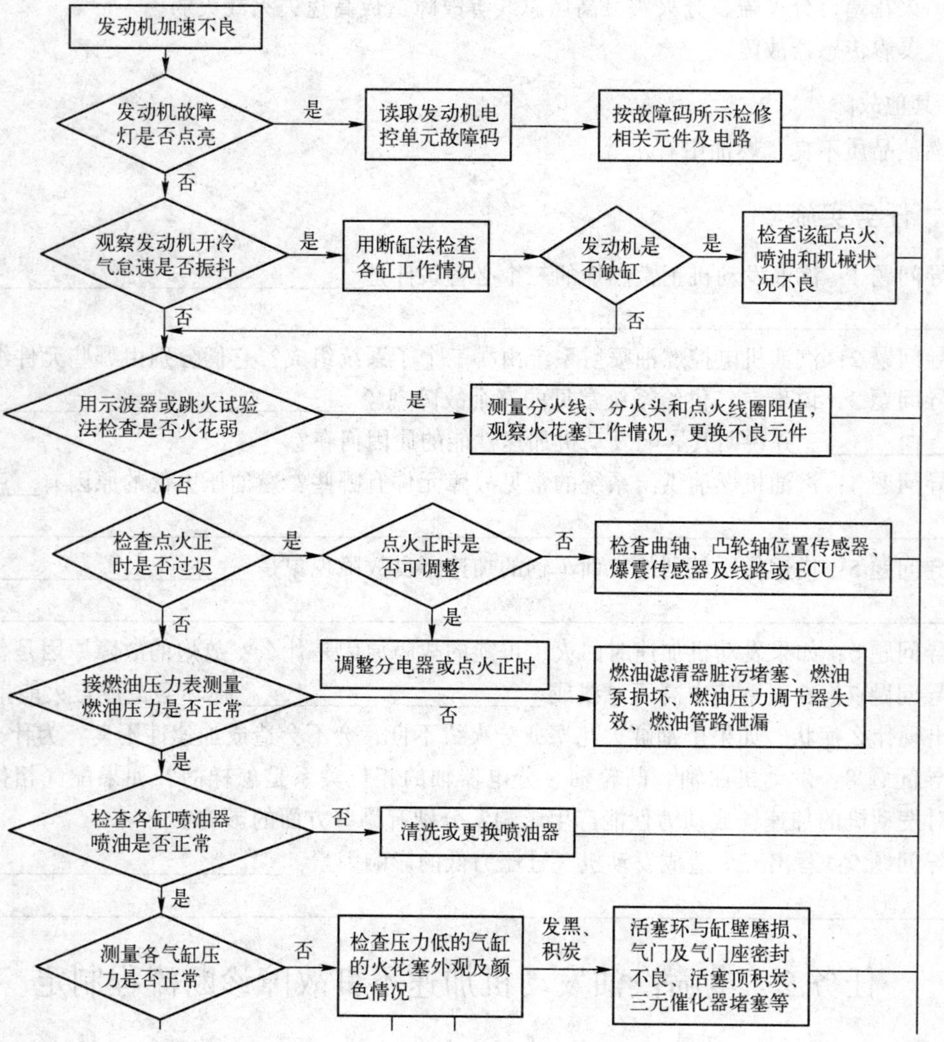

图 3-2 电喷汽油发动机加速性能不良的诊断思路

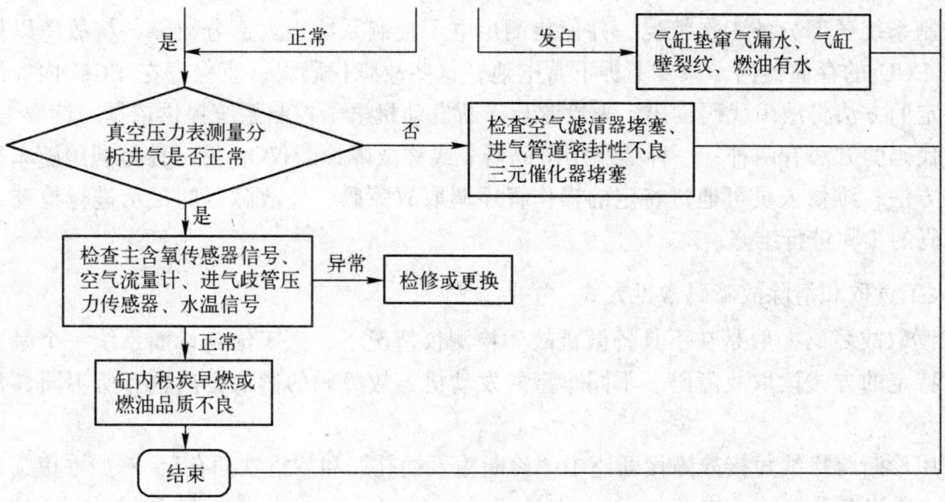

图 3-2　电喷汽油发动机加速性能不良的诊断思路（续）

三、任务实施

根据故障车辆故障征兆，结合上节故障原因分析以及车型部件安装特点，以先简后繁，先外后内的诊断原则，制定出合理的发动机加速不良的故障诊断流程，以便系统有序地排除故障。

任务 3　电喷发动机电控系统的故障诊断与检测

一、任务导入

观察实训车辆在正常着车运转时，发动机故障指示灯是否点亮。分别利用人工方法和电脑诊断仪进行发动机故障码的读取，分析故障码所含故障原因，通过阅读数据流、示波器检测波形、万用表测量等手段检测相关信号和参数，结合相关车型的维修手册等技术资料进行元件和电路的性能判断，更换损坏件，排除电控系统故障。

二、知识准备

发动机电控单元及主要传感器执行器的检测诊断常用方法有电控系统自诊断法、数据流分析诊断法、波形分析诊断法、电子信号分析法、万用表测量检测法等。

电控汽油喷射系统中传感器信号丢失、不准确，或执行器工作不灵活，响应变慢等特性变化都会影响到汽油的喷射量，从而影响汽油机的混合比，使电喷汽油发动机加速性能不良，或同时伴有排放超标，有黑烟、回火等故障现象。由于电控系统涉及汽油发动机的多个信号传感器和执行器工作状况，还有线路的导通情况等，故障发生的机率较高。一般出现电控系统故障时要对电控系统进行自诊断，方法是借助电控单元存储的故障码和数据流等自诊断数据来进行故障原因的初步分析与判断。

（一）发动机电控系统的自诊断

1. 故障码人工诊断法

发动机电子控制系统的 ECU 内部一般都有故障自诊断功能，它能在发动机运行过程中不断监测电子控制系统各部分的工作情况，并能检测出电子控制系统中大部分故障，将故障以代码的形式存储在 ECU 的存储器内。只要不拆下蓄电池，这些故障代码将一直保存在 ECU 内，维修人员可按照特定的方法将故障代码读出，为检测与诊断发动机电子控制系统提供依据。读取 ECU 内存储的故障代码的方法有两种：一种是利用解码器（或称故障诊断仪）；另一种是利用随车故障自诊断即人工方法，维修人员可通过特定的操作程序调取故障码、按故障码的提示进行检查、修理、清除故障码的步骤进行维修。

1）人工读取和清除故障码常见方式

人工读取故障码一般是在不具备微机故障检测仪情况下，人工给自诊断系统一个触发信号，然后通过特定的方式读取故障码。不同车型的发动机，故障码的读取方法也有所不同，常用的有以下几种方式。

（1）用诊断跨接线短接故障诊断座中“诊断输入插孔”和“搭铁插孔”，例如本田、丰田、大发、欧宝、通用车系。

（2）按压“诊断按钮开关”，如沃尔沃车系。

（3）拧动电脑控制装置上的“诊断模式选择开关”，例如日产车系。

（4）空调系统故障诊断可以打开空调控制面板上的“兼用开关”进行诊断。

（5）在故障检测插座相应插孔间跨接自制的发光二极管，例如马自达、奔驰、福特、现代车系。

2）丰田车系故障码的人工读取及清除方法

丰田车系的诊断座有多种形状，如图 3-3 所示，一般是利用跨接线短接故障诊断座的相应的端子，从而激发仪表板上的故障指示灯闪烁，再根据故障指示灯的闪烁规律来读取故障码。

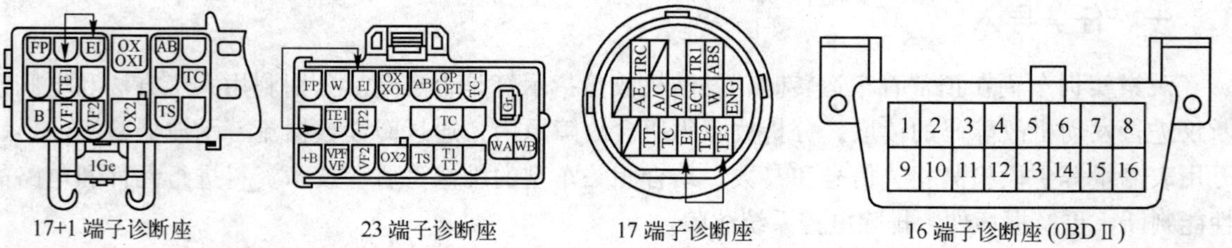

17+1 端子诊断座　　23 端子诊断座　　17 端子诊断座　　16 端子诊断座（OBD Ⅱ）

图 3-3　丰田车系故障诊断座

（1）静态读取发动机故障码的方法如下：

① 打开点火开关，但不启动发动机。

② 用跨接线跨接诊断座中的 TE1 和 E1 端子或 16 端子故障诊断座中的 5、6 号端子。

③ 根据仪表板上“CHECK ENGINE”故障指示灯的闪烁规律读取故障码。

丰田车故障码闪码规律是，无故障码时，如图 3-4（a）所示，故障指示灯等间隔地闪烁，其中亮、熄时间均为 0.25 s。如果存在故障码，故障指示灯将不断闪烁，循环显示所有故障码，每一循环依数值由小到大的顺序显示。丰田车系故障码为两位数，故障指示灯闪亮与熄灭的时间均为 0.5 s，闪亮次数代表故障码数值，每个故障码的十位与个位之间有 1.5 s 熄灭的间隔，两个代码之间有 2.5 s 的熄灭间隔，每一轮故障码显示完后，重复显示前有 4.0 s 熄灭的间隔，如图 3-4（b）所示。

（2）动态（试验状态）读取故障码的方法如下：

① 关闭点火开关。

② 用跨接线跨接故障诊断座上的 TE2 与 E1 端子，以启动试验状态。

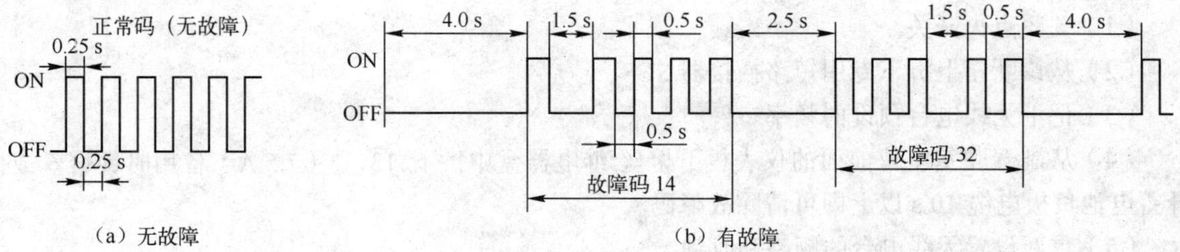

图 3-4 丰田车系故障码的显示

③ 打开点火开关，检查发动机故障指示灯是否闪烁。如果闪烁，表示系统已进入试验状态；如果不闪，应检查 TE2 端子电路。

④ 启动发动机，并以不低于 10 km/h 的车速进行路试。

⑤ 路试结束后，再用另一根跨接线短接诊断座上的 TE1 和 E1 端子，由仪表板上的故障指示灯闪烁规律读取故障码。

⑥ 完成检查后，脱开 TE2、TE1 和 E1 端子跨接线，关闭点火开关。

（3）清除故障码。当故障排除后，应清除 ECU 存储器内的故障码，方法有两种：一是关闭点火开关，拨下 EFt 熔丝（20 A）10 s 以上；二是将蓄电池负极电缆拆开 10 s 以上，但此种方法同时使时钟、音响等存储信息丢失。

3）广州本田车系故障码的人工读取方法

（1）关闭点火开关。

（2）图 3-5 所示为用专用短路插接器 SCS 或导线连接位于仪表下方的 2 端子诊断座。

（3）打开点火开关但不启动发动机，根据仪表板上的 MIL 或 CHECK ENGINE 灯闪烁规律读取故障码。

该车系 1～9 单码通过短闪方式显示，双码的十位数用长闪方式显示，个位数用短闪方式显示。多个故障码按由小到大顺序依次输出。其故障码输出方式波形如图 3-6 所示。

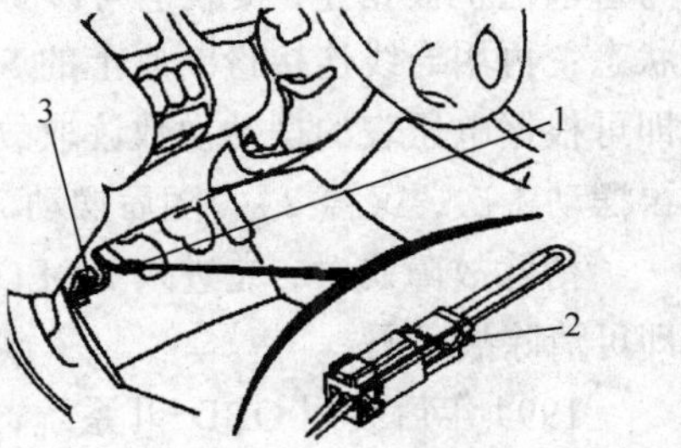

图 3-5 广州本田故障码读取方法

1—诊断座位置；2—专用短路插接器；3—数据传输接口（2 端子）

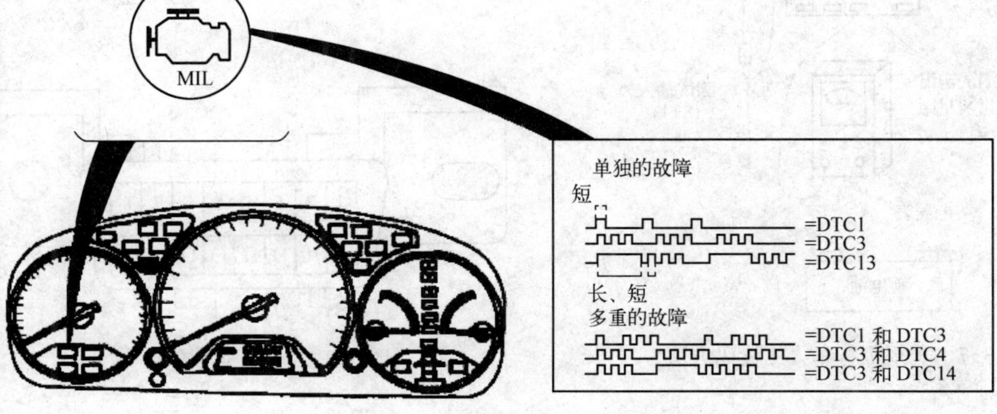

图 3-6 广州本田故障码显示方式

故障码清除程序如下：

（1）关闭点火开关。

（2）从诊断座上拆下专用短路插接器 SCS。

（3）记下无线电台预设的频率。

（4）从副驾驶室座位前面的仪表板下熔丝/继电器盒中拆下 13 号（7.5 A）备用时钟熔丝或拆开蓄电池负极电缆 10 s 以上即可清除故障码。

（5）重新设置无线电台的频率和时钟。

4）福特车系故障码的读取与消除方法

1991 年后福特公司生产的轿车多装备 EEC-1V 系统，在此仅以装备该系统的美规福特车型为例介绍故障码的读取与清除方法。

美规福特车系一般采用 6+1 端子诊断座，故障码的读取可分为 KOEO（Key On Engine Off，点火开关打开，发动机不运转）和 KOER（Key On Engine Run，点火开关打开，发动机运转）两种状态。

调取故障码时可用指针式电压表或 LED 灯，根据电压表的摆动次数（或 LED 灯的闪烁规律）读取故障码，也可根据仪表板上的 CHECKENGINE 灯闪烁规律读取故障码。故障码以三位数表示。

用电压表读取故障码时，如图 3-7 所示，首先将电压表量程选择在 0～15 V，将电压表正表笔与蓄电池正极相连，负表笔与诊断座的 ST0（测试输出）端子连接，使计算机进入 KOEO 或 KOER 状态，再用导线连接诊断座上的 ST1（测试输入）和 SIGNAL RETURN PIN（信号返回）端子，即可根据电压表的摆动次数读取故障码。如显示故障码 112 时，电压表指针先摆动 1 次，停 2 s，再摆动 1 次，又停 2 s，随后摆动 2 次。

清除故障码时，先进入 KOEO 状态，当刚开始输出故障码时，立即拆下诊断座上的连接导线，即可清除故障码。

1994 年后装用 OBD-Ⅱ系统，且保留短接方式读取故障码的福特汽车，可将 16 端子 OBD-Ⅱ诊断座（见图 3-8）上的 13 号端子和 15 号端子短接，即可从仪表板上的 CHECK ENGINE 灯读取故障码。

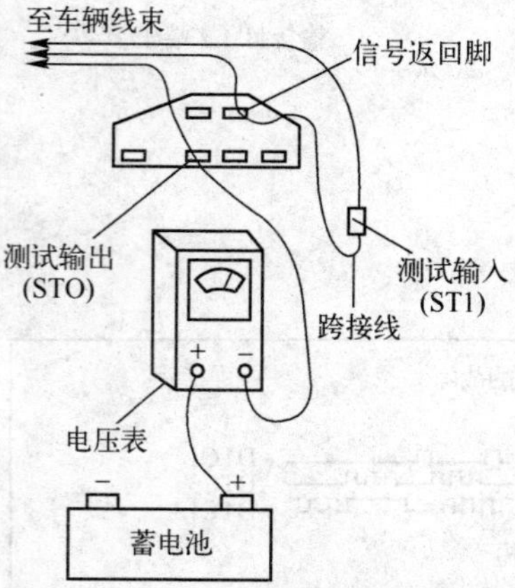

图 3-7 美规福特车人工读码方法

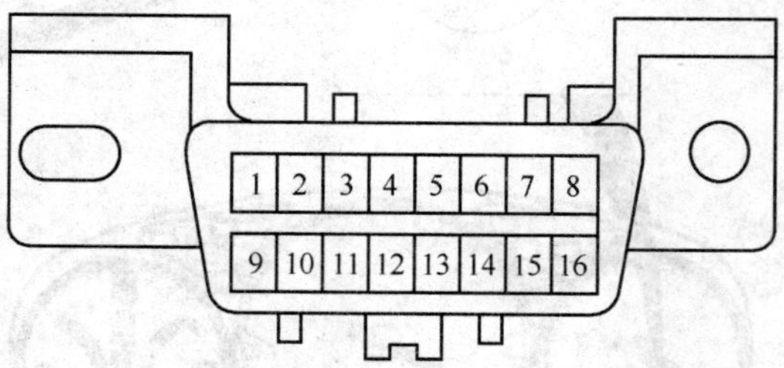

图 3-8 OBD-Ⅱ诊断座

2．借助诊断仪器读取故障码

发动机电子控制电路上都设置有一个专用的故障检测插座，通过线路与 ECU 连接。将专用型的解码器或通用型的解码器检测插头与汽车上的故障检测插座连接，然后打开点火开关（ON），就可以很方便地从微机故障检测仪的显示屏上读出所有存储在ECU中的故障代码，查阅该车型的维修手册（有的可直接显示故障码内容）就可以知道这些故障代码所表示的故障内容和可能的故障原因。

1993年以前，汽车采用的电控诊断系统为第一代诊断系统，各厂家采用不同的诊断座、不同的诊断代码和不同的诊断功能给检测诊断带来了不便。现在各厂家的电控诊断系统采用全球统一的16端子的诊断座，一般位于驾驶室仪表板下方，图3-8所示为诊断座的外形，称为第二代随车计算机诊断系统，简称OBD-Ⅱ（ON BOARD DIAGNOSTICS-Ⅱ），它是由美国汽车工程学会（SAE）制定的，经由美国环境保护机构（EPA）及美国加州资源协会（CARB）登记的一套汽车标准。美国加州要求销售到该地区的车辆，不论欧洲、美国、日本等国家均必须符合该标准。

OBD-Ⅱ国际标准具有以下特点：

（1）统一各车种诊断座形状都为16 pin（脚）。

（2）具有数值分析资料传输功能。

（3）统一各车种相同诊断代码及含义。

（4）具有行车记录器功能。

（5）具有重新显示记忆的诊断代码功能。

（6）具有由仪器直接清除诊断代码的功能。

OBD-Ⅱ诊断座各端子的功能如表3-1所示。

表3-1　OBD-Ⅱ诊断座各端子功能

端子	功　用	端子	功　用
1	供制造厂应用	9	供制造厂应用
2	SAE-J1850资料传输	10	SAE-J1850资料传输
3	供制造厂应用	11	供制造厂应用
4	车身直接搭铁	12	供制造厂应用
5	信号回路搭铁	13	供制造厂应用
6	供制造厂应用	14	供制造厂应用
7	ISO 9141资料传输	15	ISO 9141资料传输
8	供制造厂应用	16	接蓄电池正极

在OBD-Ⅱ标准公布后，各汽车厂家纷纷采用，形成了国际标准。维修人员需要调取故障码时，通过专用的汽车计算机检测仪连接汽车上专用故障检测插座，打开点火开关，从计算机检测仪的显示屏上读出所有存储在计算机中的故障码，对照各类汽车提供的维修资料，依次从小到大进行诊断。OBD-Ⅱ诊断模式采用高效率的输出明码编码方式以及压缩数据包方式传递信息，读取与清除故障码可在瞬间用仪器完成。

OBD-Ⅱ诊断座仍保留了通过跨接诊断座的引脚从故障指示灯或LED灯、电压表上读取故障的功能，不过这种码多是两位数码，信息量远少于OBD-Ⅱ标准码，有些故障码无法用这种方式输出。例如，在读取美国通用汽车OBD-II系统的发动机故障码时，可用一跨接线将诊断插座的端子6接地，然后根据仪表板上发动机故障警告灯的闪烁规律读取故障码。在读取美国福特汽车OBD-Ⅱ系统的发动机故障码时，可用一跨接线将诊断插座的端子13接地，然后根据仪表板上发动机故障警告灯的闪烁规律读取故障码。再如，在读取日本丰田汽车OBD-Ⅱ系统的发动机故障码时，可用跨接线将诊断插座的端子5和6短接，然后根据仪表板上发动机故障警告灯的闪烁规律读取故障码。这和前面介绍的手工提取故障码的方法有所区别，要注意区分。

各种车辆相同的OBD-Ⅱ标准码的故障码意义相同，它由1位字母和4位数字组成。

第1位为英文字母，表示故障码的系统划分，共4个字母：B为车身系统；C为底盘系统；P为动力系统；U为未定义。

第2位为数字，表示故障码类型，共4个数字，类型如下：

0为美国汽车工程师学会（SAT）定义的通用故障码；

1为汽车生产厂家定义的（扩展）故障码；

2、3为随系统划分B、C、P、U的不同而不同。在P系统中，2或3由SAE留作将来使用；在B或C系统中，2为汽车厂家保留，3由SAE保留。

第3位为数字，是由SAE定义的故障范围，如表3-2所示。

第4、5位为数字，代表原厂的故障码。OBD-Ⅱ规定的故障码的组成与结构，对于任何厂牌、车型都是适用的。

例如：P1352故障码，其中“P”表示发动机动力系统的电控单元，“1”是生产厂家自定义的故障码，“3”是指点火系统故障，“52”是原厂故障码序号，表示A组高压线圈、低压线圈不良。

表3-2　OBD-Ⅱ代码第3位数字代表的SAE定义的故障范围

代码	SAE定义的故障范围	代码	SAE定义的故障范围
1	燃油系统或进气系统的故障	5	怠速控制系统的故障
2	燃油系统或进气系统的故障	6	微机或执行器的故障
3	点火系统或发动机间歇熄火	7	电控自动变速器控制系统的故障
4	废气排放控制系统的故障	8	电控自动变速器控制系统的故障

3. 故障码的检修

故障码检测出来以后，还应对故障码生成原因进行分析，然后进一步利用万用表、示波器等仪表测取相关传感器信号及线路导通性等参数，对照生产厂相关标准对其性能进行判断，不能使用的传感器要更换，线路故障应进行检修和排除，然后清除电控单元中的记忆故障码，试车确认故障和故障码不再出现。

表3-3所示为大众车系发动机故障码及其故障原因的分析。

表3-3　大众车系发动机故障码含义（节选）

V.A.G1551输出码	可能的故障原因	可能的影响	故障排除
00515–霍尔传感器G40 断路/对正极短路 对地短路	断路或对正极短路 传感器盘松动 G40损坏	在节气门全开时功率不足； 排放值不合格； 燃油消耗高	检测霍尔传感器
	对地短路 G40损坏		
00528–海拔高度传感器F96 信号过大 信号过小	断路或对正极短路 F96损坏	启动不良	检测海拔高度传感器
	对地短路 F96的供电有故障 F96损坏	增压压力降低（增压器转速的安全限制）	
00532–供电电流 信号过大 信号过小	从辅助启动器来的电压过高 发电机损坏	发动机控制单元损坏	检测蓄电池电压

续表

V.A.G1551 输出码	可能的故障原因	可能的影响	故 障 排 除
00532—供电电流 信号过大 信号过小	供电电压低于 10 V 超过 1 s 同发动机控制单元的线束连接不可靠 蓄电池放电 当点火开关关闭时，有电流损失	发动机不能启动 发动机运行困难，可能导致发动机灭火 节气门控制单元自适应过程不能进行	检测发动机控制单元的供电电压 检查蓄电池的充电状况
00543—超过最高转速	发动机超速（如换挡错误） 发动机转速超过 7 100 r/min	发动机损坏	矫正机械损伤
00575—进气歧管的压力 没有达到调节限度 超过调节限度	空气流量计的输出信号太弱 在增压器与空气流量计之间有漏气处	功率增大	检测空气流量计 检查进气系统
	增压器的压力单元发卡 增压控制电磁阀损坏 短路或断路	功率减小	检测空气流量计
	空气流量计的输出信号太强	功率输出减少	检测空气流量计
	增压控制电磁阀损坏 增压器的压力单元发卡	功率增大	检测增压压力控制
01119—挡位识别信号 断路/对正极短路 对地短路	断路或对正极短路 F125 损坏	当挂挡或脱挡时发动机转速比正常情况有更大的波动	检测到多功能开关 F125 的电线束（挡位传感器） 查询变速箱的故障代码
	对地短路 F125 损坏		
01165—节气门控制单元 —J338 没有达到调整限度 超过调整限度 调整偏差	节气门发卡 节气门控制器机构发卡	怠速增高 当松开加速踏板时发动机负荷变化剧烈	检测节气门控制单元
	到节气门控制器（V60）的电线束断路		检测节气门控制器
01247—活性炭过滤器电磁阀 N80 对地短路 对正极短路 输出断开	对地短路 N80 损坏	在部分负荷时，车辆行驶不平顺 车辆会发出汽油味	检测活性炭过滤器的电磁阀 1
	对正极短路 N80 损坏		
	断路 N80 损坏		
01249—1 缸的喷油器 N30 01250—2 缸的喷油器 N31 01251—3 缸的喷油器 N32 01252—4 缸的喷油器 N33 对地短路 对正极短路 输出断开	对地短路 喷油器损坏	发动机运转不平稳 发动机灭火	检测喷油器
	对正极短路 喷油器损坏		
	断路 喷油器损坏		
01259—燃油泵继电器 J17 断路/对地短路 对正极短路	断路 燃油泵继电器 J17 损坏	发动机不能启动 发动机熄火 存储几个故障代码	检测燃油泵继电器
	对地短路	点火开关打开时燃油泵连续运转	
	对正极短路	发动机不能启动 发动机熄火 存储了几个故障	
	对正极短路 N75 损坏 电线束中线断 N75 损坏	功率减小 增压压力太低	

续表

V.A.G1551 输出码	可能的故障原因	可能的影响	故障排除
16486–空气流量计 G70 信号太弱	断路/对正极短路 G70 损坏 空气漏气 空气滤清器阻塞	对性能无明显影响	检查空气流量计 检查进气系统
16496–进气温度传感器 G42 信号太弱	对地短路 G42 损坏	进入紧急运行状态（替代常数为+19.5℃）	检测进气温度传感器
16500–冷却液温度传感器 G62 不可靠信号	在插接处锈蚀 插接处松动 G62 损坏	在低温时冷启动困难 发动机暖机工况不良 燃油消耗增加 排放指标不合格	检测冷却液温度传感器
16505–节气门电位计 G69 不可靠信号	在插接处锈蚀 G69 损坏	加速不平顺 怠速不稳	检测节气门电位计
16514–λ传感器电路有故障	电线插接处锈蚀 λ传感器的信号线和地间短路	λ闭环控制不工作（混合气通过开环控制形成）	检测λ控制

（二）数据流的应用与分析

1. 数据流含义与作用

微机故障自诊断系统一般只能监测电控系统的电路信号，并且只能监测信号的范围，并不能监测传感器特性的变化。例如：线性节气门位置传感器要输出与节气门开度成比例的电压信号，控制系统根据其输入的电压信号来判断节气门的开度（即负荷的大小），从而决定喷油量等其他控制。如果传感器的特性发生了变化，传感器输出的电压信号虽然在规定的范围内，但是并不与节气门的开度成规定的比例变化，这时就会出现发动机工作不良，而故障指示灯并不会亮，当然也就不会有故障代码。

由此可以看出通过微机故障检测仪读取故障代码仅能够查找出发动机微机控制系统中大部分传感器、执行器或电控单元线路短路、断路以及元件损坏等所导致的无输出信号的故障。微机故障自诊断电路并不能够检测出微机控制系统所有类型的故障，特别是无法检测出大部分执行器以及传感器精度误差等方面的故障。事实上，各种传感器出现的模拟性故障，例如，工作不正常和偏差严重等是无法靠故障代码功能检测出来的，因此，在诊断故障时不能完全依赖故障代码功能检测诊断，而只能把它作为检测诊断时的一种重要参考依据。

许多汽车的微机故障诊断系统除了具有故障代码的记录功能以外，还具有行车记录功能，能记录车辆行驶过程中的有关数据资料。例如，发动机在运行过程中，各种传感器会不断地将发动机的工况以电信号的形式传送给 ECU，经过计算、比较和分析，及时地将执行指令发送给执行器。由于发动机的工况是在不断变化的，传感器输出的电信号也是动态变化的，执行器收到的指令也是动态变化的，这就形成了一串串流动的数据，称之为数据流，也有人称之为数据块。

数据流记录了汽车行驶和发动机运转过程中的动态数据资料，通过数据传输线路，利用通信式检测便可以检测出对应的传感器的输出信号和执行器的输入信号是否正常，进一步查找具体的故障部位，这就是数据流的诊断功能。通过微机故障检测仪便可以将车辆运行中各种传感器和执行器的输入、输出信号的瞬值以数据表的方式在显示屏上显示出来。这样，可以根据车辆工作过程中发动机微机系统各种数据的变化情况来判断发动机微机控制系统的工作是否正常。例如，动态测试中一般都有点火提前角的数据显示，点火提前角应该随着节气门的开度或发动机的转速变化而增大或减少，否则与之相关的方面可能有问题。可见，虽然有些情况故障代码并不一定能反映出来，但是可以利用数据流功能较为准确地判断故障的类型和发生的部位。

2．数据流应用举例

下面以读取日产阳光节气门位置传感器数据块的过程为例介绍数据流应用方法。

使用 CONSULT-II 诊断仪接入汽车电控系统诊断座

（1）启动发动机并暖机至正常工作温度。

（2）将点火开关转至 OFF 然后等待至少 9s。

（3）将点火开关转至 ON。

（4）利用 CONSULT－II 诊断仪选择 DATA MONITOR（数据监控）模式，如图 3-9 所示。

（5）进入“THRTL POS SEN（节气门位置传感器）”读取节气门位置传感器电压。

节气门信号数据标准值可参见表 3-4 所示。

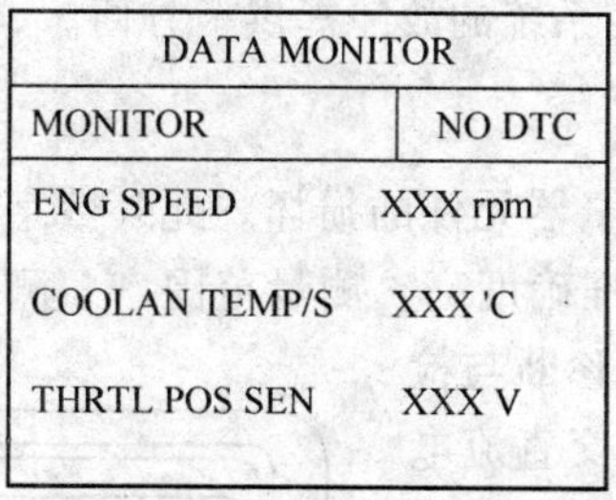

图 3-9　日产阳光数据监控模式

表 3-4　节气门信号数据

节气门状态	电压/V
完全关闭	0.35～0.65（a）
部分打开	在（a）和（b）之间
完全打开	3.5～4.7（b）

如果所测数据异常，调整关闭后的节气门位置开关。

（三）元件性能主动测试

使用手持式测试仪进行元件性能主动测试，可使继电器、真空开关阀、执行器等在没有拆卸下来的情况下由电控单元控制动作。将进行主动测试作为故障排除分析的第一步是一种缩短工时的方法。在主动测试时，测试的相应内容可显示在数据表中，如表 3-5 所示。

表 3-5　手持式测试仪显示

手持式测试仪显示	测试细节及汽车状态	诊断注释
INJ VOL	[测试细节] 控制喷油量 最小：-12.5%，最大：24.8% [汽车状态] 发动机转速：不超过 3 000 r/min	
A/F CONTROL	[测试细节] 喷油量变化 喷油量变化到-12.5%或 24.8% [汽车状态] 发动机转速：不超过 3 000 r/min	A/F CONTROL 的下面操作程序可检查氧传感器的输出。为显示图形，在选择 ACTIVETEST/A/F CON－TROL/USER/DATA 后，选择 O2S B1 S1，并将按钮 4 按下
IAC DUTY RATIO	[测试细节] 控制 IAC 占空比 0～90% [汽车状态] 发动机转速：不超过 3 000 r/min 车速：0 km/h 蓄电池电压：不小于 8.5 V	

丰田 1ZR-FE 发动机的主动测试步骤如下：

（1）预热发动机。

（2）将点火开关关闭。

（3）将手持式测试仪连接到 DLC3 上。

（4）将点火开关扭至 ON 位置。

（5）按测试仪显示进行“主动测试”。

（四）利用万用表测量

利用汽车故障码测得到的信息仅是关于发动机电控系统的故障原因和范围，为了进一步确定故障部件或部位，需要用仪表进一步检测。如果知道各传感器和执行元件的技术参数，以及微机各端子间的电阻值和电压值，则可用数字式万用表进行检测。值得指出的是，各大汽车公司发动机电控系统使用的传感器和执行器的技术参数基本相同。同一汽车公司的不同车型或年款的技术参数均如此，这为用数字式万用表来检测和判断发动机电控系统的故障提供了方便。

1. 数字式万用表应用注意事项

汽车电控系统要求采用数字式万用表进行测量，避免电器元件的损坏。此外数字式万用表采用数字化测量技术和液晶显示器（LCD）显示，具有测量准确度高、测量范围广、测量速率快、输入阻抗高、抗干扰能力强、容易读数等优点，在汽车故障诊断与检测中应用广泛。数字式万用表除可以用来检测电阻（Ω）、交直流电压（V）和电流（A）外，有些还具有测试脉冲、频率和振幅等功能。

常用的数字式万用表有袖珍式和盒式两种，两者的结构原理及用途基本相同。以袖珍数字式万用表为例，其外形如图 3-10 所示。

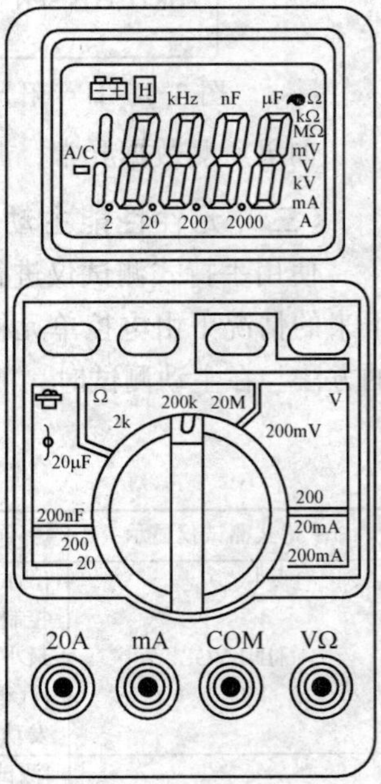

图 3-10 袖珍数字式万用表

在使用数字式万用表应注意以下事项：

（1）根据被测量对象性质和数值大小选择合适的“挡位”和“量程”，将测量导线插入相应的“插孔”中。如测量喷油器电阻，即使高阻喷油器电阻值也不超过 20 Ω，所以将万用表“挡位开关”拧到电阻Ω的 2 K 量程，并将黑色测量导线插接到 COM 插孔，将红色导线插入到 VΩ（电压电阻）插孔，再将红色和黑色测量导线测针连接到喷油器两端子上，显示屏则显示喷油器电阻值。

（2）选择量程时最好从低到高逐级进行选择，以便获得准确的测量数据。

（3）使用数字万用表时，严禁在电控元器件或电路处于通电状态时测量其电阻，以免外部电流流入数字万用表而将其损坏。

① 测量电流时，应把数字万用表串联到被测电路中，当被测电流源的内阻很低时，应选用高的电流量程，以减少两电笔间的电压降，提高测量准确度。

② 测量大电流时，测量时间不得超过 10～15 s，以免数字万用表内的锰铜丝分流电阻发热，引起电阻值改变，影响测量的准确性。

③ 严禁在测量大电流（0.5 A 以上）时拨动量程开关，以免电弧烧毁触点。

（4）测量完毕后，应将量程开关控至最高电压挡，再关闭电源，以防止下次误操作损坏仪表。

（5）长期不使用的袖珍数字万用表，其中的电池应取出，以免电池渗出电解液将印制板腐蚀。

2. 汽车万用表的使用方法

汽车万用表也是一种数字式万用表，它除具有数字式万用表功能外，还具有一些汽车专用测试功能。汽车万用表除了可用来测电子元器件和电路的电阻、电压、电流外，一般还能测电控元器件转速、闭合角、频宽比（占空比）、频率、压力、时间、电容、温度、半导体元件等项目，并具有自动断电、自动量程变换、波形显示、峰值保留和数据锁定等功能。

常用的汽车万用表有EDA系列、OTC系列、KM300型、迪威9406 A型等。图3-11所示为汽车万用表结构，其主要由数字及模拟量显示屏、功能按钮、测试项目选择开关、温度测量座孔、公用座孔（用于测量电压、电阻、频率、闭合角、频宽比和转速等）、搭铁座孔、电流测量座孔等构成。

汽车万用表使用方法如下：

1）信号频率测试

将“选择开关”置于频率（Freq）挡，黑线（自汽车万用表搭铁座孔引出）搭铁，红线（自汽车万用表公用座孔引出）接被测信号线，显示屏即显示被测频率。

2）温度测量

将表置于温度（Temp）挡，按下功能按钮（℃/℉），将黑线搭铁，探针线插头端插入汽车万用表温度测量座孔，探针端接触被测物体，显示屏即显示被测温度。

3）点火线圈初级电路闭合角检测

将“选择开关”置于闭合角（Dwell）挡，黑线搭铁，红线接点火线圈负接线柱，发动机运转，显示屏即显示点火线圈初级电路闭合角。

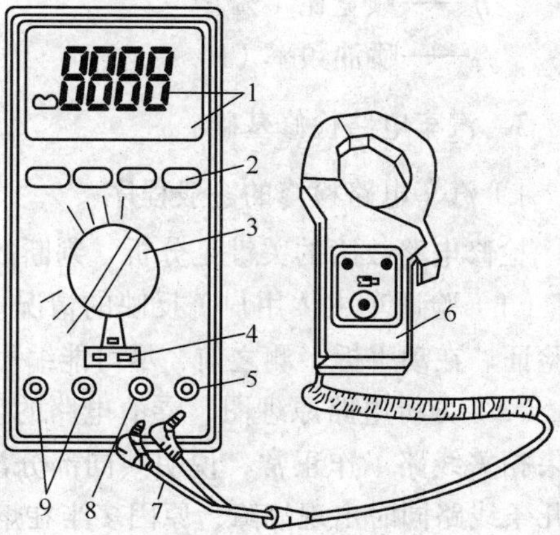

图3-11 汽车万用表

1—数字及模拟量显示屏；2—功能按钮；3—选择开关；4—温度测量座孔；5—公用座孔；6—霍尔式电流传感器夹；7—霍尔式电流传感夹引线插头；8—搭铁座孔；9—电流测量座孔

4）频宽比测量

将“选择开关”置于频宽比（Duty Cycle）挡，红线接电路信号，黑线搭铁，发动机运转，显示屏即显示脉冲信号的频宽比。

5）转速测量

将“选择开关”置于转速（RPM）挡，转速测量专用插头插入搭铁座孔与公用座孔中，感应式转速传感器（汽车万用表附件）夹在某一缸点火高压线上，在发动机工作时，显示屏即显示发动机转速。

6）启动机启动电流测量

将“选择开关”置于400 mV挡（1 mV相当于1 A的电流，即用测量电流传感器电压的方法来测量启动机启动电流），把霍尔式电流传感夹夹到蓄电池线上，其引线插头插入电流测量座孔，按下最小/最大功能按钮，然后拆下点火高压线，用启动机转动曲轴2~3 s，显示屏即显示启动电流。

7）氧传感器测试

拆下氧传感器线束插接器，将“选择开关”置于4 V挡，按下DC功能按钮，使显示屏显示DC，再按下最小/最大功能按钮，将黑线搭铁，红线与氧传感器相连；然后以快怠速（2 000 r/min）运转发动机，使氧传感器工作温度达360 ℃以上。此时，如果混合气浓，氧传感器输出电压约为

0.8 V；如果混合气稀，氧传感器输出电压为 0.1～0.2 V。当氧传感器工作温度低于 360 ℃时（发动机处于开环工作状态），氧传感器无电压输出。

8）喷油器喷油脉冲宽度测量

将“选择开关”置于频宽比挡，测出喷油器工作脉冲频率的频宽比后，再把“选择开关”置于频率挡，测出喷油器工作脉冲频率，然后按下式计算喷油器喷油脉冲宽度：

$$S_{\mathrm{p}}=\frac{\eta}{f_{\mathrm{p}}}$$

式中 S_{p}——喷油脉冲宽度（s）；

η——频宽比（%）；

f_{p}——喷油频率（Hz）.

3．汽车电路检修基础

1）汽车电路检修的一般程序

检修电路故障的关键是分析、判断故障原因。汽车电路检修的一般程序如下：

（1）验证车主（用户）反映的情况。在详细了解故障现象和故障发生经过的基础上，作必要的验证。在动手拆、测之前，尽可能缩小故障产生的范围。

（2）分析电路原理图，弄清电路的工作原理，对问题所在作出推断。对相关线路进行检查，如果相关线路工作正常，说明共同部分没问题，故障原因仅限于有问题的这一线路中；如果相关的几条线路同时出现故障，原因多半在熔断器或接地线上。

（3）重点检查问题集中的线路或部件，通过测试，验证前面作出的推断。测试时，先对该线路中最有可能出现故障的部位加以测试，且先测试最容易测试的部位。问题一经查明，便可着手进行必要的修理。

（4）测试最后，再对线路进行一次检验，验证电路是否恢复正常。

2）汽车电路检修基本方法

（1）断路的检查。当汽车电路如果存在图 3-12 所示的断路故障时，可用“检查导通”或“检查电压”的方法来确定断路的位置。

① 检查导通的方法如下：

a. 脱开插接器 A 和 C，测量它们之间的电阻值，如图 3-13 所示。若插接器 A 端子 1 与插接器 C 端子 1 之间电阻值为∞，则它们之间不导通断路；插接器 A 端子 2 与插接器 C 的端子 2 之间电阻值为零，则它们之间导通无断路，从而检查出在插接器 A 的端子 1 与插接器 C 的端子 1 之间断路。

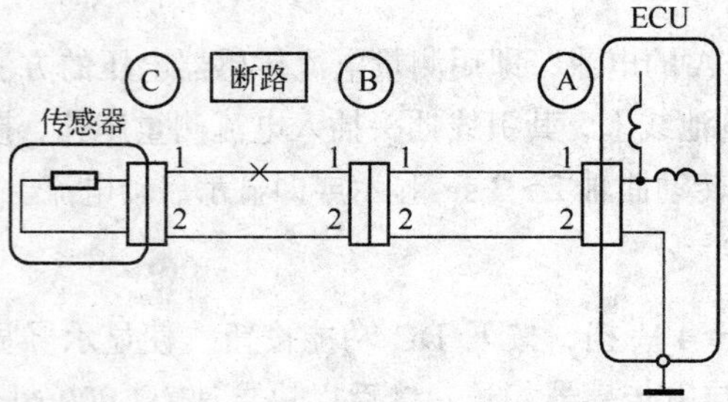

图 3-12 断路的部位

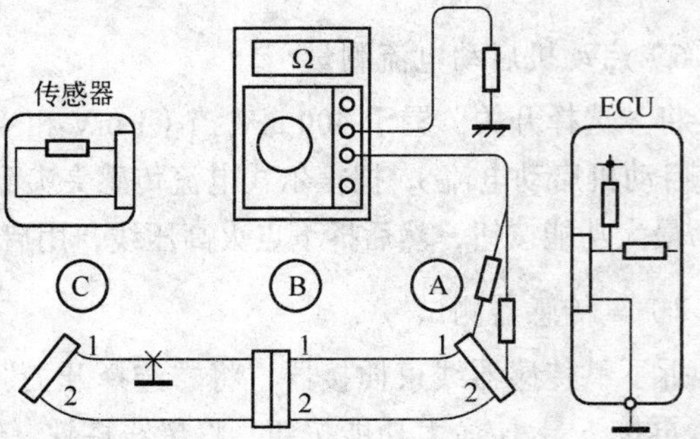

图 3-13 检查线路的通断

b. 脱开插接器 B 测量插接器 A 与 B、B 与 C 之间的电阻。若插接器 A 的端子 1 与插接器 B 的端子 1 之间的电阻为零，导通无断路，而插接器 B 的端子 1 与插接器 C 的端子 1 之间的电阻为∞，则插接器 A1 与 B1 之间导通，断路发生在插接器 B 的端子 1 与插接器 C 的端子 1 之间。

② 检查电压方法。在 ECU 插接器端子加有电压的电路中，可用检查导通电压的方法来检查断路故障。在各插接器接通的情况下，当 ECU 输出端子电压为 5 V 时，依次测量插接器 A 的端子 1、插接器 B 的端于 1 和插接器 C 的端子 1 与车身之间的电压，若测量结果为：插接器 A 的端子 1 与车身之间–5 V；插接器 B 的端子 1 与车身之间–5 V；插接器 C 的端子 1 与车身之间 0 V，则可判定在 B 的端子 1 与 C 的端子 1 之间配线有断路故障。

（2）短路的检查。如果配线有短路搭铁，可通过检查是否与车身或搭铁线导通来判断短路的部位。

a. 脱开插接器 C 和 A。测量插接器 A 的端子 1 和 2 与车身之间电阻。在图 3-14 所示电路中，若插接器 A 的端子 1 与车身搭铁线之间导通，插接器 A 的端子 2 与车身搭铁线之间不导通，则可判断在插接器 A 的端子 1 与插接器 C 的端子的配线与车身之间有短路搭铁故障。

b. 脱开插接器 B，分别测量插接器 B 和 C 的端子 1 与车身搭铁之间的电阻。若插接器 B 的端子 1 与车身之间为不导通，插接器 C 的端子 1 与车身之间导通，则可以判断出插接器 B 的端子 1 与插接器 C 端子 1 的配线与车身之间有短路搭铁故障。

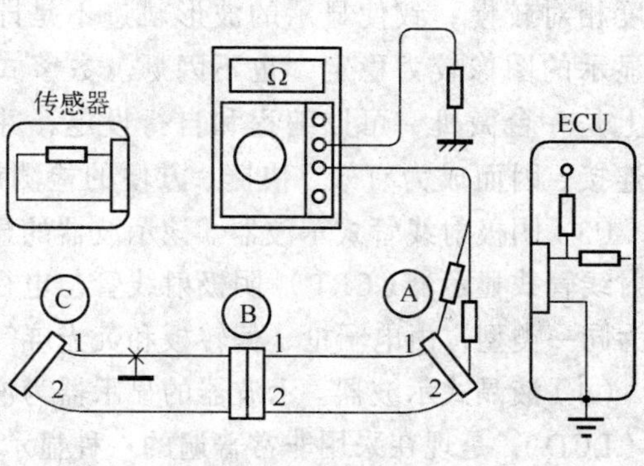

图 3-14　测量有无短路

（五）波形检测与分析

汽车电子设备信号有些变化速率是非常快的，变化周期达到了千分之一秒，通常测试仪器的扫描速度应该是被测试信号的 5～10 倍，许多故障信号是间歇的，时有时无，这就需要仪器的测试速度高于故障信号速度。汽车示波器完全可以胜任这个速度，汽车示波器不仅可以快速捕捉电路信号，还可以用较慢的速度来显示这些波形，以便使人们可以一面观察，一面分析。它还可以用存储的方式记录信号波形，使得人们可以倒回来观察已经发生过的快速信号，这就为人们分析故障提供了极大的方便。无论是高速信号（例如喷油嘴、间歇性故障信号），还是慢速信号（例如节气门位置变化及氧传感器信号），用汽车示波器来观察都可以得到想要得到的波形结果，一个好的示波器就像一把尺子，它可以测量计算机系统工作状况，通过汽车示波器人们可以观察到汽车电子系统是如何工作的。此外，汽车示波器能够使你确认故障是否真正被排除了，而不是仅仅知道故障码是否尚未清除，这可以通过修理前后从汽车示波器中观看到的电器元件的信号波形来加以判断。

1. 示波器组成和类型

1）示波器组成

示波器一般由传感器（包括夹持器、测试探头和测针等）、中间处理环节和显示器等组成，如图 3-15 所示。

2）示波器类型

按基本形式分类，示波器可分为模拟式示波器和数字式示波器两种类型；按显示器形式分类，示波器可分为阴极射线管式示波器和液晶式示波器两种类型；按用途分类，示波器可分为通用式示波器和专用式示波器两种类型。

（1）模拟式示波器。其扫描速度非常快，能即时反映被测线路的状态，是最有效的检测设备之一。模拟式示波器的波形显示速度取决于电压信号的速度和波形的重现率，但因显示速度快而使波形有点闪烁。由于模拟示波器没有记忆功能，因此无法记录、打印线路状态或将波形存储于数据库，给波形重现带来困难，不利于进一步分析和判断故障。

（2）数字式示波器。由微处理器控制，能将模拟电压信号转换成数字信号。虽然微处理器的速度非常快，但也需要耗费时间将信号数字化，因而波形显示速度相对较慢，致使显示的波形轨迹不是即时状态，但显示的图像较为稳定，也不闪烁。数字式示波器实际上是一台微机，可以编程和自行设定，并能与数据库连接，因而成为有效、快捷、方便的检测设备之一。

（3）阴极射线管式示波器。该示波器的显示器为阴极射线管式显示器（CRT）。阴极射线管与电视机的显像管为同一类型，由电子枪、偏转板和荧光屏等组成。

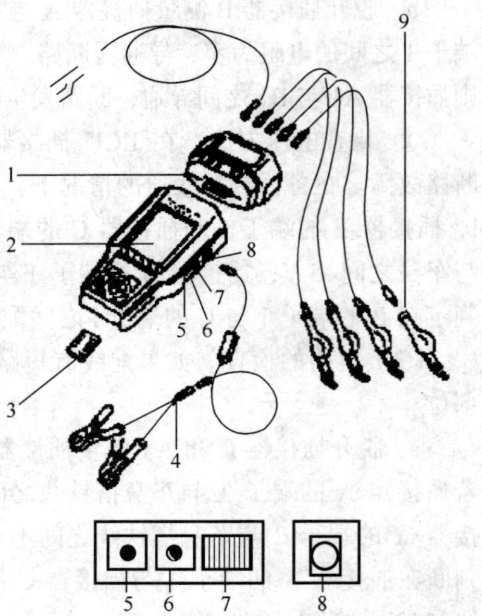

图 3-15 示波器的组成

1—诊断模块；2—测试主机；3—存储卡；4—外接电源线；5—热启动开关；6—电源开关；7—串行接口；8—外部电源接口；9—测试线缆

（4）液晶式示波器。示波器的显示器为液晶式显示器（LCD），是现在采用非常普遍的一种显示器。它具有体积小、重量轻、省电、辐射低、易于携带等优点，工作原理与阴极射线管式显示器大不相同。液晶式显示器的屏幕为夹层结构，由两层玻璃组成，中间夹有液晶。液晶显示器的工作原理是利用液晶的物理特性，在通电时导通，使液晶排列变得有秩序，使光线容易通过；不通电时，排列则变得混乱，阻止光线通过。手持式示波器多为液晶式，如美国 OTC3820 汽车专用示波器，为数字式液晶显示示波器，微机控制。

2. 汽车示波器的应用

近 30 多年来，汽车专用示波器在汽车修理业应用日益广泛，它的专业功能是普通的万用表所不能替代的，与万用表相比有着更为精确、描述细致的优点。万用表通常只能用一两个电参数来反映电信号的特性，而示波器能够“看”到电子信号，它利用电压或电流随时间的变化的图形来反映一个电信号，比万用表更准确、更形象，所以“一个画面要胜过一千个数字”。

汽车示波器与解码器作用不同，适用车型范围更广。虽然汽车连接解码器读取数据流可以快速得到许多有用的资料，但是有许多汽车没有全面的信息传送能力，还受到解码器软件的限制，例如，它不能看到损坏的喷油驱动器情况、氧传感器信号变化过慢或产生反向的电压信号等。此外，大多数解码器只能用英文字符或数字来显示其测试的结果，而不是用看起来比较容易的画面来显示。

汽车示波器在汽车电子控制故障诊断中，有以下两种应用方式：一是整个系统运行状态的分析，确定整个系统运行的情况；二是某个电器或电路的故障分析，确定在整个系统运行正常的情况下，某个电器元件或某段电路的故障。

1）对整个系统运行情况分析

汽车点火示波器可以检测各缸次级与初级波形，可以直观看到整个发动机各缸点火和燃烧情况是否良好。同时可通过启动电流检测、各缸功率测试等诊断模式，检测各缸工作情况和压缩力的大小，从而掌握整个发动机的工作状况。

又如利用示波器检测氧传感器反馈信号，能较好监测发动机燃烧情况和燃油喷射系统工作状况。氧传感器平衡过程是诊断修理的验证过程，通过这一过程维修技术人员将汽车示波器接到氧传感器电路上，验证氧传感器本身是否工作正常，然后分析波形，进而进行以下操作：确定需要进行怎样的修理（电子的或机械的）；在修复后交车前验证燃料反馈控制系统故障是否真的已经排除或还需要重新测试。在这个过程中维修技术人员能够用氧传感器反馈平衡分析方法来诊断真空漏气、点火不良、喷油不平衡、气缸压力等问题，运用所掌握的氧反馈平衡技能，维修人员将有能力在实际中重新调整汽车。

无论是利用点火高压波形来检测维修车辆，或者用氧传感器信号做同样的事，重要的是如何分析点火次级波形或从氧传感器波形中分析故障的原因，这些技能需要通过训练和拥有丰富的实际经验。

2）某个电器或电路的故障分析

汽车示波器的主要应用范围除了在日常调整行驶性能及排放诊断中实施氧反馈平衡试验等功能外，还用于电器电路分析，检查该部分电器电路功能是否正常，查出故障码所指电路的故障，确认造成排放异常或行驶性能故障的电路故障原因，这是比系统运行情况分析低一级别的分析，这项分析可以验证故障确实存在，并找出故障部位。

示波器能检测传感器的各种信号，在不必大范围拆装电器元件及其电路情况下能判断传感器是否产生正确的信号、执行器是否接收到 ECU 的控制命令等，十分方便地将故障范围缩小到元件或哪两个元件之间电路部分。当然用其他测试仪表来检查某一特定电路元件，也可以得到相似的结果。例如，冷却水温度传感器开路故障，可以用汽车示波器来诊断，但是用数字万用表也可以顺利地做出同样的诊断结果，但是示波器的效率更高，例如，对于氧传感器反馈平衡信号则没有其他设备能比汽车示波器更有效。

（六）主要信号传感器的检测

1. 传感器作用与信号类型

汽车运行中，电控燃油喷射（汽油喷射电控系统）系统中的各种传感器和开关能将各种状态参数，如发动机转速、进气流量、节气门位置、进气温度、冷却水温度、曲轴位置、排气氧含量、爆燃燃烧、启动、变速器挡位、转向助力器工作情况、点火开关、空调开关等，转变为电信号输入计算机。电信号经放大处理后，再由计算机计算、比较，然后发出指令信号给喷油器、点火器和怠速控制阀等执行器，使发动机得到最佳混合比、最佳点火时间和最稳定的怠速，亦即使发动机的动力性、经济性和排气净化性等处于最佳状态。

对于汽车使用的传感器或执行器，其控制的电子信号有 5 种基本类型。

（1）直流（DC）信号。在汽车中产生的直流（DC）信号有蓄电池电压或控制计算机（PCM）输出的传感器参考电压。产生模拟信号的传感器和装置有发动机冷却水温度传感器、燃油温度传感器、进气温度传感器、节气门位置传感器、废气再循环的压强和位置、翼板式或热线式空气流量计、真空和节气门开关等。

（2）交流（AC）信号。在汽车中产生交流（AC）信号的传感器和装置有车速传感器（VSS）、防滑制动轮速传感器、磁电式曲轴转角（CKP）和凸轮轴（CMP）传感器、真空压力传感器（MAP 可得到发动机真空平衡波形）、爆燃传感器（KS）等。

（3）频率调制信号。在汽车中产生可变频率信号的传感器和装置有数字式空气流量计、福特数字式进气压力传感器、光电式车速传感器（VsS）、霍尔式车速传感器（VSS）、光电式凸轮轴和曲轴转角（CKP）传感器、霍尔式凸轮轴（CAM）和曲轴转角（CKP）传感器等。

（4）脉宽调制信号。在汽车中产生脉宽调制信号的电路或装置有初级点火线圈、电子点火正时电路、废气再循环控制（EGR）、净化、涡轮增压和其他控制电磁阀、喷油嘴、怠速控制电机和电磁阀等。

（5）串行数据（多路）信号。若汽车中具备自诊断能力和其他串行数据送给能力的控制模块，则串行数据是由发动机控制计算机（PCM）、车身控制计算机（BCM）和防抱死制动系统（ABS）或其控制模块产生的。

2. 传感器的检测方法

传感器的诊断应观察其信号的变化情况，通常万用表限于其监测数据变化过慢，多用来测量静态或变化周期较长的数值，一般应利用示波器进行传感器的信号检测来判定其性能。汽车示波器可以显示出所有电子信号的这 5 种判定依据：幅值——电子信号在一定点上的即时电压；频率——电子信号在两个事件或循环之间的时间，一般指每秒的循环数（Hz）；脉冲宽度——电子信号所占的时间或占空比；形状——电子信号的外形特征，如信号的曲线、轮廓和上升沿、下降沿等；阵列——组成专门信息信号的重复方式，例如，一缸传送给发动机控制计算机的上止点同步脉冲信号。

不同的传感器有着不同的波形，可供测量的特性参数也不同。ECU 正是依据波形来识别传感器送来的信号，并且又会以不同的波形向执行器发出执行命令，从而形成了传感器、ECU 和执行器之间的沟通和联系。由于示波器不但能测量直流电压，而且能测量频率高达 100 kHz 的交流信号。波形诊断分析就是利用故障诊断仪的示波器功能，通过在线式测试，取得传感器、ECU 和执行器之间传输的电子信号，而不必拆卸有关的电子元件。获得电控电路传输波形后，与标准波形比较，通过分析便可快速检测波形是否正常和查出故障发生的部位。由于波形分析诊断具有快速跟踪能力，用获得的波形与标准波形做比较和分析，使故障分析更真实、直观和准确，目前，它已成为现代汽车电控系统故障诊断的一种重要手段。

3. 发动机电控系统常见传感器的检测

1）空气流量计的检测

空气流量计的作用是检测发动机的进气量，并将进气量大小转变为电信号输入电控单元 ECU，以供 ECU 计算喷油量、点火正时、废气再循环控制及发动机怠速控制等控制参数。

一般空气流量计或连接线路出现故障，会造成汽车启动困难、怠速不稳、发动机动力不足、加速不良、易熄火等现象。空气流量计有多种类型，体积流量型的有叶片式（翼板式）、量芯式、卡门漩涡式；质量流量型的有热线式、热膜式。

（1）叶片式空气流量计的检测。图 3-16 所示为丰田子弹头 2JZ-FE 发动机叶片式空气流量计端子内部电路图。

① 叶片式空气流量计电压测量。在图 3-17 所示中，使用电压表测量 ECU 端 Vc-E2 端子和 Vs-E2 端子，其标准电压值如表 3-6 所示。若无电压说明叶片式空气流量计有故障。

② 叶片式空气流量计电阻检测。电阻检测可在车上或车下检测。车上就车检测时，先脱开叶片式空气流量计的插接器，再用万用表电阻挡测量各端子间的电阻值；车下检测时，应先拆下空气流量计，再用万用表电阻挡测量翼板不同开度时 FC-El、V_S、E2 端子间的电阻值，各端子间的标准电阻值如表 3-7 所示。如果电阻值不符合要求，应更换叶片式空气流量计，并重新连接好插接器。

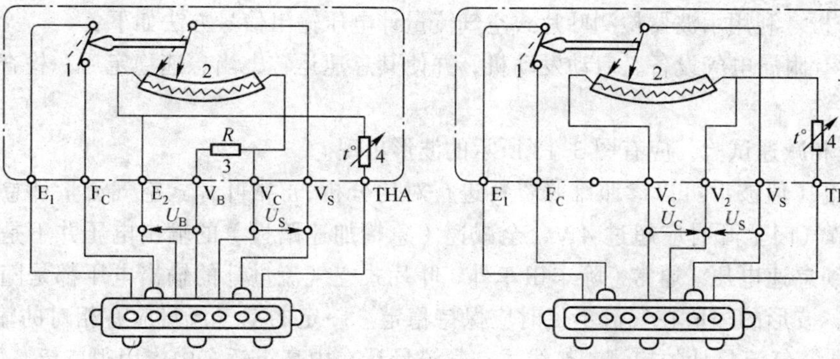

（a）模拟控制系统用　　（b）数字控制系统用

图 3-16　叶片式流量计端子内部电路原理图

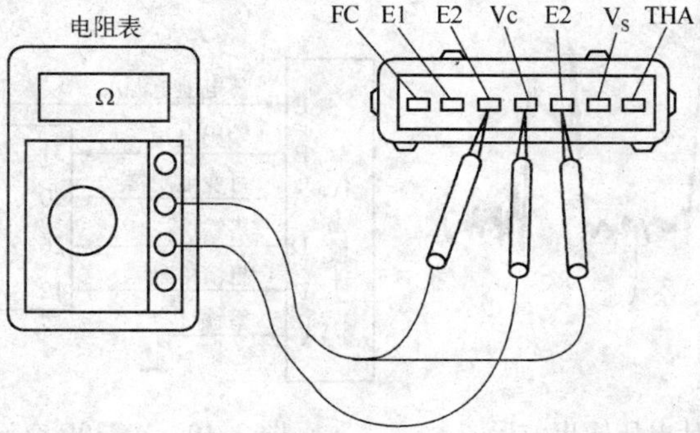

图 3-17　叶片式流量计端子测量图

表 3-6　丰田 2JZ-FE 发动机叶片式空气流量计标准电压值

端　子	故　障	测 量 条 件		标准电压/V
Vc-E2	无电压	点火开关置 ON	—	4.0～6.0
Vs-E2			翼板完全关闭	3.7～4.3
			翼板全开	0.2～0.5
			—	2.3～2.8
		3 000 r/min	—	0.3～1.0

表 3-7　丰田 2JZ-FE 发动机叶片式空气流量计标准电阻值

名　称	测 量 端 子	测 量 条 件	电阻值/kΩ
油泵开关	Fc-E1	翼板完全关闭	∞
		翼板任何开度	0
空气流量计	Vs-E2	20℃	0.2～0.6
	Vc-E2	20℃	0.2～0.4
	Vs-E2	翼板完全关闭	0.2～0.6
		翼板任何开度	0.2～1.2
进气温度传感器	THA-E2	−20℃	10.0～20.0
		0℃	4.7～7.0
		20℃	2.0～3.0
		40℃	0.9～1.3
		60℃	0.4～0.7

③ 波形分析。利用示波器检测叶片式空气流量计电压输出信号方法如下：

a. 关闭所有附属电气设备，启动发动机，并使其怠速运转，当怠速稳定后，检查怠速时输出信号电压。

b. 做加速和减速试验，应有图 3-18 所示的波形出现。

测量出的电压值波形可以参照维修资料进行对比分析，正常叶片式空气流量计怠速时输出电压约为 1 V，节气门全开时应超过 4 V，全减速（急抬加速踏板）的输出电压并不是非常快地从全加速电压回到怠速电压。通常（除丰田车外）叶片式空气流量计的输出电压都是随空气流量的增加而升高的，波形的幅值在气流不变时应保持稳定。一定的空气流量应有相对的输出电压。

（2）热线式空气流量计的检测。热线式空气流量计在中高级轿车中应用很广泛，如图 3-19 所示为日产 VG30E 发动机热线式空气流量计与 ECU 的连接电路。

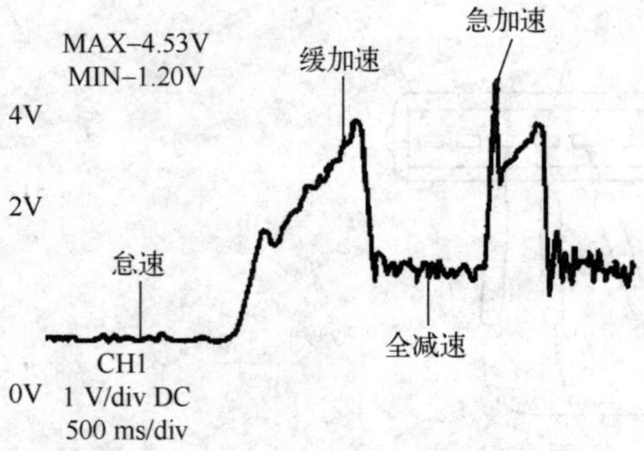

图 3-18 叶片式空气流量计电压输出波形图

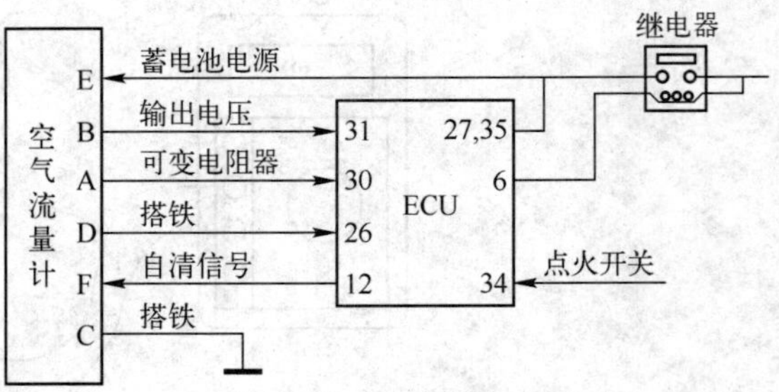

图 3-19 VG30E 空气流量计线路图

① 输出信号电压的检测。拔下空气流量计的插接器，拆下空气流量计；将蓄电池的电压施加于空气流量计的端子 D 和 E 之间（电源极性应正确），用万用表电压挡测量端子 B 和 D 之间的电压，如图 3-20 所示，其标准电压值为（1.6 ± 0.5）V。如果其电压值不符，则须更换空气流量计。

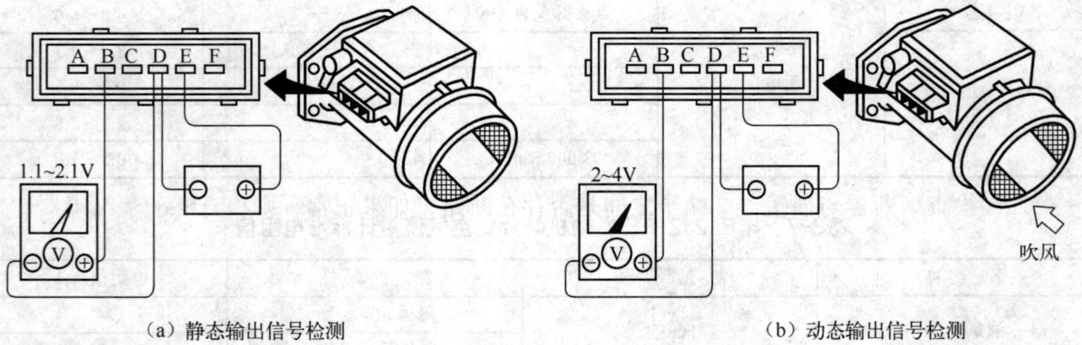

（a）静态输出信号检测 （b）动态输出信号检测

图 3-20 热线式空气流量计的检测

② 自洁功能的检查。装好热线式空气流量计及其插接器，拆下空气流量计的防尘网，启动发动机并加速到 2 500 r/min 以上。当发动机停转后 5 s，从空气流量计进气口处，可以看到热线自动加热烧红（约 1 000 ℃）约 1 s。如果无此现象发生，则须检查自清信号或更换空气流量计。

③ 波形分析。热线式空气流量计电压输出波形为模拟信号，当空气流量增大时，输出电压也随之升高，如图 3-21 所示。

检测空气流量计电压输出信号的方法如下：

a. 关闭所有附属电气设备。

b. 检查发动机真空度应在 20～80 kPa 范围内。

c. 启动发动机，并怠速运转，怠速稳定后，检查怠速输出信号电压如图 3-21 中左侧波形。做加速和减速试验，应有类似图中的波形出现。

通常热线式空气流量计输出电压范围是从怠速时超过 0.2 V 变至节气门全开时超过 4 V，当全减速时输出电压应比怠速时的电压稍低。可从维修资料中找出输出电压参考值进行比较，若有差异，则空气流量计有故障。

（3）热膜式空气流量计的检测。大众车系桑塔纳 2000GSI、捷达 GTX、帕萨特 B5 轿车发动机均采用热膜式空气流量计，其插接器各端子情况及流量计与 ECU 连接线路如图 3-22 所示。

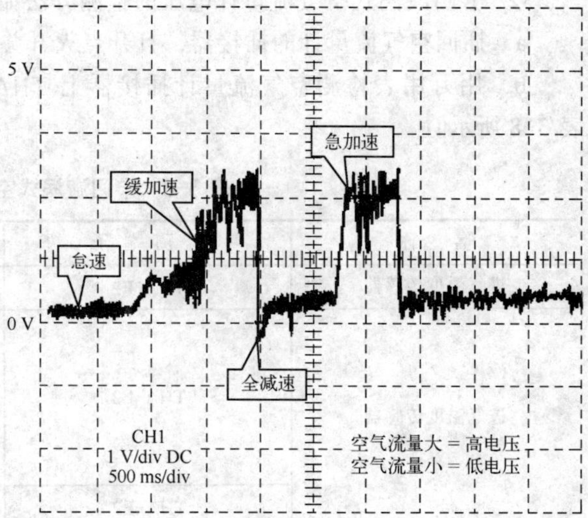

图 3-21　热线式空气流量计波形图

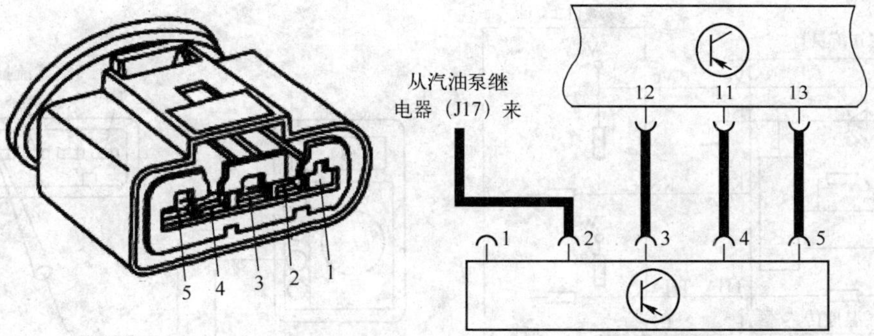

图 3-22　热膜式空气流量计插接器端子及电路连接图

① 用 LED 灯连接空气流量计插接器 2 端子和发动机搭铁点，启动发动机，LED 灯应当亮，若不亮，则检查熔断器与插接器 2 端子之间是否存在断路，如果正常，则检查燃油泵继电器。

② 空气流量计供电电压的检查必须在燃油泵继电器和熔断器正常情况下，用万用表检测空气流量计插接器 4 端子与搭铁之间的电压，应为 5 V。否则，应检查连接线路，如正常，更换发动机 ECU（J220）。

③ 用吹风机向空气流量计内吹风，用万用表测量插座端子 5 和 3 之间的电压。改变距离（改变进气量），电压表读数应平稳缓慢变化，距离远时电压值下降；距离近时电压值升高。否则应更换空气流量计。

（4）卡门漩涡式空气流量计的检测。丰田雷克萨斯 LS400 轿车 1 UZ-FE 型发动机采用的卡门漩涡式空气流量计与 ECU 的连接线路图如图 3-23 所示。

① 卡门漩涡式空气流量计电阻的检测方法如下：

a. 关闭点火开关，拔下空气流量计的插接器。

b. 用万用表测量空气流量计插接器插座内端子 THA 与 E2 之间的电阻，如图 3-24 所示。测量结果应符合表 3-8 所示的标准值，若不符，应更换空气流量计。

② 卡门漩涡式空气流量计电压的检测方法如下：

a. 插回空气流量计的插接器，打开点火开关。

b. 用万用表检测空气流量计插接器上 THA、E2、Vc-El、Ks、El 端子之间的电压值，如表 3-8 所示。

表 3-8 卡门漩涡式空气流量计检测标准值

名 称	检测端子	检测条件	标准值
进气温度传感器	THA-E2	-20℃	10～20 kΩ
进气温度传感器	THA-E2	0℃	4～7 kΩ
		20℃	2～3 kΩ
		40℃	0.9～1.3 kΩ
		60℃	0.4～0.7 kΩ
	THA-E2	怠速，20℃	0.3～3.4 V
空气流量传感器	Vc-E1	点火开关打开（ON）	4.5～5.5 V
	Ks-E1	点火开关打开（ON）	4.5～5.5 V
		怠速	2.4～4.0 V

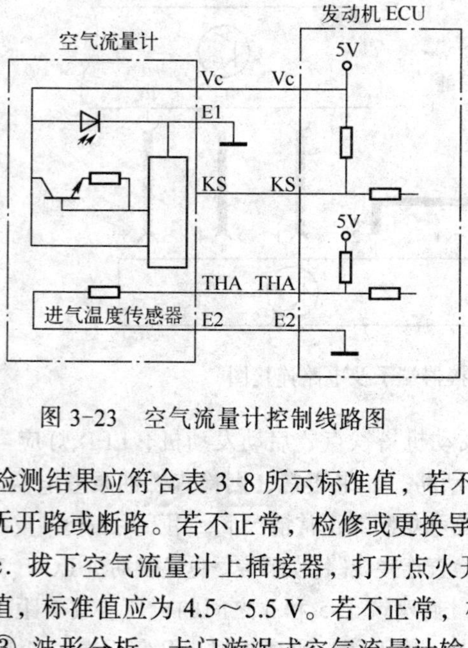

图 3-23 空气流量计控制线路图

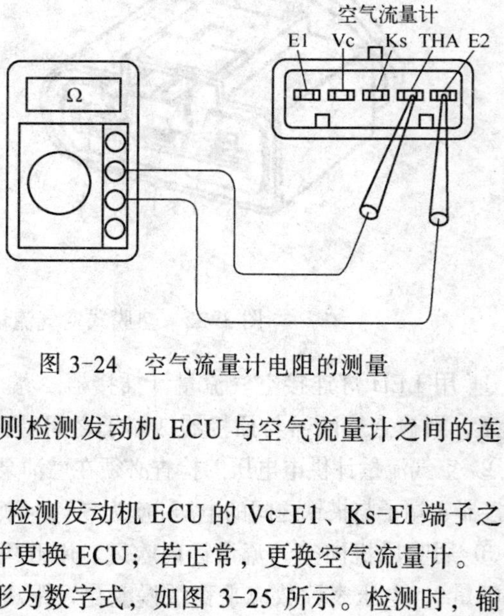

图 3-24 空气流量计电阻的测量

检测结果应符合表 3-8 所示标准值，若不符，则检测发动机 ECU 与空气流量计之间的连接线路有无开路或断路。若不正常，检修或更换导线。

c. 拔下空气流量计上插接器，打开点火开关，检测发动机 ECU 的 Vc-E1、Ks-El 端子之间的电压值，标准值应为 4.5～5.5 V。若不正常，检查并更换 ECU；若正常，更换空气流量计。

③ 波形分析。卡门漩涡式空气流量计输出波形为数字式，如图 3-25 所示。检测时，输出信号的幅值、频率及形状应是一致的，且输出信号加速时不但频率增加，脉冲宽度也同时改变，波形脉冲幅值大多数为 5 V。如果不符合上述要求，应更换空气流量计。

2）进气压力传感器的检测

皇冠 3.0 轿车 2JZ-GE 发动机用半导体压敏电阻式进气压力传感器与 ECU 的连接电路如图 3-26 所示。

（1）传感器电源电压的检测。

① 点火开关置 OFF 位置，脱开进气压力传感器的插接器。

② 将点火开关置于 ON 位置（不启动发动机），用万用表电压挡测量插接器中电源端 VC 和接地端 E2 之间的电压，如图 3-27 所示，其电压值应为 4.5～5.5 V。如有异常，应检查进气压力传感器与 ECU 之间的线路是否导通，若断路，应更换或修理线束。

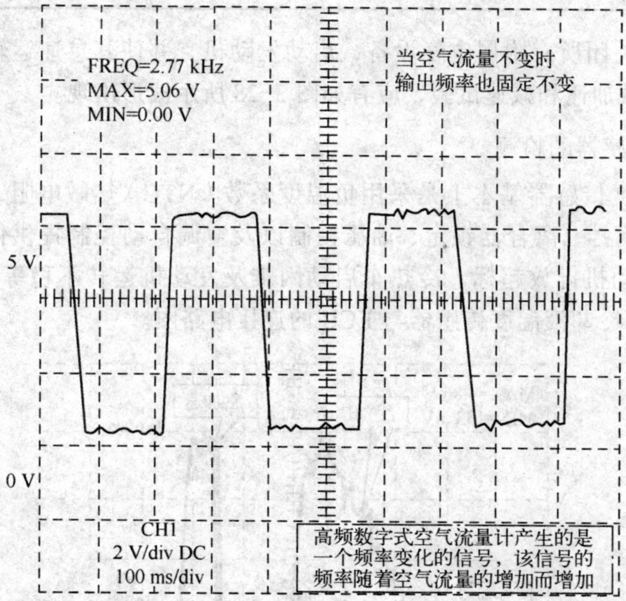

图 3-25　卡门漩涡式空气流量计波形

（2）传感器输出电压的检测。

① 接通点火开关。

② 脱开进气室一侧的真空软管。

③ 用万用表电压挡测量 ECU 插接器侧进气压力传感器 PIM-E2 端子间在大气压力状态下的输出电压，如图 3-27 所示，并记下这一电压值。

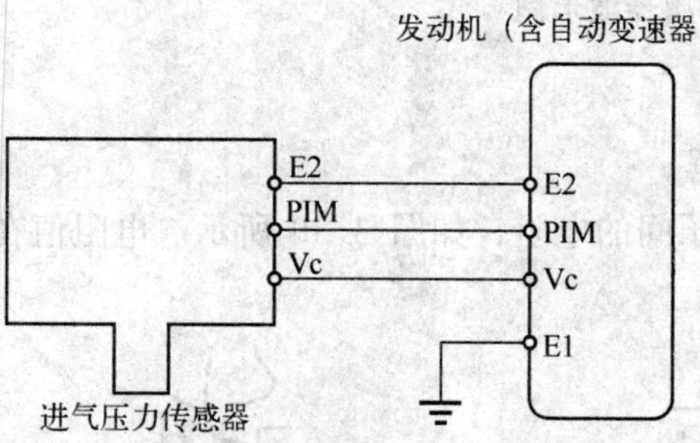

图 3-26　2JZ-GE 发动机进气压力传感器线路图

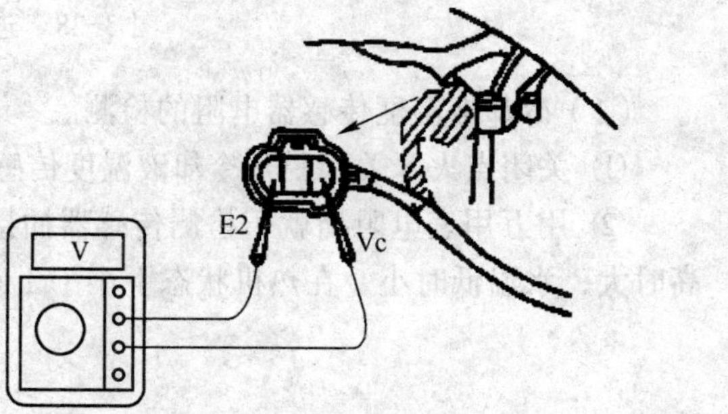

图 3-27　检测传感器电源电压

④ 用手提式真空泵向进气压力传感器内施加真空，从 13.3 kPa（100 mmHg）起，每次递增 13.3 kPa（100 mmHg），一直增加到 66.7 kPa（500 mmHg）为止，测量在不同真空度下传感器 PIM、E2 端子间的输出电压。该电压应能随真空度的增大而不断上升。将不同真空度下的输出电压下降量与标准值相比较，如不符，应更换进气歧管压力传感器。皇冠 3.0 轿车 2JZ-GE 发动机进气压力传感器的标准电压值如表 3-9 所示。

表 3-9 皇冠 3.0 轿车 2JZ-GE 发动机进气压力传感器的标准输出电压值

真空度/kPa（mmHg）	13.3（100）	26.7（200）	40.0（300）	53.3（400）	66.7（500）
电压值/V	0.3～0.5	0.7～0.9	1.1～1.3	1.5～1.7	1.9～2.1

（3）波形分析。关闭所有附属电气设备，启动发动机，并使其怠速运转，怠速稳定后，检查怠速输出信号电压。做加速和减速试验，应有如图 3-28 所示波形出现。

3）冷却液温度传感器的检测

发动机冷却液温度传感器基本上是采用负温度系数（NTC）热敏电阻，其作用是为发动机燃油喷射、自动变速器换挡、离合器锁定、油压控制以及空调自动控制提供依据。冷却液温度传感器出现故障会导致发动机排放超标、冷热车启动困难及发动机运转不稳等故障现象。图 3-29 所示为丰田皇冠 3.0 轿车冷却液温度传感器与 ECU 的连接电路图。

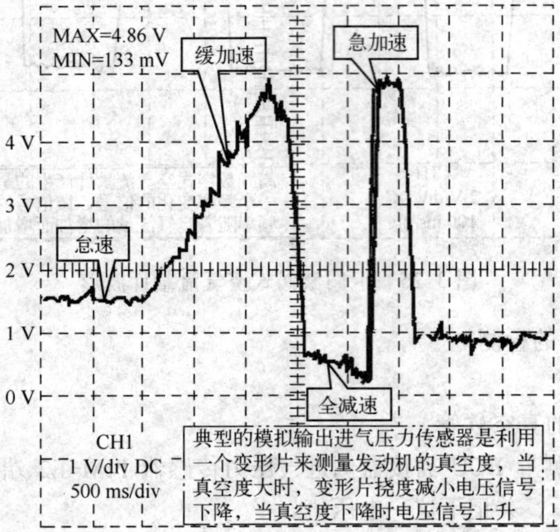

图 3-28 进气压力传感器波形图

（1）冷却液温度传感器电阻的检测。

① 关闭点火开关，脱开冷却液温度传感器插接器。

② 用万用表电阻挡就车检测传感器插接器两端子间的电阻，如图 3-30 所示。电阻值在水温高时大，水温低时小，在热机状态下小于 1 kΩ。

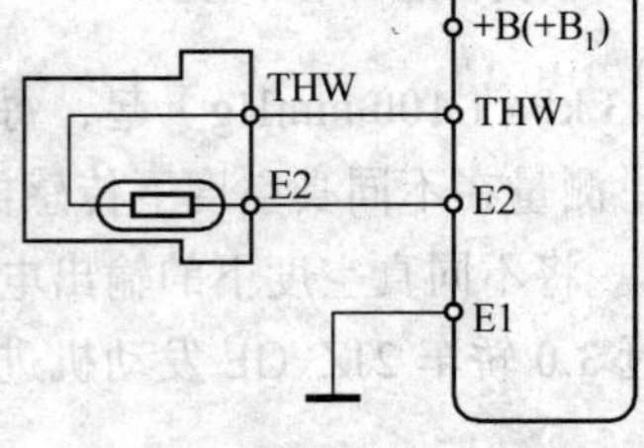

图 3-29 冷却液传感器控制线路图

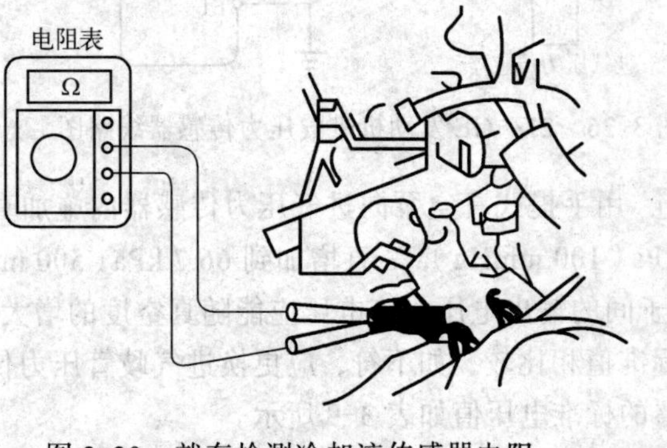

图 3-30 就车检测冷却液传感器电阻

③ 从发动机上拆下冷却液温度传感器，将传感器放入盛水的烧杯中，加热杯中的水，用万用表测量在不同温度下传感器两端子间的电阻，如图 3-31 所示。其电阻值应符合表 3-10 所列规定值。如果差异太大，则应更换冷却液温度传感器。

表 3-10　丰田冷却液温度传感器的电阻与电压值

水温/℃	电阻/ kΩ	电压/V	水温/℃	电阻/ kΩ	电压/V
-20	10～20	4.3	60	0.4～0.7	0.9
0	4～7	3.4	80	0.2～0.4	0.5
20	2～3	2.4	100	0.1～0.3	0.3
40	0.9～1.3	1.5			

（2）冷却液温度传感器电压的检测。常见的冷却液温度传感器有两端子型与四端子型两种，四端子型是发动机冷却液温度传感器与水温表水温传感器装在一个传感器壳体内，其线路图分别如图 3-32 和图 3-33 所示。如正常，更换 ECU。

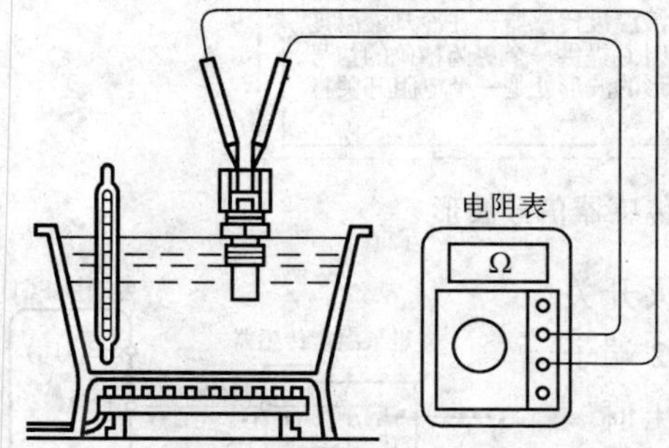

图 3-31　测量不同温度下冷却液温度传感器阻值

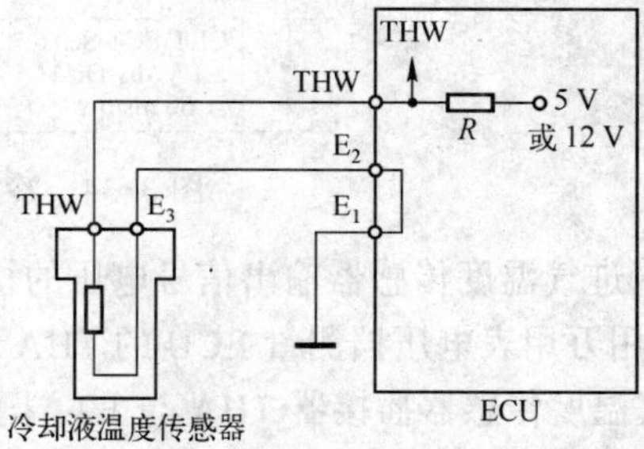

图 3-32　两端子型水温传感器

① 拔下冷却液温度传感器插接器，打开点火开关。

② 用万用表电压挡测量冷却液温度传感器插接器内的电压，应为 5 V。若不符，应检查传感器插接器与 ECU 的连接线路是否有断路、短路，

③ 插回传感器插头，测量相应水温情况下冷却液温度传感器的信号电压值如表 3-10 所示。

（3）波形分析。测试冷却液温度传感器波形时应从发动机冷态开始，但如果知道某故障与某特定温度有关时，从被怀疑的故障温度范围开始进行测量将是比较好的方法。启动发动机加速至 2 500 r/min，保持节气门不变，观测波形如图 3-34 所示。冷车时传感器电压应在 3～5 V 之间，正常工作温度时的电压在 1 V 左右，若不符合，应考虑传感器是否有故障。发动机冷却液温度传感器电路断路将使电压波形出现向上的尖峰（到参考电压值），传感器电路短路将产生向下的尖峰。

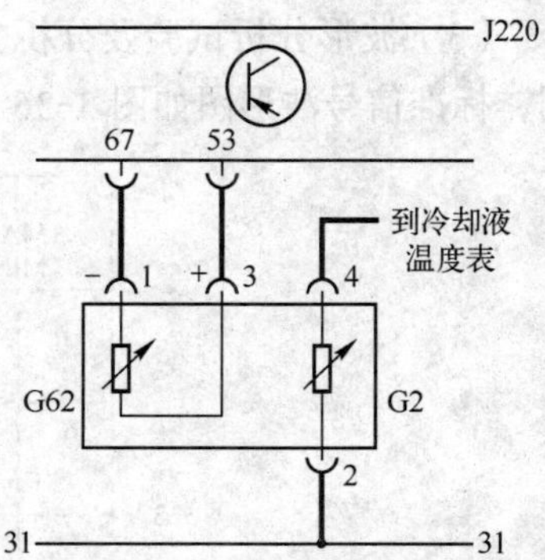

图 3-33　四端子型水温传感器

4）进气温度传感器的检测

进气温度传感器的结构、特性及故障检查方法与冷却液温度传感器基本相同。其作用是用来测量进气温度，向 ECU 输入进气温度信号，为燃油喷射和点火正时提供修正信号。图 3-35 所示为丰田皇冠 3.0 轿车 2JZ-GE 发动机进气温度传感器与 ECU 的连接电路图。

（1）进气温度传感器电阻的检测。就车检测及从发动机拆下进气温度传感器检测的方法与冷

却液温度传感器的检测方法均相同，所测电阻值也与冷却液温度传感器的相同。

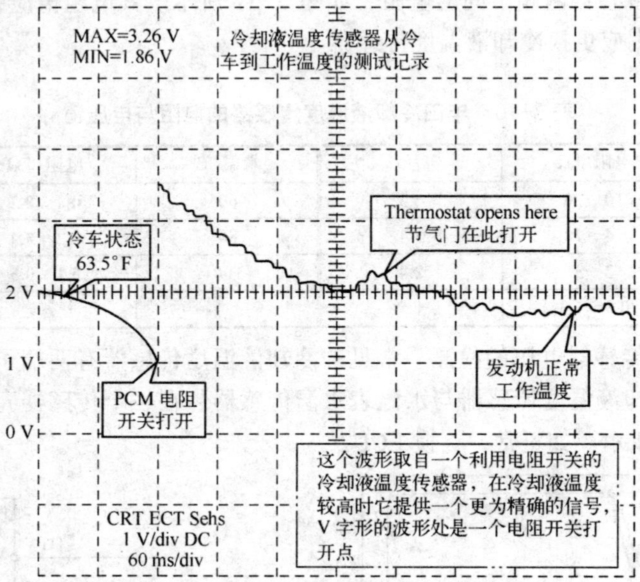

图 3-34 冷却液温度传感器信号波形

（2）进气温度传感器输出信号电压的检测将点火开关置 ON，用万用表电压挡测量 ECU 的 THA 端子与 E2 端子间或进气温度传感器插接器 THA 与 E2 端子间的电压值。在 20℃时应为 0.5～3.4 V。否则，参考图 3-35 所示进一步检查进气温度传感器连接线路是否存在断路或短路故障。

（3）波形分析试验及分析方法与冷却液温度传感器相同，标准信号波形图如图 3-36 所示。

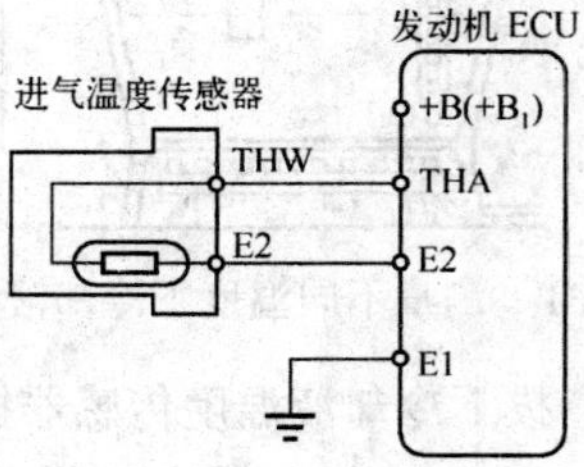

图 3-35 进气温度传感器控制线路图

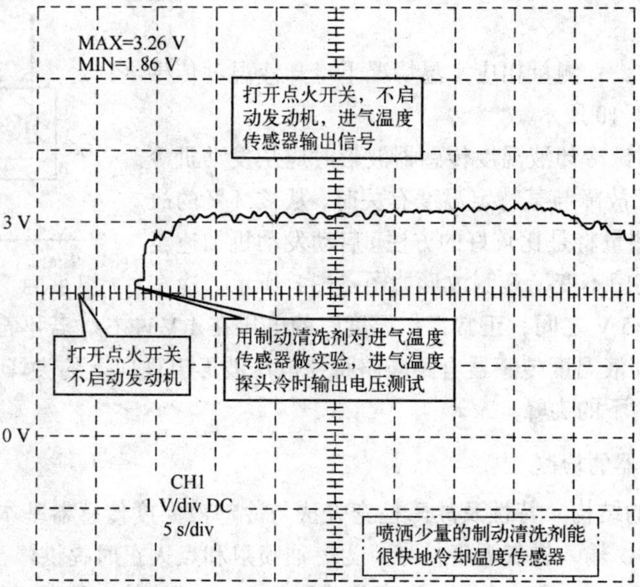

图 3-36 进气温度传感器信号波形

5）节气门位置传感器的检测

节气门位置传感器作用是将节气门开度的大小转变成电信号输入 ECU，用于燃油喷射及其他辅助控制（如 EGR、开闭环控制等）。节气门位置传感器出现故障，会造成发动机怠速过高或过低、无怠速或怠速发抖及排放超标等现象。

节气门位置传感器有开关型、线性电位计型和综合型（内含怠速开关、节气门电位计）3 种。目前以综合型应用最为广泛。图 3-37 所示为丰田皇冠 3.0 轿车 2JZ-GE 发动机节气门位置传感器的电路图。

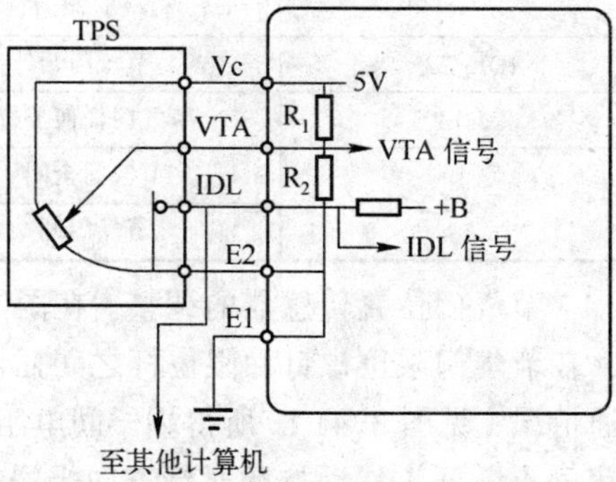

图 3-37　2JE-GE 发动机节气门位置传感器接线图

（1）怠速触点导通性的检测。点火开关置于 OFF 位置，拔下节气门位置传感器的插接器，用万用表电阻挡在节气门位置传感器插接器上测量怠速触点 IDL 的导通情况（见图 3-38）。当节气门全闭时，IDL.E2 端子间应导通（电阻为 0）；当节气门打开时，IDL-E2 端子间应不导通（电阻为∞）。否则应更换节气门位置传感器。

（2）线性电位计电阻的检测。

① 点火开关置 OFF 位置，脱开传感器插接器。

② 用塞尺检查节气门限位螺钉与限位杆间的间隙，用万用表测量节气门位置传感器端子间的电阻值，如图 3-39 所示。

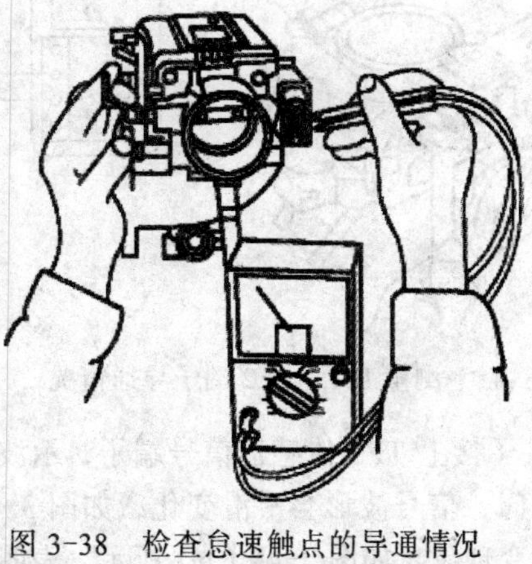

图 3-38　检查怠速触点的导通情况

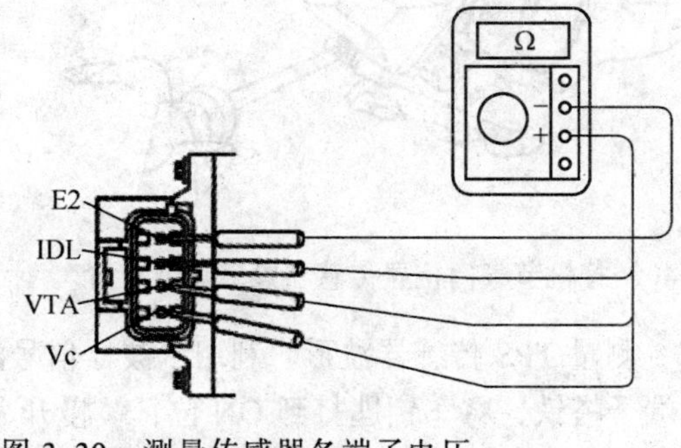

图 3-39　测量传感器各端子电压

③ 间隙和电阻值应符合表 3-11 所示的给定值，否则应调节或更换节气门位置传感器。

表 3-11　2JZ-GE 发动机节气门位置传感器各端子间的电阻值

限位螺钉与限位杆间的间隙/mm	端子名称	电阻值/kΩ
0	VTA-E2	0.34～6.3
0.45	IDL-E2	0.5 或更小
0.55	IDL-E2	无限大
节气门全开	VTA-E2	2.4～11.2
	Vc-E2	3.1～7.2

（3）电压的检测。插好节气门位置传感器的插接器，当点火开关置 ON，发动机 ECU 插接器

上 IDL、Vc、VTA 3 个端子处应有电压，用万用表电压挡检测到的 IDL-E2、Vc-E2、VTA、E2 间电压值应符合如表 3-12 所示。

表 3-12 节气门位置传感器各端子间的电压值

端　　子	检 测 条 件	标准电压/V	异　常
IDL-E2	节气门开	9～14	更换节气门位置传感器
Vc-E2	节气门任何位置	4.0～5.5	检查线路或 ECU
VTA-E2	节气门全闭	0.3～0.8	更换节气门位置传感器
	节气门开	3.2～4.9	

（4）节气门位置传感器的调整。在图 3-40 所示的图例中，拧松节气门位置传感器的两个固定螺钉，在节气门限位螺钉和限位杆之间插入 0.50 mm 塞尺，同时用万用表电阻挡测量 IDL 和 E2 的导通情况（见图 3-41），所得端子间电阻值可参考表 3-11 所示。逆时针转动节气门位置传感器，使怠速触点断开，然后按顺时针方向慢慢转动节气门位置传感器，直至怠速触点闭合为止，可参考万用表读数，拧紧节气门位置传感器的两个固定螺钉。再先后用 0.45 mm 和 0.55 mm 的塞尺插入节气门限位螺钉和限位杆之间，测量怠速触点 IDL 和 E2 之间的导通情况。当塞尺为 0.45 mm 时，IDL 和 E2 端子间应导通；当塞尺为 0.55 mm 时，IDL 和 E2 端子间应不导通。否则，应重新调整节气门位置传感器。

图 3-40　拧松节气门位置传感器螺钉调节位置

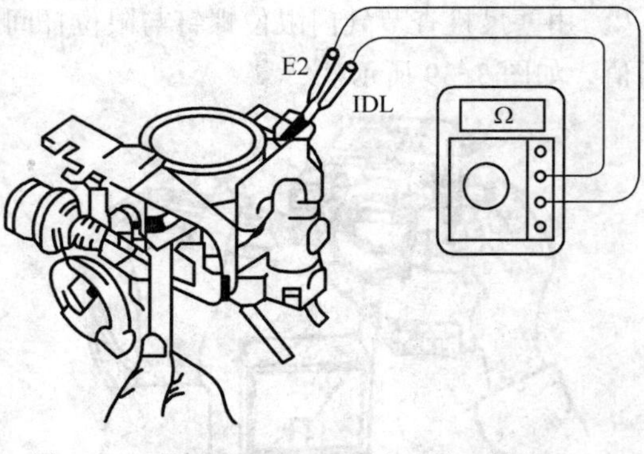

图 3-41　测量 IDL 与 E2 端子导通情况

（5）测量 TPS 传感器波形。利用示波器信号测量端子接上 TPS 传感器信号端子，示波器另一端测量端子搭铁，将车钥匙打到 ON 位，缓慢开大节气门，信号波形会平滑变化，如图 3-42（a）所示。如果在缓慢开大节气门过程中，信号波形有一突变现象，如图 3-42（b）所示，表明信号传感器碳膜断裂导致信号故障。

6）氧传感器的常见故障及检查

（1）氧传感器的常见故障及影响。

① 铅中毒：使用含铅汽油，在高温下，铅沉附于氧传感器表面，使之不能产生正常的信号。

② 积碳：氧传感器的铂片表面积碳，同样会使氧传感器不能正常工作。

③ 氧传感器内部线路断路或脱线。

④ 陶瓷元件破损。

⑤ 加热电阻丝烧断。

氧传感器的故障会使电控燃油喷射系统计算机不能得到排气管中氧浓度的信息、不能对空燃比进行反馈控制，会使发动机油耗和排气污染增加，发动机出现怠速不稳、缺火、喘振（抖）等故障现象。

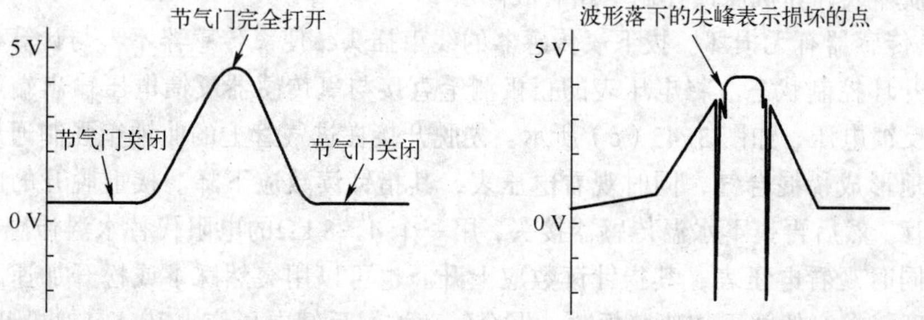

（a）模拟型 TPS 标准波形图　（b）模拟型 TPS 碳膜断裂故障波形图

图 3-42　节气门位置传感器信号波形

（2）故障检查方法。

① 氧传感器加热器电阻的检查。拔下氧传感器线束插头，用万用表欧姆挡测量氧传感器接线端中加热器接柱与搭铁接柱之间的电阻，如图 3-43（a）所示，其阻值应为 4～40 Ω（见具体车型说明书）。如果不符合标准，应更换氧传感器。

② 氧传感器反馈电压的测量。测量氧传感器反馈电压时，应先拔下氧传感器的线束插头，对照车型的电路图，从氧传感器的反馈电压输出端引出一条细导线，然后插好线束插头，在发动机运转中从引出线上测量的反馈电压。有些车型也可以由故障检测插座内测得氧传感器反馈电压，例如丰田汽车公司生产的小轿车都可以从故障检测插座内的 OX1 或 OX2 端子内直接测得氧传感器反馈电压，如图 3-43（b）所示。

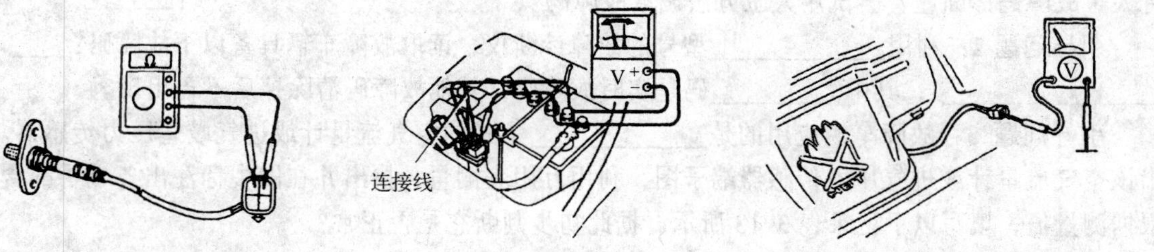

（a）测量氧传感器加热器电阻　（b）测量反馈电压　（c）拔掉线束插头后测量反馈电压

图 3-43　氧传感器的检测

在对氧传感器的反馈电压进行检测时，最好使用指针型的电压表，以便直观地反映出反馈电压的变化情况，另外还要求电压表具有低量程（通常为 2 V）和高阻抗（阻抗太低会损坏氧传感器）。氧传感器反馈电压检测的具体方法如下：

a．将发动机热车至正常工作温度（或启动后以 2 500 r/min 的转速连续运转 2 min）。

b．将万用表电压挡的负极表笔接故障检测插座内的 E1 或蓄电池负极，正极表笔接故障检测插座内的 OX1 或 OX2 插孔，或接氧传感器线束插头上的引出线。

c．让发动机以 2 500 r/min 左右的转速保持运转，同时检查电压表指针能否在 0～1 V 之间来回摆动，记下 10 s 内电压表指针摆动的次数。在正常情况下，随着反馈控制的进行，氧传感器的反馈电压将在 0.45 V 上下不断变化，10 s 内反馈电压的变化次数应不少于 8 次。

d．若电压表指针在 10 s 内的摆动次数少于 8 次，说明氧传感器或反馈控制系统工作不正常，其原因可能是氧传感器表面有积碳而使灵敏降低所致；对此，应让发动机以 2 500 r/min 的转速运转约 2 min，以清除氧传感器表面的积碳，然后再检查反馈电压。若电压表指针变化依旧缓慢，则说明氧传感器损坏或计算机反馈控制电路有故障。

e．检查氧传感器有无损坏。拔下氧传感器的线束插头，使氧传感器不再与计算机连接，反馈控制系统进入开环控制状态。将电压表的正极测笔直接与氧传感器反馈电压输出端连接，在发动机运转中测量反馈电压，如图 3-43（c）所示。先脱开接在进气管上的曲轴箱强制通风管或其他真空软管，人为地形成稀混合气，同时观看电压表，其指针读数应下降。接上脱开的曲轴箱强制通风管或真空软管，然后再拔下水温传感器接头，用一个 4～8 kΩ的电阻代替水温传感器，人为地形成浓混合气，同时观看电压表，其指针读数应上升。也可以用突然踩下或松开加速踏板的方法来改变混合气浓度，在突然踩下加速踏板时，混合气变浓，反馈电压应上升；突然松开加速踩板时，混合气变稀，反馈电压应下降。如果氧传感器的反馈电压无上述变化，表明氧传感器已损坏。

③ 氧传感器的外观颜色检查。从排气管上拆下氧传感器，检查传感器外壳上的通气孔有无堵塞，陶瓷芯有无破损。如果有损坏，则应更换氧传感器；通过观察氧传感器顶尖部位的颜色也可以判断故障：

a．淡灰色顶尖：这是氧传感器的正常颜色。

b．白色顶尖：由硅污染造成的，此时必须更换氧传感器。

c．棕色顶尖：由铅污染所致。

d．黑色顶尖：由积碳造成。在排除发动机积碳故障后，一般可以自动清除氧传感器上的积碳。

三、任务实施

引导问题 1：检查实训车辆故障警告灯是否在着车时正常熄灭？__________（是/否），该车是否有人工故障码诊断座？尝试用人工方法调取故障码。

引导问题 2：利用____________型号的故障诊断仪，读取故障车辆具备以下故障码：____________________，其中 _________码是实时故障码，其他故障码清除掉后不再出现。

引导问题 3：故障车辆应用的是___________型式的空气流量计或进气歧管压力传感器。画出该空气流量计或进气压力传感器端子图，利用万用表测量，找出并在图中标注出各端子的含义。根据测量值，填写以下记录表 3-13 所示。据此初步判断它是否正常？

表 3-13　空气流量计/进气压力传感器测量记录表

端子含义	是否具备	对地电压测量值/V		对地电阻测量值/kΩ	
		怠速时	3 000 r/min	怠速时	3 000 r/min
ECU 输出参考电源					
空气流量信号					
进气歧管压力信号					
进气温度信号		冷机时	正常工作温度	冷机时	正常工作温度
自洁加热线		检查方法与情况：			

引导问题 4：用万用表测量水温传感器电阻值，在冷车时是__________Ω，对地电压

________V，正常工作温度时是________Ω，对地电压________V。发动机冷车后接入示波器，重新观察水温传感器信号变化波形，参考以上检测，判断它是否正常？

引导问题 5：利用万用表分别测量节气门位置传感器各端子的电压、电阻，区分各端子功能，画出和标注节气门位置传感器各端子名称，将测量数据填入表 3-14 中。接入示波器，缓慢转动节气门，观察和分析节气门位置传感器信号波形的变化，根据检测结果，可断定该节气门位置传感器工作______（是/否）正常，它______（有/无）怠速接点，______（是/否）需要调整节气门位置。

表 3-14　节气门位置传感器测量数据

端　子	检 测 条 件	测量电压值/V	测量电阻值/Ω
IDL-E2	节气门全关		
	节气门开		
VTA-E2	节气门全关		
	节气门开		
	缓慢开大	变化是否平滑？	变化是否平滑？
Vc-E2	节气门全闭		
	节气门开		

引导问题 6：测量主含氧传感器是否有加热电阻，阻值是________。将发动机运转到正常工作温度，测量主含氧传感器的信号电压是在__________范围内变化，其变动的频率可利用示波器波形测量，10 s 内可变化________次左右。当急踩加速踏板时，排出的废气较浓，此时主含氧传感器的信号变化情况是______________。

引导问题 7：利用________（型号）故障诊断仪，是否能进入该车发动机电控单元的数据测量模块？如果可以，请进入数据测量模块，读取发动机主要传感器和开关相关信号数据，并参考标准数据进行分析。

任务 4　电喷汽油发动机喷油异常的故障诊断与检测

一、任务导入

发动机动力不足或加速性能不良时，供应给气缸的燃油不足或雾化不好是其中一个重要的故障原因。在实际诊断当中，应该如何判断发动机加速不良是否为油路原因造成的？具体又是什么零件损坏导致这种故障的发生？应先进行哪方面的诊断？请用你认为合适的方法进行诊断和检测。

二、知识准备

发动机气缸喷油量不足或喷出的燃油雾化不良是发动机动力不足的一个重要原因。导致喷油量不足的原因主要有三方面，一是燃油供给系统压力不够；二是喷油嘴工作不正常；三是电控系统控制喷油时间不足。电控系统方面的原因在上一个项目中已进行了学习，当排除电控系统方面原因时，应确认燃油供给压力和喷油嘴工作方面是否正常。

（一）燃油供给系统压力测试

发动机工作时，由于燃油泵的供油量远大于发动机消耗的油量，所以回油阀始终保持开启，使多余燃油经过回油管流回油箱。发动机停止工作（燃油泵停转）时，随输油管内燃油压力下降，回油阀在弹簧作用下逐渐关闭，以保持燃油系统内有一定的燃油压力。为了安全，在拆卸燃油系统内任何元件时，都必须首先释放燃油系统压力，以免系统内的压力油喷出，造成火灾。为了保证发动机在各种工况下，供油系统都能供给足够数量的燃油，在不同工作条件下，供油系统实际供给的燃油压力并不是固定值。

1．汽油管路的泄压方法

对汽油管路进行泄压的目的是防止在拆卸燃油系统时，系统内的压力油喷出，造成人身伤害和火灾。释放方法如下：

（1）启动发动机，维持怠速运转。

（2）在发动机运转时，拔下油泵继电器（熔丝）或电动燃油泵电源接线，使发动机熄火。

（3）再使发动机启动 2～3 次，就可完全释放燃油系统压力。

（4）关闭点火开关，装上油泵继电器或电动燃油泵电源接线。

2．汽油表的接入与压力测量

（1）检查燃油，释放燃油系统压力。

（2）检查蓄电池，拆下负极电缆。

（3）将专用压力表接在脉动阻尼器位置或进油管接头处（对于丰田），如图 3-44 所示。

（4）接上负极电缆，启动发动机使其维持怠速运转。

（5）拆下燃油压力调节器上真空软管，用手堵住进气管一侧，检查油压表指示的压力，多点喷射系统应为 0.25～0.35 MPa，单点喷射系统为 0.07～0.10 MPa。

（6）接上燃油压力调节器的真空软管，检查燃油压力表的指示应有所下降（约为 0.05 MPa）。

将发动机熄火，等待 10 min 后观察压力表的压力，多点喷射系统不低于 0.20 MPa，单点喷射系统不低于 0.05 MPa。

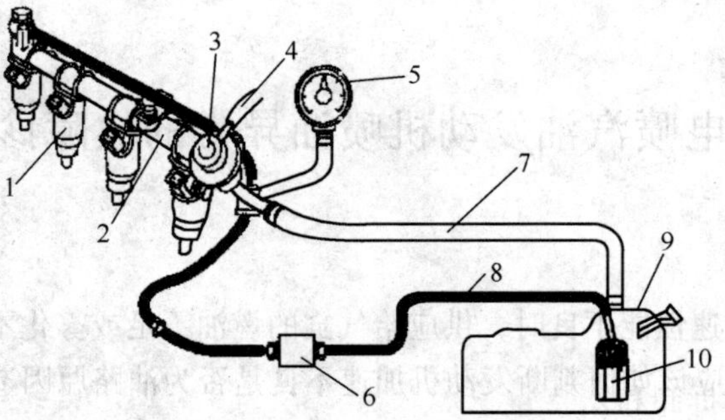

图 3-44　油压表的连接

1—喷油器；2—油轨（燃油管）；3—压力调节器；4—真空管；5—压力表；
6—汽油滤清器；7—回锄管；8—输油管；9—油箱；10—燃油泵

若燃油系统压力过低，可夹住回油软管以切断回油管路，再观察油压表指示压力，如果压力恢复正常，说明燃油压力调节器有故障，应更换；若仍压力过低，应检查燃油系统有无泄漏，燃油泵滤网、燃油滤清器和油管路是否堵塞，若无泄漏和堵塞故障，应更换燃油泵。若油压表指示压力过高，应检查回油管路是否堵塞；若回油管路正常，说明燃油压力调节器有故障，应更换。

检查完毕后，应释放系统压力拆下油压表，装复燃油系统。不同车系的燃油压力如表 3-15 所示。

表 3-15 不同车系的燃油压力

车 型	排 量	喷 射 类 型	系统油压（接真空管）	残 压
桑塔纳 2000	1.8 L	多点喷射	约 300 kPa	>150 kPa（停车 10 min 后）
奥迪 A6	1.8 L	多点喷射	约 350 kPa	>250 kPa（停车 10 min 后）
上海别克	3.0 L	多点喷射	284～325 kPa	>33 kPa（停车 10 min 后）
通用	5.0 L	单点喷射	75 kPa	残压很低
丰田		多点喷射	196～235 kPa（怠速） 265～304 kPa（静态）	熄火后 5 min 不降低
克莱斯勒	2.5 L	单点喷射	98 kPa	残压很低
本田	2.0 L	多点喷射	265～305 kPa（怠速）	>150 kPa（停车 10 min 后）
福特	2.3 L	多点喷射	206～318 kPa（怠速）	熄火后 5 min 不降低

3．密封性和保压能力检测

密封性和保压能力检测步骤如下：

（1）保证电源电压正常。

（2）接通点火开关，发动机怠速运转，使油压表压力达到额定值。

（3）断开点火开关，等待 10 min 后，油压表压力必须高于 220 kPa。

（4）如果压力低于 200 kPa 时，说明输油管、喷油器有泄漏或喷油器进油口 O 形密封圈失效，需逐项进行检修。

（5）如果步骤（4）项所述相关部位检查正常，则重复步骤（2），再进入步骤（6）。

（6）断开点火开关，夹住回油管，同时观察油压表压力，等待 10 min 后，如果表压力低于 200 kPa，说明燃油泵单向阀故障，应更换燃油泵。

（7）如果表压力高于 200 kPa，说明油压调节器渗漏，应予更换。

4．燃油压力调节器的作用及检测

燃油压力调节器的主要功用是使系统油压（即供油总管内油压）与进气歧管内压力之差保持为恒定值，一般为 250～300 kPa。燃油压力调节器位于燃油分配管的一端，其结构如图 3-45 所示。

燃油压力调节器是不可调节器件，它的主要故障是弹簧张力疲劳后变小或膜片破裂。由于燃油压力调节器的作用是调节喷油压力，所以出现故障时会直接影响喷油压力的高低和发动机的供油量，使发动机供油不稳、怠速不稳、启动困难、加速无力、耗油、冒黑烟等故障。

1）燃油压力调节器拆卸和安装

燃油压力调节器拆卸和安装，如图 3-46 所示。

（1）释放燃油系统压力。

（2）拆开电瓶负极缆线，并从燃油压力调节器上拆下真空软管。

（3）松开并拆下压力调节器处的回油软管。

（4）拧下将燃油回油管固定到进气歧管上的夹紧螺栓。

（5）旋下固定螺栓，并从分油管上拆下调节器，换掉旧 O 型圈。

2）车上检查燃油压力调节器

启动发动机并暖机至少 2 min，从燃油压力调节器上拔出真空软管，并塞住软管末端。在怠速时，发动机燃油压力变化 60 kPa 左右。如果油压不在标准范围内，检查真空软管和压力调节器。

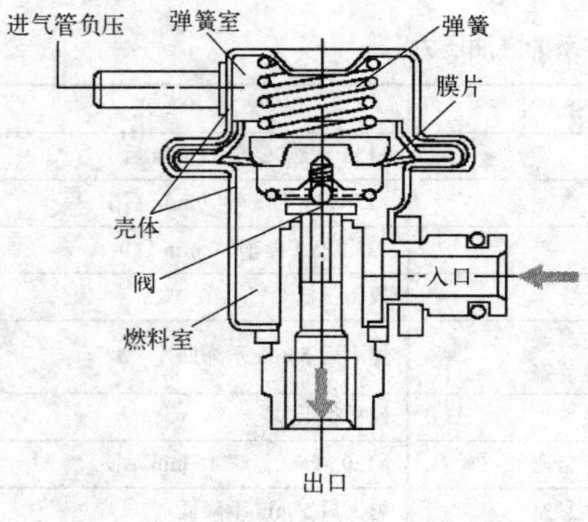

图 3-45 燃油压力调节器

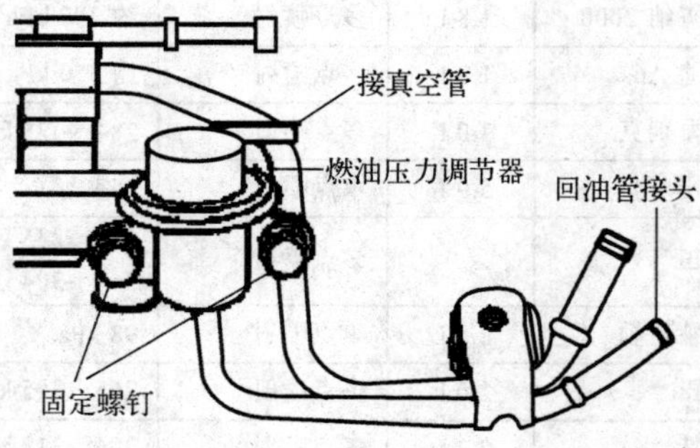

图 3-46 燃油压力调节器拆卸和安装

检查发动机关闭后，油压应保持在 147 kPa 以上至少 3 min。如果不在标准范围内，检查燃油泵、压力调节器和喷油器。

5. 油泵供油量检测

（1）将燃油压力表的一端软管伸到一个量杯中，如图 3-47 所示。

（2）接通点火开关，使燃油泵工作 30 s（可用短接线将油泵继电器短接）。

（3）将排出的油量与额定值相比较。汽油泵泵油量与电压的关系如图 3-48 所示。

一般压力表显示 300 kPa 时，泵油量应大于 0.58 L/30 s。如果没有达到最低的供油量，故障原因可能为进油管折曲或阻塞、汽油滤清器阻塞、汽油泵故障等。

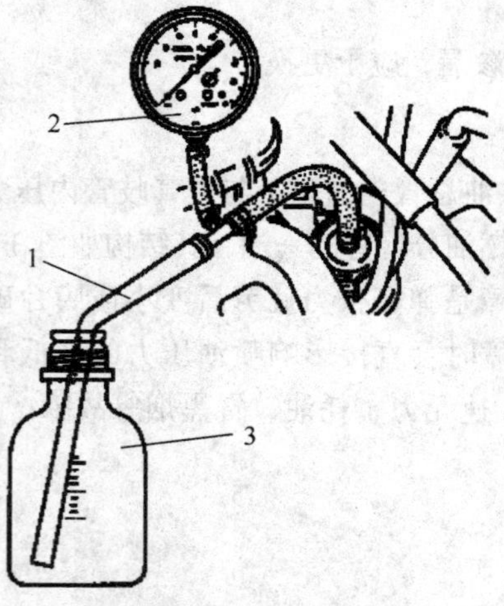

图 3-47 燃油压力表连接

1—软管；2—燃油压力表；3—量杯

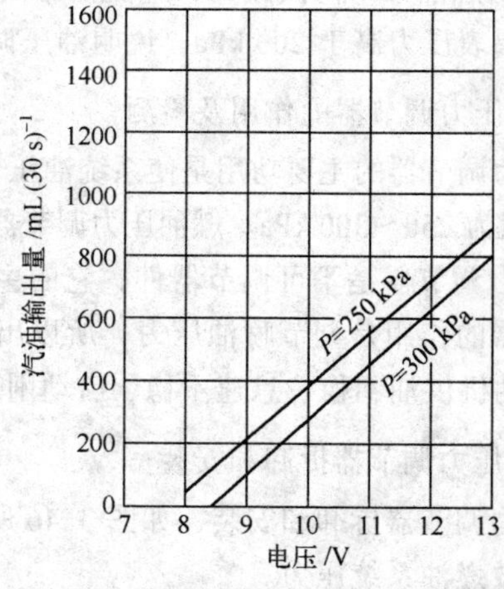

图 3-48 汽油泵泵油量与电压的关系

（二）喷油器喷油情况检测

喷油器（Injector，INJ，全称电磁喷油器）是电控燃油喷射系统的执行元件，作用是根据 ECU 发出的脉冲喷油信号，控制燃油喷射量。单点喷射系统的喷油器安装在节气门体空气入口处，多点喷射系统的喷油器安装在各缸进气歧管或汽缸盖上的各缸进气道处。按喷油口的结构不同，喷油器可分为轴针式、球阀式和孔式，国产轿车燃油喷射系统均采用轴针式电磁喷油器。按喷油器电磁线圈阻值大小，喷油器可分为高阻型（13～18 Ω）和低阻型（1～3 Ω）两种。按驱动方式可分为电流驱动和电压驱动两种。

1. 喷油器常见故障现象

喷油器是燃油喷射系统中故障较多的部件之一，其常见故障及影响如表 3-16 所示。

表 3-16　喷油器的常见故障及影响

故 障 部 位	对电控燃油喷射系统的影响	对电控发动机的影响
喷油器阀胶结、喷油器堵塞	喷油器不喷油或喷油量少；喷油雾化不良	发动机动力下降、加速迟缓、怠速不稳容易熄火、发动机不能工作、发动机工作不稳
电磁线圈或内部线路连接处断路	喷油器不喷油	发动机工作不稳或不工作
喷油器密封不严	喷油器滴油	油耗上升、排气管放炮、发动机启动困难或不能启动，排气冒黑烟
喷油器阀口积污	喷油量减少	发动机工作不稳、进气管回火，发动机动力不足、加速性差

2. 喷油器的就车检查

发动机热车后使其怠速运转，如图 3-49 所示，用听诊器测听各缸喷油器有无工作时的“嗒嗒”声响。若各缸喷油器工作声音清脆均匀有节奏，则说明各缸喷油器工作正常；若某缸喷油器的工作声音很小或工作声音较其他缸沉闷，则说明该缸喷油器工作不正常，可能是针阀卡滞，应作进一步的检查；若听不到某缸喷油器的工作声音，说明该缸喷油器不工作，则应检查喷油器控制线路或测量喷油器电磁线圈电阻；若控制线路及电磁线圈正常，则说明喷油器针阀完全卡死，应更换喷油器。

如发动机工作不平稳，可以采用断缸方法来判断各缸喷油器工作良好与否：发动机热车后使其怠速运转，依次拔下各缸喷油器的线束插头，使喷油器停止喷油，进行断缸检查。若拔下某缸喷油器的线束插头后，发动机转速有明显下降，则说明该缸喷油器工作正常；相反，若拔下某缸喷油器线束插头后发动机转速无明显下降，则说明该缸喷油器不工作或工作不良，应作进一步检查。

3. 喷油器的阻值测量

如果怀疑某缸喷油器不工作，可用万用表检测该缸喷油器电磁线圈的电阻，如图 3-50 所示，看其电阻是否正常。电流驱动型（低阻抗型）喷油器电磁线圈电阻值一般在 1.5～3 Ω之间，电压驱动型（高阻抗型）喷油器电磁线圈的阻值一般在 13～16 Ω。如测得的电阻过小或过大都需要更换该缸喷油器。

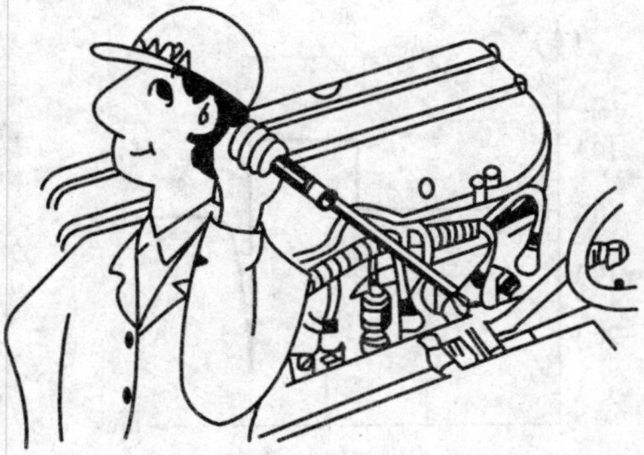

图 3-49　喷油器工作测听

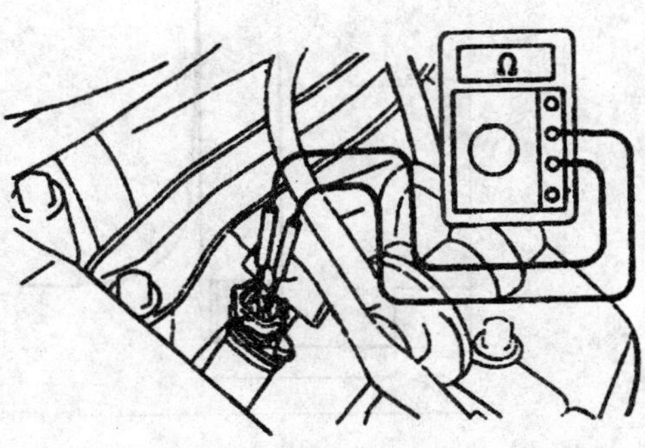

图 3-50　喷油器阻值测量

当喷油器电阻正常时，可测量其电源线和控制线是否正常。利用示波器和直接观察电控单元是否控制喷油器工作。将示波器的两个接脚分别并联接到喷油器的电源及控制线，可得相应的喷油器的喷油波形，通过图形分析其控制系统是否正常。

4．喷油器的喷油波形检测

1）喷油器的喷油波形测试步骤

（1）示波器 COM 测针在发动机上搭铁或连接蓄电池负极，CH1 测针连接在喷油器插座控制信号线上。

（2）启动发动机，以 2 500 r/min 转速运转 2～3 min，直至发动机达到正常工作温度，并使燃油反馈系统进入闭环，通过观察示波器上氧传感器的信号确定这一点。

（3）关掉空调和所有附属电气设备，变速杆置于 P 位或 N 位，缓慢加速并观察在加速时喷油器喷油时间应相应增加。

（4）从进气管中加入丙烷，使混合气变浓，如果系统工作正常，喷油器喷油时间将缩短，它试图对浓的混合气进行修正（高的氧传感器电压）。

（5）让真空泄漏，使混合气变稀，如果系统工作正常，喷油器喷油时间将延长，它试图对稀的混合气进行补偿（低的氧传感器电压）。

（6）提高发动机转速至 2 500 r/min，并保持稳定，可以看到许多被测波形上喷油器喷油时间在稍宽与稍窄之间来回变换，变换时间在 0.25～0.5 ms 之间，说明燃油喷射系统能控制混合气在正常浓、稀之间转换。

2）喷油器喷油波形分析

根据 ECU 内部控制喷油器电路的开关三极管类型不同，有 PNP 型和 NPN 型，NPN 型常见有饱和开关型、峰值保持型和波许峰值保持型 3 种，如图 3-51 所示。

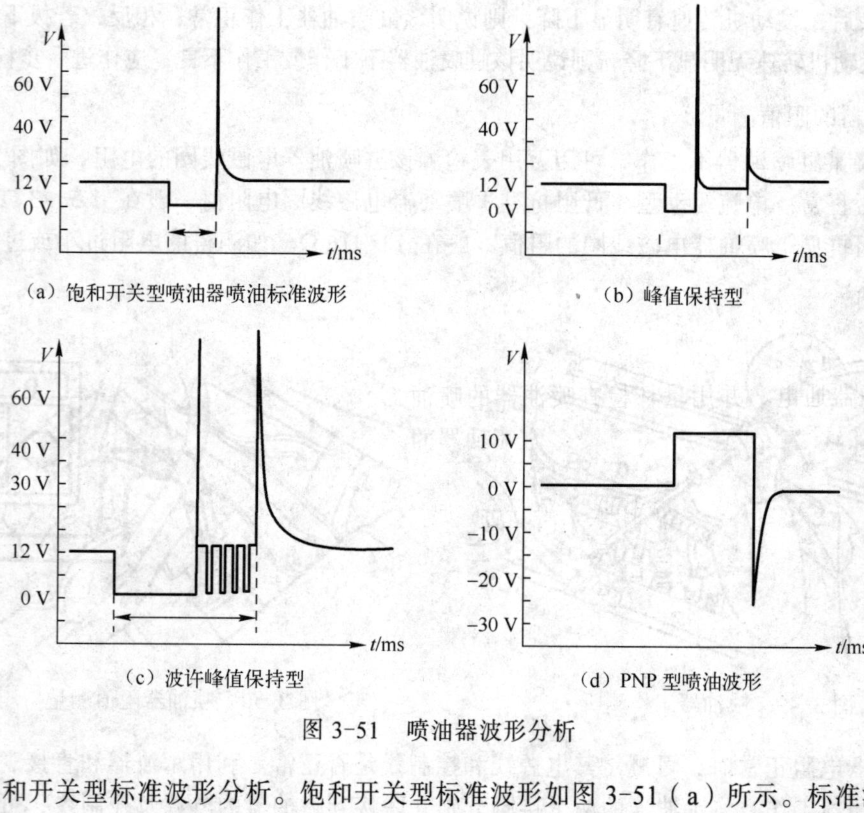

（a）饱和开关型喷油器喷油标准波形　（b）峰值保持型

（c）波许峰值保持型　（d）PNP 型喷油波形

图 3-51　喷油器波形分析

（1）饱和开关型标准波形分析。饱和开关型标准波形如图 3-51（a）所示。标准波形条件是：

喷油器不喷油电路为高电位，即蓄电池 12 V 电压；喷油器喷油时电路为低电位，即 0 V。当 ECU 使喷油器接地电路接通时，喷油器开始喷油，此时波形幅值应垂直向下至 0 V 电位线；脉冲宽度为喷油器喷油时间，应为水平线。正常喷油时间会随着驾驶条件和氧传感器输出信号的变化而变化，一般怠速时为 1～6 ms，冷启动或节气门全开时为 6～35 ms。当 ECU 使喷油器断开电路时，喷油器停止喷油，此时波形幅值应垂直向上，由于喷油器线圈的磁场衰减而产生一个较高的峰值，一般正常断开峰值电压的范围是 30～100 V，随后波形迅速呈 12 V 水平电位线。

（2）峰值保持型标准波形分析。峰值保持型标准波形如图 3-51（b）所示。标准波形条件是：喷油器不喷油电路为高电位，即蓄电池 12 V 电压；喷油器喷油时波形为低电位，即 0 V。ECU 用 4 A 电流打开喷油器针阀，然后用 1 A 电流使针阀保持开启状态。当 ECU 将电流切换到 1 A 时，将引起喷油器磁场的突变，于是产生一个电压尖峰；当完全断开接地电路而停止喷油时，则会再产生一个电压尖峰。在发动机工作时，一般从信号开启到第一个尖峰的时间与喷油时间无关，而两个尖峰之间的时间则随发动机的加减速应不断变化，即加速时，将看到第二个尖峰应向右移动，而第一个尖峰保持不动；混合气很浓时，两个尖峰之间会很近。

（3）波许峰值保持型标准波形分析。波许峰值保持型标准波形如图 3-51（c）所示。标准波形条件是：喷油器不喷油电路为高电位，即蓄电池 12 V 电压；喷油器喷油时波形为低电位即 0 V。ECU 用 4 A 电流打开喷油器针阀，然后 ECU 是通过高速脉冲开关电路来减少电流。波形中出现两个尖峰，第一个尖峰是由于在脉冲电路接通瞬间产生的，第二个尖峰是在脉冲电路断开的瞬间产生，产生原因同上。测试时，要观察脉冲波形幅值、频率、形状和脉宽等是否一致，同时启动时喷油脉宽应为 6～35 ms，若发现喷油脉宽超过 50 ms，发动机会被淹，则会出现启动困难。

（4）PNP 型标准波形分析。PNP 型标准波形如图 3-51（d）所示。标准波形条件：PNP 型喷油器的脉冲电压是在一个接地状态下触发喷油器开关的，所以喷油时电压突变尖峰的方向与其他类型的相反，这种类型喷油器常见于克莱斯特车系中。

4. 喷油器喷油情况检查

1）目测检查

在工作台上铺一块干净的白布，将分配油管及喷油器内的残余汽油倒在白布上。若发现有铁锈或水珠自分配油管内或喷油器进油口处倒出，说明喷油器已锈蚀，应更换。

2）喷油器的喷油量检查

如图 3-52 所示，燃油泵工作后，用导线让蓄电池直接给喷油器通电，并用量杯检查喷油器的喷油量。每个喷油器应重复检查 2～3 次，各缸喷油器的喷油量和均匀度应符合标准。各车型喷油器的喷油量和均匀度标准不同，一般喷油量为 50～70 mL/15 s，各缸喷油器的喷油量相差不超过 10%，否则应清洗或更换喷油器。同时，观察燃油从喷孔喷出的形状，应为 35° 左右的圆锥雾状。

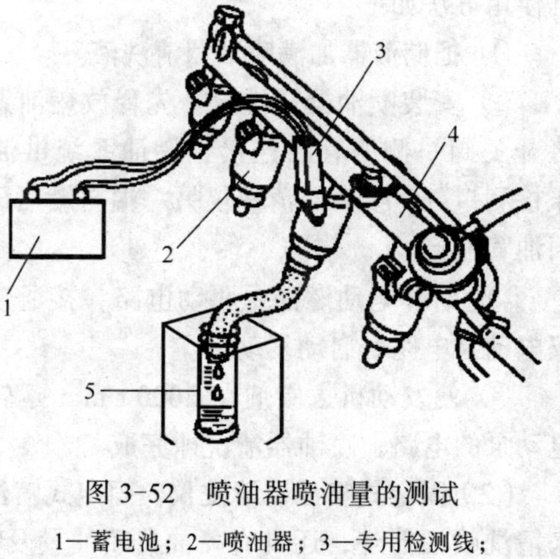

图 3-52　喷油器喷油量的测试

1—蓄电池；2—喷油器；3—专用检测线；4—燃油总管；5—量杯

3）喷油器密封性检查

喷油器密封性可在专用设备上进行，在检测喷油量之前，直接给燃油泵通电工作，油压达到正常时，观察喷油器有无滴漏现象。也可将喷油器和输油管从安装位置上拆下，再与燃油系统悬空连接好，打开点火开关，让燃油泵通电工作，观察喷油器有无滴漏现象。一般要求 2 min 内喷油器滴油不超过 1 滴，此时说明喷油器密封性良好，否则应更换喷油器。注意：低阻喷油器不能直接与蓄电池连接，必须串联一个 8～10 Ω的附加电阻。

4）喷油器就车检查方法

如果没有超声波清洗机，可将已从发动机上拆下的喷油器用软管与发动机输油管路相连接，再用专用接线器将喷油器线端子接上蓄电池电压，然后将燃油泵检查插接器短接，并接通点火开关，使燃油泵工作（发动机不工作），看喷油器喷油是否正常。喷油量应在 40～50 mL/15 s 范围内（不同的发动机标准不同），各缸喷油器喷油量之间差值应少于 5 mL。

喷油器接蓄电池需用专用接线器，是因为对于电流驱动型喷油器或一些低电阻的电压驱动型喷油器来说，由于喷油器的电磁线圈电阻较小，直接接蓄电池 12 V 的电压，会因电流过大而烧坏。

喷油器泄漏的检查（密封性检查），只需在上述条件下拆下专用接线器，使喷油器停止喷油，看喷油器是否漏油，要求喷油器 1 min 内的漏油量少于 1 滴（说明密封性能良好），否则需更换喷油器。

5）利用喷油器清洗仪清洗和测试喷油器

喷油器喷油雾化情况是否良好及其脏污堵塞后的清洗可在喷油器清洗试验台或便携式喷油器清洗仪上进行，喷油器清洗仪可分为便携式和固定式两种类型。

将拆下的喷油器安装到超声波清洗机上，在喷油器清洗试验台上可以观察喷油器喷油雾化状况，测定喷油器在一定时间或一定喷油次数内的喷油量，检查喷油器针阀的密封性能。对于工作不良的喷油器，还可以在清洗试验台上进行超声波清洗和反流清洗，以达到彻底清洁喷油器，使之恢复良好的喷油雾化性能的目的。

（1）便携式喷油器清洗仪。便携式喷油器清洗仪无需拆下喷油器即可随车进行清洗。便携式喷油器清洗仪主要由储液器、电动泵等组成，如图 3-53 所示。其使用方法如下：

① 把储液器加满喷油器清洗液。

② 安装喷油器清洗仪。先释放燃油系统压力，将开关阀一侧的管路连接到燃油系统供油总管的油压检测口处，喷油器清洗仪另一端与燃油压力调节器回油管连接。

③ 断开电动燃油泵驱动电路，接通喷油器清洗仪电动泵电路，启动发动机。

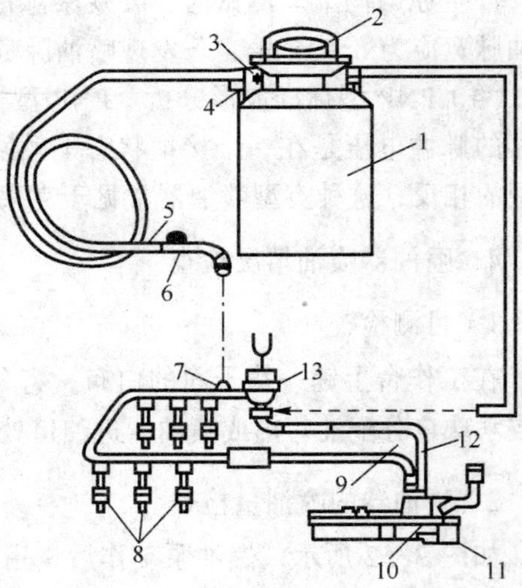

图 3-53 便携式喷油器清洗仪

1—储液器；2—清洗仪电动机；3—压力指示表；4—检测阀；5—清洗仪输油管；6—开关阀；7—油压检测口；8—喷油器；9—供油管；10—电动燃油泵；11—油箱；12—回油管；13—燃油压力调节器

④ 使发动机去碳剂在 2000 r/min 运转 10 min 后，停止发动机运转，同时断开喷油器清洗仪电动泵的电路，喷油器清洗即完成。

（2）固定式喷油器清洗仪。固定式喷油器清洗仪外形如图 3-54 所示，此类型清洗仪一般除用来清洗喷油器外，还具有喷油器喷油量及喷油器滴漏检查功能。不同厂家的固定式喷油器清洗仪使用方法不尽相同，可按相关使用说明书进行。

三、任务实施

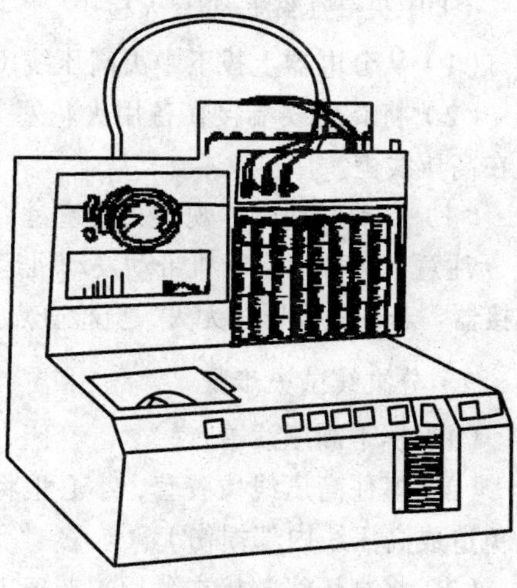

图 3-54　超声波喷油器清洗仪

引导问题 1：按以下测量油压的步骤进行系统燃油压力测量：

（1）如何泄压？______________________________

（2）油压表安装在哪个部位？______________________________

（3）在发动机正常工作时，怠速时油表指示压力是______bar（1 bar = 10^5 Pa），当急加速时油压变为______bar。油压变化的原因是什么？

怠速时拔掉真空压力调节器的真空管时，油压变化情况怎样？______________

（4）系统最大燃油压力是多少？______残压是多少？是否正常？______________

引导问题 2：利用示波器测量喷油器波形，由波形分析故障车辆是______控制型式的波形，喷油时间在正常工作温度下怠速时是______ms。观察随发动机转速升高，节气门开度增大，喷油波形变化情况。

引导问题 3：如何判定喷油器工作是否堵塞或漏油？______________________________。

引导问题 4：利用超声波清洗仪清洗喷油器要注意检查哪些项目？______________
你维修的故障车辆检测清洗情况如何请记录下来？______________
在喷油器装配过程中注意哪些事项？______________

任务 5　发动机点火能量不足的故障诊断与检测

一、任务导入

与点火系统有关的影响汽车加速性能的故障原因有哪些？对故障车辆点火系统进行人工方法和利用示波器进行检测，分析其点火能量、点火时间是否正常，找出故障的原因和部位。

二、知识准备

（一）发动机点火性能人工判定方法

1. 跳火火花情况检查

可将点火系统的中央高压线拔下，对缸体进行跳火试验，以确认点火系统工作是否正常。试验时高压线头与缸体距离由近到远试验，一般跳火距离超过 7 mm 以上，火花蓝白发亮为佳，如果发现火花过弱，便可确认是点火系统有故障，原因可能是初级电流不足，点火线圈内部匝间短路等。如果上述检查正常，再拔下火花塞上的分缸高压线试火，检查分缸高压火花情况应如上所述为正常。如果无火，或火花颜色发红，跳火距离只有 6 mm 以内，则表明该缸点火能量过弱，可能为中央高压线至分缸线间元件有故障，包括分火盖、分火头、分火线等。

1）中央高压线是否有火检查

（1）从分电器上拔下中央高压线（捏住高压线橡胶套沿分电器轴线方向拔出）。

（2）将高压线端接在备用火花塞上，并将火花塞抵在缸体上，或将高压线插好用正时灯夹子夹在高压线上。

（3）启动发动机，观察火花塞是否跳火（正时灯是否闪亮）。

注意：每次用启动机带动发动机运转不要超过 1～2 s，以防喷油器喷油；或拔下所有喷油器的连接器。若中央高压线无火，应检查点火线圈和点火器；若中央高压线有火，应进行分缸线试火。

2）分缸线试火步骤

（1）拆下高压线罩。

（2）捏住高压线橡胶套，小心地将高压线从火花塞上拔出（不要直接拉拔高压线和弯曲导线，以免造成高压线内部损伤）。

（3）将高压线端接在备用火花塞上，将火花塞抵在缸体上，启动发动机试火。若分缸线有火，应检查火花塞；若分缸线无火而中央高压线有火，应检查分缸线和分电器。

2．火花塞的情况检查

即使在进行上一步骤跳火检查正常时，还需拆出各缸的火花塞进行检查：

（1）检查火花塞电极间隙。新火花塞电极间隙为 0.8 mm，使用过的火花塞电极间隙最大为 1.0 mm。

（2）火花塞应无积炭、烧损、破裂、漏电现象。

因为火花塞工作不良的故障现象很多，有的可以从火花塞外观上看出，有的需通过点火波形观测分析。如果在外观上看不出火花塞是否异常，可更换火花塞进行路试比较，这种换件试验方法在维修厂中大量运用，简单易行，特别对于独立点火系统，不能单独拔出高压线试火，一般采用人工方法均拆出点火线圈及高压线，插入火花塞，将火花塞螺纹搭缸体，启动发动机观察火花塞跳火情况。

（二）点火波形检测分析

由于点火系统低压部分、高压部分的变化过程是有规律的，因此，把实际测得的点火系统点火电压波形与正常工作情况下的点火电压波形进行比较并分析，即可判断点火系统的技术状况好坏及故障所在。用示波器的波形直观诊断点火系统故障是汽车维修常用的手段，汽油机点火系统技术状况可通过汽车专用示波器或发动机综合性能分析仪上的示波器来观察分析。便携式汽车专用示波器的结构如图 3-55 所示。

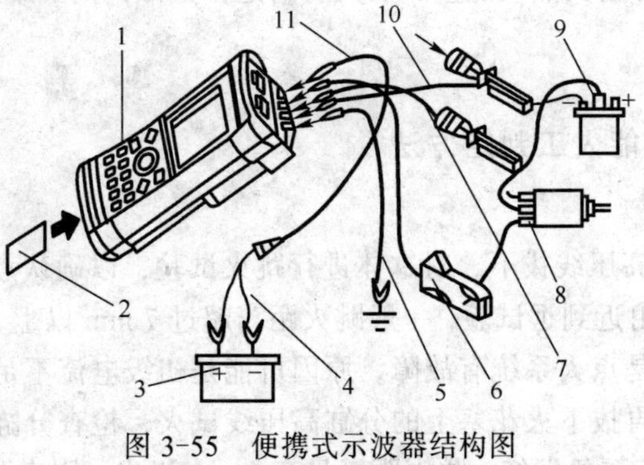

图 3-55　便携式示波器结构图

1—主机；2—测试卡；3—蓄电池；4—蓄电池电缆；5—接地电缆；6—一缸信号夹；
7—次级信号电缆；8—分电器；9—点火线圈；10—示波器电缆；11—点烟器电缆

1. 点火示波器原理

发动机诊断用的示波器，既可以制成单一功能的专用示波器，也可以制成带有多种传感器、显示多种波形的多功能示波器。因为电压、电流以及能够转变为电信号的其他非电量，如压力、振动、温度、流量等都可以通过示波器观察和测量，因而在汽车诊断与检测中，示波器的应用越来越广泛。在国内使用比较普遍的发动机综合测试仪中，一般都带有示波器部分，均可用示波器检测诊断点火系统、柴油机燃料供给系统技术状况和诊断机械异响的功能。

发动机点火示波器是一种用来检测、诊断发动机点火技术状况的较为新型的仪器之一，使用点火示波器可将每个缸的点火电压随时间的变化关系用波形直观地显示出来，以便于观察、测量、分析和判断。除了操作简单和测试迅速外，使用示波器的另一个重要的优点是能描绘出气缸内点火的全过程。

点火示波器一般由传感器、电子电路和示波管组成。其中，显示器可分为阴极射线管式和液晶式两种。阴极射线管由电子枪、偏转板和荧光屏组成，如图 3-56 所示。在管内的电子枪将电子束射至管前的荧光屏上，能产生一个光亮点。在管子内部有两组金属板，水平的两块称为垂直偏转板，垂直的两块称为水平偏转板。当从示波器电路得到电荷时，水平偏转板会使电子束在管内的水平方向上产生弯曲，从而使在荧光屏上显示光亮点的电子束从左至右横掠屏幕扫出一条光亮的线条，然后再从右至左变暗回扫。由于光的运动非常快，以致光亮点以一条实线出现在观察者眼前。当示波器接上运转的发动机点火系统时，垂直偏转板可通过示波器电路接受到电荷，且此电荷的大小与点火系统电压的瞬时变化成比例。随着电子束从左到右的扫描，变化着的电荷使其在垂直方向产生弯曲，因而光亮点在阴极射线管的屏幕上扫出一条曲线图形。该曲线图形与点火系统电荷的大小相对应，并代表了点火系统中电压随时间的变化，该曲线在垂直方向上表示电压，在水平方向上表示时间，走向从左至右，并且以基线为准，向上为正电压，向下为负电压。

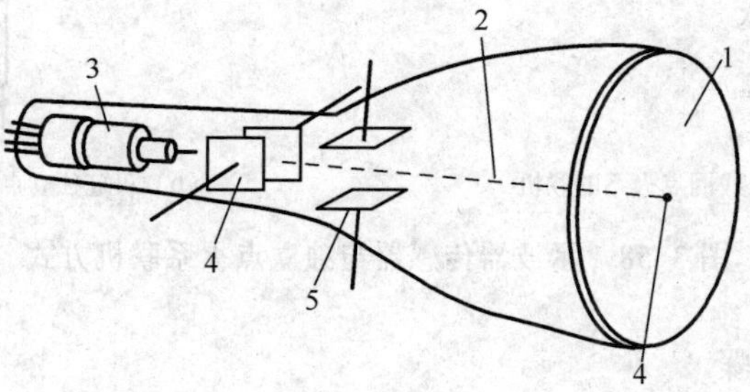

图 3-56　发动机点火示波器原理图

1—荧光屏；2—电子束；3—电子枪；4—水平偏转板；5—垂直偏转板；6—光亮点

2. 点火示波器的使用方法

1）点火示波器的连线方式

使用点火示波器检测点火波形应注意以下连接方法：

（1）一次初级点火波形。一次点火波形信号是从断电器触点两端采集到的，故又称为白金波形；在电子点火装置中，一次电流流经点火线圈一次绕组后，不流经分电器，而是通过点火控制器搭铁。因此，低压点火传感器的鳄鱼夹应夹在点火线圈的负接柱线上，如图 3-57 所示。

（2）二次点火波形。二次点火波形是从点火线圈高压线上采集到的，采用分电盘式点火系统的高压点火线外露，应注意接线方法依据分电盘和点火线圈类型而有区别。图 3-57 所示为传统分电器点火系统的接线方式。对于独立点火系统，可利用多个高压点火传感器分别夹在发动机各个点火线圈上的方法来测量，如图 3-58 所示。

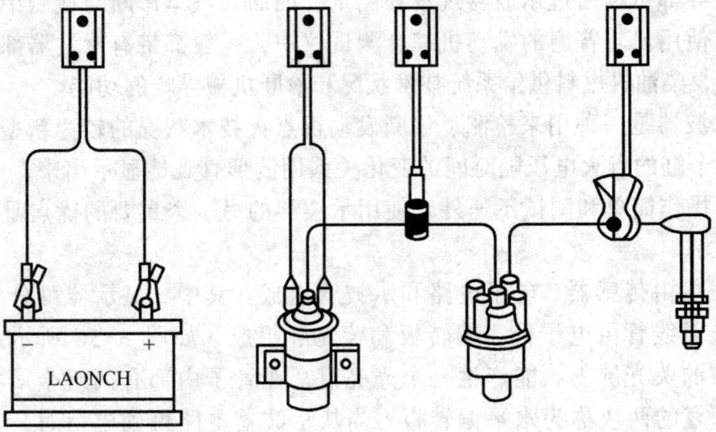

图 3-57　点火示波器与传统点火系统联机方式

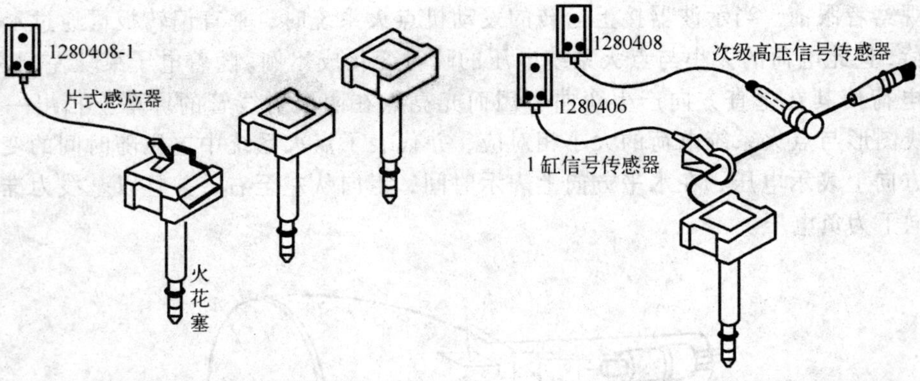

(a) 单缸独立点火线圈点火系的联机　　(b) 双缸独立点火线圈点火系的联机

图 3-58　示波器传感器与独立点火系联机方式

2）点火示波器操作步骤

（1）按发动机点火示波器或发动机综合检测仪使用说明书的要求，对仪器通电预热，检查校正。

（2）启动发动机并预热至正常工作温度。

（3）按要求正确联机，即把各类传感器连接在发动机有关部位。

（4）通过按键或输入操作码可分别测得发动机的重叠波、并列波、平列波和单缸选缸波。调节检测仪上的“亮度”、“对比度”、“水平位置”、“水平幅度”、“垂直位置”、“垂直幅度”、“示波同步”等旋钮，可以使荧光屏上的亮度、对比度、波形位置、波形幅度等符合观测要求。同时，在观测波形时，应使发动机在规定转速下运转。

3. 点火波形分析

如图 3-59 所示，利用示波器可显示发动机点火过程的波形图，包括一次电流、一次电压和二次电压，而屏幕的波形显示方式有各个单缸波形和多缸平列波、并列波、重叠波等形式。波形分析是指把汽车发动机点火系统实际点火波形与标准波形比较以判断点火系统故障的过程。

1）单缸次级点火波形分析

图 3-60 所示为电子点火系统的二次点火波形，它与传统点火系统点火波形的主要区别：其闭合段后部电压略有上升，有的波形在闭合段中间也有一个微小的电压波动，这反映了点火控制器中限流电路的作用。另外，电子点火波形闭合段的长度随转速变化而变化。

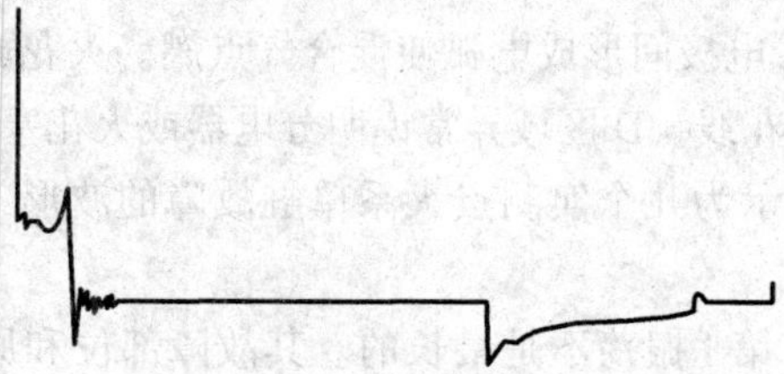

图 3-60　电子点火波形图

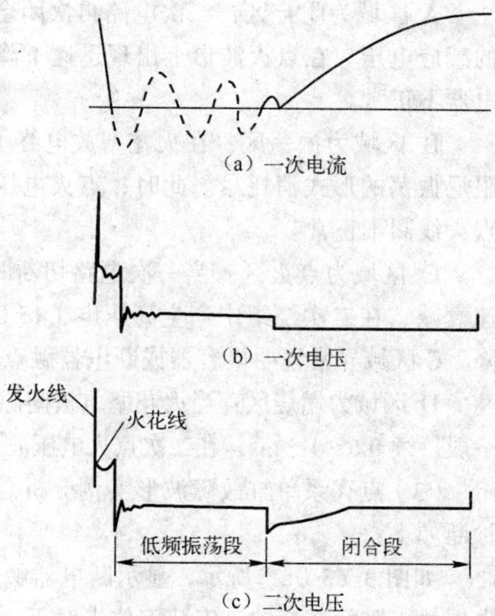

图 3-59　发动机点火过程波形图

（1）单缸标准波形分析。图 3-61 所示为单缸标准二次电压波形图，波形上各段的意义如下所述。

a．断电器触点打开，一次电流下降，而二次电压急剧上升。

b．火花通过时间。这时二次电压输送到火花塞上，一旦火花塞电极间放电，二次电压便随之下降，并保持在火花塞电极间放电所要求的电压值。

c．第一次振荡波。当保持火花塞持续放电的能量消耗完毕，电火花消失后点火线圈中的残余能量以阻尼振荡形式耗完。

d. 断电器触点闭合，这时点火线圈的一次电路有电流通过，而在二次电路中导致一个反向电压。

e．断电器触点打开的全部时间。

f．断电器触点闭合的全部时间，水平直线表示点火线圈与一次电路接通，形成磁场和积蓄能量准备下一周期的工作。

g．第二次振荡波，即点火线圈的磁化曲线。如果所测波形曲线与标准波形有差异，这些差异可能出现在 4 个区域，如图 3-62 所示。

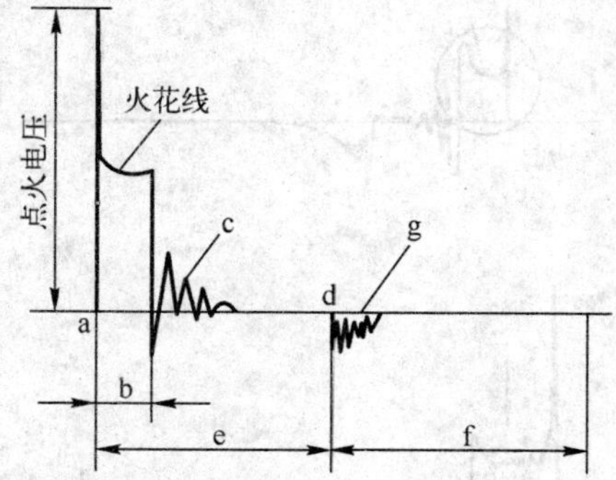

图 3-61　单缸标准二次电压波形

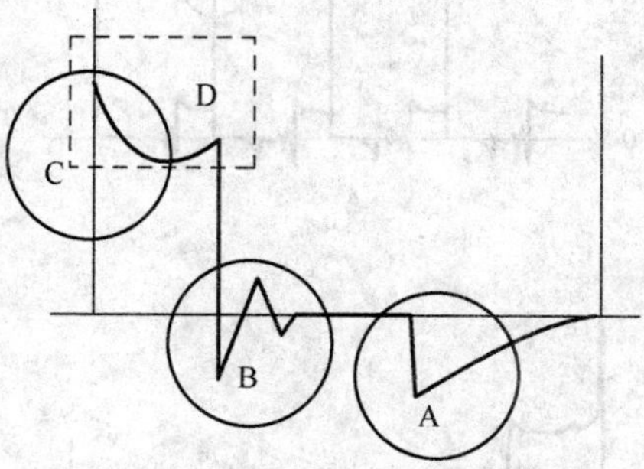

图 3-62　常见二次波形异常区域

（2）常见单缸点火次级故障波形分析。图 3-62 所示为气缸次级点火出现故障的波形图，常见故障通常反映在图中 A、B、C、D 等区域，其故障含义和原因如下：

A 区域为闭合区：二次电路再次闭合后，二次电路感应出 1 500～2 000 V 与蓄电池电压相反的感应电压。在点火波形上出现迅速下降的垂直线，然后上升过渡为水平线。A 区域异常多为分电器不正常。

B 区域为振荡区：在火花塞放电终了，点火线圈中的能量不能维持火花放电时，残余能量以阻尼振荡的形式消耗尽。此时，点火电压波形上出现具有可视脉冲的低频振荡。B 区域异常说明点火线圈不正常。

C 区域为点火区：当一次电路切断时，点火线圈一次绕组内电流迅速降低，所产生的磁场迅速衰减，在二次绕组中产生高压电（15 000～20 000 V），火花塞间隙被击穿时，二次电压随之下降。C 区域异常说明电容器或断电器触点不良。

D 区域为燃烧区：当火花塞电极间隙被击穿后，电极间形成电弧使混合气点燃。火花放电过程一般持续 0.6～1.5 ms，在二次点火电压波形上形成火花线。D 区域异常说明分电器或火花塞不良。

（3）点火系单缸故障波形实例分析。图 3-63 所示为几个实测点火系单缸故障的波形，现分析诊断如下：

如图 3-63（a）所示，显示断电器触点闭合时，第 1 振荡不是最长的。其故障部位和原因是断电器触点脏污、烧蚀、安装定位未对正；断点器触点臂弹簧弹力弱。

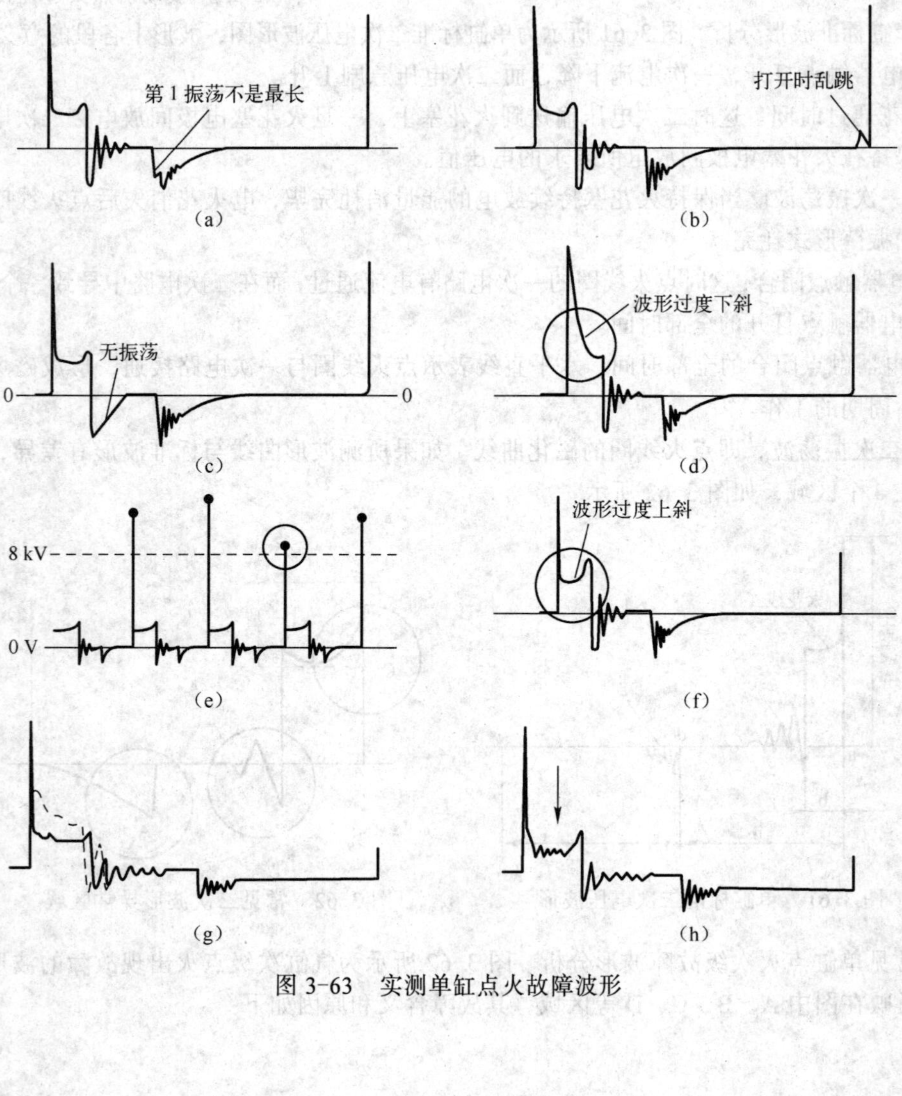

图 3-63　实测单缸点火故障波形

如图 3-63（b）所示，显示断电器触点打开前有多余小杂波。其故障部位和原因是断电器触点烧蚀、脏污、凸陷；电容器损坏。

如图 3-63（c）所示，为无低频振荡波。其故障部位和原因是电容器失效或漏电。

如图 3-63（d）所示，为火花线波形过度下斜。其故障部位和原因是次级电路电阻过高；火花塞不良，高压线不良，分电器盖与分火头不良。

如图 3-63（e）所示，是将图中带圈的气缸分缸线火花塞端与机体短路时测得的波形，其单缸次级短路电压过高。其故障部位和原因是分火头间隙过大、烧蚀；分电器盖损坏。

如图 3-63（f）所示，显示火花线波形过度上斜。其故障部位和原因是火花塞不良。

如图 3-63（g）所示，显示火花电压有波动现象，故障原因是喷油器工作不良，导致可燃混合气浓度波动。

如图 3-63（h）所示，显示火花电压低，故障原因是火花塞积炭或间隙过小，如各缸均如此，也可能是缸压过低所致。

2）多缸点火波形的对比分析

利用示波器的次级平列波或并列波等波形同时显示各缸点火状况，能很直观发现哪些缸出现故障。例如，图 3-64 所示为某型号四缸发动机平列波常见故障波形，其点火次序为 1—2—4—3，则各图故障现象分别如下：

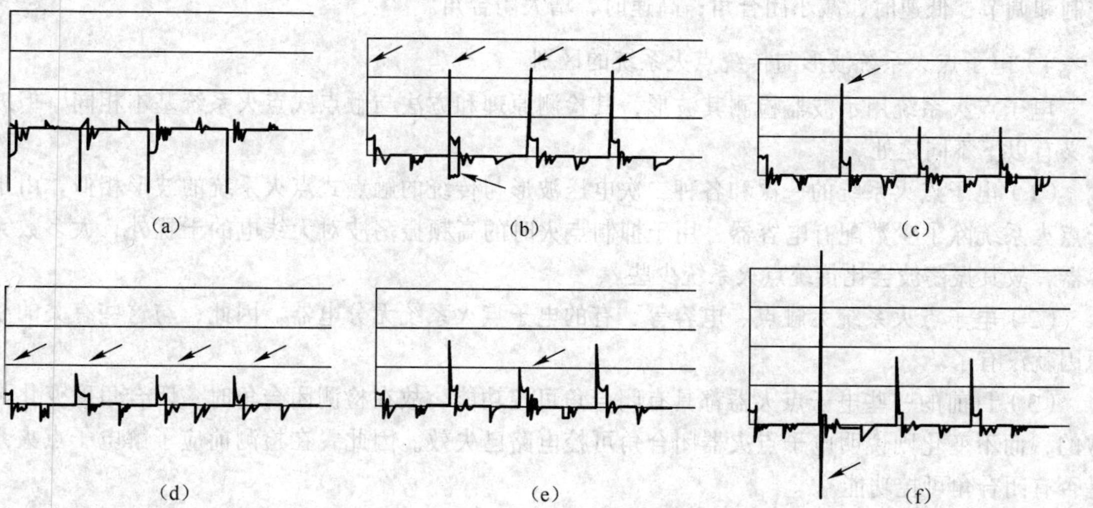

图 3-64　四缸发动机次级平列波常见故障波形

如图 3-64（a）所示，全部平列波上下颠倒，为点火线圈极性接反所致。

如图 3-64（b）所示，各缸点火电压均高于标准值，说明高压回路有高阻，多为点火线圈的高压线插孔、分电器高压线插孔及分火头等有积炭，或高压线内有高阻（断线、接插不牢固）等。个别缸在点火线下端出现多余波形，为该缸火花塞故障（如图中第二缸所示），火花塞电极烧毁或间隙增大。

如图 3-64（c）所示，个别缸点火电压过高，为该缸火花塞间隙偏大，或高压线接触不良，以及分火头与该缸高压线接触刷间隙过大。

如图 3-64（d）所示，全部气缸点火电压低于标准，为火花塞脏污或间隙太小。

如图 3-64（e）所示，个别缸点火电压低，如图第四缸火花塞间隙小或脏污，以及该缸高压线

（绝缘损坏）或火花塞（瓷芯破裂）有漏电等情况。

如图3-64（f）所示，为诊断点火线圈发火能力，可拔掉某缸高压线（如图中第二缸）。此时，该缸点火电压应高达20 kV以上为点火线圈性能良好，而且点火电压线下端伸长应为上端的1/2左右。

当利用平列波发现某缸点火异常后，也可打开该缸的单缸点火波形，进一步分析故障原因。

3）闭合角检测

利用并列波可以诊断出分电器凸轮磨损情况和断电器触点闭合角。汽油机点火过程中，一次电路导通阶段所对应的凸轮轴转角称为闭合角。

对于传统点火系统，闭合角为白金触点闭合时期所占的凸轮轴转角；对于电子点火系统，则是三极管导通所占的凸轮轴转角。利用一次并列波可方便地观测各缸的闭合角，其闭合角大小应为：三缸发动机为60°～66°；四缸发动机为50°～54°；六缸发动机为38°～42°；八缸发动机为29°～32°。

对于传统有触点点火系统而言，若测出的闭合角过小，说明触点间隙太大，触点闭合时间短，一次电流增长不到需要的数值，会使点火能量不足；若测出的闭合角太大，说明触点间隙小，会使触点间产生电弧放电，反而削弱了点火能量，不利于正常点火。

在闭合角相同时，发动机转速高则闭合时间短，转速低则闭合时间长。因此，为保证点火可靠，闭合角应随发动机转速而变化。电子点火系统中的点火控制器可对测出的闭合角的大小进行控制和调节：低速时，减小闭合角；高速时，增大闭合角。

4）电子点火系统波形与传统点火系统的区别

电子点火系统用示波器检测其波形，其检测原理和方法与触点式点火系统基本相同，但波形含义有以下不同之处。

（1）电子点火系统的一次和各种二次电压波形与传统的触点式点火系统的波形相似，由于电子点火系统除了少数配有电容器，用于抑制点火时的高频振荡波对无线电的干扰外，大多数无电容器，故其振荡波会比传统点火系统少些。

（2）电子点火系统无触点、电容等，有的电子点火系统无分电器。因此，与这些有关的故障原因就没有了。

（3）目前的一些电子点火器都具有闭合角可控功能，故在检测闭合角时，闭合角度变化是正常的，而不变化则说明电子点火器闭合角可控电路已失效。因此，在检测前应了解电子点火系统是否有闭合角可控功能。

（4）不同的电子点火系统其正常的电压波形会有一些差异，为在检测时判断迅速而又准确，平时应注意查看各型汽车维修手册上的点火电压波形说明，或用示波器记录下各型汽车在正常工作状态下的点火电压波形。

（三）点火系统火弱的检修

高压火花弱的故障原因有点火器、点火线圈不良，高压线电阻过大，火花塞漏电或积炭，点火系统供电电压不足或搭铁不良等。

1. 点火线圈的检修

点火线圈检查的方法有：直观检查法、阻值测量法和性能试验法。电子点火系中点火线圈的检查方法一般是采用阻值测量法。由于其初级绕组的电阻较小，因此，用数字式欧姆表测量较为准确。例如，上海桑塔纳电子点火系统DQ171点火线圈的初级和次级绕组电阻分别为0.5～0.76 Ω

和 2.4～3.5 kΩ；一汽奥迪 100 电子点火系统点火线圈的初级和次级绕组电阻分别为 0.6～0.7 Ω和 2.5～3.5 kΩ。若点火线圈的初级或次级绕组电阻不符合要求则应更换。

2．检查分电器、分火头和高压线

（1）拆下高压线，用万用表测量高压线电阻，每根高压线的电阻应小于 25 kΩ。若电阻过大，应检查高压线及接头，异常则更换。

（2）检查分电器盖应无裂纹，触点位置烧蚀情况正常。

（3）分火头阻值在 10～20 kΩ，分火头导电片与分电器轴端壳体之间不漏电。

3．点火器和初级电源电路检查

当点火器和初级电源电路出现故障时，最常见的情况是导致点火系统完全不工作，但有些情况是点火器内电子元件老化和效能降低，初级电源电路受到其他因素干扰使初级电压不足等，也会造成次级线圈跳火能量不足的情况，其检修过程与不能着车、无跳火的情况相似，其诊断检测方法参见项目 4。

（四）点火正时检测

点火正时是指正确的点火时间，一般用点火提前角表示。点火提前角是指从点火开始直到活塞到达上止点为止，曲轴转过的角度。点火提前角正确时，发动机的动力性和经济性最好，此时的点火提前角称为最佳点火提前角。然而最佳点火提前角是随转速、负荷和汽油辛烷值等因素的改变而变化的。对于传统点火系统，随转速和负荷的变化是在动态情况下由分电器上离心式调节器和真空式调节器自动调节的；点火提前角随汽油辛烷值的变化则是在静态情况下通过调整分电器壳和分电器轴的相对位置而实现的。在电子点火系统中，最佳点火提前角是由电控单元根据发动机转速传感器、位置传感器以及进气真空度、曲轴位置、水温和进气温度传感器等信号，从预先存储在计算机中的最佳点火提前角数据中选定，并由微处理器向电子点火器发出指令，使点火线圈向各缸点火。

初始点火提前角也称为初始点火正时，它是点火提前自动调节装置进入工作状态前的基础。在离心式调节器和真空式调节器工作正常的情况下，发动机最佳点火提前角往往决定于初始点火提前角。

由于点火提前角对发动机性能具有重要影响，直接影响到发动机的动力性、燃料经济性和排气净化。因此应重视对发动机点火提前角的检测。通常，凭经验可对发动机点火正时进行粗略检查并校正，但对点火提前角的精确检测必须借助于仪器。常用的检测方法有人工法、频闪法和缸压法 3 种。

1．人工法

人工法检测点火正时的步骤如下。

（1）拆下分电器盖，取下分火头，用手摇把摇转曲轴，使分电器凸轮将断电器触点完全打开，检测并调整触点间隙，使其保持在 0.35～0.45 mm 范围内。

（2）拆下第一缸火花塞，摇转曲轴，若听到从火花塞孔发出排气声，说明第一缸已处于压缩行程；此时应在慢摇曲轴的同时，观察正时标记并使它们对齐，然后停止摇转并抽出摇把。

（3）拆去分电器真空式调节器的连接管路，松开分电器壳与缸体之间的定位螺钉，有辛烷值调节器的应将其调整在“0”的位置上。

（4）用手握住分电器壳，先顺分火头转动方向转动一个角度，使触点闭合，然后再逆分火头转动方向转动一个角度，使触点刚刚打开。

（5）拧紧分电器壳定位螺钉，并连接好真空式调节器的管路。

（6）插上分火头，扣上分电器盖，分火头指向的插孔即为第一缸高压线插孔。插上第一缸高压线，该线的另一端和第一缸火花塞连接，然后沿分火头转动方向按点火次序插上其他各缸高压线，并与对应的火花塞连接好。

（7）启动发动机并走热，进行无负荷加速试验。当突然打开节气门时，发动机应加速良好。如果加速不良，且有比较严重的金属敲击声（爆震敲缸声），则为点火过早；如果加速不良且发闷，甚至排气管有“突、突”声，则为点火过迟。准确检测点火正时应进行路试。

（8）路试时，应选择平坦、坚硬的直线道路或专用跑道，走热后以最高挡、最低稳定车速行驶，然后突然将加速踏板踩到底，使汽车处于急加速状态。此时，若能听到发动机有轻微的爆震声，且瞬间消失，则为点火正时正确；若爆震声强烈，且较长时间不消失，则为点火时间过早；若听不到爆震声，且加速困难，甚至排气管有“突、突”声，则为点火时间过迟。如果点火时间过早，应顺分火头的旋转方向转动分电器外壳；如果点火时间过迟，应逆分火头的旋转方向转动分电器外壳。

2．频闪法

1）检测原理

如果照射转动零件的光束频率与旋转零件的转动频率相等，则由于人的视觉具有暂留的生理现象，觉得其零件似乎不转动，频闪法就是利用这种原理进行检测的。用频闪法检测点火提前角使用的点火正时仪又称为正时灯，如图 3-65 所示，它由闪光灯、传感器、整形装置、延时触发装置与显示装置构成。利用频闪法检测时，在发动机飞轮或曲轴皮带轮上都刻有正时标记，在与之相邻的固定机壳上也刻有标记，曲轴旋转到活动标记与固定标记对齐时，第一缸活塞刚好到达上止点。通常用第一缸的点火信号触发闪光灯，并使之发出短暂光脉冲。也就是说，闪光灯每闪光一次表示第一缸的火花塞点火一次，其闪光与第一缸点火同步，如图 3-66 所示。当闪光灯照射刻有活动定时标记的飞轮或曲轴带轮时，若发动机转速稳定，则活动标记与闪光灯闪光在光学上是相对静止的，活动标记似乎不动。当闪光灯在第一缸点火信号发生的同时闪光时，一缸活塞尚未到达压缩上止点，活动标记与固定标记尚未对齐，此时，两标记之间所对应的发动机曲轴转角即为点火提前角。

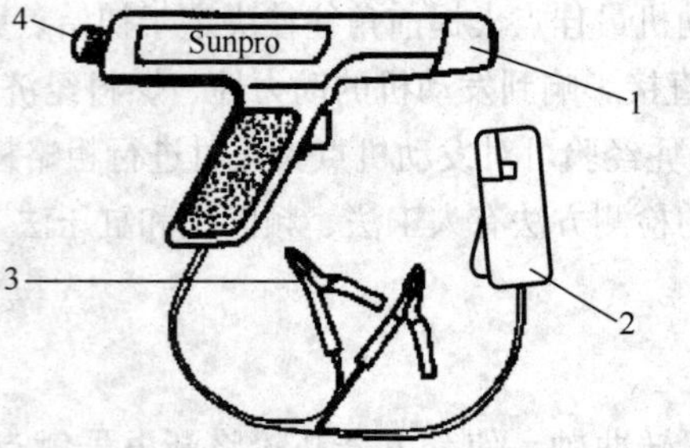

图 3-65 点火正时仪

1—闪光灯；2—点火脉冲传感器；3—电源夹；4—电位计旋扭

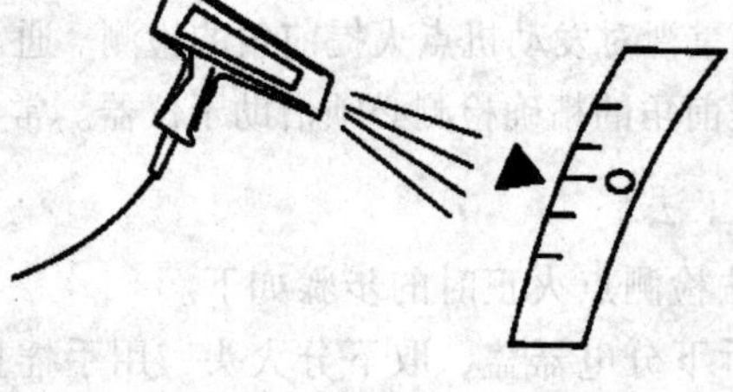

图 3-66 点火正时检测

2）检测方法

检测时，先按上正时灯，再将传感器夹持在一缸高线上，擦拭飞轮或曲轴带轮使之清晰显露出正时标记。置发动机不怠速工况下运转，打开正时灯并使之对准正时标记，调整电位计旋钮，使活动标记与固定标记对齐时闪光发生，此时延时电路可变电位计电阻的变化量（或电流的变化量）即表示点火提前角，延时越大，点火提前角就越大。此时所显示的读数即为怠速工况下的点火提前角。

发动机怠速运转时，离心式和真空式点火提前装置未起作用或起作用很小，此时测得的点火提前角为初始点火提前角。初始点火提前角是点火系统正常工作的基础，在离心式和真空式点火提前装置正常工作的情况下，发动机的最佳点火提前角往往取决于初始点火提前角。若测出的各工况下的点火提前角符合规定，则说明初始点火提前角调整正确，同时说明离心点火提前装置和真空点火提前装置工作正常。也可对各种工况下的离心提前角和真空提前角进行测试：在拆下分电器真空提前装置真空软管的情况下，用在同样转速下测得的点火提前角减去离心点火提前角和初始点火提前角，则又可得真空点火提前角。

对于计算机控制电子点火系统而言，其点火提前角的检测应按制造厂规定的校准点火正时的步骤进行。检测时，一般应先把发动机罩下的点火正时检验接线柱搭铁，使计算机控制点火提前不起作用。首先检测基本提前角（即发动机自动控制点火提前装置不起作用时的点火提前角），检测完后再把搭铁导线拆除，具体检测方法和步骤应查阅说明书。

3．缸压法

1）检测原理

缸压法检测点火定时的基本原理是采用缸压传感器找出某一缸压缩压力的最大点作为缸压波形、点火波形、油压波形上止点，同时用点火传感器（油压传感器）找出同一缸的点火（供油）时刻，两者之间的凸轮轴转角即为点火（供油）提前角，如图 3-67 所示。用缸压法制成的点火正时仪，由缸压传感器、点火传感器、处理装置和指示装置等构成。如果正时仪带有油压传感器，那么还可用来检测柴油机的供油提前角。

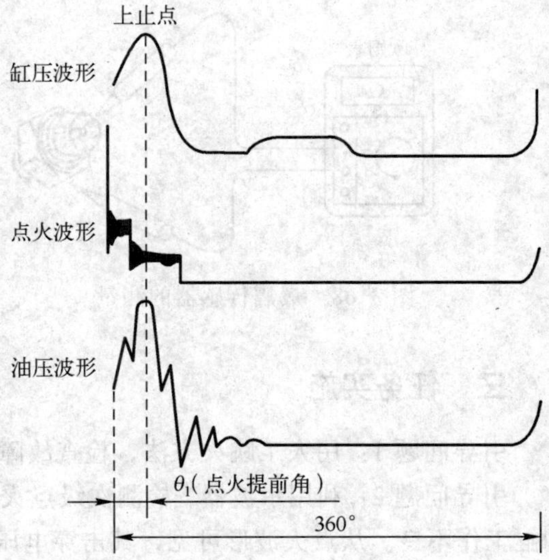

图 3-67　缸压法检测提前角的原理

2）检测方法

缸压法检测发动机点火提前角的方法如下。

（1）运转发动机使其达到正常工作温度后停机。

（2）拆下某一缸的火花塞，把缸压传感器装在火花塞孔内。

（3）把拆下的火花塞固定在机体上使之搭铁（注意：中心电极不能与机体相碰），并把点火传感器插接在火花塞上，连接好该缸的高压线。此时，该缸火花塞可以缸外点火。

（4）启动发动机运转，由于被测缸不工作，该缸压信号反映气缸压缩压力大小，其最大值产生于活塞压缩终了上止点，连接在该缸火花塞上的点火传感器输出点火脉冲信号或点火电压波形信号。

（5）按仪器使用说明书的要求操作，测得怠速、规定转速或任一转速下的点火提前角。缸压法与闪光法一样，可测得初始点火提前角和不同工况下的总提前角、离心提前角、真空提前角以及计算机控制电子点火系统的基本点火提前角。检测点火正时时，一般只测一个缸（如一缸），其他缸的点火提前角决定于点火间隔，而点火间隔可从示波器屏幕上显示的并列波上得到。当各缸点火波形的重叠角很小时，可认为各缸的点火间隔相等，因而其他缸的点火提前角与被测缸相同，此时，被测缸的点火提前角即是整台发动机的点火提前角。

（五）检查爆震传感器

爆震传感器安装在发动机顶部，它由一块压电晶体组成。压电晶体的频率与发动机的爆震频率相同。发动机爆震时，压电晶体便发生共振，并产生一个电压值随爆震幅度而变化的电压信号，该信号通过 KNK1 和 KNK2 端子传给 ECU。

（1）检查爆震传感器与ECM之间的导线有无断路或短路。

（2）检查传感器是否安装牢固。

（3）如上述检查没有发现问题，拆下传感器，如图3-68所示，用一欧姆表检查爆震传感器端子和外壳之间是否导通，应不导通，若小于1 MΩ，应更换爆震传感器。

（4）使发动机以4 000 r/min的转速运转，用示波器检查其信号波形是否如图3-69所示，如不正常，则更换爆震传感器。

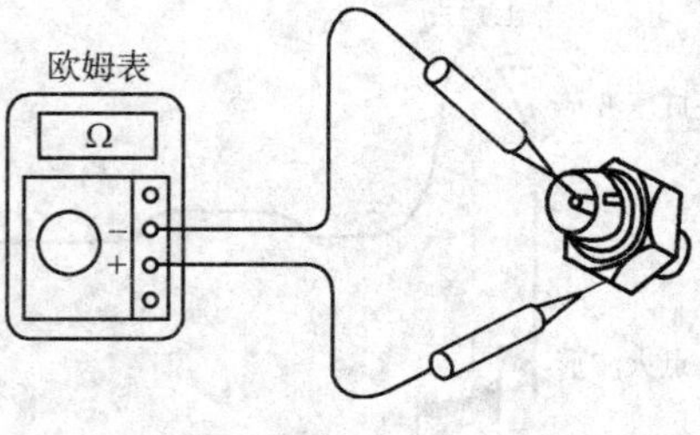

图3-68 爆震传感器的测量

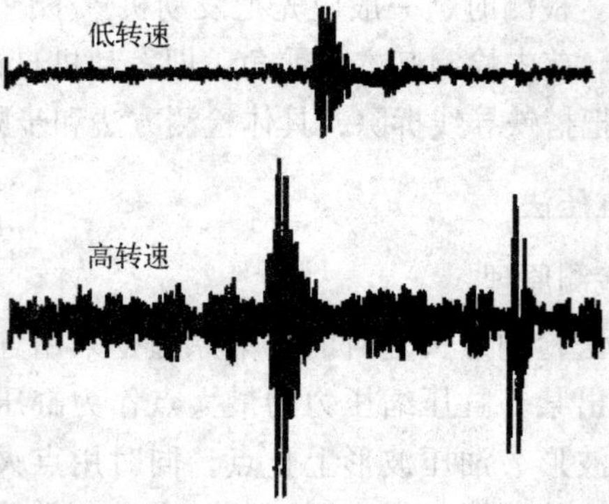

图3-69 爆震传感器信号波形

三、任务实施

引导问题1：用人工跳火方法，检查故障车辆高压总线和分缸线跳火工作情况如何？

引导问题2：利用示波器，检测次级点火波形和初级点火波形。通过次级平列波，分析是否个别缸工作不良。从点火波形可见，其击穿电压是__________，点火电压是________，闭合角是__________。点火电压过高或过低的影响因素有哪些？____

引导问题3：如果发现发动机点火火花弱，可能影响因素有哪些？____。排查的步骤是：____

引导问题4：用点火正时仪测量发动机怠速时点火提前角范围大约是__________，加速到3 000 r/min时，点火提前角大约是__________？如果点火时间过慢或过快的原因是什么？

引导问题5：用示波器和万用表分别检测爆震传感器的状况是否正常？

任务6 发动机进气不良的故障诊断与检测

一、任务导入

某发动机点火与喷油性能检测都表现正常，但发动机仍然加速缓慢，动力不足，因为它的混合气进气充量不足，分析自然吸气式发动机进气量与哪些因素有关，如何进行其性能的检测与判断？

二、知识准备

（一）气缸压缩力的检测

发动机进气充量是其动力性能的重要影响因素，而进气充量与进气行程气缸真空度有关，换句话说良好的气缸密封性是保证发动机缸内压力正常并有足够动力输出的基本条件，因此，通过气缸密封性的检测可判断发动机的基本技术状况。

气缸密封性是由气缸，气缸盖，气缸衬垫，活塞，活塞环和进、排气门等零件来保证的，这些零件组合起来（以下简称为气缸组）成为发动机的心脏，它们技术状况的好坏，不仅严重影响发动机的动力性、经济性和排气净化性，而且决定了发动机的使用寿命。在发动机使用过程中，上述零件的磨损、烧蚀、结胶、积炭等原因会引起气缸密封性下降，气缸密封性是表征气缸组技术状况的重要参数。

气缸密封性的诊断参数主要有气缸压缩压力、曲轴箱漏气量、气缸漏气量或气缸漏气率、进气管真空度等。就车检测气缸密封性时，只要检测上述参数中的一项或两项就足以说明问题了。由于在同等条件下，气缸的密封性与活塞到达压缩终了上止点时气缸压缩压力的大小成正比关系，测量气缸在上止点压缩力大小即可表明气缸的密封性。

常用的检测方法有以下 4 种：

1. 气缸压力表检测

由于气缸压力表具有价格低廉、轻便小巧、实用性强和检测方法简便等优点，所以在汽车维修企业中利用气缸压力表检测气缸压力情况非常普遍。

1）气缸压力表结构

气缸压力表是一种气体专用压力表，图 3-70 所示为其中一种常见形式，它一般由压力表头、导管、单向阀和接头等组成。压力表头多为鲍登管（Bourdon-tube）式，其驱动元件是一根扁平的弯曲成圆圈状的管子，一端为固定端，另一端为活动端。活动端通过杠杆、齿轮机构与指针相连。当气体压力进入弯管时，弯管伸直。于是，通过杠杆、齿轮机构带动指针运动，在表盘上指示出压力的大小。气缸压力表的接头有两种形式：一种为螺纹管接头，可以拧紧在火花塞或喷油器螺纹孔内；另一种为锥型或阶梯型的橡胶接头，可以压紧在火花塞或喷油器孔上。接头通过导管与压力表头相连通。导管也有两种：一种为软导管；另一种为金属硬导管。软导管适用于螺纹管接头与压力表头的连接，硬导管适用于橡胶接头与表头的连接。

气缸压力表还装有能通大气的单向阀。当单向阀处于关闭位置时，可保持压力表指针位置以便于读数。当单向阀处于打开位置时，可使压力表指针回零。

2）检测条件和方法

测量气缸压力应在发动机运行至正常温度后（其中水冷式发动机水温达 75～85 ℃，风冷式发动机机油温度达 80～90 ℃），使发动机熄火，拧出各缸火花塞或喷油嘴，使节气门和阻风门处在全开位置，将气缸压力表锥形橡皮头压紧在火花塞安装孔上。柴油机则应将压力表接在喷油器安装孔上，用启动机带动发动机在一定转速下运转 3～5 s，其转速应符合原厂规定。测量气缸压力，每缸测 2～3 次，取其读数的平均数进行分析。不能启动的发动机在测量气缸压力前，至少应用手摇柄摇转发动机数十圈，或用启动机带动发动机运转 20～30 s，使气缸、活塞零件得到润滑。

就车检测柴油机气缸压力时，应使用螺纹接头的气缸压力表。如果该机要求在较高的转速下测量，这种情况下，除受检气缸外，其余气缸均应工作。其他检测条件和检测方法同于汽油机。

3）诊断参数标准

气缸测量压力和多个因素有关，其中发动机的转速、型号、结构和压缩比不同，所测的压力值也不同。当曲轴转速不同时，各转速下所测得的气缸压力值变化情况可参考图 3-71 所示，转速越高压力值越大。而不同车型发动机气缸压缩压力的标准值不尽相同，气缸压缩压力标准值一般由制造厂提供。

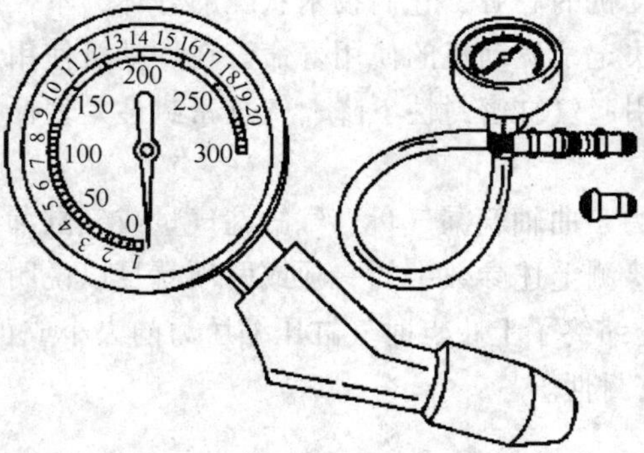

图 3-70 气缸压力表外形

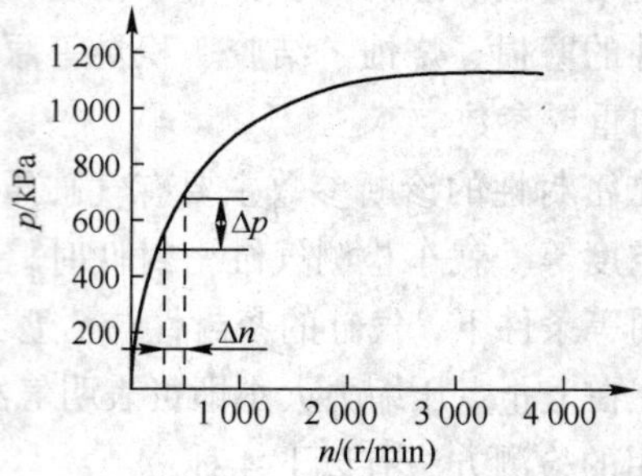

图 3-71 汽缸压力与曲轴转速的关系

表 3-17 所示为几种车型发动机气缸压缩压力的标准值。根据（GB/T 15746—2011）《汽车修理质量检查评定方法》的规定，大修竣工后的发动机气缸压力应符合原设计规定，即每缸压力和各缸平均压力差，汽油机不超过 8%，柴油机不超过 10%。

表 3-17 几种车型发动机气缸压缩压力的标准值

车 型	压 缩 比	气缸压力/kPa	测定转速/（r/min）
解放 CA1091	7.4	930	100～150
东风 EQ1090E	7.00	> 833（各缸差<147）	100～150
跃进 NJ1041	7.5	980	200～250
天津大发	9.00	1225	200～250
桑塔纳	8.2～8.5	1000～1300	200～250
三菱柴油车	17.5	2600	200～250
切诺基	8.6	1068～1275（各缸差< 206）	200～250
捷达	8.5	900～1200（各缸差< 300）	200～250

4）结果分析

气缸压力测量完毕后，根据其读数可分析发动机的技术状况。通常根据以下几种情况进行推断。

（1）有的气缸在 2～3 次测量中，压力读数时高时低，相差较大，说明气门有时关闭不严密。

（2）相邻两缸压力读数偏低或很低，而其他缸正常，这是由于相邻两缸间气缸垫漏气或缸盖螺栓未拧紧所致。

（3）二缸或数缸压力读数偏低，可以用清洁而黏度较大的机油 20～30 mL 注入气压偏低的缸内，再测量气缸压力。若压力读数上升说明气缸与活塞组零件磨损过大，如果读数基本上无变化说明气门关闭不严。

（4）一缸或数缸压力偏高，汽车行驶中伴随出现过热或爆燃现象，则属于积炭过多或压缩比过大。

以上仅为对气缸组不密封部位的故障分析或推断，并不能准确地测出故障部位，为了准确地测出故障部位，可在测完气缸压力后，针对压力低的气缸，采用以下简易方法（以汽油机为例）：

卸下空气滤清器，打开散热器盖，用一条长 3 m 左右的胶管，一头接在压缩空气气源（600 kPa 以上），另一头通过锥形橡皮头插在火花塞孔内。摇转发动机曲轴，使被测气缸活塞处于压缩终了上止点位置，然后将变速器挂入低挡，拉紧驻车制动，打开压缩空气开关，通过倾听不同部位出现的漏气声确定气缸密封情况。

用气缸压力表检测气缸压力，尽管应用广泛，但存在费时费力、测量误差大等缺点，这种方法的测量结果不但与气缸的密封程度有关，而且还与曲轴的转速有关。研究表明，只有当曲轴转速超过 1 500 r/min 以后，压缩压力才变化不大。但在低速范围内，即在检测条件中由启动机带动曲轴达到的转速范围内，即使较小的转速差也能引起压缩压力测量值的较大变化。因此，在检测气缸压力时，如果能准确地监控曲轴的转速，将是减少测量误差、获得正确测量结果的重要保证。

2．气缸漏气量的检测

气缸漏气量的检测是指在发动机不运转，活塞处于压缩行程上止点时，把具有一定压力的压缩空气从火花塞或喷油器孔充入气缸，通过压力的变化来检测气缸密封性的一种检测方法。气缸漏气量的检测结果可表征整个气缸组的密封性，即不仅表征气缸活塞摩擦副，还表征进排气门、气缸衬垫、气缸盖及气缸的密封性，该方法仅适用于对汽油机的检测。通过对气缸漏气量的检测，发现某一缸的密封性不良后，可进一步在化油器、排气消声器出口、水箱加水口和机油加注口等处，察听有无漏气声，以判断气缸的漏气部位。

1）气缸漏气量检测仪基本结构和工作原理

图 3-72 所示为某气缸漏气量检测仪，该仪器由减压阀、进气压力表、测量表、校正孔板、橡胶软管、快换管接头和充气嘴等组成，此外还须配备外部气源、指示活塞位置的指针和活塞定位盘。外部气源的压力相当于气缸压缩压力，一般为 600～900 kPa。压缩空气按箭头方向进入气缸漏气量检测仪，其压力由进气压力表 2 显示。随后，它经减压阀、校正孔板、橡胶软管、快换管接头和充气嘴进入气缸，气缸内的压力变化情况由测量表 3 显示。

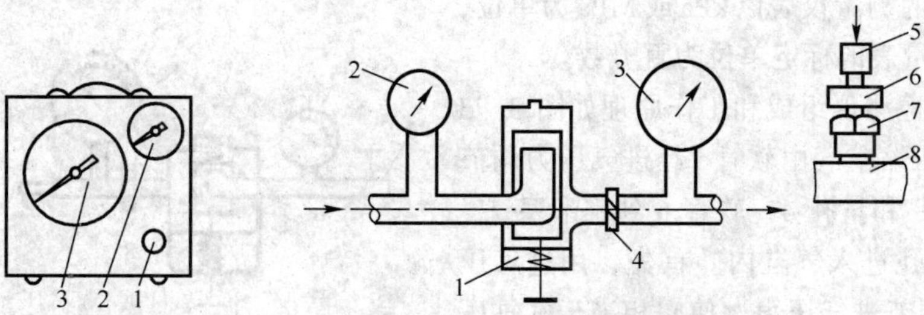

（a）仪器面板图　　（b）工作原理图

图 3-72　汽缸漏气量检测仪

1—调压阀；2—进气压力表；3—测量表；4—校正孔板；5—橡胶软管；6—快换管接头；7—充气嘴；8—汽缸盖

2）检测方法

（1）发动机预热至正常工作温度。

（2）用压缩空气吹净火花塞周围，清除脏物，而后拧下所有气缸的火花塞，并在火花塞孔上装好充气嘴。

（3）接好压缩空气源，在检测仪出气口堵塞的情况下，用调压阀调节进气压力，使测量表指针指示 400 kPa。

（4）卸下分电器盖和分火头，装上指针和活塞定位盘。指针可用旧分火头改制，仍装在原来的位置上。活塞定位盘用较薄的板材制成，它的上面按缸数进行刻度，并按分火头的旋转方向和点火次序刻有缸号。假设是六缸发动机，分火头顺时针方向旋转，点火次序为：1—5—3—6—2—4，则活塞定位盘上每60°有1个刻度，共有6个刻度，并按顺时针方向在每个刻度上刻有1、5、3、6、2、4的阿拉伯数字。检测时转动曲轴使分火头旋转至第一缸跳火位置后，再继续旋转一个小角度直至一缸活塞到达压缩上止点，然后转动定位盘使刻度 1 对准分火头尖端（分火头也可用专用指针代替）。

（5）为防止压缩空气推动活塞使曲轴转动，变速器挂高速挡，拉紧手制动。

（6）将仪器接通气源，向一缸充气，此时测量表上的压力读数便反映了该缸的密封性。

（7）摇转曲轴，使分火头（或指针）对准活塞定位盘下一缸刻度线，按以上方法检测下一缸的漏气量。

（8）按以上方法和点火次序，检测其他各缸的漏气量。为了使数据可靠，各缸应重复测量一次。

3）检测标准

气缸漏气量检测标准应根据发动机种类、缸径、磨损情况等因素通过试验确定。气缸漏气量检测标准可参考表 3-18 所示，对于缸径为 102 mm 左右的汽油发动机，在用 QLY-1 型气缸漏气量检测仪检测时，若测量表上的压力指示值大于 250 kPa，则密封性良好；而当测量表压力指示值小于 250 kPa 时，说明密封性较差，应进一步察听漏气部位，找出故障原因。

表 3-18 气缸漏气量检测标准

气缸密封状况	仪器读数值/kPa	气缸密封状况	仪器读数值/kPa
合格	≥250	不合格	＜250

3. 气缸漏气率的检测

气缸漏气率检测所使用的方法及判断故障的方法，都与气缸漏气量的检测基本一致。所不同的是气缸漏气量的测量仪表以 kPa 或 MPa 为单位，而气缸漏气率测量表的标定单位为百分数。

气缸漏气率检测仪组成和工作原理如图 3-73 所示。测量时，压缩空气由软管 1 经进气压力调节螺塞 2、减压阀 8 和量孔 4、软管 6 到锥形塞 7，通过气缸火花塞孔进入气缸内。首先，用进气压力调节螺塞 2 调节进气压力，使它相当于气缸压缩压力，其压缩空气压力由进气气压表 3 显示。用调节螺塞 9 来调节减压阀，当锥形塞 7 全封闭时，压力指示表 5 的读数为 0，表示漏气率为 0；当锥形塞全开时，压缩空气可经量孔 4 全部漏出，压力指示表 5 的读数为 100，表示漏气率为 100%。在 0 与 100 之间等分为 100 份，每一份即为 1% 的漏气量。

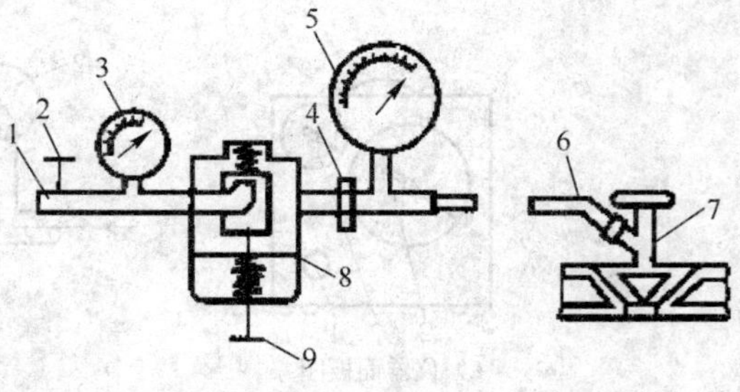

图 3-73 气缸漏气率检测仪组成和工作原理图

1—软管；2—进气压力调节螺塞；3—进气气压表；4—量孔；5—压力指示表；6—软管；7—锥形塞；8—减压阀；9—调节螺塞

气缸漏气率检测标准应根据发动机种类、缸径、磨损情况等因素通过试验确定。气缸漏气率检测标准可参考表 3-19 所示。一般来说，当气缸漏气率达 30%～40%时，如果能确认进排气门、气缸衬垫、气缸盖和气缸套等是密封的（可从各泄漏处有无漏气或迹象确认），则说明气缸活塞摩擦副的磨损临近极限值，即已到了需换环或镗磨缸的程度。

表 3-19　气缸漏气率检测标准

气缸密封状况	仪器读数值/%	气缸密封状况	仪器读数值/%
良好	0～10	较差	20～30
一般	10～20	换环或镗缸	30～40

气缸漏气量或漏气率的检测方法全面、指示直观，比用气缸压缩压力检测值反映气缸密封性精确，但由于检测检测步骤比较麻烦、费时，因此在一般的汽车维修企业应用情况不多。

4．曲轴箱漏气量的检测

在发动机不解体的情况下，发动机工作时单位时间内窜入曲轴箱的气体量，可以作为衡量气缸活塞配合副密封性的评价指标。检测曲轴箱漏气量来诊断气缸活塞摩擦副的工作状况具有明显的作用。据资料介绍，新发动机曲轴箱漏气量为 15～20 L/min，磨损后的发动机高达 80～130 L/min。因此，采用曲轴箱漏气量作为诊断参数，间接了解气缸和活塞组结构参数的变化状况，并诊断其故障是很重要的技术手段。

试验表明，发动机在一般工作状况下，曲轴箱内的气压是极低的，满负荷下也只有 10～20 kPa。因此，任何使曲轴箱内的微气压发生不适当变化的测量方法，都会使测量结果产生较大的误差。曲轴箱漏气量还与发动机的负荷、转速及曲轴箱的密封性有关，因而在测定这项参数时，应注意密封曲轴箱和选择适当的发动机负荷与转速范围。曲轴箱漏气量的检测须采用专用气体流量测量装置进行。

1）气体流量计的应用

国外采用的一种用于曲轴箱漏气量的玻璃气体流量计如图 3-74 所示，它主要由 U 形管式压力计、流量孔板、刻度板和通往曲轴箱的胶管等组成。使用该仪器前首先堵住机油尺口、曲轴箱通风进出口等将曲轴箱密封，再由胶管从加机油口处将窜入曲轴箱的气体导出并送入气体流量计。当气体沿图中箭头移动时，由于流量孔板的两边存在着压力差，使压力计水柱移动，直至气体压力与水柱落差平衡为止。压力计通常以流量进行刻度，因而由压力计水柱高度可以确定窜入曲轴箱的气体量。流量孔板备有不同直径的小孔，可以根据窜入曲轴箱气体量的大小选用。该种仪器可测量 1～130 L/min 范围内的曲轴箱漏气量。

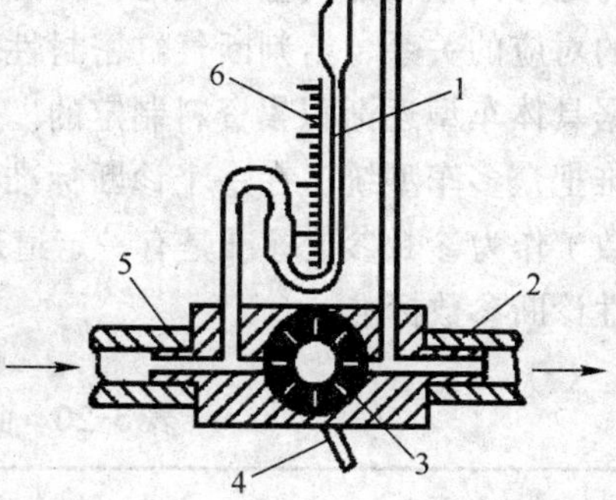

图 3-74　气体流量计简图

1—压力计；2—通大气的管；3—流量孔板；4—流量孔板手柄；5—通曲轴箱的胶管；6—刻度板

2）国内曲轴箱漏气量规定

国家标准 GB 11340—2005《装用点燃式发动机重型汽车曲轴箱污染物排放限值及测量方法》规定采用的漏气量测量装置及连接方法如图 3-75 所示。该漏气量测量装置由平衡管（内径为 3 mm）、U 形压力计（水）、放气阀、油水分离器、通气管（内径不小于 20 mm）、温度计、流量计、流量调节阀、稳压筒、真空表、真空泵、大气温度计和大气压力计等组成。

检测曲轴箱漏气量时，发动机运转至正常工作温度，在选定的曲轴箱入口处连接漏气量测量装置，其余入口全部封死，同时停止曲轴箱强制通风装置的工作，并将曲轴箱入口处的压力调整至环境大气压力，在底盘测功试验台上按国家相关标准所示工况进行检测，曲轴箱漏气量从流量计上读取。

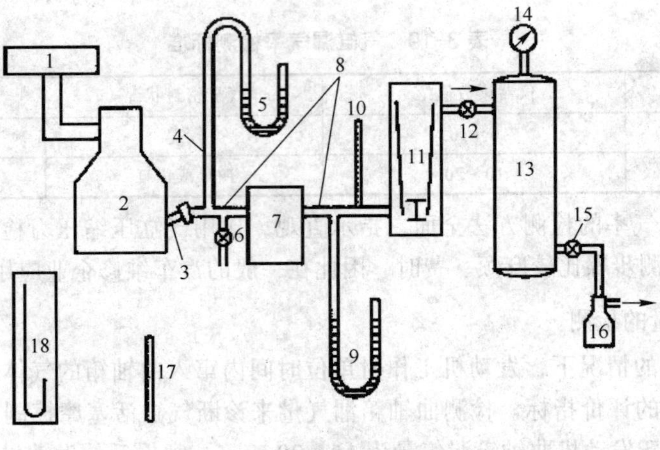

图 3-75 曲轴箱漏气量测量装置

1—空气滤清器；2—被测发动机；3—选定的曲轴箱入口；4—平衡管（内径 3 mm）；5、9—U 形压力计（水）；6—放气阀；7—油水分离器；8—通气管（内径不小于 20 mm）；10—温度计；11—流量计；12、15—流量调节阀；13—稳压筒；14—真空表；16—真空泵；17—大气温度计；18—大气压力计

曲轴箱漏气量除了与气缸活塞组的技术状况有关以外，还与发动机的转速和负荷有关，因而检测时发动机必须加载。发动机加载最好在底盘测功试验台上进行。底盘测功试验台的测功装置就是加载装置，可方便地通过滚筒对驱动车轮加载。

曲轴箱漏气量检测完毕后，应对流量计流量进行修正，方法如下：流量计均有标定的压力和温度，应根据实测时的压力和温度将实测流量换算到标定的压力和温度状态下的流量，具体方法见 GB 11340—2005。

3）诊断参数标准

对于曲轴箱漏气量，GB 11340—2005 中并未作出规定。在国家标准 GB 14761—1999《汽车排放污染物限值及测试方法》中，对曲轴箱排放的定性规定是：“汽车运行 80 000 km 内，从机油标尺口测量不允许出现正压力”。由于后一标准采用了前一标准的测量方法，因此这一定性规定可认为是对曲轴箱漏气量的规定。但是，这一规定不仅没有具体流量数值，也没有与发动机技术状况的对应的关系，给判断气缸密封性带来困难。维修企业自用的曲轴箱漏气量企业标准，一般是根据具体车型逐渐积累资料制定的。由于曲轴箱漏气量还与缸径、缸数和发动机转速有关，因此很难把众多车型统一在一个诊断标准内。国外有些国家以发动机的单缸平均漏气量（测得值除以缸数）作为诊断参数标准是有一定道理的，可以借鉴。如表 3-20 所示中单缸平均漏气量可作为参考性诊断参数标准。

表 3-20 曲轴箱单缸平均漏气量诊断参数的参考标准

发动机技术状况	单缸平均漏气量/（L/min）	
	汽油机	柴油机
新发动机	2～4	3～8
需大修发动机	16～22	18～28

4）测试结果分析

（1）在用发动机的曲轴箱漏气量应符合标准，其标准一般为同车型测量积累的数据。

（2）在定期检测中，若某次漏气量测量值突然明显增加，则可能是活塞环对口所致；在变动工况测试时，若稳定低速比高速时漏气量大，说明活塞环磨损已接近使用极限。

（3）在某一稳定转速检测时，若指针无规律按一定幅度摆动，说明有拉缸或断环故障。

曲轴箱漏气量大，一般是由于气缸、活塞、活塞环磨损量大，活塞环与气缸、活塞的各部分间隙大，活塞环对口、结胶、积炭、失去弹性、断裂及缸壁拉伤等原因造成的，应结合使用、维修和配件质量等情况来进行深入诊断。

（二）进排气系统工作状况检查

1．进气管真空度的检测

如果进排气系统堵塞，会造成发动机进气不足，加速性动力性能不良。除了人工拆检外，还可利用检测进气管真空度进行诊断。

发动机进气管真空度是指进气支管内的进气压力与外界大气压力之差值。发动机进气管真空度随气缸密封性的变化而变化，因此，利用真空表检测汽油机进气支管的真空度可以评价汽油发动机的气缸密封性。真空表由表头和软管组成。

检测进气管真空度一般在怠速条件下进行，因为当技术状况良好的汽油机怠速时，进气管真空度有一较为稳定的值，同时怠速时进气管真空度较高，对因进气管、气缸密封性不良引起的真空度下降较为敏感。进气管真空度可以反映气缸—活塞组、进气管（包括与燃料供给系统的连接处）的密封性。若进气管垫、真空点火提前机构等处密封不良，气缸—活塞组、配气机构因磨损或故障使间隙增大都会影响发动机进气管的真空度。通过对进气管真空度的检测可发现这些部位的故障。

1）检测方法

进气管真空度用真空表检测，真空表由表头和软管构成，其外形如图 3-76 所示，软管一头固定在真空表上，另一头可方便地连接在进气管上的检测孔上（真空助力或真空控制装置从进气管取真空的孔，即可作为检测孔），其具体检测步骤如下。

（1）发动机预热至正常工作温度。

（2）把真空表软管与进气支管上的真空管孔连接。

（3）变速器置于空挡，发动机怠速稳定运转。

（4）在真空表上读取真空度读数。

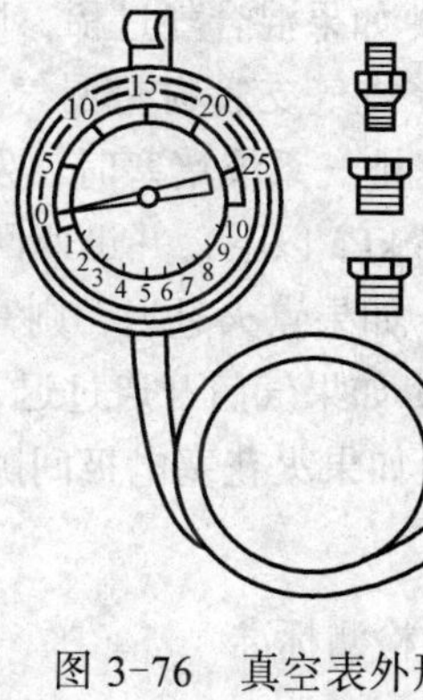

图 3-76　真空表外形图

2）检测结果分析

一般进气管真空度怠速时都有规定的正常值，通过对进气管真空度检测结果的分析，可以判断发动机的技术状况和故障。图 3-77 所示为某发动机怠速测量时的不同故障情况，分析如下（白针表示稳定，黑针表示漂移量）:

（a）在海平面高度发动机怠速运转时，若真空表指针稳定在 57～70 kPa 之间，则表明气缸密封性正常，海拔每升高 500 m，真空度应相应降低 4～5 kPa。

（b）在怠速时，指针在 50.66～67.55 kPa 之间有规律地摆动，表示气门黏滞或点火系统有故障。

（c）当气门关闭时，指针有规律地迅速跌落 10～16 kPa，表明气门与导管卡滞。

（d）如果气门弹簧折断或弹力不足，发动机在 500 r/min 左右运转时，则真空表指针在 33～74 kPa 范围内迅速摆动，某一只气门弹簧折断，指针将相应地产生快速波动。

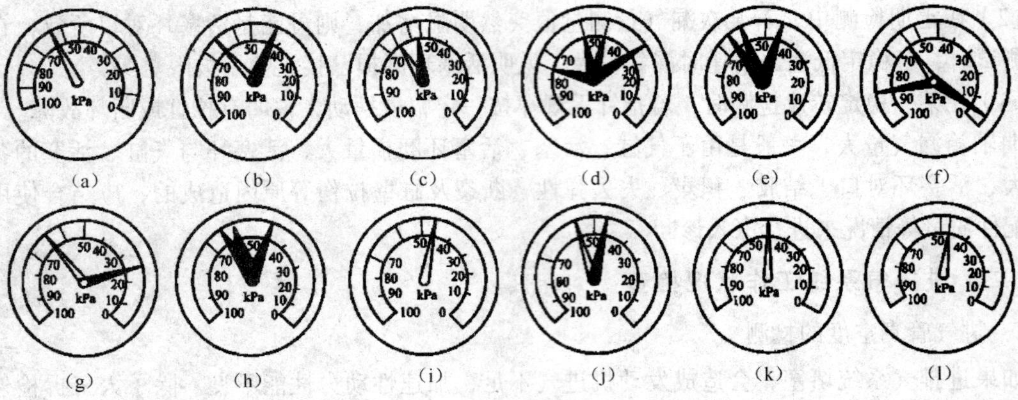

图 3-77　进气歧管真空度检测分析

（e）如果气门导管磨损松旷，则真空表读数较正常值低 10～13 kPa，且缓慢地在 47～60 kPa 范围内摆动。

（f）如果活塞环磨损严重，则发动机转速升至 2 000 r/min 时，突然关闭节气门，真空表指针迅速跌落至 6～16 kPa；当节气门关闭时，指针不能回复到 83 kPa，当迅速开启节气门时，指针不低于 6～16 kPa，则活塞环工作良好。

（g）如果气缸垫窜气，真空表读数会从正常值突然跌落至 33 kPa，当泄漏气缸在工作行程时，指针又恢复正常值。

（h）如果混合气过稀，则指针不规则跌落，如果混合气过浓，则指针缓慢摆动。

（i）进气支管衬垫漏气与排气系统堵塞。进气支管漏气时，真空表指示值比正常值低 10～30 kPa；排气系统堵塞时，发动机转速升至 2 000 r/min，突然关闭节气门，真空表指针从 83 kPa 跌落至 6 kPa 以下，并迅速回至正常。

（j）如果点火过迟，则真空表指针稳定地指示在 47～57 kPa 之间。

（k）如果气门开启过迟，则真空表指针稳定地指示在 27～50 kPa 之间。

（l）如果火花塞电极间隙太小，断电器触点接触不良，则真空表指针缓慢地摆动在 47～54 kPa 之间。

3）检测标准

根据 GB/T 15746—2011《汽车修理质量评定方法》的规定，大修竣工的汽油发动机在怠速时进气支管真空度应在 57～70 kPa 范围内。进气支管真空度（大气压力以海平面为准）波动：六缸汽油机不超过 3 kPa，四缸汽油机不超过 5 kPa。

由于进气管真空度随海拔升高而降低，因此检测发动机进气管真空度时，应根据测试所在的海拔高度进行修正。

进气管真空度的检测是一项综合性很强的检测，虽然本书仅介绍了 12 种典型的情况，但是实际上能测的项目还有许多，而且检测时无需拆卸火花塞等零部件，在国外被认为是最重要、最实用和最快速的测试方法之一。但是进气管真空度的检测也有不足之处，它往往不能指出故障的确切部位。例如，真空表能指示出气门有故障，但是它不能确定究竟是哪一个气门有故障，这种情况只能再借助测气缸压力或测气缸漏气量（率）等方法才能进一步确定故障在哪个气缸。

2. 三元催化转化器堵塞的检查

三元催化转化器堵塞时会造成发动机进气量不足，发动机加速不良，怠速易熄火等故障，其堵塞的检查方法有进气歧管负压法和排气背压法两种。

1）进气歧管负压法

（1）将废气再循环阀的负压软管取下，并将管口堵住。

（2）将真空表接到进气歧管上，将发动机缓慢加速到 2 500 r/min。

（3）观察真空表读数。如果真空表读数瞬间下降后又回升到原有水平，并能稳定保持至少 15 s，则说明三元催化转化器没有堵塞；如果真空表读数下降，则说明三元催化转化器或排气管堵塞。

2）排气背压法

（1）从二次空气喷射回路上脱开接空气泵单向阀的插接器，再在二次空气喷射管路中接入压力表。

（2）发动机转速为 2 500 r/min 时，观察压力表的读数，此时压力表的读数应该小于 17.24 kPa，如果排气背压大于或等于 20.70 kPa，则表明排气系统堵塞。如果想观察三元催化转化器、消声器、排气管有无外部损伤，则可将三元催化转化器出气口和消声器脱开后再观察压力表的读数有无变化，如果压力表显示的排气背压仍较高，则为三元催化转化器损坏；如果压力表读数突然下降，则说明堵塞发生在三元催化转化器后面的部件。

三、任务实施

引导问题 1：打开故障车辆加机油口盖，观察发动机曲轴箱废气是否较多？

引导问题 2：利用曲轴箱废气分析仪，接入故障车辆，检查曲轴箱废气量在怠速时是__________________，在 2 000 r/min 时是__________，参考相关标准，判断其是否属正常范围。

引导问题 3：将真空测量表接入进气真空管，测量发动机进气管真空度是否比较稳定，观察其数值怠速时是__________kPa，加大节气门，当转速稳定在 2 500 r/min 时是________kPa。如果该车进气管真空度变化较大，分析可能的故障原因。

引导问题 4：利用缸压表测量各缸气缸压力分别是________________________________。它们最大与最小缸压之间的差值有多大？与该车型标准缸压相比差值有多少？是否正常？

引导问题 5：利用示波器测试各缸缸压，与缸压表测量结果进行对照分析。

引导问题 6：测量排气背压，当转速为 2 500 r/min 时其压力读数为__________，是否正常？

任务 7　关联故障的诊断与案例学习

一、发动机排黑烟、油耗异常故障的诊断

1．故障现象

发动机加速时排气管排黑烟，动力性下降，油耗升高。

2．故障原因

排气管排黑烟是供油量过多、混合气过浓所致。主要原因有：

（1）冷启动喷油器一直工作。

（2）喷油器漏油。

（3）冷却液温度传感器信号不良。

（4）氧传感器信号不良

（5）空气流量计、进气压力传感器信号不良。

（6）燃油压力过高。

（7）电子控制单元有故障。

3. 故障诊断与排除

（1）启动发动机观察各油管接头是否有泄漏现象。若有，应给予修理。

（2）检测冷却液温度传感器，其在不同温度下的电阻值应符合标准。若电阻太大，应更换。

（3）检测空气流量计或进气压力传感器，其数值应符合标准。若检测结果不符合技术标准，应更换。

（4）检查节气门位置传感器。节气门处于中小开度时，全负荷开关触点应断开。若全负荷开关触点始终闭合或闭合时间过早，应更换。

（5）用万用表电压挡或试灯接在冷启动喷油器线束插头上，检查发动机启动时冷启动喷油器工作的持续时间是否符合标准值。若其工作时间过长或一直工作，应检查冷启动温度时间开关及控制电路。

（6）将冷启动喷油器拆下，检查是否有漏油现象。若有，应更换。

（7）检查喷油器工作性能，并更换工作不良的喷油器。

（8）故障排除后，清除故障码。

二、电喷发动机故障诊断排除实例

案例 1　宝来轿车加速无力

1. 故障现象

一辆大众宝来 1.8T 手动挡豪华配置的轿车加速无力，且车速较低时，挂 2 挡、3 挡行驶有挫车现象，原地空负荷加速时发动机抖动。

2. 故障诊断与排除

首先利用 VAS5051 对该车进行自诊断。宝来车的诊断座位于空调操作面板和烟灰盒之间，并有一装饰板，检测时需要向后拉下装饰板才能连接故障诊断仪。通过 VAS5051（查询发动机控制单元故障）读出该车发动机电控系统存在两个故障码，分别是 16684 和 16688。16684 故障内容为发动机控制系统识别出燃烧中断，16688 为发动机控制系统识别出第 4 缸燃烧中断。

宝来 1.8T 的发动机为 4 缸多点顺序喷射，各缸独立点火线圈。当 4 缸工作出现断火，发动机计算机可识别出燃烧中断，并存储故障码。车辆出现燃烧中断故障码，可能是某缸喷油器故障，也可能是某缸点火系统问题，如火花塞或点火线圈（宝来车各缸独立点火线圈将高压线与点火线圈制成一体，所以不存在高压线故障）。该车故障码为第 4 缸有燃烧中断，由于是新车，所以火花塞和喷油器出现故障的可能性不在，问题可能是点火线圈。由于身边没有相同的点火线圈，不能采取换件试验的办法。于是将 4 缸点火线圈和 2 缸点火线圈互换，再诊断仪进行检查，看看故障码是否改变。将点火线圈互换后着车，发动机依然加速无力，但在怠速状态下，发动机控制单元没有故障码储存。

为准确检测各缸点火情况，可通过进入诊断仪 08 功能，读取各缸点火数据。测量值组中第 14、15 和 16 显示组可读取各缸断火次数，其中显示组 15 中的第 1、2 和 3 区数据分别是指 1、2 和 3 缸的断火次数，显示组 16 中的第 1 区中为 4 缸断火次数，一般断火次数规定值是 0～5 次。

进入数据测量模式，查看怠速时各缸点火中断数据为 0，但在加速走车过程中，为增大车辆负荷，在低速时挂高挡加速行驶一段时间，观察 2 缸显示中断次数有 100 多次，说明最初的判断正确，就是第 4 缸点火线圈有问题，导致该车加速无力，并且有挫车现象。更换第 4 缸点火线圈后，故障排除。

案例 2　捷达豪华型轿车发动机加速不良，油耗增加

1．故障现象

一辆捷达豪华型轿车发动机加速不良（发闷），油耗增加。

2．故障诊断与排除

读取故障码，显示霍尔传感器 G40 对地开路/短路。

霍尔传感器产生的信号可识别发动机第 1 缸压缩上止点的位置，用于顺序喷油和爆震判别控制，还用于识别发动机启动时的第 1 次点火。这一信号中断后，发动机电控单元不能正确区别出第 1 缸和第 4 缸，此时发动机将失去爆震控制而进入应急运行，从而使发动机功率降低、油耗增加，并导致汽车加速不良。可能的故障原因有：霍尔传感器 G40 与电控单元 J220 之间的信号连接线有断路或对正极短路，或者是霍尔传感器 G40 损坏。

拔下霍尔传感器 G40 连接器，用万用表测量 G40 连接器 3 个端子的电压。端子 1 有 5 V 电压，端子 2 有 9～12 V 电压，端子 3 为 0 V（搭铁），均属正常。此后，又先后换上一个新的 G40 和 J220 试车，仍然显示上述故障。根据故障代码的含义分析，故障应在电控系统上，但也有故障代码而电控系统无故障的例子。据车主讲，该车发动机以前曾因正时标记错位顶过气门，此故障是在换过汽缸盖后出现的。在检查正时标记无误后，拆下气门室盖，仔细检查两凸轮轴之间的装配情况，发现两凸轮轴之间的传动链链节数为 15 个，而标准的传动链链节数为 16 个。换上标准的传动链，故障彻底排除。

案例 3　捷达前卫轿车急加速不良

1．故障现象

一辆捷达前卫轿车，怠速运转时发动机有轻微抖动，原地空踩加速踏板，各工况基本都正常，无顿车现象。当慢踩加速踏板时，加速性能基本良好，但急加速时有顿车现象。

2．故障诊断与排除

依据故障现象，凭经验判断，故障部位可能在油路上。发动机在缓慢加速下，加速性能尚可，但在急加速下有顿车现象，一般情况下多属混合气过稀故障。接上燃油压力表，首先检查燃油压力。怠速状态下读得燃油压力值为 260 kPa，表针很平稳，加速时可达 300 kPa 左右，这说明汽油泵内部无机械磨损，汽油泵及燃油压力调节器工作正常。连接故障诊断仪 V.A.G1552，读取故障码，结果显示无故障码。进入发动机动态数据流测试，怠速转速为 850 r/min 时，水温为 88℃，节气门开度为 6°，进气绝对压力为 32 kPa，喷油脉宽为 5.6 ms，氧传感器信号电压为 0.3 V 左右。从以上数据流中，可以看出有几项数据异常。节流阀开度为 6°，说明节气门体脏污，正常值一般为 5° 以下；

混合气过稀表示油少气多，或进气系统漏气或喷油量过少。接上真空表，怠速时真空表读数为 68 kPa，表针指示平稳，显然进气系统密封良好。进气系统正常，故障只能在油路。已检测到油压正常，肯定是喷油器脏污堵塞，引起喷油量不足。氧传感器检测到混合气过稀，反馈到发动机控制单元。控制单元得到这一信息后，不断地加大喷油脉宽，当喷油器脏污堵塞较严重时，混合气极度偏稀，超过了氧传感器调节范围时，也就无法修正。拆下喷油器检测，4 个喷油器均有不同程度的堵塞现象，且有 2 个堵塞较严重，随后进行超声波清洗。因数据流中显示节气门开度为 6°，表明

有脏污，对节气门体也进行了清洗。装复并用诊断仪对怠速系统进行了匹配，启动后路试，急踩加速踏板时，各工况下加速性能均良好，无顿车现象，故障彻底排除。

思　考　题

1. 汽油发动机燃烧的影响因素有哪些？
2. 请描述汽油发动机加速性能不良的原因有哪些？
3. 请作出汽油发动机动力不足，排气管冒黑烟的诊断流程图。
4. 叙述汽油发动机主要的传感器的检测方法。
5. 如何检测汽油供给系统油压？如何判定油泵及真空压力调节器性能的好坏？
6. 请描述汽油发动机喷油器应如何进行检测？
7. 汽油机点火系统主要分哪几类？点火系统的主要故障现象有哪些？
8. 如何利用万用表和经验进行点火系统高低压电路各元件的检查？
9. 画出汽油机次级电压波形，并进行分析。
10. 怎样检查和调整点火正时？
11. 叙述三种诊断和测量气缸工作状况的方法与步骤。
12. 试述真空压力表在汽油机故障诊断中的应用分析。

项目 4　发动机不着车的故障诊断

【学习目标】

- 能描述汽车发动机不着车、启动困难的故障症状。
- 会分析汽车不着车常见故障原因与部位。
- 会结合故障现象与车型特点制定发动机不着车故障诊断流程。
- 会操作常用检测设备仪器检测发动机各系统元件的性能参数并判定其性能。
- 能够诊断和排除电喷汽油发动机不着车或启动困难故障。
- 能将故障诊断排除的过程总结成技术报告或案例。

【案例引入】

一辆花冠 1.6L 轿车，行驶里程 89 721 km。某天在市区路面行驶一个多小时后突然熄火，再启动时不能着车，完全没有着车的征兆，打电话叫修理厂派人去救援，但救援人员来到后，车辆启动时又可以着车了，再行驶十几分钟，又出现熄火不能着车的现象。怎样排除故障？

任务 1　汽油发动机不着车的故障现象与故障原因分析

一、任务导入

仔细观察故障车辆，描述该车不着车的故障征兆，系统地分析故障发生的可能原因有哪些。

二、知识准备

（一）不着车的故障现象

汽车发动机不着车一般从故障征兆上划分为以下几种情况。

（1）启动机能带动发动机运转，但不能发动，且无发动迹象。

（2）启动机以正常转速带动发动机时，有发动迹象，但不能启动。多次长时间启动才能勉强运转。

（3）启动机能带动发动机运转，发动机发动后立即又熄火。

在启动时应注意启动机运转速度、响声，以排除启动机空转、过慢的影响。另外应能确定仪表盘上各种警告灯和指示灯正常，排除电源影响；同时观察排气有无排烟和汽油味等启动和供油征兆，以确定故障诊断的步骤等。

（二）电喷汽油发动机启动条件分析

汽油发动机正常燃烧必需点火能量充足，有混合比适宜的混合气以及气缸压缩力正常。在发动机启动的状态下，这些条件比热机情况下的正常运转要求更高，因为在发动机温度较低情况下，燃油雾化不良，进气道与缸壁等均会粘附燃油微粒，使发动机冷车启动要求较浓的混合气。电控单元在控制喷油量时，将会按冷车启动工况喷油规律异步喷射和增加喷油时间，实现发动机启动的混合气较浓的要求。

（三）故障原因

（1）油路系统故障，如电动燃油泵、喷油器不工作，包括控制电路故障。另外油路堵塞或泄漏使油路压力太低，会导致低温时难启动，如果油压调节器回油口堵塞，导致油压过高，喷油器滴漏等情况，也会造成热车时难启动。

（2）点火系统故障。造成不着车或启动困难的点火系统故障是无火、火弱、点火顺序错乱，点火正时不准确等。点火系统的点火线圈、高压总线、点火器不良、ECU 及相关线路故障等均会造成点火系统无火，使发动机不着车。而点火线圈、高压总线或点火器故障会造成火花不强，分火盖漏电、分火线错乱等会造成点火顺序不正确。凸轮轴、分电器等装配调整不当会造成点火正时异常，严重时导致着车困难。

（3）电控系统故障：转速传感器、电源电路、发动机控制计算机自身故障使发动机电控单元不工作；空气流量计失效、水温传感器异常、冷启动喷油器持续工作，使混合气过浓，热车难着。电控系统异常还会令油泵控制电路失效、喷油器不工作致使冷启动困难；另外怠速控制阀故障使启动进气量过小等等。

（4）机械故障：包括正时皮带断裂、正时不准确、气缸压力不足、气门积炭严重等。

（5）进气系统有漏气、堵塞情况。

（6）排气系统堵塞，使气缸无法排废气，不能着车。

三、任务实施

引导问题 1：写出故障症状：____

引导问题 2：该故障车辆启动转速大约有多少？是否达到了汽油机正常启动转速？

引导问题 3：发动机启动时，倾听发动机运转时的情况是属于完全不能着车还是着车后熄火，或者是有着车征兆，但启动机停转后就不着了？

引导问题 4：如果完全不能着车，可能的第一级故障原因是：不喷油、________________、和________________。

引导问题 5：造成发动机不喷油（无燃油进入气缸）的原因有哪些，画出其故障树进行分析。

引导问题 6：发动机分缸线无火，可能的故障原因和部位有哪些？

引导问题 7：发动机燃油喷射系统的电控单元出现故障不工作，可能会影响到发动机燃烧的哪些因素？

任务 2　电喷汽油发动机不着车故障诊断流程制定

一、任务导入

写出电喷发动机难着车的完整的故障诊断思路，根据上一任务的分析结果，针对车型特点与故障特征，结合现有的工具设备制定合理高效的诊断流程。

二、知识准备

（一）故障一般诊断思路

对于发动机不能发动的故障，应从点火、汽油供给、空气供给、机械（缸压）等方面来考虑，一般诊断操作步骤如下：

（1）首先检查燃油箱是否有燃油，观察燃油警告灯，必要时加油。

（2）检查油压：用油压表检测燃油系统的油压，将滤清器到燃油分配管之间油路断开，接上油压表，拧紧管接头，将钥匙打到“启动”挡，启动机带动发动机运转时可测出油压的高低。若油压不正常，则是油路问题，须检查油泵、滤网、滤清器、蓄压器、油压调节器、喷油器有无漏油或堵塞。

（3）检查油压调节器。卡断回油管，如燃油压力迅速上升，则说明油压调节器漏油，如果上升慢或不上升，则说明油路或电动燃油泵有故障。

（4）一般油泵可在打开点火开关时听油泵运转声，检查时可用导线短接燃油泵插孔，能听到燃油泵转动声音，并感到进油管油压脉动。否则，检查油泵电源是否在启动时有 12 V 电压，如无应检查燃油泵熔断器、继电器及控制电路。如有 12 V 电压，测量油泵搭铁线是否正常搭铁，如正常，则表明油泵损坏要更换。

（5）在确认发动机没有故障代码的前提下，检查点火系统有无高压火花和火花强弱的情况，检查分缸线是否有火：拆下火花塞，将分缸线插接上火花塞抵在缸体上，启动发动机，观察火花塞跳火情况。检查中央高压线是否有火，若中央高压线有火而分缸线无火，则是分电器故障。如果中央高压线无跳火，应分别检查高压线、点火线圈、分电器（信号发生器）、点火器、曲轴位置传感器及其线路、ECU 控制系统等。

（6）检查喷油器。在启动时监听其工作声音或用阻抗大的试灯接在喷油器线束插头上，启动时灯闪，视为正常。如各缸试验时，均不闪耀，则说明喷油器电源有断路现象，或控制单元不输出喷油指令，应分别对喷油器、控制器（ECU）接线、电源继电器接线、ECU 工作状况等逐一检查。

（7）检查气缸压力是否下降。检查配气正时、缸垫、正时带位置、活塞环密封性、气门密封性等。

（8）检查气路。检查是否有脱落的真空管，按要求插好各种真空管路。

（二）不着车的故障诊断流程

按一般汽车不着车的故障现象，制定诊断流程如图 4-1 所示。

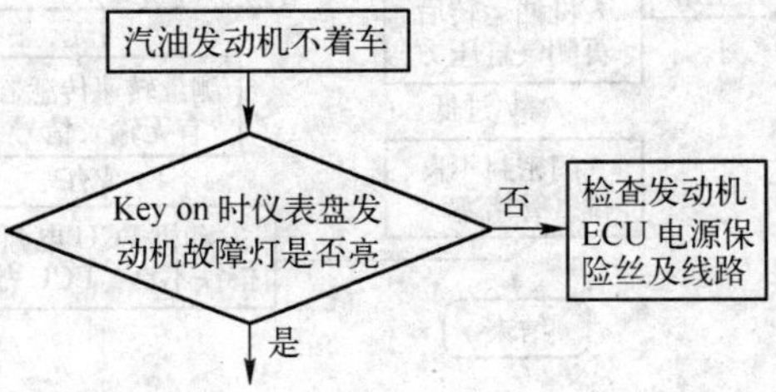

图 4-1　汽油车不着车诊断流程

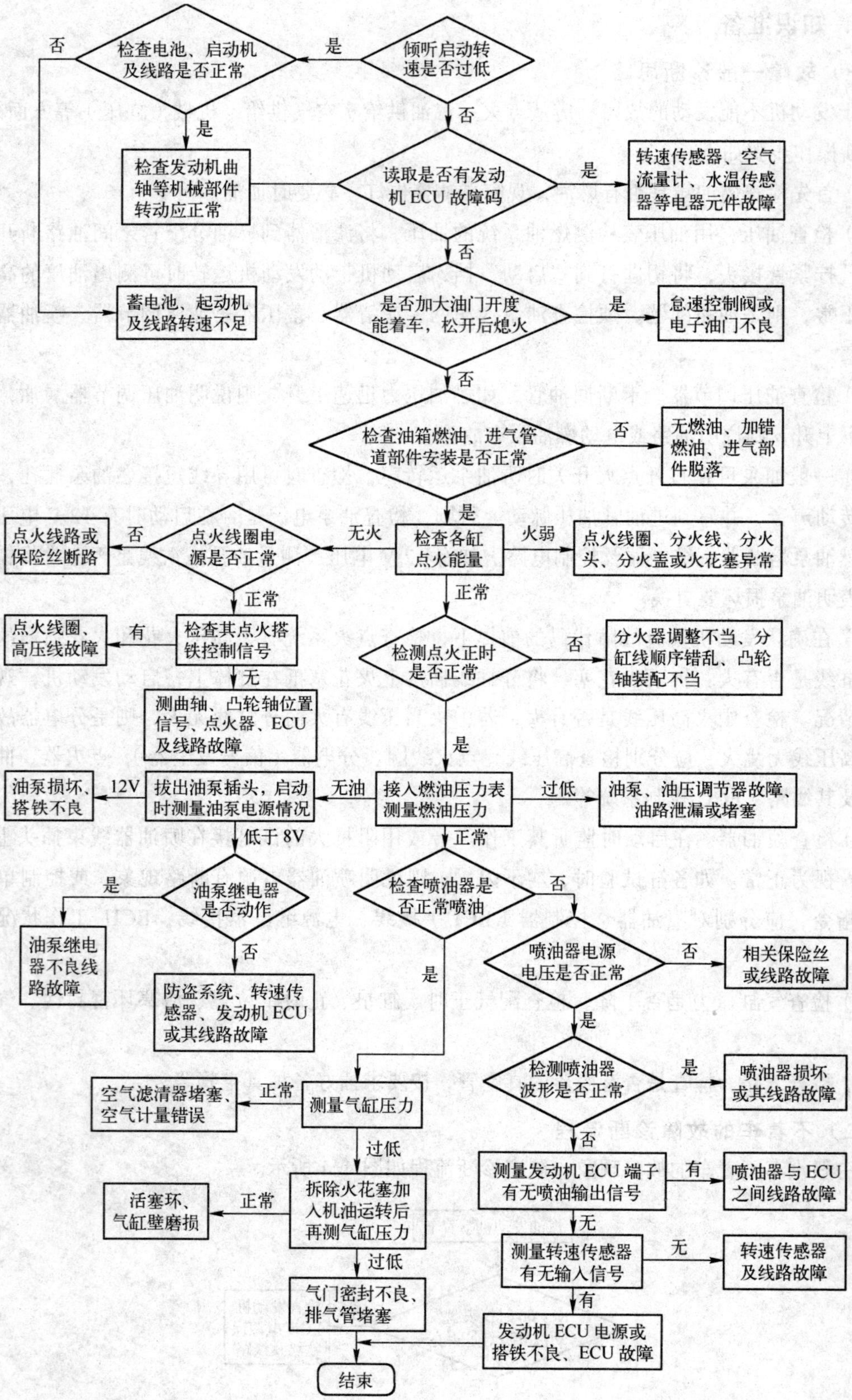

图 4-1　汽油车不着车诊断流程（续）

三、任务实施

引导问题1：对车辆做基本检查项目应包含哪些内容？根据诊断的原则，应安排在什么时候进行？

引导问题2：分析典型故障征兆的故障原因与部位，哪些步骤可安排优先诊断。

引导问题3：参考上述诊断思路，结合实训车辆的故障现象，按故障现象与车型特点制定出本故障合理的诊断步骤。

任务3　电喷汽油发动机不供油故障诊断与检测

一、任务导入

分析电喷汽油机供油系统不来油的原因有哪些，并就此进行相关故障诊断与检测，找出最终的故障原因。

二、知识准备

（一）发动机不供油原因分析

供油系统不来油的原因主要可从油泵是否在工作区别以下几种情况：

1. 油泵在工作

（1）油箱无油或油量不足；

（2）油泵工作性能下降使系统压力太低；

（3）汽油滤清器或供油管路堵塞、泄漏。

2. 油泵不工作

（1）油泵损坏。

（2）油泵控制电路断路。

（3）油泵控制单元工作条件不充分。

这种现象要对油泵控制电路进行详细检测和诊断，才能进一步查找到故障部位。

（二）诊断检测方法

1. 供油系统不供油的人工检测经验

一般的诊断方法是对燃油供给系统泄压，接入燃油压力表，启动电动机观察燃油压力大小。如果完全没有压力，拔出燃油泵插头，用试灯或万用表检测燃油泵电源端子是否在启动时有12 V电压，油泵搭铁是否正常。如有电源而油泵不工作，说明油泵损坏。如没有电源，则参考该车型油泵控制电路，查找相关电路故障。

2. 燃油泵的检测

1）燃油泵的就车检查

（1）用专用导线将诊断座上的燃油泵测试端子跨接到12 V电源上，例如，丰田车系跨接诊断座上的+B和FP端子即可。也可拆开燃油泵的插接器，直接用蓄电池给燃油泵通电。

（2）点火开关置ON，但不启动发动机。

（3）旋开油箱盖应能听到燃油泵工作的声音，或用手捏进油软管感觉应有压力。

（4）若听不到燃油泵工作声音或进油管无压力，应检修或更换燃油泵。

（5）若燃油泵存在不工作故障，按上述方法检查油泵正常，则应检查燃油泵控制电路。

2）燃油泵的拆装与检修

（1）多数轿车的燃油泵，可在打开汽车后备箱或翻开后坐垫后，从油箱上直接拆出。也有些轿车必须将油箱从车上拆下，才能拆卸燃油泵。拆卸燃油泵时注意：应释放燃油系统压力，并关闭用电设备。

（2）拆卸燃油泵后，测量燃油泵两端子间的电阻，应为 2～3 Ω。用蓄电池直接给燃油泵通电，应能听到燃油泵电动机高速旋转的声音，注意：通电时间不能太长。

3. 燃油泵控制电路的检测

1）油泵开关控制的燃油泵控制电路的检测

图 4-2 所示为油泵开关控制的燃油泵控制电路（如日本丰田雷克萨斯 ES300 轿车），其检测方法如下：

（1）卸除燃油系统油压，拆下燃油分配管上的进油管管头，将油管插入容器内。

（2）将点火开关转至启动挡，在启动发动机的同时应有燃油从进油管内喷出，否则说明油泵不工作。

（3）用跨接线跨接诊断座 FP 与+B，打开点火开关但不着车，打开油箱盖，并倾听有无燃油泵运转的声音。若有运转声，说明控制电路正常；若无运转声，说明控制电路有故障，则应检查电路中的熔丝、继电器有无损坏，线路有无短路或断路。

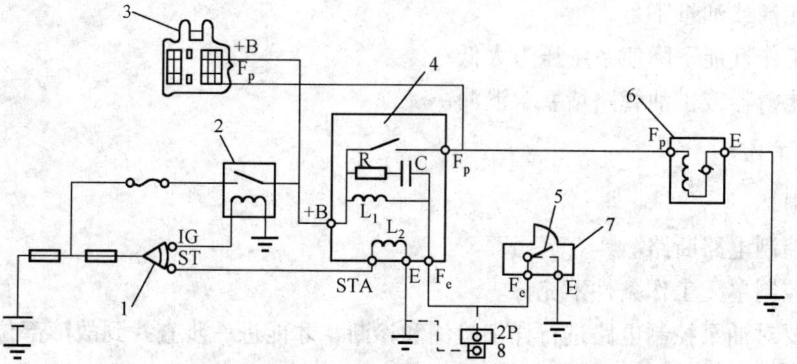

图 4-2 油泵开关控制的燃油泵控制电路

1—点火开关；2—主继电器；3—检查插座；4—电动汽油泵继电器；5—汽油泵开关；6—汽油泵；7—空气流量传感器；8—汽油泵检查开关

（4）若上述检查中电动燃油泵控制电路正常，但启动发动机燃油泵不工作，则检查叶片式空气流量计内的燃油泵开关触点。拆下空气滤清器，打开点火开关，用手指或螺钉旋具推动叶片式空气流量计的测量叶片，此时，在油箱口应能听到燃油泵运转的声音，否则说明空气流量计内的油泵开关损坏，应更换空气流量计。也可用万用表检测叶片不同位置燃油泵开关两端子的导通性进行判断。

2）油泵继电器控制的燃油泵控制电路的检测

日本丰田雷克萨斯 LS400 轿车的燃油泵控制电路如图 4-3 所示。油泵继电器控制的燃油泵控制电路的检修要领是检测电阻器的电阻值，标准值应为 0.7 Ω；用万用表的电压挡测量 ECU 的 FPR 端电压，当发动机由怠速工况急加速时，电压应由 12 V 降为 0。

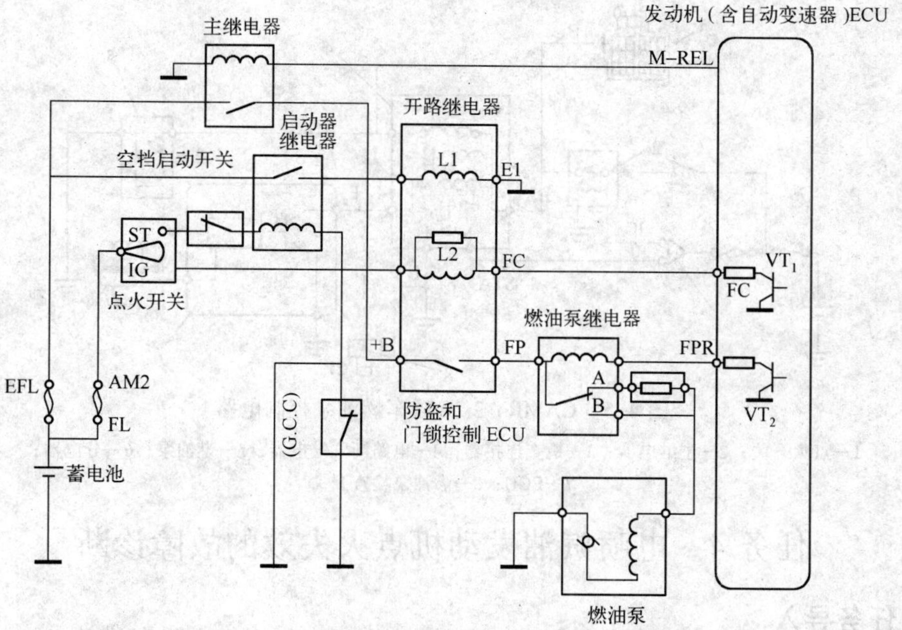

图 4-3　油泵继电器控制的燃油泵控制电路

3）油泵 ECU 控制的燃油泵控制电路的检测

图 4-4 所示为日本丰田皇冠 3.0 轿车的燃油泵控制电路。其检修要领是用万用表检测 FP 与接地间的电压，怠速时为 8～10 V，加速时为 12～14 V；点火开关在 ON 位置时，+B 与接地端电压为 8～16 V，FPC 端与接地间电压，怠速时为 2.5 V，加速时为 4～6 V。

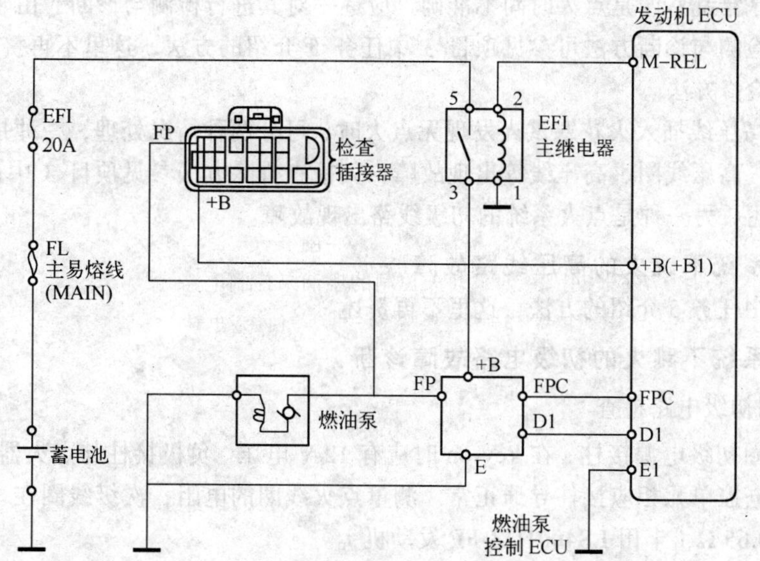

图 4-4　油泵 ECU 控制的燃油泵控制电路

三、任务实施

（1）针对凯美瑞车的油泵控制电路（见图 4-5），制定油路无油压的标准诊断流程并进行检测。

（2）记录各检测步骤的数据，并根据维修手册判断相应元件的工作情况是否正常。

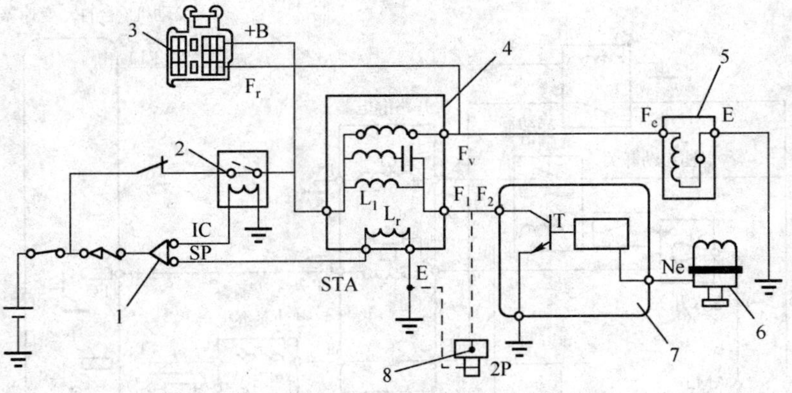

图 4-5 CAMRY 2.2L 轿车燃油泵控制电路

1—点火开关；2—主继电器；3—检查连接器；4—电路断开继电器；5—燃油泵；6—分电器；7—ECU；8—燃油泵检查开关

任务 4 电喷汽油发动机点火失效的故障诊断

一、任务导入

掌握电喷汽油发动机点火失效几种形式和程度对发动机着车性能影响程度大小，根据电喷汽油发动机点火失效的故障原因，拟定点火系统诊断步骤，并进行相应的点火系统元件的检测与诊断，判断其性能是否正常。

二、知识准备

点火系统导致发动机不能启动的原因可分为以下几个方面：一是无点火火花；二是点火能量弱；三是点火顺序错乱；四是点火时间不准确，应逐一对其进行检测与诊断。由于其中第二、三、四个故障原因的检测与诊断方法可参见项目 3 中任务 5 介绍的方法，这里不再赘述，以下介绍点火系统不点火的检修方法。

当拔出分缸高压线插入火花塞试火发现无点火时，可分两种情况处理，一种是高压部分故障，分火盖、分火头、高压线圈、高压线等出现故障，其检查排除方法参见项目 3 中任务 5 介绍的方法，这里不再赘述。另一种是点火系统的初级线路出现故障。

（一）点火系统不跳火的高压线路故障

参见项目 3 中任务 5 介绍的方法，这里不再赘述。

（二）点火系统不跳火的初级电路故障诊断

1. 点火线圈初级电路检查

测量点火线圈初级电源接柱，在 key-on 时应有 12 V 电压。负极接柱与点火器（有的装在分电器内）或发动机电控单元相应接柱导通正常。测量点火线圈的电阻，次级线圈在 9～15.4 kΩ，初级线圈在 0.45～0.65 Ω（丰田 LS4001UZ-FE 发动机）。

2. 信号发生器的检测

1）霍尔式点火信号发生器的检查

下面以上海桑塔纳轿车用霍尔式点火信号发生器为例，介绍霍尔式点火信号发生器的检查。

（1）霍尔式点火信号发生器的电压测量。霍尔式点火信号发生器是有源器件，需输入一定电源电压时才能工作。因此，应先测量其输入电压是否正常，方法是用直流电压表的“+”、“–”表笔分别接到与分电器相连接的插接器“+”、“-”接柱（红黑线端与棕白线端），如图 4-6 所示。接通点火开关，电压表应显示 11～12 V，否则，说明点火器没有给霍尔信号发生器提供正常的工作电压，应检查点火器。若电压表显示电压正常，可进一步测量点火信号发生器的输出信号电压，方法是用同一只电压表在点火开关接通时测量分电器的信号输出线（绿白线）与搭铁线（棕白线）之间的电压。当触发叶轮的叶片在霍尔传感器的空气隙中时，电压表应显示 2～9 V；而当触发叶轮的叶片不在霍尔传感器的空气隙中时，电压表所显示的电压应接近于零，为 0.3～0.4 V。如经上述测量，电压表读数正常，可认为霍尔式信号发生器正常。

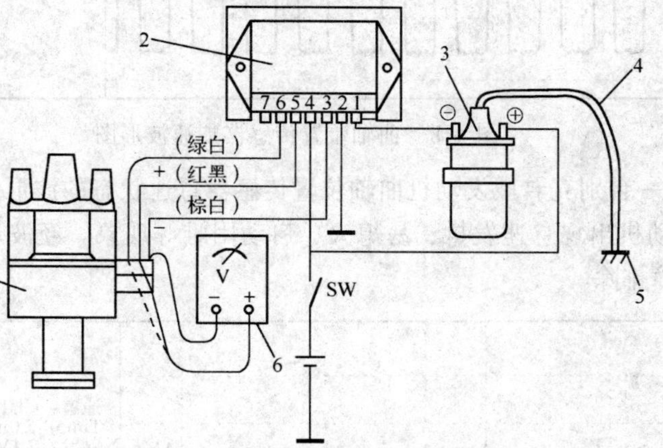

图 4-6 霍尔信号发生器的检查

1—分电器；2—点火器；3—点火线圈；4—高压线；5—搭铁；6—直流电压表

（2）霍尔式信号发生器的跳火试验。在实际工作中，常根据模拟信号发生器动作的方式来进行判断。关断点火开关，打开分电器盖，转动曲轴，使分电器触发叶轮的叶片不在气隙中。拔出分电器盖上的中央高压线，使其端部离气缸体 5～8 cm。然后接通点火开关，用小螺丝刀（或薄铁板）在信号发生器的气隙中轻轻插入和拔出，模拟触发叶轮叶片在空气隙中的动作，如图 4-7 所示。如此时高压线端部跳火，则说明霍尔信号发生器、点火器、点火线圈及连接导线性能良好；如不跳火，在点火线圈、点火器及连接导线正常的情况下则说明信号发生器有问题，应予以更换。

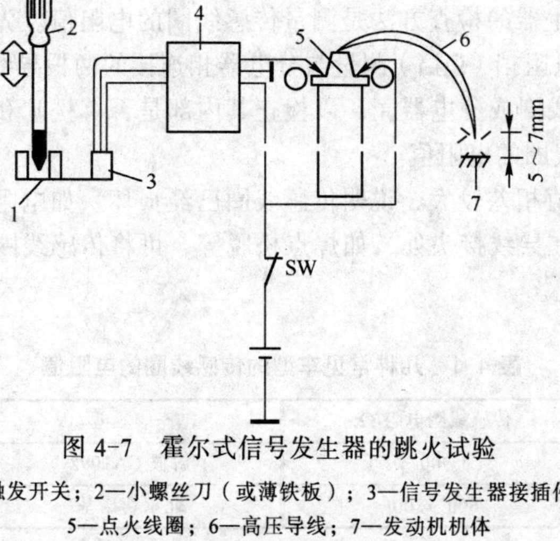

图 4-7 霍尔式信号发生器的跳火试验

1—分电器霍尔触发开关；2—小螺丝刀（或薄铁板）；3—信号发生器接插件；4—点火器；5—点火线圈；6—高压导线；7—发动机机体

（3）霍尔式信号发生器的波形。可以利用示波器测量霍尔式信号发生器的波形来判定其工作状况，特别是对于间歇性故障，利用汽车示波器对怀疑电路实时监控是很好的方法。图 4-8 所示为发动机加速状态的霍尔传感器信号波形，波形的信号幅值、频率、形状等判定性尺度均匀一致，且频率能随发动机加速状态改变，该曲轴位置传感器性能良好。

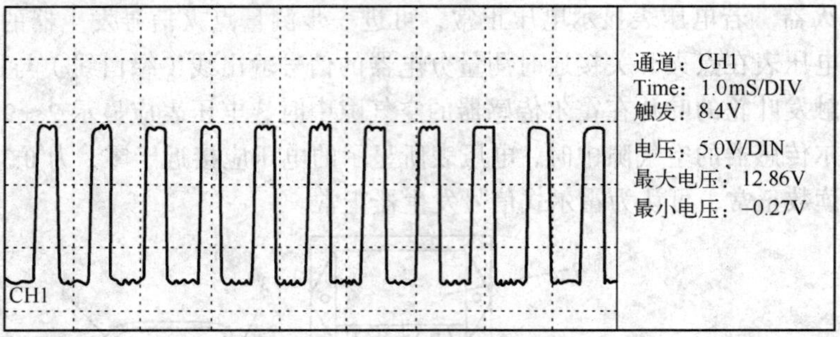

图 4-8　曲轴位置传感器加速波形图

图 4-9 所示为一台别克君威发动机曲轴位置传感器怠速状态的波形，波形的信号幅值随发动机转数变化，该发动机出现怠速发抖、易熄火、启动困难等现象。经波形分析确认曲轴位置传感器故障，更换后故障排除。

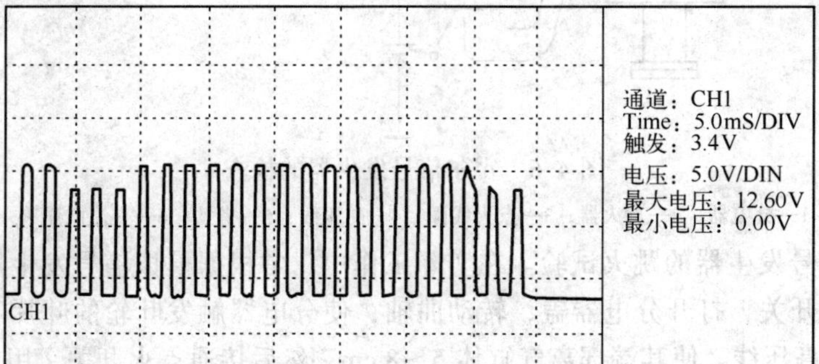

图 4-9　霍尔式曲轴位置传感器故障波形图

2）磁感应式点火信号发生器的检查

磁感应式点火信号发生器的检查方法是测量传感线圈的电阻值。先将分电器与线束之间的插接器拆开，然后用万用表电阻挡（Ω挡）测量与分电器相连接的两根导线之间的电阻值，测量时还可用旋具把轻轻敲击传感线圈或分电器壳，以检查其内部是否有松旷和接触不良的故障。表 4-1 所示为几种常见车型传感线圈的电阻值。

若测量结果与标准阻值相差较大，说明传感线圈已经损坏。如电阻值为无穷大，说明传感线圈断路，一般断路点大多在导线接头处，如焊点松脱等，可将传感线圈拆下进一步检查。如发现焊点松脱，可用电烙铁焊上。

表 4-1　几种常见车型的传感线圈的电阻值

车　　型	传感线圈电阻/Ω	车　　型	传感线圈电阻/Ω
富康	300	解放 CA1092	600～800
本田	600～800	北京切诺基	400～800

检查、调整信号转子凸齿与线圈铁心之间的间隙值可用塞尺进行测量，如图 4-10 所示。该间隙的标准值为 0.2～0.4 mm；如不符合，可松开紧固螺钉 A、B 作适当调整，如图 4-11 所示，直至

间隙符合上述规定，再将螺钉A、B拧紧即可。

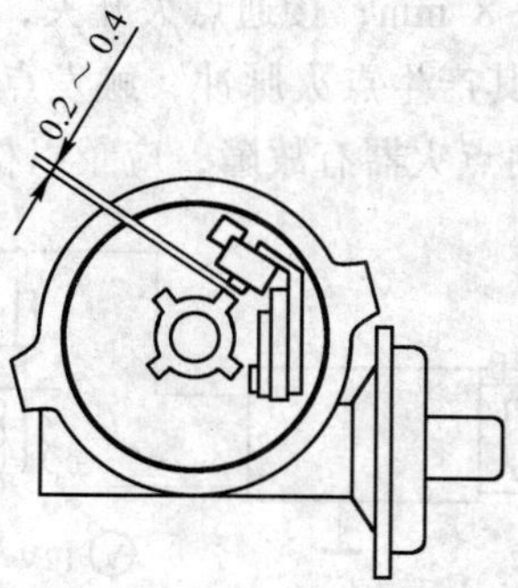

图4-10　信号转子凸齿与线圈铁心间隙测量

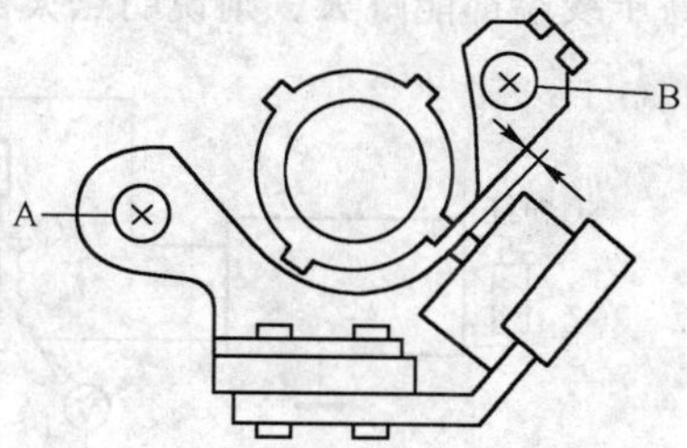

图4-11　信号转子凸齿与线圈铁心间隙的调整

用指针式万用表测量点火信号发生器信号的过程是：用指针式万用表的低电压量程挡接点火信号发生器信号输出端，测量信号线圈产生的信号电压（一般不足1 V，视分电器型号及测试的转速而定）；转动分电器轴时应能看到万用表指针明显的摆动。若测得的信号电压为零或比规定值小得多，则表明点火信号发生器有故障。损坏的原因有：信号线圈或其连接导线断路、短路，磁铁磁性消失或减弱，磁路短路或气隙过大。也可用示波器在分电器转动时观察点火信号发生器信号波形。

常见的磁感应式信号波形如图4-12所示。

3．点火器的检查

对于点火器，由于其配用的点火信号发生器形式不同，点火器所采用的元器件结构形式和电路也有所不同，即使是同一种类型的点火器，其生产厂家不同，电路结构及参数也不同，因此，很难用一种简单而统一的方法（如测量电阻的方法）对其进行检查及测量。所以，对点火器的检查应根据其配用的点火信号发生器形式、点火器的工作原理、电路特点、功能以及在车上的具体连接、工作情况，选用适当的方法进行故障检查和判断。常用的方法主要有以下几种：

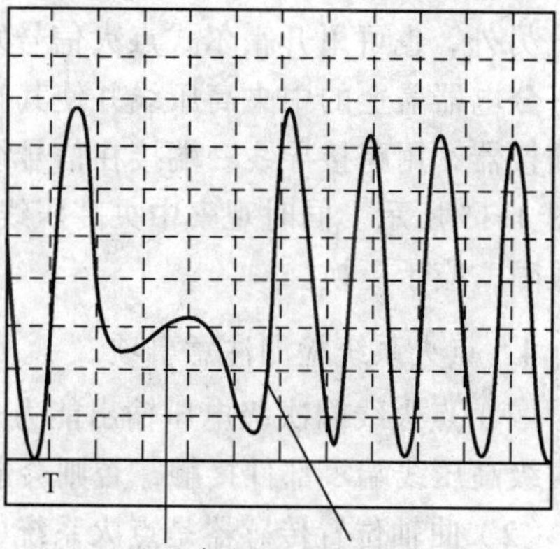

图4-12　曲轴位置传感器输出波形

（1）用干电池电压作为点火信号进行检查。

这种方法适用于配用磁感应式点火信号发生器的单功能点火器。如丰田20R型发动机配用的点火电子组件，其基本原理是利用干电池的电压作为点火器的点火输入信号，然后用万用表或试灯来大致判断点火电子组件的好坏。点火器的检查方法为：拆开分电器上的线路插接器，接通点火开关，用一只15 V的1号干电池，将其正、负两极分别接至点火电子组件的两根点火信号输入线上，如图4-13所示。用万用表电压挡检查点火线圈“+”接线柱与搭铁之间的电压（也可用一只12 V试灯接万用表的位置，并观察试灯的亮灭），然后将干电池的极性颠倒过来，再次测量点火线圈“-”接线柱与搭铁间的电压（观察试灯亮灭）。若两次测量的结果分别为1～2 V（试灯灭）和12 V（试灯亮），则该点火器正常；否则说明点火电子组件有故障。

（2）跳火试验法。

在确认低压电路各连接导线、插接器、点火线圈及点火信号发生器基本完好的情况下，可采用跳火试验法判断点火器是否有故障。对于像东风EQ1090汽车装用的JFD667型、解放CA1092

汽车装用的 6TS2107 型具有失速断电保护功能的磁感应式电子点火系统，可将分电器盖拆下，并拔出分电器盖上的中央高压线，使其端头离开缸体 5～8 mm；接通点火开关，然后用一只旋具头快速地碰刮定子爪，以改变通过传感线圈的磁通而使其产生点火脉冲，触发点火器。若每次碰刮时，高压线端都能跳火，则说明点火器完好，否则说明点火器有故障，应予以检修或更换。

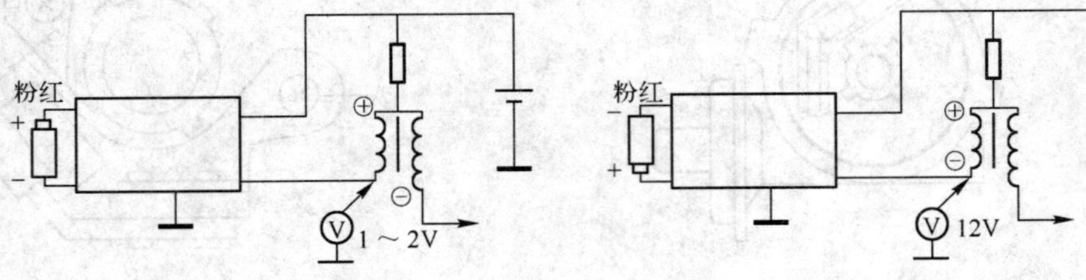

（a）功率三极管导通　（b）功率三极管截止

图 4-13　用于电池检查点火器

对于像桑塔纳、奥迪等汽车装用的霍尔式电子点火装置，可打开分电器盖，拆下分火头和防尘罩，转动曲轴，使触发叶轮的叶片不在霍尔传感器的气隙中；拔出分电器盖上的中央高压线，使其端部距离气缸体 5～8 mm；然后接通点火开关，用小螺丝刀或钢锯条在霍尔传感器的气隙中插入后迅速拔出，同时在拔出时查看高压线端是否都跳火，如图 4-14 所示。如跳火，说明点火器良好；否则，应更换点火器。

另外，也可甩开霍尔式点火信号发生器对点火电子组件做跳火试验。方法是：断开点火开关，拔下分电器盖上的中央高压线并使其端部距离缸体 5～8 mm；再拔下分电器上霍尔式信号发生器的插接器，用跨接导线一端接在信号线插头上；然后接通点火开关，将跨接线的另一端反复搭铁，如图 4-15 所示。同时观察中央高压线端是否跳火，如跳火，说明点火器完好；否则，说明点火器有故障，应予更换。

4．点火系统检测注意事项

（1）点火线圈次级电压输出能力非常高，超过 40 000 V。当发动机运转时，应避免身体与点火次级高压线端零部件接触，否则会造成人身伤害。

（2）曲轴位置传感器是点火系统中最关键的零件，如果传感器损坏，发动机将不能启动。

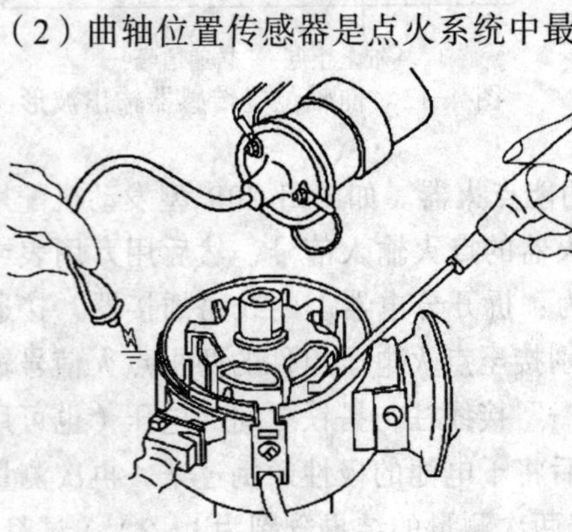

图 4-14　磁感应式的点火器跳火试验

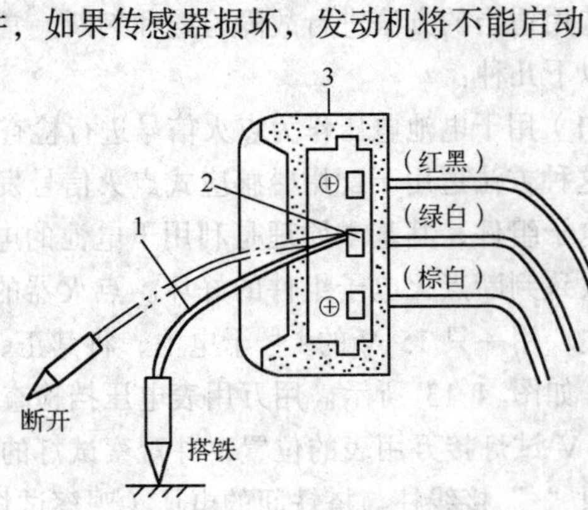

图 4-15　用跨接导线代替霍尔式信号发生器的跳火试验

1—跨接导线；2—信号线接头；3—插接器

（3）曲轴位置传感器的间隙非常重要，任何时候传感器都不能碰间断环，否则传感器将损坏。如果平衡装置间断环弯曲，间断环叶片会损坏传感器。

（4）点火正时不可调整，在曲轴平衡装置或正时链条盖上没有正时记号。

（5）在更换曲轴位置传感器组件时，检查曲轴平衡装置间断环的叶片是否弯曲，如果没有仔细检查而存在弯曲的叶片，新的曲轴位置传感器在曲轴一转即可损坏叶片。

（6）点火线圈次级或次级绕组的两端都未与发动机的搭铁相连。虽然点火线圈组件安装在点火控制模块上，但在电器上未搭铁。

（7）维修点火系统时，不要损坏次级点火导线或皮套。旋转每个皮套使其在火花塞或线圈接线柱上转动，然后从火花塞或线圈上拔下。注意：不要刺穿次级点火导线或皮套。如果用针尖或测试灯穿透绝缘层进行测试将会带来进一步故障。

（8）点火控制模块通过 3 个将模块固定在其支架上的固定螺栓与发动机机体搭铁。维修时，应确保模块与其固定支架和发动机机体之间电气连接良好。

三、任务实施

引导问题 1：故障车辆的点火是否独立点火系统？如果是具有分电器的点火系统，如何判定其是否点火？如果有火，如何判断其火花弱导致不能着车________________？独立点火系统又应怎样进行判断？

引导问题 2：测量故障车辆的点火线圈的初级绕组阻值__________；次级绕组是________________。初级电源接柱在 key on 时电压__________伏，如果电压不正常，该检查哪部分电路？如果电压正常，测量初级绕组负极是否有控制搭铁，可以怎样测量或判断？

引导问题 3：当高压总线跳火正常，但分缸线跳火不正常，可能的故障原因有__________、________、__________等原因，怎样诊断？

引导问题 4：故障车辆的转速传感器是__________结构型式的？如果是磁感应式的，用万用表可测量其电阻大约为__________。用示波器测量转速传感器和凸轮轴位置传感器的信号波形，并分析其是否正常。

引导问题 5：点火器是否正常工作如何诊断？

任务 5　影响启动性能的发动机配气故障的诊断

一、任务导入

在发动机有点火和喷油的情况下，发动机仍然有可能出现难着车的故障现象原因，分析此故障发生的原因，并针对故障原因进行检测诊断。

二、知识准备

当发动机的点火和喷油经检测正常，但发动机仍然启动困难，这时应该考虑该车发动机的配气不正常，主要包括气缸压力不足、进气系统密封不好、进排气系统堵塞等均会导致发动机启动困难。

气缸压力和密封性的检测方法有多种，具体选用哪一种方法要具体问题具体分析。对于发动机不能着车的情况，就不适宜采用曲轴箱漏气量检测法和点火电压测量法。在汽车维修企业最常用的是用气缸压力表直接测量，此外，还可以使用以下一些方法。

（一）用气缸压力测试仪检测

气缸压缩压力测量仪可在不拆卸火花塞或喷油器的情况下，测定发动机各缸的压缩压力，其原理是利用示波器记录的启动机电流曲线来测定发动机各缸压缩压力。用启动机驱动发动机曲轴所需的转矩 M 与启动机电流 I 有一定的函数关系，即

$$M=f(I_s)$$

M 与 I_s 近似为线性关系。发动机启动阻力矩是由机械阻力矩和气缸内压缩空气的反力矩两部分组成。在正常情况下前者可以认为是常数，后者是随气缸压缩过程而波动的变量，利用示波器可直接记录启动机的电流曲线，如图 4-16 所示。

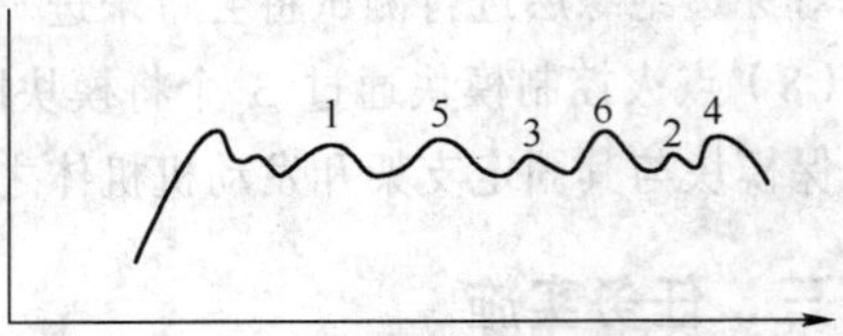

图 4-16　启动机的电流曲线

由图 4-16 所示的曲线可以看出，曲线的波动部分类似一个正弦波形，它是因压缩压力的波动而引起的，波形各段的峰值与各缸的最大压缩压力成正比。如果能确定某一电流峰值所对应的气缸，则可按点火次序确定各缸所对应的启动电流峰值，其大小可代表相应气缸最大压缩压力值。通常各缸电流波形峰值所对应的缸号是通过点火传感器或喷油传感器先确定第一缸波形位置而推得的。若检测时显示的各缸电流波形振幅一致，且峰值又在规定范围内，说明各缸压缩压力符合要求；若各缸波形振幅不一致，对应某缸电流峰值低于规定范围，则说明该缸压缩压力不足。

（二）进气系统的影响与检测

进气系统对发动机不能着车或启动困难的影响主要表现在进气管道漏气，特别利用 L 型电控燃油喷射系统，由于进气道漏气，使电控单元进气流量信号错误，空燃比异常使发动机启动困难。另外进气门积炭严重时，会造成冷车启动困难，常常表现在着车后易熄火。同时积炭会造成气门封闭不严，气缸压力下降，启动困难。节气门和怠速阀脏污时也可能造成怠速过低，怠速阀卡滞调节失灵，冷车时易熄火。

进气道漏气严重时会产生异响，打开发动机盖后，按响声检查相关部位有无破损或松动。少量的进气道泄漏可以用喷洒化清剂到怀疑漏气部位，倾听发动机转速变化情况来判断（少量的气道漏气一般对发动机启动性能影响不大）。节气门和怠速阀脏污拆出进气道橡胶管道即可看到，通常作为发动机保养项目进行清洗。进气门的积炭可利用内窥镜检查。

（三）排气系统的影响与检测

在项目 3 的任务 6 中，已分析过排气系统排气不通畅时，发动机燃烧废气滞留在气缸内，新鲜混合气进入气缸充量不足，影响加速性能。当排气系统完全堵塞或接近完全堵塞时，就会产生怠速易熄火，甚至发动机难着车的现象。

排气系统堵塞的原因，对于汽油发动机来说多为三元催化器损坏，其载体因碰撞等原因，活性物质脱落过多，导致三元催化器堵塞。柴油发动机还有可能排气制动系统不能正常打开造成堵塞。排气管道是否堵塞，可利用进气管真空度和排气背压的测量进行检测，具体可参考项目 3 中任务 6 的相关内容。由于发动机不能着车情况下，进气歧管真空度和排气背压测量时数值波动变化较大，在检测气缸压力不正常时，也可通过直接拆开三元催化器前的排气管道让废气不经三元催化器直接排到大气中进行试验与比较，判断是否因为排气堵塞导致启动困难。

三、任务实施

引导问题 1：发动机启动时，是否听到异常的响声？检查进气系统是否存在漏气、进气管路松脱现象。

引导问题 2：测量各气缸压力分别是______________________________。一般气缸压力低于__________会造成启动困难。

引导问题 3：对于气缸压力过低的气缸，将火花塞拆除，倒入少量机油运转数次，检查气缸压力是否回复正常，如果正常，可判断是_______________原因导致气缸压力低。

引导问题 4：测量排气背压在发动机启动时大约是_________，是否在正常范围内？寻找一辆正常同种车型进行比较测试，它们数值相差_________，应属_________（正常/不正常）的范围内。

任务 6　电喷汽油发动机不着车的电控系统故障诊断

一、任务导入

根据电喷汽油发动机不能着车的故障征兆，对电喷发动机电控系统进行自诊断，针对故障码（或无故障码）进行电控系统相关部件和线路的检测与诊断。

二、知识准备

（一）电控系统故障现象分析

当发动机不能着车时，由电控系统原因导致的故障征兆有以下几种表现：

（1）既不点火也不喷油。发动机点火系统和喷油系统同时出现元件故障造成系统都不工作的机会不多，出现该现象的原因多是电控单元不工作，多为发动机电源故障、ECU 接收不到转速信号、防盗系统作用、发动机 ECU 本身故障等原因造成。

（2）有点火但燃油系统不供油，原因可能是油泵控制器及其电路出现故障。

（3）燃油供给系统有供油，但喷油嘴无喷油控制脉冲，故障原因是喷油嘴电路或发动机 ECU 故障。

（4）有点火或喷油，但混合比严重失调导致不能着车，一般反映在排烟有生油味或黑烟等，这种现象往往与进气系统、排放控制系统及空气计量和水温感测等传感器及其线路故障有关。

（二）电控系统故障诊断方法

在电控系统的故障表现中，上述第 2 种不供给燃油的情况在任务 2 中已介绍了。另外 3 种表现都可通过观察喷油嘴的喷油控制脉冲情况来初步判断发动机电控系统工作是否正常。喷油脉冲可利用示波器进行检测与分析，其方法如项目 3 中所述，而主要的信号传感器等故障仍然可通过读取 ECU 记忆故障码，按故障码指引内容进行检修，其方法如项目 3 所述。下面主要介绍喷油器驱动电路检测与发动机 ECU 端子的测量。

1．喷油器驱动电路的常见故障及检查

1）喷油器不工作的故障原因

喷泊器不工作是造成发动机不能启动或运转不平稳的常见原因之一。喷油器不工作的原因可能有：

① 喷油器电磁线圈不良或内部接线断脱；

② 喷油器外串联电阻断路或漏电（低电阻电压驱动型喷油器）；

③ 线路断脱或插接器有接触不良之处；

④ 线路熔断器烧断；

⑤ 电子控制器（ECU）有故障。

2）故障检查方法

以图 4-17 所示的喷油器驱动电路为例，可用以下方法来确定故障的具体部位：

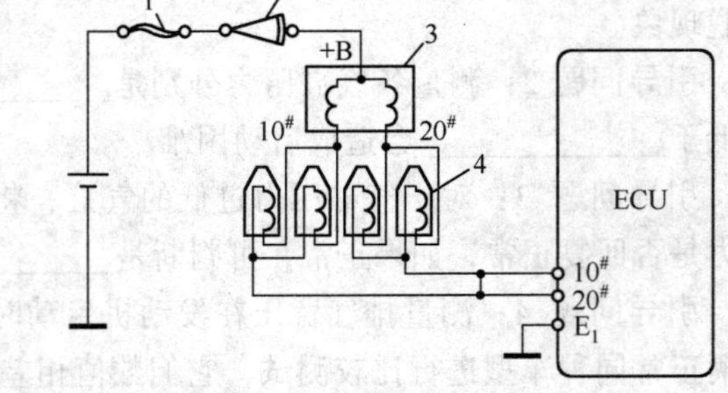

图 4-17　喷油器驱动电路

1—熔断器；2—点火开关；3—电阻器；4—喷油器；5—蓄电池

① 拔下喷油器上线路插接器，接上一个高阻抗的试灯，摇转发动机，看试灯是否闪亮。若试灯闪亮，则检查喷油器电磁线圈电阻，若电阻过大或不通，需更换喷油器；若试灯不闪亮，则作下一步检查。

② 用试灯接接线端子+B 与搭铁之间，检查+B 点火通电与否，若试灯不亮，说明+B 点未通电，须检查点火开关及有关的线路；若试灯亮，则说明+B 通电，需作下一步检查。

③ 用万用表欧姆挡检查串联电阻是否正常（无串联电阻的则无此步诊断）。若电阻不正常或不通，则更换串联电阻；若电阻正常则作下一步检查。

④ 检查喷油器及其与 ECU 的连接线路。若喷油器或线路不良，更换或检修不良处；若喷油器和线路均良好，则需检查 ECU 是否工作，检查其工作条件正常的，更换 ECU。

2. 发动机电控单元故障检测

当喷油器没有接收到喷油脉冲信号，检测喷油器外部驱动电路正常，可以判定发动机 ECU 是没有输出喷油脉冲，原因有三方面，一是 ECU 电源或搭铁不良，ECU 内部不工作；二是 ECU 没有接收到相应的发动机转速信号，使发动机 ECU 不工作；三是发动机本身故障（包括硬件或程序故障）而不工作。

1）发动机控制电路分析

图 4-18 所示为丰田 5A-FE 发动机的控制电路图，电路图中给出了发动机控制系统所有传感器、执行器、电源和保险丝等的电路连接关系，读懂电路图是汽车故障诊断的关键。在电路分析中，针对故障现象或故障码，找到相应的电器元件，弄清其线路走向及 ECU 的控制或输入端子号，再测量线路或元件的相关参数。特别针对部分需判断 ECU 是否正常工作时要确认其电源与搭铁，以及需测量较多的传感器信号或判断执行元件工作状况的情况，利用 ECU 线路图和 ECU 端子图，可直接测量各种参数，对照维修手册的标准值进行判断，节省大量寻找传感器或执行器及其线路的时间，提高效率。对于丰田车系，发动机控制单元配备的诊断座端子与相应的 ECU 端子相连，可以更方便地进行线路和信号的检测。

2）电控单元端子认识

丰田 5A 发动机计算机接插件端子排列图如图 4-19 所示。

在表 4-2 中给出了 5 A 发动机控制计算机诊断座端子的缩写名称、连接部位及功能，其字母含义与发动机电控单元的端子含义相同，互相连接。

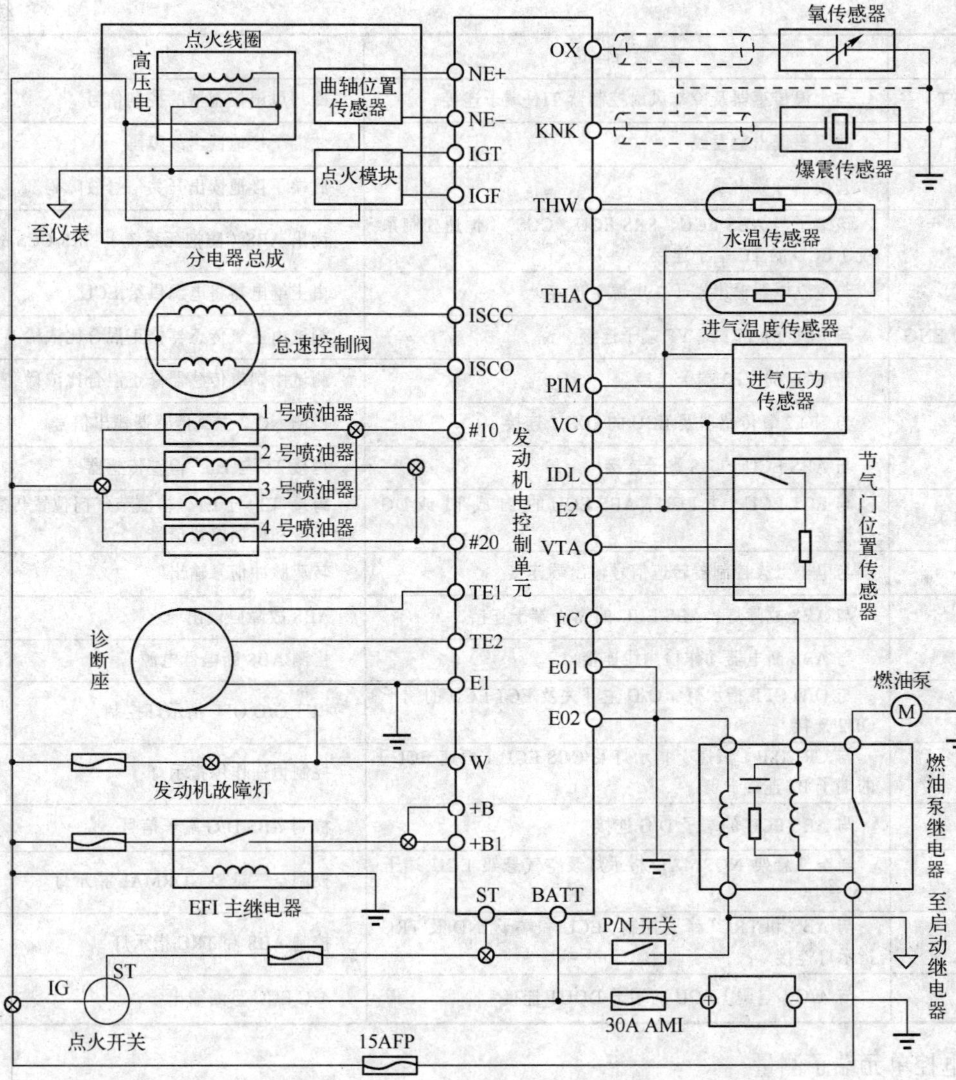

图 4-18　丰田 5A-FE 发动机的控制电路图

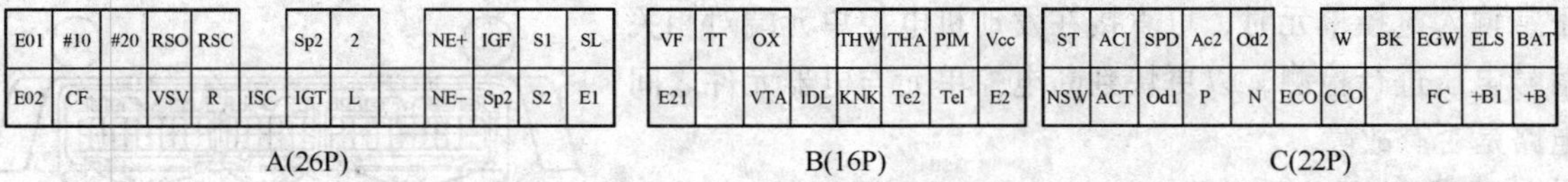

图 4-19　5A-FE 发动机 ECU 连接器端子图

表 4-2　丰田发动机 ECU 诊断座端子代号及其功能

端 子 代 号	连 接 部 位	功　能
FP	连接汽油泵	FP 与 B+连接，汽油泵运转
W	连接 CHECK ENGINE 指示灯	ECU 检测到故障时，接通－断开 CHECK 指示灯显示故障码
E1	计算机 ECU 与车身搭铁线	计算机 ECU 搭铁
OX（OX1）	NO.1 主氧传感器向 ECU 输入信号线	由此端子检测 NO.1 主氧传感器输出信号
AB	与气囊（SRS）ECU 的 LA 端子及 AIRBAG（SRS 报警灯）连接	当 SRS 控制系统有故障时，LA 端搭铁，AIRBAG（组合仪表上）灯点亮

续表

端子代号	连接部位	功能
OP1（OPT）	与水温传感器及冷却风扇控制器 TH+端子连接	冷却风扇控制器的控制信号
TE1（T）	故障码读出触发线	此端子接地读出故障码
TE2	开关信号读出线	此端子接地读出开关信号故障码
TC	该端子与 ABS ECU、SRS ECU、CCS （恒速控制系统）ECU 的 TC 端子连接	读出 ABS（防抱死系统）/SRS/CCS 故障码
+B（B）	与主继电器输出端子（电源）连接	由主继电器将电源供给 ECU
VF1（VF）ENG	与 ECU 的 VF1 或 VF 端子连接	测试由主氧传感器修正混合比浓稀
VF2	与 ECU 的 VF2 端子连接	测试由副氧传感器修正混合比浓稀
OX2	与 NO.2 氧传感器及 ECU 的 OXL1 连接	检测 NO.2 主氧传感器输出信号
TS	与 ABS ECU 的 TS 端子连接	跨接 TS 与 E1，检查传感器
TT（T1）	与 ECT ECU、主 ECU、ABS ECU 的 T1 或 TT 或 DG 端连接	跨接 TT 与 E1，检测节气门位置传感器、制动信号和换挡位置信号
TG-	与电子点火控制器转速信号输出端连接	转速脉冲信号输出
WA	与 ABS 故障灯、ABS ECU 的 WA 端子连接	ABS 故障码读出
WB	与 ABS 断电器动作检测线连接	检测 ABS 断电器电源
ECT	与 O/D OFF 指示灯，O/D 主开关及 ECT ECU 的端子 OD2 连接	ECT O/D OFF 指示灯控制
A/D	与 CRUISE（恒速）指示灯及 CCS ECU（恒速 ECU）的端子 P1 连接	控制恒速作用指示灯
ABS	与 ABS ECU 的端子 D/G 连接	检测 ABS D/G 端子信号
TB1（AS）	与空气悬架 NORMAL 指示灯及空气悬架 ECU 端子 VN 连接	控制空气悬架 NORMAL 指示灯
TRC	与 ABS 和 TRC（牵引控制）ECU 和端子 IND 及 TRC 指示灯连接	控制 ABS 和 TRC 指示灯
A/C	与 A/C（空调）ECU 的端子 DOUT 连接	A/C ECU 诊断输出

3）电控单元端子测量

当电控单元不工作，或需要确认电控单元是否输出命令给执行器，以及怀疑传感器信号是否正常输入电控单元时，可直接在发动机电控单元端对相关信号电压进行检测，以更快判断电控单元与电器元件之间电路是否有故障。

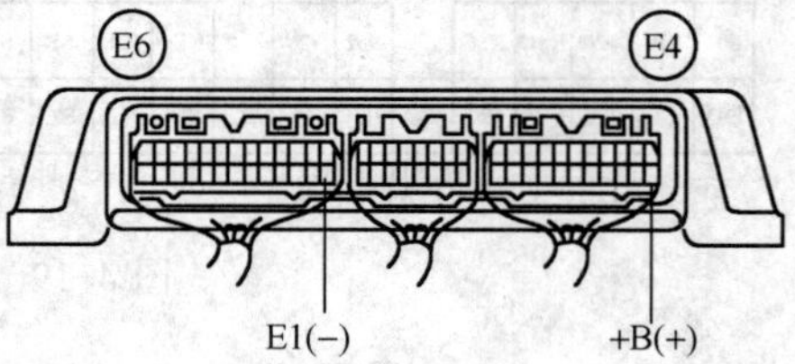

图 4-20　ECU 端子中+B 端子电压测量

图 4-20 所示是测量 ECU 的+B 端子电压的方法：

（1）拆出连接器的锁销，方便测试器表棒接入测量。

（2）接通点火开关。注意不要断开发动机 ECU 连接器。

（3）核实蓄电池电压应保持在 11 V 以上。

（4）从连接器后部插入测试器表棒，测量+B 与 E1 间电压应在 9～14 V。

参考表 4-3 所示，测量其他电源端子及电控单元的搭铁是否正常；再测量发动机曲轴位置传感器信号端子是否输入正常，必要时测量 ECU 上与故障关联度较大的传感器、开关或执行元件相连的端子电位情况。

表 4-3　丰田 5A-FE 发动机 ECU 端子电压

测试端子	测试条件	标准值
BATT-E1	始终	8～14 V
FC-E1	点火开关在 ON 位置	8～14 V
	怠速	小于 1.5 V
IGSW-E1	点火开关在 ON 位置	8～14 V
W-E1	怠速	8～14 V
	点火开关在 ON 位置	小于 3.5 V
+B-E1	点火开关在 ON 位置	8～14 V
STP-E1	点火开关在 ON 位置，且踩下制动踏板	8～14 V
	点火开关在 ON 位置，且松开制动踏板	小于 1.5 V
F/PS-E1	点火开关在 ON 位置	脉冲电压
STA-E1	发动机启动时	5.5 V 或更高
PS-E1	点火开关在 ON 位置	8～14 V
MREL-E1	点火开关在 ON 位置	8～14 V
SPD-E1	怠速	脉冲电压
TACH-E1	怠速	脉冲电压
VC-E	点火开关在 ON 位置	4.5～5.5 V
EVP1-E01	点火开关在 ON 位置	8～14 V
VG-EVG	怠速，空调开关关闭	1.1～1.5 V
VAF-E2	点火开关在 ON 位置	2～3.5
NSW-E1（仅适用于 AT 车辆）	点火开关在 ON 位置，换挡杆不在 P 或 N 位置	8～14 V
	点火开关在 ON 位置，换挡杆在 P 或 N 位置	小于 1.5 V
THW-E1	怠速，冷却液温度在 80℃	0.2～1 V
G2-Ne-	怠速	脉冲电压
Ne+-Ne-	怠速	脉冲电压
THA-E2	怠速，进气温度在 20℃	0.5～3.4 V
VTA-E2	点火开关在 ON 位置，节气门全闭	0.3～1 V
	点火开关在 ON 位置，节气门全开	3.2～4.9 V
#10、20、30、40-E01	点火开关在 ON 位置	8～14 V
IGT-E1	怠速	脉冲电压
IGF-E1	点火开关在 ON 位置	4.5～5.5 V
	怠速	脉冲电压
KNK1-E1	怠速	脉冲电压

2．电控单元与外部元件线路导通性测量

当测量电压不符合规定时，可在插头处找到相应元件端子，直接测量它与相应端子间电阻，判断其线路是否正常，或拔出电控单元插头，测量待测元件相应端子与电控单元搭铁端子（应先确认 ECU 搭铁正常）间的电阻，参考标准值判断线路导通性及元件的阻值。检测 ECU 配线连接器的电阻值方法，首先从 ECU 上脱开连接器，不要接触 ECU 的端子，测试器表棒从配线侧插入配线连接器，测量各个端子的电阻。

表 4-4 所示为丰田 5 A 发动机的 ECU 配线连接器的电阻正常值范围。如测量结果不正常，找到线路图，如图 4-21 所示，逐段测量相应线路是否正常。

表 4-4　ECU 配线连接器电阻值

端　子	条　件	电阻值/Ω
IDL-E2	节气门完全开启	∞
	节气门完全关闭 （节气门强制开启装置必须取消）	不超过 2300
VTA-E2	节气门完全开启	2 000～11 600

续表

端　　子	条　　件	电 阻 值/Ω
VTA-E2	节气门完全关闭 （节气门强制开启装置必须取消）	200～6400
VC-E2	—	2 700～7 700
THA-E2	进气温度 20℃	2 000～3 000
THW-E2	冷却液温度为 80℃	200～400
G+-G-	信号发生器温度-10℃～+40℃	185～265
Ne+-Ne-	信号发生器温度-10℃～+40℃	370～530
ISCC-+B ISCO-+B	—	19.3～22.3
EGR-+B EGR-+B1	—	33～38

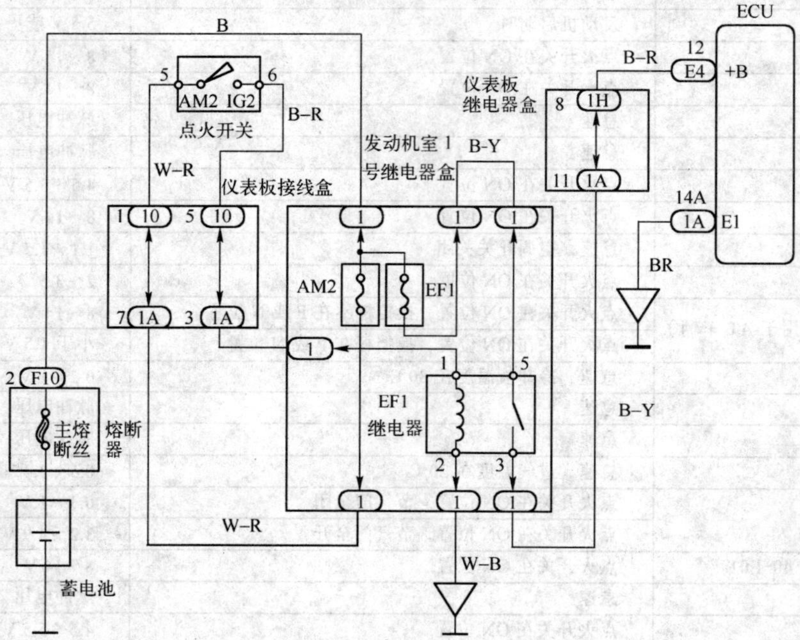

图 4-21　丰田威驰 5A-FE 发动机 ECU 的+B 电源电路图

三、任务实施

引导问题 1：故障车辆在开钥匙后，仪表盘上发动机故障警告灯是否能正常点亮？如果不亮其故障原因可能是____________、____________等。该车是否能调取出发动机电控单元的故障码？故障码是__________，将故障码清除后，再启动数次，故障码还会再现吗？__________，如果仍有故障码，请按故障码指示内容排除。

引导问题 2：利用 LED 试灯或示波器，测量喷油器是否有喷油控制脉冲，你观察到的启动时喷油脉冲是________ms，是否正常？在发动机正常工作温度下，发动机怠速喷油脉冲应该在____________ms 左右？

引导问题 3：打开钥匙开关，测量喷油器电源电压是__________，如果没有电源电压，查找电路图，其电源由________继电器控制接通，继电器的控制脚与发动机 ECU________端子控制，电源与________号保险丝接通。

引导问题 4：测量实训车辆发动机 ECU 的主要供电电源+B 端子是______号端子，电压____________，搭铁端子分别是________、__________号端子。

引导问题 5：分别找到发动机 ECU 连接器中发动机曲轴位置传感器、凸轮轴位置传感器、进气压力传感器或空气流量传感器、水温传感器、主氧传感器、节气门位置传感器的端子，并测量它们的信号电压和波形是否正常。

引导问题 6：尝试分别将上述主要传感器的信号断开（传感器的连接器拔开），然后启动发动机，其中________________传感器信号缺失会造成发动机无法启动。

任务 7 关联故障的诊断与案例学习

案例 1 丰田雷克萨斯 LS400 启动困难

1. 故障现象

丰田雷克萨斯 LS400 豪华轿车，故障初期主要表现为发动机转速提升困难，故障指示灯亮，随着故障的发展，又出现了启动困难的现象，且每行驶几公里即熄火，过一段时间才能再行启动。

2. 故障诊断与排除

与排除该车故障现象与燃油雾化不良类似，燃油雾化不良为电喷车常见故障，主要原因为电动汽油泵泵油压力不足、汽油滤清器阻塞、喷油器积炭等。打开发动机罩，先进行汽油压力测试，正常。拆检汽油滤清器正常，喷油器有少许积炭，清洗装复后，故障依旧。

打开点火开关，读取故障码为“21”、“28”和“71”。“21”、“28”为发动机主氧传感器故障，“71”为 EGR 系统故障。限于现实使用条件，主氧传感器是大部分在用电喷车常见故障。EGR 系统出现故障，常见部位为废气再循环阀，而随后对它的检查未发现异常。据驾驶员反映在偏远地区加油后，汽车行驶即逐渐不正常，于是怀疑油品质有问题，换油后机器故障依旧。

既然供油系统正常，油也没问题，只有从点火方面入手了。拆检火花塞，间隙正常，有轻微烧蚀和积炭。做火花实验，火花强劲，用正时灯检查，点火提前角正常。

启动中无意听到进气管有连续的漏气声，查找漏气部位，发现漏气声是从废气再循环阀处产生的，而对该阀的检查未出现异常。仔细考虑推断，漏气声很可能是由于排气管堵塞后排气压力太大，直接顶开废气再循环阀产生的。启动发动机，果然排气很弱，拆下发动机与消声器之间的接口，发动机很顺利地启动了，当然，噪声很大。拆下排气管中段，目视三元催化转化器已经破裂，用撬棍打通并倒出三元催化转化器，同时清除主氧传感器上的污垢，装复，消除故障码后试车，发动机恢复正常。

3. 故障分析

为了有效减少排气污染，高档轿车排气管中均装有促进废气转化的三元催化转化器，为了提高转化效率，多制成孔状，以增大反应接触面积。该车因长期使用不良汽油，三元催化转化器中毒，堵塞排气管，排气背压剧增，直接顶开废气再循环阀，使其动作失准，产生故障码“21”、“28”。排气管堵塞后，排气背压增大，导致各缸排气不彻底，同时经过废气再循环阀漏入的废气进一步劣化了混合气，使发动机加速性能下降。随着排气堵塞的加剧，加速性能不断恶化，最终出现难以启动、容易熄火的故障。

案例 2 丰田佳美 3S-FE 轿车热车启动困难

1. 故障现象

一辆丰田佳美 3S-FE2.0 型车，热车熄火后启动困难，加速喘振，转速表指针抖动，以至熄火；怠速易熄火，节气门发卡，故障指示灯亮。

据驾驶员反映，故障发生后已先后更换过点火器及分电器总成等（包括点火线圈、曲轴转速传感器及高压线），但故障未能排除。

2．故障诊断与排除

针对上述情况，按常规程序首先调取故障码，有“14”，“21”，“51” 3 个故障代码。由于“14”为点火信号方面的故障代码，而此前更换点火器后未起作用，所以未对点火器进行检修；“21”为氧传感器故障，也未对其加以考虑；“51”为节气门位置传感器故障，先对该传感器进行检修。测量其各端子间的电压、电阻值均正常；清洗节气门体（含怠速调整机构）并调整节气门的限位螺钉。此后，节气门发卡故障排除，怠速状态下可持续运转而不熄火。清除故障代码后试车，路试中发现喘振及转速表指针抖动现象仍存在，故障指示灯亮，这说明点火系仍存在故障。调取故障代码仍为“14”，所以对 IGT、IGF 线路（见图 4-22）进行检测：脱开点火器，在 KOEO 状态下测得 IGT、IGF 的电压值均为蓄电池电压；接上点火器插头，怠速或运行中测量均为脉冲电压（IGT 为 0.7～1 V 时，IGF 为 1.4～2.5 V），而路试中每当故障发生时两信号电压都下降，直至熄火。

由于无该车型 ECU 的详细资料，所以对 IGF 的开路电压 12 V、脉冲电压 1.4～2.5 V 产生疑问（因其与常规的 IGF 信号电压 4.5～5 V 及 0.8～1.2 V 数值不符），测量 ECU 与点火器（ICM）之间的 IGT、IGF 两线均无异常，于是怀疑 ECU 出现故障。分析认为是由于 ECU 输出电压过高，造成 ICM 过热而中止点火。在此情况下，检查 ECU 的电源线、搭铁线以及其他各传感器的信号电压，只是搭铁线对地电阻值略大，其余均正常。重新接好后，路试百余公里未发现问题，而次日再试车，故障重现，故障代码仍为“14”。

对 IGT、IGF 线路作逐段检查。拆下自点火器至驾驶室线束出口处的全部线束，发现发动机与驾驶室之间狭小的空隙中，位于进气歧管与 PCV 阀的导气铁管间的一段线束被烫粘在铁管上，剥开线束发现 IGT 连线被烫露皮。重新包好后，装回线束再试车，故障彻底排除。

对上述故障分析如下：如图 4-22 所示，若 IGT 搭铁，ICM 接收不到 ECU 发出的点火信号而停止点火；ECU 如搭铁不良会造成 IGT 信号减弱，点火可靠性差。故障之初，烫化的表皮使 IGT 铜线与铁管粘在一起，热车时 IGT 的铜线与铁管间阻值极小，IGT 连线搭铁；冷车后，阻值增大，IGT 连线不搭铁而正常工作。后来 IGT 连线脱离铁管，只是间歇性与铁管碰触。运行中如偶然搭铁后瞬间脱开，会导致发动机喘振、转速表指针抖动，如不能脱开，则发动机立即熄火。

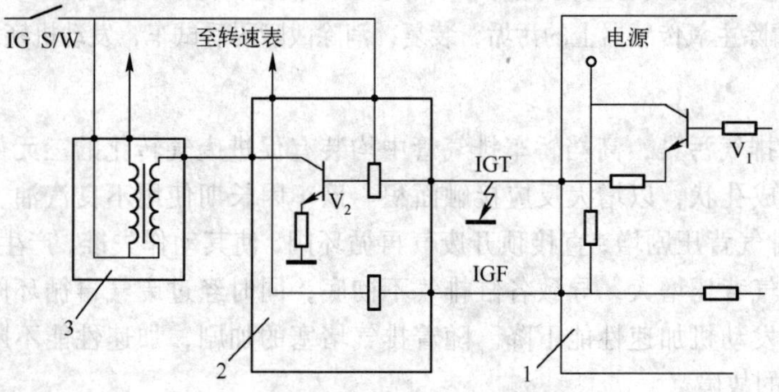

图 4-22 佳美 3S—FE2.0 车型点火系统控制线路

1—ECU；2—点火器；3—点火线圈

案例 3 奥迪 200 活塞漏气导致启动困难

1．故障现象

一辆奥迪 200 1.8T 轿车在高速公路上以 170 km/h 的速度行驶，突然出现加速无力现象，随即发动机熄火，启动数次无法着车。

2．故障诊断与排除

将点火开关拧到启动挡，启动机运转平稳有力。拆下 2 缸火花塞试火，高压火发出蓝色火焰。多次启动发动机，排气管冒出油味。将油门踏板踩到底，再将点火开关拧到启动挡，发动机居然启动了，转速在 500 r/min 左右，只是很快就熄火了。

发动机正常运转，必须具备三个条件：好的点火性能、好的压缩性能和雾化性能良好和混合比合适燃油混合气。究竟是什么原因造成该车启动困难呢？

将油门踏板踩到底，进气量增大从而使启动工况下的混合气浓度降低时，发动机有着车运转的迹象。看来导致发动机启动困难的原因在于混合气过浓，燃油雾化质量不好。进一步寻找故障根源，拆下 2、3 和 4 缸火花塞，发现火花塞都已被汽油浸湿。另外因 1 缸火花塞拧得过紧而没有检测。将 3 个火花塞上的汽油吹干后试火，发现火花很强。汽缸压力均正常，2、3 和 4 缸均为 110 kPa。导致混合气过浓，一是因为进气量太少；二是因为喷油量过大。

先从油路检查入手，检测燃油压力。释压后，接上燃油压力表，测出燃油压为 230 kPa，在标准范围内，而且在 10 min 内压力保持稳定。看来喷油器也不会漏油，供油系统不会有问题。由此看来，故障原因必定是进气量太少，考虑到该车 1 缸未曾检测。用力把 1 缸火花塞拆下来，发现火花塞电极已经不知去向，用内窥镜通过火花塞孔往缸筒里观察，发现活塞顶部坑洼不平，还有孔洞。缸盖拆下后，发现 1 缸的进气门断裂，气门头部嵌在气门座里，燃烧室也是面目全非，看来故障的根源在于气门断裂。当发动机在高速运转时，气门突然断裂，必须会在燃烧室内窜动，损坏火花塞电极和活塞顶部，直到将活塞顶部击穿。

更换缸盖、活塞、活塞环和气门组件等装复试车，发动机一次性启动，运行正常。

3．故障分析

气门突然断裂的原因是什么呢？很可能在更换活塞及连杆的装复过程中，气门弹簧没有装正，弹簧错位。导致发动机运转时气门运动受力不均，产生响声，久而久之，使得气门断裂。活塞被气门击穿之后，进气管与 1 缸燃烧室窜通漏空气，部分进气流到 1 缸漏走，使得 2、3 和 4 缸的空气流量少而且计量不准确，计算机控制的燃油量与空气的混合比过浓，使发动机无法启动。该车因活塞漏气而导致 1 缸工作时没足够的压缩力，而且其他三缸也因进气量不足而导致发动机无法正常启动，引起活塞漏气的根本原因是气门弹簧装配不当。

思　考　题

1．试分析汽油发动机启动困难（难着车）的故障原因。

2．作出汽油发动机启动困难的故障诊断流程图。

3．说说发动机电控单元不工作的原因有哪些？如何进行检测？

4．常见的电喷汽油发动机燃油泵控制电路有哪几类，分别有什么特点？

5．点火系统完全不跳火的低压电路原因有哪些，怎样诊断点火低压电路和各元件故障？

项目 5　发动机怠速不良的故障诊断

【学习目标】

- 会描述汽油发动机怠速振抖、怠速不稳、无怠速等故障现象。
- 会分析汽油发动机各种常见怠速不良的故障原因。
- 能针对故障现象与车型特点制定发动机怠速不良故障诊断流程。
- 能诊断和排除电喷汽油发动机无怠速、怠速不稳、怠速振抖、怠速过高等故障的能力。
- 能操作各种设备仪器检测发动机怠速控制系统元件参数和判定其性能好坏。
- 会检修进气辅助系统和排放控制系统常见故障。

【案例引入】

一辆丰田锐志，冷车打启动机后听到发动机着车的声音，当回匙后，发动机却马上（或很快）熄火，只有着车后轻轻踩着油门才能让发动机维持运转。车辆温度正常后，车辆有怠速了，但怠速振抖，而且很容易熄火。

任务 1　发动机怠速不良故障现象与故障原因分析

一、任务导入

观察并描述故障车辆怠速不良的故障现象，利用故障树分析故障部位与故障原因。

二、知识准备

怠速是指节气门关闭，加速踏板完全松开，且发动机对外无功率输出并保持最低转速稳定运转的工况。车用发动机对怠速工况下的性能要求主要为稳定性和燃油经济性及排放污染方面的要求。在汽车使用中，发动机怠速运转的时间约占 30%，怠速转速的高低直接影响燃油消耗及排放污染。如果怠速过低，在发动机冷车运转、空调打开、电器负载增大、自动变速器挂入档位、动力转向时，由于负载增加或运行条件差，容易导致发动机运转不稳甚至熄火。此外，怠速转速过低，又会增加排放污染；怠速过高，会增加燃油消耗量。一般发动机会设置相应的怠速提升装置，使发动机在负荷增加时能维持怠速的平稳。

（一）怠速控制过程

1. 怠速控制系统组成

怠速控制系统主要由传感器、ECU 和执行机构 3 部分组成，如图 5-1 所示。传感器的作用是检测发动机的运行工况和负载设备的工作状况，ECU 根据各种传感器的输入信号确定一个怠速运转的目标转速，并与实际转速比较，根据比较结果控制执行机构工作，以调节进气量，使发动机怠速转速保持在目标转速上。

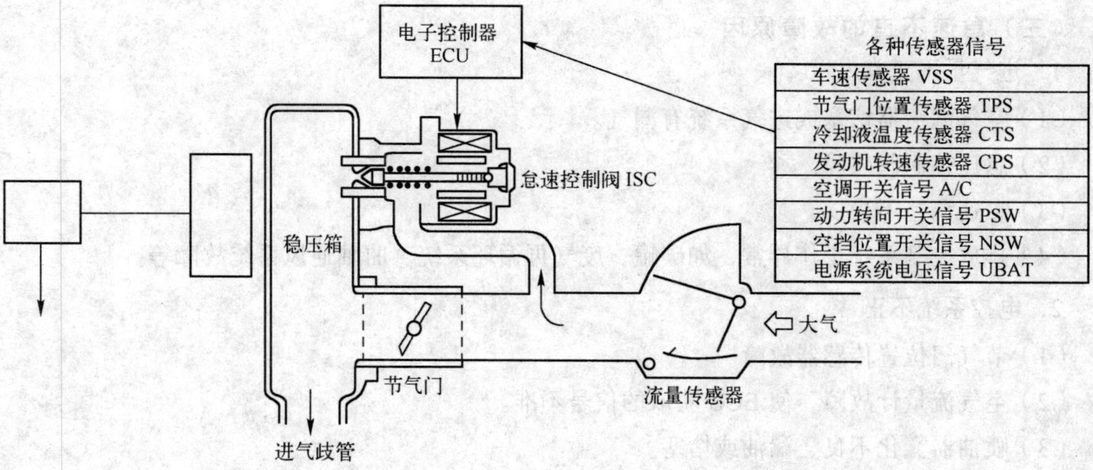

图 5-1　怠速控制系统组成

若发动机在正常运行工况中进行怠速控制，会与驾驶员通过加速踏板对进气量调节发生干涉。因此，在怠速控制系统中，还需根据节气门位置信号和车速信号确定怠速工况，只有在节气门关闭、车速为零时才进行怠速控制。

2. 怠速控制的方法

怠速控制的实质就是对怠速工况下的进气量的控制。在电控燃油喷射发动机中，控制怠速进气量的方法可分为两种基本类型：旁通空气式和节气门直动式。如图 5-2 所示，旁通空气式怠速控制系统，设有旁通节气门的怠速空气道，由执行机构控制流经怠速空气道的空气量，而节气门直动式通过执行机构改变节气门的最小开度来控制怠速进气量。目前比较常用的是旁通空气式怠速控制系统。按执行元件类型的不同，旁通空气式怠速控制系统又分为步进电动机型、旋转电磁阀型、占空比控制电磁阀型、开关型等。

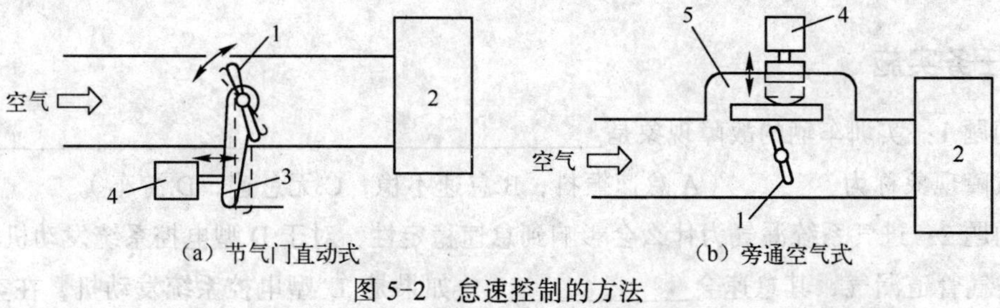

图 5-2　怠速控制的方法

1—节气门；2—进气管；3—节气门操纵臂；4—执行元件；5—怠速旁通空气道

不同车型的怠速控制系统，其控制内容不完全相同，控制内容基本包括：启动控制、暖机控制、负荷变化控制、反馈和学习控制等。

（二）常见怠速不良故障现象

发动机怠速转速与发动机负荷、温度有关。冷车时怠速低，热车怠速高，怠速时接通空调开关、打转向、变速杆从 P 位或 N 位挂入 D 位时，怠速必须提高。发动机怠速不良是电喷发动机最常见的故障，主要有怠速不稳、怠速熄火、冷车怠速振抖、热车怠速振抖、转向或开空调时怠速抖动、怠速上下波动等。这里主要针对怠速不稳定且易熄火的故障进行分析。

（三）怠速不良的故障原因

1．进气量不正常

（1）空气滤清器堵塞或进气系统有漏气。

（2）怠速控制阀故障。

（3）怠速调整不当。

（4）排放控制系统工作异常，如碳罐、废气再循环系统、曲轴通风系统故障等。

2．电控系统不正常

（1）节气门位置传感器故障。

（2）空气流量计故障，使ECU获取的信号不准。

（3）喷油器雾化不良、漏油或堵塞。

3．点火系统不正常

（1）火花塞工作不良。

（2）点火不正时。

4．燃油供给系统异常

（1）燃油系统压力过低。

（2）喷油嘴堵塞或漏油

5．发动机机械方面故障

（1）气缸压力过低或不均：气缸壁和活塞、活塞环磨损；气门密封不良。

（2）节气门、气门或缸内积炭。

（3）气门正时不准确。

（4）排气管堵塞等。

三、任务实施

引导问题1：实训车辆的故障现象是____________________________________。这种故障现象称为________（A.怠速振抖，B.怠速不稳，C.无怠速，D.游车）。

引导问题2：进气系统漏气为什么会影响到怠速稳定性？对于D型电控系统发动机，在节气门之前的进气管道漏气，其怠速会______________；如果是L型电控系统发动机，在空气滤清器之后，节气门之前漏气，其怠速又会______________，节气门之后进气管道漏气，怠速会发生__________变化，为什么？

引导问题3：节气门积炭脏污后怠速一般出现什么故障？发动机清洗节气门后怠速一般会暂时出现__________（偏高/低）现象？什么原因，怎样处理？

引导问题4：故障车辆应用了______________型式的怠速阀，这种阀电控系统怎样对其开度进行调节控制的？

引导问题5：如果发动机缺缸了，缺缸的原因可从以下几方面进行分析：______________、______________、____________________、____________________、机械方面故障。

任务 2　电喷汽油发动机怠速不良故障诊断流程制定

一、任务导入

结合实训故障车辆的故障症状和上一任务的故障原因分析，考虑车型拆卸与装配要求，按由简到繁，由外到内的原则，写出该故障汽油发动机怠速不良的诊断流程。

二、知识准备

1. 怠速不良的诊断思路

（1）进行故障自诊断。若有故障码，则按所显示的故障码内容进行诊断。影响发动机怠速不良的传感器与执行器有空气流量计、节气门位置传感器、怠速控制阀等。

（2）断缸检查。怠速条件下，逐缸断火或断油，检查是否存在个别缸工作不良。若有，应检查工作不良缸的高压分线或火花塞是否有故障、喷油器及其控制控制电路是否正常、气缸压力是否过低。

（3）检查进气系统。检查进气系统各管接头、衬垫、真空软管等处有无泄漏，以及废气再循环系统、燃油蒸发排放系统是否工作不正常。若有，应加以排除。无泄漏则拆下空气滤清器，启动发动机，若怠速运转良好，说明故障为空气滤清器堵塞，应更换滤芯。必要时可用真空表检查怠速时进气管的真空度辅助判断。

（4）调整发动机怠速转速（部分车型可调），若调整发动机在（800 ± 50）r/min 时能稳定运转，说明故障为怠速调整不当。

（5）检查怠速控制阀的工作是否正常。拔下怠速控制阀插接器，若发动机转速不变，则说明怠速控制或其控制电路有故障，应检修电路、清洗或更换怠速控制阀。

（6）怠速条件下，用点火正时灯检查发动机点火正时。若点火不正时，应进行调整。

（7）检测燃油系统压力。若压力偏低，应检查燃油压力调节器、喷油器有无漏油、汽油滤清器是否堵塞。

（8）检查各缸的高压火花。若某缸火花太弱或断火，应检查分火头、分电器盖、高压分线、点火器、发动机转速传感器及线路、插头等。

（9）拆检火花塞，检查电极是否烧蚀或积炭，火花塞间隙是否正常。

（10）检查喷油器工作性能。对技术性能不良的喷油器，经清洗之后仍达不到技术要求的予以更换。

（11）检测气缸压力，若气缸压力过低或各缸压力不均，应拆检发动机。

2. 怠速不良的故障诊断流程图

一般汽油发动机怠速不稳的故障诊断流程如图 5-3 所示。

三、任务实施

参考一般怠速不良故障诊断流程，结合你观察到的故障现象是__________，根据其故障征兆，选择和调整各步骤的先后次序，作出该车故障诊断流程。

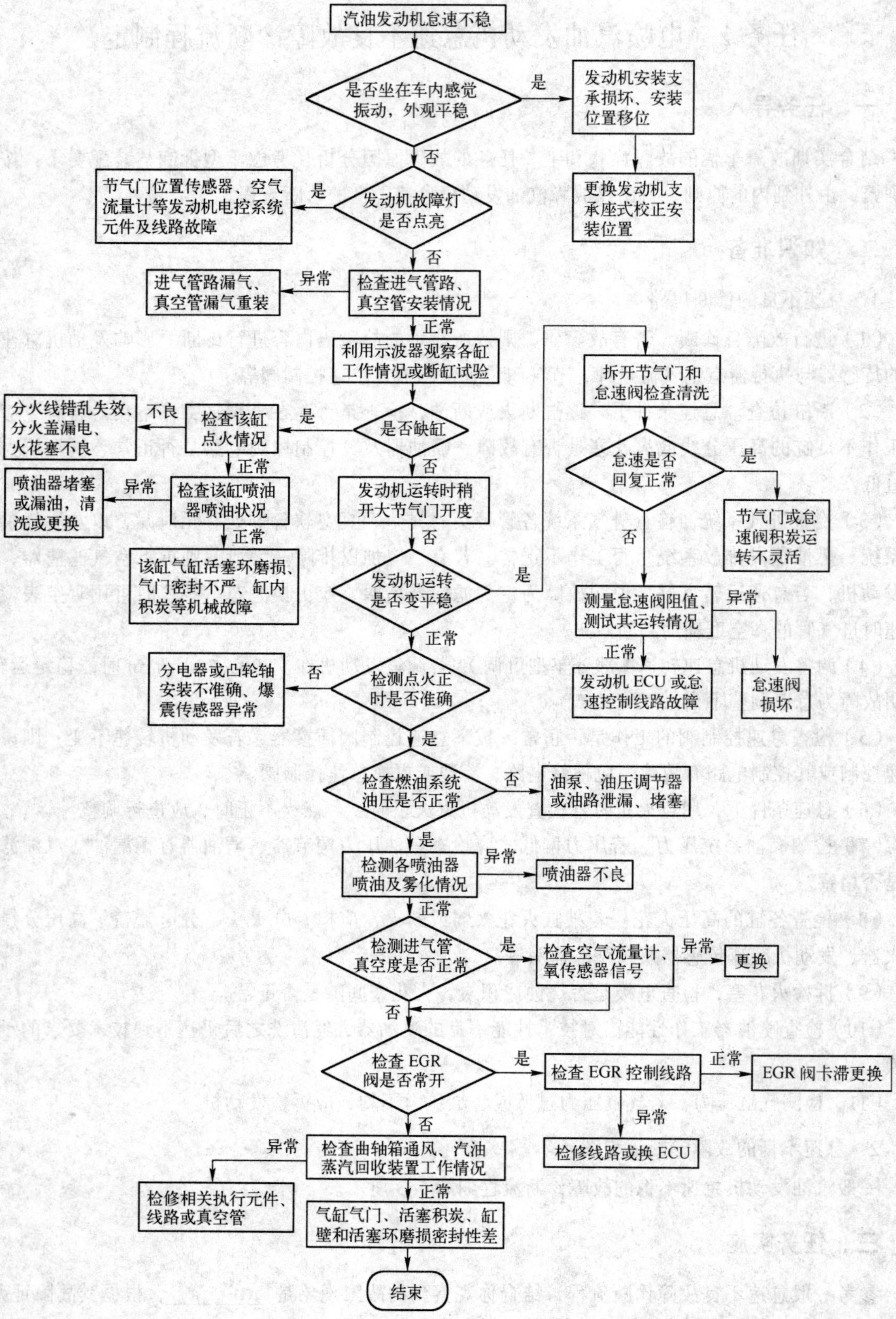

图 5-3　汽油发动机怠速不稳诊断流程

任务 3 发动机怠速控制系统不良故障诊断与检测

一、任务导入

针对怠速不良的现象，利用万用表和示波器，测量发动机怠速电控系统工作是否正常，如果不正常，找出故障原因并排除。

二、任务准备

1. 怠速控制阀的检测

1）步进电动机型怠速控制阀的检测

（1）怠速控制阀的就车检查。发动机启动后再熄火，2～3 s 内应能听到怠速控制阀发出“嗡嗡”的工作声音（此时怠速控制阀打开到最大位置，以便发动机启动）。也可拨下怠速控制阀的插接器，待发动机启动后再插上，此时发动机转速应有变化。以上检查若有异常，应进一步检查怠速控制阀、控制电路及 ECU。

（2）怠速控制阀步进电动机的检测。

① 电阻的检测：拆开怠速控制阀插接器，如图 5-4 所示分别测量怠速控制阀端子 B1 与 S1、S3，B2 与 S2、S4 之间的电阻，阻值均应为 10～30 Ω，否则应更换怠速控制阀。

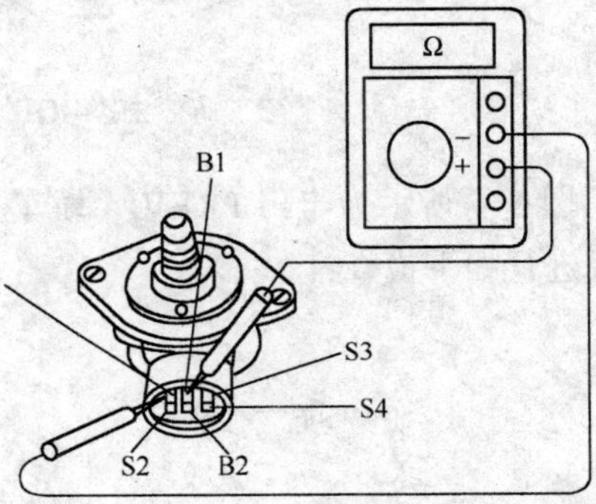

图 5-4 步进电动机电阻的检测

② 步进电动机性能的检测：将蓄电池正极接至 B1 和 B2 端子，负极按顺序依次接通 S1、S2、S3、S4 端子时，随步进电动机旋转，控制阀阀芯向外伸出，如图 5-5（a）所示；若蓄电池负极按相反的顺序依次接通 S4、S3、S2、S1 端子时，则控制阀应向内缩回，如图 5-5（b）所示。若工作情况不符合上述要求，应更换怠速控制阀。

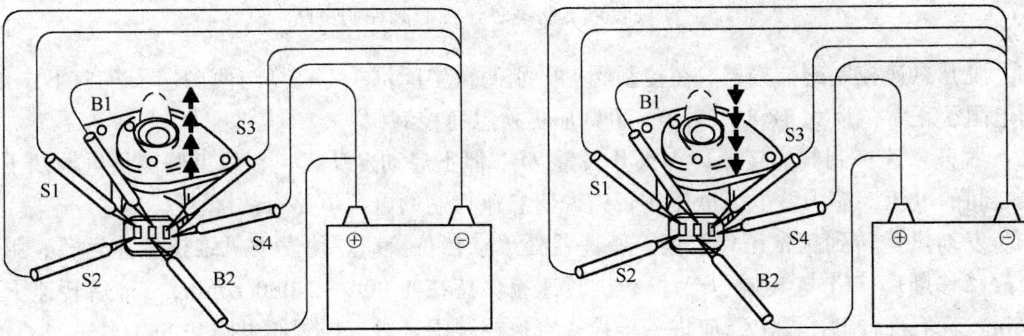

（a）阀芯向外伸出　　（b）阀芯向内缩进

图 5-5 皇冠 3.0 轿车 2JZ-GE 发动机怠速控制阀性能检测

（3）怠速控制阀电路的检测。图 5-6 所示为丰田皇冠 3.0 轿车 2JZ-GE 发动机步进电动机型怠速控制阀电路图。应确保发动机钥匙打到 ON 位置时，怠速控制阀 B1、B2 端子有 12 V 电压，如果电压不正常，检查 EFI 继电器及其控制电路、保险丝是否正常。另外步进电动机怠速阀的 S1、S2、S3、S4 端子分别与 ECU 相应 ISC_1、ISC_2、ISC_3、ISC_4 导通良好。

2）旋转电磁阀型怠速控制阀的检测

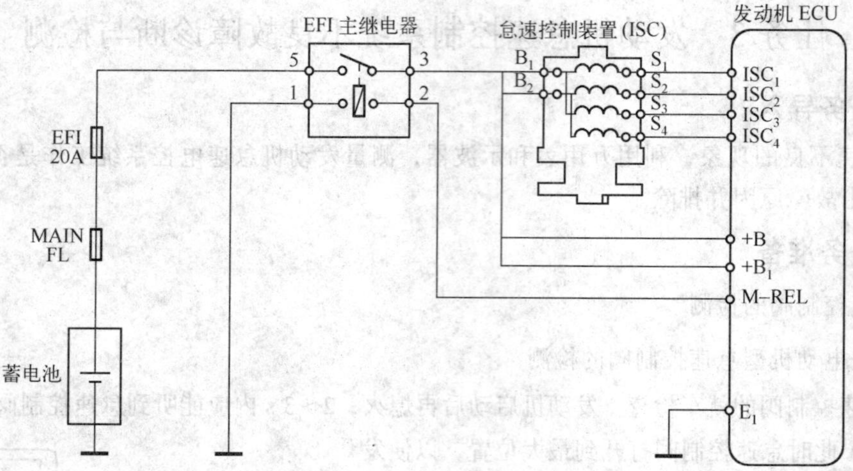

图 5-6 2JZ－GE 发动机步进电机式发动机怠速控制阀电路图

图 5-7 所示为丰田 PREVIA 轿车发动机旋转电磁阀型怠速控制阀电路。在故障诊断与检测中，一般进行如下检查：

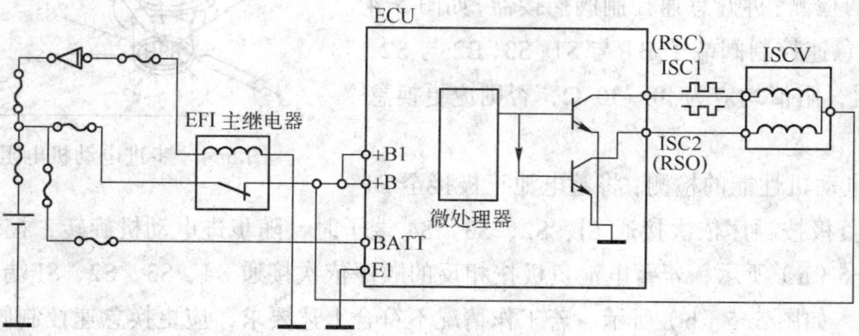

图 5-7 旋转电磁阀型怠速控制阀控制电路

（1）脱开怠速控制阀插接器，在控制阀上分别测量中间端子（+B）与两侧端子（ISC1 与 ISC2）之间的电阻，正常值应为 18.8～22.20，否则应更换怠速控制阀。

（2）脱开怠速控制阀插接器，点火开关置 ON 但不启动发动机，在线束侧测量电源端子正极与搭铁之间的电压，应为蓄电池电压，否则说明怠速控制阀电源电路有故障。

（3）发动机运转到正常工作温度，变速器处于空挡位置时，使发动机维持怠速运转，用跨接线短接故障诊断座 TE1 与 E1 端子，发动机转速应保持在 1 000～2 000 r/min，5 s 后转速下降约 200 r/min。若不符合上述要求，应进一步检查怠速控制阀、怠速控制阀电路和 ECU。

3）占空比控制电磁阀型怠速控制阀的检测

日本本田轿车占空比控制电磁阀型怠速控制阀电路如图 5-8 所示。在故障诊断与检测中，主要应进行以下检查：

（1）脱开怠速控制阀插接器，点火开关置于 ON 位置，但不启动发动机，在线束侧测量电源端子与搭铁端子之间的电压，应为蓄电池电压，否则应检查怠速控制阀电源电路。

（2）脱开怠速控制阀上的两端子插接器，分别测量怠速控制阀两端子之间的电阻，正常值应为 10～15 Ω，否则应更换怠速控制阀。

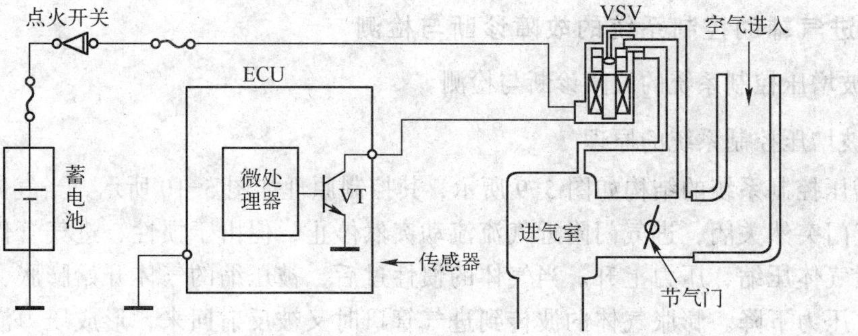

图 5-8　占空比控制电磁阀型怠速控制阀控制电路

三、任务实施

引导问题 1：你所检测的发动机采用的怠速控制阀是____________型式。

引导问题 2：画出你检测旋转电磁阀型怠速阀的端子图，并标注出该怠速控制阀的________号端子是电源脚，在开钥匙时是____________伏。发动机控制怠速的端子号是___________，检测怠速阀的电阻是__________Ω。

引导问题 3：通过测量，判断步进电机的电源端子是哪两个，开钥匙时是__________V，测量步进电机怠速阀内线圈电阻是_____________Ω。拆出怠速阀，用人工方法判定怠速控制阀工作是否正常。

引导问题 4：占空比控制电磁阀阻值是__________，利用示波器测量占空比控制电磁阀的波形图。观察当打开空调开关时，怠速控制阀的占空比是否变化，怎样变化？

任务 4　发动机进气与排放控制系统故障诊断与检测

一、任务导入

故障车辆怠速高，时有游车现象，经检查并非个别缸工作不良，同时怠速控制阀工作正常，节气门及怠速阀清洗干净，进气管道没有破损安装不良现象，检查电控系统有碳罐电磁阀工作不正常故障记忆，但清除故障码后试车故障码不再出现，请查找该车故障原因。

二、知识准备

发动机的辅助进气系统和排放控制系统出现故障时，由于系统工作常出现在中等负荷区域，转速较高，车主在行驶时不容易感觉到系统已出现异常，一般通过故障警告灯点亮来提示。在怠速时发动机转速较低，发动机燃烧时需要较浓的混合气，此时发动机动力输出较小，如果进气混合比变化时，容易造成气缸燃烧不充分和燃烧速度过慢而使发动机动力不足，形成发动机振抖或怠速不稳定的现象。当进气辅助系统或排放控制系统出现控制阀关闭不严或电控系统故障使其怠速时工作，会令发动机有额外气体进入气缸，会造成发动机进气流量或压力计量不准确，电控系统喷油量与进气量不匹配，使发动机怠速异常。特别是废气再循环系统故障等，造成废气在怠速时进入气缸，怠速振抖现象很明显。因此在发动机出现怠速不稳，怠速过高，振抖，易熄火等故障现象时，除了考虑各缸油电路故障原因外，还应考虑发动机进气辅助系统、曲轴箱通风、碳罐汽油蒸汽回收、二次空气喷射等系统工作不正常形成的怠速故障。

（一）进气辅助控制系统的故障诊断与检测

1. 谐波增压控制系统的故障诊断与检测

1）谐波增压控制系统的原理

谐波增压控制系统的结构如图 5-9 所示，其控制原理如图 5-10 所示，当气体高速流向进气门时，如进气门突然关闭，进气门附近气流流动突然停止，但由于惯性，进气管仍在进气，于是将进气门附近气体压缩，压力上升。当气体的惯性过后，被压缩的气体开始膨胀，向进气气流相反方向流动，压力下降。膨胀气体的波传到进气管口时又被反射回来，形成压力波。一般而言，进气管长度长时，压力波波长长，可使发动机中低转速区功率增大；进气管长度短时，压力波波长短，可使发动机高速区功率增大。

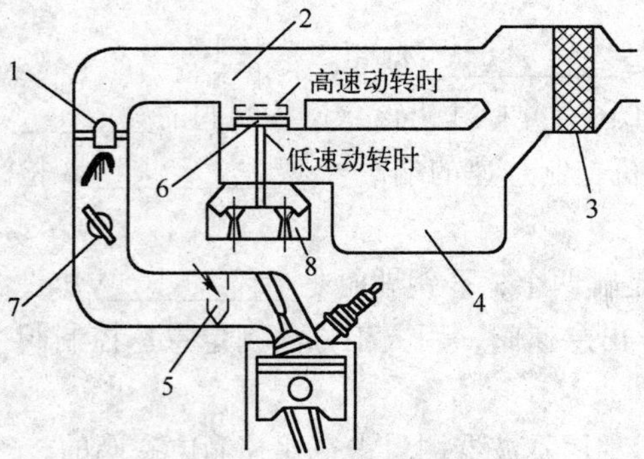

图 5-9　谐波增压控制系统的结构

1—喷油器；2—进气道；3—空气滤清器；4—进气室；5—涡流控制气门；6—进气控制阀；7—节气门；8—真空驱动器

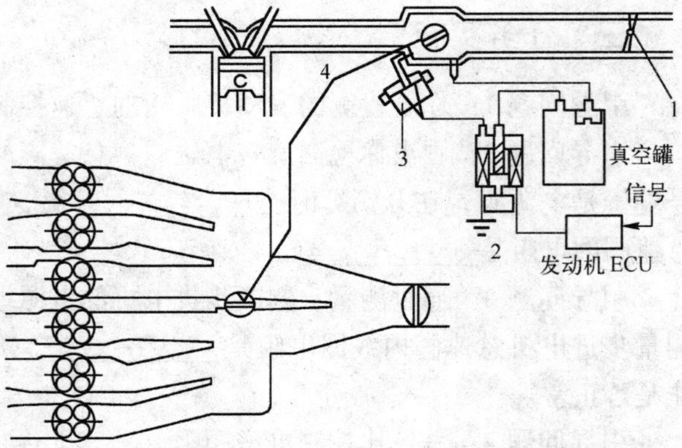

图 5-10　谐波增压控制系统控制原理

1—节气门；2—真空电磁阀；3—真空驱动器；4—进气控制阀

谐波增压系统的功能是根据发动机转速的变化，改变进气管内压力波的传播距离，以提高发动机的进气充量，从而实现提高发动机的功率。

2）谐波增压控制系统的检修

（1）进气控制阀的检修。将执行器接上 55.3 kPa 的负压，检查执行器推杆的动作。执行器推杆在 1 min 内应不缩回，否则，转动调整螺钉。

（2）真空电磁阀的检修。谐波增压控制系统控制电路如图 5-11 所示，主继电器闭合后，通过 3 端子给真空电磁阀供电，ECU 通过 ACIS 端子控制真空电磁阀的搭铁回路。用万用表测量真空电磁阀的电阻，正常应为 38.5～44.5 Ω（皇冠 3.0 轿车）。

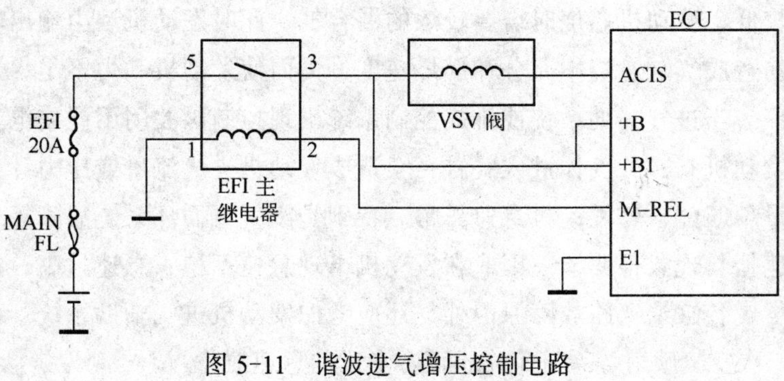

图 5-11　谐波进气增压控制电路

2. 可变配气相位控制系统的故障诊断与检测

配气相位是指用曲轴转角来表示的进、排气门开闭时刻和开启持续时间。可变配气相位系统主要控制进气门的开启和关闭正时，也就是控制进气门打开和关闭的最大提前角和最大迟闭角。其主要分为两大类，即改变凸轮轴转角的可变气门正时技术和改变气门升程的可变气门升程技术。下面以本田 VTEC（Variable Valve Life Timing& Valve Electronic Control，可变配气正时及气门升程电子控制）系统为例介绍可变气门正时系统的故障诊断与检修。

本田 VTEC 系统结构如图 5-12 所示，主要由中间摇臂 2、主摇臂 8、次摇臂 3、同步活塞 A 和 B、凸轮轴 9 等组成。VTEC 控制系统电路如图 5-13 所示。

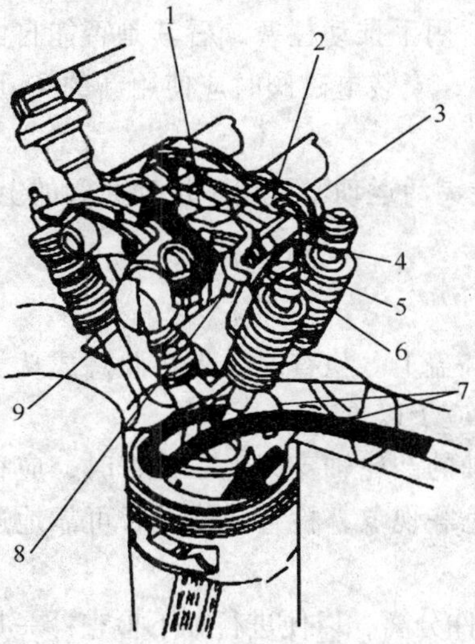

图 5-12 VTEC 机构的组成

1—正时板；2—中间摇臂；3—次摇臂；
4—同步活塞 A；5—同步活塞 B；
6—正时活塞；7—进气门；8—主摇臂；9—凸轮轴

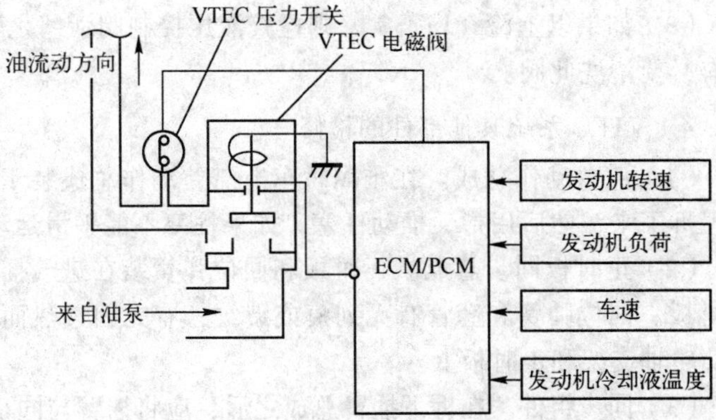

图 5-13 VTEC 系统控制电路

1）故障码为“21”的检测

在故障指示灯亮后，读取故障码为“21”，表示 VTEC 系统的控制电磁阀及线路有故障。清除故障码后，若试车仍然有此故障出现，则说明系统电磁阀的确出了故障。

（1）先目视线路是否有断路或接触不良的情况，如果正常，进行下一步。

（2）将电磁阀的外壳搭接蓄电池负极，电磁阀的导线碰击蓄电池正极，观察是否有电磁阀的动作声音，如果无声，则说明电磁阀损坏。可检测电磁阀插座端子与搭铁壳体间的电阻值，应为 14～30 Ω。如果正常进行下一步。

（3）检查控制单元 ECM 的 A4 端子接头与电磁阀插接器之间的导通情况。检测 A4 端子接点间的电阻，看是否有断路和短路情况。如果线路也正常，则更换控制单元 ECM。

2）故障码为“22”的检测

当系统显示出“22”故障码时，表示 VTEC 压力开关及线路有问题。清除故障码后，若试车仍然有此故障出现，则说明 VTEC 压力开关及线路的确出了故障，应进行检查。

（1）检查压力开关的两导线端子，在发动机不工作时应处于不导通状态，否则说明压力开关损坏。

（2）检测压力开关插接器的棕、黑色线端子和搭铁之间是否导通；检测压力开关插接器的蓝、黑色线端子与 ECM“D6”端子对应的导线接点是否导通。

（3）在压力开关上施加 250 kPa 的压力，看此时主压力开关两端子是否导通。

（4）如果电控系统没有故障，就应该检查机械及液压部分。

3）液压控制系统常见故障检查

该系统的液压控制部分易出现的故障主要有：机油变质或太脏、油道堵塞、液压控制执行阀卡滞、油道有泄漏。对于液压控制系统动作不正常的故障，发动机自诊断系统是无法检测到的。但当怀疑该系统有产生故障的可能及迹象时，可按如下方法对 VTEC 电磁阀及液压控制活塞进行检查：

（1）按上述方法确认 VTEC 电磁阀没有短路及断路故障。

（2）将 VTEC 控制电磁阀与液压阀体总成从气缸盖上拆下，检查 VTEC 电磁阀和液压阀体与气缸盖间的椭圆形滤清器是否被堵塞。分解电磁阀与阀体时，用手推动柱塞，看其是否能自由运动。检查电磁阀处的滤清环及密封件，如果有损坏则更换新件，安装电磁阀时应使用新的 O 形密封圈，并更换新机油。

（3）如果以上检查均正常，则检查液压控制阀活塞是否能灵活运动，可用手按动此阀的上端，如有必要清洗此阀。

4）VTEC 系统其他部件的检修

（1）滞差动作总成。在雅阁轿车上滞差动作总成装于气缸盖上。检查时，先将此总成从气缸盖上拆下来，然后用指尖推动柱塞，如果柱塞不能平滑运动，应予以更换。

（2）正时板同步总成。正时板和回位弹簧装在进气摇臂轴的凸轮轴支架上。检查时，应查看正时板、回位弹簧和套管有无划痕或裂纹，有无因过热而变色等现象，检查弹簧是否可靠地连接在凸轮轴支架和正时板上。

（3）同步组件。在拆下摇臂总成之后，应将摇臂与同步组件分离，以便进行如下检查：一是检查正时弹簧，如有异常应更换；二是检查摇臂和同步活塞有无磨损、卡滞、擦伤，有无过热迹象（变蓝），必要时予以更换；三要从 3 号凸轮轴支架上拆下机油控制喷嘴，清洗后再装回。

5）VTEC 系统摇臂机构的检查先进行手动检查

在气门间隙及配气正时正确的情况下，拆开气门室盖，摇转曲轴，带动凸轮轴转动，观察进气门摇臂是否都能正常运动。再逐缸在凸轮的基圆上（该缸活塞处于上止点 TDC 位置），用手指按动中间进气摇臂，观察中间进气摇臂应能单独灵活运动，否则说明此机构有故障。若中间进气摇臂有故障，应将中间进气摇臂、主进气摇臂和次进气摇臂作为整体拆下，检查中间和主摇臂内的活塞，活塞应能平滑地移动，否则应视情况修理或更换。如果需要更换摇臂，应将中间、主、次摇臂作为整体更换。

在进行完手动检查后可用压缩空气模拟压力机油对系统机构进行检查，应保证在气门间隙及配气机构运动正常的前提下进行该项检查。注意：在使用气门检查工具之前，应确保接于空气压缩机上的气压表读数超过 400 kPa。

（1）打开气门室盖，用专用工具堵住释气孔，找到摇臂轴末端一用螺钉封住的检查孔，将此孔的密封螺钉拆掉，然后连接气门检查工具。注意：重新拧紧密封螺钉前，擦去螺钉螺纹和凸轮轴托架螺纹上的油垢。

（2）检查孔处接上一个专用接头，再通过这个专用接头接上压缩空气管道，然后再通入大约 400 kPa 的气压，作用于摇臂的同步活塞 A 和 B 上。

（3）这时同步活塞仍应不向外移动，然后再向上扳动正时板，当正时板被扳高到 2～3 mm 时，同步活塞应弹出。将中间进气摇臂与主、次进气摇臂连接为整体，仔细观察同步活塞的接合是否灵活自如。注意：可从中间摇臂、主摇臂和次摇臂之间的间隙处看到同步活塞；将正时板嵌入正时活塞上的凹槽内肘，活塞便被锁定在弹出位置；向上推动正时板时，用力不要太大。

（4）施加压力时，确保主进气摇臂和次进气摇臂通过活塞连接在一起，当用手推中间进气摇臂时，它与主进气摇臂和次进气摇臂之间不应有相对运动（中间摇臂不能单独活动）。如果中间摇臂能单独活动，则应将中间进气摇臂、主进气摇臂和次进气摇臂作为整体进行更换。

（5）向同步活塞A和B施加气压，向上推动正时板。这时，同步活塞应回到原来位置，同步活塞A和B应脱开啮合，3只摇臂间相互无运动干涉，否则应将进气摇臂作为整体进行更换。

（6）用专用工具检查每个游动件总成能否平滑地移动，如果不能平滑地移动，则应更换游动件总成。检查完毕后，MIL（故障指示灯）应不亮。

（二）排放控制系统的检测

1. 废气再循环控制系统的检修

EGR系统的任务是对进入进气系统的废气量进行最佳控制，保证排放物中NO_x含量最低。

废气再循环程度可用EGR率表示，其定义为：

$$EGR率=[EGR流量/（吸入空气量+EGR流量）]\times 100\%$$

有资料表明，当EGR率达到15%时，NO_x的排放量可减少60%。但EGR率增加过多，会产生喘车或功率下降，甚至熄火；没有足够的EGR流量，会使废气中的NO_x猛增，同时发动机爆震也可能发生。因此，必须对EGR率实行适时控制，以降低NO_x的含量，并保证发动机的动力性。实际上，目前对EGR率的控制，已从机械控制发展到了计算机闭环控制。

废气再循环（EGR）控制系统主要由计算机（ECM）、EGR控制电磁阀、EGR阀、EGR真空控制阀及废气管道等组成，如图5-14所示。

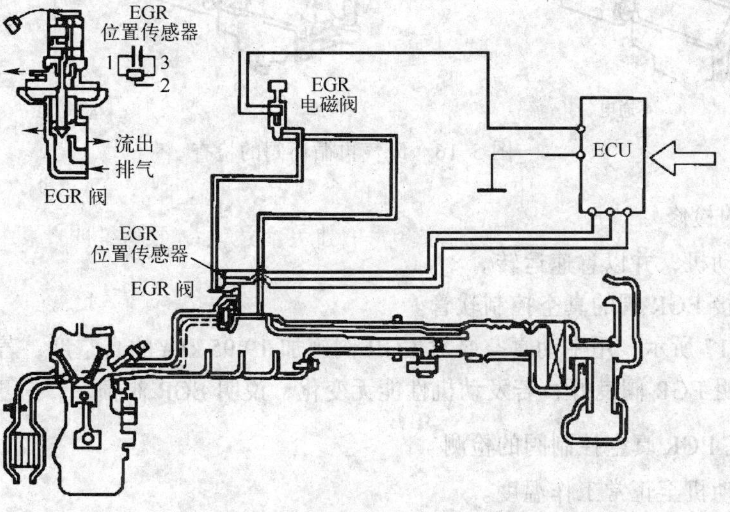

图5-14 具有EGR阀开度反馈信号的闭环控制系统

1）废气再循环控制系统的初步检查

对于EGR控制系统，应首先检查其真空软管有无破损，插接器有无松动、漏气等现象。

2）废气再循环控制系统的就车检查

（1）启动发动机，使发动机怠速运转。

（2）如图5-15所示，将手指按在EGR阀上，检查EGR阀有无动作。

（3）在冷车状态下踩下加速踏板，使发动机转速升至 2000 r/min 左右，此时 EGR 阀不工作，手指应感觉不到 EGR 阀膜片动作。

（4）预热发动机至正常工作温度，再将发动机转速升至 2000 r/min，此时手指应能感觉到 EGR 阀开启时膜片的动作。若 EGR 阀的动作与上述规律不符，说明 EGR 阀有故障，应检修或更换。

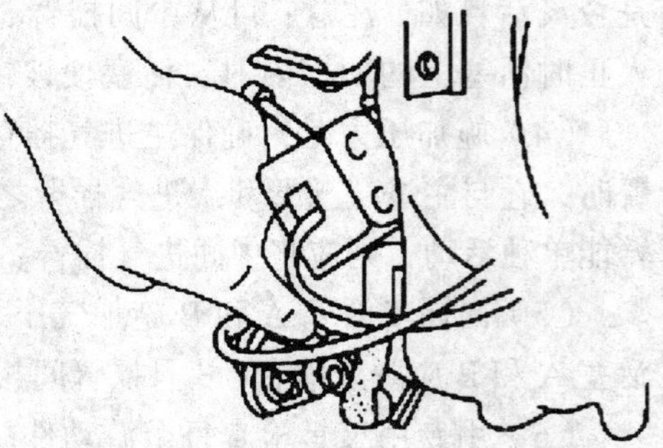
图 5-15 就车检查 EGR 控制系统

3）EGR 控制电磁阀的检测

（1）关闭点火开关，拔下 EGR 控制电磁阀插接器，用万用表电阻挡检测电磁阀电磁线圈的电阻，其阻值应符合规定（一般为 20～50 Ω）。否则应更换 EGR 控制电磁阀。

（2）拔下 EGR 控制电磁阀的插接器及真空软管，拆下 EGR 控制电磁阀（三通阀）。

（3）当电磁阀线圈不通电时，如图 5-16（a），A-B、A-C 之间应不通，B-C 之间应通气，否则为电磁阀损坏，应更换。

（4）接上电源，如图 5-16（b）所示，A-B 之间应通气。否则说明电磁阀损坏，应更换。

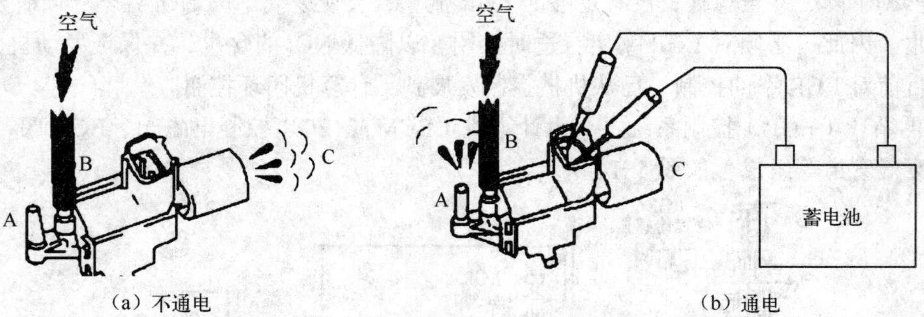

（a）不通电 （b）通电

图 5-16 废气再循环阀的检查

4）EGR 阀的检修

（1）启动发动机，并以怠速运转。

（2）拔下连接 EGR 阀的真空控制软管。

（3）如图 5-17 所示，用手动真空泵对 EGR 阀施加 19.95 kPa 的真空度，若发动机怠速性能变差甚至熄火，说明 EGR 阀良好；若发动机性能无变化，说明 EGR 阀损坏，应更换。

5）非电控式 EGR 真空控制阀的检测

（1）启动发动机至正常工作温度。

（2）拔下连接真空控制阀与 EGR 阀的真空软管，用手指按住真空管接口，在发动机怠速运转时应无真空吸力。当发动机转速升至 2 000 r/min 时，应有真空吸力。否则，说明真空控制阀损坏。

（3）拆下真空控制阀，在真空管接口处（通节气门体）接上手动真空泵。用手指堵住连接 EGR 阀真空接口。

（4）向连接排气管的进气口施加气压，同时扳动手动真空泵，施加一定真空，手指堵住的接口处能感觉到真空吸力。抽真空停止后，吸力能保持，无明显下降，放松废气进口施加的气压，真空吸力也应随之消失。若有异常，应更换真空控制阀，如图 5-18 所示。

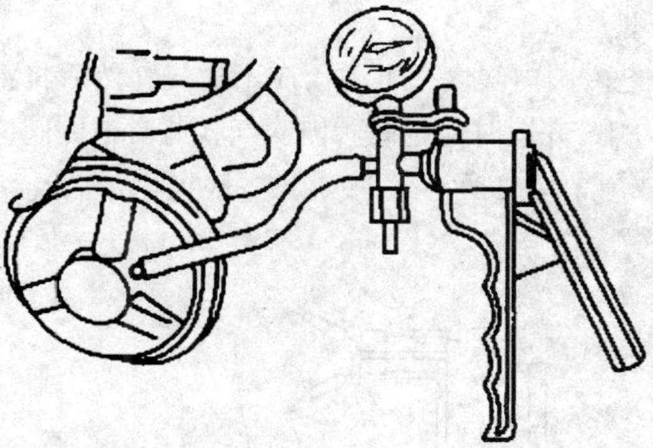

图 5-17　EGR 阀的检查

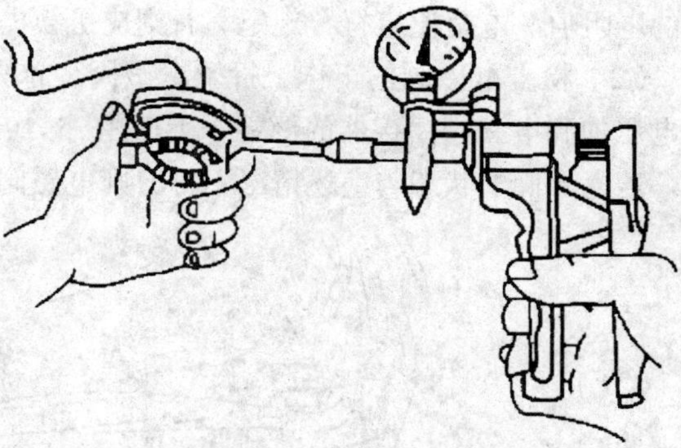

图 5-18　真空控制阀的检查

2．汽油蒸发排放控制系统检修

汽油蒸发排放（EVAP）控制系统的功能是收集汽油箱内蒸发的汽油蒸气，并将汽油蒸气导入气缸参加燃烧，从而防止汽油蒸气直接排入大气而造成污染。同时，还须根据发动机工况，控制进入气缸参加燃烧的汽油蒸气量。EVAP 控制系统如图 5-19 所示，主要由蒸气回收罐（又称活性炭罐）、控制电磁阀、蒸气分离阀及相应的蒸气管道和真空软管等组成。

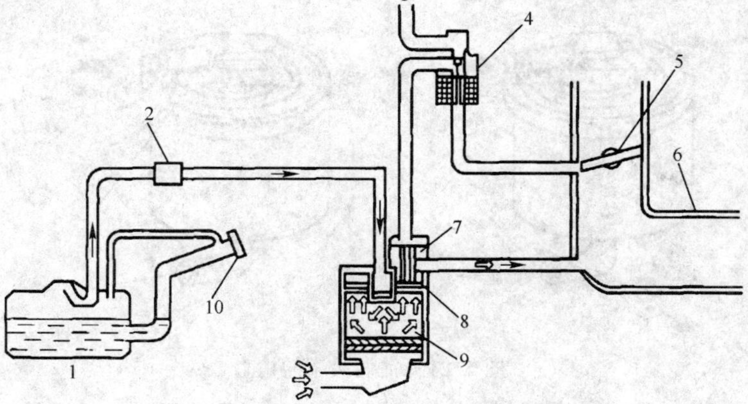

图 5-19　EVAP 控制系统

1—油箱；2—单向阀；3—接缓冲器；4—炭罐控制电磁阀；5—节气门；6—进气歧管；7—排放控制阀；8—定量排放小孔；9—活性炭罐；10—油箱盖（附真空排放阀）

1）就车检测

（1）将发动机预热至正常工作温度，并使之怠速运转。

（2）拔下活性炭罐上的真空软管，检查软管内有无真空吸力。若 EVAP 控制系统工作正常，在发动机怠速运转中电磁阀应关闭、真空软管内无真空[见图 5-20（a）]。如果此时真空软管内有真空，则用万用表电压挡检查电磁阀插接器端子上是否有电压。若电磁阀插接器端子上有电压，说明计算机有故障；若无电压，则说明电磁阀有故障，卡死在开启位置。

（3）踩下加速踏板，当发动机转速大于 2 000 r/min 时，检查上述真空软管内有无真空。若真空软管内有真空，则说明该系统工作正常；若真空软管内无真空，则用万用表电压挡检查电磁阀插接器端子上是否有电压。若电压正常，说明电磁阀有故障；若电压异常，则说明计算机或控制线路有故障。

2）电磁阀的单件检测

（1）检查电磁阀电磁线圈的电阻值，拔下电磁阀插接器，用万用表电阻挡测量电磁阀电磁线圈的电阻值。电阻值应符合规定，否则应更换电磁阀。

（2）检查电磁阀的工作，拆下电磁阀，首先向电磁阀内吹气，电磁阀应不通气；然后将蓄电池电压加到电磁阀插接器的两端子上[见图 5-20（b）]，并同时向电磁阀内吹气，此时电磁阀应通气。若电磁阀的状态与上述情况不符，则电磁阀有故障，应更换。

（a）就车检查　　（b）单件检查

图 5-20　控制电磁阀的检测

3）活性炭罐的检查

如图 5-21 所示，当从 A 孔吹气时，空气应能从 B、C 孔自由流出。要清洁炭罐时，可从 A 孔吹入压缩空气，堵住 B 孔，脏物和空气从 C 孔中排出。

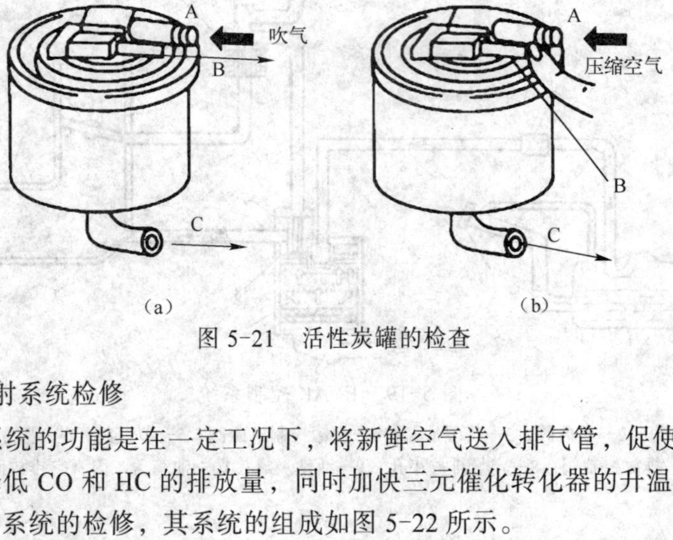

（a）　　（b）

图 5-21　活性炭罐的检查

3. 二次空气喷射系统检修

二次空气喷射系统的功能是在一定工况下，将新鲜空气送入排气管，促使废气中的 CO 和 HC 进一步氧化，从而降低 CO 和 HC 的排放量，同时加快三元催化转化器的升温。下面以奥迪 A6 为例介绍二次空气喷射系统的检修，其系统的组成如图 5-22 所示。

1）二次空气进气阀的检测

（1）连接检测仪 V.A.G1551，打开点火开关。

（2）进行执行元件诊断并触发二次空气进气阀，二次空气进气阀应发出“咔嗒”声。

（3）如果二次空气进气阀没有发出“咔嗒”声，则拔下二次空气进气阀的插头，用接线将二极管电笔连接到拔下的插头上，再次进行执行元件诊断。

（4）如果在进行执行元件诊断时，二极管电笔闪亮，则应更换二次空气进气阀。

（5）如果二极管电笔仍不闪亮，则关闭点火开关，将检测盒 V.A.G1598 / 31 连接到发动机电控单元的线束上（不连接发动机电控单元），检查二次空气进气阀插接器的 2 号端子与检测盒 V.A.G1598/31 的 44 号端子之间的连接导线是否断路，该导线电阻最大为 1.5 Ω。如果导线断路则修理该导线；如果导线无故障，则应按电路图检查二次空气进气阀的供电是否正常。

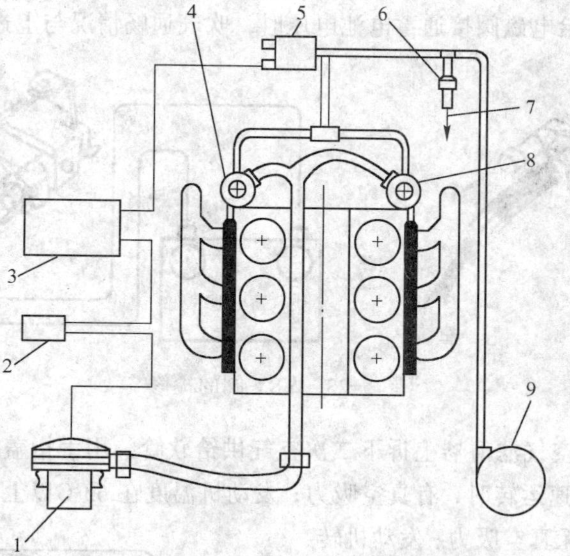

图 5-22　二次空气喷射系统的组成

1—二次空气泵电动机；2—二次空气泵继电器；3—发动机电控单元；
4、8—二次空气进气组合阀；5—二次空气控制电磁阀；6—单向阀；
7—接进气歧管；9—真空罐

2）二次空气泵继电器的检测

（1）连接检测仪 V.A.G1551，打开点火开关，选择“01 发动机电控单元”。

（2）进行执行元件诊断并触发二次空气泵继电器。

（3）二次空气泵电动机在二次空气泵继电器的控制下，应间歇运转，直到按下 V.A.G1551 上的“一”键中止执行元件诊断为止。

（4）如果二次空气泵电动机在二次空气泵继电器的控制下，没有间歇运转，则拔下二次空气泵电动机的 2 针插头，用接线将二极管电笔连接到拔下的插头上，再次进行执行元件诊断。如果二极管电笔闪亮，则更换二次空气泵电动机；如果二极管电笔仍不闪亮，二次空气进气阀没有发出“咔嗒”声，则应进行步骤 6 的检查。如果二极管电笔仍不闪亮，二次空气进气阀发出“咔嗒”声，则应进行步骤 5 的检查。

（5）检查二次空气泵熔丝。如果熔丝正常，则从继电器盒内拔下二次空气泵继电器，检查二次空气泵继电器的供电。如果供电正常，则更换二次空气泵继电器。

（6）关闭点火开关，将检测盒 V.A.G1598/31 连接到发动机电控单元的线束上（不连接发动机电控单元），从继电器盒内拔下二次空气泵继电器，检查二次空气泵继电器插头的 6/85 端子与检测盒 V.A.G1598/31 的 46 号端子之间的连接导线是否断路，该导线电阻最大为 1.5 Ω。如果导线断路则修理该导线；如果导线无故障，则更换发动机电控单元。

3）二次空气供给控制系统的检修

（1）检查 AS 阀（二次空气进气组合阀）。拆下 AS 阀，从空气滤清器侧软管接头吹入空气时应不漏气；用手动真空泵从真空管接头施加 20 kPa 的真空度，从空气滤清器侧软管接头吹入空气应畅通，从排气管接头吹入空气应不漏气。

（2）检查 VSV 阀（二次空气控制电磁阀）。测量电磁阀电阻，阻值一般为 36～44Ω。

拆开 VSV 阀上的软管，电磁阀不通电时，从进气管侧接头吹入空气应不通，从通大气的滤网处吹入空气应畅通。当给电磁阀接通蓄电池电压时，吹气通畅情况与上述相反，如图 5-23 所示。

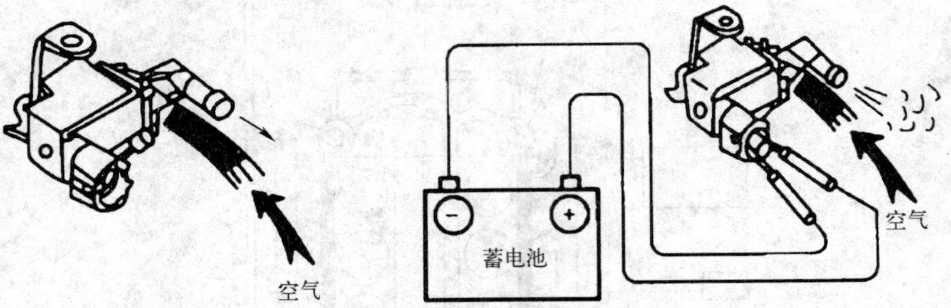

图 5-23　VSV 阀的检修

（3）整体检查。从空气滤清器上拆下二次空气供给软管，用手指盖住软管口检查，发动机温度在 18～63℃范围内怠速运转时，有真空吸力；发动机温度在 63℃以上时，启动后 70 s 内应有真空吸力，启动 70 s 后应无真空吸力；发动机转速从 4 000 r/min 急减速时，应有真空吸力。

4．曲轴箱强制通风装置的检修

曲轴箱强制通风（PCV）装置采用封闭式通风，防止曲轴箱中的可燃废气排入大气中造成污染，并让其进入燃烧室进行燃烧。PCV 装置由 PCV 阀及管路组成，如图 5-24 所示。

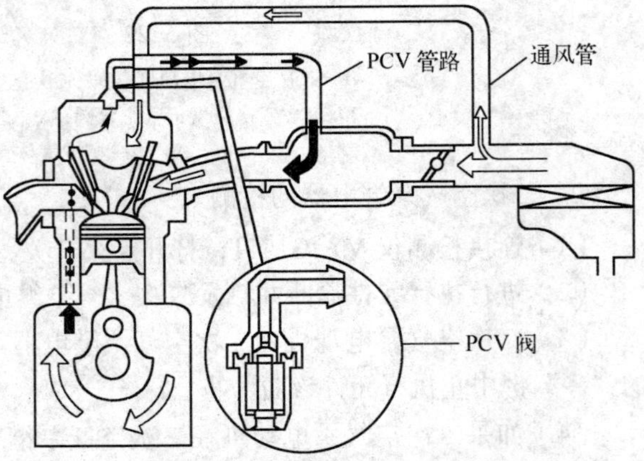

图 5-24　曲轴箱强制通风装置

（1）检查曲轴箱通风管是否漏气或阻塞。

（2）检查 PCV 阀。在发动机正常怠速运转时（暖机后），用手指或鲤鱼钳轻夹住 PCV 阀至进气歧管间的 PCV 管，PCV 阀有“咔嗒”响声为正常。若无响声，拆下 PCV 阀检查，如果 PCV 阀外表受损或有裂痕、柱塞被卡住，应更换。

三、任务实施

引导问题 1：有人说辅助进气系统或排放控制系统出现故障影响到发动机怠速稳定性时，大多是因为系统在怠速时即工作，或阀门关闭不严，导致额外的气体进入发动机中燃烧，因此要判定是否该系统造成发动机怠速不良时，只要切断它与进气道的连接管路，观察此时发动机怠速是否回复正常，若是则表明该系统故障导致发动机怠速不良。这种说法有没有道理？

引导问题 2：如果某排放控制系统出现故障，真空电磁阀本身工作性能是否正常，可先测量其电阻，再进行__________测试。

引导问题 3：当辅助进气系统或排放控制系统真空电磁阀不工作时，除了确保真空电磁阀本身性能正常外（如上一引导问题所述），还应排除电控方面的故障原因，方法是测量电磁阀在开钥匙后一端子应有__________电压，另一端子应与__________接通，当满足该系统工作条件时，应用示波器测量其波形进行分析。

引导问题 4：对于排放控制系统，例如燃油蒸气回收系统，拔下活性炭罐上的真空软管，检查软管内有无真空吸力。若 EVAP 控制系统工作正常，在发动机怠速运转中电磁阀应________，真空软管内________（有/无）真空。如果此时真空软管内有真空，则用万用表电压挡检查电磁阀插接器端子上是否有电压。若电磁阀插接器端子上有电压，说明________有故障；若无电压，则说明__________有故障。

任务 5　关联故障的诊断与案例学习

案例 1　卡罗拉热车怠速不稳

1. 故障现象

一辆丰田 ST191 型卡罗拉轿车，热车时发动机怠速不稳，加速不良且有冒黑烟现象，在加速过程中排气管还伴有“突突”的爆燃声。

2. 故障诊断与排除

用元征 431-ME 故障诊断仪（俗称电眼睛）读取故障码，显示无故障码。按照电控发动机怠速运转不良疑难故障排除方法，检查各缸工作是否正常。4 个气缸压力均在 1.0 MPa 左右，配气及点火正时都正常，用示波器检查点火正时波形正常，燃油泵工作压力及保持压力均在正常范围内。后对空气滤芯、汽油滤芯、节气门体及喷油器进行了清洗或更换，效果不明显。

进一步对发动机动态数据流进行了检测，检测结果怠速转速为 850 r/min，冷却液温度为 85℃，喷油脉宽为 5.8 ms，其标准值一般为 2～4 ms，明显超过标准值，说明发动机负荷太大。观察氧传感器的电压值为 0.8～1.0 V，说明空燃比较高，混合气过浓。

进气压力传感器或空气流量计是控制空燃比的第一参数，所以决定先对进气压力传感器进行检查。由于发动机 ECU 内无故障码显示，则进气压力传感器（MAP）不存在断路和短路情况。在发动机怠速运转过程中，拔下 MAP 传感器插接器，这时故障现象发生了变化，故障指示灯闪亮，但发动机运转平稳，黑烟消失，加速良好，说明故障原因应该在 MAP 传感器上。

拔下 MAP 传感器插接器，用数字万用表测量：MAP 传感器的供电电压在 5.0 V 左右。插上插接器，启动发动机，测量 MAP 传感器信号电压（输出电压）为 4.5 V，猛踩加速踏板时电压无变化。拔下 MAP 传感器真空软管，信号电压仍为 4.5 V。发动机熄火，点火开关置于 ON 位，信号电压仍然为 4.5 V。再次启动发动机，用手触摸 MAP 传感器上的真空软管，无真空源。至此故障真相大白，MAP 传感器真空管堵塞是造成信号电压不变的直接原因，这时 MAP 传感器输往发动机 ECU 的 4.5 V 信号电压相当于节气门全开时的电压，使发动机 ECU 误认为节气门全开，因而发出加浓喷油指令，便混合气过浓，空燃比失调，造成发动机燃烧不完全，冒黑烟，动力下降。

发动机进气歧管上的真空细软管被积炭堵塞，用钢针将其钻通并进行清洗，找来一个三通插头重新装上真空管，接好真空表、启动发动机，怠速时真空表显示为 64 kPa. 再次测量信号电压为 1.2 V，随着踩下加速踏板电压逐渐升高。此时发动机加速良好，怠速平稳，黑烟消失，故障彻底排除。

案例 2　嘉年华怠速不良

1. 故障现象

1996 款福特嘉年华转速波动严重，怠速时发生振动，并在热车后，怠速运转期间，发动机剧烈振动。

2. 故障诊断与排除

测量怠速电动机电阻值在 7.7～9.31 Ω之间，自行控制搭铁以检查怠速电动机有无动作。测燃油压力正常（260～320 kPa）。将发动机启动，夹住燃油回油管时，油压有迅速上升的正常现象。拆下油压调节器真空软管，接手动真空泵，摇动真空泵，发现油压变化正常。

发动机熄火，观察油压表，在 20 min 之内，应不得在 150 kPa 以下。此时发现油压下降快速，且低于 150 kPa。将喷油器拆下，发现喷油器漏油。将喷油器清洗，确认不漏油。安装后试车，故障排除。

案例 3 帕萨特发动机经常出现怠速时抖动、加速不良的现象

1. 故障现象

一辆帕萨特电喷车，发动机排量为 2.6 L。该车发动机怠速时抖动，加速不良，到维修厂进行了保养，更换了燃油滤芯、空气滤芯、检查并清洗了火花塞，故障消失。几天后，发动机又出现怠速抖动、加速不良的现象。

2. 故障诊断与排除

当发动机工作不正常时，发现仪表板上的发动机故障指示灯不亮。用专用故障诊断仪诊断电控系统，无故障码输出，说明发动机电控系统工作正常。

用燃油压力表检查燃油系统压力，发现当发动机抖动或加速不良时，燃油系统压力无变化，说明燃油系统正常。检查发动机上的真空管，无裂纹、漏气现象。

最后检查点火系统的高压电路，启动发动机，当发动机工作不正常时，分别拔下各缸高压线，在距火花塞 5 mm 左右，观察发动机转速有无变化。当拔下 4 缸高压线时，发现发动机转速变化不大。将高压线再插到火花塞上，发动机工作变得平稳了。反复拔插高压线，发动机怠速时一会儿抖动，一会儿正常。插上 4 缸高压线，用手摇转 4 缸高压线，发动机有时出现抖动现象，因此分析，故障可能出在这里。

拔下 4 缸高压线，经检查高压线无裂纹、烧蚀处，测其电阻值，正常。拆下 4 缸火花塞，发现电极间隙合适，火花塞电极上也无积炭、油污等不正常工作痕迹。将火花塞绝缘体上的油污擦净，发现上面有个细小裂纹。更换火花塞后，发动机工作平稳，加速有力。

案例 4 捷达王发动机怠速发抖

1. 故障现象

捷达 GTX（发动机型号为 AHP）发动机怠速发抖。

2. 故障诊断与排除

启动发动机后，怠速运转，发动机抖动，有个别缸工作不良，加大节气门抖动稍好。检查步骤如下：

（1）首先对点火系统进行检查。拔下各缸高压线插上备用火花塞，高压线与点火线圈连接，转动点火开关使启动机运转，观察各缸火花均是蓝火，火花很强。从发动机拆下火花塞，火花塞间隙正常，电极部分燃烧良好，呈棕黄色，瓷绝缘良好。装上火花塞、高压线，启动发动机后进行断火试验，各缸均工作，说明点火系统工作正常。

（2）检查燃油供给系统。如果燃油供给不足，也会造成发动机抖动。在燃油分配管和压力油进口橡胶管连接处断开，接入燃油压力表，启动发动机检查燃油压力，分别检查怠速油压、加速变化油压及熄火后保持压力均正常。

（3）使用故障诊断仪对发动机电控系统进行检查。进入发动机电控单元，查询故障存储器，无故障码显示。如果有故障码出现，应先排除相应故障，再进行下步检查。

（4）阅读发动机计算机的数据块，通过数据观察各元器件性能。进入 007 数据块、第二区域，显示为 0.15 V。该显示值是氧传感器电压，一般正常显示应在 0.1～0.9 V 之间进行跳动显示。这一数值是排气系统反馈给计算机的信号，影响喷油量，因此怀疑氧传感器堵塞。更换一只氧传感器故障依然未排除。

（5）阅读数据块 002、第四显示区，显示为 2.29 /s。此值代表的是空气流量计测量的空气流量，是控制燃油混合比的重要参数，一般在 2.79 /s 左右比较正常。更换空气流量计，故障仍未排除。

（6）根据对数据块的阅读及更换的元器件分析，氧传感器和空气流量计问题不大。数据块显示值是实测值，氧传感器电压低，说明燃油混合气稀；空气流量值低，说明进气量小。如果进气量小信号输给控制计算机，喷油量经过控制计算机修正使喷油量变小。燃油混合气稀说明进气量大，这就很可能是进气管路漏气，多余空气没经过空气流量计而进入气缸燃烧。

（7）检查进气系统无泄露情况。另一个进气通道是活性炭真空系统。检查该系统发现活性炭罐电磁阀常开，不能关闭。一般情况活性炭罐系统不工作，电磁阀是应关闭的。更换活性炭罐电磁阀故障排除，怠速正常。

3．故障分析

活性炭罐到发动机进气歧管有一管路，管路上安装一个电磁阀，由发动机计算机控制其开闭。当发动机加速和转速较高时，活性炭电磁阀打开，通过进气道真空将活性炭收集的燃油蒸气吸入进气道再燃烧。当活性炭罐电磁阀损坏，常开电磁阀开启与关闭不受发动机计算机控制，有一股空气直接通过活性炭罐及管路进入进气管，而没有通过空气流量计测量，使发动机计算机收到一个比正常空气量小的空气流量信号，使喷油量减少，混合气稀，造成发动机功率不足，发动机抖动。

思　考　题

1．简述汽油发动机怠速不良的故障原因与部位。

2．如果遇到汽油机怠速振抖的现象，试述你的诊断思路。

3．汽油发动机常见的怠速控制阀有哪些型式？分别说明它们的检测方法。

4．汽油发动机的排放控制系统影响到怠速稳定性的原因是什么？

5．EGR 系统常见故障现象是什么，如何诊断？

6．EVAP 系统的组成元件有哪些，出现故障时应如何判定其性能正常？

7．二次空气喷射系统的二次空气进气控制电磁阀与二次空气进气组合阀应如何检测？

项目 6　发动机水温高的故障诊断

【学习目标】

- 能描述汽车发动机冷却液不足、水温高、水温低、烧气缸垫等的故障症状。
- 会分析汽油发动机冷却液不足、水温高、水温偏低、散热风扇异常等常见故障现象的故障原因与故障部位。
- 能针对故障现象与车型特点制定发动机冷却系统常见故障诊断流程。
- 能够诊断和排除电喷汽油发动机冷却液不足、水温高、水温低等故障。
- 能检测发动机冷却系统元件性能参数和判定其性能。

【案例引入】

某雪铁龙爱丽舍轿车，行驶里程在 60 885 km，进厂进行六万公里保养，更换了冷却液，出厂前质检员只是查看了一下副水箱冷却液是足够的，没有进行路试。保养完成后，出厂行驶时间不到 30 min，发现发动机水温高，水温表指示值已达到红色高位。车主反映进厂前车辆并没有这种现象，那么这个故障可能会是人为造成的吗？如何进行诊断排除？

任务 1　发动机水温高故障现象与故障原因分析

一、任务导入

认识发动机水温高的故障症状有哪些，利用故障树分析方法，分析造成发动机水温高的原因。

二、知识准备

（一）水温高故障现象

（1）冷却液温度警告灯闪烁或冷却液温度表指针长时间在红区，水温报警灯点亮。

（2）散热器伴随有“开锅”现象，冷却液沸腾出现蒸汽。

（3）发动机动力不足，在加速时伴随有明显的金属敲击声，不易熄火，出现爆震或早燃现象。

（二）水温高故障原因分析

冷却系的作用是保持发动机经常处于合适的工作温度，防止出现过冷、过热情况。汽车发动机大多采用强制循环水冷却系统，由散热器、水泵、节温器、水套、风扇、水温表、水温感应塞、水温报警灯等组成，如图 6-1 所示。

轿车大多采用全封闭式冷却系统，发动机工作时系统压力大于大气压力，冷却液在 110 ℃以上也不会沸腾，水温表指示超过 100 ℃，只要指针不过红线，水温报警灯不亮都有可能是正常的。

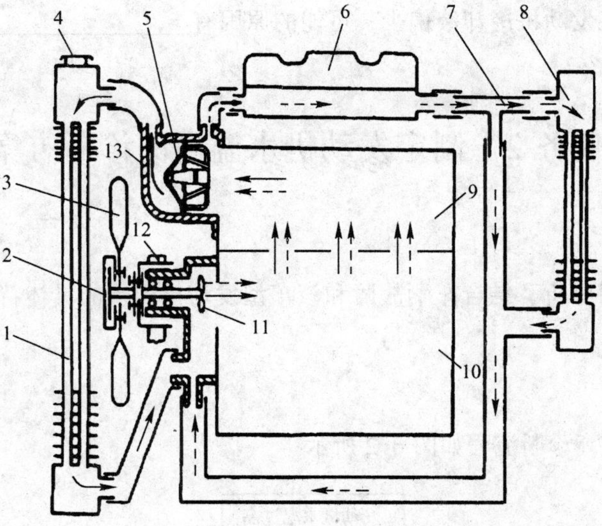

图 6-1　切诺基冷却系统组成示意图

1—散热器；2—硅油风扇离合器；3—风扇；4—散热器盖；5—节温器；6—进气管；7—空调系统暖风开关；8—空调系统散热器；9—气缸盖；10—气缸体；11—水泵；12—风扇皮带；13—出水管

汽车发动机水温高可以从两方面考虑，一是发动机冷却系统散热与冷却出现故障；二是发动机工作不正常，产生的热量过多，导致冷却系统不能及时将发动机热量散发出去。

1．冷却系统散热不足的原因与部位

（1）冷却液不足。

（2）水泵损坏，冷却系堵塞或损坏。

（3）散热器或气缸体内水套积垢多、堵塞。

（4）节温器失效、卡死或堵塞，节温器不能正常常开启，冷却液不能流过散热器。

（5）散热器风扇电动机或散热器双温热敏开关出现故障。

（6）百叶窗关闭或开度不足。

2．发动机工作异常导致温度高

（1）低速挡、超负荷行驶时间过长。

（2）点火正时不准或配气相位不对。

（3）混合气过稀或过浓，燃烧室积炭过多。

（4）气缸垫窜气。

（5）进、排气管道堵塞。

（6）机油油量不足或黏度太大。

三、任务实施

引导问题 1：观察车辆故障现象，车辆发动机是否有回火、放炮、振抖或加速不良现象？如果有，应熄火，待发动机冷却后，再检查是否有这些现象。如果在发动机正常工作温度时出现这些现象，意味着故障原因有可能是________________________。

引导问题 2：利用故障树分析水温高的故障原因，最顶层故障原因可以分为____________、____________、____________等几方面。

引导问题 3：如果发动机冷却液偏少，可能的原因有______________，应怎样进一步确认上述原因？

任务 2　制定发动机水温高的诊断方案

一、任务导入

根据车辆故障原因分析，结合车辆故障和该车型发动机构造的具体特点，制定适宜的水温高故障诊断流程。

二、知识准备

一般的发动机水温高诊断流程如图 6-2 所示。

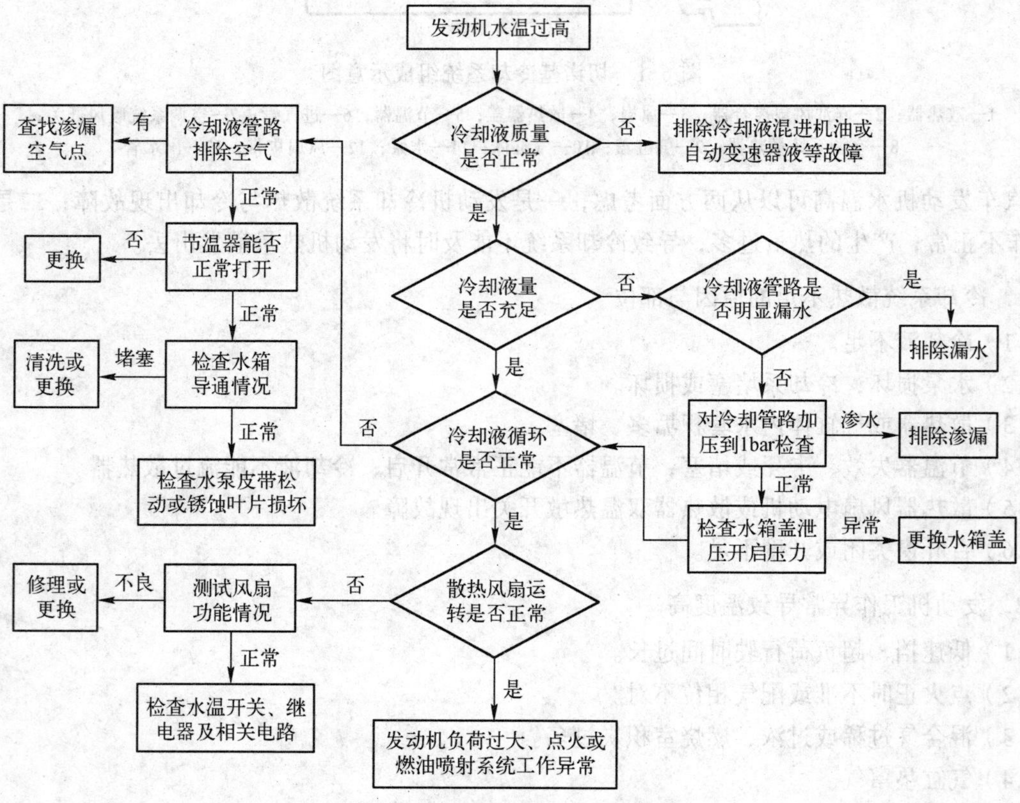

图 6-2　发动机水温高诊断流程图

三、任务实施

依据实训车辆故障特征和具体车型构造，制定出适应于该车情况的诊断流程。

任务 3　发动机水温高的故障诊断与检查

一、任务导入

根据诊断流程，逐步进行故障的诊断与检测，掌握相应的经验技能和设备仪器的操作方法，对比维修资料中的技术参数，判定系统相关元件性能的好坏。

二、知识准备

（一）检查冷却液量和冷却液质量是否正常

1．检查冷却液量是否不足

检查副水箱中发动机冷却液量。副水箱冷却液量应在 LOW（低）和 FULL（满）之间。如果低于规定值，检查泄漏和加冷却液至 FULL 线。

2．检查冷却系统有无泄漏

如果冷却液量不足，应注意冷却系统有无漏水现象，可按如下步骤检查系统密封性能。注意：为避免烫伤，发动机、散热器还热时，勿拆下散热器盖，防止液体和蒸气喷出。

（1）散热器加满冷却液，把测试器装在散热器盖上，如图 6-3 所示。

（2）启动发动机。

（3）泵压力至 118 kPa，检查压力应不下降。如压力下降，检查孔口、散热器、水泵是否有泄漏现象。如果发现没有泄漏现象，检查加热器芯、缸体与缸盖。

3．散热器盖总成的检查

如果灰尘黏着在散热器盖上，应用水冲洗；用盖测试器前，用冷却液湿润释放阀和真空阀。

（1）如图 6-4 所示，使用散热器盖测试器，慢慢泵测试器，检查真空阀应打开。泵速为不少于 3 s 泵一次。注意：如真空阀打开，更换散热器盖。

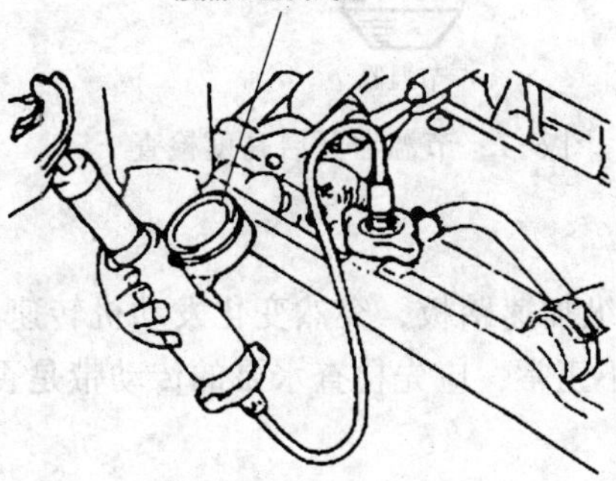

图 6-3　冷却系统密封性检查

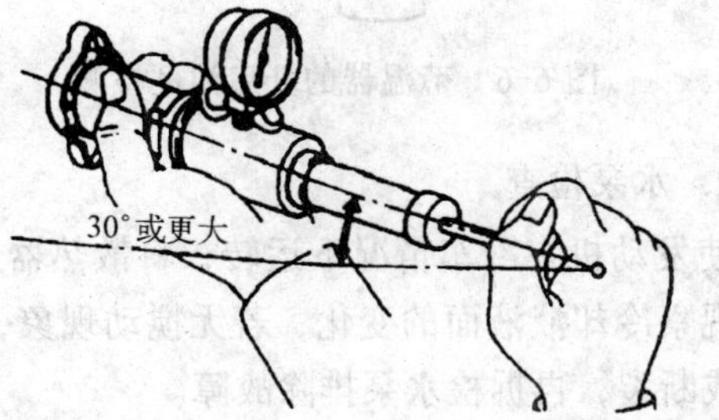

图 6-4　散热器盖检查

（2）泵测试器，测量释放阀的开启压力。标准开启压力为 93～123 kPa；最小开启压力为 78 kPa。如开启压力小于最低开启压力。更换散热器盖。

注意：此泵速仅为第一泵速度（为关闭真空阀），此后泵速可减少；泵速为泵一次不能超过 1 s；测试器最大读数为开启压力。

4．检查冷却液的质量

（1）在散热器温度下降后拆下散热器盖。

（2）检查散热器盖周围是否有过量的沉淀物锈或杂物填满了散热器孔，禁止冷却液与油接触。如果有过量灰尘，更换冷却液。

（3）重新装上散热器盖。

（二）冷却液循环情况检查

1．节温器检查

若发动机温度过高，触摸散热器及上下水室，散热器的温度并不高，或散热器上储水箱温度高，下储水箱却较冷时，可能是节温器的阀门没打开或阀门升程太小，应检查更换节温器。节温器上的温度标记是节温器的开启温度，如图 6-5 所示。

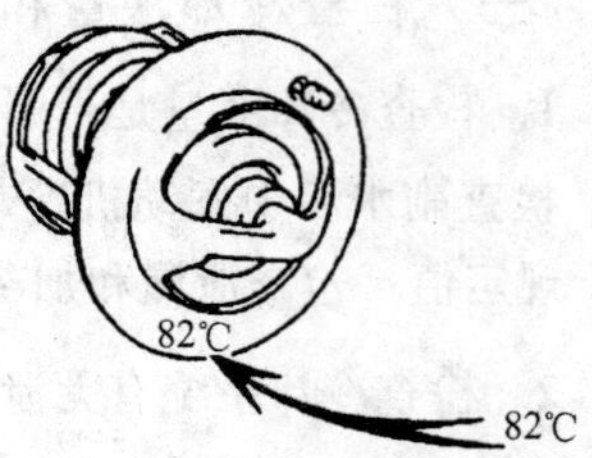

图 6-5 节温器开启温度标记

拔下节温器，将节温器浸入水中加热检查节温器阀门开启温度，如图 6-6 所示，当水温达到规定数值时，节温器应开始打开，水沸腾时节温器阀门升程应达到要求的高度，如图 6-7 所示，若不正常，应更换节温器。

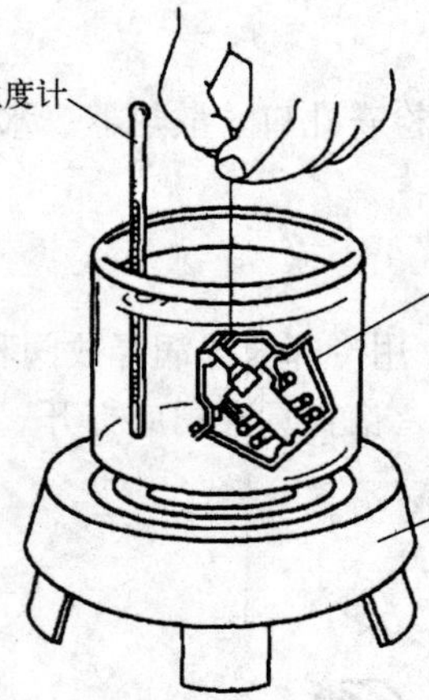

图 6-6 节温器的开启温度检测

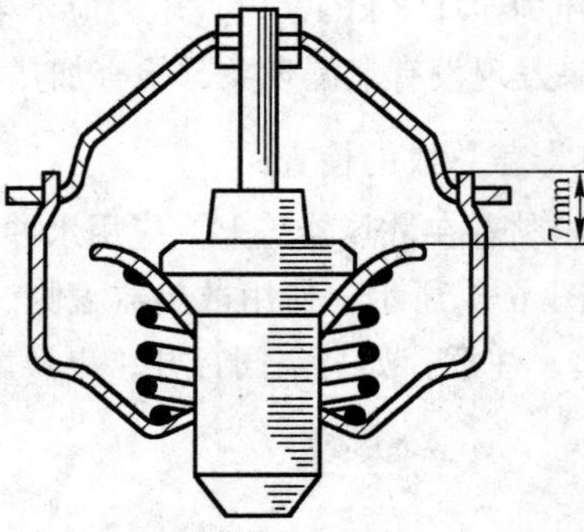

图 6-7 节温器开启高度检查

2．水泵检查

使发动机在冷车情况下运转，将散热器盖打开，操纵加速踏板，突然变化发动机转速，从加水口观察冷却液液面的变化，若无搅动现象，则为水泵不正常，应先检查水泵的传动带是否过松、打滑或断裂，再拆检水泵排除故障。

（三）检查系统散热情况

1．百叶窗检查

检查百叶窗是否关闭或开度不足。

2．冷却液散热器检查

检查冷却液散热器表面是否翼片变形或堵聚较厚的灰尘污泥、树叶等情况，如存在脏污情况用水枪冲洗干净，保证散热器表面散热能力。

3．冷却风扇检查

（1）如发动机采用皮带驱动的风扇，先检查传动带是否过松、打滑或断裂。

（2）使用硅油离合器的风扇，热机后将发动机熄火，用手转动风扇叶片，若无阻力或阻力很小，说明硅油离合器有故障，应检修或更换。

（3）采用电动风扇的发动机，可按如下步骤检查：

① 低温时（水温低于 83 ℃），检查冷却风扇的动作。

- 点火开关处于 ON 位置。
- 检查冷却风扇应停止。注意：如果风扇不停，检查冷却风扇继电器和水温开关，断开连接器或冷却风扇继电器和水温开关之间的接头。
- 断开水温传感器接头，如图 6-8 所示。
- 使用导线，将水温传感器接头与车身连接，并且导线搭铁。
- 检查冷却风扇转动情况。如果冷却风扇不转，检查冷却风扇继电器、冷却风扇、发动机 EFI 开路继电器和熔断丝，检查冷却风扇继电器和水温开关之间是否短路。
- 重新连接水温传感器接头。

② 高温时（93 ℃以上），检查风扇的动作。

- 启动发动机，让冷却液温度高于 93 ℃。
- 检查冷却风扇应转动。若不转动，更换水温开关。

③ 检查电动风扇。

- 断开冷却风扇接头。
- 将蓄电池和电流表与连接器相连，如图 6-9 所示。

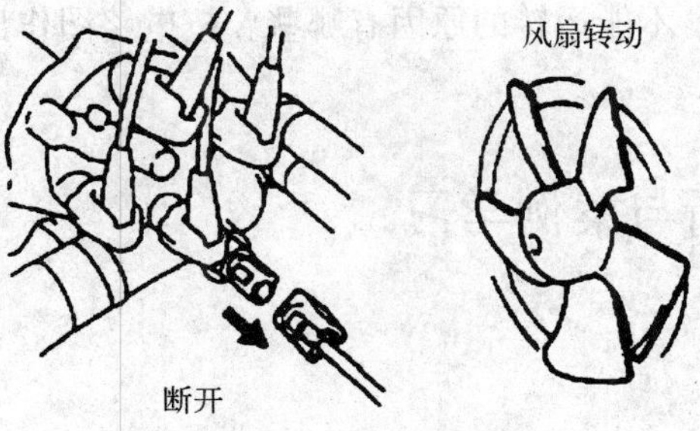

图 6-8　断开水温传感器接头

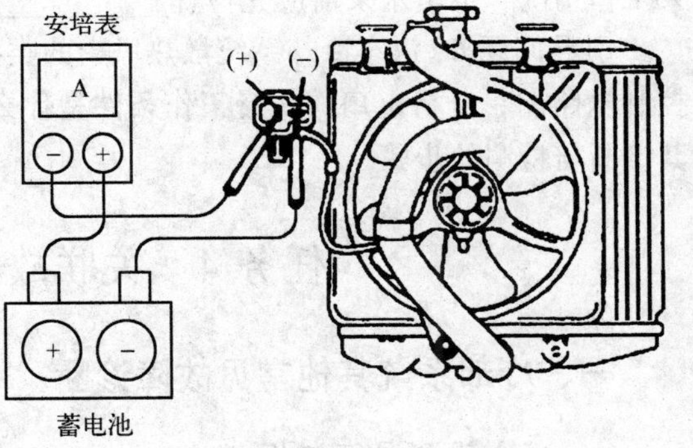

图 6-9　测量风扇电机电流值

- 检查冷却风扇应平稳地转动，注意电流的读数在标准电流 5.7～7.7 A 之间。
- 重新连接冷却风扇接头。

④ 冷却风扇继电器导通的检查

- 用欧姆表检查各端子间的导通性，如图 6-10 所示。端子 1、2 应导通，端子 3、5 应断开。如电阻不符规范，更换继电器。
- 将蓄电池电压作用于端子 1、2 上，用欧姆表检查端子 3、5 之间应导通。如不导通，换冷却风扇继电器。

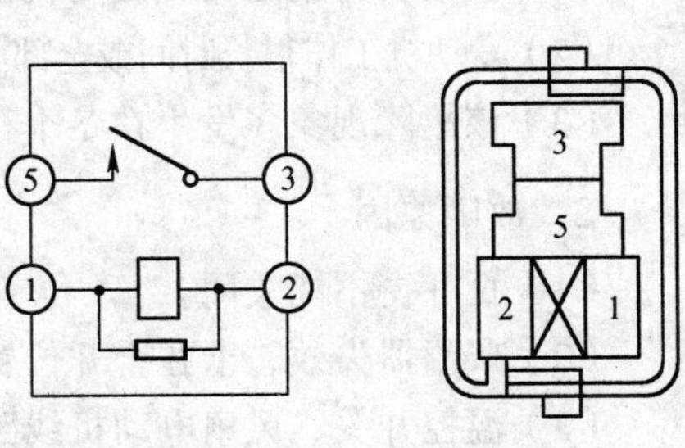

图 6-10　检查冷却风扇继电器

（四）检查发动机工作性能

（1）拆下散热器盖并加满冷却液，使发动机运行几分钟后，观察散热器盖处是否有很多水泡冒出甚至喷水。若有，则发动机气缸垫已损坏。

（2）检查发动机机体内有无冷却液渗漏。

（3）检查机油油量及黏度。若油量少，应及时添加；若机油黏度过大或变质，应更换机油。

（4）分别在怠速、中、高速条件下观察排气颜色。若排气是黑烟，说明混合气过浓，应进行调整或维修；由怠速急加速时，若发动机转速有短时失速或回火现象，说明发动机混合气过稀。

（5）拆下火花塞，用工业内窥镜观察发动机燃烧室内积炭情况，若积炭过多，应加以清除。

（6）以上检查均正常，则检查发动机排气门间隙。若间隙过大应进行调整；若间隙正常，检查发动机排气系统是否堵塞，再对发动机配气相位进行检查和调整。

（7）气缸衬垫过薄或缸体、缸盖接合面磨削过多。

（8）汽车超载、长时间用低挡行驶、爬长坡、在天气炎热或高原地区长时间行驶。

三、任务实施

引导问题 1：检查实训故障车辆发动机冷却液情况，如果偏少，应__________处理。

引导问题 2：观察发动机正常工作时其怠速、加速性能是否正常，目的是__________。

引导问题 3：当发动机运转几分钟后，可通过__________方法初步判断冷却液循环是否正常。

引导问题 4：如果冷却液循环不好，拆出__________测试其工作是否正常，还应检查是否脏污堵塞。

引导问题 5：如果发现冷却液循环水压力不足，排除可能__________原因外，接着可检查水泵工作情况，拆出水泵前应先检查__________。

引导问题 6：汽车冷却系统散热风扇的类型和控制方式有多种，依据你实训的故障车辆的电扇控制电路图，分析电扇的快慢工作条件是什么？找出电扇不能运转的原因有哪些？按电路图作出其诊断与检测的步骤。

任务 4　关联故障的诊断与案例学习

一、冷却系统其他常见故障诊断

（一）冷却液温度过低

1. 故障现象

（1）发动机行驶乏力，发动机油耗增加。

（2）发动机工作很长时间或全部工作时间内，冷却液温度达不到正常工作温度范围，低于 85 ℃。

（3）该故障现象多发生在冬季行驶或寒冷地区。

2. 故障原因

（1）百叶窗不能关闭。

（2）节温器失效，卡在全开位置，冷却液在低温下也进入大循环。

（3）温控开关、风扇电动机线路故障（风扇常开）。

（4）冷却液温度表或冷却液温度传感器失效。

（5）环境温度太低且逆风行驶。

3. 故障诊断与排除

（1）检查百叶窗是否关闭自如或未装保温罩。

（2）冷车启动后打开散热器盖，使发动机加速，观察水流速度和流量。若水流速度很快、流量大，说明节温器常开或未装节温器，应更换或加装节温器。

（3）若冷却液温度表指示温度偏低，而用手触试散热器时感觉很烫，用温度计测量冷却液温度却正常，说明冷却液温度表或冷却液温度传感器有故障。

（4）若冷却液温度表指示冷却液温度过高，说明冷却液温度表或线路损坏。

（5）冷车启动发动机，电动风扇应不运转（装电动风扇的车辆）。若此时电动风扇运转，说明温控开关失效，应更换。

（二）冷却液消耗异常

1. 故障现象

冷却液面下降较快，消耗量较大，严重时停车后可看到地面有水滴，有时会发现机油池内有水或排气管冒白烟。

2. 故障原因

（1）缸盖、缸体变形或有裂纹。

（2）缸盖螺栓松动或未按规定顺序紧固。

（3）气缸垫损坏。

（4）水套侧盖衬垫损坏、螺钉松动或螺钉未按规定顺序紧固。

（5）散热器上下水室、芯管破裂或开焊。

（6）放水开关关闭不严。

（7）橡胶软管破裂或管卡松动。

（8）水泵衬垫损坏、螺钉松动或水封失效。

（9）湿式缸套下端封水不佳或密封条损坏。

（10）机体上的水堵封水不严。

3. 故障诊断方法

（1）检查发动机是否存在漏水点。采用检视的方法，即冷却水从哪儿漏出来，就说明故障部位在哪儿。如发现水泵壳体下部的泄水孔处漏水，说明水封损坏。

（2）检查机油中是否有水。可拔出机油尺观察，或打开加机油盖观察机油盖中是否有乳白色机油，当发现机油中有水（机油变乳白色），说明有水进入气缸或机油道中，可能缸垫损坏、缸盖螺栓松动，缸壁有裂纹等。如气缸衬垫完好，缸盖螺栓也未松动，则为湿式缸套下端封水不佳或水封损坏。

（3）热车时观察排气管若排气管冒白烟，则可能是气缸垫密封不好。有些渗水故障在发动机热车时才表现出来，因渗水量较小，会很快蒸发以至不留痕迹，检查时要多加注意，若经常需要补充冷却液，而水箱又没有开锅，发动机一定有漏水故障。

二、故障诊断案例

案例 1　发动机过热，散热器开锅

1. 车型

桑塔纳Ⅸ型轿车，装用 JV 型化油器式发动机，行驶里程为 150 000 km。

2. 故障现象

驾驶员反映，该车因曲轴前油封漏油而进厂修理，更换曲轴前油封后，给散热器加入自来水试车，曲轴前油封不再漏油，但却出现散热器开锅现象。

3．故障诊断与排除

检查水箱内冷却液容量，正常。再检查散热器风扇，工作正常。用手摸散热器上、下水管，感觉温差不大，更换一新节温器，再试车，故障依旧。用自来水清洗散热器缝隙的泥土、草叶等，再试车，仍然没效果。后来干脆拆掉节温器，使冷却液直接走大循环，试车 50 km 后，散热器仍然开锅。

于是怀疑水泵工作不良，等车辆回到修理厂停车熄火自然降温后，再启动发动机，使之怠速运转。此时打开散热器，观察冷却液流动情况，发现冷却液能流动，但感觉和正常车相比有些慢。于是再次放掉冷却液，拆检水泵。发现水泵进水口、出水口有水垢，铁锈积存较多，水泵本身并无问题，叶轮无损伤、划痕，叶轮与水泵轴连接可靠，没有任何松动的迹象。清除水垢和铁锈后，装复水泵试车，发动机温度还是过热。

桑塔纳轿车所用的冷却液（防冻液）应该是德国进口的 G11 水溶液，换用规定冷却液后，发动机不再开锅，故障排除。由于不了解上述情况，拆散热器时，按传统方法放掉冷却液，装复后加入普通自来水，桑塔纳轿车的正常水温是 91～105 ℃，而不是传统的 80～90 ℃。电动风扇在 93～98 ℃才接通参与散热，所以散热器不断开锅，故障真正的原因是因为冷却系统误加了自来水。

案例 2 冷却液温度过低故障诊断与排除

1．车型

红旗轿车，装用 CA488 汽油机。

2．故障现象

车主反映该车自入秋以后发动机冷却液温度一直比较低，基本维持在 80 ℃左右，只有跑长途时冷却液温度才能达到 90 ℃左右。进入冬季，从早晨用车到晚上收车发动机始终热不起来，冷却液温度基本维持在 75 ℃左右，进入冬季后车辆明显不如以前有劲，也比以前费油。

3．故障诊断与排除

对车进行仔细的检查后，发现排气管轻微冒黑烟，似乎有燃烧不充分的现象，于是检查了火花塞，调校了火花塞间隙，重新对了一遍点火正时，但故障依旧。经检查散热器、膨胀箱（补偿水箱），未见异常；发动机冷却液量在正常范围内，风扇工作也正常。检查风扇离合器，也未发现异常。后来将一块小棉毯包在散热器的前面，启动发动机，使其怠速运转，约 30 min 后发动机冷却液温度达到 90%，此后温度迅速升高，赶紧将车熄火。由此可见，只要减小冷却强度，则发动机的冷却系统就可以正常工作。该车出现发动机冷却液温度过低故障，是冷却强度过大所致，而冷却强度过大的原因主要有：一是冷却风扇过早投入工作，二是冷却系统始终处于大循环状态，没有小循环状态。检查冷却风扇及风扇离合器工作正常，判断故障可能在节温器上。放掉冷却液，拆检发动机冷却系统，发现节温器卡死在大循环位置，锈蚀得很厉害。重新更换冷却液和节温器后试车，故障排除。

冷却系统中的节温器故障率较高，节温器始终关闭，会导致发动机过热，节温器始终打开，会导致发动机过冷。

思 考 题

1．说明发动机冷却液温度过高或过低对发动机的影响与危害。

2．发动机冷却液温度过低的原因有哪些？

3．发动机冷却液循环不正常怎样进行经验判断？

4．如果发动机经常少水，如何进行检修？

项目 7　发动机机油警告灯点亮的故障诊断

【学习目标】

- 会分析汽油发动机机油不足、机油压力过高或过低、机油灯亮（间隙性闪亮）、机油消耗大等故障原因。
- 能针对故障现象与车型特点制定发动机润滑系统常见故障诊断流程。
- 具备诊断和排除汽油发动机润滑系统油液不足、机油压力低、机油警告灯亮等故障的能力。
- 具备检测发动机润滑系统元件性能参数的操作技能和判定其性能的能力。

【案例引入】

一辆骐达轿车，行驶里程有 97 656 km，在冷车时偶尔会出现急加速时闪亮机油压力警告灯，最近出现热车时机油灯间歇性点亮的故障。检查过车辆机油量充足，机油质量正常，如何排除机油灯间歇性点亮这个故障？

任务 1　发动机机油警告灯点亮的故障原因分析

一、任务导入

认识发动机机油警告灯点亮的故障现象，分析故障原因及部位。

二、知识准备

发动机润滑系统对发动机正常工作起至关重要的作用，若润滑系统出现故障，各运动副摩擦表面将得不到良好的润滑、散热及清洗，必然会加速零件的磨损，影响发动机正常工作，降低发动机的使用寿命。

发动机润滑系统的布置如图 7-1 所示。

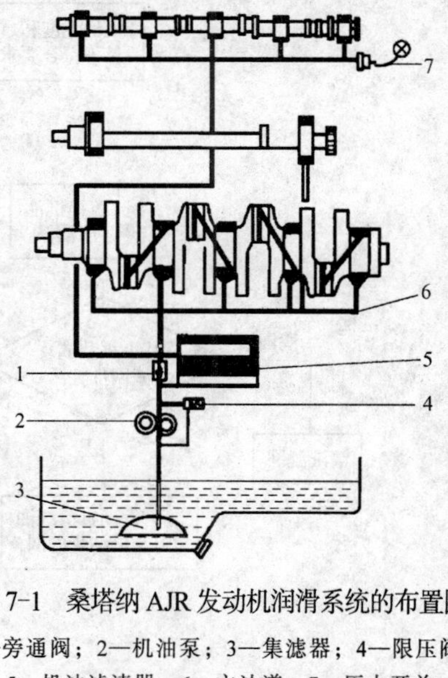

图 7-1　桑塔纳 AJR 发动机润滑系统的布置图

1—旁通阀；2—机油泵；3—集滤器；4—限压阀；5—机油滤清器；6—主油道；7—压力开关

发动机润滑系统的常见故障有机油压力过低、机油压力过高、机油消耗异常、机油变质等。

当系统故障出现，导致机油压力异常，机油警告灯点亮、蜂鸣器报警，此时应及时停车检查发动机润滑系统工作情况，排除故障后才可继续行驶，否则可能造成发动机曲轴抱瓦等故障。

故障原因与部位如下：

（1）机油油面过低，机油黏度低。

（2）机油变质或混入燃油、冷却液等。

（3）机油压力表或传感器失效。

（4）机油泵损坏或内部零件磨损。

（5）限压阀调整不当或限压阀失效。

（6）机油集滤器滤网堵塞。

（7）发动机各轴颈轴承配合间隙过大或机油油路、管路严重泄漏。

三、任务实施

引导问题 1：你检查的故障车辆是否具有机油量警告灯？机油压力警告灯与机油量警告灯的区别在哪里？

引导问题 2：如果机油警告灯点亮，按故障树诊断法分析，最上层的原因可以分为____、___两方面。

引导问题 3：造成机油压力过低的原因：油道堵塞、油量太少、________、________等。

任务 2 制定发动机机油压力警告灯报警故障诊断方案

一、任务导入

制定针对实训故障车辆的机油压力警告灯点亮的故障诊断方案。

二、知识准备

一般发动机润滑系统机油压力警告灯点亮时，可按图 7-2 所示流程进行检测与诊断。

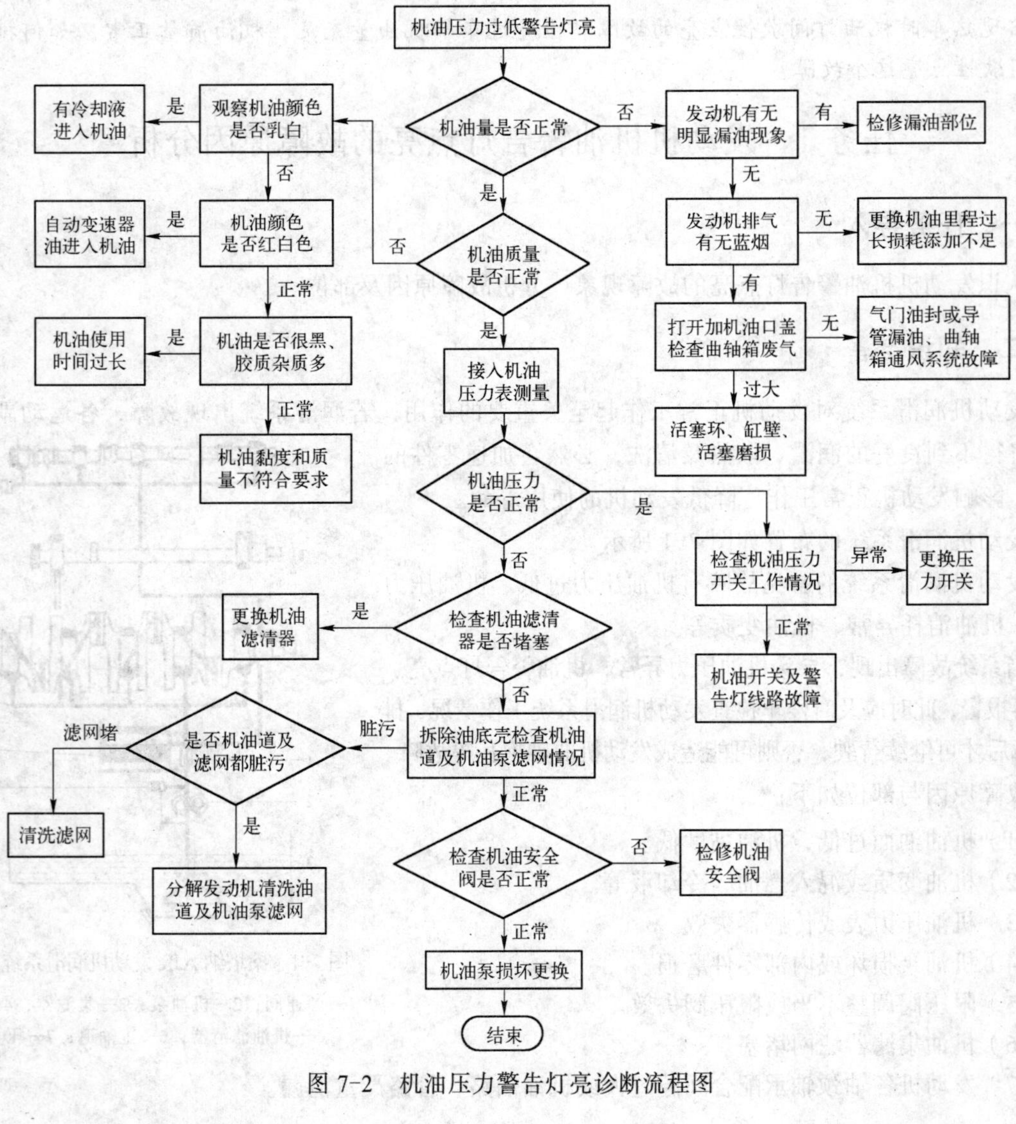

图 7-2 机油压力警告灯亮诊断流程图

三、任务实施

结合实训车辆实际故障现象及自己设备工具情况等，画出该车故障诊断的流程图。

任务 3　发动机机油警告灯点亮的故障诊断与检测方法

一、任务导入

按任务 2 的诊断流程，实施故障诊断步骤：机油质量的检查、并接入机油压力表，测量机油压力，分析其是否正常，同时分析机油压力传感器电路，掌握机油压力传感器及其电路的检测方法。如果机油压力偏低，拆下油底壳，检查机油泵滤网和油道是否脏污，并检测判断油泵性能。

二、知识准备

（一）机油压力的检测方法

1. 检查机油油位

启动发动机至暖机，然后停车 5 min 后，检查油位应在“L”和“F”之间。如果过低，检查泄漏情况，并加机油至“F”标记。注意：切勿加机油超出“F”标记。

2. 检查机油质量

（1）检查机油是否变质、进水、变色、变稀。

（2）如果质量明显地较差，更换机油。机油等级：API 标准“SJ”级和“SL”级以上。

（3）用 SST 09816-30010 拆下机油压力开关，如图 7-3 所示。

（4）安装机油压力表，如图 7-4 所示。

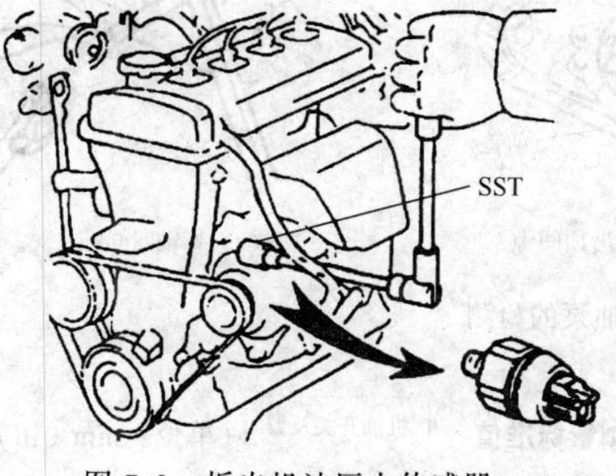

图 7-3　拆出机油压力传感器

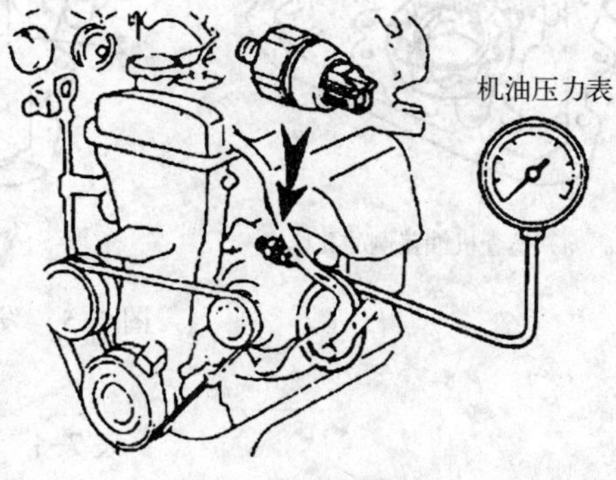

图 7-4　安装机油压力表

（5）启动发动机至暖机。注意：让发动机暖机至正常的工作温度。

（6）检查机油压力，怠速时油压高于 49 kPa；转速在 3000 r/min 时油压 294～539 kPa。

（7）重新安装机油压力开关。

① 拆下机油压力表。

② 在机油压力开关的第 2 道或第 3 道螺纹上涂胶黏剂，安装机油压力开关，拧紧力矩为 15 N·m。

③ 启动发动机检查泄漏情况。

3. 机油压力检测与诊断

（1）拆下机油压力传感器，装上机油压力检测表，若油压达到规定值，而机油压力表指示油压过低（或机油警告灯不灭），说明机油压力传感器或机油压力表故障。换上新的机油压力传感器，启动发动机并怠速运转，若机油压力表指示正常，则机油压力传感器故障；若故障依旧，表明机油压力表故障。

（2）若机油压力检测表指示的油压低于规定值，则为主油道或机油泵故障。将机油压力表安装在气缸体主油道机油压力传感器位置上，启动发动机，检测机油压力。若机油压力仍高于规定值，说明滤清器至主油道有堵塞或限压阀故障；当机油压力变化不大且较低，拆下限压阀清洗，在弹簧后端面加装垫片后重新进行压力检测，若机油压力明显提高，说明限压阀故障。

（3）加装垫片后压力仍偏低，应拆下油底壳，检查集滤器是否堵塞、曲轴轴承和连杆轴承配合间隙是否过大，若过大，应加以修复。

（4）以上检查均正常，说明故障为机油泵磨损过甚。

（二）机油泵检查

拆出机油泵后，应先检查滤网是否脏污堵塞，如不堵塞，应按如下步骤检查机油泵情况（以日产阳光 2.0 车型为例）。

（1）如图 7-5（a）所示，注意检查是否按机油盖侧的冲孔标记安装内转子和外转子。

（2）如图 7-5（b）所示，分别检查外转子与壳体间的径向间隙、内转子到外转子之间的齿顶间隙，应如表 7-1 所示。

（3）如图 7-5（c）所示，分别检查外转子与外壳的轴向间隙和内转子到壳体铜焊部位的间隙值，均应符合表 7-1 所示范围。

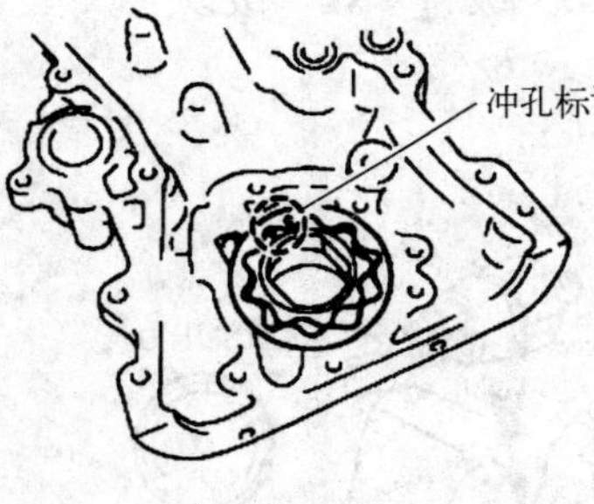

（a）检查机油盖侧冲孔标记

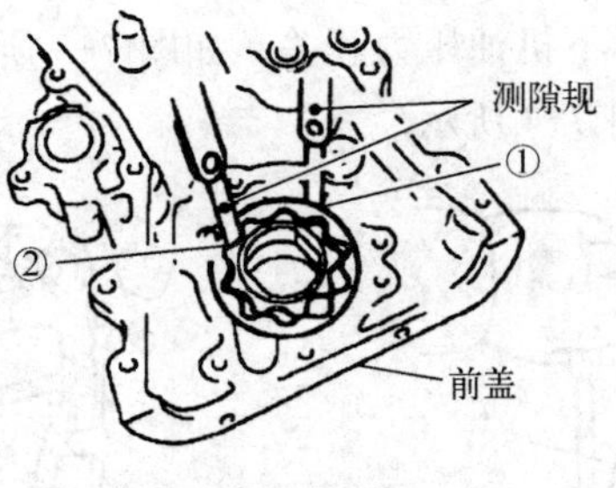

（b）测径向和齿顶间隙

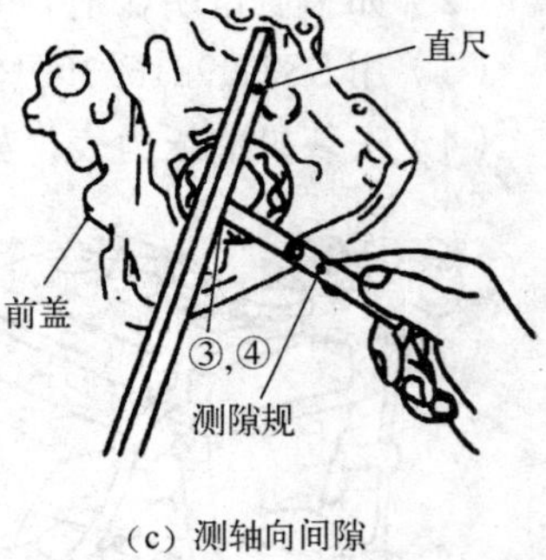

（c）测轴向间隙

图 7-5 发动机机油泵的检测

表 7-1 机油泵测量标准值 单位：mm（in）

壳体到外转子的径向间隙①	0.114～0.200（0.0045～0.0079）
内转子到外转子齿顶的间隙②	小于 0.18（0.0071）
壳体到内转子间隙③	0.050～0.090（0.0020～0.0035）
壳体到外转子轴向间隙④	0.050～0.110（0.0020～0.0043）
内转子到壳体铜焊部位的间隙⑤	0.045～0.091（0.0018～0.0036）

三、任务实施

引导问题 1：对故障车辆机油质量情况进行检查，发现机油是否正常？

引导问题 2：接入机油压力表，在冷车状态下，检测怠速时压力为__________，2000 r/min

时压力值为________。当发动机达到正常工作温度时，检测得怠速时压力为__________，2000 r/min时压力为___________。据此可以判断，发动机机油压力是否正常？一般情况下，热车时机油压力会比冷车时机油压力要________（低/高）？为什么？

引导问题 3：如果机油压力低，应先观察_________，再测量机油压力。如果机油压力正常，可能机油压力警告灯报警的原因是_____________、__________、___________。如果机油压力低于正常值，应逐步执行以下检测步骤：检查机油压力阀、__________、___________。

任务 4　关联故障的诊断与案例学习

一、发动机润滑系统其他常见故障诊断

1．机油压力过低

1）故障现象

发动机在正常工作温度和转速下，机油压力表读数低于规定值或发动机工作时机油压力报警灯点亮。

2）故障原因

（1）机油压力表或机油压力传感器失准，传感器线路接触不良或有断路。

（2）机油变质，黏度过低，机油中漏入汽油、水。

（3）机油油面过低。

（4）机油泵磨损严重，供油能力下降。

（5）机油集滤器、机油滤清器堵塞。

（6）机油限压阀调整不当、关闭不严或弹簧折断。

（7）机油管路有泄漏之处。

（8）曲轴主轴承、连杆轴承或凸轮轴承磨损松旷、轴承松动、轴承合金脱落或烧损。

（9）发动机过热。

3）故障诊断

（1）检查机油油面是否过低、机油是否变质，黏度是否过低。

（2）检查机油压力指示系统是否正常。先检查油压表与传感器的连接状况，若正常，拆下传感器导线，打开点火开关，使导线与机体搭铁。若油压表指针急速上升，说明油压表良好。若油压表指针不动或微动，说明油压表失效。若油压表良好，应检查传感器的工作性能。

（3）检查机油滤清器的滤芯、旁通阀是否堵塞，机油滤清器是否漏油等。对于外装式限压阀，进行必要检查和调整。

（4）拆检机油泵，检查机油泵齿轮副的端面间隙、径向间隙和啮合间隙，并进行油压、泵油量等性能检测。

（5）检查曲轴主轴承和连杆轴承、凸轮轴轴承等配合间隙。

2．机油压力过高

1）故障现象

（1）检查机油压力超过 0.40 MPa。

（2）机油警告灯闪亮且蜂鸣器响。

2）故障原因

（1）机油黏度太大或机油温度偏低。

（2）曲轴箱通风阀（PCV 阀）堵塞。

（3）机油滤清器滤芯堵塞且旁通阀开启困难。

（4）限压阀调整不当或卡滞。

（5）润滑油道、气缸体主油道堵塞。

（6）曲轴、凸轮轴各轴颈与轴承配合间隙太小，增加了机油流动的阻力。

（7）机油压力表、机油压力传感器及机油压力指示装置失效。

3）故障诊断与排除

（1）拔出油尺检查机油黏度。若黏度过大，应予以更换。

（2）拆下曲轴箱通风管检查 PCV 阀是否堵塞，若堵塞说明机油压力偏高是因曲轴箱通风不良引起的，应更换 PCV 阀。

（3）拆下机油压力传感器，装上机油压力检测表。启动发动机，并怠速运转，观察机油压力检测表读数。

① 若机油压力达到规定值，说明机油压力传感器或机油压力表故障。换上新的机油压力传感器，启动发动机怠速运行，若机油压力表指示正常，则机油压力传感器故障；若机油压力依旧，则为机油压力表故障。

② 若机油压力高于规定值，拆下旁通阀取出旁通阀弹簧，启动发动机怠速运行。若油压正常，说明机油滤清器堵塞，旁通阀开启困难导致压力过高；若故障现象依旧，将限压阀调整螺栓旋出少许，若机油压力降低，说明限压阀调整不当。

（4）在气缸盖主油道上安装压力表检测机油压力，若机油压力过低，到气缸盖间有堵塞，应予以修复。

（5）对于大修后或新装配的发动机，转动曲轴应感觉其旋转灵活，若转动曲轴时感觉沉重，则说明是由曲轴装配过紧引起的机油压力偏高。

3. 机油消耗过大

1）故障现象

机油消耗超过 0.1～0.5 L/100 km，排气管冒蓝烟，积炭增加，火花塞油污现象严重。

2）故障原因

（1）活塞、活塞环、气缸严重磨损，间隙过大，窜机油。

（2）活塞环装配不正确（活塞环的开口没有错位或错位不当），环位错装，环槽间隙过大，有泵油现象。

（3）气门杆油封失效，气门导管磨损。

（4）机油滤清器、空气压缩机等各部位的油封或密封垫损坏导致漏油。

（5）曲轴箱通风阀失效，箱内温度过高。

（6）气门室盖、油底壳、放油塞、正时齿轮（链轮、带轮）、曲轴前后油封、凸轮轴油堵。

3）故障诊断

（1）检查发动机上是否有机油泄漏痕迹。若有机油泄漏，在清洁好发动机外部油污后，启动发动机，观察泄漏情况，或往发动机润滑油中加入荧光检漏剂，用荧光检漏仪检查机油泄漏部位。

若有泄漏应予以修复。

（2）试车检查，使发动机加速运转，查看排气管是否冒蓝烟，若排气管冒蓝烟，说明有机油窜入燃烧室。此时应进行以下检测：

① 检测缸压，若缸压过低，同时加机油口也脉动冒烟，说明气缸活塞组磨损过大、密封不良导致气缸串油。向气缸内注入少量机油，再次测量气缸压力，若缸压明显升高，可确诊是气缸活塞组密封不良。

② 若缸压正常，但排气管冒蓝烟，加机油口无脉动冒烟现象，表明故障可能在气门导管处，应检查气门与气门导管间隙是否过大、气门油封是否失效等。

③ 检查 PVC 阀是否损坏或粘结不能正常工作。

4．机油变质

1）故障现象

机油呈深黑色或黄褐色，机油油面升高，泡沫多或出现乳化现象，用手指捻磨，无黏稠感，发涩或有异味，滴在白试纸上呈深褐色，无黄色浸润区或黑点很多，就表明机油已变质，需及时更换机油。

2）故障原因

（1）机油使用时间过长，未定期更换，高温氧化使机油变质。

（2）活塞和气缸间隙变大，活塞环漏气，燃油下泄量大，稀释机油。

（3）气缸垫密封不严或气缸体、气缸盖有裂纹，造成冷却液漏入曲轴箱使机油变为乳白色。

（4）曲轴箱通风不良，机油中混杂有废气中的燃油，使机油变质。

（5）机油滤清器堵塞，机油未经过滤而直接通过旁通阀，润滑短路，造成机油内杂质过多。

（6）机油泵磨损，供油能力下降。

3）故障诊断

（1）检查机油是否使用时间过长，未定期更换。

（2）检查机油中是否有水分，进而检查冷却系是否有裂纹。

（3）检查机油滤清器滤清效果是否良好。

（4）检查曲轴箱通风阀是否失效。

（5）检测气缸压力，判断气缸活塞组是否漏气窜油。

二、故障诊断案例

案例 1　红旗 CA7220E 轿车机油滤清器向外喷机油故障诊断与排除

1．故障现象

经检查该车发动机从机油滤清器底座处向外喷机油，开始认为是机油滤清器没拧紧，就用铁制机油滤清器扳手将其拧紧。一天后又从机油滤清器往外喷油，经检查是从机油滤清器扳手拧紧的印痕上喷出的，以为是扳手将滤清器拧伤了，于是更换了机油滤清器和机油，但机油还是从机油滤清器处喷出。

2．故障诊断与排除

机油滤清器接连向外喷机油，经检查机油滤清器其质量可靠、机油滤清器底座螺纹良好，只需稍用力就可将滤清器拧紧。该车机油滤清器应用各种方法拧紧，以免往外喷机油，这种现象的产生可能是润滑系统压力过高所致。

造成机油压力过高的原因有：

① 机油黏度过高。

② 机油滤清器堵塞或旁通阀卡死。

③ 发动机曲轴轴承、连杆轴承或凸轮轴轴承间隙过小。

④ 润滑油道堵塞。

⑤ 机油泵限压阀卡滞。

该车先后更换了机油和机油滤清器，分析机油和机油滤清器应该没问题，发动机一直工作正常，曲轴轴承、连杆轴承、凸轮轴轴承间隙只能变大，不可能变小。

将机油滤清器拆下，用压缩空气对准润滑油道口吹，感觉油道无堵塞；判断故障可能出在机油限压阀。检查机油限压阀，拔下限压阀的开口销，取出弹簧帽和弹簧，却不能将柱塞取出，发现柱塞卡滞在里面。由于机油限压阀卡滞，引起机油压力过高，使机油从机油滤清器底处喷出。设法将其取出，清洁并润滑后装复，故障排除。

案例 2 桑塔纳 LX 型轿车，超过一定车速行驶时，机油压力报警灯闪烁

1．故障现象

驾驶员反映，轿车在 80 km/h 以内运行一切正常，但超过此车速时机油压力报警灯闪烁、报警器鸣叫，随之发动机出现异响。

2．故障诊断与排除

根据故障现象和维修经验分析，判定这是润滑系统故障。拆下两个部位的高压传感器和低压传感器，分别装上油压表进行直观检测，将发动机转速从 800 r/min 提高到 4 000 r/min，机油压力表从 0.1 MPa 上升到 0.4 MPa，两个表均无断油现象。拆下油底壳对机油泵进行检测，重新调试机油泵限压阀压力，装复试车故障依旧。拆电器，检查与机油泵连接的传动机构，也正常。

将车辆举升后，仔细检查润滑系统各连接油管及接头无泄漏和损坏现象，但发现油底壳中部向内凹进。判断这个故障可能是由油底壳变形引起的。放掉机油，卸下油底壳，将内凹部敲平，装复后加机油试车，故障消除。

3．故障原因分析

发动机油底壳被撞凹，致使集滤器油底壳之间间距变小。当发动机低速运转时，润滑油供应勉强够用。而在发动机高速时，由于受集滤器与油底间距小的影响，供油量不足，油压低于规定值，致使仪表板上棚高压报警灯闪亮，蜂鸣报警器鸣响。

案例 3 桑塔纳 LX 型轿车发动机排气管冒蓝烟故障诊断与排除

1．故障现象

驾驶员反映，近来发动机费机油，排气严重冒蓝烟。

2．故障诊断与排除

排气管冒蓝烟是发动机烧机油典型特征，故障原因主要有：

① 气缸、活塞、活塞环磨损过甚或损坏。

② 曲轴箱通风不好。

③ 气门与导管配合间隙过大或气门油封失效。

打开发动机舱盖，启动发动机怠速运转，拧开加机油盖，观察曲轴箱排气情况，不严重。检

查发动机中、高速运时的工作情况，基本正常，但排气管冒蓝烟严重。

检查气缸压力，基本正常。经询问，驾驶员反映前几天暖风水管漏水，散热器开过锅。于是判断故障可能为气门封失效所致。拆下发动机气缸盖，取下气门，检查发现气门油封发硬，没有弹性，更换一组新气门油封后试车，尾气无蓝烟冒出，工作一段时间检查发动机机油消耗正常。

3．故障分析

发动机运转正常，说明气缸、活塞、活塞环等零部件工作正常，尾气冒蓝烟严重，说明发动机烧机油。驾驶员反映发生故障前水箱曾开过锅，散热器开锅后，导致发动机过热，使气门油封受热、老化变硬，密封性能下降。可以推断故障是因发动机过热引起气门油封老化所致。检查换来的气门油封发现其变硬失去密封作用，进一步验证了故障原因是机油顺气门杆沿导管的缝隙钻入气缸，造成烧机油冒蓝烟。

思　考　题

1．说说机油故障警告灯常亮和一直不亮故障的可能原因。

2．试述机油压力警告灯常亮的故障诊断的方法。

3．如果发现机油量减少的很快，应如何进行检查？

4．当发现机油有变成乳白色现象应如何处理？

模块三　柴油发动机故障诊断

项目 8　传统柴油发动机不能着车的故障诊断

【学习目标】

- 会描述传统柴油发动机的结构特点及其常见故障现象的特点。
- 能分析柴油发动机不能着车（启动困难）的常见故障原因及部位。
- 能结合车型特点和故障征兆制定柴油发动启动困难、不着车的故障诊断方案。
- 会根据维修手册，对传统柴油发动机低压油路系统故障进行检修。
- 能检测柴油机高压泵喷油时间和供油时间，检测喷油器的工作情况是否正常，熟悉高压油泵和调速器的检修方法和要点，并正确调整怠速和高速限止螺钉。
- 能将本次诊断排除的故障编写成案例或技术公报。

【案例引入】

小张购买的长城皮卡柴油车，用了几年了一直都没问题，但最近天气变凉后，着车有些困难，今天早上启动了好几次也没能将车打着，于是打电话找维修厂过来排障。不能着车的可能原因是什么？应该如何排查？

任务 1　柴油机不能着车故障分析与诊断流程制定

一、任务导入

描述柴油机不能着车的几种典型故障特征，结合柴油发动机工作原理分析造成故障现象的直接原因以及故障部位。

二、知识准备

（一）柴油发动机工作特点

柴油机的工作过程同汽油机相似，不同的是，柴油机是利用柴油的自燃能力而发火，压缩的是空气，其压缩比比汽油机大。柴油是采用高压高速喷雾的方法喷入高压高温的气缸，形成混合气后燃烧而做功的。

柴油发动机常见的燃油供给系统有两种不同形式，图 8-1 所示是轴向压缩式分配泵燃油供给系统；图 8-2 所示是柱塞式喷油泵燃油供给系统。主要区别在于喷油泵的结构与工作过程不同，检测时如遇到输油泵燃油供给正常，但高压喷油管路压力不足或喷油时间不准确等故障情况时，需检查喷油泵的工作性能，应注意其结构与工作原理具体分析故障原因与部位。

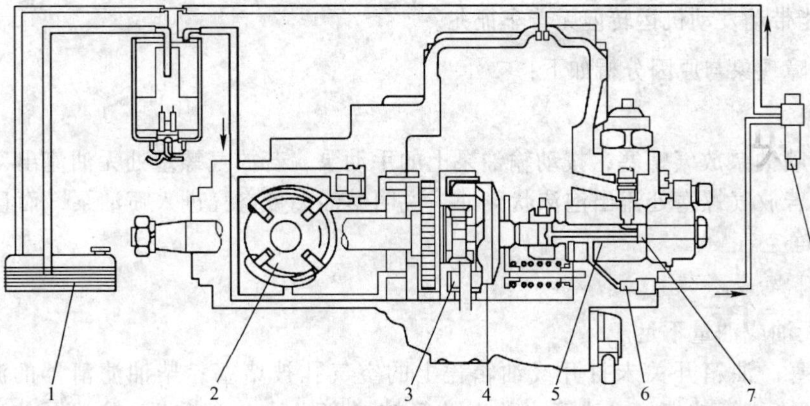

图 8-1　轴向压缩式分配泵供油系统

1—油箱；2—输油泵；3—滚轮；4—凸轮盘；5—转子；6—出油阀总成；7—高压泵；8—喷油器

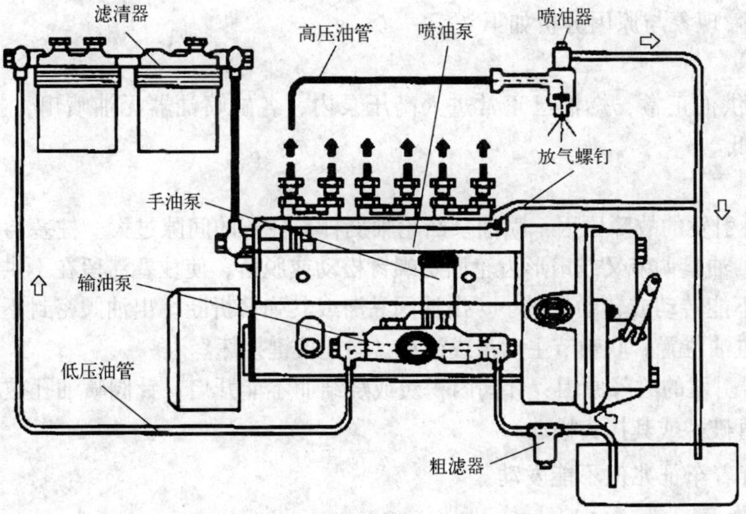

图 8-2　柱塞式喷油泵燃油供给系统

（二）柴油发动机燃料系统常见故障现象

柴油机燃料系的常见故障，按其外部症状不同可分为难以启动、工作粗暴、飞车、转速不稳、发动机动力不足，并伴随排黑烟、排白烟、排蓝烟、发动机爆震等。因各种机型的结构特点不同，故障原因也有所差别，主要与柴油发动机压缩终了时的汽缸压力、缸内温度、喷油量及雾化质量、喷油正时等有关。

（三）柴油发动机不能着车故障现象与原因分析

柴油机不能着车的常见故障现象主要有两种：一种是启动机能带动发动机运转，但发动机无发动征兆。其故障实质是燃油未进入燃烧室，或启动转速过低；另一种是启动机能带动发动机运转，发动机有发动的征兆，但不能发动。其故障表现为在启动机运转时发动机有排黑烟或白烟，但发动机不能发动，或者启动机一停止运转发动机就熄火。这两种常见的故障现象，前者多为低压油路和高压油路工作不良所致；后者则表示有一定量的柴油进入气缸，但压燃的条件不足，低压油路影响不大，多为高压油路喷油雾化不良、喷油量不足或喷油正时不准确，气缸压力不足，进、排气系统配气正时不准确或堵塞等原因造成的，诊断时，应首先确定故障出自哪一部分。

1. 启动机能带动发动机运转但无着车征兆

低压油路故障现象与原因分析如下：

1）故障现象

当人为松开喷油泵放气螺塞，按动输油泵上的手动泵，若放气螺塞处无油流出，说明燃油没有进入喷油泵；若放气螺塞处流出泡沫状柴油，说明燃油夹带空气进入喷油泵，而且长时间按动手动油泵不能排净空气。

2）故障原因

① 油箱内无油或油量不足。

② 油路堵塞：油箱开关未打开或油箱盖上的空气孔被堵塞；柴油滤清器的滤芯被堵塞；油箱至输油泵间的油管被堵塞；油箱内的上油管被堵塞或从上部折断；输油泵的滤网被堵塞。

③ 输油泵损坏：输油泵的油阀黏滞，活塞损坏或胶圈失效。

④ 油路泄漏：油箱内的输油管破裂或松动；油箱至输油泵间的油管有破裂处或接头松动。

高压油路故障现象与原因分析如下：

1）故障现象

当低压油路供油正常，燃油已正常进入高压泵内，各缸喷油器无油喷出，拧松喷油器螺栓无燃油或燃油压力低。

2）故障原因

① 由喷油泵引发的故障原因：喷油泵凸轮轴挺杆与柱塞的间隙过大。柱塞与套筒偶件配合间隙过大或二者黏滞。油量调节叉或扇形齿轮固定螺钉松动或脱落，使柱塞滞留在不供油位置上。供油齿条卡滞，使柱塞不能转动或转动量过小。出油阀黏滞或其弹簧折断。出油阀密封不良或其弹簧折断。油门拉杆处于不供油位置。联轴节主动盘或被动盘的连接键损坏。

② 由喷油器引发的故障原因：针阀因积炭或烧结而不能开启；针阀喷油孔被堵塞；压力弹簧调整不当；高压油管破裂或其接头松动。

2. 发动机有着车征兆但不能发动

启动机能带动发动机，排气管大量冒烟，但柴油机不能发动。故障的实质是柴油能进入燃烧室，但由于某些原因使燃烧室内的混合气不具备压燃条件，致使喷入汽缸的柴油不能燃烧或不能完全燃烧。常见冒白烟和排黑烟两种故障现象。

（1）启动时排气管冒白烟

1）故障现象

启动时，启动机能带动发动机正常运转，但不能着火，排气管冒白烟。

2）故障原因

（1）汽缸压缩压力太低。

（2）冷启动装置不工作或发动机启动温度过低。

（3）燃油中含有过多的水分或冷却液进入汽缸。

（4）喷油时刻太迟。

（5）启动时排气管冒黑烟

1）故障现象

启动时，启动机能带动发动机正常运转，但不能着火，排气管冒黑烟。

2）故障原因

（1）喷油时间过早。

（2）燃油质量低劣或受污染。

（3）空气滤清器及进气道堵塞。

（4）喷油泵柱塞、挺杆、凸轮磨损过量。

（5）喷油泵联轴器固定螺栓松动。

（6）调速器调整不当

（7）喷油器针阀黏滞不能关闭或针阀与阀座间有泄漏。

（8）喷油器压力弹簧调整螺钉松动，使喷油压力过低。

（9）个别缸不工作或工作不良。

（10）汽缸压力过低。

（四）制定诊断流程

一般柴油发动机不能着车的诊断流程应区别在发动机启动时是否具有着车的征兆，不同的启动征兆其诊断的步骤与流程并不完全一致。

图 8-3 所示为发动机无着车征兆的一般诊断流程，图 8-4 所示为发动机启动时排烟大的一般诊断流程。

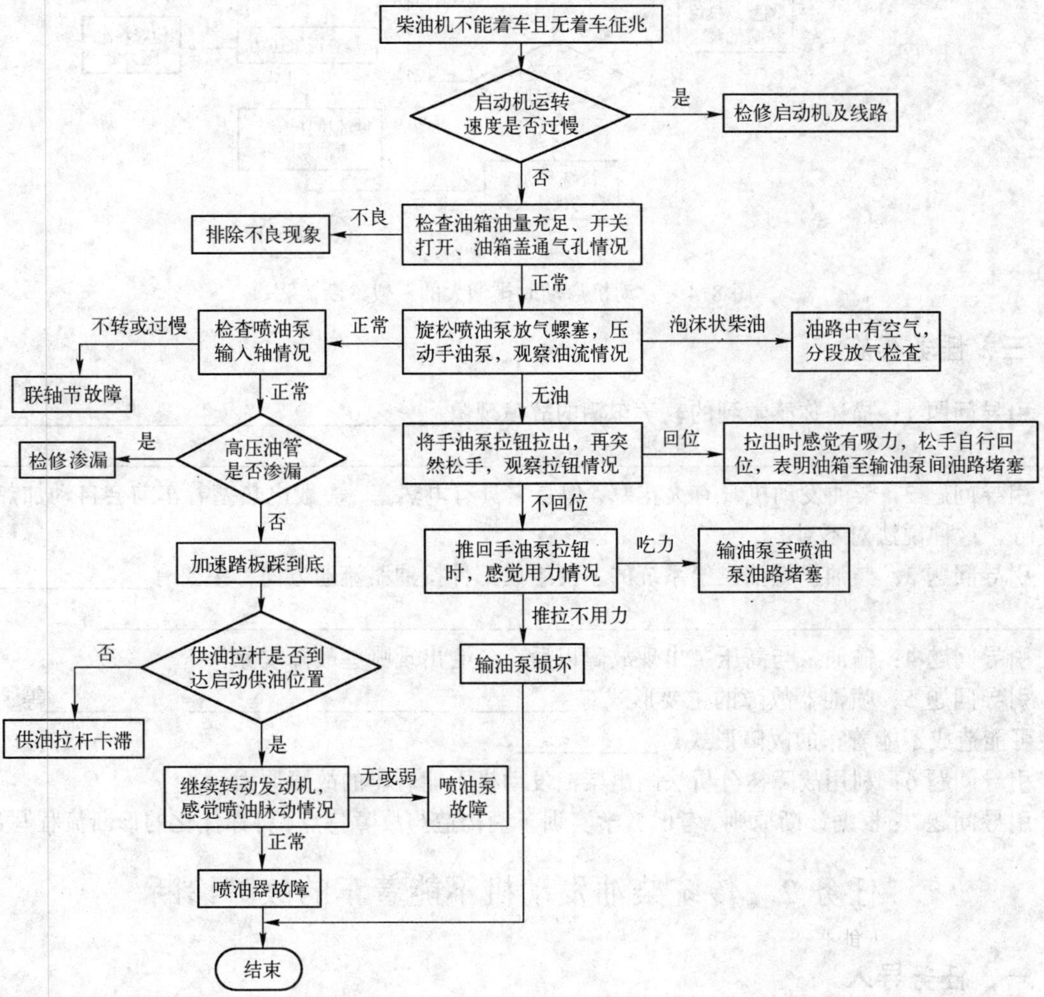

图 8-3　发动机无着车征兆的一般诊断流程

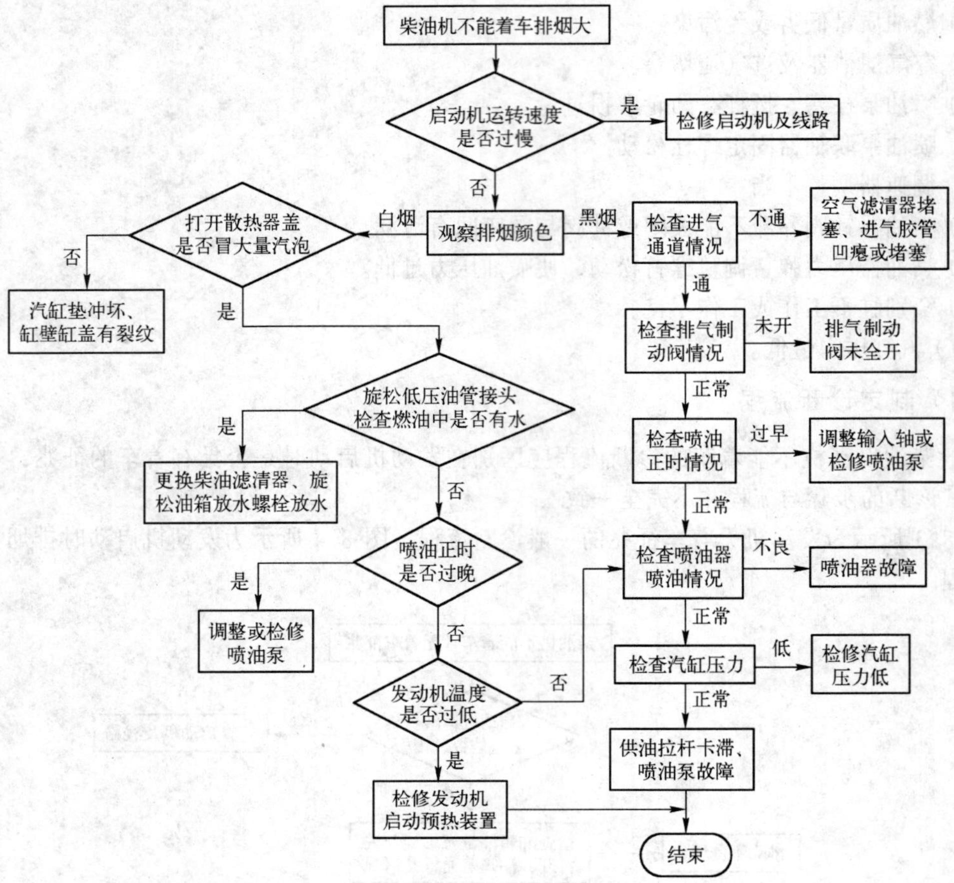

图 8-4 发动机启动时排烟大的一般诊断流程

三、任务实施

引导问题 1：描述你感觉到的教学车辆的故障现象____。

引导问题 2：柴油发动机没有火花塞，但是它具有电热塞，一般电热塞着车前会自动加热柴油机气缸，这种说法对不对？

引导问题 3：柴油机燃油供给系统的主要组成部件按油路流通方向，主要有____等。

引导问题 4：输油泵与高压泵出现故障以后，各会出现哪些故障现象？

引导问题 5：喷油器故障的主要形式有________、__________、________ 、________等，你认为最可能造成不能着车的故障形式是__________。

引导问题 6：利用故障树分析法画出柴油发动机不能着车的故障原因。

引导问题 7：根据诊断原则，考虑教学实训车辆构造与故障特点，将你优化的诊断流程写出来。

任务 2 传统柴油发动机不能着车的故障诊断

一、任务导入

依照已制定和优选的诊断流程，对故障车辆进行检测与诊断，注意各种工具设备的合理使用，对比经验诊断方法，总结输油泵、喷油器、高压泵喷油量（调速器）和喷油时间调节等原理和操作技能，在条件允许情况下进行高压泵的检测与修理。

二、知识准备

根据发动机启动时是否有着车征兆，最明显的故障特征是什么，结合所修发动机的各个系统结构特点，确定先从哪一段油路或环节着手，由简到繁，由外到内，按以下诊断方法和要求逐步检测排除，最终能找到故障原因并排除。

（一）柴油发动机不能着车的故障诊断方法

1. 柴油发动机启动时无着车征兆的故障诊断与排除

1）低压油路检查

旋松放油螺塞，观察没有燃油流出，或者燃油里有大量气泡，均表明低压油路出现故障，应按以下步骤视情进行检查。

（1）低压油路基本检查：

① 应先检查油箱开关是否打开或油箱中的存油是否足够。

② 检查柴油滤清器是否被堵塞。

③ 检查柴油低压油路有无渗漏燃油的痕迹。

④ 检查柴油标号选用是否适当及油中是否有水。

（2）输油泵测试：

拧出输油泵手动泵，扳动输油泵试验。

① 若拉出手动油泵的柱塞时明显感到有吸力，松手后泵的柱塞能自动回位，说明油箱至输油泵间的油路被堵塞；如果拉出手动油泵的柱塞感到无吸力，但下推时手感吃力，说明输油泵至喷油泵间的油路被堵塞。

② 在泵油过程中，但只有空气溢出，或带有少许油泡，则故障为油箱中存油量杯不足或油管严重漏气。

③ 拆下输油泵进油管接头，关闭油箱开关，往油箱方向吹气，依次用肥皂水抹上各油管接头，若有气泡，说明油管接头漏气。

④ 如果油管路检查正常，如图 8-5 所示，拆下输油泵检测油泵的吸油能力、供油压力、供油量、密封性等工作性能，若油泵性能较差应更换。对于分配式喷油泵燃油系统。应拆下燃油细滤器进油管接头，接上燃油压力表，接通启动开关测试方法使输油泵工作，检测油泵出油压力（大于 21 kPa）及封闭压力（40～50 kPa），如果压力过低或无压力应更换输油泵。

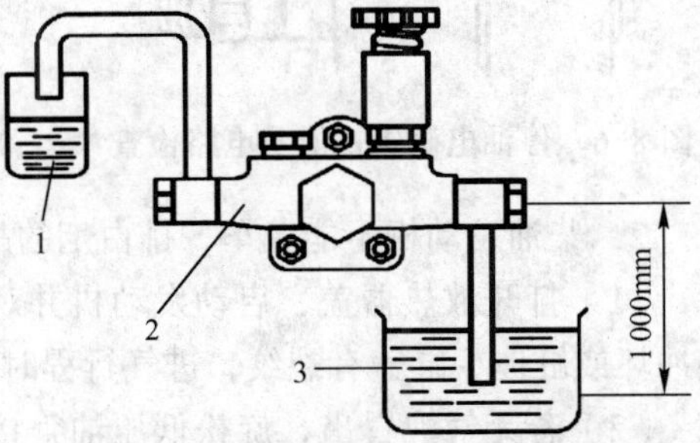

图 8-5　柱塞式输油泵测试方法

1—油杯 A；2—输油泵；3—油杯 B

⑤ 如果上下拉动输油泵柱塞均无正常的阻力，说明手动泵失效，应检查输油泵出油阀是否粘滞或不密封以及弹簧是否折断或活塞是否损坏。

2）高压油路故障诊断与排除

若放气螺钉处有大量燃油冒出，拧紧放气螺钉后将高压油管接头拧松，启动发动机，观察高压油管接头处是否有油喷出。若高压油管接头处无油喷出，说明故障在高压油路。

（1）接通点火开关，启动发动机，查看喷油泵输入轴是否转动，联轴节是否连接可靠。

（2）检查联轴节有无断裂，半圆键是否完好。如果喷油泵凸轮轴不转，说明轴已断裂。同时检查喷油泵各连接机构工作是否可靠。

（3）检查高压油管有无漏油，并旋松各缸高压油管接头以排空气。

（4）检查供油调节拉杆是否移动灵活（有的车可拆下油泵侧盖），柱塞弹簧是否折断而卡住或柱塞卡在上行位置。

（5）检查拨叉式油量调节机构的调节叉或齿条式调节机构的扇形小齿轮固定螺栓是否松动，调节臂有无脱出。

（6）将齿杆置于最大供油位置，用螺丝刀撬动喷油泵柱塞弹簧座，做喷油动作，检查高压油路中是否有空气。

（7）对于分配式喷油泵燃油供给系统高压油路应检查停油电磁阀是否工作。打开点火开关，同时仔细倾听电磁阀是否发出“嗒”的响声。如果听不到，如图 8-6 所示拔下电磁阀导线，用万用表测量：①停油电磁阀电阻；②将点火开关打开，测量电磁阀导线电压；③用电流表检测电磁阀导线过电电流是否正常。

（8）若上述均正常，可在发动机转动时，如图 8-7 所示用手触试各缸高压油管。若有喷油脉动，说明故障不在喷油泵而在喷油器；若无喷油脉动或脉动强度甚弱，说明故障在喷油泵，应拆检喷油泵。

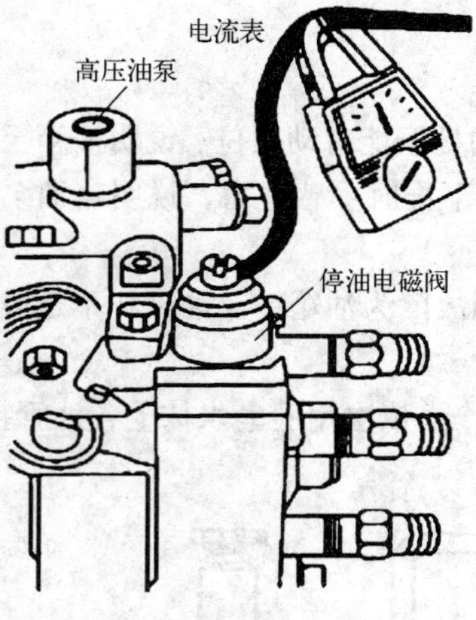

图 8-6 停油电磁阀性能及电路检查

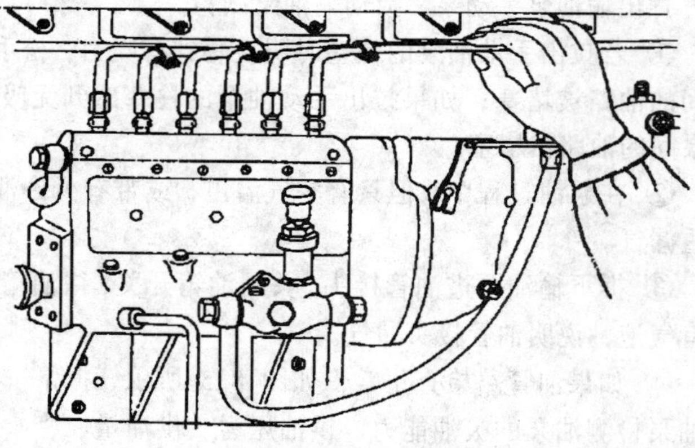
图 8-7 检查喷油脉动情况

2．柴油发动机不能着车，排白烟的故障诊断

（1）打开散热器盖，启动发动机并观察是否有大量气泡从散热器上部冒出。若有，说明汽缸垫冲坏或缸体、缸盖有裂纹，进气行程时冷却水被吸入汽缸。

（2）若无气泡冒出，旋松低压油管接头并用小托盘接油，手动泵油，检查放出的燃油中是否有水。如果燃油中有水珠，说明燃油箱内有水。应从燃油箱底部放油螺塞处将油箱内的水及杂物放尽，更换柴油滤清器滤芯。

（3）检查低温启动预热装置工作是否正常，若发现预热装置不能工作，应进行检修或更换新件。

（4）若在启动发动机时稍将加速踏板再踩下一点，发动机就能顺利启动，则故障为启动油量不足或怠速调整过低，应对喷油泵重新进行调整。

（5）将喷油正时稍稍提前，再启动发动机。若能启动且排气烟色有所好转，说明喷油时刻太迟，应调整喷油正时。若启动后仍然排出大量白烟，加速时白烟量更大，则应检查喷油泵出油压力是否过低、喷油雾化是否不良或汽缸压力过低。

（6）若汽缸压力不足，应检查增压器工作是否正常，增压器轴是否卡滞、气门间隙是否过小或过大等。必要时，加以调整或检修。

3．发动机不能着车，排黑烟的诊断

（1）检查空气滤清器及进气管道是否畅通，视情况加以修复或更换。

（2）若柴油机伴有敲击声并排黑烟，表明放气螺钉喷油时间过早，则应检查喷油泵联轴器喷油器螺栓是否松动，键与键槽是否松旷、连接从动盘是否错位。

（3）拆下喷油器，在校验台上试验（见图 8-8）。其喷油压力、喷雾锥角及射程等应符合标准。

（4）若以上检查均正常，应检测汽缸压力，若汽缸压力过低，应检修发动机。

（5）拆下喷油泵检查柱塞、挺杆、凸轮是否磨损过量，必要时进行维修，并在油泵试验台上进行检查调试或维修。

（二）柴油发动机燃油供给系统的检修

1．喷油器的检修

1）喷油器的维护

（1）清除积炭。积炭不但容易阻塞喷孔，而且使喷油器过热，因此在维修时必须清除积炭。清除时不得使用砂布和钢刮刀，可用木制、竹制刮刀。为了除去进油孔道及孔内污垢和积炭，可将喷油器放入煤油中浸泡数小时，然后用细铜丝清除在油针或喷油孔体上的积炭（将零件放在软木板上来回摩擦）。清除了积炭的零件，需用汽油或煤油再清洗。

喷孔因为积炭脏污堵塞，可用小于喷孔的钢丝或钢针细致地清洗，并用压缩空气吹干净。

（2）针阀偶件密封性。可将油针尖端蘸少许研磨膏（氧化铬和机油），用手拿着喷油孔体套在油针上，开动电钻，进行研磨。研磨好的零件应光滑无磨痕和偏斜，然后加以仔细清洗，装复试验。

2）喷油器的检验与调整

装配好的喷油器应放在喷油器试验仪上调整，如图 8-8 所示。

喷油器试验仪的油箱内应加注用滤纸滤过的柴油，并放净空气，同时保证有良好的密封性，如将油压增至 25 MPa 后，每分钟油压的下降应不大于 2.0 MPa。喷油器检验前应用柴油仔细清洗，并检查针阀偶件的灵活性，拧动油针应均匀而无咬卡现象。

（1）喷油压力的检验和调整。将喷油器接装在试验台高压油管上。用手泵检查喷油压力，压力表应与原厂规定数值相符。如 6120 柴油机喷油泵压力为（17.5 ± 0.3）MPa 时应开始喷油。如压力过高或过低，拧松喷油器上端固定螺母，然后拧动调整螺钉或在弹簧两端增减垫片进行调整，改变调压弹簧对顶杆的压力达到正常的喷油压力。如压力不够，可旋入调整螺钉或加垫片；若压力过高，则旋出调整螺钉或减垫片。调好后应拧紧固定螺母。

（2）喷油器针阀密封性试验。拧动调整螺钉使调压弹簧的压力略高于喷油器标准喷油压力。压动泵油手柄，使油压升至 20 MPa，测量油压从 20 MPa 下降到 18 MPa 所用时间，应不少于 9～12 s，否则表明偶件密封性不好。当喷油器偶件密封不好油压下降较快时，若喷孔周围出现明显油滴，表明针阀锥面密封性不好，没油滴则是圆柱体密封性不好。

（3）喷油器喷油质量的检验。在标准压力范围内，以每分钟 60～70 次的速度摇动手柄，观察喷油器喷射出来的柴油必须是均匀的雾状物，没有肉眼可见的油流或油滴，发出清脆的响声为正常，如图 8-9 所示。停止喷油后立刻检查喷油器，应无成滴油珠。

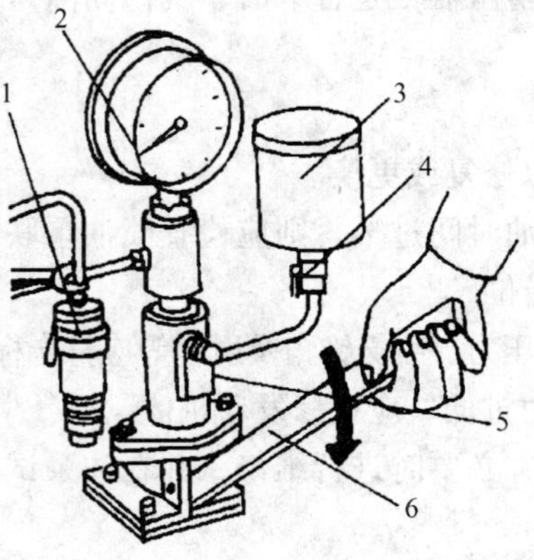

图 8-8 喷油器的检验

1—喷油器；2—压力表；3—油壶；4—开关；5—喷油泵；6—手摇柄

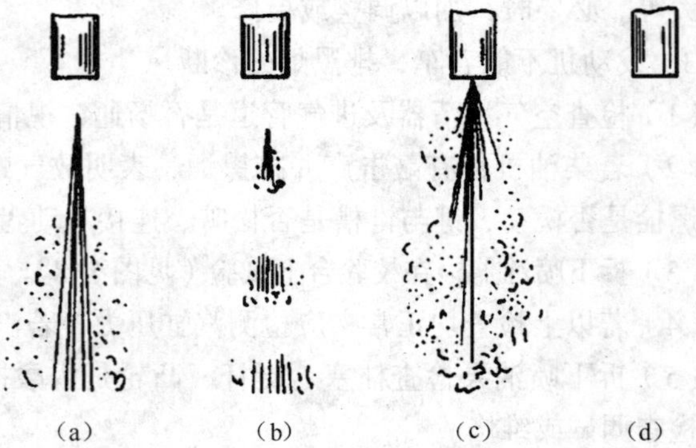

图 8-9 喷油器喷油质量检查

在喷油器喷油时观察喷油角度，轴针式喷射的角度一般为 45° ±3°，喷射角度的偏差不大于 3°。检查方法是将纸屏放在喷油嘴下面相距 200 mm，经过一次喷射后，在纸屏上的圆形油渍的直径应为 165 mm，这个尺寸与标准的喷射角度（45°）正相符合。多孔针阀式则应注意各个喷孔喷油的均匀情况，油渍和喷孔数相符，各个油渍的形状与范围应相似。

2. 供油正时检测

柴油喷入气缸后过一段时间（称着火落后期）才能燃烧；喷油泵向喷油器供油时，由于高压油管的弹性变形、压力的升高和传递过程均使喷油器喷油的时刻滞后于喷油泵供油的时刻。因此，要使活塞在通过压缩行程上止点附近气缸内出现最高爆发压力，以获得最佳燃烧效率，喷油泵必须在上止点前开始供油。

供油正时指喷油泵正确的供油时刻，可用供油提前角表示。供油提前角则指喷油泵的柱塞开始供油时，该缸活塞距压缩行程上止点所对应的曲轴转角。任何柴油机通常都有喷油提前角和供油提前角，但喷油提前角和供油提前角不同，一般喷油提前角与供油提前角间隔相差 8° 左右，在修理中，大都是检验供油提前角以察知供油时间是否正确。

供油提前角的大小对柴油机的工作性能有很大影响，它与喷油方法、燃烧室形状、压缩比、曲轴转速、燃油质量等有关。供油提前角过大时，气缸内燃油的速燃期在上止点前发生，活塞到达上止点前，气缸内压力升高速率过大或出现压力峰值，将使发动机工作粗暴、功率下降、油耗增加、怠速不良、加速不灵及启动困难；当供油提前角过小时，气缸内燃油的速燃期在活塞越过上止点下行后逐渐发生，将使爆发压力峰值降低，也会使发动机功率下降、油耗增多、加速无力，同时会因补燃增多而使发动机过热。供油提前角的最佳值，应能在供油量和转速一定的情况下，获得最大功率和最小油耗。

柴油机的最佳供油提前角应能随转速和负荷变化而变化。转速升高或供油量增大时，供油提前角也应相应增大。喷油泵上装有供油提前角调节器，可在初始供油提前角的基础上，随转速变化而自动调节。

对于不同型号的柴油机，其供油角亦往往不同。这个提前角应按照该机型说明书的要求进行检验和调整。

一般供油提前角的检测有人工经验检查校正、缸压法检测和频闪法检测三种方法。

1）人工经验法

检查校正步骤如下：

（1）摇转曲轴使1缸活塞处于压缩行程，当飞轮上的上止点标记与发动机外壳上的标记对准时，停止转动。

（2）检查喷油泵联轴器从动盘上的刻线记号是否与泵壳前端面上的刻线对齐，如图 8-10 所示。若二者对齐，说明喷油器供油时刻正确；若从动盘刻线位于泵壳前端固定刻线之前，则I缸供油迟；反之，则1缸供油早。

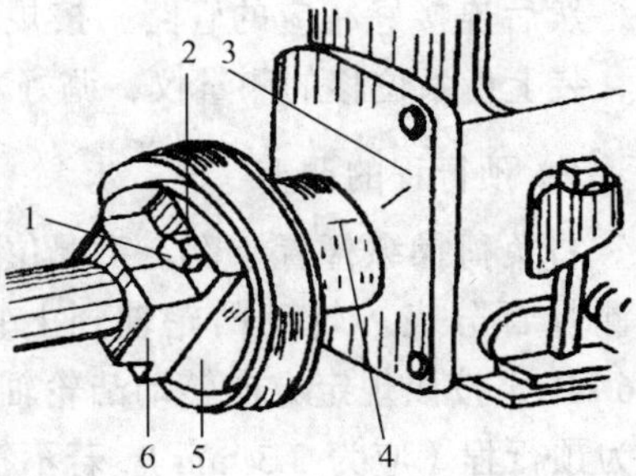

图 8-10 供油提前角人工经验检查校正

1—调整螺钉；2—调节分度线；3—标记线；4—定时刻线；5—驱动盘；6—联轴器

（3）当1缸供油过早或过晚时，松开喷油泵万向节固定螺钉，使活动记号与固定记号对齐后紧固，并启动发动机进行路试。

（4）选择平坦、坚硬的直线道路或专用跑道作为供油提前角的试验道路，待汽车走热后以最高档、最低稳定车速行驶，而后将加速踏板猛踩到底使汽车急加速。如果此时柴油机有轻微的着火敲击声，并能在短时期内自行消失，则供油提前角正确；若着火敲击声强烈，且在短时间内不能自行消失，则供油提前角太大；若听不到着火敲击声，且加速无力、排气管冒白烟，则供油提前角太小。当发动机供油提前角过大或过小时，可停车松开喷油泵万向节固定螺栓，使喷油泵凸轮轴逆转动方向或顺转动方向转动少许后固定，反复试车调试直到供油时刻正确为止。

调整时，注意驱动盘上的每一调节分度线并不等于喷油泵凸轮轴的1°，通常相当于喷油泵凸轮轴的3°。

2）缸压法

使用发动机综合检测仪，采用缸压法可快速检测发动机1缸或某缸的供油提前角，其基本原理是：用缸压传感器确定某缸压缩压力最大点（即该缸活塞上止点），用油压传感器确定该缸的供油时刻。二者之间所对应的曲轴转角即是该缸供油提前角的数值。测量时，拆下所测缸的喷油器，并在其座孔上安装缸压传感器；把油压传感器按要求串接在所测缸的喷油器和高压油管之间，使喷油器向外喷油；把发动机转速稳定在规定转速（800～1 000 r / min），根据仪器使用说明书的要求选择按键，即可在屏幕上显示出所测缸供油提前角的检测值。

3）频闪法

用频闪法制成的供油正时检测仪，其组成、结构、工作原理和使用方法，与检测汽油机点火正时的闪光正时检测仪基本相同。常见的柴油机供油正时检测仪，其油压传感器是串接在1缸高压油管与喷油器之间或外卡在高压油管上，可使油压信号转变为电信号，并触发频率闪光灯——正时灯。闪光正时灯每闪光1次表示1缸供油1次。因此，闪光时刻与1缸供油时刻是同步的。当用闪光正时灯对准柴油机1缸压缩终了上止点标记，并按实际供油时间闪光时，可以看到运转中的柴油机在闪光的照耀下，其运转部分（飞轮或曲轴传动带盘）上的供油提前标记还未到达固定标记，即1缸活塞还未到达压缩终了上止点。此时若调整正时灯上的电位器，使闪光时刻逐渐延迟至转动部分上的供油提前标记正好对准固定标记时，那么延迟闪光的时间就是供油提前的时间，经变换、处理后将其显示到正时仪的指示装置上，便可读出要测的供油提前角。

3．喷油泵及调速器的调试

喷油泵出厂前已经调好，如需调整时，一定要在专用试验台上进行。先把喷油泵装在试验台上，然后连接好相应的管路，按规定给喷油泵和调速器加好润滑油，拆下控制齿条盖和冒烟限制器，装上齿条位移的测量仪，调好零位。

1）预行程的调整

将负荷操纵杆置于额定工况位置，拆下六缸的高压油管及出油阀座、弹簧和出油阀，装上专用测量百分表。转动凸轮轴到上止点使百分表指针位于零位置，调节喷油泵低压油腔油压为156 kPa，按照规定方向转动凸轮轴，直到试验油不再从溢流管流出时，百分表的指针所指的数值即为预行程（应为 3.3 mm）。若不符合要求，可按图 8-11 所示用两扳手调整定时螺钉，逆时针转动时预行程减少。

2）柱塞与柱塞套密封性的检验

当修理喷油泵总成时，可用喷油泵试验台检验柱塞副的密封程度。

柱塞与柱塞套密封性的检查：取出出油阀和弹簧，将喷油泵试验台的出油管，接装到要检查的单泵出油管接头上。放尽油路内的空气，将柱塞固定在相当于中等供油量的角度上，并使柱塞处在压油时刻，施加油压至 20 MPa，观察油压下降至 10 MPa 时所需的时间来评定其密封性。新件下降时间应在 30 s 以上，旧件下降时间应在 20 s 以上。

3）出油阀与阀座密封性的检验

出油阀与阀座密封性以油压降落的速度来确定。它包括以下两个方面。

（1）锥形工作面的密合度。不需拆任何零部件，柱塞位于最低点处于停止位置。将试验台的出油管接装到要检查的单泵出油管接头上，放尽油路内空气。施加油压至 30 MPa，

观察下降至 25 MPa 的时间，应不少于 60 s。或让供油压力从 15 MPa 开始降落，降落速度每分钟不超过 2 MPa 为合格。

（2）圆柱（减压环）工作面的密合度。检查锥形面密合度后，取出弹簧，装上带缺口的定距环将出油阀顶起 0.20～0.50 mm，使出油阀和阀座的锥形面脱离接触，如图 8-12 所示。

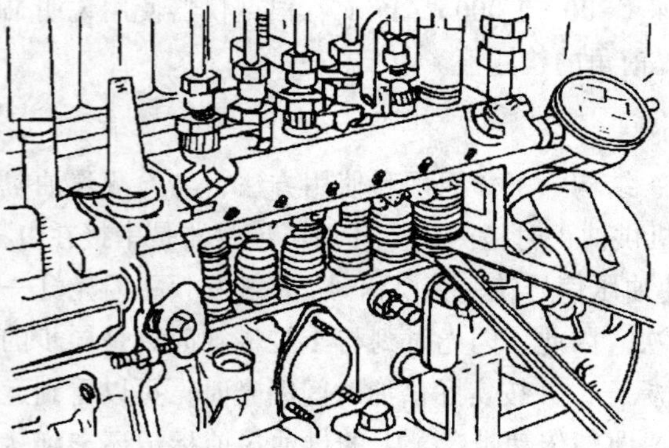

图 8-11　预行程的调整

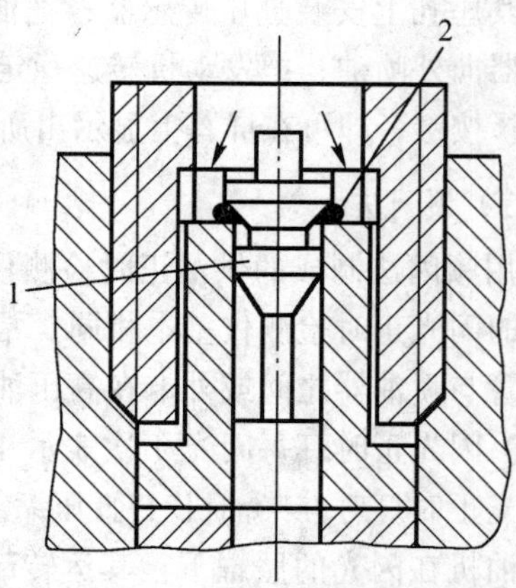

图 8-12　检查出油阀工作面密合度

1—出油阀；2—定距环

定距环将出油阀顶起 0.20～0.50 mm，使出油阀和阀座的锥形面脱离接触，施加油压至 20 MPa，观察油压下降至 15 MPa 的时间，不少于 10～15 s。

以上试验必须在相同的温度（15～20 ℃）条件下进行，同一喷油泵总成的出油阀密封性应相同。

4）供油时间间隔的检验与调整

供油时间间隔，是指各个分泵间相互供油的间隔角度。多缸柴油机喷油泵总成的各个分泵，不仅应该在规定的时刻供油，而且在依次供油时，还应当有相等的角度间隔。

一般是以喷油泵凸轮转角来表示，如四缸发动机的供油时间间隔为 90°，六缸发动机的供油时间间隔为 60°。

检验供油时间间隔，一般是检验各单个喷油泵开始供油时的间隔角度。因此，首先要检查喷油泵开始供油的时间，也就是检查油泵柱塞上升到能将柱塞套进油孔堵住的时刻。工艺程序如下。

（1）把齿杆固定于供油位置，打开油泵体上的放气螺塞，开动试验台，直至放气孔流出不含气泡的柴油，排净空气，将放气螺塞拧紧。

（2）输油泵供油压力应为 0.3 MPa。将喷油器油管接通，以便各缸油管出油。

（3）转动刻度盘，当第一缸油管停止出油，则说明该缸柱塞已上升遮盖住了进油孔，此时，即为第一缸开始供油，应记住刻度盘读数。

（4）继续转动刻度盘，同样用以上方法，按各缸工作顺序检验各单泵的供油时间间隔角度。

（5）同一发动机相邻各缸供油时间间隔角度偏差一般不得超过 ± 0.5°。当供油角度不符时，可以改变柱塞位置的高度来调整，即用柱塞挺柱上的调整螺钉来调整。旋出则提高，旋进则推迟。旋动前应先松开锁紧螺母，调整合适后应再锁紧。

5）用油溢法检验供油时间间隔

这是一种比较简单而又实用的方法，是凭目力观察喷油泵出油口是否冒出柴油而确定供油始点。工艺程序如下。

（1）用一段高压油管，一端用螺母固定在（第一缸）单泵的出油口上，另一端用橡胶管连接一段内径为 2 mm，长为 50～60 mm 的细玻璃管，如图 8-13 所示。

（2）将油泵的操纵手柄放在最大供油位置，并排除喷油泵内的空气。

（3）慢慢摇转曲轴手摇柄或用螺钉旋具撬动喷油泵柱塞使其泵油。油面上升到玻璃管内可以观察的位置时，再缓慢而均匀地转动曲轴，仔细观察。当油面刚刚发生波动开始上升的瞬间，即停止转动，此时即为该（第一缸）单泵的供油始点。

（4）按汽缸工作顺序逐一检验出各单泵的供油始点。每检验一个供油始点，即在喷油泵联轴节盘外缘或飞轮侧缘对正预先装好的指针处做出记号，以便观察供油间隔角度是否正确。

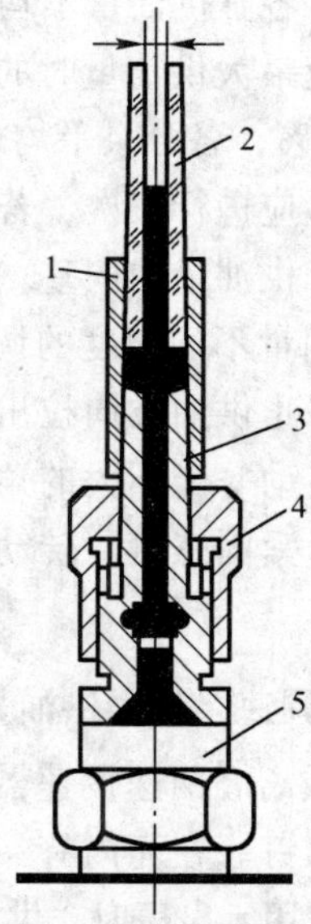

图 8-13 用玻璃管观察供油始点

1—橡胶管；2—玻璃管；3—油管接头；4—接头螺母；5—出油螺套

经过调整后，任何相邻两个分泵的开始供油时间间隔角度偏差，不应超过 0.5°～1°。

（5）若供油时间间隔不符合要求，可调节喷油泵柱塞与挺柱之间的间隙。这个间隙不一定要相等，一般应为 0.4～1 mm。对于挺柱不能调节的油泵，可调节油泵与机体之间安装垫片的片数和厚度。

供油时间间隔经过以上检验调整后，如果柱塞挺柱的调整螺钉向上旋出过多，柱塞上端面就有碰着油阀座的可能。使用经验证明，这是柱塞事故性损坏的重要原因。因此，每单缸经调整后，必须用手转动喷油泵总成凸轮轴，借此试验而避免柱塞与出油阀底座相碰撞。

6）供油量及供油不均匀度的检查与调整

检验喷油泵的供油量，主要是检验各单泵向汽缸内供油量的不均匀度是否在容许的范围内。

（1）供油量的检验。

① 在一定转速下，检查不同油量控制杆行程位置时各柱塞每喷 100 次或 200 次的供油量。一般常在 200 r/min 和 600 r/min 时检查油量控制杆在最大行程时，以及 50%行程和怠速时三种情况下的油量。

② 在油量控制杆最大的行程下，检查各种不同转速时柱塞每压油 100 次或 200 次的油量，也有规定为 400 次油量的。一般检查时的转速常采用 200 r/min、600 r/min 和 1000 r/min。

③ 在发动机上直接检验供油量。检验时，先把各个喷油器都从发动机上拆下，把喷口转向发动机外方，再紧好高压油管，将油量控制杆放在供油量最大位置，然后转动曲轴。当各个喷油器喷出的油雾都不夹杂气泡时，再在每个喷油器喷口下面放一个有刻度的玻璃容器。以 150～200 r/min 的速度转动曲轴，一定转速后（如 100 r/min），看各量杯内的油量及其供油的不均匀度。

（2）供油不均匀度的检验。

多缸柴油机各缸的供油量应尽量取得一致，但由于各单泵零件磨损程度不可能相同，很难一致。因此，将使各缸工作压力不同，而使发动机功率降低、运转不匀。其供油不均匀度控制得越小越好。

（3）各缸供油量不均匀度的差别。

高速最大供油量时的差别不超过 3%，中速供油量时的差别不超过 5%，低速供油量时的差别不超过 7%，各分泵平均供油量的差别不超过 5%。

检验应进行三次，若三次供油不均匀度超过规定，则应进行调整。

（4）供油量的调整。

供油量不均匀度的调整一般是用变更油泵柱塞的供油时间来达到的。工艺程序：先将喷油泵齿条向停止供油方向拉出，以便松开扇形齿轮上的紧固螺钉。转动油量调节套筒，根据需要向左或向右转动一个不大的角度，改变了柱塞与柱塞套的相对位置，因而也改变了供油量。调整适当后，拧紧紧固螺钉。转动油量调节套筒，调整供油量大小时，应根据柱塞结构形式，确定其转动方向。

7）调速泵最大供油量和最低稳定转速的调整

机械离心两速调速器在调速器壳外具有调整发动机最高转速的调节螺钉和调整最低稳定转速的调整螺钉。在壳内有一个限止螺钉，限制操纵摇臂向左转动的最大位置，起限制最大供油量及转速的作用。出厂时，供油限制在 1500 r/min 时发出 97 kW 功率的位置。新车在行驶 1500 km 后，应将第一级铅封的限止螺钉拆除，并调整最大供油量的限止螺钉，喷油泵凸轮轴转速固定在 750 r/min、泵油达 400 次、最大供油量为 52 ml 时，以保证发动机在 1800 r/min 时发出 117.7 kW 的功率，如图 8-14 所示。

最低稳定转速的调整是先将柴油机空车转速调整为 450～500 r/min，然后调节调速器的怠速调整螺钉，如图 8-15 所示。

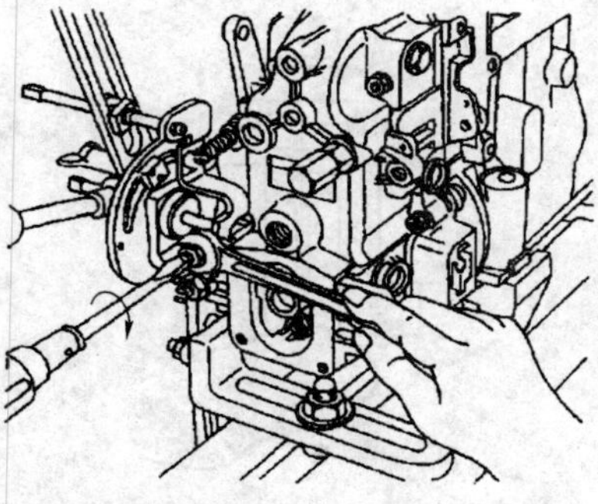

图 8-14　调整最大供油量限止螺钉

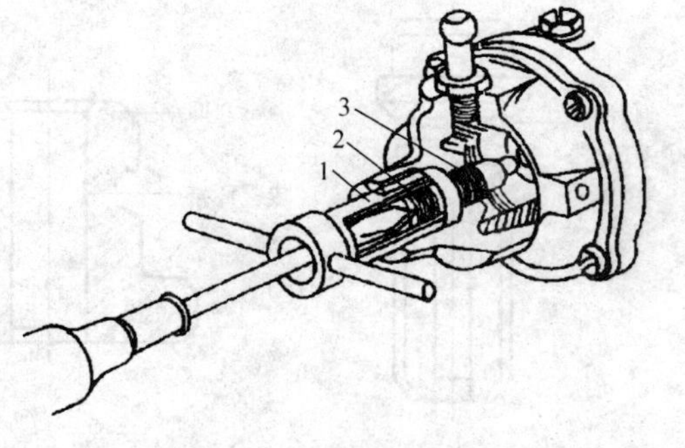

图 8-15　调节调速器怠速调节螺钉

4. 喷油泵的检修

喷油泵是柴油机最精密的部件，由于柱塞与柱塞套、出油阀及阀座、凸轮、挺柱等零部件的磨损，使供油量、供油均匀度和供油时间都会发生变化。这些变化将使发动机的功率下降，燃料消耗量增大，工作可靠性降低。因此，喷油泵拆卸后零件的检查和修理，装复后的试验与调试，是柴油机大修中不可缺少的重要内容。

1）喷油泵凸轮轴及轴承的检修

（1）凸轮轴及轴承支座孔磨损致使轴承松旷，可对座孔进行镶套修复；

（2）供油齿杆与其衬套的配合间隙应不大于 0.10 mm，否则应更换衬套；

（3）泵体不得有裂纹存在，否则应予焊补修复或更换新件；凸轮表面应无剥落现象，凸轮轴出现裂纹应更换。

（4）凸轮轴的直线度误差超过 0.05 mm 应进行冷压校正；

（5）支承轴颈磨损与轴承配合松旷、油封轴颈圆度误差大于 0.10 mm，应进行电镀、堆焊修复或更换新件。

2）柱塞与柱塞套的检修

（1）检查柱塞与柱塞套的滑动性能，如图 8-16（a）所示。

将柱塞与柱塞套保持与水平线成 60° 左右角度的位置，在几个方向拉出柱塞到全行程的 1/3 左右，它能自动慢慢地匀速滑下到底即为合适。

（2）检查柱塞与柱塞套的密封性能。

如图 8-16（b）所示，一手握住柱塞套，用两个手指堵住柱塞套顶上和侧面的进油孔，另一手拉出柱塞，应感觉到有明显的吸力，放松柱塞时，它能立即缩回原位即为合适。

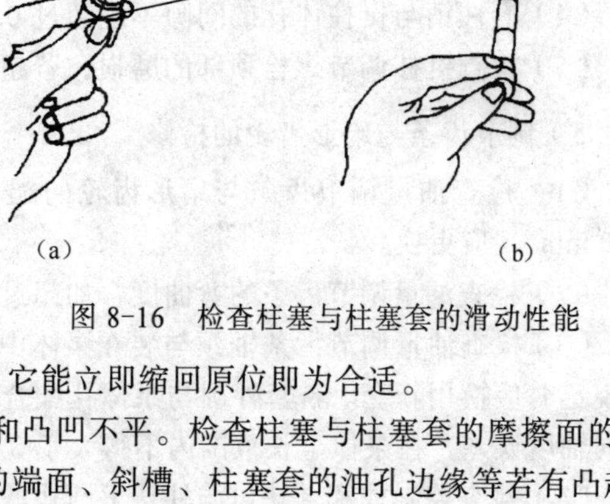

图 8-16　检查柱塞与柱塞套的滑动性能

（3）检查柱塞套与泵体接触面有无变形、擦伤和凸凹不平。检查柱塞与柱塞套的摩擦面的磨损或刮伤情况。不符合要求，应予成套更换。柱塞的端面、斜槽、柱塞套的油孔边缘等若有凸起、凹陷、剥落及毛刺，应更换。

3）出油阀的检查

（1）磨损检查：出油阀偶件配合工作表面的磨损情况及部位如图 8-17 所示，磨损比较严重的部位是密封锥面及减压环带位置。若磨损严重，应更换。

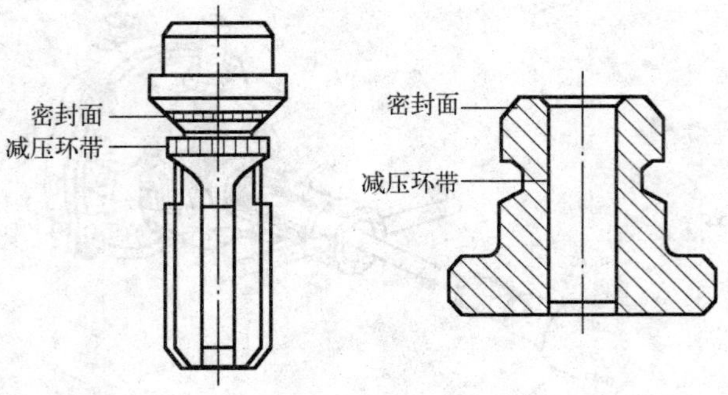

图 8-17 出油阀的检验

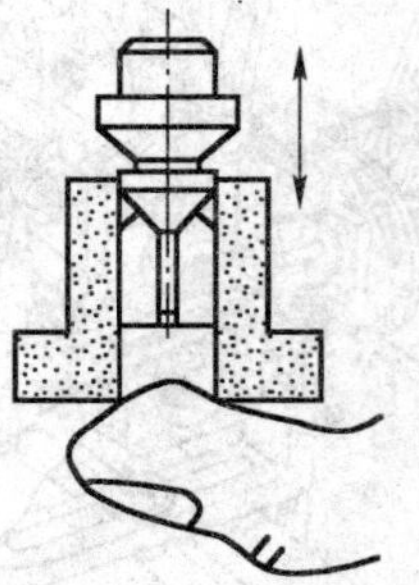

图 8-18 出油阀密封性的检查

（2）外观检查：外观检查应无锈蚀、裂纹、裂痕、明显损伤、锥形密封带光泽暗淡、有刻痕、环带不完整、光泽宽度不一致、偶件密封锥面有伤痕、凹陷及磨损，否则就更换。

（3）滑动性试验：将清洗干净的出油阀偶件浸润后取出并置于垂直位置，抽出阀的配合长度的 1/3，在各种径向位置松开出油阀均能顺利地靠自身重量落座，无任何卡滞现象。

（4）密封性试验：在无专用设备的情况下，可按图 8-18 所示方法检查出油阀的密封性：将出油阀从出油阀座拉出约 5 mm，使减压环带与出油阀大约平齐，用手指堵住油阀大端孔口，用力压出油阀入座，压时费力，松开时出油阀能自动弹出为正常，否则为不密封。或先堵住出油阀座下孔，拉出出油阀约 5 mm，然后放松出油阀，出油阀能自动吸回为正常。如果反复拉动出油阀，在出油阀向外拉动时，封堵的手指上无吸力或吸力微弱，则可判断出油阀配合表面已严重磨损，应更换。

4）挺柱的检修

（1）检查挺柱与泵体座孔的配合（间隙为 0.02～0.062 mm），其间隙超过规定（极限为 0.25 mm）时，挺柱可采取镀铬磨光法修理。泵体座孔可采取镗削法修复。

（2）检查挺柱与滚轮的磨损和损伤以及它们之间的间隙，使调整螺钉上下移动，测量其外径，观察百分表读数，如间隙总量超过 0.30 mm 时，应换新件。

（3）检查挺柱销与内衬套之间和内衬套与滚轮之间的配合间隙（应为 0.01～0.10 mm）。若超过 0.15 mm，允许选配内衬套恢复至标准。

（4）挺柱销与挺柱体孔的间隙不应超过 0.05 mm，超过则应换用新挺柱销。

（5）检查挺柱调节螺栓顶部的磨损，若超过 0.20 mm 应更换。

5）调节齿条与扇形齿轮的检修

（1）检查油量调节齿条与扇形齿轮的配合间隙，及其与衬套工作面的磨损，若逾限（超过 0.30 mm），应更换。

（2）检查油量调节齿条的弯曲度，如超过 0.05 mm，应进行冷压校正。

（3）检查油量调节齿条轴颈与装在泵体中的衬套的配合间隙，其数值应为 0.032～0.1 mm。超过规定时应换用新套。新套外圆与泵体孔配合过盈为 0.030～0.075 mm。镶在泵体两端衬套的内孔的同轴度误差，在泵体全长范围内不得大于 0.02 mm。

（4）检查控制柱塞套缺口与柱塞下凸块的配合间隙，如超过 0.12 mm 时，必须进行修理。

三、任务实施

引导问题 1：教学实训车辆的发动机在启动转速正常吗？如果转速正常时，观察发动机有无启动的征兆，针对情况，拟定诊断检测的步骤。

引导问题 2：如果完全没有着车征兆，你觉得应该先检查低压油路开关、油箱油量、油路是否漏油还是拧松高压喷油器的进油管，确认无油输入喷油器？

引导问题 3：输油泵及低压油路情况可以通过以下办法进行初步判断：若拉出手动油泵的柱塞时明显感到有吸力，松手后泵的柱塞能自动回位，说明________________；如果拉出手动油泵的柱塞感到无吸力，但下推时手感吃力，说明________________堵塞。在泵油过程中，如只有空气溢出，或带有少许油泡，则故障为油箱中存油量杯不足或________。

引导问题 4：当输油泵检测正常，在启动时有柴油进入高压泵，但拧松高压出油管油压低油量少时，是否高压泵出现故障，应拆下维修了？高压泵检修时应注意检测哪些项目？

引导问题 5：如在发动机启动时，拧松高压油管有油溢出，但不能着车，可能原因是________________、____________、____________。其中喷油时刻应如何检测和判断？

引导问题 6：检测喷油器的喷油情况，应从________________________等几方面判断其工作良好？

引导问题 7：如果要检测柴油发动机气缸压缩力，你能采用哪些方法，它的正常缸压应该不低于多少才能正常着车？

任务 3　关联故障的诊断与案例学习

一、柴油机其他常见故障诊断

（一）动力不足

柴油机动力不足主要表现在加速无力、起步慢、最高车速较低，转速上不去，同时往往伴有排烟异常，一般可分为以下几种情况进行诊断。

1. 发动机动力不足，排烟少，运转均匀

1）故障现象

发动机运转均匀，排烟较少，但无力。急加速时有少量黑烟排出，柴油机达不到最高转速。

2）故障原因

上述现象，说明气缸内混合气燃烧较完全，但最大供油量达不到要求，导致柴油机难以输出额定功率。具体原因如下：

（1）低压油路供油阻力过大，造成供油压力过低。

（2）输油泵滤网、油管、柴油滤清器堵塞或低压油路溢流阀失效，引起低压油路供油压力过低。

（3）喷油泵故障：柱塞偶件磨损，造成泄漏过多；出油阀密封不良、卡、弹簧折断；柱塞弹簧失效；滚轮、凸轮磨损。

（4）喷油泵供油量调整不当，全负荷供油量不足。

（5）调速器因调整不当或高速弹簧过软，引起额定转速下降。

（6）喷油器喷孔积炭或调压弹簧的弹力调整不当。

3）故障诊断

（1）启动发动机，中速运转，拆下一个缸上的喷油器观察喷油情况。如喷油无力且雾化不良，再拆下喷油泵进油管检查出油情况。出油量充足，故障在高压油路；出油量少，故障在低压油路。

（2）将加速踏板踏到底，若喷油泵操纵臂不能使油量调节拉杆移动到最大供油量位置，则应检修加速踏板拉杆或加速踏板轴。

（3）踏下离合器踏板，并将加速踏板踏到底，观察车上发动机转速表，如果低于发动机最高转速，则应检查调速器高速限制螺栓和最大供油量限制螺栓。

（4）拆下喷油器检查喷油器针阀的密封性和喷油压力。

（5）在低温季节，还应检查柴油牌号是否合乎要求。

2．柴油机动力不足，排黑烟

1）故障现象

发动机运转无力且排黑烟。加大油门时，出现敲击声。

2）故障原因

（1）空气滤清器过脏。

（2）进、排气道不畅通。

（3）气门间隙过大。

（4）喷油泵个别柱塞卡粘在上部，个别扇形小齿轮固定螺栓松动，致使供油改变。

（5）喷油器故障：针阀关闭不严或卡在开启位置；调压弹簧过软、折断或喷油压力调整螺栓松动。

（6）供油正时过早或过迟。

（7）气缸压力过低。

3）故障诊断

（1）在发动机运转时，可逐缸断油试验，如图 8-19 所示。当某缸断油时，若发动机转速明显降低，黑烟减少，敲击声减弱或消失，则说明该缸供油量过多。 若发动机转速变化小而黑烟消失，则说明该缸喷油器喷雾质量差。找出故障缸后，再进一步查明故障原因，如该缸喷油泵柱塞副的磨损情况、扇形齿轮固定螺栓有无松动、柱塞弹簧有无折断等。若均正常，则可换装新喷油器进行对比试验。若用新喷油器时故障消失，则说明原喷油器有故障。拆下喷油器，检查其喷油压力、喷雾质量。必要时进行清洗和调试。

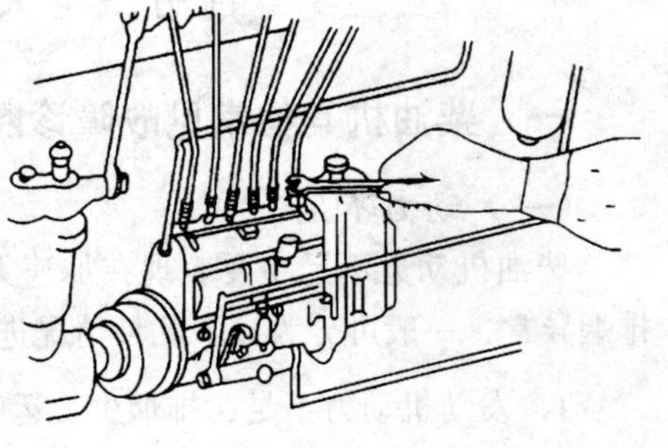

图 8-19 人工断油试验

（2）拆下喷油泵边盖，比较故障缸与其他各缸的挺杆上升到最高位置时，柱塞顶部的余隙 （可用螺丝刀撬动检查）。若余隙的差值较大，则可能是该缸挺杆调整螺栓调整不当或松动，引起个别缸供油时间过迟。旋松锁紧螺母，通过转动调整螺栓予以调整，直到黑烟和敲击声均减轻或消失为止。必要时，应拆下喷油泵，在试验台上进行试验。

（3）若上述检查均正常，但该缸仍燃烧不良，则故障是因气缸压力低引起的。应检查气缸、活塞和活塞环是否磨损漏气或气门密封不良。

3．发动机动力不足、排白烟

1）故障现象

柴油机运转不均匀、无力且排灰白色的烟雾，有时还排水汽白烟；柴油机刚启动时排白烟，温度升高后变成黑烟。

2）故障原因

（1）供油正时过迟。

（2）发动机温度过低。

（3）喷油器的喷油压力低，柴油雾化不好。

（4）气缸压力过低。

（5）柴油内含有水分。

（6）气缸垫烧蚀。

（7）气缸破裂。

3）故障诊断

（1）若柴油机无力，排灰白色烟雾，一般是由于柴油燃烧不完全所致。应检查：

① 喷油正时，检查喷油泵联轴节紧固情况，键有无损坏及错位。

② 在喷油器试验台上检验喷油器的开启压力及雾化质量。

③ 检查发动机的温度。

（2）若柴油机无力、排水汽白烟，用于净玻璃片挡住排气管口几秒后取出观察玻璃片上是否有水珠。若有水珠，说明汽缸中进水。

① 如图 8-19 所示，逐缸进行人工断油试验，当某缸高压断油时发动机转速没有明显变化，表明该缸为故障缸。

② 拆下故障缸的喷油器，如果喷油器上有水珠，说明此汽缸渗水，应查明进水原因是气缸垫烧蚀还是气缸破裂；

③ 若各缸工作基本一致，检查柴油中是否有水。

（3）若发动机动力不足且冷却液温度过高，拆下水箱盖，启动发动机怠速运转，观察水箱内水箱盖处气泡涌出情况。若发动机在运行过程中有很多气泡不断涌到水箱盖处并排出。说明发动机个别汽缸的汽缸垫已被冲坏。若水箱盖处无水泡涌出或起泡量很少，则故障出自柴油中有水。

（4）若柴油机刚发动时排白烟，温度升高后排黑烟，应检查气缸压力。

（二）怠速不稳

1）故障现象

发动机怠速时，转速不稳定，发动机抖动。怠速时易熄火或怠速过高。

2）故障原因

（1）各缸供油量不均匀：喷油泵柱塞磨损、出油阀不密封；喷油器针阀磨损，关闭不严、卡滞，喷孔堵；输油泵工作失常；燃油中有水、气。

（2）各缸供油间隔角不准确.

（3）各缸喷油压力不均匀，喷油雾化不良。

（4）调速器失灵，怠速调整不当。

3）故障诊断

（1）采用单缸断油法，检查有无故障缸。若有，检查故障缸的喷油器、喷油泵、气缸压力。

（2）如果没有故障缸，进行怠速调整，检查并调整调速器。

（3）检查柴油中是否有水、有气。

（三）发动机运转不稳并伴有敲击声（工作粗暴）

1）故障现象

发动机运转不稳，伴随着排气管排烟，而产生敲击声。加速时敲击声加剧。转速升高后敲击声减弱或消失，怠速时又出现敲击声。

2）故障原因

（1）供油时间过早。

（2）各缸供油量不均匀。

（3）喷油器不密封，出现滴漏，喷油雾化不良。

（4）气缸压力不足。

（5）选用的柴油牌号不当。

（6）进气不足。

3）故障诊断

（1）如果敲击声比较均匀，则说明各缸的工作情况一致

① 首先检查空气滤清器滤芯是否脏、堵。

② 检查供油正时是否正确。若供油过早，响声尖锐、清脆，排气管排黑烟，怠速不良；如供油过迟，响声沉闷，柴油机过热、无力，排气管排黑烟。调整供油提前角，故障现象无明显变化，应检查柴油牌号选择是否适当。

③ 检查调速器弹簧是否过软。调速器怠速弹簧过软，也会使柴油机运转不稳，其检查方法是：用手的压力使弹簧压缩到极限位置，若放开后不能自动回位，则说明弹簧过软或折断。

（2）如果敲击声不均匀，说明故障是由于各缸工作情况不一致引起的可用单缸断油法、感温法、观色法找出故障缸。检查故障缸的气缸压力、喷油器、喷油泵、供油正时。

（四）柴油发动机“游车”

1）故障现象

（1）发动机在运转时，加速踏板停留在一定位置不动，而发动机的转速在较大的范围内周期性地忽快忽慢地变化。

（2）加、减油时发动机转速变化不及时，发动机无力。

2）故障原因

（1）喷油泵油量调节拉杆卡滞、移动不灵活。

（2）齿圈与齿条或调节叉与调节臂之间运动不灵活。

（3）喷油泵凸轮轴轴向间隙过大。

（4）油量调节机构零部件配合松旷。

（5）柱塞套安装不良，使调节齿杆（或拨叉）不能游动自如。

（6）柱塞调节臂或扇形小齿轮变形或松动，使齿杆不能游动自如。

（7）调速器内润滑油太脏、过稠或过少。

（8）调速弹簧变形或折断。

（9）飞球组合件与保持架之间运动不灵活。

（10）调速器飞块收张距离不一致。

3）故障诊断

（1）检查调速器机油是否太脏、过稠或过少。机油太脏或过稠都将增大阻力，降低调速器的灵敏度。其中对飞球式的调速器的影响最为明显。

（2）拆下喷油泵检视窗盖板，用手握住油量调节拉杆（或齿圈），使齿杆轻轻移动。若油量调

节拉杆移动阻力较大，则说明故障是由零部件移动阻力大引起的。应拆下调速器盖，使油量调节拉杆与调节器脱开。若这时油量调节拉杆能在倾斜 45° 时自行滑动，则说明阻力在调速器内部，可能是调速器各连接点过紧，如离心飞块收张不灵活、滑套阻力过大等。如果油量调节拉杆与调速器脱开后仍只能在小范围内推动，则说明阻力在调速器以外。即可能是某缸喷油泵柱塞套在泵体内安装不垂直，使调节叉（或齿杆）拉动不灵活；柱塞调节臂（或扇形齿轮）弯曲变形或松动，使油量调节拉杆不能灵活拉动；柱塞套的定位螺栓拧紧力过大，造成柱塞套与泵体不垂直，柱塞往复运动时不灵活。

（3）如果油量调节拉杆运动自如，“游车”原因多系调速器各部位连接点松旷，如飞块销孔和座架磨损过大；供油齿杆齿隙过大；齿条（或调节叉）拉杆销子松动；凸轮轴轴向间隙过大；调速器外壳磨损松旷等。必要时检修调速器，以恢复各活动部位的正常配合间隙。

（4）检查喷油泵凸轮轴轴向间隙。如果超过规定范围，应进行调整。

（5）检查调速器飞块行程和调速弹簧的预紧度，使两飞块的行程和两组调速弹簧的预紧度基本相同。

（五）工作粗暴

1）故障现象

发动机在运转时有振抖现象，并且振抖随转速的升高而增强，同时发出清脆的敲击声，急加速时声响更大，排气管排黑烟。

2）故障原因

（1）发动机支撑支架螺栓松动、支架断裂、胶垫老化、破损脱落。

（2）喷油泵喷油不正时。

（3）喷油器雾化不良。

（4）喷油器严重漏滴。

（5）柴油机各缸工作不均匀。

（6）缸内积炭过多。

（7）空气滤清器堵塞。

3）故障诊断与排除

（1）检查发动机支架及螺栓、胶垫是否有松动或断裂损坏现象，再检查其安装位置是否正确。发现问题应予以修复。

（2）发动机在运转时，有均匀的敲击声，急加速时响声更大，且排黑烟，拆下空气滤清器后若故障消失或响声减弱，则故障为滤清器堵塞。若无变化，调整喷油泵供油提前角。

（3）若敲击声不均匀，表明各缸工作不一致，应对发动机进行人工断油试验。若断油后，响声消失，说明该汽缸供油量过多，应将喷油器拆下进行校验。

（4）若以上检查均正常，应使用工业用内窥镜检查汽缸内是否积炭过多，使混合气早燃。

（5）拆下喷油泵，在油泵试验台上检查喷油泵各缸供油均匀度。若不符合技术要求，应给予调整。

（六）发动机“飞车”

1）故障现象

柴油机转速失控，急剧上升并超过最高允许转速，同时伴有巨大异常响声的现象，即为“飞车”。柴油机“飞车”是非常危险的，如果不及时采取措施予以消除，短时间内就会造成柴油机事故性损坏，甚至发生人员伤亡。

2）故障原因

（1）喷油器和调速器故障。

① 供油拉杆被卡死在某一供油位置。

② 某缸的柱塞与柱塞套卡死在供油位置，不能相对转动。

③ 供油拉杆与调速杠杆之间的联系中断。

④ 飞球式调速器的飞球组合件锈死。

⑤ 调速弹簧折断。

⑥ 调速器总成从凸轮轴上脱落，调速器失效。

⑦ 柱塞的油量调整齿圈固定螺栓松动，使柱塞失去控制。

⑧ 调速器内的机油数量太多、太稠或过脏，飞块难以甩开。

（2）额外的柴油或机油进入气缸燃烧。

① 低温启动装置的电磁阀漏油，使低压油路的柴油经电磁阀进入进气歧管，再进入气缸燃烧。

② 空气滤清器的滤芯清洗后，滤芯上的柴油或机油没有吹干滴尽而被吸入气缸。

③ 润滑油窜入气缸燃烧。

3）故障诊断

（1）若抬起加速踏板后，柴油机转速随之降低或熄火，则说明故障是因机油过稠或调速器总成从凸轮轴上脱落引起的。

（2）抬起加速踏板后，柴油机转速继续升高，故障可能是油量调节拉杆卡住，柱塞与柱塞套卡死，调速器内部零部件卡死或供油拉杆与调速器连接的某一部位卡住等原因造成的。

如果拉出熄火拉钮后，柴油机转速仍继续升高，说明故障是由于油量调节拉杆被卡在供油位置引起的。拆下喷油泵检视窗盖板，用手拨动齿圈或油量调节拉杆。若扳不动，则可证实油量调节拉杆与泵体座孔或柱塞卡死。

（3）若拉出熄火拉钮后，柴油机能熄火，则说明油量调节拉杆和柱塞均未被卡死，应检查调速器与油量调节拉杆的连接是否可靠，调速器飞块销是否脱出，调速器总成与凸轮轴之间是否松脱（飞球或调速器）。

（4）分解检查调速器内部零件。

（5）若燃油供给系良好，应检查气缸有无额外进入的燃油或机油。例如，增压器的机油是否漏入气缸，气缸密封性如何，是否上机油；低温启动预热电磁阀是否关闭可靠等。

4）发生“飞车”，采取的措施

发生“飞车”时，应立即采取紧急熄火的措施。紧急熄火的方法有以下几种：

（1）抬起加速踏板，有熄火拉钮的发动机应拉出熄火拉钮，有减压杆的发动机应提起减压杆，有排气制动阀的发动机则踩下（或按下）排气制动阀开关迫使发动机熄火。

（2）挂高速挡，踩下制动踏板，慢抬离合器，或同时将车驶向路旁砂石堆等故障物，强制柴油机熄火。

（3）堵塞进气口，切断进气。

（4）松开全部高压油路，切断供油。

以上几种紧急熄火法应根据具体条件灵活运用，以使发动机尽快熄火为原则。如果在车上发生飞车，应采用前两种办法熄火。如果发动机还没有装车时发生飞车，则应采用后两种方法熄火。

二、柴油发动机故障诊断案例

案例 1　解放牌 6110 柴油发动机动力不足

1. 故障现象

一辆装有 6110 柴油发动机的解放牌汽车，在修理厂调试喷油泵、喷油器后不到一个月驾驶员又回来反映，发动机比较难启动，动力不足，汽车加速不良。

2. 故障诊断

维修人员先进行就车检查，踩下加速踏板，反应不灵敏，感觉油供不上，怀疑油路不畅。于是就先用手油泵泵油，感到泵油很费劲，疑是回油阀太紧。拆下回油阀检查，发现回油阀正常，接着再分段反方向检查油路。拆下柴油滤清器的油管后泵油，手感依然很重，再拆下手油泵出油管泵油，一下感觉轻了许多。于是维修人员把从手油泵到柴油滤清器的一根油管拆下来仔细检查，发现管子虽然是通的，但孔径与正常油管相比却太小，这就造成柴油流动不畅，供油不足。据驾驶员说，这根管子是新换上去的，显然换上的是不合规格的劣质产品。待换上新的合乎要求的油管后，故障排除了。

案例 2　怠速停供失灵

1. 故障现象

一辆 1997 年产依维柯 4010 型汽车，行驶约 260 000 km，发动机因柴油中有水而不能启动。将 VE 型分配式喷油泵拆下进行检查。解体喷油泵后，发现泵内零部件均有锈迹，调速器滑动套筒（以下简称调速器滑套）已因生锈而卡在调速器轴上。清洗喷油泵内零部件，拔下调速器滑套，清除调速器轴上的锈迹，并清洗调速器滑套内孔，直到调速器滑套能在调速器轴上滑动自如为止。将喷油泵组装后在试验台上进行试验。调整好高速和怠速供油量，检查怠速停供转速（零供油量转速），泵速在 1000 r/min 时仍不能停供，经几次试验均如此。

2. 故障诊断与排除

在该喷油泵上设置有负荷提前器（又称负荷感应正时器），如图 8-20 所示，在喷油泵转速不变时，它能随负荷的大小自动改变供油正时，保证柴油机在不同负荷下都能获得较理想的供油提前角。

负荷提前器调速器轴上有中心孔（与输油泵的进油侧相通）、径向孔及控制槽，调速器滑套上钻有控制孔。同时要求保持转速不变时，调速手柄应向减小供油量的方向移动，调速器滑套也因此向调速器后部（减油方向）移动。调速器滑套向减油方向移动到一定位置时，其中的控制孔开始与调速器轴上的控制槽相通。泵腔内的压力柴油通过此处导入调速器轴上的中心孔后回流到输油泵进油侧，泵

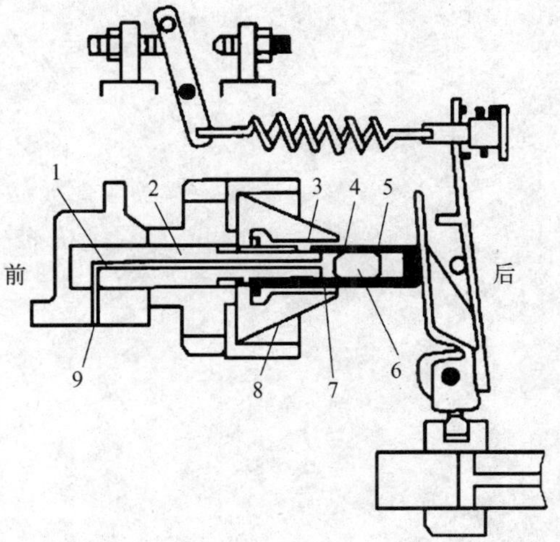

图 8-20　负荷提前器的结构

1—中心孔；2—调速器轴；3—控制孔；4—调速器滑套；5—防虹吸孔；6—径向孔；7—控制槽；8—飞锤；9—出油孔

腔内的柴油压力开始下降。这样，在供油提前角自动调节装置弹簧力的作用下，将把正时活塞推向供油提前角减小方向，使供油正时推迟。当发动机由小负荷向大负荷变化而要求转速不变时，调速器滑套向加油方向移动。在移动的同时，调速器滑套上的控制孔逐渐与调速器轴上的控制槽错开，柴油回流量减少，泵腔内的柴油压力逐渐回升。正时活塞又开始向供油提前方向移动，当调速器滑套上的控制孔与调速器轴上的控制槽完全错开时，供油提前角达到最大。在调速器滑套上有一个防虹吸孔，其作用：当调速器滑套在调速器轴上往复移动时，不至于在调速器轴后端与调速器滑套之间产生压力或形成真空，使调速器滑套在调速器轴上移动时不受影响。根据上述维修过程，维修中只进行了清洗和装配，并对调速器轴进行打磨。调速器轴打磨后，其直径变小，致使调速器滑套与调速器轴之间的间隙增大。发动机怠速、调速器滑套在调速器轴的后部时，调速器滑套上的控制孔与调速器轴上控制槽处于关闭状态。泵腔内的压力柴油从下述渠道导入输油泵进油侧：泵腔内的压力柴油——调速器滑套上的防虹吸孔——调速器滑套与调速器轴之间的间隙——调速器轴上的控制槽——调速器轴中心孔——输油泵进油侧。泵腔内的压力柴油通过调速器滑套与调速器轴之间的间隙时，由于压力柴油对调速器滑套的冲刷作用而产生摩擦力，致使调速器滑套的正常移动受到影响，导致发动机怠速停供转速很高，泵速达到 1 000 r/min 时还不能停止供油。

更换、装复调速器滑套和调速器轴。在喷油泵试验台上试验，调好高速和低速供油量后，泵速为 450 r/min 时能完全停止供油。将修好后的喷油泵装车，发动机在怠速 750 r/min（指曲轴转速）时运转平稳，汽车行驶有力。

思 考 题

1. 叙述柴油发动机动力不足的故障原因与部位有哪些。
2. 作出柴油发动机排黑烟的故障诊断流程图。
3. 柴油发动机喷油器如何进行检测与维修？
4. 叙述柴油机柱塞和柱塞套、出油阀的检修方法。
5. 如何对输油泵及低压油路故障进行诊断？

项目 9　电控高压共轨柴油发动机加速无力的故障诊断

【学习目标】

- 能描述电控柴油发动机的结构特点及其常见故障现象征兆。
- 会分析电控高压共轨柴油发动机常见故障原因及部位。
- 能结合车型特点和故障征兆制定柴油共轨发动机加速无力的故障诊断方案。
- 能根据维修手册，操作诊断仪读取故障码并利用万用表等测量柴油共轨发动机的传感器、执行器信号，进行电路分析和元件性能判断。
- 能将本次诊断排除的故障编写成案例或技术公报。

【案例引入】

一辆进口 2009 款陆虎越野车，动力性能明显变弱，急加速时还出现排烟大的现象。车辆进厂维修时，小黄发现该车是采用高压共轨的柴油发动机，以往没有维修过，而且手头资料并不充足，如何进行检修呢？

任务 1　制定电控柴油发动机加速无力故障诊断流程

一、任务导入

了解电控柴油发动机的结构类型和特点，分析电控柴油供给与控制喷射系统常见故障发生的原因及部位，结合实训车辆结构特点，制定和优化电控高压共轨柴油发动机加速无力的故障诊断流程。

二、知识准备

（一）电控柴油喷射发动机分类知识

随着美国和欧洲各国排放法规日益严格，柴油机的燃油喷射系统在向高压喷射方向发展。西方各国柴油车已广泛采用电控泵喷嘴、电控单体泵和电控高压共轨燃油喷射系统来解决柴油机尾气排放污染问题。柴油机电控技术的发展经历了第一代位置控制和第二代时间控制，现已经发展到第三代时间压力控制方式，即高压共轨系统。

1. 位置控制式电控柴油喷射系统

位置控制式电控柴油喷射系统是第一代电控柴油喷射系统，在该系统中仍保留着喷油泵—高压油管—喷油器（PLN）、控制齿条、齿圈、滑套、柱塞上的螺旋槽等油量控制机构，齿条或滑套的移动位置由原来的机械控制改成电子控制。在改进后的电控位置控制系统中，常用博世公司的电控分配泵。在该系统中，引擎控制模块（Engine Control Module，ECM）根据滑套位置传感器输入的信号驱动油量调节器调节供油量。若滑套位置传感器和油量调节器失效，发动机运行不稳直至熄火，这时发动机的预热指示灯闪烁。喷油器喷油正时控制，是由 ECM 根据安装在第 3 缸喷油器上的针阀升程传感器信号，来确定喷油器喷油正时点。如果针阀升程位置传感器失效，喷油器喷油正时信号将转换到开环控制。在正常工作时，喷油器喷油正时信号由闭环功能控制，即 ECM 根据发动机转速、负荷和温度等信号进行控制。若针阀升程传感器信号失效，发动机运转不稳、废气排放恶化，发动机预热灯闪烁。一汽捷达轿车 SDI 电控柴油喷射系统，就是采用博世公司 EDC，即在 VP37 分配泵上实行位置控制式电控柴油喷射系统。

2．时间控制式电控柴油喷射系统

1）电控单体式喷油器系统（Electronic Unit Injection，EUI）

电控单体式喷油器系统，即电控泵喷嘴系统，其喷油量由安装在喷嘴总成上的电磁阀关闭时间决定，喷油正时由电磁阀关闭时刻决定，所以称做时间控制式电控柴油喷射系统。电控泵喷嘴由凸轮摇臂机构驱动，泵喷嘴系统将喷油泵、喷油嘴和电磁阀组合在一起。每缸安装一组泵喷嘴，四缸机有 4 个泵喷嘴，六缸机有 6 个泵喷嘴。泵喷嘴由安装在汽缸体上的凸轮轴摇臂驱动或由安装在汽缸盖上的凸轮轴摇臂驱动。电控泵喷嘴没有高压油管，没有机械式供油量调节齿条。喷油量和喷油正时由电子控制单元根据各种传感器输入的信号和油门踏板位置信号，电子控制单元使电磁阀关闭执行喷油，电磁阀打开喷油结束。在电控泵喷嘴系统中，由于没有高压油管，所以具有很高的机械强度，喷油压力可达 200 MPa 以上。电控泵喷嘴可应用于小型客车、轻型车及中、重型载货汽车柴油机上，其尾气排放可达欧Ⅲ标准以上。一汽大众宝来、奥迪 A6TDI 柴油机均采用博世电控泵喷嘴系统。

2）电控单体泵系统（Electronic Unit Pump，EUP）

电控单体泵和电控泵喷嘴一样，燃油喷射所需要的高压燃油，仍然由套筒内做往复运动柱塞产生，喷油量和喷油正时控制，则由电控单元 ECM 根据各种传感器输入的信号控制电磁阀关闭执行喷油，电磁阀打开喷油结束。单体式喷油泵总成内的单体泵、六缸发动机有 6 个、四缸发动机有 4 个。单体泵体上的滚轮由发动机凸轮轴驱动，推动套筒内的柱塞向上运动，产生喷射所需的高压。当 ECM 使电磁阀断电时，高压燃油顶开喷嘴针阀将燃油喷入汽缸，喷油完毕，ECM 发出通电指令，电磁阀打开，柱塞在回位弹簧作用下向下移动，低压燃油开始溢流回油箱。单体泵喷油压力可达 180 MPa 以上。

每个单体泵上安装有一个电磁阀，ECM 控制电磁阀的关闭和打开时间的长短，决定喷油量和喷油正时，所以电控单体泵仍属于时间控制式，是第二代电控柴油喷射系统。电控单体泵有高压油管，和电控泵喷嘴一样，没有机械式供油量调节齿条。电控单体泵系统是由博世公司喷油泵—高压油管—喷油嘴（PLN）系统发展起来的高压燃油喷射系统，现已广泛应用在美国和欧洲各国的电控柴油车上，特别是在重型载货汽车柴油机上应用的电控单体泵，其燃油经济性好、排放可达欧Ⅲ标准。我国玉柴公司引用美国德尔福电控单体泵系统，研制和开发了排放达到欧Ⅲ标准的 YC6G、YC6L、YC4G 系列电控单体泵燃油喷射系统。

3）高压共轨电控燃油喷射系统（Common Rail Fuel System，CRFS）

电控高压共轨技术是指在高压油泵、压力传感器和 ECM 组成的闭环控制系统中，喷油压力大小与发动机转速无关的一种供油方式。在共轨系统中，喷射压力的产生和喷射过程是完全彼此分开的。高压油泵把高压燃油输入到蓄压器中，通过对蓄压器内油压调整实现精确控制，使最终高压油管压力大小与发动机的转速无关。高压共轨供油方式可以大大减小柴油机供油压力随发动机转速的变化，也就减少了传统柴油机的缺陷。

在电子控制高压共轨系统中，由各种传感器（如曲轴转速传感器、油门踏板位置传感器、凸轮轴位置传感器、各种温度和压力传感器等）及时检测出发动机的实际运行状态，由 ECM 中的微型计算机根据预置的程序进行运算后，确定适合于该工况下的最佳喷油量、喷油时刻、喷油速率模型参数等，ECM 发出指令，使发动机始终处在最优工作状态，使发动机的动力性、经济性得到有效的发挥，并且可使排放污染降到最低。

（二）电控柴油发动机加速无力常见故障现象

电控柴油发动机加速无力的故障现象与传统柴油发动机相似，同样会出现排烟异常的情况，一般黑烟大说明柴油未完全燃烧，或混合比不正常，进气量不充足，电控系统检测进气量不准确，控制的喷油量异常。与传统柴油机不同的是，电控系统检测到发动机供油压力、燃烧不正常或相关电控系统故障时，会在仪表盘点亮电控系统故障警告灯，要求进行相关喷油控制系统的检修。

（三）高压共轨柴油发动机故障原因分析

1. 高压共轨柴油发动机结构组成与原理

电子控制高压共轨系统由电子控制和燃油供给两大部分组成，其基本结构组成如图 9-1 所示。

1）电子控制部分

电子控制部分由 ECM、各种传感器和执行器，如喷油器、电磁阀等组成。电控系统的功能是根据各种传感器输入的信号，由 ECM 经过比较、运算、处理后，得出最佳喷油时间和喷油量，向喷油器发出开启或关闭电磁阀的指令，同时控制它的喷油时间，而喷油量大小则由蓄压器中燃油压力和电磁阀开启时间的长短决定，因而实现对柴油机工作过程的控制。

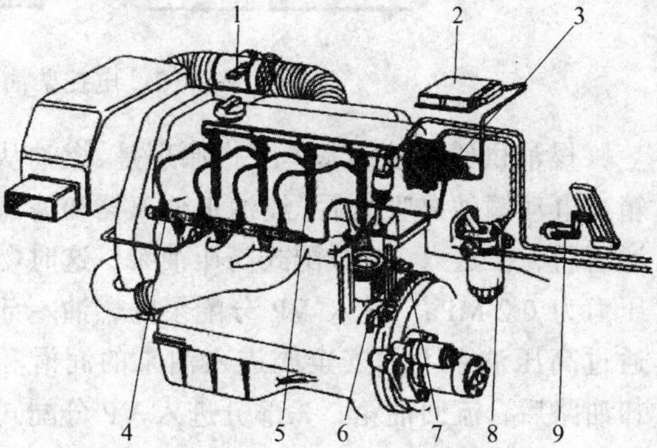

图 9-1　电子控制高压共轨系统的基本组成

1—空气质量流量传感器；2—ECM；3—VP 分配式高压油泵；4—高压蓄压器；5—喷油器；6—曲轴转速传感器；7—冷却液温度传感器；8—柴油滤清器；9—加速踏板位置传感器

在 ECM 控制系统中，曲轴位置传感器用来测定发动机的转速；凸轮轴位置传感器用来确定发动机的发火顺序；加速踏板位置传感器是一种电位计，它通过电信号告知 ECM 驾驶员对转矩的要求。空气质量流量传感器用于检测空气质量流量。ECM 根据空气质量流量大小，按空燃比控制喷油量。在涡轮增压并带有增压压力调节装置的发动机，增压压力传感器用于检测增压压力，ECM 根据增压压力大小，按空燃比控制喷油量。在发动机冷机启动或温度较低时，ECM 可以根据发动机冷却液温度传感器和空气温度传感器的信号电压值对喷油始点、预喷油量、主喷射量及其他参数进行匹配。ECM 还根据其他传感器和数据传输线（CAN）输入的数值，进行各项综合控制。ECM 控制装置还具有自我诊断功能，它随时对系统的主要部件的工作进行技术诊断，如果某个部件出现了故障，诊断系统会向驾驶员发出警报，并根据情况进行自我处理，或者使发动机切断燃油供给，或者切换控制到使车辆继续行驶到修理厂。

2）燃油供给部分

高压共轨系统为蓄压器式共轨系统，该系统可分为低压部分和高压部分，其中油箱、柴油滤清器、电动输油泵、低压燃油管等组成低压部分，高压部分由 VP 分配式高压油泵、高压燃油管、蓄压器（油轨）、喷油器、回油管和 ECM 等组成，如图 9-2 所示。

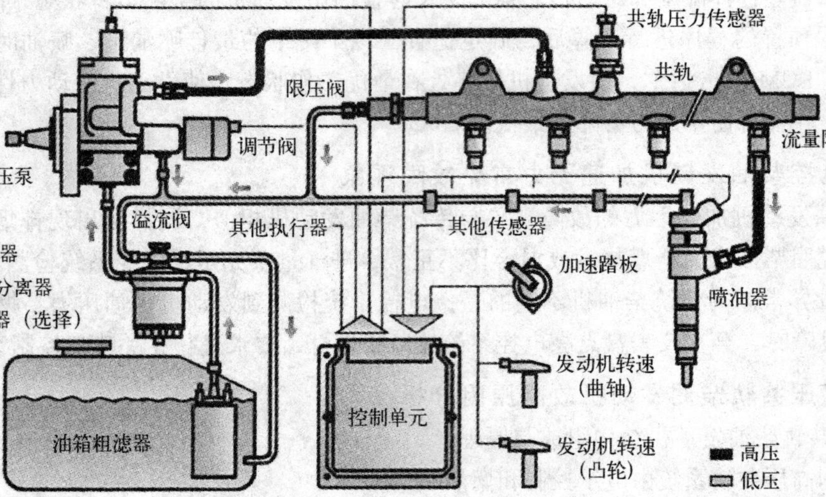

图 9-2　电控柴油共轨发动机燃油系统组成图

燃油供给系统的基本工作原理是，燃油从油箱被电动输油泵吸出后，经油水分离器和滤清器滤清后，被送入 VP 分配式高压油泵，这时燃油压力为 0.2 MPa。进入 VP 分配泵的燃油一部分通过高压油泵上的安全阀进入油泵的润滑和冷却油路后，流回油箱；一部分进入 VP 分配式油泵，在 VP 分配式高压泵中，燃油被加压到 135 MPa 后，被输送到蓄压器。如图 9-3 所示，在蓄压器上有一个压力传感器和一个通过切断油路来控制油量的压力限制阀，系统利用压力限制阀来调节 ECM 设定的共轨压力。

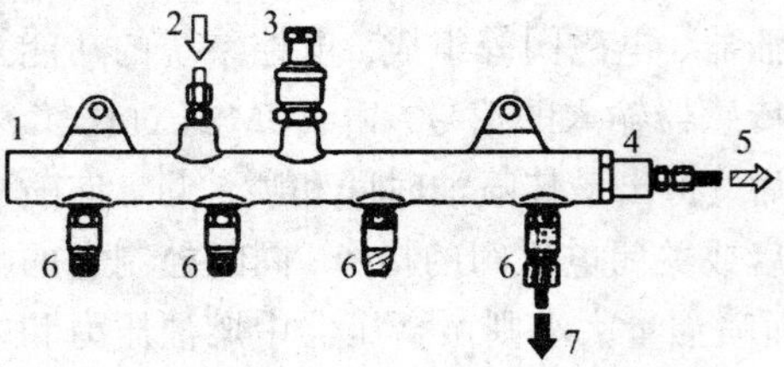

图 9-3　高压蓄压器（油轨）

1—油轨；2—高压泵端进油口；3—油轨压力传感器；4—限压阀；5—出油口；6—流量限制阀；7—喷油器端连接油管

高压柴油从蓄压器、流量限制阀经高压油管进入喷油器后，又分两路：一路直接喷入燃烧室；而另一路在喷油期间针阀导向部分和控制套筒与柱塞缝隙处泄漏的多余燃油一起流回油箱。

高压共轨电控燃油喷射系统是一种燃油喷射压力与发动机转速无关的供油方式，即喷射压力的产生和喷射过程互相分开。在该系统中，高压油泵（柱塞泵或分配式油泵）把高压燃油输送到高压蓄压器（公共油轨），油轨内的高压燃油通过燃油分配器，按发动机喷油顺序，将高压燃油输送到喷油器，喷油器内电磁阀根据 ECM 指令切断回油通路，高压燃油克服喷油器内弹簧预紧力而开启喷油，最高喷射压力可达 135 MPa 以上。高压共轨系统是压力一时间控制式喷油系统，高压油泵只是向油轨供油以维持所必需的油轨中油压，而公共油轨中的油压由压力调节阀进行调节，以控制喷射压力大小，用电磁阀关闭时间长短控制喷油量。高压共轨系统喷油压力大小独立于发动机的转速和负荷，喷油正时、喷油压力和喷油持续时间可以在较宽的范围内选择。共轨系统可以根据发动机的需要进行预喷射、主喷射和二次喷射，可以提高燃烧效率、可减少 NOx，排放可达欧Ⅲ标准。我国欧Ⅲ排放标准的城市公交客车，其发动机绝大多数是引进美国康明斯 ISBe、ISCe 发动机并在东风康明斯公司生产，这两款柴油机采用蓄压器高压共轨系统，发动机每缸四气门、废气涡轮增压、发动机功率较大、油耗低，其排放可达欧Ⅲ标准。

2．柴油高压共轨发动机加速无力的故障原因

影响电控高压共轨柴油发动机加速无力的原因主要可从喷油情况、喷油正时、气缸进气量（气缸压缩力）等几方面考虑。其中喷油正时与气缸压缩力等故障原因与检修方法与传统柴油车相同（参考项目 8）。对于喷油情况，可分为喷油时间不够、喷油压力不足以及喷油雾化不良三方面。与传统柴油发动机相似，当柴油机低压系统油压不足时，会造成高压系统供油量不足，最终导致高压喷油压力不足。低压系统主要故障原因是柴油滤清器堵塞、油管泄漏、电动输油泵损坏等。高压系统故障原因是高压油泵磨损或脏污、高压油管泄漏、压力控制阀失效、流量限制阀失效、喷油器工作不良。电控系统的故障原因主要是相关传感器信号不良、电控单元异常、电源及系统电路故障，应通过故障码指引或通过数据流进行细致检测分析。

（四）制定诊断流程

一般电控柴油发动机的故障诊断流程如图 9-4 所示。

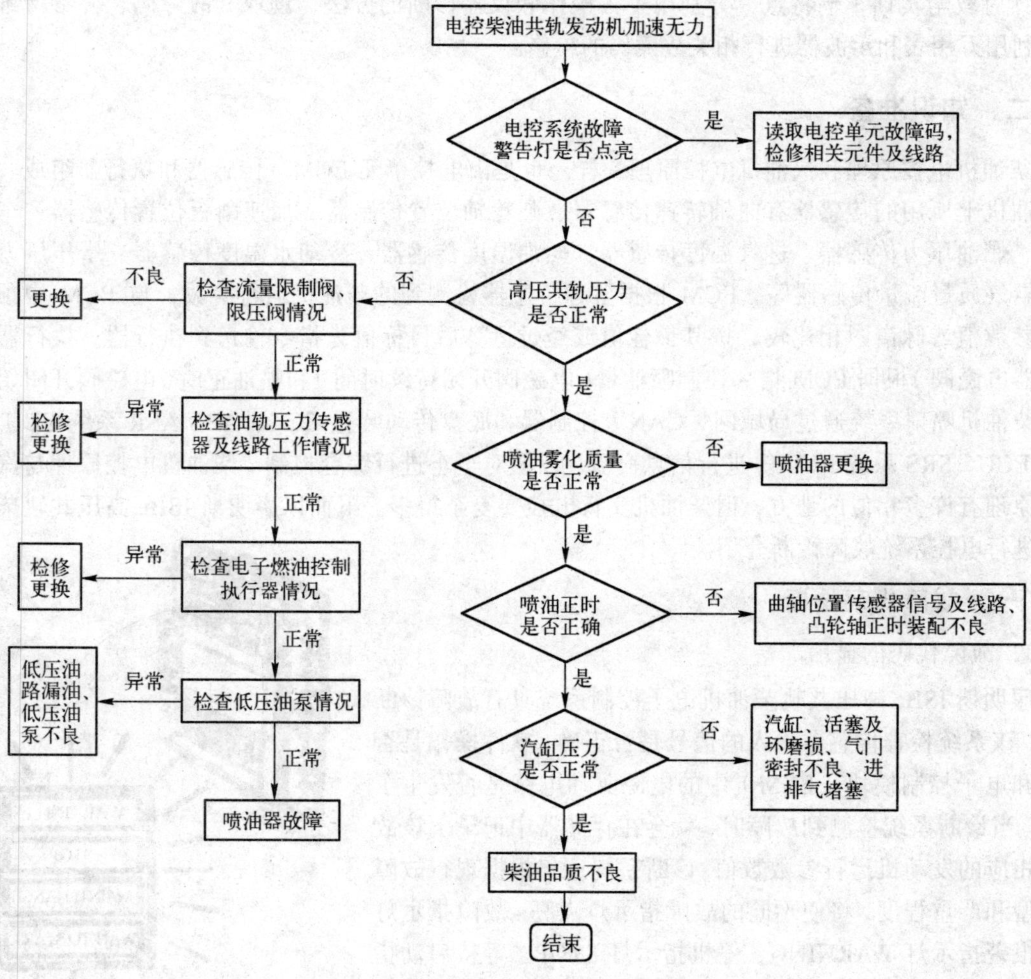

图 9-4　一般电控柴油发动机的故障诊断流程

三、任务实施

引导问题 1：你观察的教学实训车辆是否有故障警告灯点亮？排烟情况正常吗？

引导问题 2：实训车辆与传统柴油发动机相比区别最大的是______________，电控柴油发动机电控系统的主要传感器有__________、__________、__________、__________、__________、__________、__________等。

引导问题 3：从燃烧机理和条件分析，影响柴油发动机加速性能的因素是什么？

引导问题 4：结合高压共轨柴油发动机的结构组成，写出影响喷油质量的故障原因与部位有哪些？

引导问题 5：是否对于电控柴油发动机的故障，无论故障警告灯点亮与否，都应先检查故障码？结合故障原因分析与车辆故障、结构特点等实际情况将故障诊断流程写出来。

任务 2　电控柴油发动机电控系统故障诊断方法与技能

一、任务导入

针对教学实训车辆特点，分别用手工操作和仪器诊断的方法，读取其故障码，并参考维修手册，利用万用表和示波器进行相关故障码的检修。

二、知识准备

柴油机电控原理和汽油机电控原理一样，也是由电控单元 ECM、传感器和执行器组成。在电控柴油机上所用的传感器有曲轴转速传感器、凸轮轴位置传感器、加速踏板位置传感器、车速传感器、燃油压力传感器、进气温度传感器、燃油温度传感器、冷却水温度传感器、增压压力传感器和空气质量流量传感器等。ECM 根据各种传感器检测到的柴油机运行参数，与 ECM 中预先存储的参数值或脉谱图相比较，按其最佳值或经过运算后目标值为指令输送到执行器。执行器（如喷油器电磁阀）根据 ECM 指令控制喷油量（电磁阀开闭持续时间）和喷油正时（电磁阀开闭始点）。电控柴油机喷射系统通过局域网（CAN）控制器和底盘传动装置 ECU、ABS/ASR 系统 ECU、AC 系统 ECU，SRS 系统 ECU 等进行信息交流，以便对全车进行综合控制。柴油机电控原理与汽油机电控原理有许多相似的地方，但柴油机实行电控要复杂得多。下面以康明斯 ISBe 高压共轨柴油机为例进行电控系统故障诊断介绍。

（一）故障代码诊断

1. 故障代码的显示

康明斯 ISBe 高压共轨柴油机电子控制系统具有故障诊断功能，该系统检查传感器输入的信号是否正确，软件操作是否正确和电子控制模块（ECM）中的电源驱动电路是否发生了故障。当诊断系统检测到故障时，就会在存储器中记录下该故障和相应的发动机运行参数数值。诊断系统还将根据现行故障的类型和严重程度，将使不同的故障指示灯点亮。故障指示灯包括报警指示灯 WARNING、停机指示灯 STOP、等待启动指示灯 WAIT—TO—START 和保养指示灯 MAINTENANCE，如图 9-5 所示。

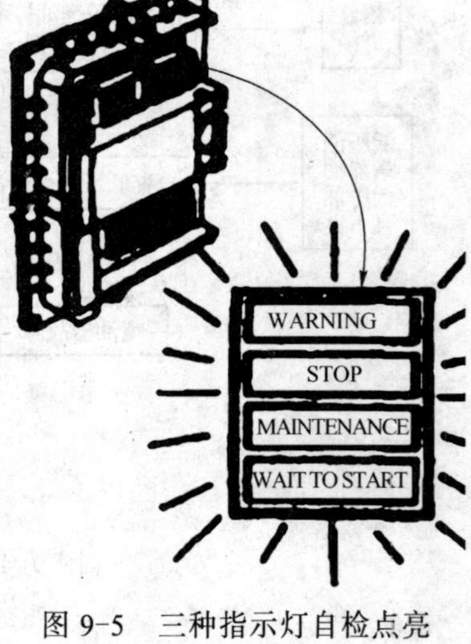

图 9-5　三种指示灯自检点亮

2. 故障代码信息的设置

由原厂设定的故障诊断特性，用户不得调整。

3. 故障代码的诊断操作和有关信息

（1）故障指示灯自检当点火钥匙开关在 ON 接通位置、诊断开关在 OFF 断开位置时，三种指示灯（报警指示灯、停机指示灯、保养和等待启动指示灯）将依次点亮约 2 s，然后熄灭，进行自检，证明工作正常，接线正确，如图 9-5 所示。

（2）检查故障代码

操作发动机电控系统若没有记录下故障代码，故障指示灯将保持熄灭状态。如果存在一个现行故障代码，指示灯将保持亮着。一个报警指示灯 WARNING 亮着表明有一个故障码存在，但车辆能行驶并且需要尽快修理。如果停机指示灯 STOP 点亮，则说明应尽快安全地使车辆停驶并且进行检修，以保护发动机。

有些故障状况与发动机保护相关连。如果选用发动机保护停机，ECM 可能由于故障代码而使发动机停机。有些车型将发动机保护性故障通过蜂鸣器发出声音，使驾驶员知道有严重故障代码并应立即停机。笔记本式计算机能够显示现行和非现行故障代码。只有排除故障后，将现行故障码变成非现行故障代码，用笔记本式计算机才能将非现行故障代码和相关故障信息从 ECM 存储器中清除掉。笔记本式计算机具有发动机监测和特殊诊断测试功能。

检查故障代码的操作方法如下：

① 将钥匙开关转到 OFF 位置，将诊断开关转到 ON 位置。

② 再将钥匙开关转到 ON 位置，发动机不运转。

③ 观察故障指示灯闪码情况。

如果未记录下现行故障代码，红色和黄色指示灯将依次点亮，然后熄灭并且保持熄灭状态。如果记录了现行故障代码，两个指示灯都将瞬间点亮，然后开始闪烁出已记录的现行故障代码，如图 9-6 所示。

故障代码闪烁顺序如图 9-7 所示。首先，报警指示灯 WARNING（黄色）将闪烁；然后停留 1 s 或 2 s，按已记录的故障代码号码停机指示灯 STOP（红色）闪烁，各号码间会有 1 s 或 2 s 的停顿。在红色指示灯闪烁完号码之后，黄色指示灯再次闪亮。三位数或四位数的代码将以相同的顺序重复闪烁。

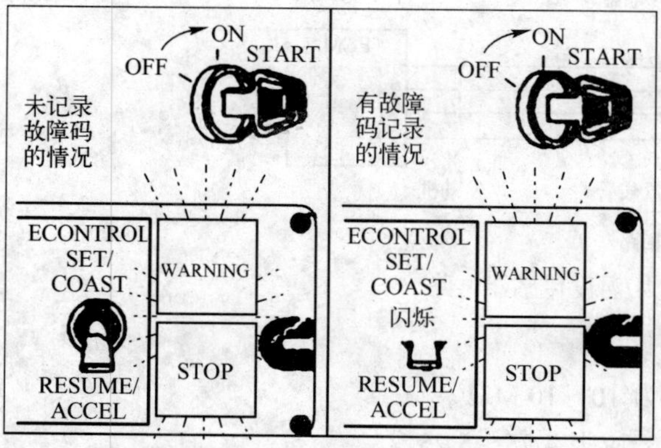

图 9-6　检查故障代码操作

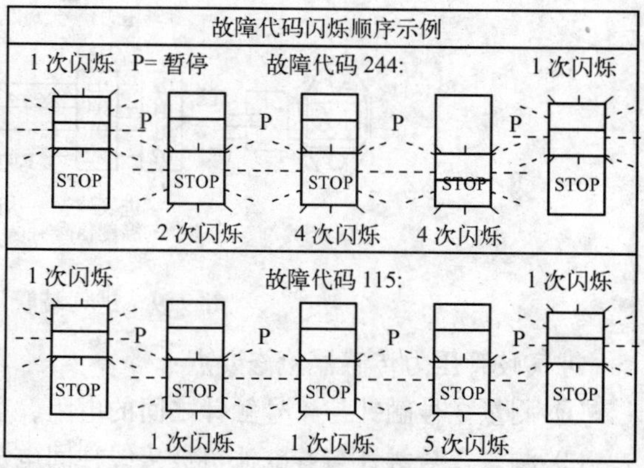

图 9-7　故障代码的闪码方式

当第一个故障码读取后，要读取下一个故障代码时，应将巡航控制 SET / RESUME 开关扳到“+”（增加位置），这时将闪烁下一个故障代码。若将 SET / RESUME 开关扳到“-”（减小位置），就可以回到上一个故障代码。如果只记录了一个现行故障代码，则无论将此开关扳到“+”（增加位置）还是扳到“—”（减小位置），总是显示同一个故障代码。

在诊断完成或诊断没有闪烁出故障代码时，注意应关闭诊断开关。

4．数据存储

使用笔记本式计算机可以得到附加的故障代码信息，这些存储数据记录着故障发生时控制系统传感器和开关的数值或状态。该数据储存着自从清零后第一次以及最近一次发生的故障，如图 9-8 所示。

故障代码诊断完毕，应关闭诊断开关或取下短接线。

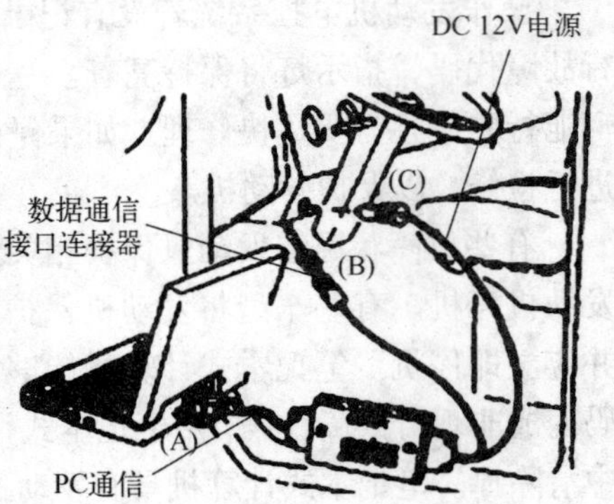

图 9-8 读取故障代码信息

5．故障代码的清除

用原始设备制造商（OEM）提供的笔记本式计算机能够显示现行和非现行故障代码。只有非现行故障代码和相关故障信息才能从 ECM 存储器中清除掉。也就是经过维修后，使发动机运转 1 min，使故障代码不起作用。经过笔记本式计算机确认后，已没有现行故障代码；再将点火钥匙转到 ON 位置，发动机不运转，用笔记本式计算机清除非现行故障代码。

（二）高压共轨柴油发动机主要电器元件的检查

1．进气歧管压力/温度传感器

1）进气歧管压力传感器

进气歧管压力 / 温度传感器安装在进气歧管内，用于监测进气歧管的压力并通过线束将该信号输送到 ECM。如果进气歧管压力变得太高或太低，都会引起功率下降。其电路如图 9-9 所示，当进气歧管压力传感器出现故障时点亮黄色故障指示灯，故障原因是在进气歧管压力传感器信号触针上检测到不正常电压，导致发动机功率降低。

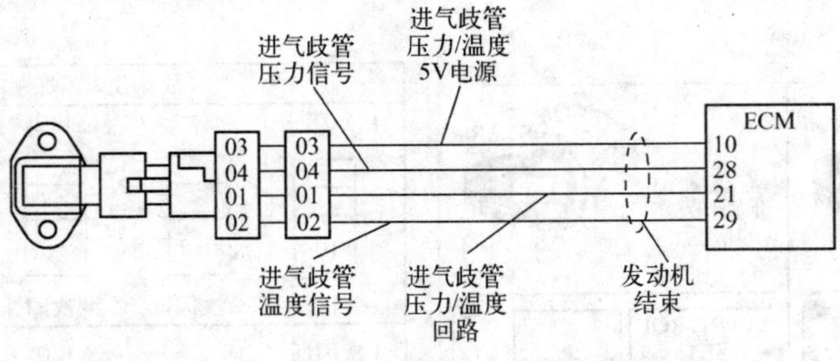

图 9-9 进气歧管压力/温度传感器电路

进气歧管压力传感器检修要点：

① 测量 3 号触针与 4 号触针之间的电阻，应为 10～10 MΩ。

② 测量 3 号触针与蓄电池负极接线柱间电压，应为 4.75～5.25 V。

③ 测量 4 号触针与蓄电池负极接线柱间信号电压，应为 0.10～0.25 V。

④ 测量 1 号触针与 3 号触针间电源电压，应为 4.75～5.25 V。

⑤ 测量 1 号触针与蓄电池负极接线柱间回路电阻，应小于 10 Ω。

（2）进气歧管温度传感器

ECM 通过进气歧管压力 / 温度传感器来监测发动机的进气温度，ECM 将进气温度信号用于发动机保护系统、冷启动辅助装置、喷油量和喷油正时控制。它与进气歧管压力传感器共同安装在进气歧管上。

当进气歧管温度传感器出现故障，可在进气歧管温度传感器信号触针上检测到异常电压，ECU 点亮黄色故障指示灯，同时使用进气歧管默认值，发动机失去对进气歧管空气温度的保护功能。

测量进气歧管压力 / 温度传感器中的 1 号触针与 2 号触针之间的电阻值，应符合表 9-1 所示的规定值。

2）油门位置传感器

油门位置传感器安装在油门踏板上，当驾驶员踩下油门踏板时，油门位置传感器将信号传递到 ECM。油门位置电路有 3 条导线，即信号导线（83 号触针）、+5 V 电源导线（55 号触针）和回路接地导线（81 号触针）。油门位置传感器电路如图 9-10 所示。

表 9-1　温度传感器对应电阻数据

温度/℃	电阻/Ω
0	5 000～7 000
25	1 700～2 500
50	700～1 000
75	300～450
100	150～220

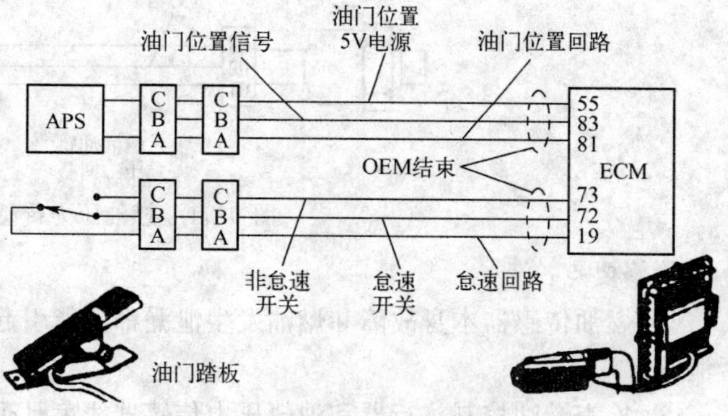

图 9-10　油门位置传感器电路

当油门位置传感器出现故障时点亮红色故障指示灯。此时在油门位置传感器信号触针上检测到不正常电压。故障结果：当怠速有效开关指示怠速时，发动机怠速运行；当怠速有效开关指示非怠速时，发动机转速逐渐上升到以默认设置转速运行。

检修要点：

① 检查油门位置传感器中是否存在开路或触针与触针之间短路。在释放和踩下油门踏板时，测量传感器的 5 V 电源触针和回路触针间电阻应为 2 000～3 000 Ω。

② 检查传感器触针与触针间电阻值。测量传感器侧的 5 V 电源触针和信号触针间电阻，释放踏板时，1 500～3 000 Ω；踩下踏板时，250～1 500 Ω。

③ 检查是否存在短路接地。测量传感器侧的 5 V 电源触针和接地间电阻、测量传感器侧的信号触针和接地间电阻，均应大于 100 kΩ。

④ 检查是否存在开路。分别测量 OEM 线束连接器中的 55 号触针和传感器线束侧的触针 C（A）间电阻、81 号触针和触针 A（C）、83 号触针和触针 B 间电阻，均应小于 10 Ω。

⑤ 检查触针与触针间是否存在短路。分别测量 OEM 线束连接器中 55、81、83 号触针和其他所有触针间电阻，均应大于 100 kΩ。

⑥ 测量 ECM 输出电压。测量 ECM 上的 55 号触针到 81 号触针间电压，应为 4.75～5.25 V。

3．燃油温度传感器

ECM 通过燃油温度传感器监测燃油温度，ECM 将燃油温度值用于对发动机保护和燃油加热器辅助装置。该传感器安装在燃油滤清器壳体上。燃油温度传感器电路如图 9-11 所示。当燃油温度传感器出现故障时指示灯是黄色。故障原因：检测到温度过高。燃油温度信号触针上的信号电压显示燃油温度超过 71 ℃。此时根据标定状况，发动机功率逐渐下降，并在报警后停机。

检修要点：

① 保证燃油箱正确加注。返回的燃油会加热油箱中的燃油，所以在温度较高的条件下运行时应当使燃油箱中的燃油处于满刻度位置。

② 用热电偶或类似的温度传感器校验传感器的准确性。其阻值应符合表 9-1 所示的规定值。

4．燃油压力传感器

燃油控制执行器通电后，高压泵对燃油进行加压。高压燃油聚集到燃油油轨中，燃油油轨压力传感器检测燃油压力，并向 ECM 输入压力信息。燃油系统位于发动机的进气侧。

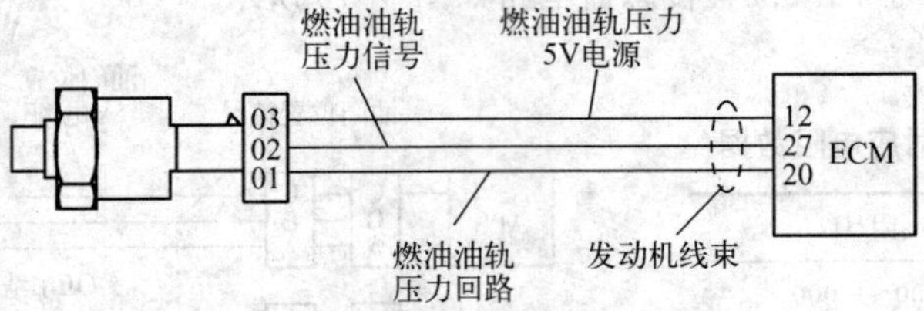

图 9-11　燃油压力传感器电路

检修要点：

① 燃油传感器本身故障和燃油发生泄漏都可能引起故障。故障代码诊断完毕，应检查燃油是否泄漏。

② 检查燃油控制执行器和油轨压力传感器线束是否受干扰，测量燃油执行器的电阻，即测量 1 号触针与 2 号触针间电阻应为 1.0～2.2 Ω。

③ 检查输油泵的输出压力。使用 INSITETM 监测燃油压力和电子燃油控制执行器的电流，并和规定值比较。当转速为 600 r / min 时，压力值为 500 bar；当转速为 800 r / min 时，压力值为 800 bar。

④ 测量油轨压力传感器连接器上的电压,即测量 1 号触针与 3 号触针间电压应为 4.75～5.25 V。

⑤ 测量 ECM 输出电压，即测量 12 号触针与 20 号触针间电压应为 4.75～5.25 V。

5．发动机转速传感器

发动机转速（曲轴位置）传感器向 ECM 提供发动机转速信号。该传感器通过磁感应曲轴转速信号轮上的目标齿的运动产生转速信号。该传感器电路如图 9-12 所示。

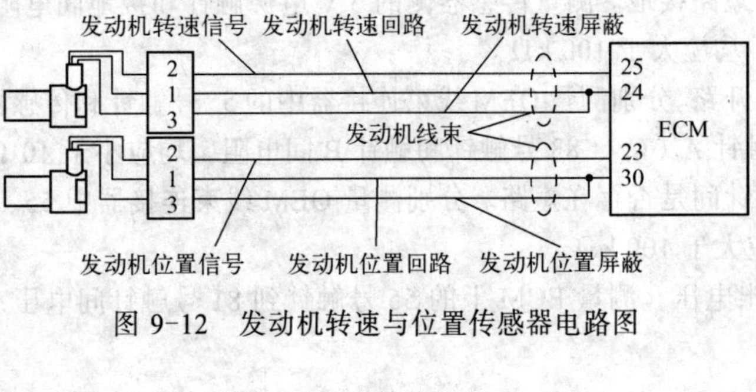

图 9-12　发动机转速与位置传感器电路图

检修要点：

① 发动机转速传感器损坏、传感器顶部有碎屑、或电路中存在短路（或开路）故障、或电源电压故障。

② 测量发动机转速传感器电阻值，即测量1号触针与2号触针间电阻值应为650～1 000 Ω。

③ 检查发动机转速传感器的间隙（应为0.8～1.5 mm）。同时注意曲轴轴向间隙也应在规定范围。

如果出现相关转速传感器信号不良的故障码，在完成上述检查没有发现故障时，利用示波器观察其信号波形，如不正常可拆下发动机转速传感器安装螺栓，从线束上拆下发动机转速传感器，如图9-13所示。检查发动机线束连接器和转速传感器是否存在下列问题：

a. 连接器壳体有裂纹或断裂；

b. 连接器密封损坏；

c. 触针内有灰尘、碎屑或湿气；

d. 触针、弯曲、断裂、缩进或伸出；

e. O形圈已膨胀变形；

f. O形圈内部或表面有裂纹或断裂；

g. 与曲轴信号轮相对的一面有灰尘、碎屑或损坏。

图9-13　测量转速传感器空气隙

6. 发动机位置传感器

发动机位置传感器向ECM提供发动机位置信息。该传感器通过感应凸轮轴齿轮上的目标齿的运动来产生信号。

检修要点：

① 故障原因可能是发动机位置传感器损坏、传感器顶部有碎屑、电路存在开路（或短路）或电源电压故障。

② 引起故障代码的原因是凸轮轴齿轮的凹槽内是否有碎屑或凸轮轴齿轮是否已损坏。

③ ECM接收不到数量正确的脉冲，将触发故障代码。4缸发动机的凸轮轴齿轮有5个缺口，6缸发动机的凸轮轴齿轮有7个缺口。

④ 测量发动机位置传感器的电阻，即测量1号触针与2号触针间电阻应为650～1 000 Ω。

⑤ 检查发动机位置传感器与信号齿的间隙应为0.8～1.5 mm。

7. 燃油含水传感器

燃油含水传感器安装在油水分离器内。当燃油滤清器中的水积累到某一设定体积时，燃油含水传感器将信号传给ECM。燃油含水传感器有两根导线，一条是接地回路导线，另一条是信号导线。其电路如图9-14所示。

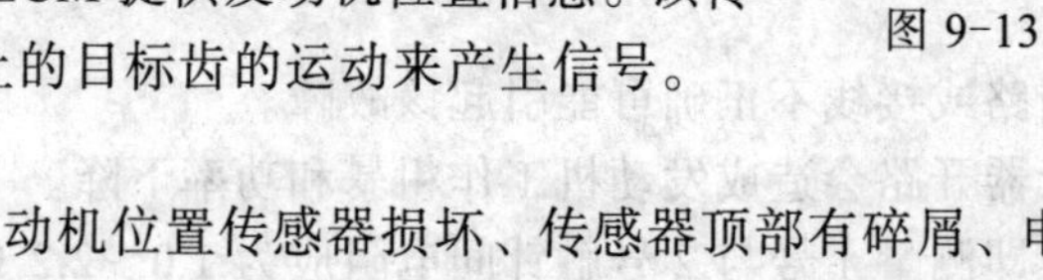

图9-14　燃油含水传感器电路

检修要点：

① 检查燃油含水传感器的触针是否损坏。

② 测量传感器触针A和触针B之间电阻，应大于100 kΩ。

③ 检查 OEM 线束不应存在短路。

8. 燃油控制执行器

燃油控制执行器（输油泵）控制供给高压燃油泵的燃油量，ECM 向执行器提供电流。燃油控制器是常开的，只有当电流通过时才闭合。电子燃油控制执行器安装在发动机进气侧后部齿轮室壳体的高压燃油泵上。燃油控制执行器电路如图 9-15 所示。

当燃油控制执行器出现故障，点亮黄色故障指示灯，发动机功率会下降到功率值。

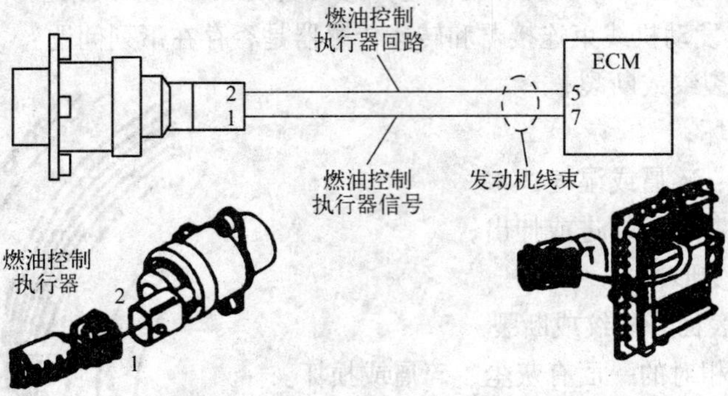

图 9-15　燃油控制执行器电路

检修要点：

① 燃油控制执行器断路或接线不正确可能引起该故障。

② 电子燃油控制执行器开路会造成发动机工作粗暴和功率下降。

③ 检测执行器电阻，即测量 1 号与 2 号触针间电阻应为 1.0～2.2 Ω。

④ 检查电路是否开路或短路。

9. 喷油器及其电路

ECM 操纵喷油器电磁阀来控制发动机的喷油量和喷油正时。每个喷油器电磁阀都通过驱动导线和回路导线与 ECM 相连。ECM 通过驱动导线向喷油器发送电脉冲信号，操纵电磁阀后，通过回路导线返回 ECM。电磁阀为常闭式，它只在燃油喷射和计量期间由来自 ECM 的脉冲电流打开。喷油器安装在汽缸盖上。侧 1 喷油器电路如图 9-16 所示，对于 6 缸发动机，侧 1 是指 1、3、5 号汽缸；对于 4 缸发动机，侧 1 是指 1、3 号汽缸。

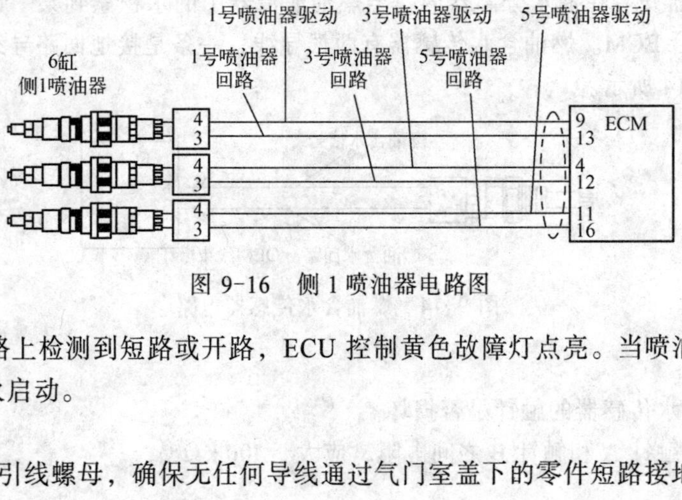

图 9-16　侧 1 喷油器电路图

当在喷油器电路上检测到短路或开路，ECU 控制黄色故障灯点亮。当喷油器整体电路出现故障时发动机不能着火启动。

检修要点：

① 检查喷油器引线螺母，确保无任何导线通过气门室盖下的零件短路接地。

② 检查喷油器引线螺母，确保引线螺母紧固到规定扭矩值，确保螺母和电磁阀接线柱螺纹没有损坏。

③ 喷油器电磁线圈电阻应小于 0.5 Ω。

10．燃油加热器电路故障

在低温环境下，燃油加热器将燃油预热以降低黏度、改善启动性能。燃油加热器安装在燃油滤清器上。燃油加热器电路如图 9-17 所示。

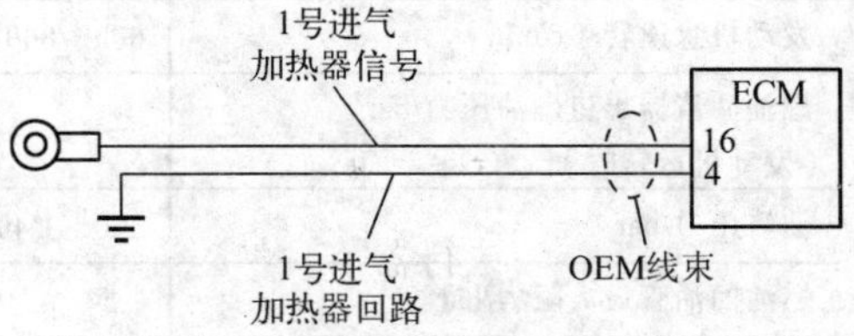

图 9-17 燃油加热器电路

检修要点：

① 故障原因可能是燃油加热器与蓄电池正极之间短路。可能使燃油加热器一直处于通电加热状态，从而消耗蓄电池的电能或导致烧损燃油加热器。

② 测量燃油加热器的电阻，即测量 1 号触针和 2 号触针间电阻应小于 2.5 Ω。

③ 测量电源电压，即测量 1 号触针与机体接地间电压应为 9～15 V（12 V 系统）、21～27 V（24 V 系统）。

11．进气加热器电路故障

进气加热器（预热器）在低温下能改善发动机的启动性能，防止发动机冒白烟，ECM 通过电源继电器控制加热器的工作。加热器有两个加热线圈，分别由 ECM 控制。进气加热器安装在进气歧管的进气接头处，加热器继电器的位置随 OEM 变化。

检修要点：

① 这些故障可能表示进气加热器电路与蓄电池（+）短路，使得加热器始终通电。消耗蓄电池的电能，会使加热器损坏或损坏进气密封垫。

② 进气加热器只有钥匙开关在 ON 时，进气温度低于 19 ℃时才开始工作。

③ 如果没有安装进气加热器，而且故障代码 381 或 382 现行起作用，用 INSITETM 使特性“进气加热器”不起作用。

④ 测量进气加热器 1 号触针和 2 号触针间电阻值，应小于 1 Ω 为合格；否则，应更换进气加热器。

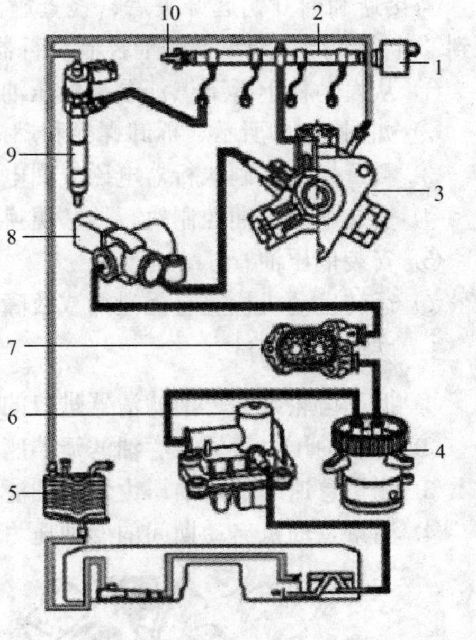

图 9-18 ISBe 型发动机外部零部件安装位置

1—压力控制阀；2—共管；3—高压泵；4—燃油滤清器；5—燃油冷却器；6—燃油预热器；7—输油泵；8—停车阀；9—喷油器；10—燃油压力传感器

（三）燃油供给系统的检修

在此以康明斯 ISBe 高压共轨柴油机为例进行介绍。如图 9-18 所示，康明斯 ISBe 高压共轨柴油机采用 Bosch 高压共轨电子控制燃油系统。该系统由四个主要部件构成，即燃油齿轮泵（与高压油泵固装在一起）、高压油泵（博世 VP44 分配式电控泵）、燃油油轨和电磁喷油器。高压油泵向燃油油轨输送高压柴油，但这与发动机转速无关系。高压燃油存储在燃油油轨中，连续不断地向喷油器提供高压燃油。ECM 通过控制电磁喷油器的开启来控制发动机的喷油量和喷油正时。

康明斯高压共轨 ISBe 柴油机燃油系统的主要技术参数见表 9-2 所示。

表 9-2 高压共轨 ISBe 柴油机燃油系主要技术参数

项 目	数 据	项 目	数 据
发动机怠速转（r/min）	600～800	齿轮泵的最大燃油进油阻力/kpa	50.7
燃油滤清器出口燃油压力/bar（发动机运转时）	5～13	燃油滤清器出口燃油压力/bar（发动机启动时）	3.0～11.0
油轨压力/bar	250～1 400	燃油滤清器最大压降/bar	2
燃油回油管最大阻力/bar	1.2	发动机最低启动转速（r/min）	150

1．电子燃油加热器

电子燃油加热器安装在燃油滤清器座上，滤清器上的双金属片起节温器的作用。燃油加热器在大约 1 ℃时接通，在 18 ℃时断开。检查燃油加热器的电压是否正确，对于 12 V 系统，加热电压应为 12 V；对于 24 V 系统，加热电压应为 24 V。如果电压不在规定范围，则应进行维修。

2．电子燃油控制执行器（EFC）的检查

当接通和断开钥匙开关后，检查燃油控制执行器有无“咔哒”声。如果断开钥匙开关时没有听到“咔哒”声，应更换燃油控制执行器。

① 从发动机上拆下燃油泵和低压油管。

② 如图 9-19 所示，拆卸螺栓和燃油控制执行器。

③ 测量燃油控制执行器电磁线圈电阻，最大值应为 3 Ω。

④ 安装电子燃油控制执行器，更换 O 形圈；紧固螺栓力矩为 7 N·m。

⑤ 安装低压油管。

⑥ 运转发动机检查有无泄漏或故障代码。

3．燃油压力测试

① 拆下齿轮泵到燃油滤清器进口的低压油管。

② 将燃油压力表插入燃油滤清器座，连接好低压油管，如图 9-20 所示。

③ 测量怠速时的燃油压力。燃油滤清器进口处的压力应为 5～13 bar。

④ 测量发动机启动期间的燃油压力应为 3～11 bar。燃油滤清器两端的最大压降为 2.0 bar。

图 9-19 拆卸 EFC 执行器

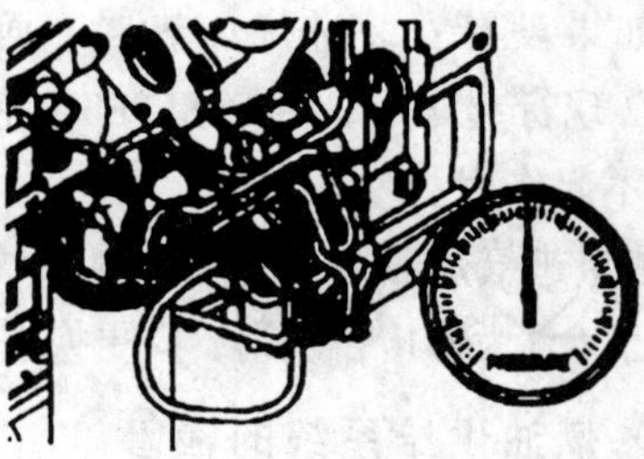

图 9-20 安装压力表和低压油管

4．燃油进油阻力测试

① 从齿轮泵上拆下连接 ECM 冷却板与齿轮泵的燃油管，安装燃油压力表，重新安装好燃油管。

② 安装量程为 0～508.0 mmHg（1 mmHg≈133 Pa）真空表，运转发动机，测量燃油进油阻力。高怠速时允许的进油阻力最大值为 50.8 kPa。

③ 如果燃油进油阻力太高，应检查燃油管尺寸正确与否，燃油管是否存在弯曲或堵塞。应保证燃油滤清器过油畅通，单向阀未发生故障。

5．燃油回油管阻力测试

① 从燃油滤清器座接头处，拆下回油管，连接好压力表，重新连接好油管。

② 在发动机启动或低怠速运转时，测量燃油回油管阻力。允许的燃油回油管阻力为 120 kPa。

③ 如果燃油管回油管阻力太高，应检查燃油管尺寸是否正确，油管有无泄漏，是否存在弯曲或堵塞。

6．齿轮式燃油泵

① 从齿轮室壳体上拆下高压油泵。

② 从高压油泵上拆下与之固连的齿轮式油泵。检查齿轮泵驱动联轴节和驱动轴轴端是否过度磨损，如图 9-21 所示。

7．喷油器

康明斯 ISBe 发动机采用电磁喷油器，ECM 通过控制喷油器电磁阀的开闭来控制发动机的供油量和供油正时。当高压柴油进入喷油器侧，ECM 向电磁阀发送脉冲信号，电磁阀被激活，带动针阀升起，喷出柴油。喷嘴孔很小，脏物或污物会使喷嘴阻塞导致针阀卡滞。在进行维护作业前，应先清洗周围所有油管接头，并应将燃油管接头罩住。

燃油系统各连接螺栓、螺母应当按规定扭紧力旋紧，防止漏油。燃油连接件带有一个边缘滤清器，它用于分解燃油系统的小污染物。

所有喷油器与缸盖上的公共回油管相连，泄漏的燃油通过回油管流回油箱。高压油泵中多余燃油也通过回油管流回油箱。

开始喷射燃油，同时，ECM 控制喷油器实现多次燃油喷射。

① 拆下燃油油轨与高压油管。

② 拆下摇臂室盖和排气摇臂。

③ 拆下电磁阀导线。

④ 拆下 8 mm 的喷油器压板螺栓。

⑤ 使用零件号为 3164025 的喷油器拆卸工具从缸盖上拆下喷油器。

⑥ 用安全溶剂和清洁软布清理喷油器，但不能使钢丝刷清洁喷油器。

⑦ 如图 9-22 所示，检查喷油器端部是否有积炭，可使用黄铜丝刷清理积炭；检查电磁阀端子是否损坏；检查喷油器进油口、连接件端部和进油口是否损坏；检查 O 形圈是否损坏。

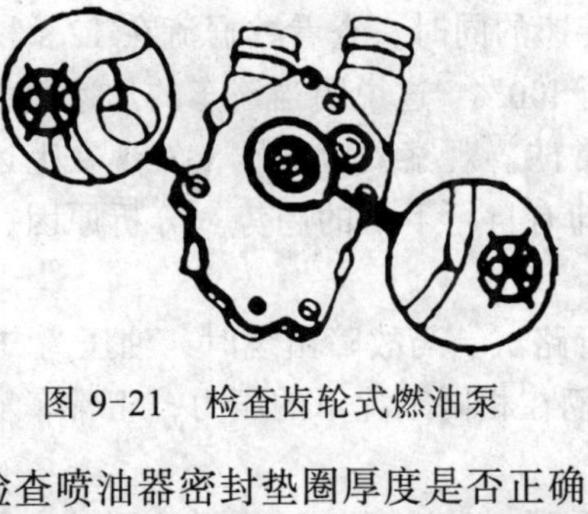

图 9-21　检查齿轮式燃油泵

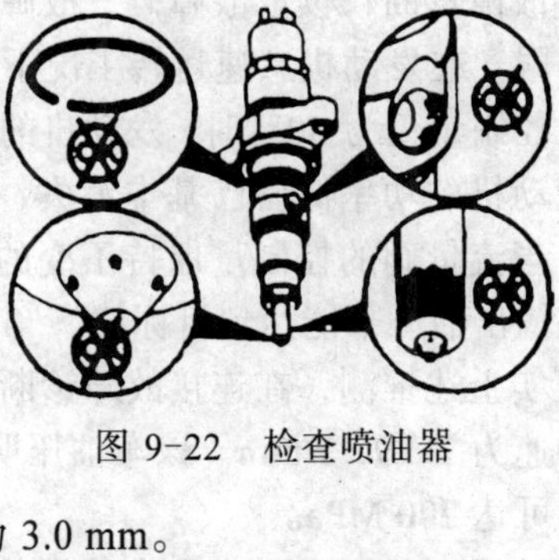

图 9-22　检查喷油器

⑧ 检查喷油器密封垫圈厚度是否正确，垫片厚度应为 3.0 mm。

⑨ 按拆卸相反的顺序安装喷油器。喷油器压板螺栓紧固力矩为 3.5 N·m，电磁阀导线连接件紧固力矩为 2.0 Nm。运转发动机，检查有无泄漏。

三、任务实施

引导问题 1：分别拔出共轨发动机的转速传感器、位置传感器、燃油压力传感器、燃油含水传感器和燃油加热器的插头，着车运转片刻后熄火，用故障解码仪读取发动机是否存在实时故障码，它们分别是____?

引导问题 2：实训车辆油门位置传感器是安装在__________位置，画出其端子图并标注内容，它是__________类型的传感器，当打开钥匙开关，测量其信号变化范围是________。

引导问题 3：找到燃油压力传感器，画出其端子图并标注内容，测量其信号端子的电压变化范围是____________________。

引导问题 4：测量燃油含水传感器正常无水情况下阻值应该是多少?

引导问题 5：电子燃油加热器安装在______座上，滤清器上的双金属片起节温器的作用。燃油加热器在大约____℃时接通，在______℃时断开。测量其电阻值应为________。进气加热器的情况又如何?

引导问题 6：电子燃油控制执行器的作用是____________________，检测执行器电阻，即测量 1 号与 2 号触针间电阻应为____________。

任务 3　关联故障的诊断与案例学习

案例 1：路虎轿车不能急加速不良

1. 故障现象

一辆 2010 年产路虎发现 4，搭载 217 L TD V6 型柴油发动机，行驶里程 17 000 km。用户反映该车急加速时，仪表提示发动机性能受限。此时变速器不再升挡，车速也无法提高。但车辆缓加速时，故障却不会出现。

2. 故障诊断与排除

维修人员试车，故障现象完全符合用户的描述。由于故障总是出现在车辆急加速的过程中，因此初步判断故障是发动机输出扭矩不足所致。对于柴油发动机而言，其输出扭矩主要取决于燃油的喷射量，这样维修人员便将故障范围确定在发动机的供油系统。而供油系统的核心部件便是高压油泵。

通过故障诊断仪读取故障码，故障码为 P2290——喷油压力过低：P000E——流量阀自适应调节超出极限。在发动机怠速运转工况下，改变发动机转速的同时，查看数据流在 12 s 和 18 s 处：流量阀的控制量仅为 50%时，发动机的负荷率便已接近 100%。这说明当该车的加速踏板仅踩下一半时，发动机的功率储备已基本消失，这显然是不正常的。观察共轨油压，发现在上述两个时间点附近，当流量阀的控制量保持不变的情况下，油压却有自行下滑的趋势。分析原因，这有可能是油泵的输出油压未能达到目标值。

为证实上述推测，在连接故障诊断仪的情况下进行路试。当故障出现时，油压为 134 MPa，发动机转速为 2 297 r/min。该车油压明显低于正常车辆在相同工况下的压力，正常车辆在此工况下，油压可达 200 MPa。

从故障码不仅可以看出该车油压偏低，而且可以看到，发动机控制单元已经对流量阀进行了自适应调节。但调节幅度超出调整的范围，说明油压偏差过大。由此判断该车高压油泵性能下降，决定对其进行更换。更换高压油泵，故障排除。

对于高压共轨式柴油发动机而言，由于无需考虑其进气量问题，所以可把检查的重点放在发动机的供油和控油上。该故障案例中，由于车辆在缓加速时故障未出现，所以基本排除了控油方面的问题，可以集中精力来检查供油方面的问题。在检查供油时，可以将发动机的负荷率与供油压力放在一起来考虑，这样可以使问题变得更加直观。

思　考　题

1. 按电控柴油发动机的燃油控制方式区分主要可分为哪几种电控柴油发动机？
2. 电控柴油共轨发动机有哪些主要的传感器？分别有什么作用？
3. 以康明斯 ISBe 高压共轨柴油机为例，说说燃油压力传感器和燃油温度传感器的检测方法。
4. 简述高压共轨柴油发动机的燃油压力是如何维持在稳定的范围内。
5. 燃油控制执行器有什么作用，怎样进行检查？
6. 试写出康明斯 ISBe 发动机的电控系统故障码读取方法。

模块四　汽车底盘常见故障诊断

项目 10　汽车驱动（传动）异响的故障诊断

【学习目标】

- 能描述汽车传动系统包括离合器、机械变速器、传动装置、驱动桥的异响等常见的故障现象。
- 会分析传动系统各装置常见故障原因及部位。
- 能结合车型特点和故障征兆制定传动系统异响、振动、不能行驶等故障诊断方案。
- 会参考维修手册，对离合器、传动装置、机械变速器、驱动桥常见故障进行检修。
- 能将本次诊断排除的故障编写成案例或技术公报。

【案例引入】

老王开的福特皮卡车已经跑了 158 694 km，最近他发现车辆在加速行驶过程中车身会振动，并且在底盘传动系统部位出现“咣咣咣”有节奏的响声，跟随车辆速度变化，在油门松开或加速瞬间尤其明显。由于底盘异响容易牵涉到行车安全问题，老王赶紧把车开到修理厂检查。请你进行车辆的入厂检验，并制定维修方案，向客户老王进行相关故障原因与维修方案的解释。

任务 1　传动异响的故障分析与诊断思路

一、任务导入

与教师一起进行车辆路试，倾听响声，描述听到的行驶驱动时异响的声音及特点，分析会形成这种异响的故障原因与部位，拟定诊断方案。

二、知识准备

（一）动力传动系统的组成

汽车发动机与驱动轮之间的动力传递装置称为汽车的传动系。它应保证汽车具有在各种行驶条件下所必需的牵引力、车速，以及保证牵引力与车速之间协调变化等功能，使汽车具有良好的动力性和燃油经济性；还应保证汽车能倒车，以及左、右驱动轮能适应差速要求，并使动力传递能根据需要而平稳地结合或彻底、迅速地分离。传动系包括离合器、变速器、传动轴、主减速器、差速器及半轴等部分。典型发动机前置前轮驱动的传动系如图 10-1 所示。

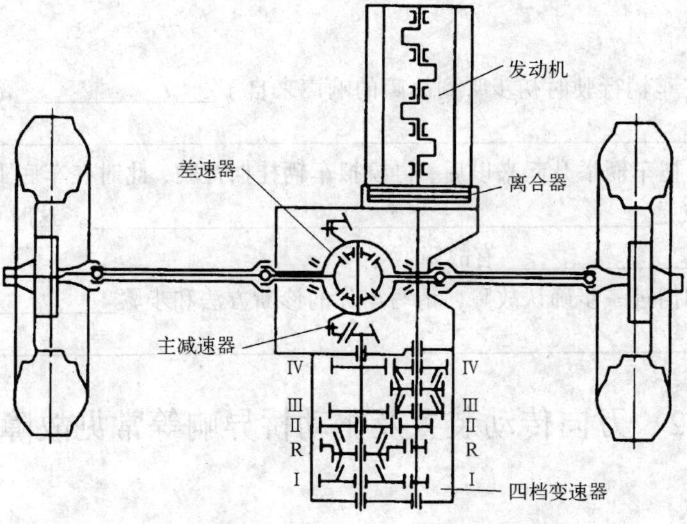

图 10-1　汽车传动系统示意图

（二）传动系统异响的现象特点

传动系统异响的特点一般属于机械故障，传动系统的机械零件磨损、变形、损坏、失油或装配不良使运动件配合间隙不正常等都会使零部件在运动过程中产生干涉或干摩擦等现象，同时出现各种响声。随着传动系统机械部件故障程度不同，响声及部位也各不相同，一般故障初期会出现在负荷较大的起步、加速等动力传递过程中，后期可能车辆空挡滑行也会产生响声，严重的会零部件脱落打坏总成，造成安全事故。在传动系统中各个总成有自身的异响特点：离合器的响声主要是分离轴承及压盘弹簧断裂造成的响声，多发生在踩下或松开离合器的过程中，而且响声较尖锐，机械变速器响声往往与挂入的挡位有关，多为轴承损坏、齿轮打齿、运动件配合间隙不良、润滑油缺失等情况关联。如果汽车行驶中发出周期性的响声，速度越快时响声越大，严重时车身发生抖振，甚至握转向盘的手有麻木感，大多是传动轴弯曲引起的响声。传动轴中间支承响是一种连续的“呜呜”的响声，车速越快响声越大。驱动桥响声主要受负荷影响较大，响声较多样，有可能是轴承造成的“呜呜”、“哄哄”声，或齿轮间隙不当的“哽哽”声等，还有差速器在转弯时失效也可能发出响声，打方向或起步时半轴球笼等都会发出异响。因此传动系统的异响是最常见的故障现象，由于响声初期总要在车辆负荷行驶时才听到，给故障部位确诊造成一定困难，因此要针对现象和部位采用多种手段认真分析和诊断。

（三）传动系统异响的故障诊断思路

结合诊断原则和车辆的结构特点，一般遇到车辆驱动过程中传动系统的异响，可以按图 10-2 所示的思路进行初步判断哪个总成，再具体针对总成进行诊断和维修。

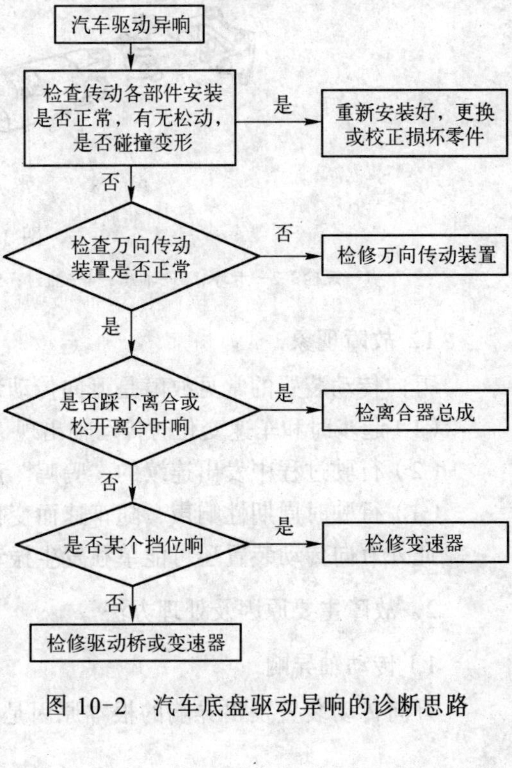

图 10-2　汽车底盘驱动异响的诊断思路

三 任务实施

引导问题 1：在车辆行驶时初步听到故障的响声来自于______________部位，而且故障响声有以下特点____。

引导问题 2：当把车辆举升起来以后，再模拟车辆挂挡行驶，此时在车底下是否能听到故障响声，此时的响声特点是____，这时可初步断定________________________________有故障。

引导问题 3：如何进一步确认故障，请写出你的诊断方法和步骤____。

任务 2 万向传动装置及驱动桥异响等常见故障诊断

一、任务导入

与老师一起进行车辆路试，倾听响声，回车间后举升车辆进行传动轴和驱动桥的性能和相关参数的检测，判断故障原因和部位，最后制定维修方案。

二、知识准备

（一）万向传动装置故障诊断

如图 10-3 所示，万向传动装置一般由传动轴和万向节组成。万向传动装置的常见故障部位主要有：传动轴平衡块、传动轴套管、花键、中间支承等。

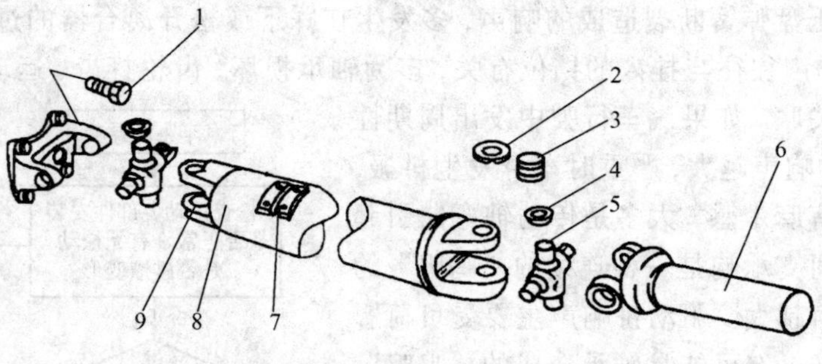

图 10-3 传动轴的组成

1—螺栓；2—卡环；3—轴承；4—油封；5—十字轴；6—滑动叉；7—平衡片；8—套管；9—万向节叉

1. 故障现象

万向传动装置的常见故障是万向传动装置异响，一般有几种情况：

（1）起步时和车速变化时传动轴出现“咣咣”的撞击声，或高速挡低速行驶时也会出现撞击声。

（2）行驶过程中发出连续的“呜呜”声。

（3）行驶时周期性响声，随车速而变化，严重的会伴有车身振动现象。

此外万向传动装置还可能单独发生振动，响声不明显。

2. 故障主要原因及处理方法

1）传动轴异响

万向传动装置发出异响的根本原因是万向传动装置的连接处磨损松旷，装配不当，或传动轴弯曲等原因造成动平衡破坏，当传递较大的转矩和受到剧烈的冲击时产生异响。具体原因与处理方法如下：

（1）万向节套筒与万向节叉孔磨损松旷，应予更换。

（2）万向节叉凸缘盘连接螺栓松动，应予紧固或更换。

（3）传动轴伸缩节花键因磨损和冲击造成松旷，应予更换。

（4）传动轴弯曲，应予校正。

（5）传动轴上的平衡片失落或套管凹陷，应重新做动平衡。

（6）传动轴套管与万向节叉或伸缩节花键轴焊接时位置歪斜或焊接后传动轴未进行动平衡，应予更换或做动平衡。

（7）伸缩节未按标记安装，应按记号装配。

（8）中间支承固定螺栓松动，应予紧固或更换。

（9）中间支承固定位置不正确，应按正确位置固定。

（10）中间支承滚动轴承润滑不良，滚道表面有麻点、凹痕、退火变色等损伤，应予润滑或更换。

（11）中间支承橡胶圆环垫破损，应予更换等。

2）传动轴发生振动主要原因

（1）车轮或轮胎动不平衡。

（2）传动轴平衡片脱落。

（3）汽车超载。

（4）传动轴或万向节的运转角改变。

（5）发动机、变速器或传动轴橡胶支承件失效等。

3. 故障诊断方法

在汽车起步或突然改变车速时，传动装置发出“抗”的一声；当汽车缓慢行驶时，传动装置发出“呱啦、呱啦”的响声。这是万向节响。

汽车行驶中发出周期性的响声，速度越快时响声越大，严重时车身发生抖振，甚至握转向盘的手有麻木感。这是传动轴弯曲引起的响声。

汽车行驶中产生一种连续的“呜呜”的响声，车速越快响声越大。说明是中间支承响。

按照故障响声的部位，结合图10-4所示万向传动装置异响常见故障原因的诊断流程查找故障。

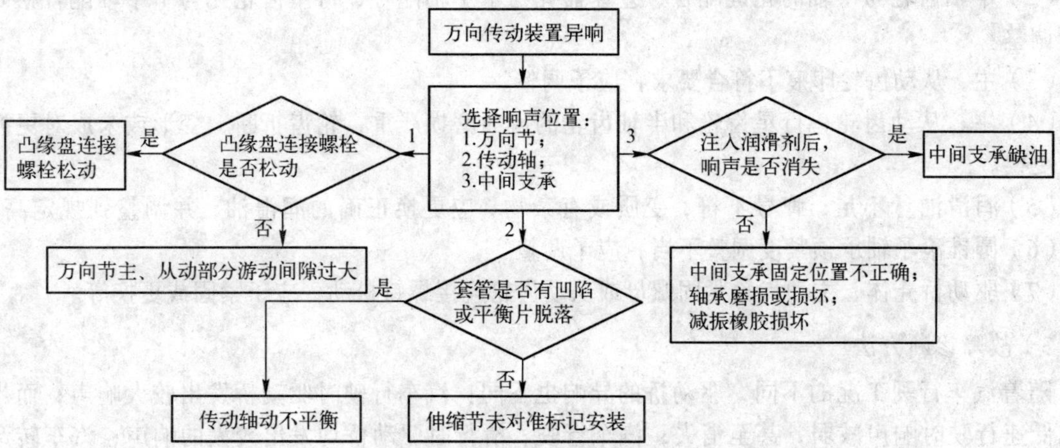

图10-4　万向传动装置异响常见故障原因的诊断流程

诊断具体方法是：

（1）应检查传动轴是否弯曲、平衡块有无脱落，传动轴套管是否凹陷。

（2）检测其游动间隙或目测并晃动传动轴各部，若有晃动感则可确诊花键齿或各部螺栓松动、万向节轴及滚针磨损松旷。

（3）检查中间轴承座圈表面是否有损伤以及支架的安装情况：支架橡胶垫圈、紧固螺钉是否过紧或过松而使轴承位置偏斜，可旋松轴承盖螺栓，若响声消失，表明中间轴承安装偏斜。若仍有响声，则应检查轴承的润滑情况。如果响声杂乱，时而出现不规则的撞击声，则应检查传动轴万向节叉的等速排列情况。

（4）举起汽车或支起驱动桥，挂入高速挡，查看传动轴摆振情况。如果抬起加速踏板，当车速突然下降时摆振更大，则为凸缘和轴管焊接歪斜或传动轴弯曲所致，可拆下传动轴，检查是传动轴弯曲、轴管凹陷，还是凸缘和轴管焊接处歪斜。

（5）应检查万向节十字轴回转中心与传动轴的同轴度。

（二）驱动桥故障诊断

后轮驱动汽车的后桥是驱动桥，主要包括主减速器、差速器、半轴、驱动桥壳等，如图 10-5 所示。

驱动桥的常见故障部位主要有：行星齿轮与十字轴、轴承、花键、调整垫片、齿轮等。

驱动桥的常见故障主要包括：驱动桥异响，驱动桥过热和驱动桥漏油。

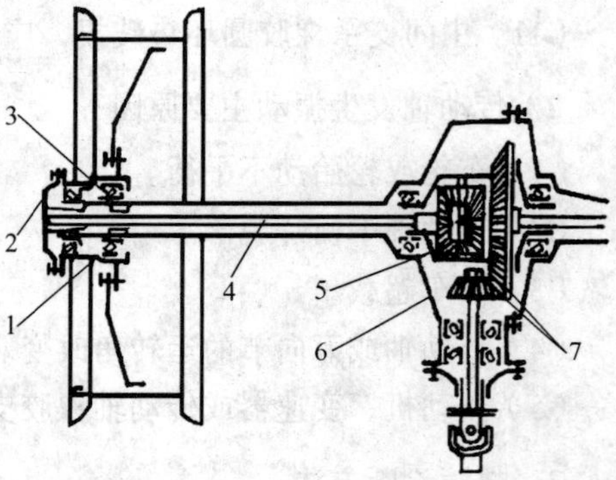

图 10-5　后驱动桥主要构造

1—轮毂；2—凸缘；3—轴承；4—半轴；5—差速器；6—桥壳；7—主减速器

1. 驱动桥异响

1）故障现象

驱动桥在汽车不同的行驶工况下发出非正常响声。

2）故障主要原因及处理方法

造成驱动桥异响的根本原因是驱动桥的传动部件磨损松旷，调整不当或润滑不良，当承受较大的动载荷时，发出不正常的响声。具体原因主要有：

（1）主减速器主、从动齿轮，行星齿轮和半轴齿轮等啮合间隙过大或过小，应予调整。

（2）半轴齿轮与半轴的花键配合、差速器壳与十字轴配合、行星齿轮孔与十字轴配合松旷，应予调整。

（3）主、从动齿轮印痕不符合要求，应予调整。

（4）主、从动齿轮，行星齿轮和半轴齿轮的齿面磨损严重，轮齿折断、变形或未成对更换，应予更换。

（5）润滑油量不足，牌号不符，变质或有杂物，应更换正确的润滑油，并调整到规定高度。

（6）圆锥滚子轴承预紧度调整不当，应予调整。

（7）驱动桥壳体、主动齿轮紧固螺母或从动齿轮连接螺钉松动，应予紧固或更换等。

3）故障诊断方法

随着汽车行驶工况的不同，驱动桥的异响也不同：汽车行驶时驱动桥发出较大响声，而当滑行或低速行驶时响声减弱，甚至消失；汽车行驶、滑行时驱动桥均发出较大的响声；汽车转弯行驶时驱动桥发出较大的声音，而直线行驶时响声明显减弱或消失；汽车起步或突然改变车速时驱动桥发出“铿”的一声。

根据异响的规律，结合图 10-6 所示驱动桥异响常见故障原因的诊断流程找出故障。

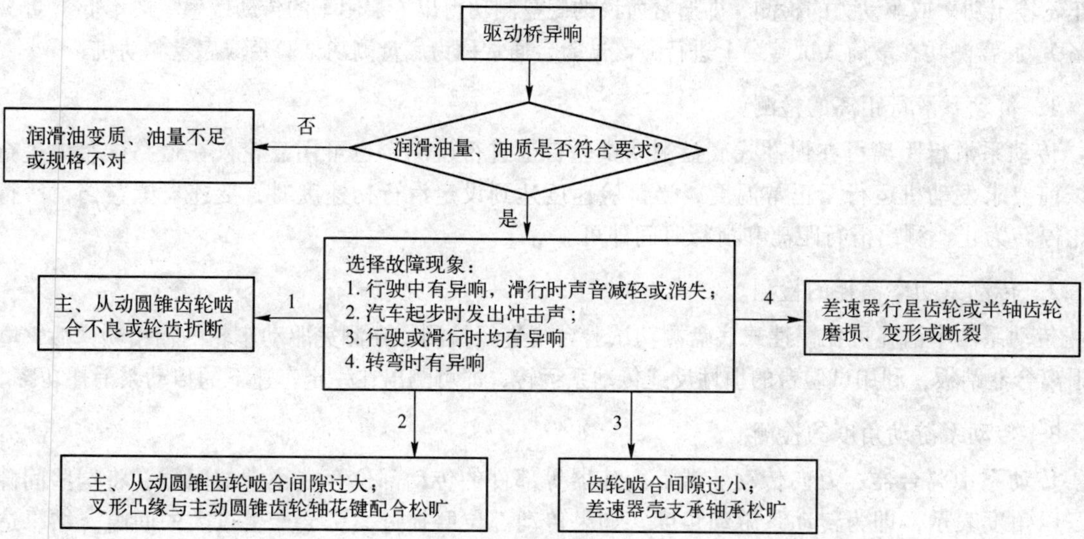

图 10-6 驱动桥异响常见故障原因的诊断流程

2. 驱动桥过热

1）故障现象

汽车行驶一定里程后，用手触摸驱动桥壳中部，有无法忍受的烫手感觉。

2）故障主要原因及处理方法

引起驱动桥过热的根本原因是驱动桥工作时摩擦阻力过大。具体原因主要有：

（1）圆锥滚子轴承预紧度调整过大，应予调整。

（2）润滑油量不足、变质或牌号不符合要求，应更换正确的润滑油，并调整到规定高度。

（3）主减速器、差速器各齿轮的啮合间隙太小，应予调整。

（4）止推垫片与主减速器背面间隙太小，应予调整或更换等。

3）故障诊断方法

（1）当车辆行驶一定路程后，用手触摸后驱动桥壳，若普遍过热，应检查桥壳内润滑油量是否符合规定。若不足，应予添加补足。

（2）如果油量足够，应观察润滑油品质。若润滑油有变色、变稀等情况，应更换型号规格合适的新油。

（3）若油质良好，应将主减速器拆下，检查主、从动锥齿轮的啮合间隙是否正常。若啮合间隙过小，应予以调整。

（4）用手触摸后驱动桥各轴承部位，若有烫手感觉，说明轴承装配太紧，应重新调整。

（三）传动系仪器检测

在汽车不解体的情况下，使用仪器既可以检测传动系的技术参数，如滑行距离、功率消耗和游动角等，还可以对传动系的主要部件进行检测诊断，如离合器是否打滑、各部分游动角、各部分异响和变速器是否跳挡等。

传动系的常用诊断参数有：游动角度（°）、机械传动效率（%）、功率损失（kW）、振动和异响，其他还包括总成工作温度（℃）、滑行距离（m）和噪声（dB）等。机械传动效率和功率损失可由对驱动车轮输出功率或驱动力的检测，即通常所说的底盘测功得出（乘用车的传动效率一般不低于90%～92%）。底盘测功在滚筒式试验台上进行，该试验台通常称为底盘测功试验台或底盘测功机。

1. 传动系滑行距离的检测

传动系滑行距离可在惯性式底盘测功试验台上进行检测，也可用五轮仪在道路试验中进行。测试前要求发动机运行至正常温度，当试验速度达到设定滑行初速度时，变速器置空档，滑行到车轮停转为止，测出滑行距离和滑行时间即可。

2. 传动系功率消耗的检测

传动系功率消耗可在惯性式底盘测功试验台上进行检测。在测完驱动车轮的输出功率后，立即踏下离合器踏板，利用试验台的惯性反拖传动系运转，即可测出在一定车速下的传动系消耗功率。

3. 传动系游动角度的检测

传动系中离合器、万向传动装置、变速器等部件的传动部位存在正常的间隙；将这些间隙累加，以角度表示，即为传动系游动角度。如果传动部位磨损过大，会产生过大的间隙，结果造成传动系抖振和异响，使传动系工作条件恶化，传动效率降低，零件异常磨损。传动系的游动角度是评价传动系技术状况的综合性诊断参数。

传动系的游动角度是否正常可采用用手转动或晃动传动轴的方法凭经验判断，但并不准确，而且很难判断故障的部位。因此，常使用数字式游动角度检测仪或指针式游动角度检测仪来进行检测。

汽车传动系游动角度常用指针式游动角度检测仪和数字式游动角度检测仪进行检测。

1）指针式游动角度检测仪及检测方法

（1）仪器的结构与工作原理。指针式游动角度检测仪是由指针、刻度盘、测量扳手等组成。在测量过程中，指针固定在驱动桥主动轴上，刻度盘固定在主减速器壳上，如图10-7（a）所示。测量扳手一端带有U型卡嘴，以便卡在十字万向节上。为了适应多种车型，卡嘴上带有可更换的钳口。测量扳手另一端有指针和刻度盘，可指示转动扳手的转矩值，如图10-7（b）所示。

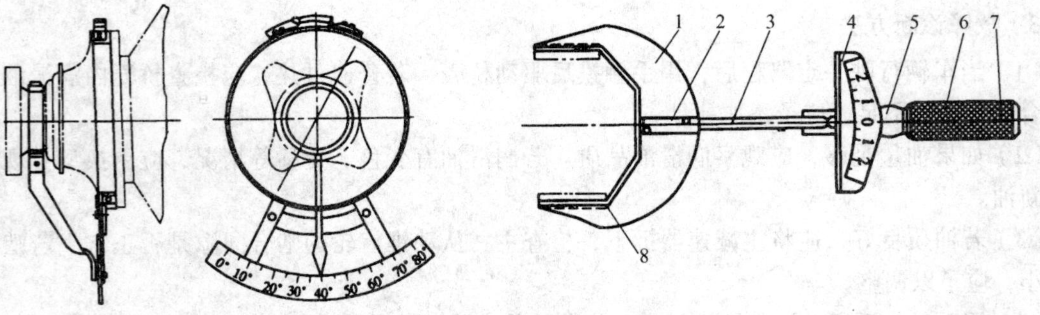

（a）指针与刻度盘的安装　　（b）测量扳手

图10-7　指针式游动角度检测仪

1—卡嘴；2—指针座；3—指针；4—刻度盘；5—手柄；6—手柄套筒；7—定位销；8—可换钳口

检测传动系游动角度时，将检测扳手卡在万向节上，用不小于 30 N·m 的转矩转动，使之从一个极端位置转到另一个极端位置，刻度盘上指针转过的角度即为所测游动角度值。

（2）仪器的使用方法。

① 检测驱动桥的游动角度变速器挂空挡，驻车制动器松开，驱动轮制动，将测量扳手卡在驱动桥主动轴万向节的从动叉上，即可测得驱动桥的游动角度。

② 检测万向传动装置的游动角度与测驱动桥游动角度的方法基本相同，只是扳手卡在变速器后端万向节的主动叉上。此时获得的游动角度减去驱动桥的游动角度，即为万向传动装置的游动角度。

③ 检测离合器和变速器的游动角度放松制动器，离合器处于接合状态，视必要可支起驱动桥。测量扳手仍卡在变速器后端万向节的主动叉上，依次挂入各挡，即可获得不同挡位下从离合器到变速器的游动角度。

对上述三段游动角度求和，即可获得传动系的游动角度。

2）数字式游动角度检测仪及检测方法

数字式游动角度检测仪的检测范围为 0°～30°，使用的电源为直流 12 V。

（1）仪器的结构与工作原理。数字式游动角度检测仪由倾角传感器和测量仪两部分组成，两者以电缆相连。

① 倾角传感器。其作用是将其外壳随传动轴游动的倾斜角转换为相应频率的电振荡。传感器外壳是一个长方形的壳体，其上部开有 V 形缺口，并配有带卡扣的尼龙带，因而可方便地固定在传动轴上。传感器壳内的装置如图 10-8 所示。图中弧形线圈固定在外壳中的夹板上，弧形铁氧体磁棒通过摆杆和心轴支承在夹板的两轴承上，因此可绕心轴轴线摆动。在重力作用下，摆杆与重力方向始终保持某一夹角α。当传感器外壳倾斜角度不同时，弧形线圈内弧形磁棒的长度亦随之不同，产生的电感量亦不同，因而也就改变了电路的振荡频率。可见，传感器实际上是一个倾角-频率转换器。为使传感器摆动后能迅速处于平衡状态，传感器外壳内装有变压器油。

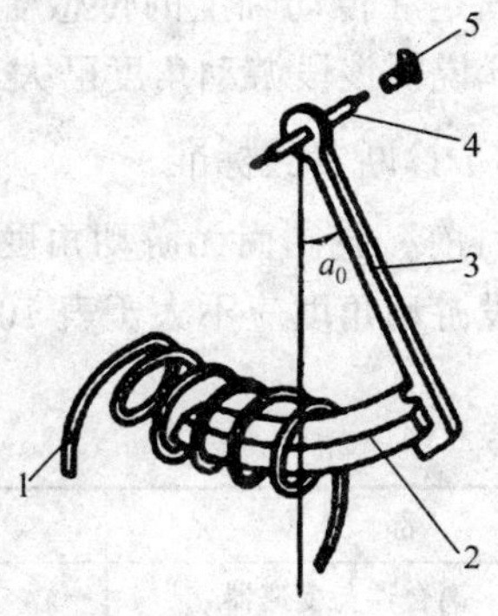

图 10-8　倾角传感器结构示意图

1—弧形线圈；2—弧形铁氧体磁棒；3—摆杆；4—心轴；5—轴承

② 测量仪是一台专用的数字式频率计，由于采用了与传感器特性相应的门时和初始置数的措施，因而能直接显示传感器的倾角。

仪器采用 PMOS 数字集成电路。由传感器送来的振荡信号经计数门进入主计数器，在置成的补数基础上累计脉冲数。计数结束后，在锁存器接收脉冲作用下，将主计数器的结果送入寄存器，并由荧光数码管将结果显示出来，将游动范围内两个极端位置的倾角读出，其差值即为游动角度。

（2）仪器的使用方法。将测量仪接好电源，用电缆把测量仪和传感器连接好，先按仪器使用说明书的要求对仪器进行自校，再将转换开关扳到“测量”位置上，即可进行实测。在汽车传动系统中，最便于固定倾角传感器的部位是传动轴。因此，在整个检测过程中，该传感器一直固定在传动轴上。

① 万向传动装置的游动角度。把传动轴置于驱动桥游动范围的中间位置或将驱动桥支起，拉紧驻车制动器。左、右旋转传动轴至极端位置，测量仪便直接显示出固定在传动轴上的传感倾斜角度，将两个极端位置的倾斜角度记下，其差值即为万向传动装置的游动角度。此角度不包括传动轴与驱动桥之间的万向节的游动角度。

② 离合器与变速器及各挡的游动角度。放松驻车制动器，将变速器挂入选定挡位，离合器处于接合状态，传动轴置于驱动桥游动范围中间位置或将驱动桥支起。左、右旋转传动轴至极端位置，测量仪便显示出传感器的倾斜角度。求出两极端位置倾斜角度的差值，便可得到一个游动角度值。该游动角度减去已测得的万向传动装置的游动角度，即为离合器与变速器在该挡位下的游动角度。按同样方法，依次挂入各挡位，便可测得离合器与变速器各挡位下的游动角度。

③ 驱动桥的游动角度。变速器置于空挡位置，松开驻车制动器，踩下制动踏板将驱动轮制动。左、右旋转传动轴至极端位置，即可测得驱动桥的游动角度。该角度包括传动轴与驱动桥之间万向节的游动角度。

对于多桥驱动的汽车，分别将传感器固定在变速器与分动器之间的传动轴、前桥传动轴、中桥传动轴和后桥传动轴上，可以检测每段传动轴的游动角度。

在测量仪上读取数值时应注意，显示的角度值在 0° ～30° 内有效，出现大于 30° 的情况，可将固定在传动轴上的传感器适当转过一定角度。若其中一极限位置为零度，另一极限位置超过 30° ，说明该段游动角度已大于 30° ，超出了仪器的测量范围。

3）诊断参数标准

目前，我国尚无游动角度的诊断参数标准，根据国外资料，中型载货汽车传动系游动角度及各分段游动角度应不大于表 10-1 所列数据（仅供诊断时参考）。

表 10-1　游动角度参考数据

部　位	游 动 角 度	部　位	游 动 角 度
离合器与变速器	≤5° ～15°	驱动桥	≤55° ～65°
万向传动装置	≤5° ～6°	传动系	≤65° ～86°

三、任务实施

引导问题 1：检测传动轴游动间隙或目测并晃动传动轴各部，若有晃动感则可确诊_______松动、万向节轴及滚针磨损松旷。

引导问题 2：举起汽车或支起驱动桥，挂入高速挡，查看传动轴摆振情况。如果抬起加速踏板，当车速突然下降时摆振更大，则为__________或__________所致，可拆下传动轴，检查是传动轴弯曲、轴管凹陷，还是凸缘和轴管焊接处歪斜。

引导问题 3：变速器挂________，驻车制动器松开，驱动轮制动，将测量扳手卡在驱动桥主动轴万向节的从动叉上，即可测得__________游动角度。当测量扳手卡在__________上，此时获得的游动角度减去驱动桥的游动角度，即为万向传动装置的游动角度。

引导问题 4：造成驱动桥异响的根本原因是驱动桥的传动部件___________，_________不当或_______不良，一般情况下均拆卸驱动桥进行检修。

任务 3　离合器的异响及其他常见故障诊断

一、任务导入

认识离合器异响等常见故障的故障现象及特点，分析故障的原因及部位，制定故障检修方案，掌握故障诊断与排除的方法与技能。

二、知识准备

常见的离合器有使用螺旋弹簧的周布弹簧离合器或中央弹簧离合器和使用膜片弹簧的膜片弹簧离合器。膜片弹簧离合器由于结构简单，磨损均匀，操作轻便，在汽车尤其是乘用车得到广泛使用。其组成及操纵机构如图 10-9 所示。

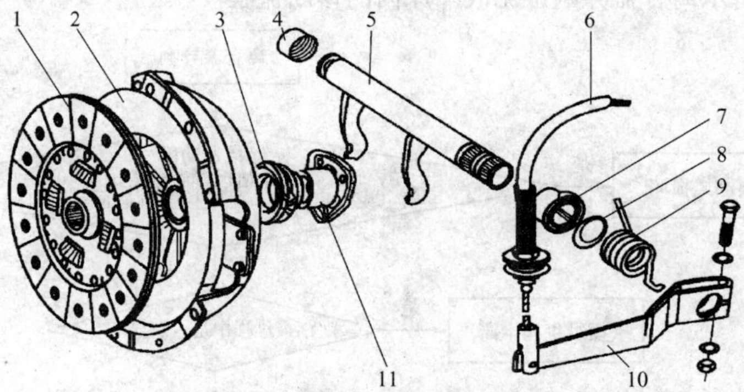

图 10-9　膜片弹簧离合器及操纵机构的一般组成

1—从动盘；2—膜片弹簧—压板组；3—分离轴承；4—衬套；5—分离轴；6—离合器拉索；7—轴承套及密封件；8—卡簧；9—回位弹簧；10—分离轴传动杆；11—分离套筒

离合器操纵机构分为人力式和气压助力式两类，常见的人力式操纵机构有机械式（拉杆式、拉索式）和液压式。

（一）离合器故障诊断

离合器的常见故障部位主要有：飞轮与从动盘接触面、从动盘、压盘、膜片弹簧（或分离杠杆）、分离叉、分离套筒、工作行程等。

离合器的常见故障主要包括离合器异响、离合器打滑、离合器分离不彻底、离合器接合不稳。

1. 离合器异响

1）故障现象

离合器接合时，或踩下离合器踏板少许，或完全踩下时，离合器发出不正常响声。

2）故障主要原因

造成异响的根本原因在于离合器的部分零件严重磨损及主、从动部件传力部位松旷，离合器接合或分离的瞬间，由于惯性冲击的作用，造成不正常摩擦或撞击而产生异常响声。具体原因主要有：

（1）分离轴承缺油或损坏；

（2）分离轴承与膜片弹簧（或分离杠杆）内端之间无间隙；

（3）分离轴承回位弹簧折断；

（4）摩擦片铆钉外露；

（5）膜片弹簧破碎；

（6）踏板自由行程过小；

（7）从动盘减振器弹簧折断等。

3）故障诊断方法

（1）连续踩放踏板，确定响声是否由操纵机构引起。

（2）启动发动机，让其怠速运转；踩下踏板少许，使分离轴承与膜片弹簧（或分离杠杆）刚刚接触。如果有“沙沙”的响声，说明是分离轴承响。

（3）将踏板踩到底，如果有响声，是由于分离轴承不转而与膜片弹簧（或分离杠杆）发生摩擦。

（4）离合器刚接触或刚分离时出现响声，则应检查从动盘铆钉头是否露出，分离轴承与膜片弹簧（或分离杠杆）间的间隙是否正常，从动盘减振器弹簧是否折断等。

详见图 10-10 所示离合器异响常见故障原因的诊断流程。

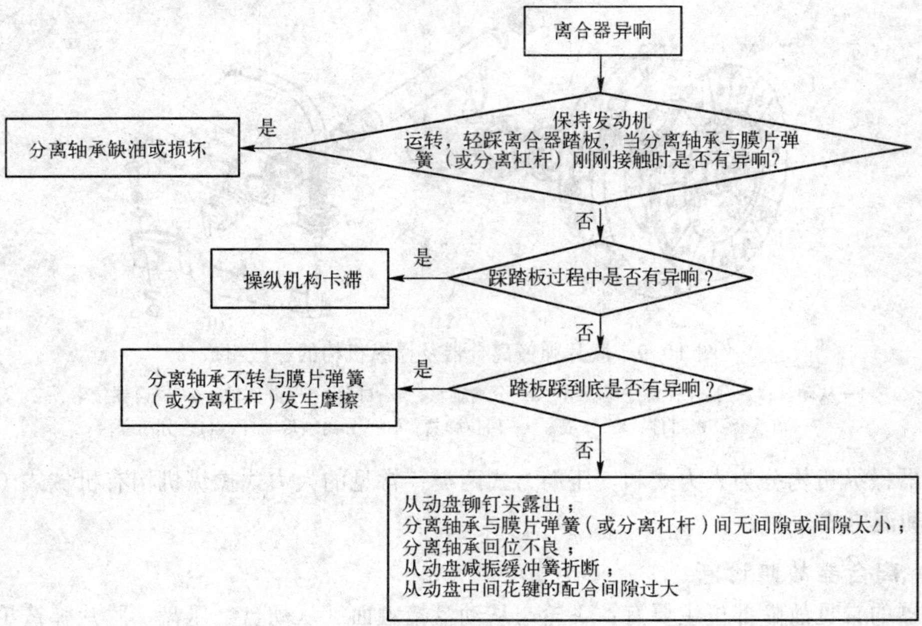

图 10-10 离合器异响常见故障原因的诊断流程

2．离合器打滑

1）故障现象

离合器接合后，发动机动力不能完全传给驱动轮，出现汽车起步困难，油耗上升，发动机过热，加速不良等现象。

2）故障主要原因

离合器打滑的根本原因是压盘不能牢固地压在从动盘摩擦片上，或摩擦片的摩擦系数过小。具体原因主要有：

（1）摩擦片烧损、硬化、有油污或磨损严重。

（2）膜片弹簧疲劳、开裂或失效。

（3）分离轴承运动发卡不能回位。

（4）压盘或飞轮变形、磨损。

（5）离合器操纵机构调整不当，导致踏板自由行程过小。

（6）拉索发卡需润滑等。

3）故障检测与诊断

（1）用离合器频闪测定仪检测。离合器打滑会使发动机的动力不能有效地传递到驱动轮上，并使离合器磨损加剧、过热、烧焦甚至损坏。使用离合器频闪测定仪可检测离合器是否打滑。

① 测定仪的结构与工作原理。离合器打滑频闪测定仪主要由透镜、闪光灯、电阻器、电容器、

传感器和电源等组成，如图 10-11 所示，电源可采用汽车蓄电池。

该仪器由发动机火花塞的高压电极输入电脉冲信号，火花塞每跳火一次，闪光灯就亮一次，闪光频率与发动机转速成正比。离合器不打滑时，传动轴上设定点会与闪亮点同步动作，传动轴似乎处于不转动状态。否则，轴上设定点转速会滞后于闪亮点动作，而说明离合器存在打滑现象。

② 测定仪的使用方法。离合器打滑的检测可以在底盘测功试验台上或车速表试验台上进行，无试验台的可支起驱动轮进行。检测时，在传动轴上作一标记点，变速器应挂入直接挡并踩下加速踏板，使车轮原地运转，必要时可给试验台滚筒增加负荷或使用行车制动器，以增加驱动轮和传动系的负荷。将闪光灯发出的光亮点投射到传动轴上的标记点。若离合器不打滑，传动轴上标记点与光亮点同步。若离合器打滑，则传动轴上标记点与光亮点不同步。

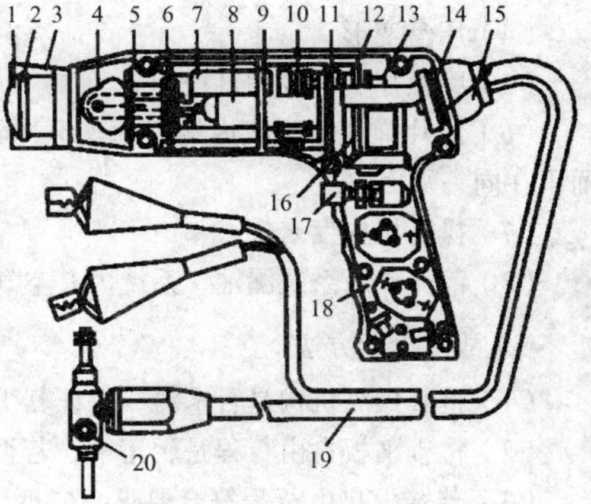

图 10-11　离合器打滑频闪测定仪

1—环；2—透镜；3—框架；4—闪光灯；5—护板；6、9、11、12、18—隔板；7—电阻器；8、10—电容器；13—二极管；14—支持器；15—座套；16—变压器；17—开关；19—导线；20—传感接头

（2）经验诊断法。

① 启动发动机，拉紧驻车制动，挂上低速挡，缓缓放松离合器踏板并慢慢踩下加速踏板，若车身不动，而发动机又不熄火，即为离合器打滑。

② 行驶汽车并加速，若发动机转速升高，而车速不随之相应升高，则为离合器打滑。

③ 检查离合器踏板自由行程，如不符合要求，应予以调整。

④ 若自由行程符合要求，应拆下离合器壳底盖，检查离合器盖与飞轮的连接螺钉是否松动，如有松动，应予以紧固。

⑤ 离合器盖与飞轮的连接无松动，再检查离合器分离杠杆内端高低，如不符合要求，应调整分离杠杆的高度。

⑥ 经上述检查后仍然打滑，应拆下离合器总成，检查离合器摩擦片。若摩擦片磨损过多变薄或铆钉头外露，应予以更换。若摩擦片有油污，应用汽油清洗并烘干。然后找出油污来源，予以排除。

⑦ 若摩擦片良好，则应分解离合器，检查压紧弹簧或膜片弹簧。若变形或弹力过弱，应予以更换。

⑧ 检查离合器压盘或发动机飞轮表面的变形和磨损情况，若变形量过大，应修理或更换。

3. 离合器分离不彻底

1）故障现象

发动机怠速时，完全踩下离合器踏板，却挂挡困难，常伴有齿轮撞击声；或在强行挂挡后，不松开离合器踏板，汽车就猛向前窜或发动机熄火。

2）故障主要原因

（1）离合器分离不彻底的根本原因是离合器踏板踩到底时，压盘离开从动盘的移动量过小，或部件的变形导致压盘与从动盘摩擦片有所接触而不能彻底分离。具体原因主要有：

（2）离合器踏板自由行程过大。

（3）从动盘翘曲。

（4）压盘变形。

（5）摩擦片变形或铆钉松动。

（6）膜片弹簧断裂或内端因调整不当而不在同一平面内，或分离杠杆变形，内端因调整不当而不在同一平面内。

（7）操纵机构发卡。

（8）液压操纵系统漏油，系统内有空气或油量不足。

3）故障诊断方法

（1）检查操纵机构是否卡滞，保证其工作正常。

（2）检查踏板自由行程是否正常，若否，调整至规定值。

（3）若踏板自由行程符合要求，应拆下离合器壳底盖，检查分离杠杆内端高低是否一致，若不一致，应予以调整螺钉或支架松动。

（4）对于双片式离合器，应检查限位螺钉与中间压盘的间隙，若不符合要求，应予以调整。

（5）对于膜片式离合器，应检查膜片弹簧内端是否过软、磨损过多或折断。若过软或有折断，应予以更换。

（6）若属于新换摩擦片过厚，可在离合器盖与飞轮间增加适当厚度的垫片予以调整，垫片厚度及内、外径应一致。

（7）经上述检查调整后仍然无效，应将离合器拆下，检查从动盘是否装反。若装反，应重新组装。

（8）检查从动盘在变速器输入轴花键齿上移动是否灵活。如发涩，应清除锈蚀和油污。检查从动盘有无铆钉松脱和翘曲变形，若不符合要求，应予更换。

（9）若经上述检查调整仍然无效，应分解检查离合器总成，分别检查压紧弹簧或膜片弹簧、离合器压盘和发动机飞轮表面以及其他有关零件，视情况予以修理或更换。

（10）对于液压操纵式离合器，离合器总成经检查调整后仍分离不彻底，应检查操纵系统有无漏油现象，并对液压操纵系统进行排除空气。

4. 离合器接合不稳

离合器接合不稳又称离合器发抖。汽车起步时，松开离合器踏板，车身出现抖动，说明离合器存在接合不稳的故障。

1）故障现象

汽车在起步过程中，缓放离合器踏板，轻踩加速踏板，离合器接合时出现抖振。表现为汽车不能平顺起步，伴有冲撞，严重时车身明显抖动。

2）故障主要原因

离合器接合不稳的根本原因是从动盘摩擦片表面与压盘表面、飞轮接触表面之间的正压力分布不均，在同一平面内的接触时间不同，使得主、从动盘接合不平顺引起发抖。具体原因主要有：

（1）操纵机构工作不畅；

（2）从动盘翘曲，厚度不均或中间花键的配合间隙过大；

（3）压盘变形；

（4）离合器盖松动；

（5）飞轮端面圆跳动超标；

（6）膜片弹簧本身弹力不均、断裂或内端因调整不当而不在同一平面内，或分离杠杆变形，内端由于调整不当而不在同一平面内。

（7）变速器与飞轮壳固定螺钉（或螺栓）松动，及发动机支撑固定螺栓松动。

3）故障诊断方法

（1）检查操纵机构，看有无拉索发卡等现象；若有，需调整、润滑或更换。

（2）检查变速器与飞轮壳的固定螺钉（或螺栓）以及发动机支撑的固定螺栓是否松动。如有松动应加以紧固。

（3）连续踏、抬离合器踏板，检查分离轴承移动是否灵活。若发涩，表明分离轴承与导管间锈蚀或有油污，应进行清洁。

（4）若分离轴承移动灵活，应拆下离合器壳底盖，检查离合器盖与飞轮的连接螺钉是否松动，如有松动，应加以紧固。

（5）若故障仍未排除，应检查分离杠杆（或膜片弹簧）内端高低是否一致，如不一致，应予以调整。

（6）经上述检查调整后如果仍然发抖，应将离合器拆下，检查离合器从动盘摩擦片有否破裂、变形、沾有油污、铆钉外露以及从动盘花键孔与变速器输入轴花键齿的配合情况。视情况予以修理或更换。

（7）若离合器从动盘良好，则应分解离合器，分别检查压盘弹簧（或膜片弹簧）和扭转减振器弹簧的弹力、飞轮表面和压盘表面是否翘曲变形。如不符合要求，应予以修理或更换。

（二）离合器的检修

1）离合器自由行程调整

各种车型的踏板自由行程并不一定相同，注意查阅相应车的维修手册。

桑塔纳乘用车离合器操纵机构为机械拉索式，其踏板总行程为（100 ± 5）mm，不符合要求时，可通过改变离合器分离叉轴传动臂与分离叉的安装位置来调整。踏板自由行程为 15～25 mm，不符合要求时，通过调整螺母进行调整，如图 10-12 所示。

对于离合器采用液压式操纵机构的汽车，调整离合器踏板自由行程一般通过调整踏板上的偏心螺栓，改变主缸推杆的长度来实现，如图 10-13 所示。

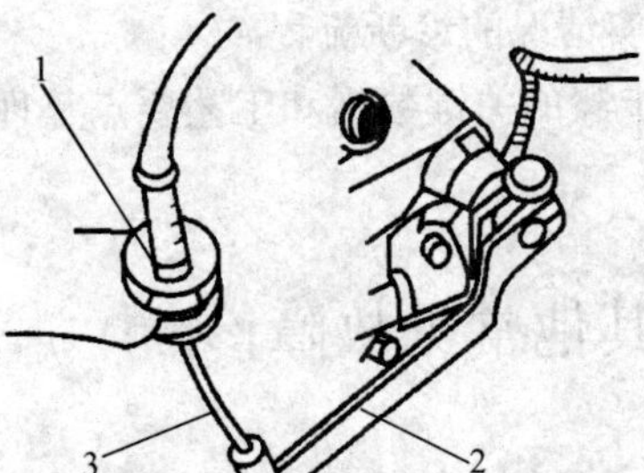

图 10-12 踏板自由行程的调整

1—调整螺母；2—分离叉轴传动臂；3—拉索

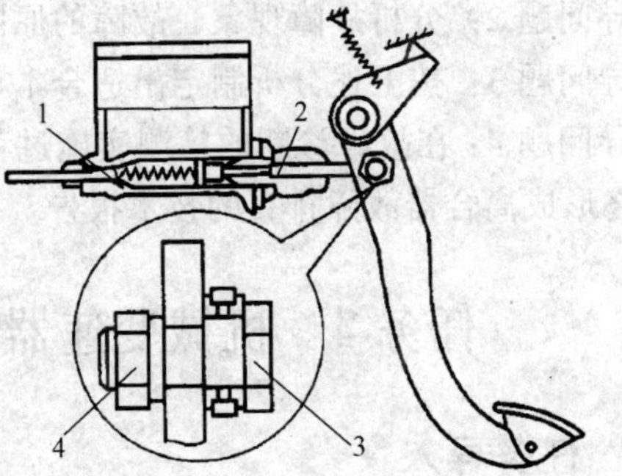

图 10-13 液压操纵离合器踏板自由行程的调整

1—离合器主缸；2—推杆；3—偏心螺栓；4—锁紧螺母

2）从动盘的检修

从动盘的常见损伤有：摩擦片磨损变薄，铆钉松动，有油污或烧焦，缓冲弹簧损坏，花键磨损等。

检查从动盘铆钉距摩擦片表面的距离应不低于2 mm，从动盘径向跳动量不超过 0.40 mm，检查方法如图 10-14 所示。

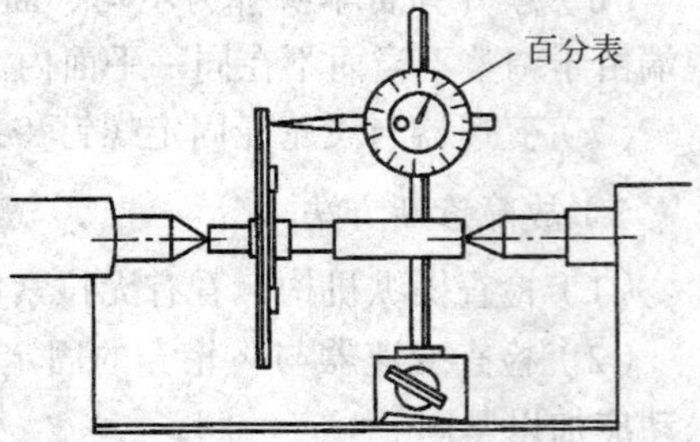

图 10-14 从动盘径向跳动检查方法

3）压盘总成的检修

压盘的常见损伤有：压盘表面刮伤、磨损、烧蚀、变形或产生裂纹。对于轻度的不平或烧蚀可进行光磨，对于严重的沟痕并因之引起离合器工作发抖时，则必须予以更换。离合器压盘表面翘曲度不得超过 0.20 mm。

压盘平面应无变形、裂纹及明显的沟痕，膜片弹簧无变形，其内端与分离轴承接触处磨损不大于 0.60 mm，内端的平面度误差不大于 0.50 mm，否则应更换压盘总成。

4）其他零件的检修

检查膜片弹簧磨损的深度和宽度以及弹簧内端的平面度，如超标应予更换，如图 10-15 所示。

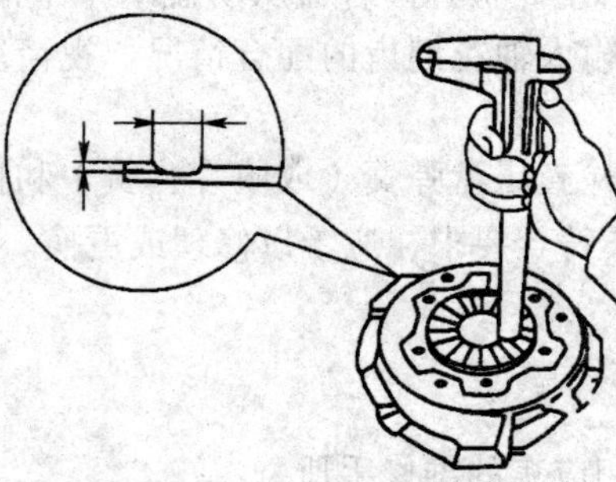
(a) 测量膜片弹簧磨损的深度和宽度

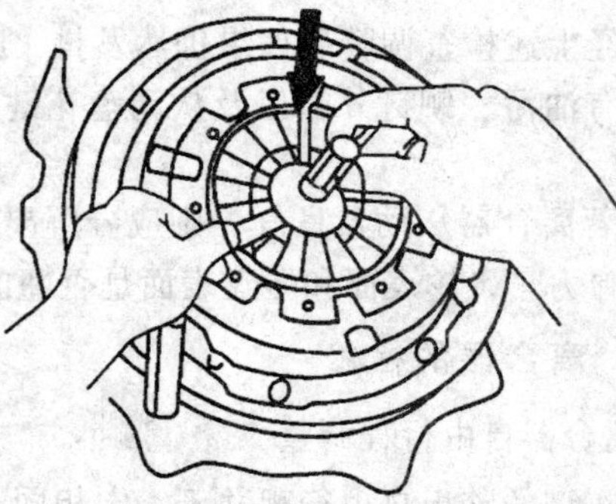
(b) 测量膜片弹簧内端的平面度

图 10-15 膜片弹簧的检查

三、任务实施

引导问题 1：描述实训车辆的离合器故障现象____________________________________。

引导问题 2：分析故障现象，故障的原因和部位是_________________________________。

引导问题 3：按上述分析制定出适合本车型特点及现实情况的诊断流程。

引导问题 4：在故障诊断的检测实施过程中，将主要步骤的关键数据和工艺要点整理成表格形式，最终形成离合器故障排查的技术报告。

任务 4 机械变速器的异响及其他常见故障诊断

一、任务导入

与实训指导教师一起试车，感觉教学实训车辆的机械变速器异响的故障症状，描述出来，并利用故障树分析故障原因，从原理出发，结合实际情况制定高效的诊断流程并进行诊断排除。

二、知识准备

如图 10-16 所示，变速器的一般构造包括第一轴（又称输入轴，发动机的动力经离合器后由此轴输入变速器）、第二轴（又称输出轴，动力由此轴输出）、中间轴、同步器（保证换挡顺利）、拨叉、传动机构等。按传动比的变化方式，可将变速器分为有级式、无级式和综合式三种。

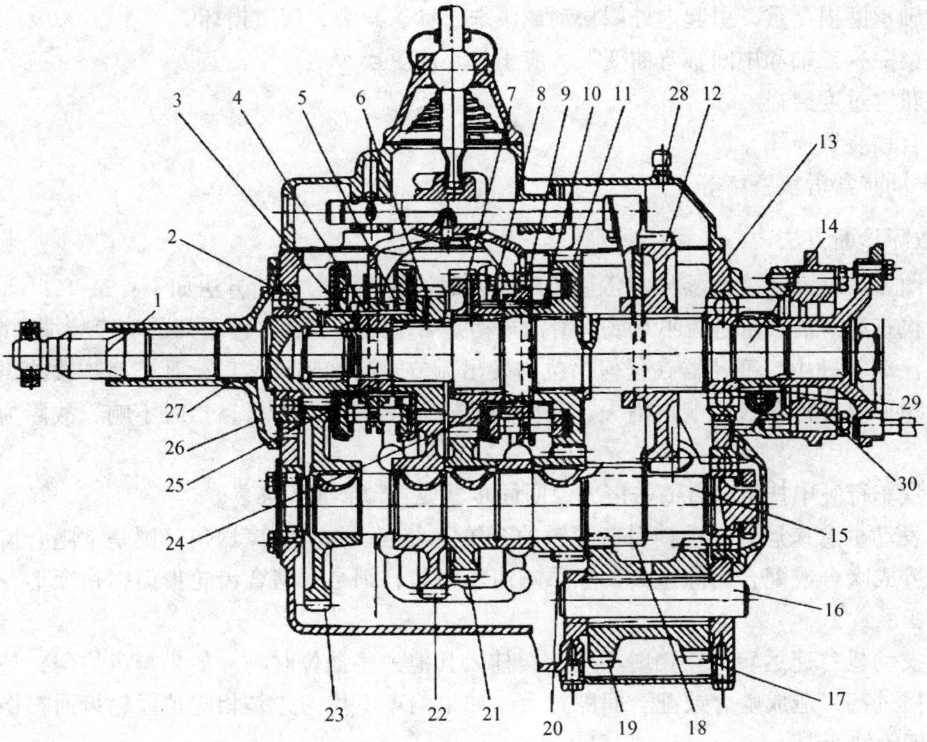

图 10-16　东风 EQ1090E 型变速器构造图

1—第一轴；2—第一轴常啮合传动齿轮；3—第一轴齿轮接合齿圈；4、9—同步器接合套；5—四挡齿轮接合齿圈；6—第二轴四挡齿轮；7—第二轴三挡齿轮；8—三挡齿轮接合齿圈；10—二挡齿轮接合齿圈；11—第二轴二挡齿轮；12—第二轴一挡、倒挡滑动齿轮；13—变速器壳体；14—第二轴；15—中间轴；16—倒挡轴；17、19—倒挡中间齿轮；18—中间轴一挡、倒挡齿轮；20—中间轴二挡齿轮；21—中间轴三挡齿轮；22—中间轴四挡齿轮；23—中间轴常啮合传动齿轮；24、25—花键毂；26—第一轴轴承盖；27—轴承盖回油螺纹；28—通气孔；29—里程表传动齿轮；30—中央制动器底座

（一）变速器常见故障诊断

变速器的常见故障部位主要有：同步器、自锁装置、互锁装置、轴承、花键等。

变速器的常见故障主要包括：变速器换挡困难或挂不上挡，变速器跳挡，变速器乱挡，变速器卡挡，变速器漏油和变速器异响。

1. 变速器异响

1）故障现象

变速器在工作过程中发出不正常的响声。

2）故障主要原因

造成变速器异响的根本原因是轴承等因磨损、损坏、润滑不良而造成松旷；齿轮或花键等啮合不正确。具体原因主要是：

（1）变速器缺油或润滑油规格不对。

（2）齿轮轮齿磨损严重，啮合间隙过大。

（3）齿轮内孔磨损严重，配合松旷。

（4）齿轮轮齿折断或齿面剥落、缺损。

（5）齿轮端面跳动超标。

（6）轴承磨损严重，引起内外圈松动或滚珠（针）碎裂，滚道损坏。

（7）第一、二轴和中间轴弯曲变形，应予校正或更换。

（8）花键过度磨损。

（9）自锁装置损坏。

（10）同步器滑块塞堵等。

3）故障诊断方法

参考图 10-17 所示变速器异响常见故障原因的诊断流程。诊断方法如下：

（1）检查润滑油油量是否不足或润滑油规格是否不对，若否，按下列的响声特征判断故障：

（2）汽车行驶中，变速器在任何挡位均发出无节奏的“呼隆”声，且车速越快响声越大，但在空挡时踩下离合器踏板，响声消失，故障为第一轴轴承响。如果空挡时不响，故障为第二轴或中间轴响。

（3）汽车行驶中挂挡时有撞击声，说明同步器或自锁装置损坏。

（4）发动机怠速运转，空挡时有尖锐的金属撞击声。如果响声均匀，则是常啮合齿轮齿面磨损过甚，造成啮合或配合间隙过大；如果响声不均匀，则是常啮合齿轮齿面损伤变形，齿轮折断或齿轮轴变形。

（5）发动机怠速运转，空挡时不响，但挂入其他一些挡位时响。如果响声均匀，是相应挡齿轮齿面磨损过甚，造成啮合或配合间隙过大；如果响声不均匀，是相应挡齿轮齿面损伤变形，齿轮折断或齿轮轴变形。

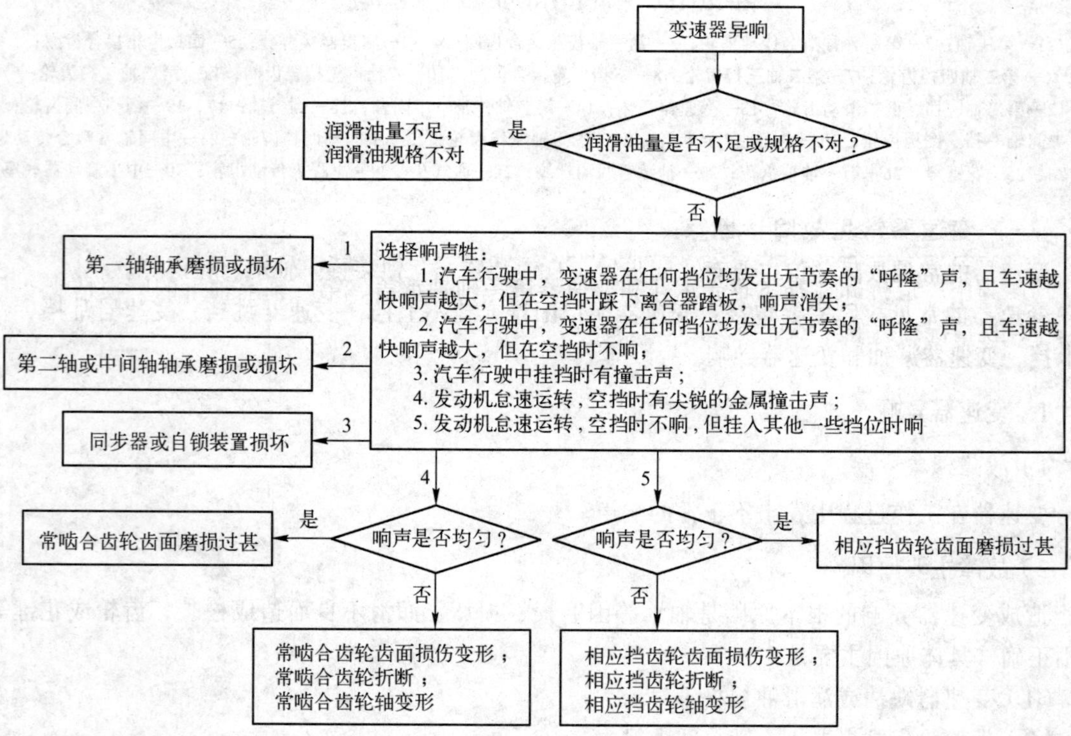

图 10-17　变速器异响常见故障原因的诊断流程

2. 变速器挂挡困难

1）故障现象

变速器不能顺利地挂入挡位，往往伴有齿轮撞击声，或完全不能挂上挡。

2）故障主要原因

造成变速器换挡困难或挂不上挡的根本原因是汽车换挡时待啮合齿的圆周速度不相等或换挡拨叉移动时的阻力过大。主要原因是：

（1）离合器调整不当或分离不彻底；

（2）变速杆弯曲变形或操纵机构调整不当；

（3）拨叉轴弯曲变形，与导向孔配合过紧或因缺油锈蚀；

（4）同步器滑块塞堵；

（5）自锁、互锁装置卡死等。

3）故障诊断方法

（1）检查远距离操纵的变速操纵杆系是否松旷或严重磨损。如有松动或失调，予以修理或调整。

（2）经检查，拨叉和变速杆正常，则应检查拨叉轴自锁装置，其凹槽和自锁钢球是否磨损严重，弹簧有无变形、折断或疲劳变软。如凹槽和钢球磨损严重，弹簧不合要求，则应予以更换。

（3）检查变速器与离合器壳的固定螺钉（或螺栓）是否松动。如松动，应予以紧固。

（4）若固定螺钉（或螺栓）不松动，应拆下变速器盖，检查齿轮轮齿、齿套是否磨损成锥形，并检视滑动齿轮和第二轴花键的配合情况。若磨损严重或配合松动，应更换磨损严重的零部件。

（5）若上述检查均正常，应将变速器拆下解体，检查轴承是否严重磨损、松旷，如轴承磨损严重、松旷，应予以更换。

（6）检查齿轮与轴配合的轴向间隙和径向间隙，若磨损严重或断齿应更换。

（7）若齿轮与轴的配合不松旷，应检查同步器是否松动、散架，衬套和锥环是否磨损、破碎。如有损坏，应更换同步器。

（8）若仍未发现故障，则应检查变速器第一轴与发动机曲轴的同轴度是否超限。检查时，旋松变速器固定螺钉（或螺栓），挂上直接挡，松开驻车制动器，用手摇柄摇转发动机，观察变速器与离合器壳的接触面是否一致。若接触面间隙一边大一边小，则说明变速器第一轴与曲轴不同轴。如同轴度超限，应拆卸检查飞轮壳承孔和变速器第一轴轴承盖、第一轴前轴承的磨损情况。若磨损过甚，视情况加以修复或更换。

3. 变速器乱挡

1）故障现象

变速器实际挂入的挡位与应该挂入的挡位不符，或原挡未退出仍然能挂上另一个挡。

2）故障主要原因

造成变速器乱挡的原因主要是：

（1）操纵机构部分杆件变形或连接松动，应予检修。

（2）变速杆下端面磨损过大，造成长度不足，应予更换。

（3）互锁装置失效，应予修复。

（4）手柄支承球头座松动，应予检修或更换等。

3）故障诊断方法

（1）检查手柄是否可靠连接，操纵装置的杆件是否有变形或松动现象，如摆动变速杆，若变速杆能转动或摆动幅度较大，表明其球头限位销磨短、脱落或球面严重磨损，应予以修理或更换。

（2）若变速器同时能挂入两个挡，第二轴卡住不转，说明互锁销、球磨损过甚而失去互锁作用，应拆下变速器盖，检查和修理变速器互锁装置。

（3）如果变速器不能挂入所需要的挡位，挂挡后不能退回空挡，应拆下变速杆，检查变速杆下端弧形工作面和拨叉导块凹槽磨损是否过大。若磨损过大，应予以修理。

（4）若只有直接挡和空挡能行驶，而其他挡均不能行驶，则应拆下变速器检查第二轴前端滚针轴承是否烧结。如已烧结，应更换滚针轴承，并对支撑的轴颈和轴孔作相应的修整。

（5）若只有挂直接挡才能行驶，其他挡均不能行驶，说明变速器中间轴前端常啮合齿轮的半圆键被切断，应更换新件。

（6）拆检变速器同步器，必要时更换同步器磨损严重的零部件。

4．变速器卡挡

1）故障现象

变速器卡在某个挡位，无法回到空挡。

2）故障主要原因

造成变速器卡挡的原因主要是同步器滑块塞堵，拨叉轴弯曲卡死等，应视情况予以修理或更换。

3）故障诊断方法

（1）分解换挡手柄与换挡杆，操纵换挡手柄，检查换挡手柄动作是否自如，如有卡滞感觉，检查换挡手柄是否变形，安装不当。

（2）上述检查正常，则单独直接拨动换挡杆，换挡是否自如，如否，则可能同步器滑块塞堵，拨叉轴弯曲卡死。

（3）直接拨动换挡杆运动自如，则应为接合器变形。

（4）必要时拆开变速器，检查变速器齿轮及轴的装配和配合情况，不正常应更换、维修和重新装配。

5．变速器跳挡故障

1）故障现象

汽车重载或爬坡时，变速杆有时从某挡自动跳回空挡位置。跳挡一般是在发动机中高速、负荷突然变化或车辆剧烈震动时发生。

2）故障主要原因

（1）变速器同步器接合套与拨叉轴轴向间隙太大；

（2）自锁装置凹槽与定位钢球磨损松旷，定位弹簧过软或折断；

（3）拨叉弯曲、过度磨损，使齿轮不能正常啮合；

（4）常啮合齿轮轴向间隙太大，各轴轴向间隙或径向间隙太大；或齿套磨损严重；

（5）变速器一轴、二轴、曲轴不同轴，或轴承磨损严重，松旷或轴向间隙过大，使相互啮合的齿轮在传动时摆动或窜动；

（6）主轴的花键齿和滑动齿轮的花键槽磨损严重，在运转时上下摆动而引起跳挡。

3）故障诊断方法

变速器自动跳挡故障的诊断一般先试车确认跳挡的挡位情况，区别是否直接挡跳挡。

（1）直接挡跳挡。

① 检查变速器输入轴与曲轴同轴度是否超过正常，如不正常说明输入轴轴承松旷或变速器固定松动。

② 检查齿轮齿套、换挡拨叉及其定位装置是否磨损严重、换挡拨叉变形，变速器操作机构（或自锁装置）故障。

（2）其他挡跳挡。

① 将换挡杆推至该挡位，拆开变速器，检查该挡齿轮啮合情况，如啮合不良，检查轴承、换挡拨叉变形或与拨叉轴配合间隙是否过大。

② 检查变速器该挡位同步器是否故障。

③ 检查变速器操纵机械，其操纵机构是否正常。

④ 检查齿轮磨损和轴向间隙等情况是否正常。

（二）变速器的检修技术

以桑塔纳乘用车变速器为例，介绍变速器检修的工艺特点。

1）变速器壳体的检修

壳体出现裂纹，各结合面发生明显的翘曲变形或各轴承座孔磨损严重并与轴承的配合松旷时，应更换新件。壳体上各衬套与轴颈的配合间隙超过 0.20 mm 时，应更换新件。启动机衬套更换时，应换用自润滑衬套。

2）齿轮轴及齿轮的检修

齿轮轴的主要损伤是裂纹、弯曲以及轴颈和花键磨损等。

变速器的输入轴与输出轴不得有裂纹，各轴颈磨损不超过 0.03 mm，输入轴前花键与离合器从动盘花键毂的配合间隙不得大于 0.20 mm。与轴制成一体的齿轮应无裂纹和齿面疲劳剥落，腐蚀斑点面积不超过单齿面积的 15%，齿厚磨损不大于 0.20 mm，齿端缺损沿齿长方向不超过 1/10，齿端缺损沿齿高方向不超过 1/5。主动锥齿轮损伤齿数不多于 2 个，且不相邻，否则应更换相应的齿轮轴。用百分表检查输入轴与输出轴的径向跳动应不大于 0.05 mm，否则应更换。

变速器输入轴与输出轴上各圆柱齿轮的检修方法与上述齿轮轴上的齿轮检修方法基本相同，当两齿轮啮合间隙大于 0.45 mm 时，应更换齿轮。

3）轴承的检修

齿轮轴支承轴承内圈与轴径配合间隙大于 0.02 mm，滚道出现疲劳剥落及烧蚀现象，输入轴后轴承的轴向、径向间隙过大，轴承空转卡滞或发响时，均应更换新件。各滚针轴承出现断裂、疲劳剥落，轴承磨损使齿轮与轴的配合间隙大于 0.15 mm 时，应更换滚针轴承。

4）同步器的检修

桑塔纳乘用车变速器 1、2 挡和 3、4 挡之间均采用惯性锁环式同步器，其主要损伤是锁环内锥面齿圈键齿及滑块配合的 3 个缺口两侧面的磨损。

将锁环压靠到换挡齿轮的锥面上，用手转动锁环应有阻力感。用厚薄规沿圆周方向多点测量，锁环与齿轮端面之间的间隙不应小于 0.50 mm。同步器齿圈及滑块磨损严重，滑块弹簧弹力减弱或折断，键齿磨损使接合套与花键齿的配合间隙超过 0.50 mm 时，均应更换新件。

4．变速器操纵机构的检修

（1）检查变速杆、换挡杆及内换挡杆的磨损情况。内换挡轴径磨损严重或其前端销钉轴间宽度磨损超过 0.20 mm 时，应换用新件。

（2）检查各连接部位不应松旷，否则应换用新件。

（3）检查换挡拨叉的弯曲、扭曲及拨叉下端的磨损情况，有严重弯曲、扭曲变形或拨叉下端磨损超过 0.20 mm，拨叉与拨叉槽的配合间隙超过 0.50 mm 时，均应予以更换。

（4）检查拨叉轴的直线度及磨损情况。将拨叉轴放在平板上，用厚薄规检查，直线度应不大于 0.20 mm，否则应更换。拨叉轴上定位及互锁凹槽磨损不大于 0.30 mm，拨叉轴与壳体的配合间隙不大于 0.20 mm，否则更换拨叉轴。

5．变速器的装配

1）输出轴总成的组装

（1）将输出轴前轴承及 4 挡齿轮压装到输出轴上（4 挡齿轮凸肩向前）。4 挡齿轮的挡圈与挡圈槽的间隙应尽量小，可选择适当厚度的挡圈来达到，挡圈规格有 2.35 mm、2.38 mm、2.41 mm、2.44 mm 和 2.47 mm 等 5 种。

（2）将 3 挡齿轮加热至 120 ℃，凸面朝前，压装到输出轴上。

（3）选好 3 挡齿轮挡圈，要求挡圈与挡圈槽的间隙尽量小，其厚度规格有 1.50 mm 和 1.60 mm 两种。

（4）装入 2 挡齿轮滚针轴承及 2 挡齿轮。

（5）将 1、2 挡同步器花键毂和接合套装到一起，装好滑块及滑块弹簧，并与同步器锁环一起压装到输出轴上。安装时，花键毂有槽的一面及接合套上有拨叉槽的一面向后朝向 1 挡齿轮。安装滑块弹簧时，其开口应错开 120，弹簧弯曲端必须固定在滑块内。

（6）压入 1 挡齿轮滚针轴承内圈，套上 1 挡齿轮滚针轴承及 1 挡齿轮。

（7）压入双列圆锥滚子轴承前内圈。

2）输入轴总成的组装

（1）在输入轴上装好 3 挡齿轮滚针轴承和 3 挡齿轮。组装好 3、4 挡同步器总成，并压装到输入轴上（3、4 挡同步器组装方法及要求与 1、2 挡同步器相同），其花键毂内花键倒角应朝向 3 挡齿轮。

（2）安装好同步器挡圈，将花键毂轻轻回压，使其靠到同步器挡圈上。

（3）装入 4 挡齿轮挡圈。

3）变速器总成的组装

（1）压入输出轴总成。压入时，要将 1、2 挡拨叉轴与 1、2 挡拨叉及输出轴总成一起装入后壳体中，然后压入输出轴后轴承。注意保证 1、2 挡拨叉轴的活动间隙，必要时可轻轻敲击，以免卡住。

（2）安装好 1、2 挡拨块，用弹性锁销固定。

（3）安装倒挡齿轮，压入倒挡齿轮轴和倒挡传动臂。

（4）安装输入轴时，拉回 3、4 挡拨叉轴，直至 3、4 挡拨叉能够装入滑动齿套为止，将拨叉轴置于空挡位置，并用弹性锁销固定拨叉。

（5）放好新的密封环，将输入轴、输出轴及后壳体一起与前壳体连接，连接螺栓力矩为 25 N · m。

（6）压入输入输出轴后端的向心轴承，轴承的密封面应朝向后壳体。

（7）安装3、4挡拨叉轴的互锁销，以100 N·m的力矩拧紧输出轴螺母。

4）安装变速器后盖

（1）压入内换挡杆的后轴承、油封及前轴承。将选好厚度的调整垫片放入变速器后盖中，把异形弹簧放入内换挡杆上。将异形弹簧压紧并一起向内推，直到异形弹簧的另一弯头支撑在后盖和调整垫片上为止。顺时针方向转动内换挡杆，使异形弹簧滑进正确位置。

（2）用两个双头螺栓旋入变速器后壳体的螺孔中，为后盖的安装起导向作用。放好密封垫片，将后盖装到后壳体上，并使内换挡杆的销钉进入3、4挡拨叉轴的切槽内，以25 N·m的力矩拧紧后盖与壳体之间的连接螺栓。

6．变速器操纵机构的检查与调整

1）检查换挡操纵性能

挂入1挡，将变速器杆向左压足，用一个手指将变速杆固定住，然后让其慢慢回弹至压力点。在变速杆手柄处测量弹簧的压缩量应为5～10 mm。

2）变速杆的微调

若弹簧压缩量达不到上述要求，可将变速杆支承总成从侧面推向长方形孔内，对变速器操纵装置进行微调。变速杆支架向右，第一挡弹簧压缩量减少；变速杆支架向左，第一挡弹簧压缩量增加。

3）变速杆基准调整

变速杆微调达不到目的或在修理过程中松开了换挡杆，应拆下变速杆手柄及防尘罩，使变速控制杆置于空挡位置，松开卡箍。拆下变速杆手柄及防尘罩，使变速控制器罩壳与变速杆支座的中心孔对准后交叉旋紧螺钉。调整后，各挡位应挂挡轻便，无卡滞现象。必要时再作微调。

三、任务实施

引导问题1：描述你见到的故障车辆变速器故障现象______________________________

______________________________。

引导问题2：利用故障树分析上述故障的原因，最底层的故障原因可能是____________

______________________________。

引导问题3：根据故障原因分析结果，结合车型特点，制定出故障诊断流程。

引导问题4：按故障流程进行检查，记录每步骤的结果。

引导问题5：将本次故障诊断与排除过程总结成技术报告。

任务5　关联故障诊断与案例学习

案例1　途锐行驶过程异响

1．故障现象

一辆4.2 L途锐慢速行驶过程中右后轮有异响，并且车主反映在此之前已经去过很多维修厂，检查结果说法不一，有的认为分动器有问题，有的认为后桥差速器存在故障，但在更换零件或者进行其他方法维修诊断后故障依然无法排除。

2．故障诊断与排除

由于故障在行驶过程中产生，因此先进行路试，在各种车速下均无异常现象。只有在停车状态下启动发动机，然后松加速踏板（无论在D位或者手动模式），不要继续踩加速踏板加速，就保持怠速且车速在5 km/h下缓慢直行，这时就能明显听到底盘下发出有节奏的“咯噔”声，并且伴有振动感。在转向行驶中无异响，超过上述车速时也无异响。对该车进行V．A．$5051B故障引导，并无任何相关故障码存在。又检查了所有传动件、球头及橡胶垫均无问题。难道是分动器电动机有问题?试着更换了一个电动机，故障依然存在。同时，观察到该车前后轮胎的花纹不一致，怀疑是否因此而产生的故障，立即对该轮胎进行换位，但是在重新试车后故障还是存在，而且行车模式在LOW或者差速锁止时就没有任何声音的振动。试着拔掉分动器电动机的线束插头，故障消失了。再一次进行检查，发现前后轮胎除了花纹、品牌不同外，其他规格尺寸均相同。为了保险起见，测量前后轮的外径实际尺寸，结果两轮的离地高度竟然相差2 cm。说明相同规格尺寸但不同品牌的轮胎，虽然轮毂的外径尺寸一样，但是由于橡胶花纹和厚度的不同，整个轮胎外径极有可能相差很大。而轮胎外径尺寸的不同很可能使四轮驱动车辆的前后桥产生不同的轮速。在全时四轮驱动装置中，驱动力矩在车桥之间无滑差的情况下均匀地分配到前后桥上，如果分动器控制单元的车桥差速锁传感器监测到车桥存在的转速差，将由控制单元计算出转矩差值，并通过步进电动机调节膜片式离合器施加所需压力，保证前后桥车轴无滑差产生。基于上述原因，对该车更换了同一品牌同一规格的轮胎继续进行路试，故障消失。

3．故障总结

该车由于轮胎实际外径的不同，前后桥始终存在转速差，时间一长很有可能造成分动器步进电动机因工作温度过高而损坏。该例故障解决方法虽然非常简单，但是如何判断分析，寻找出真正故障来源并不容易。

案例2 凯越1.6 L轿车屡烧离合器

1．故障现象

一辆凯越（1.6L）LE 轿车。此车在冷车行驶时一切正常，但热车后出现了加速时发动机转速上升，车速不能提高的故障，直到后来挂挡并松开离合器时，车辆不能起步。于是将车拖到修理厂。

2．故障诊断与排除

将车辆举升起，在车下就能闻到有一股糊焦味，说明离合器片已烧损。拆下变速器，拆检离合器，发现离合器片和压盘已严重烧损。更换离合器片和压盘后，离合器恢复工作，车辆能正常起步。经检查离合器踏板的自由行驶和总行程正常，怀疑烧离合器故障与车主操作有关。给车主讲解正确的操作方法后，车主将车提走。但此车使用仅一周时间，再次出现了烧离合器片的故障，又将车拖回修理厂。再次更换离合器片与压盘后，经检查离合器踏板的自由行程和总行程正常。当时操作离合器，感觉一切正常。我们决定模拟车主行驶路况，在市区行驶试车。当车辆行驶约110 km时，感觉到离合器开始打滑，踩离合器时感觉轻重正常，但没有自由行程。多次连续踩离合器后，不用踩离合器就能挂上挡，且松开离合器后车辆不能起步。故障现象表明，离合器处于分离状态，为区分是离合器分泵还是总泵故障，松开离合器分泵放气堵，放出一部分液压油后，离合器又能够结合，操作恢复正常。这说明放松离合器踏板后，管路压力并没有卸放，故障原因可能是总泵卡滞不回位或管路堵塞，而离合器分泵本身回位正常。检查离合器总泵时，发现离合器踏板调整螺栓少一个锁紧锁母，且调整螺栓已拧到底，使离合器总泵不能完全回位。重新调整离合器间隙后，再配一个锁止螺母，经长时间试车，故障始终没有出现。

思　考　题

1. 传动万向装置的常见故障有哪些？
2. 驱动桥异响的原因是什么？如何诊断与排除？
3. 离合器的常见故障有哪些？
4. 离合器分离不彻底的故障原因是什么？怎样进行诊断？
5. 变速器挂挡困难的故障现象与故障原因是什么？如何进行诊断与排除？
6. 变速器乱挡的故障现象与故障原因是什么？怎样进行诊断？
7. 传动系统行驶中出现响声，应该怎样进行检测与诊断？

项目 11　汽车转向沉重的故障诊断

【学习目标】

- 认识汽车转向系统和行驶系统出现的方向沉重、发飘及异响等常见的故障现象。
- 会分析转向系统和行驶系统各装置常见故障原因及部位。
- 能结合车型特点和故障征兆制定转向及行驶系统常见故障的诊断方案。
- 会参考维修手册，对转向系统、行驶系统常见故障进行检修。
- 能将本次诊断排除的故障编写成案例或技术公报。

【案例引入】

孙小姐的轿车行驶了 112 337 km，最近她发现轿车好像方向沉重了许多，而且每次打完方向都要用人手帮助方向盘回正，但是她不久前才去保养过车辆，还换了方向机油，到底出了什么问题？

任务 1　方向沉重的故障原因分析与诊断

一、任务导入

描述实训车辆转向沉重的故障现象，利用故障树分析法分析原因，制定出合适的诊断流程。

二、知识准备

（一）转向沉重的故障现象

汽车行驶中，驾驶员向左、右转动转向盘时，感到沉重费力，无回正感；汽车低速转弯行驶和掉头时，转动转向盘感到非常沉重，甚至打不动。

（二）转向沉重故障分析

汽车的转向系和行驶系都会影响到汽车转向性能和行驶稳定性，因此在实际故障的检修过程中往往同时要考虑转向系和行驶系的原因。对于转向系的故障原因，如果是动力转向系统，除了考虑传统机械转向系统的故障原因外，还要考虑动力转向系统方面的故障原因。

1. 转向系方面原因

转向系通常由转向操纵机构、转向器和转向传动机构组成，可分为机械转向系和动力转向系，它们的一般组成如图 11-1 和图 11-2 所示。机械转向系的操纵能量由人体产生，动力转向系则兼用人体和发动机动力作为转向能源。

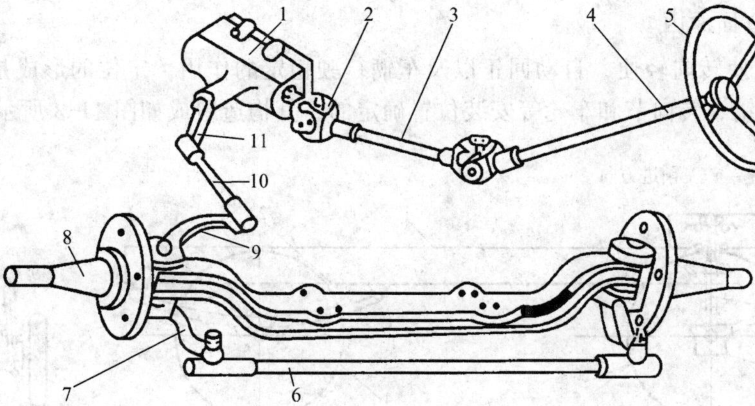

图 11-1　机械转向系的组成

1—转向器；2—转向万向节；3—转向传动轴；4—转向管柱；5—转向盘；6—转向横拉杆；7—转向纵拉杆；8—转向节；9—转向节臂；10—转向直拉杆；11—转向摇臂

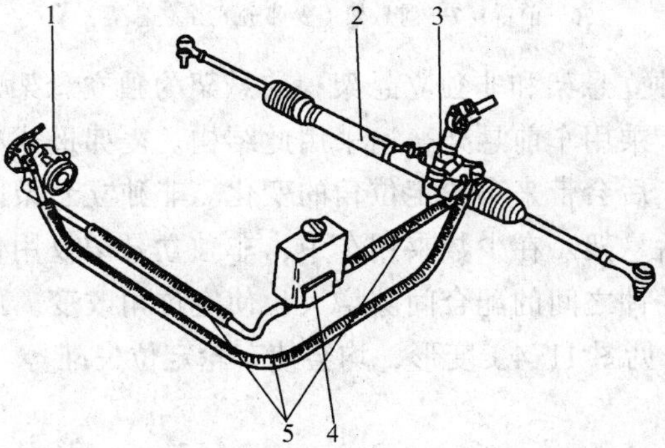

图 11-2　动力转向系的组成

1—转向助力泵；2—转向器；3—控制阀；4—转向油罐；5—油管

转向系造成转向沉重的主要原因及部位如下：

1）转向器故障

① 转向器主动部分轴承过紧或从动部分与衬套配合过紧；②转向器主、从动部分的啮合间隙过小；③转向器缺油或无油；④转向器的转向轴弯曲或套管凹瘪造成互相碰擦；⑤转向盘弯曲变形；⑥齿轮齿条转向器齿轮与齿条啮合间隙过小。

2）传动机构故障

① 转向节主销后倾角过大、内倾角过大或前轮负外倾；②转向横（直）拉杆球头连接处连接过紧或缺油；④转向节止推轴承缺油或损坏；⑤转向节主销与转向节衬套配合过紧或缺油。

3）动力转向装置故障

① 液压助力泵皮带松动；②油面过低；③转阀、滑阀发卡；④转向助力泵压力不够或泄漏大；⑤管路中有空气、管路接头泄漏；⑥动力缸或分配阀密封圈损坏。

4）其他故障

① 轮胎气压不足；②前轴或车架变形。

2．车轮定位方面原因

车轮定位具有使转向轻便，自动回正以及车辆行驶稳定的作用，定位的形成是由行驶系的悬架、车桥、转向主销、转向节和车轮等安装位置确定的，其构造组成如图 11-3 所示。

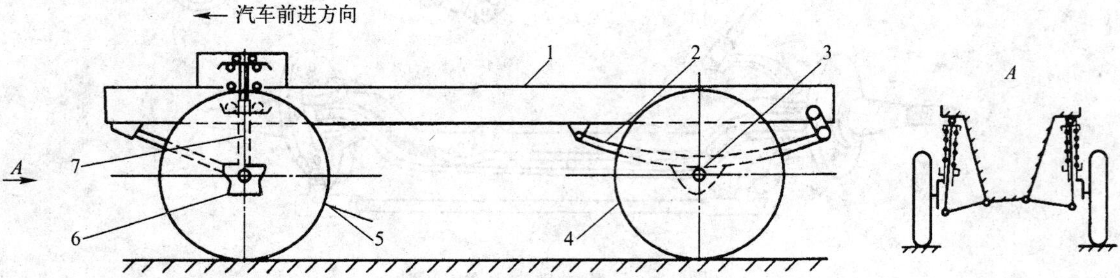

图 11-3　行驶系的一般组成示意图

1—车架；2—后悬架（钢板弹簧非独立悬架）；3—后桥；4—后轮；5—前轮；6—前桥；7—前悬架（麦弗逊式独立悬架）

在行驶系中悬架分为独立悬架和非独立悬架，前悬架为独立悬架，后悬架为非独立悬架。常见的独立悬架为麦弗逊式，乘用车前悬架普遍采用此结构。麦弗逊式独立悬架的杆件气活动部位很多，球头销等处磨损松旷后会带来车轮定位角的变化。非独立悬架因其结构简单，工作可靠，被广泛应用于货车的前、后悬架。在少数乘用车中，非独立悬架仅用作后悬架。由于机械零件在长期运行之后会磨损，运动件之间的配合间隙增大，使定位角改变。此外维修调整不良、车辆底盘刮碰导致悬架组成部件（见图 11-4）变形，均会使车轮定位失准。

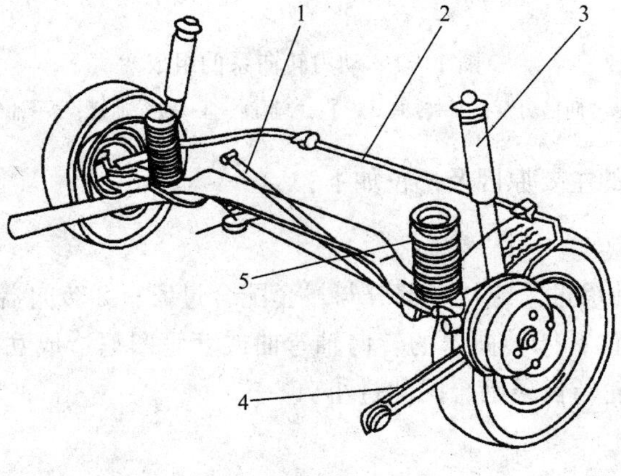

图 11-4　悬架的一般组成

1—横向推力杆；2—横向稳定器；3—减振器；4—纵向推力杆；5—弹性元件

（三）转向沉重故障诊断流程

通过以上原因分析可知，诊断时应先进行轮胎气压、动力转向油液情况、相关部件是否明显碰撞变形等外部检查。在检查动力转向机构是否正常前，应先确保机械转向系统正常。转向沉重的故障诊断流程按以下流程进行，如图 11-5 所示为机械转向系统转向沉重故障诊断流程方法。

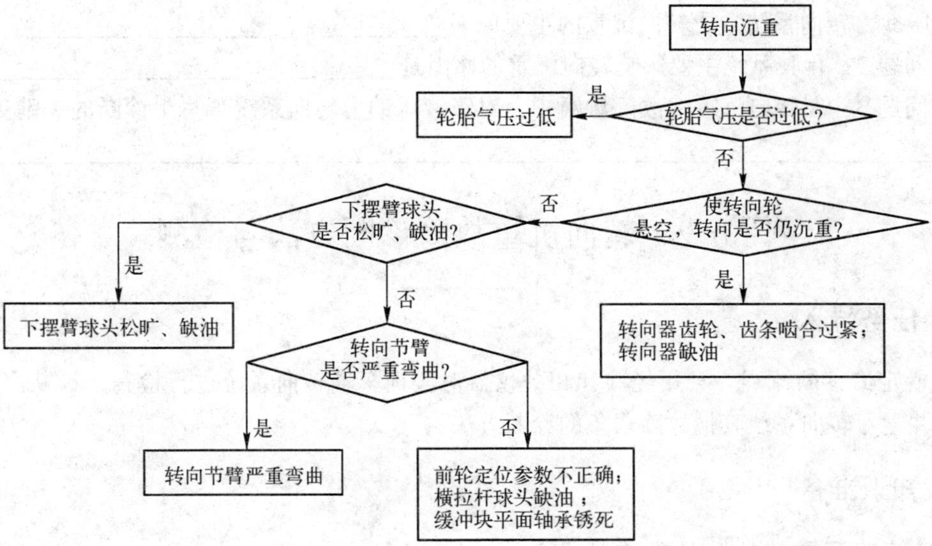

图 11-5　机械转向系转向沉重常见故障原因的诊断流程

动力转向系统转向沉重（助力部分）故障诊断如图 11-6 所示。

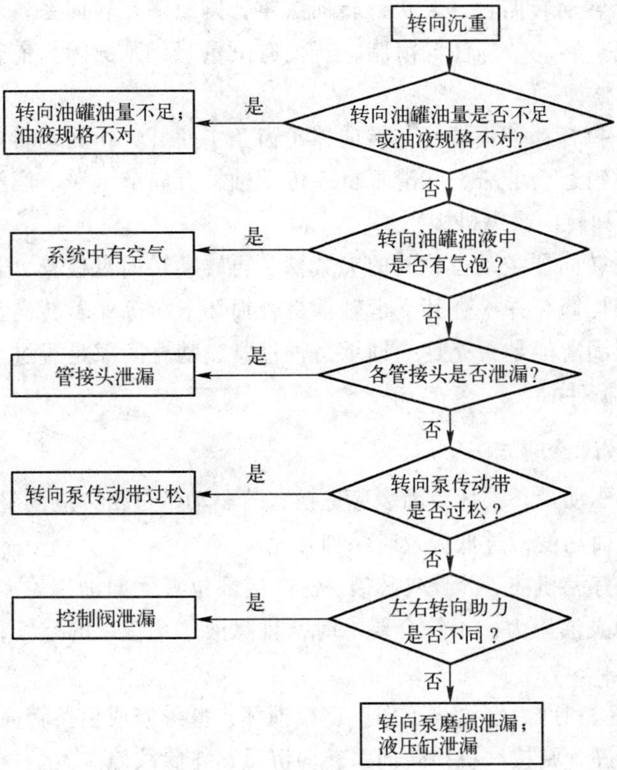

图 11-6　动力转向系转向沉重助力部分故障诊断流程

三、任务实施

引导问题 1：描述实训车辆转向沉重的故障现象________________________，写出三个液压助力转向系统造成转向沉重的主要原因 ________、________、________。

引导问题2：行驶系统主要影响转向沉重的原因是________________________________

引导问题3：在转向沉重的故障诊断中，对于液压助力转向系统，写出诊断的关键步骤如下：
____。

任务2 转向沉重故障诊断方法与检测

一、任务导入

按照既定的诊断流程，利用经验和相关仪器对实训车辆转向系统进行检查，诊断出转向沉重的原因，并学习转向系统其他故障现象的诊断方法。

二、知识准备

（一）转向沉重的故障诊断方法

1. 机械转向系统故障诊断方法

（1）首先检查轮胎气压，并按规定要求充气。

（2）悬空转向轮，转动转向盘，若仍感转向沉重，则故障在转向系；若沉重感消失，则故障在转向轮。给转向主销、转向节加注润滑脂，若仍有沉重感，则故障为前轮定位失准，应对前轮定位参数进行检查和调整。

（3）拆下横（直）拉杆，使横拉杆与转向器（齿条）脱开，再转动转向盘检查。若转向盘转动灵活，表明拉杆球头销运动卡滞、润滑不良或传动轴外万向节卡滞、润滑不良等；若转向仍然沉重，则故障在转向器和转向操纵机构。

（4）拆下凸缘管与转向器主动齿轮间的夹紧箍，再转动转向盘检查，若转向仍然沉重，应对转向柱的弯曲程度进行检修，并检查其支承轴承是否损坏卡滞等；若转向盘转动灵活，则故障在转向器，应检查转向器润滑油是否充足、轴承是否过紧、啮合间隙是否过小、有无卡滞等，根据情况予以加油、调整或换件。

2. 动力转向系统故障诊断方法

（1）检查转向油泵驱动带，损坏或断裂应更换；若驱动带过松，应调整驱动带张紧度。

（2）检查储油罐液面高度，过低应及时添加补充。

（3）检查液压管路有无扭曲、折皱或破裂，各连接部位有无漏油现象，并根据情况予以修复。

（4）检查液压泵的泵油压力，不符合要求时，排除液压系统中的空气，应对液压泵及压力流量限制阀进行修复或更换。

（5）检查转向控制阀和助力缸，若工作不良或损坏，应维修或更换转向器总成。

（6）若助力系统良好，则按“机械转向系转向沉重”排除故障。

（三）转向与行驶系统的相关检测

转向系的常用诊断参数有：转向盘最大自由转动量（即转向盘自由行程，°）、转向盘外缘最大转向切向力（即转向盘最大转向力，N）、转向轮最大转向角（°）、汽车最小转弯半径（m）、转向轮定位参数等。

1．转向盘转向力的检测

操纵稳定性良好的汽车，必须有适度的转向轻便性。如果转向沉重，不仅增加驾驶员的劳动强度，而且可能会因不能及时正确转向而影响行车安全。如果转向太轻，可能导致驾驶员路感太弱或汽车“发飘”，同样不利于行车安全。

转向轻便性可用一定行驶条件下作用在转向盘上的转向力（即作用在转向盘外缘的最大切向力）来表示，采用转向参数测量仪可以测得转向盘转向力。下面以国产 ZC-2 型转向参数测量仪为例，介绍其检测转向盘转向力的方法。

1）安装

将转向参数测量仪对准被测转向盘中心，调整好三只活动卡爪长度，与转向盘牢固连接。

2）检测

转动操纵盘，转向力通过底板、力矩传感器、连接叉传递到被测转向盘上，使转向盘转动。此时，力矩传感器将转向力矩变成电信号，而定位杆内端连接的光电装置则将转角的变化转变为电信号。这两种电信号由微机自动完成数据的采集、转角的编码、运算、分析、存储、显示和打印，因而该仪器既可测得转向力，又可测得转向盘转角。

转向力的检测可按转向轻便性实验方法进行，一般有原地转向力实验、低速大转角（“8”字行驶）转向力实验、弯道转向力实验等，可参照有关国家标准的规定进行检测。

3）结果分析

按 GB/T 18565—2001 中 7.2.1 条的规定，路试时检测转向盘最大转向力采用如下方法：汽车空载在平坦、干燥和清洁的硬路面上，以 10 km/h 的速度在 5 s 之内沿螺旋线从直线行驶过渡到直径为 24 m 的圆周行驶，施加于转向盘外缘的最大切向力不得大于 150 N。

2．转向盘自由转动量的检测

转向盘自由转动量又可称为转向盘自由行程，是指汽车保持直线行驶位置不动时，左右晃动转向盘时的自由转动量（游动角度）。GB/T 18565—2001 中 7.1.1 和 7.1.2 条规定：“最大设计车速大于或等于 100 km/h 的汽车，转向盘自由转动量最大为 200；最大设计车速小于 100 km/h 的汽车，转向盘自由转动量最大为 300”。转向盘自由转动量是一个综合诊断参数，当其超过规定的值时，说明从转向盘至转向轮的传动链中有一处或几处的配合出现松旷。转向盘自由转动量过大时，将造成驾驶员工作紧张，并影响行车安全。

转向盘自由转动量可采用专用检测仪进行（转向参数测量仪也能检测）。简易的转向盘自由转动量检测仪由刻度盘和指针两部分组成，如图 11-7 所示。刻度盘通过磁力座吸附在驾驶室仪表盘或转向管柱上，指针则固定在转向盘的周缘上；也可将指针通过磁力座固定在仪表板或转向管柱上，而刻度盘固定在转向盘周缘上。使用该种检测仪时，应使汽车保持直线行驶位置不动，转动转向盘至一侧极限位置，将刻度盘归零，再轻轻转动转向盘至行程另一侧极限位置，指针所示刻度即为转向盘自由转动量。

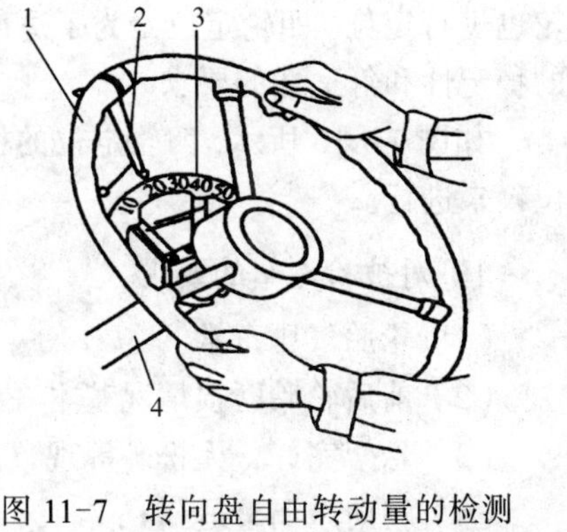

图 11-7　转向盘自由转动量的检测

1—转向盘；2—指针；3—刻度盘；4—转向管柱

3．动力转向系统油压检测

1）检查转向油罐油平面和油液质量

（1）热车时让发动机怠速，转动转向盘，使油温达到 40～80 ℃，检查转向油罐液面高度。

（2）检查油液是否有起泡或乳化现象。

2）检查转向油泵传动带松紧度

松开转向油泵装配支架上的两个螺母，转动调整螺栓，当带中部的挠度为 9～10 mm 时，再将两个螺母锁止。

3）测量转向盘上的转向力

超过 40 N 应予以检查维修，同时，转向盘自由行程应在规定范围内。

4）检查油压

（1）系统压力检查。如图 11-8 所示，打开压力表阀门，启动发动机并怠速运转，满方向转动转向盘数次，压力表读数应为 6.80～8.20 MPa。

（2）转向泵压力检查。如图 11-9 所示，启动发动机并怠速运转，满方向转动转向盘数次，将压力表阀门关闭（不超过 5 s），压力表读数应为 6.80～8.20 MPa。

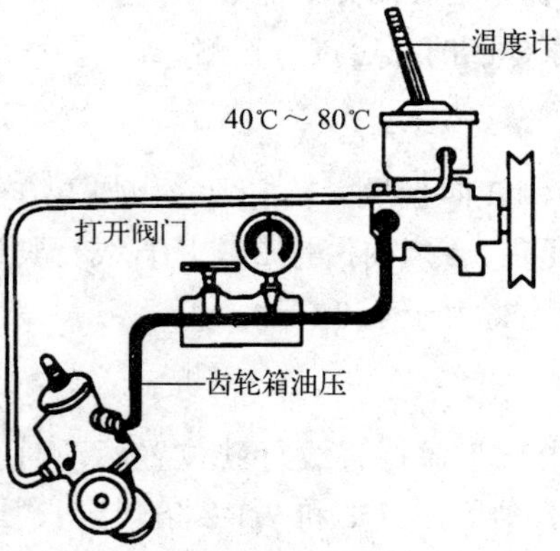

图 11-8　系统压力的检查

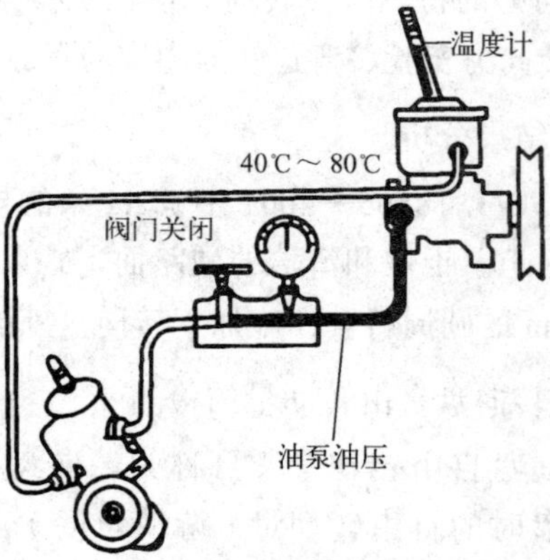

图 11-9　转向泵压力的检查

4．四轮定位的检测

现代汽车，尤其是乘用车，除转向轮进行定位外，后轮也进行定位。四轮定位是为了适应汽车高速行驶状态下的稳定性和舒适性的要求。

如图 11-10 所示，四轮定位的检测可使用微机四轮定位仪来进行。

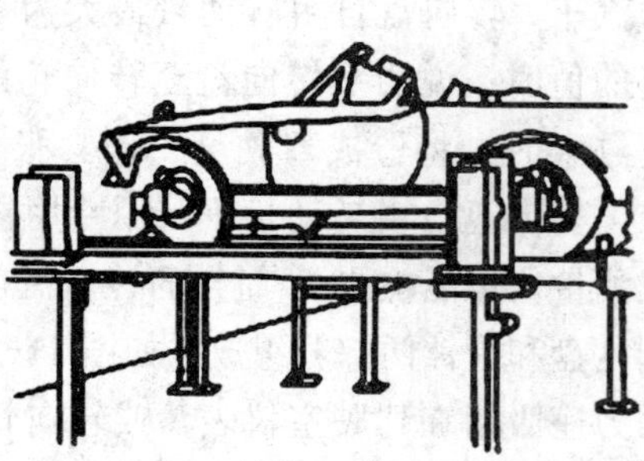

图 11-10　四轮定位仪安装在举升平台上

1）对被检汽车的要求

（1）轮胎气压正常。

（2）前后轮胎磨损情况基本一致。

（3）悬架完好，无松旷等现象。

（4）转向系调整适当。

（5）汽车前后高度与标准值的差不大于 5 mm。

（6）制动系工作正常。

2）检测前的准备

（1）将汽车开上举升平台，托起四个车轮，把汽车举升 0.50 m。

（2）托起车身适当部位，把汽车举升至车轮能自由转动。

（3）按上述“对被检汽车的要求”中的步骤进行检查调整。

3）检测

（1）将传感器支架安装到轮毂上，将传感器（定位校正头）安装到支架上，按说明书的规定调整好。

（2）开机进入测试程序，输入被检汽车的车型和生产年份。

（3）将转向盘处于直线行驶位置，并使每个车轮旋转一周，即将轮辋变形的误差输入了计算机，完成了轮辋变形的补偿。

（4）降下汽车，使车轮落到平台上，把汽车前部和后部向下压动 4～5 次，进行压力弹跳。

（5）用刹车锁压下制动踏板，使汽车处于制动状态。

（6）把转向盘左转至计算机发出 OK 声，输入左转角度；然后把转向盘右转至计算机发出 OK 声，输入右转角度。

（7）回正转向盘，计算机屏幕上显示出后轮的前束和外倾角数值。

（8）将转向盘处于直线行驶位置，用转向盘锁锁住转向盘，使之不能转动。

（9）把安装在四个车轮上的定位校正头调到水平线上，计算机屏幕上显示出转向轮的主销后倾角、主销内倾角、前轮外倾角和前束。

（10）如果数值不正确，可按微机屏幕的显示进行调整，并在调整后按上述方法重新检测。

5．前轮侧滑量的检测

前轮侧滑量的检测一般在侧滑试验台上进行，其值不得超过 5 m/km。前轮侧滑量是前轮定位失准的一种表现形式。

1）影响侧滑量检测结果的因素

（1）转向轮外倾与前束匹配不当。

（2）轮毂轴承间隙过大或左右松紧度不一致。

（3）转向节主销和衬套磨损严重。

（4）横（直）拉杆球头松旷或左右悬架性能有差异。

（5）前后轴不平行。

（6）左右轮胎气压不等或花纹不一致。

（7）轮胎磨损过大或严重偏磨。

（8）轮胎表面有水、油或石子等。

（9）汽车通过侧滑试验台的速度过快。

（10）汽车通过侧滑试验台时转向轮与侧滑板不垂直。

2）检测前的准备

（1）调整轮胎气压至规定值。

（2）清除轮胎表面的水、油或石子等。

（3）检查试验台导线连接情况，仪表复零。

（4）打开试验台锁止装置，检查侧滑板能否滑动自如和回位（侧滑板回位后，指示装置应指示零点）。

3）检测

（1）汽车以 3～5 km/h 的速度垂直平稳地通过侧滑板。

（2）从显示装置上读取侧滑值。

（3）锁止侧滑板，切断试验台电源。

4）注意事项

（1）避免试验台超载。

（2）汽车通过试验台时，不允许转向、制动或将汽车停放在试验台上。

（3）保持试验台及周围环境的清洁，尤其是侧滑板的清洁。

（4）后轮有定位的乘用车，也要检测后轮的侧滑量是否合格。

5．车轮平衡的检测

如果车轮的质量分布不均匀，旋转起来是不平衡的；车轮不平衡对转向轮摆振的影响比路面不平的影响要大得多。车轮本身不平衡是汽车产生摆振的一个重要原因。

随着道路质量的提高和高速公路的普及，汽车行驶速度越来越高，因此对汽车车轮平衡度的要求也越来越高。车轮高速旋转时，不平衡质量会引起车轮上下跳动和横向摆振，不仅影响汽车的行驶平顺性、乘坐舒适性和操纵稳定性，而且也会影响行车安全。车轮的上下跳动和横向摆振还会加剧轮胎的磨损，缩短汽车使用寿命，增加汽车运输成本。

车轮不平衡的原因主要是：轮辋、轮胎在生产和修理过程中的精度误差、轮胎材料不均匀；轮胎装配不正确，轮胎螺栓质量不一；平衡块脱落；汽车行驶过程中的偏磨损；使用翻新胎或补胎等。

1）车轮静平衡的检测

对于非驱动桥上的车轮：支起车轴，调整好轮毂轴承松紧度，用手轻转车轮，使其自然停转。在停转的车轮离地最近处作标记，然后重复上述步骤。如果每次试验标记都停在离地最近处，则车轮静不平衡；如果多次转动自然停止后的标记位置各不相同，说明车轮静平衡。

驱动桥上的车轮，由于受到差速器等的制约，无法使用该法，只能在装车前检测。

即使静平衡的车轮，在装车使用时也可能动不平衡；因此，还应对车轮动平衡进行检测校正。

2）车轮动平衡检测

（1）车轮平衡机的类型。

车轮平衡机也称车轮平衡仪，用来检测车轮的平衡度。按功能可分为车轮静平衡机和车轮动平衡机两类；按测量方式可分为离车式车轮平衡机和就车式车轮平衡机两类；按车轮平衡机转轴的形式可分为软式车轮平衡机和硬式车轮平衡机两类。

使用离车式车轮平衡机时，将车轮从车上拆下安装到车轮平衡机的转轴上检测其平衡状况。

软式车轮平衡机，安装车轮的转轴由弹性元件支承。当被测车轮不平衡时，该轴与其上的车轮一起振动，测得该振动即可获得车轮的不平衡量。硬式车轮平衡机的转轴由刚性元件支承，工作中转轴不产生振动，它是通过直接测量车轮旋转时不平衡点产生的离心力来确定不平衡量的。

凡是可以测定车轮左、右两侧的不平衡量及其相位的均可称为二面测定式车轮平衡机。

就车式车轮平衡机既可进行静平衡试验，又可进行动平衡试验。

（2）离车式车轮平衡机的结构与使用方法。

① 离车式车轮平衡机的结构简介。

离车式车轮动平衡机如图 11-11 所示。目前应用最多的是硬式二面测定车轮动平衡机。该动平衡机一般由驱动装置、转轴与支承装置、显示与控制装置、制动装置、机箱和车轮防护罩等组成。驱动装置一般由电动机、传动机构等组成，可驱动转轴旋转。转轴由两个滚动轴承支承，每个轴承均有一能将动反力变为电信号的传感器。转轴的外端通过锥体和大螺距螺母等固装被测车轮。驱动装置、转轴与支承装置等均装在机箱内。车轮防护罩可防止车轮旋转时，其上的平衡块或花纹内夹杂物飞出伤人。制动装置可使车轮停转。

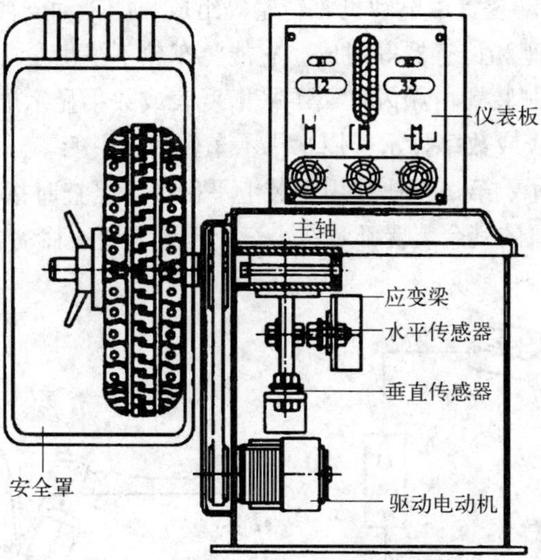

图 11-11　离车式车轮动平衡机

近年来生产的车轮动平衡机，其显示与控制装置多为微机式，具有自动诊断和自动系统，能将传感器的电信号通过微机运算、分析、判断后显示出不平衡量及相位。为了使显示的不平衡量恰是轮辋边缘所加平衡块的质量，还必须将测得的轮辋直径 d、轮辋宽度 b 和轮辋边缘至平衡机机箱的距离 a（轮辋外悬尺寸），通过键盘或选择器旋扭输入计算机。

② 离车式车轮平衡机的使用方法。

a. 清除被测车轮上的泥土、石子和旧平衡块。

b. 检查轮胎气压，视必要充至规定值。

c. 根据轮辋中心孔的大小选择锥体，仔细地装上车轮，用大螺距螺母上紧。

d. 打开电源开关，检查指示与控制装置的面板是否指示正确。

e. 用卡尺测量轮辋宽度 b、轮辋直径 d（也可由胎侧读出），用平衡机上的标尺测量轮辋边缘至机箱距离 a，用输入或选择器旋钮对准测量值的方法，将 a、b、d 直接输入指示与控制装置中。为了适应不同计量制式，平衡机上的所有标尺一般都同时标有英制和公制刻度。

f. 放下车轮防护罩，按下启动键，车轮旋转，平衡测试开始，微机自动采集数据。

g. 车轮自动停转或听到“笛”声，按下停止键并操纵制动装置使车轮停转后，从指示装置读取车轮内、外不平衡量和不平衡位置。

h. 抬起车轮防护罩，用手慢慢转动车轮。当指示装置发出指示（音响、指示灯亮、制动、显示点阵或显示检测数据等）时停止转动。在轮辋的内侧或外侧的上部（时钟 12 点位置）加装指示装置显示的该侧平衡块质量。内、外侧要分别进行，平衡块装卡要牢固。

i. 安装平衡块后有可能产生新的不平衡，应重新进行平衡试验，直至不平衡量<5 g（0.3 oz），指示装置显示“00”或“OK”时才能满意。当不平衡量相差 10 g 左右时，如能沿轮辋边缘左右移动平衡块一定角度，将可获得满意的效果。

（3）就车式车轮平衡机及使用方法。

① 就车式车轮平衡机结构简介。

使用就车式车轮平衡机，无需从车上拆下车轮，就车即可测得车轮的平衡状况。就车式车轮动平衡机一般由驱动装置、测量装置、指示与控制装置、制动装置和小车等组成，如图 11-12 所示，图 11-13 所示为工作图。驱动装置由电动机、转轮等组成，能带动支离地面的车轮转动。测量装置由传感磁头、可调支杆、底座和传感器等组成。它能将车轮不平衡量产生的振动变成电信号，送至指示与控制装置。指示与控制装置由频闪灯、不平衡度表或数字显示屏等组成。频闪灯用来指示车轮不平衡点位置，不平衡度表或数字显示屏用来指示车轮的不平衡量。不平衡量，一般有两个挡位。第一挡往往用于初查时的指示，第二挡往往用于装上平衡块后复查时指示。制动装置用于车轮停转。除测量装置外，车轮动平衡机的其余装置都装在小车上，可方便地移动。

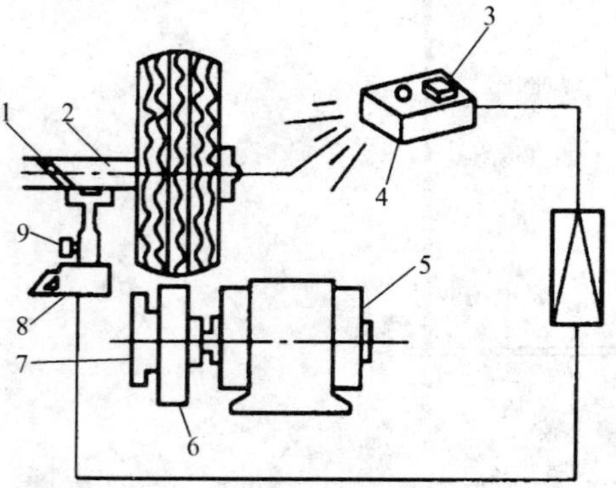

图 11-12　就车式车轮动平衡机示意图

1—传感磁头；2—转向节；3—不平衡度表；4—频闪灯；5—电动机；6—转轮；7—制动器；8—底座；9—可调支架

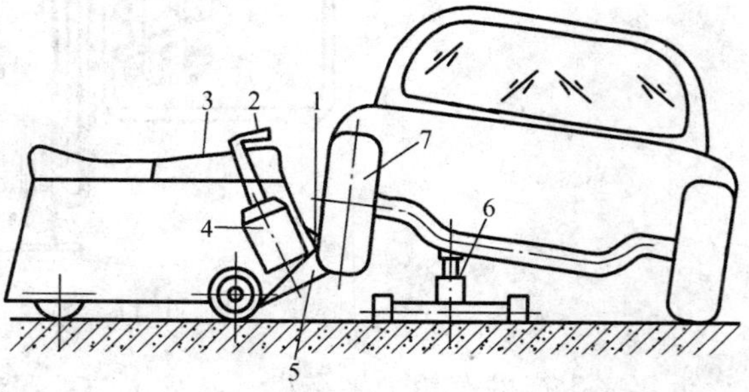

图 11-13　就车式车轮平衡机工作图

1—光电传感器；2—手柄；3—仪表板；4—驱动电动机；5—摩擦轮；6—传感器支架；7—被测车轮

② 就车式车轮平衡机的使用方法。

准备工作如下：

a. 用千斤顶支起车轴，两边车轮离地间隙要相等。

b. 清除被测车轮上的泥土、石子和旧平衡块。

c. 检查轮胎气压，视必要充至规定值。

d. 检查轮毂轴承是否松旷，视必要调整至规定松紧度。

f. 在轮胎外侧面任意位置上用白粉笔或白胶布做上记号。

从动前轮静平衡如下：

a. 用三角垫木塞紧非测试车轮，将就车式车轮动平衡机的测量装置推至被测前轮一端的前轴下，传感磁头吸附在悬架下或转向节下，调节可调支杆高度并锁紧。

b. 推平衡机至车轮侧面或前面（视车轮平衡机形式不同而异），检查频闪灯工作是否正常，检查转动的旋转方向能否使车轮的转动力与前进行驶时方向一致。

c. 操纵车轮动平衡机转轮与轮胎接触，启动驱动电机带动车轮旋转至规定转速。

d. 观察频闪灯照射下的轮胎标记位置，并从指示装置（第一挡）上读取不平衡量数值。

e. 操纵平衡机上的制动装置，使车轮停止转动。

f. 用手转动车轮，使其上的标记仍处在上述观察位置上，此时轮辋的最上部（时钟 12 点位置）即为加装平衡块的位置。

g. 按指示装置显示的不平衡量选择平衡块，牢固地装卡到轮辋边缘上。

h. 重新驱动车轮进行复查测试，指示装置用二挡显示。若车轮平衡度不符合要求，应调整平衡块质量和位置，直至符合平衡要求。

从动前轮动平衡如下：

a. 将传感磁头吸附在经过擦拭的制动底板边缘平整之处。

b. 操纵平衡机转轮驱动车轮旋转至规定转速，观察轮胎标记位置，读取不平衡量数值，停转车轮找平衡块加装位置，加装平衡块和复查等，方法与静平衡相同。

驱动轮平衡如下：

a. 顶起驱动车轮。

b. 用发动机、传动系驱动车轮，加速至 50～70km/h 的某一转速下稳定运转。

c. 测试结束后，用汽车制动器使车轮停转。

d. 其他方法与从动轮动、静平衡测试相同。

三、任务实施

引导问题 1：当举升起车辆发现机械转向系统仍然沉重，此时可按如下步骤分解开转向系统，逐一进行排查：____。

引导问题 2：进行系统压力检查。当打开压力表阀门，启动发动机并怠速运转，满方向转动转向盘数次，压力表读数应达到____________MPa。

引导问题 3：车轮平衡的目的在于________________________，它分为________________和__________两种形式。写出车轮静平衡的方法：______________________________，轮胎动平衡可分别利用______________和__________________两种设备进行。

引导问题 4：四轮定位主要为检测以下几个参数________、________、________、________。写出其检测关键步骤：____。

任务 3　关联故障的诊断与案例学习

一、其他常见故障的诊断

1. 转向轮抖动

1）故障现象

汽车在某低速范围内或某高速范围内行驶时，出现转向轮各自围绕自身主销进行角振动的现象。尤其是高速时，转向轮摆振严重，握转向盘的手有麻木感，甚至在驾驶室可看到汽车车头晃动。

2）故障主要原因及处理方法

转向轮抖动的根本原因是转向轮定位不准，转向系连接部件之间出现松旷，旋转部件动不平衡。具体原因主要有：

（1）转向轮旋转质量不平衡或转向轮轮毂轴承松旷，应予校正动平衡或更换轴承。

（2）转向轮使用翻新轮胎，应予更换。

（3）两转向轮的定位不正确，应予调整或更换部件。

（4）转向系与悬挂的运动发生干涉，应予更换部件。

（5）转向器主、从动部分啮合间隙或轴承间隙太大，应予调整或更换轴承。

（6）转向器垂臂与其轴配合松旷或纵、横拉杆球头连接松旷，应予调整或更换。

（7）转向器在车架上的连接松动，应予紧固。

（8）转向轮所在车轴的悬挂减振器失效或左右两边减振器效能不一，应予更换。

（9）转向轮所在车轴的钢板弹簧U形螺栓松动或钢板销与衬套配合松旷，应予紧固或调整。

（10）转向轮所在车轴的左右两悬挂的高度或刚度不一，应予更换等。

3）故障诊断方法

（1）转动转向盘检查其自由行程，若自由行程过大，应查明原因予以排除。

（2）检查转向减振器，若有漏油痕迹应更换。拆下减振器用手推拉，若阻力过小或出现空行程应进行更换。

（3）检查前悬架减振器有无漏油现象，推压车身检查前悬架的减振性能是否良好，前悬架连接有无松动现象。减振器漏油或减振弹簧弹力减弱应更换新件，连接松动则重新紧固。

（4）检查和调整转向轮定位参数。

（5）进行车轮动平衡检测和校正。

（6）检测、校正传动轴。

2．转向盘自由行程过大

转向盘自由行程过大又可称为转向不灵敏。

1）故障现象

汽车保持直线行驶位置静止不动时，转向盘左右转动的游动角度太大。具体表现为汽车转向时感觉转向盘松旷量很大，需用较大的幅度转动转向盘，方能控制汽车的行驶方向；而在汽车直线行驶时又感到行驶方向不稳定。

2）故障主要原因及处理方法

转向盘自由行程过大的根本原因是转向系传动链中一处或多处的配合因装配不当、磨损等原因造成松旷。具体原因主要有：

（1）转向器主、从动啮合部位间隙过大或主、从动部位轴承松旷，应予调整或更换。

（2）转向盘与转向轴连接部位松旷，应予调整。

（3）转向垂臂与转向垂臂轴连接松旷，应予调整。

（4）纵、横拉杆球头连接部位松旷，应予调整或更换。

（5）纵、横拉杆臂与转向节连接松旷，应予调整或更换。

（6）转向节主销与衬套磨损后松旷，应予更换。

（7）车轮轮毂轴承间隙过大，应予更换等。

3）故障诊断方法

造成转向盘自由行程过大的根本原因是转向系传动链中一处或多处连接的配合间隙过大，诊断时，可从转向盘开始检查转向系各部件的连接情况，看是否有磨损、松动、调整不当等情况，找出故障部位。

3．动力转向噪声

1）故障现象

汽车转向时，转向系出现过大的噪声。

2）故障主要原因

装有动力转向系的汽车，在发动机启动后，转向助力泵的溢流阀中出现液流噪声是正常的，但噪声过大甚至影响转向性能时，该噪声应视为故障。因助力系统引起转向噪声的原因主要是：

（1）转向泵损坏或磨损严重。

（2）转向泵传动带打滑。

（3）控制阀性能不良。

（4）系统中渗入空气。

（5）管道不畅等。

3）故障诊断方法

（1）转向时发出"咔哒"声，在已排除转向泵叶片噪声的情况下，则由转向泵带轮出现松动引起。

（2）转向时发出"嘎嘎"声，由转向泵传动带打滑引起。

（3）转向时转向泵发出"咯咯"声，是由于系统中有空气；发出"嘶嘶"声，而且系统无泄漏，转向泵传动带张紧度也合适，则由油路不畅或控制阀性能不良引起。

4．行驶跑偏

1）故障现象

汽车正常行驶，不踩制动时，必须紧握转向盘才能保持直线行驶，若稍有放松便自动跑向一边。

2）故障主要原因

造成汽车行驶跑偏的根本原因是汽车车轮的相对位置不正确，两侧车轮受到的阻力不一致。

（1）两前轮轮胎气压不等，直径不一致或汽车装载质量左、右分布不均匀。

（2）左、右两前钢板弹簧翘度不等，弹力不一致或单边松动、断裂。

（3）前梁、车架发生水平面内的弯曲。

（4）汽车两边的轴距不等。

（5）两前轮轮毂轴承的松紧度不一致。

（6）前轮定位不正确。

（7）车轮有单边制动或拖滞现象。

（8）转向杆系变形。

（9）动力转向系控制阀损坏或密封环弹性减弱，阀芯运动不畅或偏离中间位置等。

3）故障诊断方法

（1）检查左、右轮胎新旧程度、外径尺寸及气压是否一致。保证两转向轮外径尺寸相同，并按规定加以充气。

（2）如气压一致，可行车一段距离后，用手触摸跑偏一边的制动鼓和轮毂轴承是否过热。若过热，说明制动轮拖滞或轴承过紧，调整制动间隙或轮毂轴承。

（3）如上一步骤检查正常，应检查转向节臂、转向臂、横拉杆、直拉杆、前稳定杆和前摆臂是否变形，钢板弹簧是否折断或弹力不均，必要时应予以矫正或更换。

（4）检查前束是否符合要求，两前轮主销后倾角、前轮外倾角是否相同，若不符合要求，应予以修理。

（5）以上检查均正常，则应检查左、右轴距是否相等，悬架及装载质量是否不均匀，转向桥和车架是否变形。

5. 行驶平顺性不良

1）故障现象

汽车行驶时出现振动，加速时出现窜动，驾乘人员感觉很不舒服。

2）故障主要原因造成行驶平顺性不良的原因主要是：

（1）前稳定杆卡座松旷或橡胶支承损坏。

（2）车轮动平衡超标。

（3）减振器或缓冲块失效。

（4）传动轴动不平衡。

（5）钢板弹簧支架衬套磨损松旷。

（6）车轮轴承松旷或转向横拉杆球头松旷。

（7）钢板弹簧U形螺栓滑牙或松动。

（8）发动机横梁和下摆臂的固定螺栓或衬套松旷。

（9）半轴内外万向节磨损松旷。

（10）轮胎气压过高，磨损不均等。

3）故障诊断方法

诊断时先判断发动机工作是否正常，如不正常，维修发动机，使其动力性能正常。再区分两种情况进行诊断：

（1）加速时窜动或振动。

① 检查前稳定杆卡座是否松旷或橡胶支承有否损坏。

② 检查钢板弹簧U形螺栓有否滑牙或松动。

③ 检查发动机横梁和下摆臂的固定螺栓或衬套松旷。

④ 检查转向横拉杆球头有无松旷。

⑤ 检查半轴内外万向节磨损旷情况，如故障应更换。

（2）车辆等速行驶时振动。

① 检查轮胎气压应正常。

② 检查车轮轴承不能松旷或过紧。

③ 检查悬架、减振器缓冲块等是否安装正常，外观完好，功能正常。

④ 进行车轮动平衡应正常。

⑤ 检查车辆钢板弹簧支架衬套有无磨损松旷。

6．轮胎异常磨损

1）故障现象

轮胎磨损速度加快，胎面出现图 11-14 所示的不正常磨损形状。

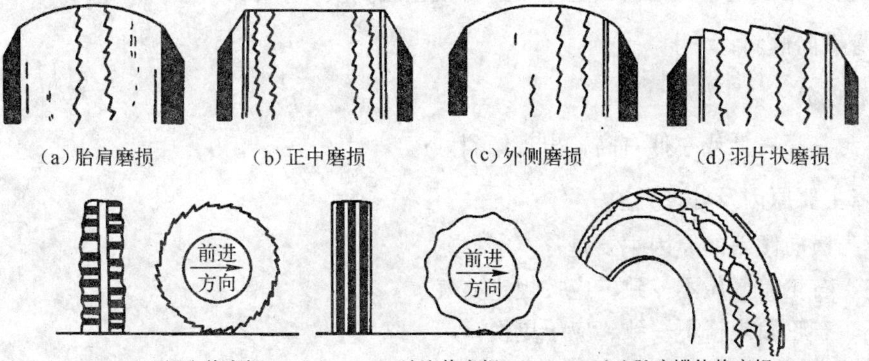

(a) 胎肩磨损　(b) 正中磨损　(c) 外侧磨损　(d) 羽片状磨损

(e) 锯齿状磨损　(f) 波浪状磨损　(g) 胎肩蝶片状磨损

图 11-14　前轮轮胎不正常磨损示意图

2）故障主要原因

造成轮胎异常磨损的原因主要是：

（1）轮胎气压不符合要求，轮胎质量不佳或车轮螺栓松动。

（2）轮胎长期未换位或汽车经常行驶在拱度较大的路面上（一般行驶 10 000 km 应换位，并进行动平衡校正）。

（3）前轮定位不正确或前轮旋转质量不平衡。

（4）纵横拉杆、轮毂轴承松旷或转向节与主销松旷。

（5）钢板弹簧 U 形螺栓松旷或钢板弹簧衬套与销松旷。

（6）经常超载、偏载、起步过急、高速转弯或制动过猛。

（7）转向梯形不能保证各车轮纯滚动，出现过度转向。

（8）前轴与车架纵向中心线不垂直或车架两边的轴距不等。

（9）前梁或车架变形。

（10）前轮放松制动回位慢或制动拖滞等。

3）故障诊断方法

以桑塔纳乘用车为例，根据轮胎磨损的情况确定故障原因：

（1）胎冠两肩磨损与胎壁擦伤，是由于轮胎气压不足或汽车长期超载引起。

（2）胎冠中部磨损，是由于轮胎气压过高引起。

（3）胎冠内（外）侧偏磨损，是由于车轮外倾角过大（小）引起。

（4）胎冠两侧成锯齿状磨损，是由于轮胎换位不及时或汽车经常紧急制动或长期超载引起。

（5）胎冠由外（里）侧向里（外）侧呈锯齿状磨损，是由于前束过大（小）引起。

（6）胎冠呈波浪状或碟片状磨损，是由于轮毂轴承松旷或车轮动不平衡引起。

诊断排除时应实施：根据轮胎的磨损状况检查具体故障部位，并进行相应调整、维修或更换。

（1）检查轮胎气压，按规定充气。

（2）及时进行轮胎换位，紧固车轮螺栓。

（3）检查并排除制动拖滞故障。
（4）检查、调整前轮前束和前轮外倾角。
（5）检查悬架、轮毂轴承、转向主销等，若有松旷，应进行调整、紧固或更换。
（6）检查车轮摆差和动平衡，超差则进行校正或更换。

7. 车身横向倾斜

1）故障现象

汽车车身左高右低或左低右高，出现倾斜。

2）故障主要原因及处理方法

造成车身横向倾斜的原因主要是：
（1）左、右轮胎气压不一致，应按规定充气。
（2）左、右轮胎规格不一致，应予更换。
（3）悬架弹簧自由长度或刚度不一致，应予更换。
（4）下摆臂变形，应予校正或更换。
（5）发动机横梁和下摆臂的固定螺栓或衬套松旷，应予修理或更换。
（6）减振器或缓冲块损坏，应予更换。
（7）发动机横梁变形，应予校正或更换。
（8）车身变形，应予整形修理等。

3）故障诊断方法
（1）检查左、右轮的气压、规格是否一致。
（2）检查两侧悬架弹簧、减振器及缓冲块等是否正常。
（3）检查下摆臂有否变形，衬套是否正常。
（4）检查发动机横梁、车身车架等有无变形。

二、相关故障诊断案例

案例 1 景程轿车行驶中打转向后转向盘不能回正

1. 故障现象

一辆景程轿车，行驶 33 000 km。行驶中打转向后，再松开转向盘，转向盘不能回正。

2. 故障诊断与排除

转向不回正的可能原因有：①轮胎气压低；②压力轴承阻滞；③前轮定位失准，特别是前轮主销后倾和主销内倾；④转向机故障。经检查轮胎气压正常，原地左右转动前轮，并无转向沉重的现象，这说明压力轴承可基本排除。将车举升后检查轮胎时发现左前轮外圆磨损明显，这说明左前轮定位参数不正确，于是决定先进行前轮定位。

对前轮定位后试车，发现转向后方向回位恢复正常，故障排除。

案例 2 捷达王 CT 轿车转向沉重。

1. 故障现象

一辆捷达王 CT 轿车，在进行转向操作时需用很大的力才能转动转向盘，且汽车行驶方向不太稳定。

2．故障诊断与排除

询问车主，该车几天前因意外造成左前方下摆臂弯曲变形，在事故点附近的修理厂进行了维修，更换了下摆臂和转向器，并进行了四轮定位的检查与调整。但是维修出厂后便感觉转向沉重，操纵转向盘特别费力。根据该车的故障现象，首先对转向系进行检查。断开转向横拉杆，转动转向盘轻松自如。用手直接操纵车轮时感到有些费力，经检查发现减振器上端的悬架轴承损坏，立即将其更换。继续检查，发现新转向器与转向杆连接处纵向活动量较大，做工也较粗糙，可以判定新转向器为劣质品。取出车主保存的原车转向器，检查发现该转向器根本就没有损坏，经清洗、保养后重新装复使用。再检查四轮定位，发现四轮定位也不准确，重新进行了调整。最后试车，转向操纵正常，故障排除。

案例 3　桑培纳轿车方向难以控制，轮胎磨损异常

1．故障现象

一辆桑塔纳轿车行驶时，方向盘稍微转一角度，前轮就向该边猛一偏转，行车方向很难控制，且两前轮轮胎胎面内侧向外侧呈锯齿形磨损。

2．故障诊断与排除

方向盘难以控制、轮胎严重磨损，主要是前轮定位、前桥歪斜所致。检查前桥时发现，两前轮转向球头销严重松旷；检查前轮定位时发现前轮前束值不正常，标准值为-1～-3 mm，而该车的前束值为-5～-8 mm，其他部位没发现问题。

适当加大上球头销总成内的弹簧预紧度，适当增加下球头销总成内的调整垫片，使转向球头销的松旷量控制在技术要求范围之内。接着，重新调整左、右横拉杆长度，锁紧球头紧固螺钉，使前轮的前束值达到标准规定。试车，故障排除。

思　考　题

1．转向系和行驶系常见故障现象有哪些？

2．转向沉重的故障现象和原因是什么，如何诊断与排除？

3．汽车行驶跑偏的故障原因是什么，如何诊断与排除？

4．如何对液压助力转向系统的助力系统主要部件进行检测与诊断？

5．轮胎不正常磨损的形式有哪些？原因是什么？如何诊断？

6．怎样做车轮的静平衡和动平衡？其作用是什么？

7．如何进行四轮定位的检查与调整？四轮定位不准确主要会产生哪些故障现象？

项目 12　汽车制动不灵的故障诊断

【学习目标】

- 熟悉汽车制动系统包括制动失效、制动不灵、制动踏板发硬、制动拖滞等常见的故障现象。
- 能分析制动系统各常见故障的故障原因及部位。
- 会结合车型特点和故障征兆制定制动系统故障诊断方案。
- 能对制动系统各种故障进行检修。
- 能将本次诊断排除的故障编写成案例或技术公报。

【案例引入】

一辆丰田威驰轿车，行驶里程大约 87 212 km，最近发现制动效果变差了，制动减速度小，而且在制动时会有一种“吱吱”响声，制动时踏板的行程变软，有时要连踏几脚制动踏板才感觉制动效果。如何进行故障检修？

任务 1　液压制动系统制动不灵的故障原因及诊断

一、任务导入

认识制动效果不灵的故障现象，分析故障形成的可能因素，并结合实训车辆实际情况，制定故障诊断和排除方案。

二、知识准备

液压制动系包括四个组成部分：供能装置（包括供给、调节制动所需能量以及改善传递能量介质状态的各种部件）、控制装置（踏板机构）、传动装置和制动器。

完整的制动系应具有独立的行车制动系和驻车制动系，有的还有紧急制动、安全制动或辅助制动装置。行车制动系按制动装置的不同，可分为液压制动系和气压制动系；驻车制动系一般采用机械式结构。

液压制动系的一般组成如图 12-1 所示。

（一）制动不灵的故障原因分析

1. 制动不灵的故障现象

① 汽车行驶中制动时，驾驶员感到减速度小；汽车紧急制动时，制动距离长。

② 踏下第一脚制动踏板时制动不灵；连续踩踏制动踏板，踏板逐渐升高，但感到软弱，并且制动效果不佳。

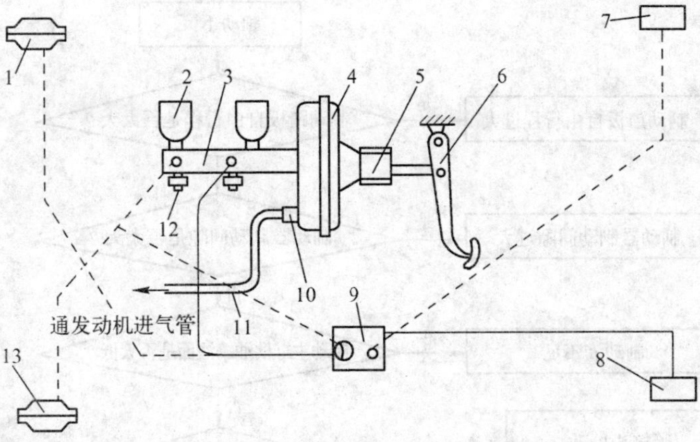

图 12-1 液压制动系的一般组成（红旗 CA7220），

1—右前轮缸；2—储液罐；3—制动主缸；4—真空伺服气室；5—控制阀；6—制动踏板机构；
7—右后轮缸；8—左后轮缸；9—感载比例阀；10—真空单向阀；11—真空供能管路；
12—制动信号灯液压开关；13—制动轮缸

2. 故障主要原因及部位

造成制动不灵的原因主要是：油路故障，油液不足、变质，管路漏油或漏气。

1）制动总泵（主缸）、分泵（轮缸）故障

① 液压制动总泵和分泵橡胶碗、橡胶圈老化、发胀或磨损、变形，活塞与缸壁磨损过大；

② 液压制动总泵分泵回位阀弹簧过软、折断、自由长度不足；

③ 出油阀、回油阀密封不严，贮液室内制动液不足。

2）制动踏板自由行程

制动踏板自由行程过大，制动主缸和工作缸推杆调整不当或松动。踏板传动机构松旷。

3）真空增压装置故障

① 真空管路漏气；

② 控制阀阀门密封不严，气室膜片破损，控制阀活塞和橡胶圈磨损；

③ 增压缸活塞磨损过多，橡胶圈磨损，回位弹簧过软。

4）制动器故障

① 制动蹄摩擦片磨损严重，摩擦片与制动鼓之间的间隙过大，制动盘磨损过薄或制动鼓制动盘工作表面有油污；

② 制动蹄摩擦片与制动鼓接触状态不佳，调整不良；

③ 制动盘翘曲变形，制动鼓圆度、圆柱度超差；

④ 制动蹄片表面烧焦、蹄片松动、脱落、铆钉露出；

⑤ 鼓式车轮制动器浸水；

⑥ 制动蹄回位弹簧过硬，制动蹄轴锈蚀卡死。

（二）制动不灵的诊断流程

根据上述故障原因分析，可制定图 12-2 所示的诊断流程。

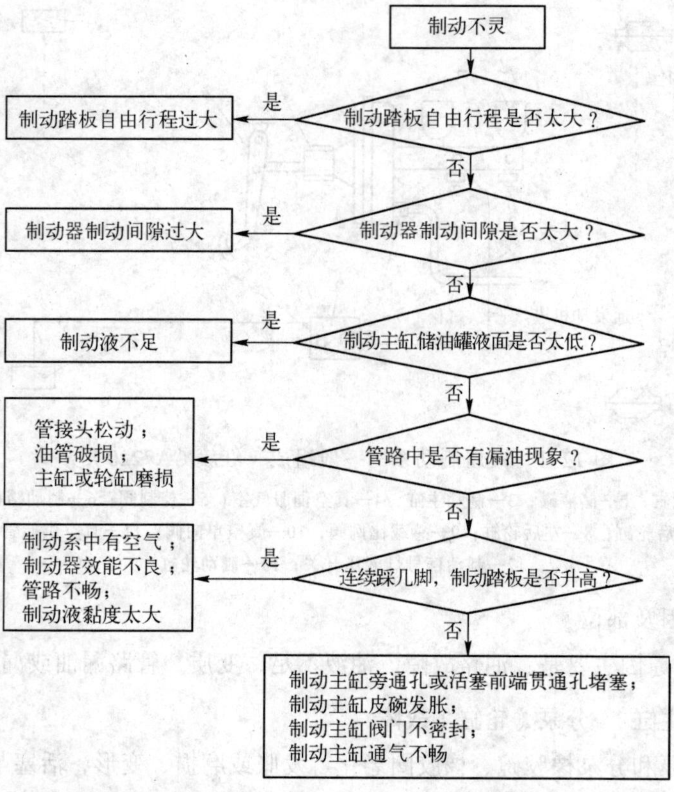

图 12-2 液压制动系制动不灵常见故障原因的诊断流程

（三）其他制动故障的诊断

1. 制动拖滞

1）故障现象

在行车制动中，当抬起制动踏板后，全部或个别车轮的制动作用不能完全立即解除，以致影响车辆重新起步、加速行驶或滑行。

2）故障主要原因及处理方法

造成制动拖滞的原因主要是：

① 制动踏板无自由行程，应予调整。

② 踏板回位弹簧脱落、拉断、拉力不足或踏板轴锈蚀、卡住而回位困难，应予连接或更换。

③ 制动主缸皮碗发胀、发黏或活塞回位弹簧拉断、预紧力太小，造成回位不畅，应予更换。

④ 制动主缸补偿孔被污物堵塞，应予清洁。

⑤ 制动蹄回位弹簧脱落、拉断、拉力太小而回位不畅，应予连接或更换。

⑥ 制动器制动间隙太小，应予调整。

⑦ 制动油管凹瘪、堵塞或制动液太脏、太稠而使回油困难，应予更换等。

3）故障诊断方法

若个别车轮发热，应检查该轮制动轮缸是否回位不畅，管路是否不畅，制动器制动间隙是否太小，制动蹄（盘）是否回位不畅。

若全部车轮发热，应检查制动踏板自由行程是否太小，制动器制动间隙是否太小，制动主缸是否回油慢（回油孔不畅，皮碗发胀），真空助力器空气阀是否漏气。

2．制动失效

1）故障现象

汽车行驶时，踩下制动踏板车辆不减速，即使连续踩几脚制动也无明显作用。

2）故障主要原因及处理方法

造成制动失效的原因主要是：

① 制动主缸内无制动液，应添加制动液至规定高度。

② 制动主缸、制动轮缸皮碗严重破裂，应予更换。

③ 制动软管、金属管断裂或接头处严重泄漏，应予更换。

④ 制动踏板至制动主缸的连接脱开，应予修理等。

3）故障诊断方法

① 检查储液罐液面。制动液液面应位于标记 min 与 max 之间，无制动液或制动液过少应及时添加补充。

② 检查制动管路有无漏油现象，管路破裂漏油应予以更换；各油管接头松动漏油，需重新紧固密封。

③ 检查制动踏板与制动主缸的连接情况，若松脱应重新连接紧固。

④ 上述检查正常时，可踩动制动踏板，检查放气螺钉的出油情况。出油时有气泡，应进行放气；出油无力或不出油，表明主缸工作不良，应予更换；出油急促有力，表明故障在制动轮缸，应更换轮缸密封圈。

3．制动跑偏

1）故障现象

制动时，左、右车轮制动效能不同，致使车辆行驶方向产生偏斜。

2）故障原因

制动跑偏的故障实质是两侧车轮受力不等或制动生效时间不一致。

① 两侧轮胎气压不同、磨损程度不一致。

② 一侧制动轮缸工作不良，存在漏油或黏滞等现象。

③ 一侧制动管路漏油、凹陷堵塞使制动液流动不畅或存在空气。

④ 一侧制动蹄或制动钳摩擦片沾有油污。

⑤ 一侧制动蹄、制动鼓或制动盘变形，致使蹄鼓（或蹄盘）贴和不良。

⑥ 两侧车轮制动器制动间隙、摩擦片磨损程度不一致。

⑦ 一侧制动底板或制动钳支架紧固螺栓松动。

⑧ 压力调节器调整不当或制动压力分配阀失效。

⑨ 两侧轮毂轴承预紧度调整不一致。

⑩ 前轮定位失准，两侧主销内倾、主销后倾、车轮外倾角不一致，前束不正确，悬架固定件松动等。

3）故障诊断与排除

出现制动跑偏现象，应根据跑偏方向及制动时轮胎印迹确定制动效能不良的车轮。汽车向右

（左）跑偏，说明左（右）侧车轮制动力不足或制动迟缓。其中印迹短的车轮为制动迟缓，印迹轻的为制动力不足。

① 路试。车辆运行中减速制动时，若车辆向一侧偏斜，说明另一侧车轮制动迟缓或制动力不足，仔细检查该轮制动管路有无凹瘪堵塞及漏油现象，并予以排除。

② 若上述情况良好，可对该轮轮缸进行排气，并检查轮胎气压及其磨损程度。

③ 若上述均无问题，应检查制动底板或制动钳支架是否松动，并检查、调整轮毂轴承预紧度。

④ 拆检制动器，检查摩擦片表面是否沾有油污，并查明油污来源。同时应检查制动蹄、制动鼓或制动钳、制动盘是否变形严重，制动轮缸是否工作不良等，根据情况维修或更换。

⑤ 检查压力调节器或制动压力分配阀，根据情况维修或更换。

⑥ 若汽车还存在行驶跑偏现象，需检查前轮定位、悬架、车身等。

4. 制动踏板发软或有弹性

1）故障原因

① 制动系统管路中有空气，应进行放气操作。

② 制动主缸、制动轮缸中活塞与缸筒间隙过大。

③ 制动液不足等。

2）故障诊断方法

① 检查储液罐中制动液是否充足，并及时进行补充。

② 踩动制动踏板，检查踏板自由行程，过大时应予调整。

③ 踩下制动踏板时有弹性感，说明制动系统中混有空气，应进行放气。

④ 检查制动蹄与制动鼓或制动盘贴合不良或其表面沾有油污、磨损严重等。

⑤ 连续踩动几次制动踏板，使踏板高度升高后用力将其踩住。制动踏板若有缓慢或迅速下降现象，说明制动管路有渗漏部位或轮缸密封圈损坏。

⑥ 连续踩动几次制动踏板，仍感觉踏板低而软，应检查主缸进油孔及储液罐空气孔有无堵塞。

⑦ 踩动制动踏板时出现金属撞击声，则为主缸密封圈损坏或主缸活塞回位弹簧过软及折断等。应更换制动主缸。

⑧ 制动器低温工作正常，高温工作不良，说明制动液质量不符合要求，引起制动液高温气化现象，应更换制动液。

5. 制动踏板发硬

装有真空助力器的车辆，故障原因主要是助力器或软管漏气，可对真空助力器真空度和阀门的密封性进行检查，若良好，再对制动系其他部位进行检修。

6. 制动时车身抖动

故障原因主要是：

① 润滑油或制动液污染了制动摩擦片，造成摩擦片打滑。污染摩擦片的润滑油可能源于后桥油封漏油，润滑脂可能源于车轮轴承密封件泄漏，应在排除故障后更换制动蹄片。

② 制动盘划伤或翘曲，应予更换。更换时，同轴左右两侧的制动盘应同时更换。

③ 制动钳松动或卡滞，应予紧固或润滑，必要时更换制动摩擦片。

④ 制动轮缸或真空助力器故障，应予检修等。

7．制动器噪声

盘式制动器制动盘和制动钳之间的震颤噪声或尖叫声，多因旋转元件抛光不良，修削加工粗糙，表面刮擦受损或钳体部位毛刺造成，应给予逐一检修清洁，必要时更换零部件。修复旋转元件可采用不定向涡流式抛光法重新抛光其表面，利用特种型号制动盘或在制动盘背后装上垫块和复合材料也可以消除或降低噪声。制动盘过度磨损会导致金属刮削声。制动盘磨损超过规定限度，应给予更换。

鼓式制动器内摩擦片的过度磨损，制动蹄或鼓调整不当或变形将导致摩擦声或金属刮削声，应给予校正或更换。制动鼓和摩擦片磨损或刮伤，摩擦片油污打滑，回位弹簧轻度失效等可能导致制动器工作时出现尖叫声，应给予检修或更换零部件。此外，制动器元件松动、脱落或装配不良时，还会出现机械撞击声。这时应停车检修，将相应元件装配回位并固定好。

（四）制动系统的检修

1．制动液液面高度的检查

制动液储液罐外壳表面刻有 min 和 max 标记，制动液液面应位于 min 与 max 之间。液面过低说明系统可能有泄漏，应检查修复，并添加制动液。

2．制动踏板的调整

（1）制动踏板与底板距离的调整。用 300 N 的力踩下制动踏板，制动踏板与底板之间的距离应不小于 80 mm。若不符合要求，应拆下真空助力器与制动踏板的连接弹簧锁片，拔出销子，旋松锁紧螺母，调整推杆叉，直至满足要求。

（2）制动踏板自由行程的调整。关闭发动机，踩几次制动踏板，放出真空助力器内存留的真空，用手压下制动踏板，当感到有阻力时，踏板下降的距离即为自由行程，其规定值为 3～6 mm。若不符合要求，应调整真空助力器推杆与制动主缸的间隙。

3．制动系统的排气

液压制动系的排气必须按规定顺序进行，捷达轿车制动系的排气顺序为：右后轮缸→左后轮缸→右前轮缸→左前轮缸。排气时，接通专用充液—放气装置 VW1238/1，按此顺序打开放气螺栓，并用排液瓶盛放排出的制动液。如果没有专用设备，可按以下步骤进行排气：

（1）将一根软管接到排气螺钉上，另一端插入排液瓶。

（2）一人连续踩制动踏板数次，直至踏板再也踩不下去为止，并用力踩住踏板不放。另一人将制动轮缸的排气螺钉稍稍松开，让制动系统内的空气连同一部分制动液一起排出；当制动踏板被踩到底后，立即旋紧排气螺钉。排气顺序同上。

（3）重复上述过程，直至放出的完全是制动液，排出的制动液里无气泡为止。

（4）在排气过程中，必须观察储液罐液面高度，必要时添加制动液。

4．真空助力器的检查

（1）助力性能的检查。将发动机熄火，用力踩制动踏板数次，消除真空助力器中残留的真空，用适中的力踩下制动踏板，并保持在一定位置不动。然后再启动发动机。如果感到制动踏板位置有明显的自动下沉（增力作用），说明真空助力器良好。若踏板毫无反应或感觉不明显，说明真空助力器失效，应更换真空助力器。

（2）真空助力器单向阀的检查。单向阀的工作性能可用压缩空气检查，按阀体上的箭头方向压缩空气应能通过，反向则不通。也可用嘴吸法检查其单向通过性。单向阀密封不良时，应更换真空管总成。

（3）真空助力器密封性的检验

方法一：

① 用一根短的软管和T形接头将真空表接在助力器止回阀上，如图12-3所示。

② 启动发动机，怠速运转1 min。

③ 卡紧真空源与止回阀之间的软管，以关闭真空来源。

④ 使发动机熄火，观察真空表的变化。

⑤ 如果在15 s内真空下降3.38 kPa，则表明助力器膜片或止回阀已损坏。

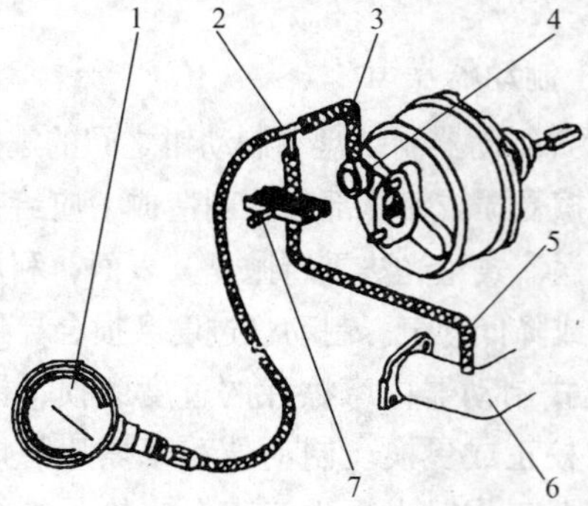

图12-3 真空助力器密封性检验

1—真空压力表；2—T型接头；3—助力器真空管；4—助力器止回阀；5—真空管；6—进气歧管；7—开关

方法二：

启动发动机运转1～2 min，在不停机的条件下踩下制动踏板，在保持踏板力不变的条件下，关闭发动机。在30 s内踏板的高度若无变化，表明真空助力器密封性好；若踏板升高，则密封性不好。

真空助力器出现故障时一般不予维修，可更换部分零件或整体更换。

5．制动轮缸的检修

1）前制动轮缸的检修

① 拆卸：放出制动液，拆下制动钳壳体并吊于车身上；用压缩空气从放气螺钉孔中压出活塞，压出前应在活塞对面垫上木板，以免活塞受损；取下防尘罩，用螺丝刀小心地从缸筒中取出密封圈，也可用厚薄规协助拆卸。

② 检修：缸筒若有较深的条纹磨损或活塞与缸筒的配合间隙大于0.15 mm，应更换制动钳总成；活塞密封圈和防尘罩经拆卸应更换新件。

③ 安装：将活塞密封圈安装到缸筒内；用螺丝刀将防尘罩的内密封圈唇边压入钳体槽口内；将活塞压入钳体缸筒中；按拆卸的相反顺序将制动钳安装到车上。

2）后制动轮缸的检修

① 拆卸：放出制动液，拆下后车轮制动器；取下轮缸两端的防尘罩，取出后制动轮缸活塞、皮碗及弹簧。

② 检修：后制动轮缸的缸筒内径磨损不大于0.08 mm，缸筒内表面或活塞外表面无明显划痕，否则应更换轮缸总成；轮缸两端出现漏油痕迹时，应更换皮碗。

③ 安装：将皮碗安装到活塞上，皮碗刃口朝向压力方向；在轮缸中装入弹簧及两端的活塞、防尘罩；安装好后车轮制动器。

6．前制动器的检修

如图12-4所示为宝来乘用车的前轮制动器。

① 制动盘表面应无台阶形磨损与明显的沟槽，端面摆动量不大于0.06 mm，否则可车削加工，但加工后的制动盘厚度不得小于19 mm（FN2型制动器为22 mm）

② 新制动摩擦片厚度为14 mm，磨损极限为7 mm（包括底板），超限应更换。

③ 清洁制动接触面，应无油污。

7．后轮鼓式制动器的检修

图12-5所示为桑塔纳后轮鼓式制动器的结构。

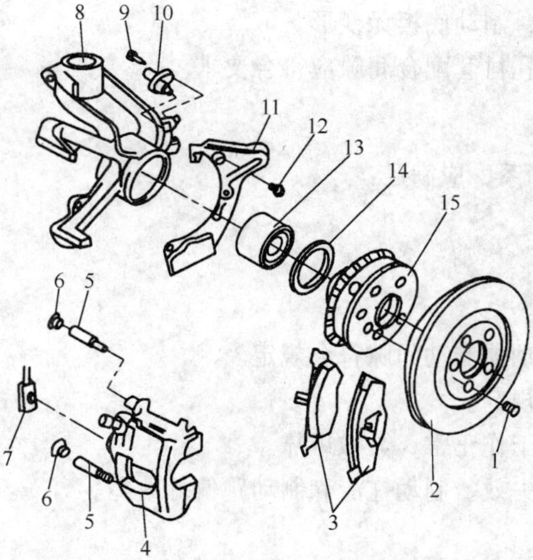

图 12-4　宝来前轮盘式制动器

1—十字头螺栓；2—制动盘；3—制动摩擦片；4—制动钳；5—导向销；6—保护帽；
7—带环形连接和中空螺栓的制动管；8—车轮轴承座；9—六角头轴肩螺栓；10—ABS 转速传感器；
11—防溅板；12—六角螺栓；13—车轮轴承；14—卡簧；15—轮毂（带齿圈）

① 制动蹄无裂纹及明显变形。制动摩擦片应无破裂，铆接可靠，磨损后的厚度应不小于 2.50 mm（标准为 5 mm），否则应更换摩擦片或制动蹄摩擦片总成（摩擦片磨损情况在解体前可通过制动底板上的观察孔进行检查）。

② 制动鼓无裂纹、失圆现象，内径磨损不超过 1 mm，否则应更换新件。圆度误差可用弓形内径规测量，如图 12-6 所示。

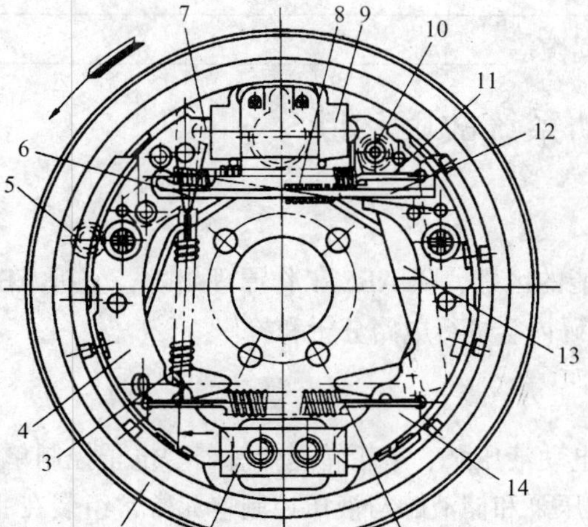

图 12-5　桑塔纳后轮鼓式制动器

1—支承板；2—制动底板；3—制动间隙调节弹簧；4—前制动蹄；
5—观察孔；6—楔形调节块；7—带耳槽的支承块；8—驻车制动推杆外弹簧；
9—制动轮缸；10—平头销；11—驻车制动推杆内弹簧；
12—驻车制动推杆；13—驻车制动杠杆；14—后制动蹄；15—制动蹄回位弹簧

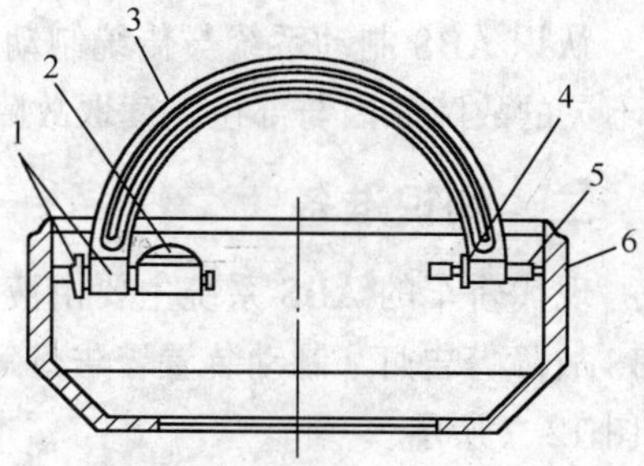

图 12-6　制动鼓失圆的检测

1—锁紧装置；2—百分表；3—弓形架；4—锁紧螺母；
5—调节杆；6—制动鼓

③ 各回位弹簧有明显拉长或弹力减弱现象时应更换。

④ 清洁制动接触面，应无油污。

⑤ 凸轮轴应转动自如，制动底板无变形。

⑥ 支承销与制动蹄承孔衬套配合间隙应符合要求。

8．制动系检验

检修调整好的液压制动系，应满足：

① 制动液高度正常。

② 系统内无空气。

③ 各管接头无泄漏。

④ 踏板自由行程和制动器制动间隙符合规定。

⑤ 制动性能符合有关规定。

⑥ 操纵装置和制动器工作正常，灵敏可靠。

⑦ 无制动不灵、制动失效、制动拖滞和制动跑偏等故障。

三、任务实施

引导问题 1：描述实训车辆的制动不良的故障现象____。

引导问题 2：列出故障树，分析此制动不良的原因可能是____。

引导问题 3：按以下步骤，分别写出检查的情况：

① 检查制动液及管路密封性________________________。

② 检查制动踏板行程________________________。

③ 举升车辆，试验是否有个别轮制动轮缸不工作或拖滞________________________。

④ 试验真空助力器________________________。

⑤ 拆检制动器的制动轮缸、制动片、制动片间隙等________________________。

任务 2　ABS 制动系统故障诊断

一、任务导入

认识 ABS 制动系统与传统制动系统在制动性能的区别，从 ABS 工作原理出发，分析 ABS 制动不灵的故障原因与部位，读取故障码，并按故障码内容进行电路分析和检修。

二、知识准备

现代轿车的 ABS 系统主要由液压控制单元、电动液压泵、车轮转速传感器、电子控制单元和 ABS 故障警告灯、制动装置警告灯等组成，电动液压泵和储液罐与液压控制单元常常组装在一起，如图 12-7 所示。

（一）ABS 系统故障码读取与排除

ABS 系统具有自诊断功能，当电控系统发生故障时，警示灯会立即报警，系统自动关闭，返回常规制动状态。车型不同，ABS 系统的自诊断方法也不相同。下面以捷达轿车 MK20-Ⅰ型 ABS 系统为例，介绍 ABS 系统的自诊断方法和故障诊断过程。

1．故障代码的读取

ABS 系统可采用专用仪器读取故障码，也可进行人工读码。捷达轿车采用 V.A.G1551/1552 专用故障诊断仪读取故障代码，操作步骤如下：

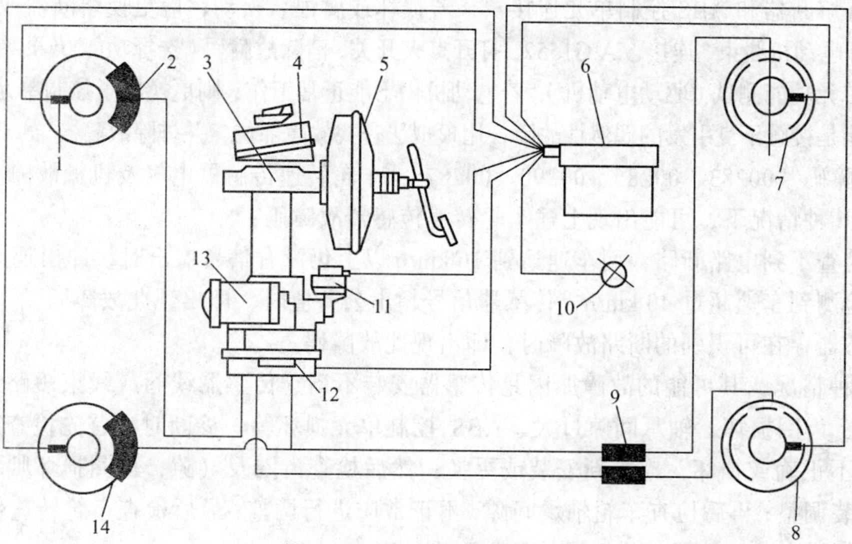

图 12-7　ABS 的基本组成

1—轮速传感器；2—右前轮制动器；3—制动主缸；4—储液罐；5—真空助力器；6—电子控制单元；7—右后轮制动器；8—左后轮制动器；9—比例阀；10—ABS 警告灯；11—储液器；12—调压电磁阀总成；13—电动泵总成；14—左前轮制动器

（1）关闭点火开关，将 V.A.G1551 专用故障诊断仪与车上的故障诊断接口相连，然后启动发动机。

（2）按下 0 和 3 键，进入“制动防抱死系统”，按【Q】键确认。

（3）按下 0 和 2 键，选择“故障查询”功能，按【Q】键确认，再按【→】键，依次显示所有故障信息，读取所有故障代码，如表 12-1 所示。

（4）输入“06”，然后按【Q】键，结束退出。

表 12-1　捷达轿车 ABS 故障码表

故障代码	故障部位	故障原因
65535	电子控制单元	损坏
01276	ABS 液压泵	电动机不能工作
00283	左前轮转速传感器	电气及机械故障
00285	右前轮转速传感器	
00290	左后轮转速传感器	
00287	右后轮转速传感器	
01044	ABS 编码错误	
00668	供电端子 30	无电压或电压不正常
01130	ABS 工作异常	传感器信号不合理

2. 故障码所示故障的诊断与排除

（1）故障码“01276”：ABS 液压泵电动机不能正常工作。

当车速超过 20 km/h 时，ABS 控制单元将控制电动机工作，若此时检测到电动机工作不正常，则出现此故障码。其主要故障原因为电源线路短路或搭铁及电动机线束松脱，诊断过程如下：

① 拔下电动机线束连接器，直接给电动机提供蓄电池电压，若电动机不能正常工作，应更换

液压控制单元。

② 检查熔断器和 ABS 控制单元连接器，若损坏或腐蚀、松动，应更换熔断器或线束。

③ 接好电动机线束，连接 V.A.G1552，打开点火开关，清除故障码（选择功能 05），利用 V.A.G1552 作液压控制单元功能测试（驱动电动机），若电动机仍不能正常工作，则更换电子控制单元。若电动机运转正常，可能是接触不良引发的偶然性故障，用模拟法查找故障部位，并排除故障。

（2）故障码“00283、00285、00290、00287”：车轮转速传感器电气及机械故障。

在下列几种情况下，可能出现上述车轮转速传感器故障码：

① 当检查不到电路断路，而车速达到 10 km/h 以上仍没有信号输出时，即出现此故障码。

② 当检测到车速超过 40 km/h，传感器信号超出公差值时，即出现此故障码。

③ 传感器存在可识别的断路故障时，即出现此故障码。

对前两种情况，其可能的故障原因是传感器安装不当、传感器线圈或线束短路、传感器与齿圈气隙过大、齿圈损坏、轴承间隙过大、ABS 控制单元损坏等。诊断时，首先检查车轮转速传感器，若安装不正确或损坏，应重新安装或更换；然后检查齿圈及气隙，齿圈损坏则更换，气隙过大应重新安装调整；再后检查车轮轴承间隙，不正常应进行调整；最后检查车轮转速传感器与 ABS 控制单元间的线束和连接器，损坏或松旷应更换。

第三种情况可能的故障原因为传感器或线圈连接不良、传感器线圈短路、传感器连接器或线束短路或搭铁、ABS 控制单元信号处理电路有故障。诊断时，检查传感器电阻值，应为 1.0～1.3 kΩ。若阻值正确，可能是电子控制单元损坏，应更换；若阻值不正确，则检查传感器连接器，如腐蚀或松动，应检修或更换。随后检查 ABS 控制单元与传感器之间的线束，短路或断路应更换线束。若上述各项均正常，可能是偶发性故障，用模拟法检查，确定故障部位并排除故障。

（3）故障码“01044”：ABS 编码错误。

当电子控制单元的软件编号与 ABS 线束的硬件编号不一致时，即出现此故障码。其故障原因可能是 ABS 线束内跳针连接错误、ABS 电子控制单元编码错误。

① 使用 V.A.G1552 检查 ABS 电子控制单元，软件编码正确值为 03604（Jetta 5 V），否则需重新编码。

② 检查 ABS 线束跳针端子 15 和 21（Jetta 5 V）能否导通，如不导通，应检修或更换线束。

（4）故障码“00668”：端子 30 供电电压异常。

当供电端子 30 未提供电压或电压过高时，即出现此故障码。其可能的故障原因为 ABS 熔断器烧断、蓄电池电压过高或过低、ABS 线束连接器不良、ABS 电子控制单元损坏。

① 检查蓄电池电压是否正常。

② 检查 ABS 30A 熔断器，烧断应更换。

③ 断开 ABS 电子控制单元连接器，打开点火开关，测量端子 8 和 9、24 和 25、8 和 23 之间的电压，应均为 9.5～16.5 V。若电压正常，可能是控制单元损坏，应更换。

④ 如果端子电压不正常，检查控制单元连接器，如有腐蚀、松旷现象，应修复或更换。

⑤ 若为偶发性故障，可用模拟法检查并排除故障。

（5）故障码“01130”：信号不合理。

当 ABS 微处理器进行车速信号比较，认为不合理时，即出现此故障码。其故障原因为高频电波干扰、车轮转速传感器损坏或连接器不良、ABS 电子控制单元损坏。

① 检查车轮转速传感器输出的信号电压，若信号正常，则为电子控制单元故障，应更换。

② 如果信号输出不正常，检查车轮转速传感器，损坏则更换。

③ 如果传感器正常，应检查电子控制单元和传感器之间的线束及连接器。

（二）ABS 电控单元无故障码输出时的故障诊断方法

1．发动机启动后，ABS 故障警告灯常亮

此故障的可能原因为警告灯控制器损坏或电路断路、ABS 电子控制单元损坏。

（1）检查电子控制单元与警告灯控制器之间的线束，如电路断路则更换线束。

（2）检查 ABS 故障警告灯控制器，不正常则更换。

（3）若警告灯电路及控制器均正常，则故障在电子控制单元，应进行更换。

2．ABS 系统工作异常而无故障码输出

此故障不仅和 ABS 系统有关，还与驾驶状况及路面条件有密切关系。其主要故障原因为车轮转速传感器安装不当、传感器失效或沾有异物、连接器接触不良、齿圈损坏、车轮轴承损坏、ABS 液压控制单元及电子控制单元损坏。

（1）检查车轮转速传感器的安装情况，不正确需重新安装。

（2）检查传感器输出信号电压，若信号电压正常，则故障在液压控制单元，用 V.A.G1552 液压单元功能测试进行检查，不正常则更换。

（3）检查各个传感器，传感器损坏应更换。

（4）检查传感器齿圈，如有损坏，应及时更换。

（5）检查车轮轴承，轴承过松或损坏，应予调整或更换。

（6）在检查过程中，轻轻晃动线束及连接器，如果故障消失，则为接触不良引起的偶发性故障，视情排除。

（7）断开电子控制单元连接器，检查线束端子 4 和 11、3 和 18、2 和 10、1 和 17 间的电阻值，应均为 1.0～1.3 kΩ。若阻值不正常，应检修连接器或更换线束。

（8）若上述检测结果良好，则为电子控制单元有故障，应更换电控单元。

3．发动机未启动，打开点火开关时，ABS 故障警告灯不亮

此故障的可能原因为熔断器烧断、警告灯灯泡损坏、电源电路断路或连接器损坏、ABS 警告灯控制器损坏。

（1）检查中央电器盒内的 ABS 熔断器，烧断则更换。

（2）检查中央电器盒熔断器插座，损坏应修复。

（3）断开电子控制单元连接器，打开点火开关，若 ABS 故障警告灯点亮，则为警告灯控制器一侧或电子控制单元一侧的电路断路，应检修或更换线束。若 ABS 故障警告灯仍然不亮，应检查警告灯灯泡，损坏应更换。

（4）若灯泡良好，则检查警告灯电源电路、搭铁电路及其连接器，如有断路现象或腐蚀，应更换线束。

（5）在检查过程中，轻轻晃动线束及连接器，如果故障消失，则为接触不良引起的偶发性故障，视情排除。

（6）若上述检查均正常，故障可能是警告灯控制器损坏所致，应更换警告灯控制器。

4．行驶中进行制动时，制动踏板行程过长

导致此故障的原因为制动液泄漏或系统机械部分有故障，可能是液压系统泄漏或有空气、常闭阀关闭不严、制动盘严重磨损、驻车制动调整不当所致。

（1）检查制动管路及接头，如有泄漏，应按要求拧紧或修复。

（2）拆检制动器，检查制动盘的磨损情况，视情修理或更换。

（3）检查驻车制动调节装置，不正常则更换。

（4）对液压制动系统进行排气。

（5）用 V.A.G1552 液压单元功能测试检查常闭阀的密封性能，若不正常，应更换液压控制单元。

（三）ABS 系统电路分析与检测

1．ABS 控制电路分析

图 12-8 所示为 ABS 电路图，在 ABS 制动系统工作异常时，应检查和确保系统的电源与搭铁、油泵继电器和电磁继电器、电泵和轮速传感器等线路正常。

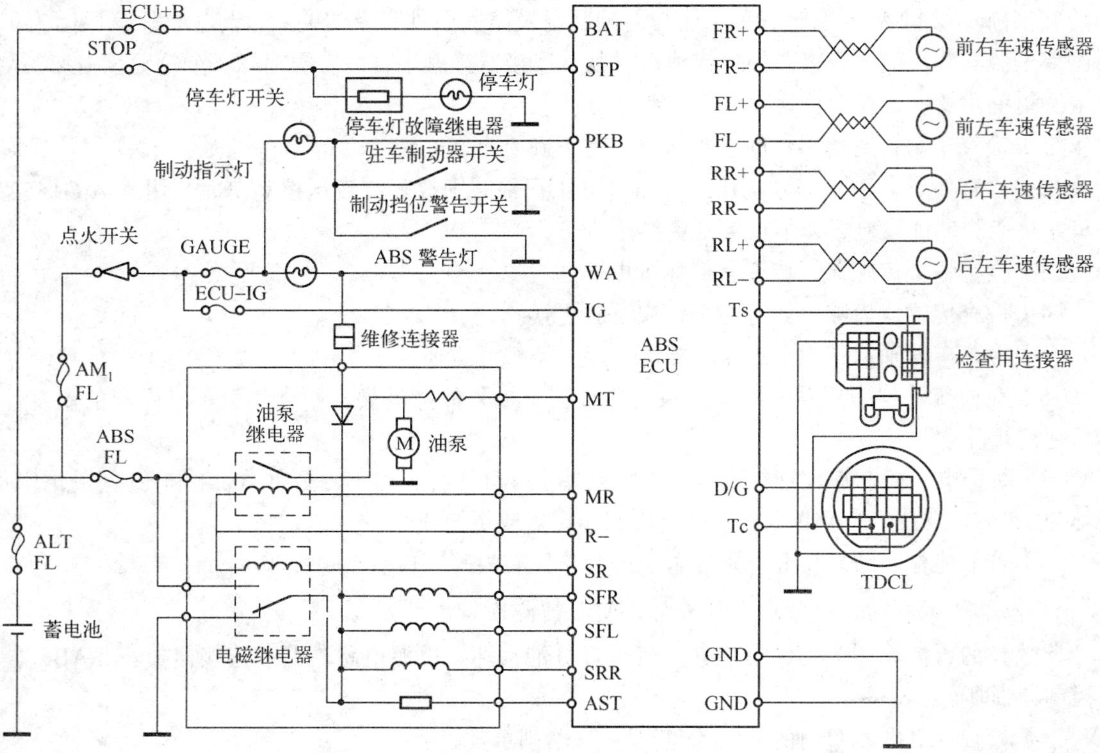

图 12-8　ABS 控制电路

2．轮速传感器的检测

如图 12-9 所示，在 ABS 系统中，轮速传感器是较常出现故障的元件，在检测前，应清洗干净轮速传感器与信号齿盘之间的杂物，再检测其电阻应符合维修手册要求，一般磁感应式的电阻值在 600～1 300 Ω范围内，大小视车型而异。利用示波器可观察其信号波形是否正常，如不正常，应检查其线路，确认线路良好时，应更换轮速传感器。

3．轮速传感器及齿盘安装

轮速传感器和齿盘的安装位置如图 12-10 所示，如果轮速传感器与齿盘间隙不正确，也会导致信号不正常，制动时容易发生踏板剧烈抖动的现象，ABS 故障警告灯会间歇性点亮，部分车辆还可能在维修装配过程中漏装或使齿盘变形，均会导致轮速信号不正常，产生故障。

三、任务实施

引导问题 1：读取实训车辆 ABS 故障码是________________________________。

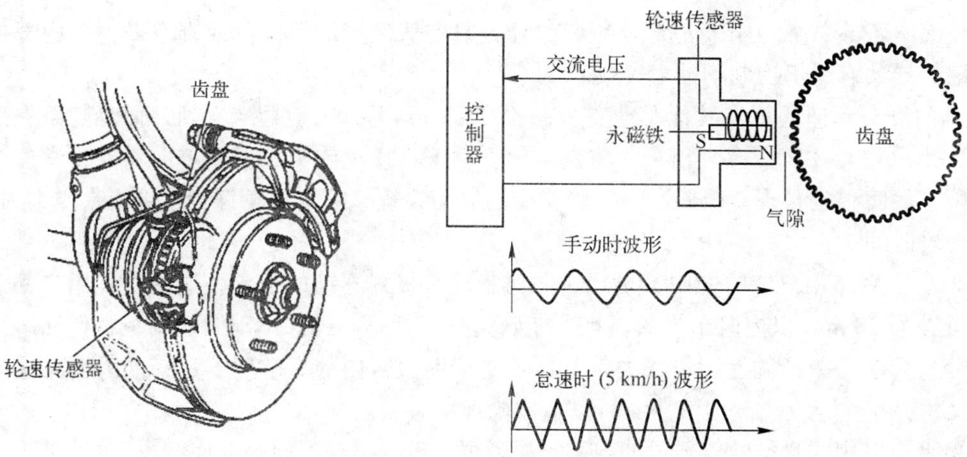

图 12-9 轮速传感器

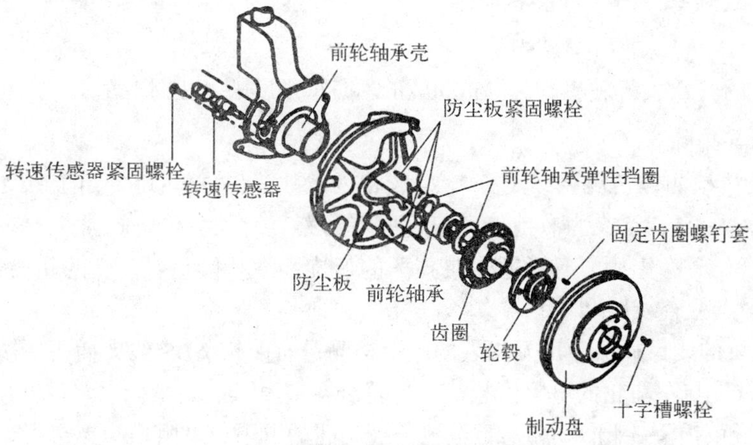

图 12-10 轮速传感器及齿圈装配图

引导问题 2：找到该车 ABS 电路图，分析故障码排除的实施步骤是____。

引导问题 3：检测该车轮速传感器采用的______________型式的传感器，它的测量方法是__________________________，结果如下：____。

引导问题 4：用示波器测量转速传感器，将其信号波形图粘贴到技术报告上。

任务 3 关联故障的诊断与案例学习

案例 1 乐骋轿车在行驶中突然出现制动踏板踩不动故障

1. 故障现象

一辆乐骋 1.4 L 手动挡轿车行驶 7 154 km。车主反映，该车在行驶过程中突然出现制动踏板踩不动，之后又自动恢复正常了，可是某天早上启动后，行驶没有多久又出现了同样现象。

2. 故障诊断与排除

首先用 TECH2 读取数据流，发现怠速时的进气歧管绝对压力为 33kPa，在正常范围，这说明进气歧管无漏气现象。将发动机熄火，用力踩制动踏板 5 次，将真空助力器内的空气全部释放掉，之后踩住制动踏板不松开，启动发动机，结果制动踏板向下移动了一段距离，这说明真空助力器工作正常，未发现异常。分析故障原因，可能是真空管路上的单向阀或真空助力器内部控制阀门偶尔卡滞，导致有时出现制动助力失效。

该车的真空单向阀不像其他车型安装在软管中间，可以很明显地看到，而是隐藏在黑色软管的内部，用手按动才可以感觉出来。将真空软管拆下，用嘴吹吸，发现单向功能正常。由于是间歇性故障，故障很难再现。因此影响行驶安全的制动系统，决定紧急订货，更换真空助力器总成，并观察一段时间。

结果更换后，用户在行驶中又出现过两次制动踏板踩不动的现象。这两次，用户都是在冷车启动并行驶了 20 min 以内时出现的，且不能确定是否是第一脚踩不动制动踏板，但回脚再踩就正常了。分析可能是单向阀有时卡滞失效，导致真空助力器内的真空度不足，助力器无法起到助力作用，又因为车主是女士，力气小，所以造成此现象。

更换带单向阀的真空管，经长期观察，故障再也没有出现，问题彻底解决。

案例 2　赛欧轿车 ABS 灯亮故障

1. 故障现象

一辆 2003 款的赛欧，行驶里程为 75 000 km，据车主反映 ABS 灯亮。

2. 故障诊断与排除

如果 ABS 模块检测该情况持续至少 0.2 s，将设置故障码 41。用专用工具 TECH2 检查 ABS 系统，当前故障码为 41，定义为右前轮转速传感器开路。首先应该进行常规检查，检查所有相关系统的连接和插座，干净牢固，且没有安装损坏的痕迹，举升检查右前轮的相关部件，未见异常，所以笔者认为应重点检查线路和传感器。

拆下 ABS 模块的线束插头，用万用表的电阻挡测量右前轮 ABS 线束插头 3 脚与 5 脚之间的电阻，为 1600 Ω左右，与左前轮的电阻值相等，也符合在室温下的测量标准。用万用表的电阻挡分别测量右前轮 ABS 线束插头 3 脚、5 脚与蓄电池负极之间的电阻，电阻均为无穷大。说明右前轮 ABS 传感器的线路没有短路及断路的地方。为了进一步验证右前轮 ABS 传感器，举升车辆后用手转动车轮时，用万用表的交流挡测量 ABS 线束插头的 3 脚与 5 脚之间的交流信号，没有交流信号。拆下右前轮传感器，检查右前轮传感器的表面，没有损坏的痕迹。用螺钉旋具在传感器的表面来回晃动模拟车辆的半轴，保持传感器与螺钉旋具之间的间隙为 0.5～1.0 mm，此时万用表有交流信号，据此判断故障可能为右前轮传感器的齿圈损坏或传感器与齿圈之间的间隙不正确。观察右前半轴的齿圈上的凹凸齿未见异常。用塞尺测量传感器与齿圈之间的间隙，左右一致。用磁力棒吸附左右前半轴上的齿圈，检查齿圈是否导磁，结果右前半轴上的传感器齿圈竟然不导磁。询问车主，得知该车曾更换过右前半轴，于是怀疑该车更换的半轴为假件。更换原厂配件，路试车辆，故障排除。

思　考　题

1. 液压制动系统容易出现故障的部件有哪些？这些部件损坏或失效会出现哪些故障现象？
2. 液压制动不灵的故障现象和原因是什么？如何进行诊断与排除？
3. 液压制动拖滞的原因与故障现象是什么？如何进行诊断与排除？
4. 真空助力器的性能如何进行检测与诊断？
5. 轿车 ABS 制动系统主要由哪些元件组成？各元件的主要作用是什么？
6. ABS 系统故障警告灯点亮时应如何检修？如果 ABS 系统工作不良但没有故障码输出时，应如何检修？
7. 简述 ABS 轮速传感器的诊断方法。

项目 13　电液自动变速器换挡冲击的故障诊断

【学习目标】

- 会描述电控液力自动变速器换挡冲击、行驶打滑、不能行驶等常见故障现象。
- 会分析电控液力自动变速器常见故障原因及部位。
- 能结合车型特点和故障现象制定电液自动变速器的故障诊断流程。
- 能进行自动变速器性能基本检查，理解自动变速器性能测试的方法及作用。
- 能够根据维修手册，操作诊断仪读取故障码与数据流，并利用万用表等测量电液自动变速器电控系统的传感器、执行器信号，进行电路分析和元件性能判断。
- 能向客户解释故障判断及处理结果。
- 能把本次诊断过程编写形成案例或技术公报。

【案例引入】

一辆雷克萨斯自动变速器轿车，行驶里程 175 831 km。最近车主小张发现车辆在行驶到四十多公里时速时会挫动一下，以往感觉轻微抖动，现在越来越严重。同时感觉车辆在起步提速时没有过去迅速，于是到店内进行检查。

任务 1　制定电液自动变速器换挡冲击故障诊断方案

一、任务导入

认识电液自动变速器的故障现象和故障特点，理解换挡冲击的形成机理，从电液自动变速器工作原理出发分析故障常见部位与原因，根据车辆故障现象和车型特点制定故障的诊断方案。

二、知识准备

（一）自动变速器的常见故障现象与部位

现代轿车多装用电控液动式自动变速器，变速器主要由液力变矩器、行星齿轮变速器、液压控制系统和电子控制系统等组成。

（1）液力变矩器：它与发动机飞轮相连，利用液力传动原理，将发动机动力传给行星齿轮变速器的输入轴。液力变矩器由泵轮、涡轮和带单向离合器的导轮组成，为实现直接传动，还带有锁止离合器。

（2）行星齿轮变速器：它是自动变速器的主要组成部分，多采用双排、三排辛普森式或拉维萘尔赫式，一般具有 3～5 个前进挡和一个倒挡。

（3）液压控制系统：主要由油泵、调压控制阀、换挡阀、蓄压器及离合器、制动器等组成，各种控制阀均安装在位于行星齿轮变速器下方的阀体总成内，由变速器控制单元通过各种电磁阀进行控制，实现自动换挡。

（4）电子控制系统：主要由控制单元、传感器、调压和换挡电磁阀、各种开关和故障警示装置等组成。传感器将发动机和汽车的行驶参数转变为电信号输送给控制单元，控制单元根据设定的换挡规律通过电磁阀控制液压控制系统，实现自动换挡。车型不同，电子控制元件的配置也不相同。

1．自动变速器的常见故障现象

自动变速器的常见故障主要为汽车不能行驶、加速无力、换挡冲击过大、不能升挡、无超速挡、无前进挡、无倒挡、不能强制降挡、挂挡后发动机易熄火、锁止离合器不能锁止、锁止离合器不能分离、自动变速器油易变质、异响等。

自动变速器的结构和工作原理较复杂，导致自动变速器故障的原因很多，情况也比较多样，可能是调整不当或电子控制系统有故障，也可能是油泵、变矩器、控制阀、换挡执行元件等有故障，盲目拆卸分解往往找不出产生故障的真正原因，甚至会造成自动变速器不应有的损坏。在诊断过程中，应利用各种检测仪器和手段，按照由外到内、由简到繁的步骤和程序，先对电子控制系统进行检测，然后对相关部位进行相应调整，最后再进行分解检修，切忌盲目拆卸。

2．电液自动变速器常见故障部位和故障原因

表 13-1 和表 13-2 所示为液力自动变速器故障的可能原因。

表 13-1　自动变速器故障原因分析表

故障现象	可能原因
发动机运转，但车辆在各挡位均不能行驶	1，11，12，15，16，35，44，45
车辆在 2 挡位不能行驶	3，22，30，48，49
车辆在 D4、D3、1 挡位不能行驶	29，46，47
车辆在 R 挡位不能行驶	17，18，28，32，51，52
在 D4、D3、2、1 挡位时失速	1，11，15，16，35，36
在 D4、D3、1 挡位时失速	11，47
在 2 挡位时失速	49
在 R 挡位时失速高	51
失速低	6，40，42，43，37
发动机怠速不稳	1，6，41，42，43，15，37
车辆在 N 挡位时移动	2，21，47，49，50，51，53，54，55
从 N 挡位换到 D4、D3 挡位时过慢；且振动过大	5，7，11，12，17，19，21，24，27，29，33，47
从 N 挡位换到 R 挡位过慢，振动过大	5，7，11，12，17，21，28，32，51
不能换挡	18
在 D4 挡位不能换挡，不能升至 4 挡位	3，13，14，X，25
在 D4、D3 挡位不能换挡	4，17，23，27
在 D4、D3、1 挡位不能换挡	4，23，26
操纵手柄在所有位置振动过大	7，19，20，21
1 挡升 2 挡或 2 挡降 1 挡时振动过大	5，9，21，24，29，30，33，34，47，49

续表

故障现象	可能原因
2 挡升 3 挡或 3 挡降 2 挡时振动过大	5，10，21，24，30，31，34，49，50
3 挡升 4 挡或 4 挡降 3 挡时振动过大	5，21，24，31，32，50，51
操纵手柄在所有位置时变速箱均有噪声	15，56
车速大于 50 km/h 时车辆不能加速	40
操纵手柄在所有位置时均有振动	41
操纵手柄操纵不顺畅	8，11，12
操纵手柄不能换至 P 挡位	11，12，57
锁止离合器不分离	6，7，43，37，38，39
锁止离合器操纵不顺畅	6，7，43，36，37，38，39
锁止离合器不接合	6，7，13，14，43，36，37，38
A/T 挡位位置指示灯不显示操纵手柄位置	8，11，12
车速里程表工作不正常	14
在 N 挡位时车辆跳动	58，59，53

表 13-2　自动变速器故障原因数字代码的含义

代　码	故障原因	代　码	故障原因
1	ATF 油不足	22	换挡阀 A 故障
2	ATF 油过多	23	换挡阀 B 故障
3	换挡控制电磁阀 A 故障	24	换挡阀 C 故障
4	换挡控制电磁阀 B 故障	25	换挡阀 D 故障
5	换挡控制电磁阀 C 故障	26	换挡阀 E 故障
6	锁定控制电磁阀故障	27	伺服控制阀故障
7	A/T 离合器压力控制电磁阀 A/B 故障	28	倒挡 CPC 阀故障
8	A/T 挡位位置开关故障或调节失灵	29	1 挡蓄压器故障
9	2 挡离合器压力开关故障	30	2 挡蓄压器故障
10	3 挡离合器压力开关故障	31	3 挡蓄压器故障
11	换挡拉线破损调节失灵	32	4 挡蓄压器故障
12	换挡拉线与变速箱接头或变速箱体磨损	33	1 挡单向阀球卡滞
13	主轴转速传感器故障	34	2 挡单向阀球卡滞
14	中间轴转速传感器故障	35	ATF 滤网堵塞
15	ATF 泵磨损或堵塞	36	液力变矩器单向阀故障
16	调节阀卡滞或弹簧磨损	37	锁止换挡阀故障
17	换挡拨叉轴卡滞	38	锁止控制阀故障
18	调节阀故障	39	锁止正时阀故障
19	CPC 阀 A 故障	40	液力变矩器单向离合器故障
20	CPC 阀 B 故障	41	驱动盘故障或变速箱组装不当
21	隔板节流孔中有异物	42	发动机输出功率低

续表

代　码	故　障　原　因	代　码	故　障　原　因
43	锁止离合器活塞故障	52	倒挡齿轮磨损损坏（三个齿轮）
44	主轴磨损损坏	53	离合器间隙不当
45	主减速器齿轮磨损损坏	54	滚针轴承接触面胶合或磨损损坏
46	1 挡齿轮磨损损坏（两个齿轮）	55	止推垫圈接触面胶合或磨损损坏
47	1 挡离合器故障	56	液力变矩器壳体或变速箱箱体轴承磨损损坏
48	2 挡齿轮磨损损坏（两个齿轮）	57	驻车制动机构故障
49	2 挡离合器故障	58	修理或组装不当
50	3 挡离合器故障	59	齿轮间隙不当
51	4 挡离合器故障		

（二）电液自动变速器换挡冲击现象与原因分析

一般电液自动变速器换挡冲击会表现在车辆在行驶过程中，自动变速器换挡时有比较明显的车辆挫车的感觉，或者车辆在滑行时降挡也会感觉到车辆自动变速器内部有撞击的情况，另外车辆在起步时，由停车挡或入倒挡或前进挡时感觉到明显震动，这些都是变速器换挡冲击的表现。

电液自动变速器出现换挡冲击，结合“故障树”的逻辑分析方法，可以从换挡的输入扭矩变化、机械执行机构、液力控制系统和电控系统几方面分析其故障原因与部位。

1. 发动机输出扭矩异常

发动机输出扭矩异常影响到自动变速器的换挡规律和换挡特性，当发动机动力性能下降时，会使自动变速器的升挡时间变晚，挡位、车速、节气门开度不符合常用规律，容易误判为自动变速器故障，此时换挡会造成冲击。故障原因主要有发动机相关油电路故障、发动机进气增压系统工作异常、排气管堵塞、电控单元间传输信号线路故障等。

2. 自动变速器机械故障

变速器内执行机械故障主要指换挡结合元件中离合器或制动器摩擦片漏装错装、卡簧装配不到位、异常磨损造成的间隙值异常；多片式离合器或制动器内减振片变形、磨平、漏装和装反；单向超越离合器损坏、卡滞或反装；变矩器锁止离合器摩擦片磨损间隙大；变矩器及变速器内相关传动件轴向间隙异常等。

3. 液压控制系统故障

液压控制系统故障主要是油压及相关控制调节阀体工作异常，前者影响因素包括油泵损坏、主油路堵塞或泄漏、滤网堵塞、油量异常、油质不良。后者主要是油路阀体内相关挡位的换挡阀、油压调节阀、增压阀的泄漏（交叉渗漏导致主油压增压失控）或卡滞，换挡缓冲装置中止回节流阀节流孔堵塞；单向球阀磨损、错位和丢失，塑胶球受热变形；顺序动作阀和制动带滑行调节阀卡滞或泄漏，储能器活塞及其背压调节阀卡滞、密封圈不良泄漏等。

4. 电控系统故障

电控系统故障可以按输入信号、执行器、电控单元三部分分析，主要影响换挡冲击的输入信号元件有节气门位置传感器、油门踏板位置传感器、输入轴转速传感器、输出轴（车速）传感器、自动变速器油压传感器和油温传感器、挡位开关、强制降挡开关等开关信号故障等。执行器部分主要有换挡电磁阀、主油压调节电磁阀、变矩器锁止电磁阀、电子节气门等。涉及电控单元的问题主要是电控单元进入失效保护或应急模式、基本设置和自适应不正确、编码错误等程序问题及电控单元硬件损坏，还有电控系统的信号传输线路故障等。

（三）故障诊断流程

液力变矩器、换挡执行元件、阀体、电控系统或其他任何部件出现故障，都会影响自动变速器的正常工作。由于自动变速器不易拆装，当出现故障和工作不正常时，盲目拆卸分解往往找不出产生故障的真正原因，甚至造成自动变速器不应有的损坏。因此，应利用各种检测仪器和手段，按照由外到内、由简到繁的步骤和程序，诊断出故障原因，有针对性地进行检修。图 13-1 所示是一般电控液力自动变速器的换挡冲击的故障诊断流程。

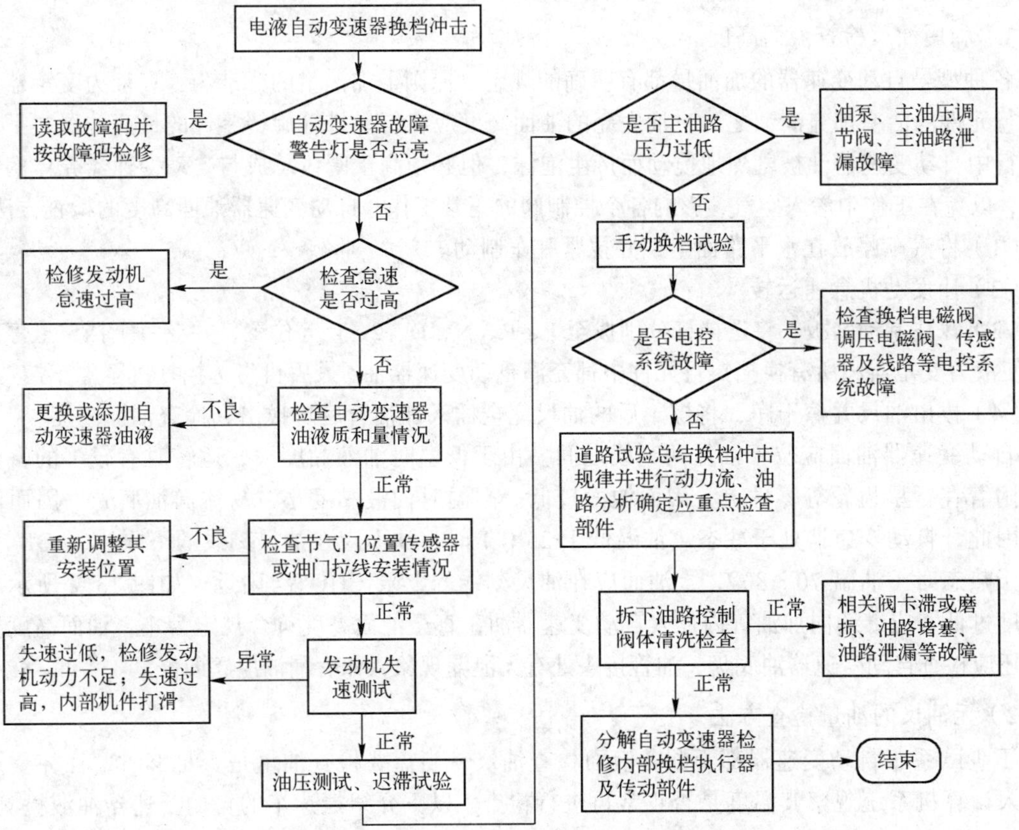

图 13-1 自动变速器换挡冲击诊断流程

三、任务实施

引导问题 1：请描述你见到的教学实训车辆的自动变速器的换挡冲击故障的症状。

引导问题 2：作出故障车辆的故障树进行自动变速器换挡冲击的故障原因与部位的分析。

引导问题 3：结合车辆实际情况，制定和优化你的故障诊断流程。

任务 2 自动变速器性能检测

一、任务导入

根据上一任务的分析与诊断流程要求，对故障车辆进行必需的基本检查和性能测试，并记录和分析结果。

二、知识准备

（一）自动变速器的基本检查

自动变速器的基本检查和调整项目包括：油面检查、油质检查、液压控制系统检查、油门拉索检查和调整、换挡杆位置检查和调整、空挡启动开关检查及怠速检查等。

1. 油面高度和油质的检查

自动变速器油面高度和油液品质的检查是自动变速器最基本的检查项目，也是决定自动变速器是否进行拆检的主要依据之一。自动变速器每行驶 4 000 km 或 6 个月以后应检查一次油面高度和自动变速器油质，通过检查自动变速器油可以判断自动变速器的工作是否正常。

1）利用油尺检查液面高度

各种型号自动变速器的加油量都有明确的规定，原则上加油量的标准为：在液力变矩器及各换挡执行元件的活塞都充满油之后，油底壳的油面高度应在行星排等旋转零件的最底位置之下，以免在运行中自动变速器油被剧烈地搅动而产生泡沫，但必须高于阀体总成与自动变速器壳体的安装结合面，以免在工作中渗入空气，影响各个控制阀的正常工作。自动变速器油面高度的检查方法如下。

（1）将汽车停放在水平路面上，并拉紧驻车制动。

（2）让发动机怠速运转。

（3）踩住制动踏板，将选挡杆分别拨至 P、R、N、D、2、L 等位置，并在每个挡位上停留几秒钟，使液力变矩器和所有换挡执行元件中都充满自动变速器油，最后再将选挡杆拨至停车挡“P”位。

（4）拔出油尺并擦干净，将擦干后的油尺完全插入加油管后再拔出，检查油面高度。

自动变速器油面应位于油尺两刻线之间。由于低温时油液黏度大，运转时有较多的自动变速器油附着在行星齿轮等零件上，因而油面较低。高温时油液黏度小，易流向油底壳，因而油面较高。因此，自动变速器处于冷态（油温低于 25℃）时，油面应在油尺刻线的下限（COOL）附近。而处于热态时（油温 70～80℃），油面应在油尺刻线的上限（HOT）附近，如图 13-2 所示。若油面高度过低，应继续向加油管内加入自动变速器油，直至油面高度符合规定为止。油面高度检查完后，还应检查自动变速器油底盘、油管接头处有无泄漏现象，如有漏油应立即修复。

2）无油尺的油量检查方法

不少欧系车自动变速器都不配备液面检查油尺，当需要检查油量是否足够时，往往要用诊断仪进入计算机系统观察其温度是否正常再进行检查。以下介绍捷达车的自动变速器油液检测方法。

（1）使汽车水平放置，选挡杆置于 P 位，将专用充油系统 V.A.G1924 的储油罐固定到车上，如图 13-3 所示。

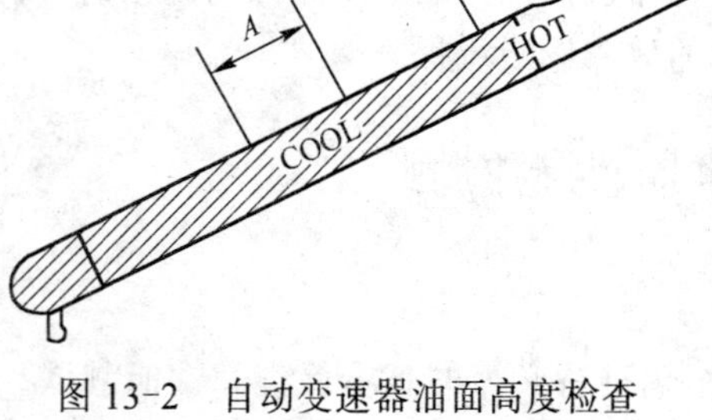

图 13-2　自动变速器油面高度检查

A—冷车状态油面高度范围；B—热车状态油面高度范围

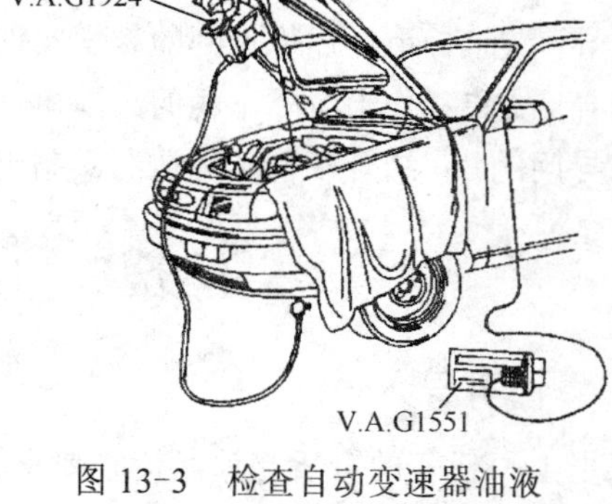

图 13-3　检查自动变速器油液

（2）连接故障阅读仪 V.A.G1551，输入地址码“02 变速器电子系统”，继续操作，直至显示屏显示“功能选择 X X”。

（3）启动发动机，稍稍抬起汽车；按下 0 和 8 键，选择功能“读取测量数据块”，按【Q】键确认，显示屏显示：

Me β werteblock lessen Anzeigegruppennummer eingeben X X
读取测量数据块 输入显示组号码 X X

（4）按下 0 和 5 键（05 为选择“显示组号”），并按【Q】键确认，显示屏显示：

Me β werteblock lessen 5 40℃0011011 0 900r/min
读取测量数据块 5 40℃0011011 0 900r/min

第一个显示区显示的是自动变速器油的温度。

（5）拆下油底壳上自动变速器液面高度检查螺塞，使油温达到检查温度 35～45℃。如果自动变速器油从孔中流出，不需补加；放出溢流管内的油。

（6）装上新密封圈，用 15 N·m 的力矩拧紧螺塞。

3）自动变速器油质的检查

自动变速器油液在正常工作温度下一般能行驶约 4 万公里或 24 个月，影响油液和变速器使用寿命的最重要因素之一是油液的温度，而影响油液温度的主要因素是液力变矩器有故障、离合器、制动器滑转或分离不彻底，单向离合器滑转和油冷却器堵塞等，所以油液温度过高或急剧上升是十分重要和危险的信号，说明自动变速器内部有故障或油量不够。若发现温度过高，停驶检查。延长自动变速器使用寿命的关键就在于经常检查油面、检查油液的温度和状态。

油液温度过高，将会使油液黏性下降、性能变坏（产生油膏沉淀和积炭）、堵塞细小量孔、卡滞控制阀门、降低润滑效果、破坏橡胶密封部件，从而导致变速器损坏。

检查变速器油的气味和状态，也是十分重要的。油液的气味和状态可以表明自动变速器的工作状态。检查油液时，从油尺上嗅一嗅油液的气味，在手指上点少许油液，用手指互相摩擦看是否有渣粒，或将油尺上的液压油滴在干净的白纸上，检查液压油的颜色及气味。正常液压油的颜色一般为粉红色，且无气味。如液压油呈棕色或有焦味，说明已变质（变质原因详见表 13-3 所示的分析），应立即换油。

表 13-3 油质变质现象与故障原因

油液状态	变质原因	油液状态	变质原因
油液变为深褐色或深红色	1. 没有及时更换油液； 2. 长期重载荷运转，某些部件打滑或损坏引起变速器过热	油液有烧焦气味	1. 油温过高、油面过低； 2. 油冷却器或管路堵塞
油液中有金属屑	离合器盘、制动器盘或单向离合器严重磨损	油液从加油管溢出	油面过高或通气孔堵塞
油尺上黏附胶质油膏	变速器油温过高、换油不及时、进入冷却液、油面过低		

2．液压控制系统漏油检查与液压油的更换

1）液压控制系统漏油检查

液压控制系统的各连接部位上都有油封和密封垫，这些部件是常发生漏油的地方。液压系统漏油会引起油路压力下降，油位下降是换挡打滑和延迟的常见原因。

2）液压油的更换

如果油质变化，但确定属于油质使用时间过长的氧化，应更换自动变速器油，换油方法按维修手册说明进行，大多需采用换油设备接通自动变速器油循环更换。一般轿车自动变速器每正常行驶 40 000 km 或 60 000 km（换油间隔里程各汽车公司有不同的规定）必须换一次油，即便不行驶，若放置一年以上，也必须将自动变速器油全部更换。

换油时应优先采用车辆随车手册上推荐使用的变速器油，也可使用 8 号自动传动油，无推荐用油时，可用国内的 22 号透平油、液力变矩器 I 号、II 号油。某些轿车自动变速器使用 DEXRON-II 或 M-III 型液压油。这两种液压油稳定性好，使用寿命长。注意切不可用齿轮油或机油代替液压油。否则会造成自动变速器的严重损坏。

自动变速器换油的具体方法可参照如下进行：

① 车辆运行至自动变速器达到正常工作温度油温 70～80℃后停车熄火。

② 拆下自动变速器油底壳上的放油螺塞，将油底壳内的液压油放净。有些车型的自动变速器油底壳上没有放油螺塞，应拆下整个油底壳，然后放油。拆油底壳时应先将后半部油底壳螺钉拆下，拧松前半部油底壳螺钉，再将后半部油底壳撬离变速器壳体，放出部分液压油，最后再将整个油底壳拆下。

③ 拆下油底壳，将油底壳清洗干净。有些自动变速器的油底壳上的放油螺塞为磁性螺塞，也有些自动变速器在油底壳内专门放置一块磁铁，以吸附换屑。清洗时必须注意将螺塞或磁铁上的铁屑清洗干净后放回。

④ 拆下自动变速器液压油散热器油管接头，用压缩空气将散热器的残余液压油吹出，再装好油管接头。

⑤ 装好油底壳和放油螺塞。

⑥ 从自动变速器加油管中加入规定牌号的液压油。一般自动变速器油底壳内的贮油量为 4 L 左右。

⑦ 启动发动机，检查自动变速器油面高度。要注意由于新加入的油液温度较低，油面高度应在油尺刻线的下限附近。如油面高度太低，应继续加油至规定油面高度。

⑧ 让汽车行驶至发动机和自动变速器达到正常工作温度，再次检查油面高度是否在油尺线的上限附近。如过低，应继续加油，直至满足规定要求为止。

⑨ 如果不慎加入过多液压油，使油面高于规定的高度，切不可凑合使用。因为当油面过高时，行驶中油液被行星排剧烈地搅动，产生大量的泡沫。这些带有泡沫的液压油进入油泵和控制系统后，对自动变速器的工作极为不利。其后果和油面高度不足一样，会造成油压过低，导致自动变速器内的摩擦元件打滑磨损。因此油面过高时，应把油放掉一些。有放油螺塞的自动变速器只要把螺塞打开即可放油；没有放油螺塞的自动变速器在做少量放油时，可从加油管处往外吸。一般自动变速器的总油量为 10 L 左右，按上述方法换油时，变矩器内的液压油是无法放出的。若液压油严重变质，必须全部更换时，可先按上述方法换油，然后让汽车行驶约 5 min 后再次换油。

3．发动机怠速的检查

在节气门拉线完全放松，自动变速器在 N 挡情况下，发动机应有正常怠速。在正常发动机工作温度时，一般轿车的怠速正常范围为 650～750 r/min，如果发动机怠速过高，换挡杆挂入前进挡或倒挡时变速器会产生较大的冲击，会造成传动零件的过早损坏。若怠速过低，容易产生在挂挡时或车辆行驶过程中松油门时发动机熄火。若怠速不正常，应调整或检修发动机。

4．节气门拉索的检查

节气门拉索的松或紧是由于发动机和自动变速器相对位置的移动所造成的，装用自动变速器的汽车在自动变速器和发动机修理后，装复自动变速器节气门拉索时均应按规定要求进行调整。节气门拉索位置的检查如图 13-4 所示。若节气门拉索调整不当，对液控自动变速器会导致换挡时刻的改变，造成换挡过早或过迟，使汽车加速性能变差或产生换挡冲击；对电控自动变速器将导致主油路压力异常，使换挡执行元件打滑或产生换挡冲击。

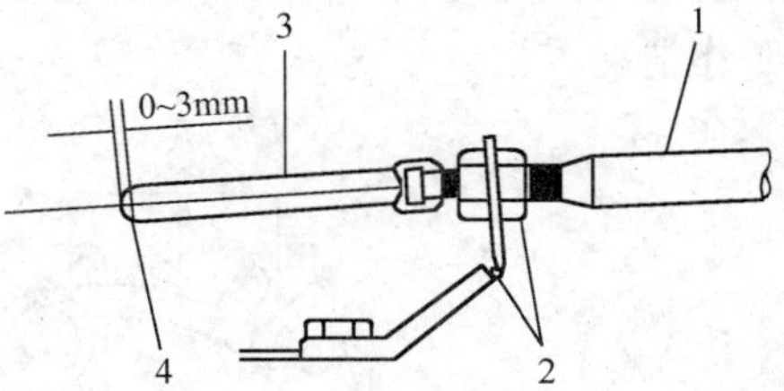

图 13-4 节气门拉索调整

1—节气门拉索；2—固定螺母；3—防尘套；4—限位块

5．选挡杆和空挡启动开关的检查

如图 13-5 所示，若选挡杆及空挡启动开关调整不当，会使选挡杆的位置与自动变速器阀体中手控阀的实际位置不符，易造成选挡错乱或不能挂进停车挡或前进低挡，并造成选挡杆位置与仪表盘上挡位指示灯的显示不符，甚至造成在空挡或停车挡时无法启动发动机。因此必须对选挡杆和空挡启动开盖进行检查。

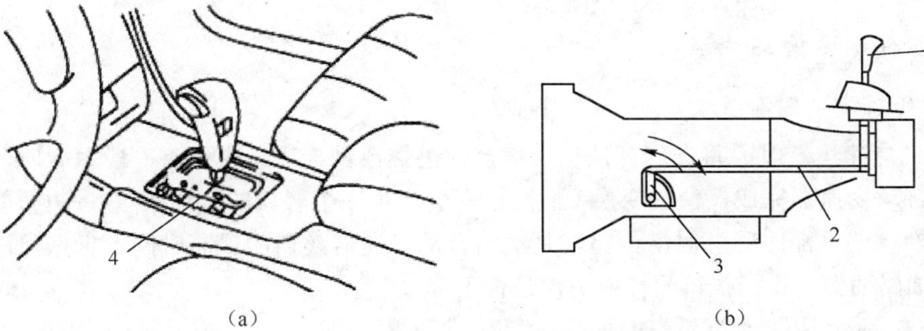

图 13-5 选挡杆的调整

1—选挡杆；2—连接杆；3—手动阀摇臂；4—空挡位置

检查空挡启动开关时，应将选挡杆拨至各个挡位，观察挡位指示灯和选挡杆位置是否一致。“P”位和“N”位时发动机能否启动、“R”位时倒挡灯是否亮起等。其正确位置应为：选挡杆应在“P”位或“N”位发动机才能启动，在“R”、“D”、“2”或“L”位均不能启动。如有不符，应进行调整。

6．空挡启动开关检查

发动机应只能在空挡（N 挡）和停车挡（P 挡）启动，其他挡位不能启动，若有异常，应调节空挡启动开关螺栓和开关电路，如图 13-6 所示。

（1）松开空挡启动开关螺栓，将换挡杆放到 N 挡位。

（2）将槽口对准空挡基准线。

（3）定住位置并拧紧螺栓。

（4）确认只有在“N”和“P”位才能启动发动机。

7．超速挡控制开关的检查

这项检验用于确认自动变速器的超速挡电控系统是否工作正常。检查时的自动变速器油温应处于正常状态（70～80℃），然后将发动机熄火，打开点火开关，按动超速挡（O/D）控制开关，倾听位于变速器内的相应电磁阀有无动作时发出的卡塔声，如有卡嗒声，则说明被检自动变速器的超速挡电控系统工作正常。若需确认自动变速器能否在按下超速挡（O/D）控制开关时，可以在发动机节气门开度和汽车行驶速度适宜时产生由 3 挡升为 4 挡（超速挡）的升挡变换，以及从 4 挡降为 3 挡的降挡变换，则必须进行道路试验。当超速挡控制开关置“ON”位时，自动变速器应能升入超速挡。自动变速器基本检查完毕，应进行台架试验和道路试验，检查自动变速器的工作情况。

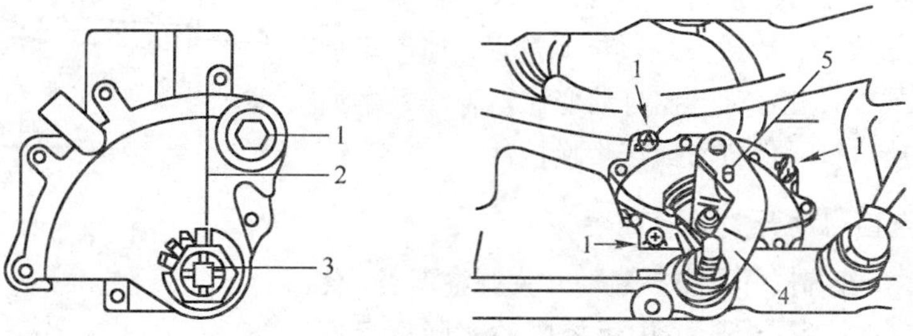

（a）　　（b）

图 13-6　空挡启动开关的调整

1—固定螺钉；2—基准线；3—槽口；4—摇臂；5—调整用定位销

（二）自动变速器的试验

1．自动变速器的时滞试验

在发动机怠速运转时，将选挡杆从空挡拨至前进挡或倒挡后，需要有一段短暂时间的迟滞或延时才能使自动变速器完成挡位的变换（此时汽车会产生一个轻微的振动），这一短暂的时间称为自动变速器换挡的迟滞时间。时滞试验就是测出自动变速器换挡的迟滞时间，根据迟滞时间的长短来判断主油路油压及换挡执行元件的工作是否正常。

如图 13-7 所示是自动变速器时滞试验过程，其步骤如下：

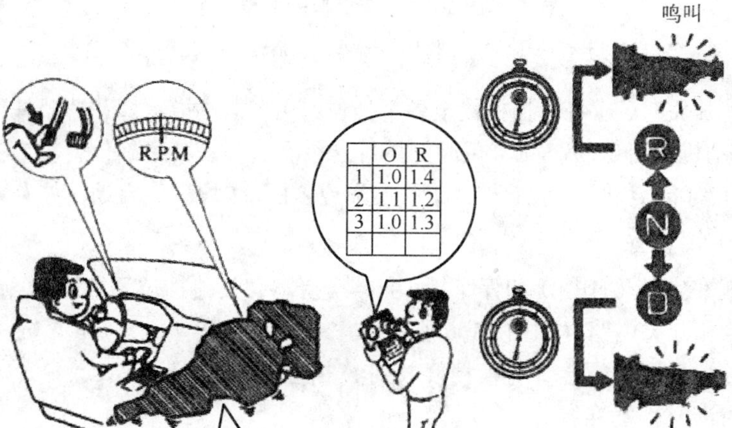

图 13-7　时滞试验

（1）行驶汽车，使发动机和自动变速器达到正常工作温度（70～80℃）。

（2）将汽车停放在水平路面上，拉紧驻车制动。

（3）将选挡杆分别置于“N”位和“D”位，检查其怠速，在“D”位怠速比“N”位时怠速大约低 50 r/min 左右，如不正常，应按规定予以调整。

（4）将自动变速器选挡杆从“N”位拨至“D”位，用秒表测量从拨动选挡杆开始到感觉汽车振动为止所需的时间，该时间称为 N—D 迟滞时间。

（5）将选挡杆拨至“N”位，使发动机怠速运转 1 min 后，再做一次同样的试验。

（6）共做 3 次试验，取平均值作为 N—D 迟滞时间。

（7）按上述方法，将选挡杆由“N”位拨至“R”位，测量 N—R 迟滞时间。

大部分自动变速器 N－D 迟滞时间为 1.0～1.2 s，N—R 迟滞时间为 1.2～1.5 s，若 N－D 迟滞时间过长，说明主油路油压过低、前进离合器磨损过甚或超速排单向离合器工作不良；若 N—R 迟滞时间过长，说明倒挡油路油压过低、倒挡离合器或倒挡制动器磨损过甚、超级行星排单向离合器工作不良。

2. 自动变速器的失速试验

失速试验是检查发动机、液力变矩器及自动变速器中有关的换挡执行元件的工作是否正常的一种常用方法。

1）失速试验的准备

（1）启动汽车使发动机和自动变速器均达到正常工作温度。

（2）检查汽车的行车制动和驻车制动，确认其性能良好。

（3）检查自动变速器的油面高度应正常。

2）失速试验步骤

（1）将汽车停放在宽阔的水平地面上，前后车轮用三角木块塞住。

（2）无发动机转速显示的，安装发动机转速表。

（3）拉紧驻车制动，左脚用力踩住制动踏板。

（4）启动发动机。

（5）将选挡杆拨入“D”位。

（6）在左脚踩紧制动踏板的同时，用右脚将加速踏板踩到底，读取此时发动机的最高转速，然后立即松开加速踏板。

（7）将选挡杆拨入“P”或“N”位，使发动机怠速运转 1 min 以上，防止自动变速器油因温度过高而变质。

（8）将选挡杆拨入“R”位，做同样的试验。

自动变速器失速试验是在前进挡或倒挡同时踩住制动踏板和加速踏板时，发动机处于最大转矩工况，而此时自动变速器输入轴及输出轴均静止不动，液力变矩器的涡轮也因此静止不动，只有液力变矩器壳及泵轮随发动机一起转动，这种工况属于失速工况，此时发动机转速称为失速转速。

自动变速器失速测试时发动机正常转速范围参考丰田车型发动机的标准如下：

D 挡失速转速：2 350 ± 200 r/min（5A-FE 型发动机），2 250 ± 200 r/min（8A-FE 型发动机）。

R 挡失速转速：2 350 ± 200 r/min（5A-FE 型发动机），2 350 ± 200 r/min（8A-FE 型发动机）。

如果失速转速异常，可能的故障原因可参见表 13-4 所示。

表 13-4　自动变速器失速异常原因分析表

故　　障	可能的原因
D 挡位或 R 挡位失速转速低	1. 发动机输出功率不足； 2. 定轮单向离合器动作不正常； 注意：如高于或低于规定值 600 r/min 以上，则可能是变矩器故障
D 挡位失速转速高	1. 管道压力太低； 2. 前进挡离合器打滑； 3. 单向离合器动作不正常
R 挡位失速转速高	1. 管路压力太低； 2. 倒挡离合器打滑； 3. 第 1 挡和倒挡制动器打滑
D 挡位或 R 挡位失速转速高	1. 管道压力太低； 2. 油位不正确； 3. 单向离合器动作不正常； 4. 第 1 挡和倒挡制动器打滑； 5. 前进挡离合器打滑

由于在失速工况下，发动机的动力全部消耗在液力变矩器内自动变速器油的摩擦损失上，自动变速器油的温度将急剧上升，因此在失速试验中，加速踏板从踩下到松开整个过程的时间不得超过 5 s，否则会使自动变速器油因温度过高而变质，甚至损坏密封圈等零件。在一个挡位试验完成之后，不要立即进行下一个挡位的试验，要等油温下降以后再进行。试验结束后不要立即熄火，应将选挡杆拨入空挡或停车挡，让发动机怠速运转几分钟，以使自动变速器油温度正常。如果在试验中发现驱动轮因制动力不足而转动，应立即松开加速踏板，停止试验。

3. 自动变速器的油压试验

自动变速器油压试验是测量自动变速器的油路压力，即在自动变速器工作时，测量其控制系统各个油路中的油压，为分析自动变速器的故障提供依据，以便有针对性地进行检修。

控制系统的油压正常是自动变速器正常工作的先决条件，如果油压过低，会造成换挡执行元件打滑，加剧其摩擦片的磨损，甚至使换挡执行元件烧毁；如果油压过高，会使自动变速器出现严重的换挡冲击，甚至损坏控制系统。因此，在分解修理自动变速器之前和自动变速器修复之后，都要对自动变速器做油压试验，以保证自动变速器的修复质量。

常见车型自动变速器测压孔位置如图 13-8 所示。为安全起见，测量油路压力时要有两人配合，即一人进行测量，另一人站在车外观察车轮或车轮垫木的情况。具体的试验程序如图 13-9 所示，步骤如下：

（1）行驶汽车，使发动机和自动变速器均达到正常工作温度，然后将汽车停放在宽阔的水平地面上，前后车轮用三角木块塞紧。

（2）拆下自动变速器壳体上主油路测压孔或前进挡油路测压孔螺塞，接上高量程油压表。

（3）启动发动机，将选挡杆拨至前进挡“D”位，读出发动机怠速运转时的油压。该油压即为怠速工况下的前进挡主油路油压。

（4）用左脚踩紧制动踏板，同时用右脚将加速踏板完全踩下，在失速工况下读取油压。该油压即为失速工况下的前进挡主油路油压。

（5）将选挡杆拨至空挡或停车挡，使发动机怠速运转 1 min 以上。

（6）将选挡杆拨至各前进低挡 S、L 或 2、1 位置，重复操作，读出各前进低挡在怠速工况和失速工况下的主油路油压。

（7）将选挡杆拨至倒挡 R 位，在发动机怠速和失速工况下读取倒挡主油路油压。

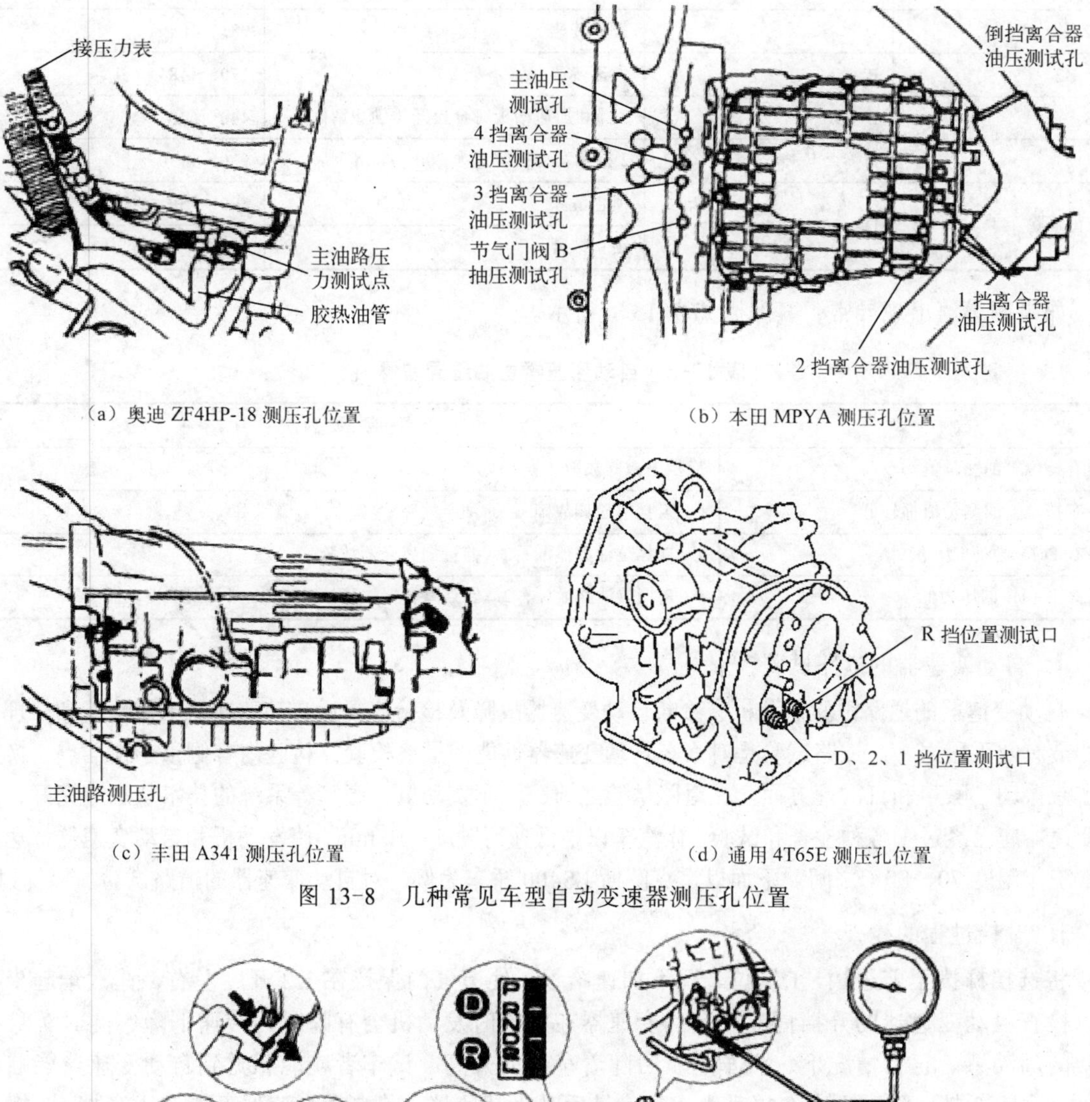

（a）奥迪 ZF4HP-18 测压孔位置　　（b）本田 MPYA 测压孔位置

（c）丰田 A341 测压孔位置　　（d）通用 4T65E 测压孔位置

图 13-8　几种常见车型自动变速器测压孔位置

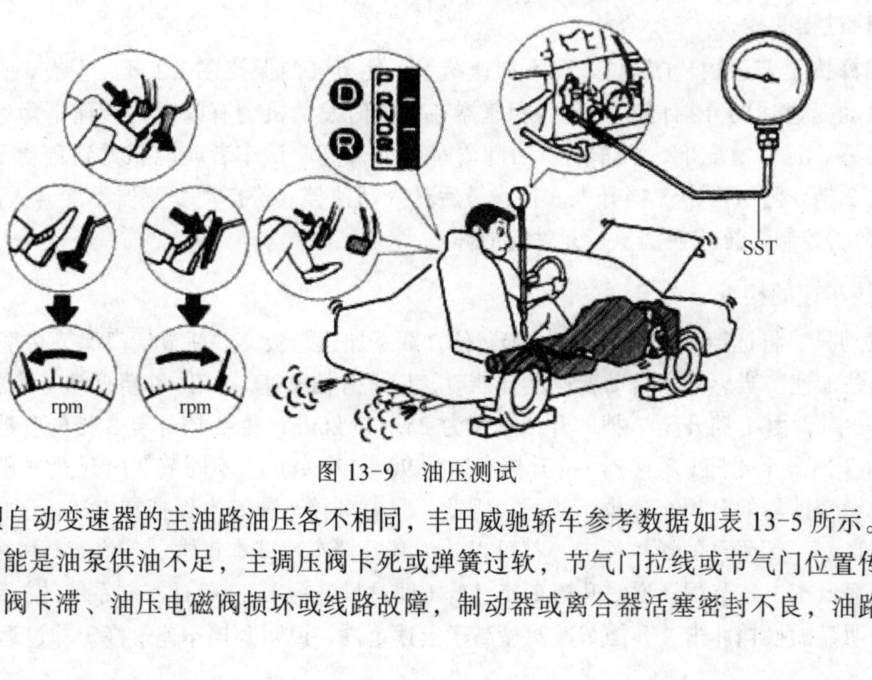

图 13-9　油压测试

不同车型自动变速器的主油路油压各不相同，丰田威驰轿车参考数据如表 13-5 所示。若主油路油压过低，可能是油泵供油不足，主调压阀卡死或弹簧过软，节气门拉线或节气门位置传感器调整不当，节气门阀卡滞、油压电磁阀损坏或线路故障，制动器或离合器活塞密封不良，油路密封圈破损等。

表 13-5　丰田威驰轿车自动变速器主油压标准值

项　目	挡　位	条　件	油压/kPa
C2	D	失速转速	981～1079
C1,B2	R	失速转速	1706～1844
C3	D	3 挡和加速踏板完全松开（锁止解除）	440～640
B1	D	2 挡和发动机转速为 2000 r/min	930～1130
锁止解除	D	锁止解除	590～750
		锁止结合	20 以下

如果测量值出现异常，其原因如表 13-6 所示。

表 13-6　自动变速器主油压异常原因

故　障	可能原因
如所有挡位上的测量值都较高	换挡电磁阀故障
如所有挡位上的测量值都较低	1. 换挡电磁阀故障；2. 油泵故障
如只有 D 挡位的压力低	1. D 挡位油路泄漏；2. 前进挡离合器故障
如只有 R 挡位的压力低	1. R 挡位油路泄漏；2. 倒挡离合器故障；3. 第 1 挡和倒挡制动器故障

4．自动变速器的道路试验

自动变速器的道路试验是分析、诊断自动变速器故障及检验修复后自动变速器工作性能和修理质量的最有效手段之一。道路试验是对汽车自动变速器性能的最终检验，检验内容侧重于换挡点、换挡冲击、振动、噪声和打滑等方面。在道路试验之前，汽车发动机、底盘等系统的技术状态应完好，自动变速器应已经过了各种检查和试验，让汽车以中低速行驶 5～10 min，使发动机和自动变速器都达到正常工作温度 70～80℃之间。下面以雷克萨斯 LS400 轿车为例，对自动变速器的道路试验加以探讨。

1）升挡过程的检查

将选挡杆拨至前进挡“D”位，踩下加速踏板，使节气门保持在 1/2 开度左右，让汽车起步加速，检查自动变速器的升挡情况。自动变速器在升挡时发动机会有瞬时的转速下降，同时车身有轻微的闯动感。正常情况下，汽车起步后随着车速的升高，试车者应能感觉到自动变速器能顺利由 1 挡升入 2 挡，随后再由 2 挡升入 3 挡，最后升入超速挡。若自动变速器不能升入高挡（3 挡或超速挡），说明控制系统或换挡执行元件有故障。

2）升挡车速的检查

启动发动机，将选挡杆拨至前进挡“D”位，踩下加速踏板，并使节气门保持在某一固定开度，让汽车起步并加速。当感觉到自动变速器升挡时，记下升挡车速。一般 4 挡自动变速器在节气门开度保持在 1/2 时，由 1 挡升至 2 挡的升挡车速为 25～35 km/h，由 2 挡升至 3 挡的升挡车速为 55～70 km/h，由 3 挡升至 4 挡（超速挡）的升挡车速为 90～120 km/h。不同节气门开度时升挡车速不同，不同车型自动变速器的升挡车速也不相同。因此，只要升挡车速基本保持在上述范围内，而且汽车行驶中加速良好，无明显的换挡冲击，都可以认为其升挡车速基本正常。若汽车行驶中加速无力，升挡车速明显低于上述范围，说明升挡车速过低（即过早升挡），一般是控制系统的故障所致；若汽车行驶中有明显的换挡冲击，升挡车速明显高于上述范围，说明升挡车速过高（即过迟升挡），可能是控制系统的故障所致，也可能是换挡执行元件的故障所致。不同节气门开度下自动变速器的升挡车速，可作为判断换挡车速是否正确的标准。由于降挡时刻在行驶时不易察觉，因此在道路试验中一般无法检查自动变速器的降挡车速，只能通过检查升挡车速来判断自动变速器有无故障。

3）换挡质量的检查

换挡质量的检查内容主要是检查有无换挡冲击。正常的自动变速器只能有不太明显的换挡冲击，特别是电子控制自动变速器的换挡冲击应十分微弱。若换挡冲击太大，说明自动变速器的控制系统或换挡执行元件有故障，其原因可能是油路油压过高或换挡执行元件打滑，应做进一步的检查。

4）锁止离合器工作情况的检查

道路试验可以检查液力变矩器中的锁止离合器的工作是否正常，如图 13-10 所示，让汽车加速至超速挡，以高于 80 km/h 的车速行驶，并让节气门开度保持在低于 1/2 的位置，使变矩器进入锁止状态。此时，快速将加速踏板踩下至 2/3 开度，同时检查发动机转速的变化情况。各发动机转速没有太大变化，说明锁止离合器处于接合状态；反之，若发动机转速升高很多，则表明锁止离合器没有接合，其原因通常是锁止离合器控制系统的故障。

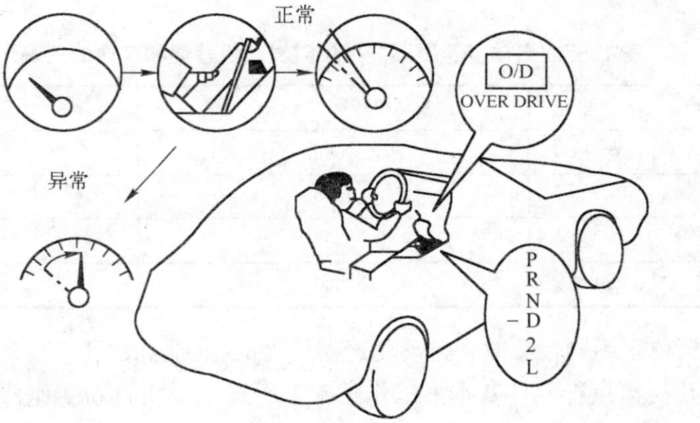

图 13-10　锁止离合器工作情况检查

5）发动机制动作用的检查

检查自动变速器有无发动机制动作用时，应将选挡杆拨至前进低挡“S、1”或“2、1”位。在汽车以 2 挡或 1 挡行驶时，突然松开加速踏板，检查是否有发动机制动作用。若松开加速踏板后车速立即随之下降，说明有发动机制动作用，否则说明控制系统或相关的离合器、制动器有故障。

6）强制降挡功能的检查

检查自动变速器的强制降挡功能时，应将选挡杆拨至前进挡“D”位，保持节气门开度为 1/3 左右，在以 2 挡、3 挡或超速挡行驶时，突然将加速踏板完全踩到底，检查自动变速器是否被强制降低一个挡位。在强制降挡时，发动机转速会突然上升至 4000 r/min 左右，并随着加速升挡，转速逐渐下降。若踩下加速踏板后没有出现强制降挡，说明强制降挡功能失效。若在强制降挡时发动机转速异常升高达 5 000 r/min 左右，并在升挡时出现换挡冲击，则说明换挡执行元件打滑，应检修自动变速器。

7）“P”位制动效果的检查

将汽车停在坡度大于 9%的斜坡上，选挡杆拨到“P”位，松开驻车制动，检查机械闭锁爪的锁止效果。

5. 手动换挡试验

对于电子控制自动变速器而言，为了确定故障存在的部位，区分故障是由机械系统、液压系统引起，还是由电子控制系统引起的，可进行手动换挡试验。

所谓手动换挡试验就是将电子控制自动变速器所有换挡电磁阀的线束插头全部脱开，此时计算机不能通过换挡电磁阀来控制换挡，自动变速器的换挡取决于操纵手柄的位置。不同车型的电子控制自动变速器在脱开换挡电磁阀线束插头后的挡位和操纵手柄的关系都不完全相同，维修时可参考维修手册。

手动换挡试验的步骤如下：

（1）脱开电子控制自动变速器的所有换挡电磁阀线束插头。

（2）启动发动机，将操纵手柄拨至不同位置，然后做道路试验（也可以将驱动轮悬空，进行台架试验）。

（3）观察发动机转速和车速的对应关系，以判断自动变速器所处的挡位。不同挡位时发动机转速与车速的关系可参考表 13-7 所示。由于变矩器的减速作用与传递的扭矩有关，因此表中车速只能作为参考，实际车速将随着行驶中油门开度的不同而产生一定的变化。

表 13-7　自动变速器不同挡位时发动机转速和车速的关系

挡　　位	发动机转速/（r/min）	车速/（km/h）
1 挡	2000	18～22
2 挡	2000	34～38
3 挡	2000	50～55
超速挡	2000	70～75

（4）若操纵手柄位于不同位置时，自动变速器所处的挡位与表 13-7 所示相同。说明电子控制自动变速器的阀板及换挡执行元件基本上工作正常。否则，说明自动变速器的阀板或换挡执行元件有故障。

（5）试验结束后，接上电磁阀线束插头。

（6）清除计算机中的故障代码，防止因脱开电磁阀线束插头而产生的故障代码保存在计算机中，影响自动变速器的故障自诊断工作。

三、任务实施

引导问题 1：故障车辆的自动变速器油液质和量情况________________________。

引导问题 2：观察该故障车辆的冷车时怠速是__________，正常工作温度时是__________。

引导问题 3：车辆在冷车怠速时由 P 挡挂入 R 挡或 D 挡时，其冲击感觉是否正常？在正常工作温度情况下，感觉冲击是否正常？迟滞时间大约为_________，比正常值__________。

引导问题 4：故障车辆的失速测试，在 D 挡时失速转速为_________，R 挡时是_______，与正常值相比______，可能原因是____。

引导问题 5：故障车辆进行道路试验的情况描述________________________________

____。

引导问题 6：测量故障车辆自动变速器的油压情况，并作一表格将结果记录，与正常范围值比较，分析其原因范围。

引导问题 7：进行手动换挡试验，将结果记录入自制表格中，分析结果发现__________。

任务 3　电液自动变速器电控系统检测

一、任务导入

熟悉电控液力自动变速器电控系统工作过程和原理，分析可能影响换挡冲击的电控系统因素，利用多种方法读取自动变速器的故障码，结合电控单元的数据流进行故障码的分析，确定故障排除方案并进行相应的检修。

二、知识准备

（一）电控系统工作过程分析

电液自动变速器的电控系统如图 13-11 所示，主要由控制单元、传感器、调压和换挡电磁阀、锁止电磁阀、各种开关和故障警告装置等组成。汽车在行驶过程中，传感器和开关将各种行驶参数转变为电信号输送给控制单元，控制单元根据换挡规律确定自动变速器应有状态，输出执行信号到各电磁阀，控制液压控制系统工作实现自动换挡。当传感器、开关或执行电磁阀以及控制单元及其相关线路等出现故障时，都会造成行驶和换挡故障。

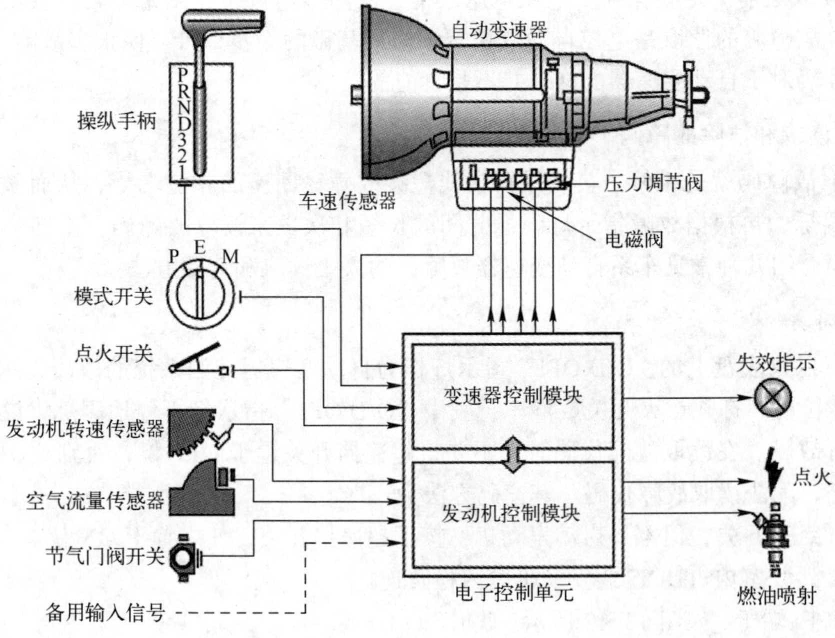

图 13-11　自动变速器电控系统图

电子控制自动变速器的控制单元内部有一个自诊断电路，它能在汽车行驶过程中不断监测自动变速器控制系统的故障，并将故障以代码的形式记录在控制单元内。当电控系统出现故障时，仪表盘或信息屏上会有故障指示灯闪亮，维修人员可以采用特定的方式将故障代码从控制单元中读出，为自动变速器电控系统的检修提供指引，必要时可结合自动变速器数据流的信息进行检测维修。这个诊断过程可以安排在自动变速器的基本检查的过程中进行，及早排除电控系统引起的故障。

（二）自动变速器故障代码的读取方法

如果自动变速器电控系统出现故障，黄色的故障指示灯（MIL）会点亮，但不同车系点亮的方式不同，具体情况如表 13-8 所示。

表 13-8 自动变速器故障指示灯的点亮

车　系	故障指示灯点亮方式
丰田（TOYOTA）	OD OFF 指示灯点亮
本田（HONDA）	D_4 指示灯点亮
日产（NISSAN）	POWER 指示灯点亮
通用（GM）	SERVICE ENGINE SOON 指示灯点亮
宝马（BMW）	在信息区出现 TRANS PROGRAM 且挡位指示灯不亮
奥迪（AUDI）	P、R、N、D、3、2、1 指示灯全亮

自动变速器的自诊断系统指示有故障之后，一般维修人员采取读取故障码、按故障码的提示进行检查及修理、清除故障码的步骤进行维修。自动变速器电控系统故障码读取方法因车型各不相同，目前的车辆都提供利用诊断仪读取故障码的功能，有的车型还可以用人工方法进行故障码读取，具体方法应视车型年款以及自身的检测设备条件来确定采用什么方法。

故障码读取之前一定要保证蓄电池电压正常、故障指示灯工作正常，否则会由于电压异常而导致误诊断。故障码的读取是电控自动变速器维修最基础的一步，可以使很多故障的诊断简单化，但要注意故障码对于自动变速器的修理并不是万能的。

1．人工读取和清除故障码

人工读取故障码就是维修人员利用跨接线短接故障诊断座的相应端子，从而激发仪表盘上的故障指示灯闪烁，再根据故障指示灯闪烁时间的长短和次数来读取故障码。不同的车型读码的方法不同。下面介绍几种常见车系自动变速器故障码的人工读取和清除方法。

1）丰田车系

丰田轿车以仪表盘上的“O/D OFF”指示灯作为自动变速器控制系统的故障警示灯，当超速挡开关置于 ON 位时，打开点火开关或汽车行驶中“O/D OFF”指示灯不停地闪烁，说明自动变速器的控制系统有故障。在读取故障代码时，不要将超速挡开关置于 OFF 位，否则“O/D OFF”指示灯将一直发亮，无法读取故障代码。其读码方法为：

（1）打开点火开关，但不要启动发动机，按下超速挡开关，使之置于 ON 位。

（2）跨接驾驶室内 TDCL 或发动机舱内检查连接器的 TE_1 和 E_1 端子，如图 13-12 所示。此时“O/D OFF”指示灯将闪烁。

（3）根据自动变速器故障警示灯的闪亮规律读出故障代码。

若自动变速器控制系统工作正常，电控单元内没有故障代码，则故障警示灯以每秒 2 次的频率连续闪亮；若自动变速器电控单元内存在故障代码，则故障警示灯以每秒 1 次的频率闪亮，并

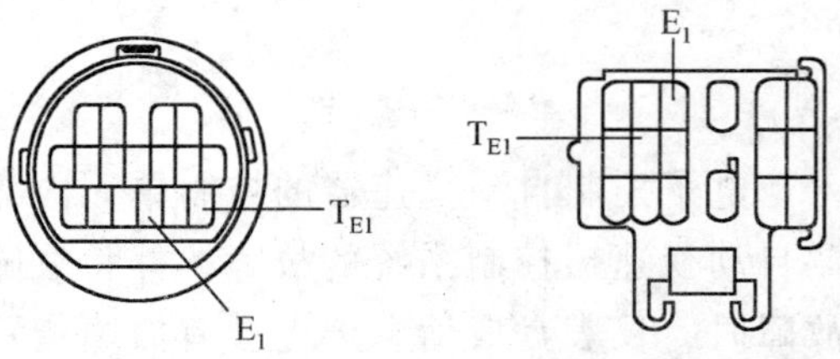

（a）TDCL　（b）检查连接器

图 13-12 丰田车系故障诊断座

将两位数故障代码的十位数和个位数先后用故障警示灯的闪亮次数表示出来，如图 13-13 所示故障码为 42。

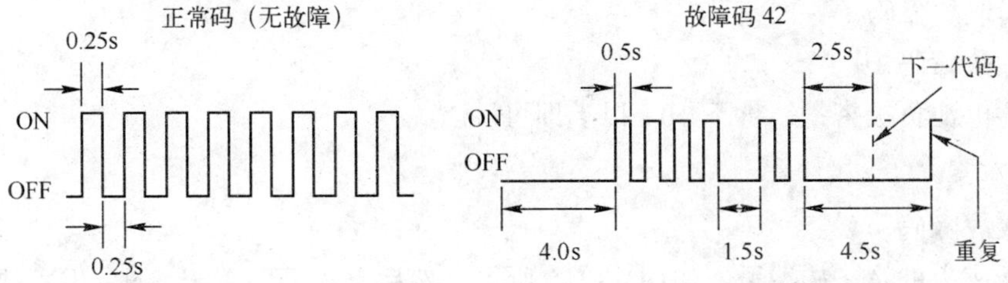

（a）正常的故障码　　（b）故障码 42

图 13-13　OD OFF 指示灯的闪烁

当计算机内储存有几个故障代码时，电控单元按故障代码的大小，依次将储存的所有故障代码显示出来，相邻两个故障代码之间的停顿时间为 2.5 s。当所有故障代码全部显示完毕后，停顿 4.5 s，再重新开始显示。

丰田 A341E、A342E 自动变速器故障码表如表 13-9 所示，则故障码 42 的含义是 1 号车速传感器故障，需要检查 1 号车速传感器本身、1 号车速传感器的线束或连接器和 ECU。

表 13-9　丰田 A341E、A342E 自动变速器故障码表

故　障　码	含　　义	故　障　部　位
42	1 号车速传感器故障	1．1 号车速传感器； 2．1 号车速传感器线束或连接器； 3．ECU
46	4 号电磁阀短路或断路	1．4 号电磁阀； 2．4 号电磁阀线束或连接器； 3．ECU
61	2 号车速传感器故障	1．2 号车速传感器； 2．2 号车速传感器线束或连接器； 3．ECU
62	1 号电磁阀短路或断路	1．1 号或 2 号电磁阀； 2．1 号或 2 号电磁阀线束或连接器； 3．ECU
63	2 号电磁阀短路或断路	
64	3 号电磁阀短路或断路	1．3 号车速传感器； 2．3 号车速传感器线束或连接器； 3．ECU
67	OD 挡转速传感器故障	1．OD 挡转速传感器； 2．OD 挡转速传感器线束或连接器； 3．ECU
68	KD 开关短路	1．KD 开关； 2．KD 开关线束或连接器； 3．ECU

（4）清除故障码。清除故障码的基本思路是将 ECT 的 ECU 断电，则存储在存储器中的故障码就被清除掉。以丰田 A341E、A342E 自动变速器为例，将点火开关置于 OFF，然后将 EFI 保险丝取下 10 s 以上即可，如图 13-14 所示。

2）本田车系

（1）读取故障码

将点火开关置于ON，用短路插头SCS跨接副驾驶面板下的双头诊断座，通过仪表盘上D_4指示灯的闪烁读取故障码。

（2）清除故障码

只需将蓄电池负极搭铁线拆下10 s以上即可。

3）通用车系

（1）读取故障码

跨接诊断座上的A、B端子，如图13-15所示。然后点火开关置于ON，但不要启动发动机，仪表盘上的SERVICE ENGINE SOON指示灯会闪烁故障码。

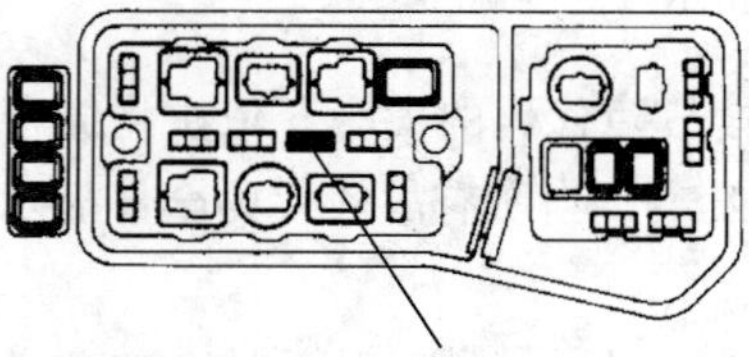

图13-14　丰田A341E、A342E自动变速器清除故障码

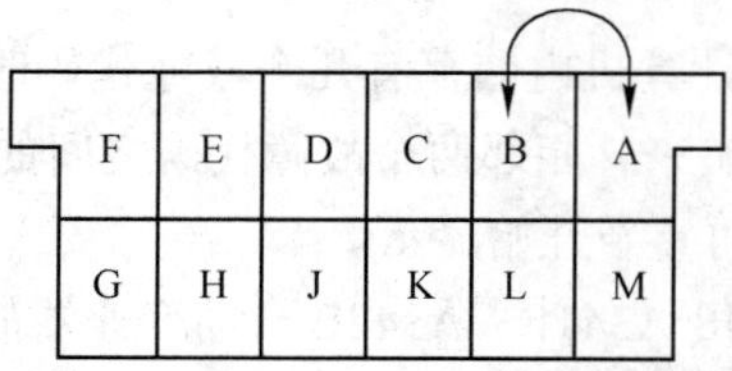

图13-15　跨接诊断座上的A、B端子

（2）清除故障码

拆下ECU保险丝，等待30 s以后，取下跨接线，故障码即可清除。

2．利用仪器读取和清除故障码

目前很少采用人工方法读取故障码，各车系都有自己的专用电脑检测仪来读取和清除故障码，如大众/奥迪车系采用VAG1551/1552、VAS5051/5052，丰田车系采用INTELLIGENT高智能检测仪，日产车系采用CONSULT Ⅱ检测仪，通用车系采用TECH Ⅱ检测仪，宝马车系采用GT1等。

采用仪器读取和清除故障码只需按照仪器屏幕的提示操作即可，以大众轿车自动变速器为例进行介绍。

1）利用V.A.G1551/1552读取故障码

其操作步骤如下：

（1）断开点火开关，连接故障阅读仪V.A.G1551及自诊断连接线。打开点火开关，显示屏显示：

Schnelle Datenübertragung Adre β wort eingeben　X X
快速数据传递 输入地址码　X X

（2）按下【0】和【2】键（02为地址码“变速器电子装置”），显示屏显示：

Schnelle Datenübertragung　Q 02 Getriebeelektronik
快速数据传递　Q 02 变速器电子装置

（3）按【Q】键继续操作，直至显示屏显示：

Schnelle Datenübertragung Funktion anwählen　X X
快速数据传递 功能选择　X X

（4）按下【0】和【2】键（02 为功能“查询故障存储器”），显示屏显示：

Schnelle Datenübertragung　Q 02　Fehlerspeicher abfragen
快速数据传递　Q 02　查询故障存储器

（5）按【Q】键确认，显示屏显示：

X　Fehler erkannt X　有故障

（6）按下【→】键，直至显示最后一个故障码。故障代码在运作方式“快速数据传递”状态时可用 V.A.G1551 打印机打印出来。

2）利用 VAS5051/5052 综合诊断仪来读取故障码

VAS5051/5052A 是大众 4S 店目前在用的原厂诊断设备，具有强大的故障诊断功能，可读取故障码、数据测量值组、元件测试、电控单元匹配、基本设置等功能，VAS5051A 还具有示波器功能，VAS5052A 具有在线远程诊断和蓝牙功能。当需要读取自动变速器故障码时，进入车辆车载诊断界面，如图 13-16 所示选择 02-004.01 即可进入自动变速器故障码读取功能，图 13-17 所示为读取出来的自动变速器电控单元存贮的故障码。

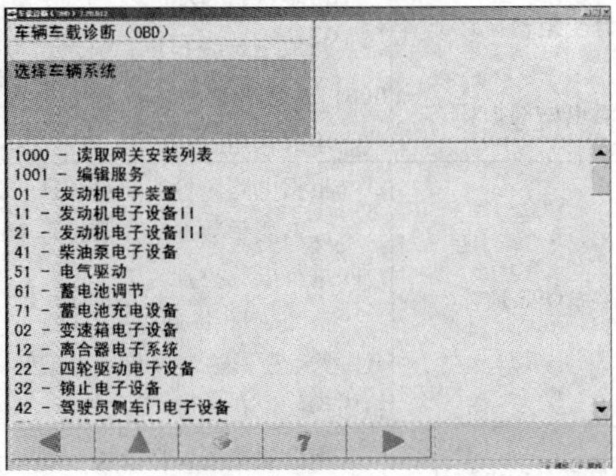

图 13-16　自动变速器故障码读取功能

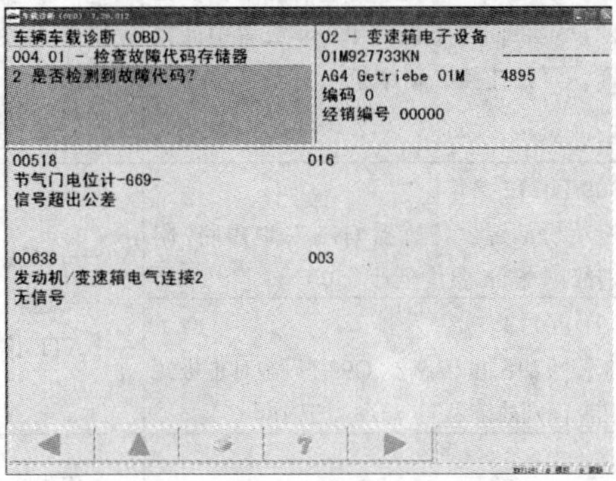

图 13-17　自动变速器的故障码

表 13-10 所示是大众轿车 01V 自动变速器常见故障码及原因分析。

表 13-10　大众轿车 01 V 自变速器故障码（节选）

屏幕上显示内容	可能存在的故障原因	故障排除指导
未识别到的故障	进行完维修后如果出现“未发现故障代码”显示，则自诊断结束； 如果自动变速器尽管自诊断无故障仍不能正常换挡，则进行下面几步： · 进行调节机构的诊断 · 读取测量数据块，检查液力变矩器转速差、液力变矩器耦合器的开关状态、发动机控制单元信息，并且必要时检查别的和本机相连的控制	

续表

屏幕上显示内容	可能存在的故障原因	故障排除指导
00258/P0753 电磁阀 1-N88 断路或对地短路或对正极短路	·断路或者对地/正极短路 ·电磁阀 1-N88 损坏	·根据电路图检查线路和插头连接 ·读取测量数据块，显示组号 005 ·进气执行元件的诊断 ·进行电气检查
00260/P0758 电磁阀 2-N89 断路或对地短路或对正极短路	·断路或者对地/正极短路 ·电磁阀 2-N89 损坏	·根据电路图检查线路和插头连接 ·读取测量数据块，显示组号 005 ·进气执行元件的诊断 ·进行电气检查
00293/P0705 多功能开关 F125 不清楚的信号	·断路或者对地及正极短路 ·多功能开关电源线断或者多功能开关损坏 ·连接多功能开关插头未插上	·根据电路图检查线路和插头连接 ·读取测量数据块 ·进行电气检查，必要时更换 F125
00296/P1704 强制降挡开关 F8 对地短路节（气门信号正常，节气门值小于 25%，变速箱控制单元上强制减挡输入对地短路，自诊断不能识别强制减挡开关 F8 和变速箱控制单元之间结正极短路）	·F8 和变速箱控制单元之间对地短路 ·F8 和变速箱控制单元之间断路 ·强制减挡开关 F8 损坏	·根据电路图检查线路和插头连接 ·读取测量数据块 ·进行电气检查 ·进行油门踏板拉线调整或者更换
00297/P0722 变速箱转速传感器 G38 无信号（此外故障识别还包括可靠性检查，在某一挡位时，变速箱输出转速进对发动机和变速箱输入转速比例关系是不可靠的。检查前提是挡位必须清楚设定，同样不能在 P、N 或者中间挡位位置，而且挂挡必须结束）	·对地或正极断路或短路 ·G38 屏蔽线损坏 ·变速箱转速传感器损坏	·根据电路图检查线路和插头连接 ·读取测量数据块 ·进行电气检查，必要时更换变速箱转速传感器 G38
	·发动机或变速箱输入信号错误	·按照故障代码 00529/P0727 排除故障
	·ATF 液位不对，液力变矩器损坏或者出错 ·离合器/刹车打滑或者电磁阀损坏	·检查 ATF 液位 ·读取测量数据块，显示组号 004～006，并且在行驶中确定哪个元件损坏或者不起作用
00300/P0712 变速箱机油温度传感器 G93 对地短路（附带识别故障 ATF 温度低于-50℃） 00301/P0713 变速箱机油温度传感器 G93 断路/对正极短路（附带识别故障 ATF 温度高于 180℃）	·短路或断路 ·变速箱机油温度传感器 G93 损坏 ·ATF 位置不合格	·根据电路图检查断路和插头连接 ·读取测量数据块显示组号 004 ·进行电气检查 ·检查 ATF 位置 ·变速箱机油温度传感器 G93 和变速箱内部线束在一起
00518/P0121 节气门电位计 G69 不确定信号	·用发动机控制单元诊断节气门电位计 ·节气门电位计和发动机控制单元之间线路连接损坏	·读取测量值，显示组号 008 和 009 ·读取发动机控制单元故障代码并排除故障 ·修理组 01，自诊断
	·发动机控制单元错误或坏了 ·变速箱控制单元错误或坏了	·检查发动机控制识别，必要时更换发动机控制单元 ·检查变速箱控制单元识别
00526/P0703 刹车灯开关-F	·刹车灯开关-F 损坏 ·变速箱控制单元和刹车灯-F 之间接地断路或对地/正极短路	·根据电路图检查管路和插头连接 ·读取测量值块，显示组号 003 ·检查电气，必要时更换刹车灯开关 F。如果刹车灯开关正常，但打开点火开关时出现此故障，则只需踩一下脚踏板即可

续表

屏幕上显示内容	可能存在的故障原因	故障排除指导
00532/P1746 电源电压（控制单元、电磁阀） 信号太弱 输出未通/接地短路 输出未通/正极短路	·随车电压低于 9 V	·检查电气设备
	·保险器损坏 ·电磁阀或者变速箱电压低于 9 V 或高于 16 V ·熄火后，电源电压仍有，即正极短路 ·控制单元 J217 触点 52、53、54、55 断路或者短路	·读取测量数据块，显示组号 003 ·检查变速器控制单元 J217 电源 ·进气电气检查
00543/P0726 发动机转速超过最大转速	·断路 ·发动机转速信号由于受非法安装电气线路的干扰而出错（例如，加装电话） ·发动机转速传感器到发动机控制单元的信号有错 ·发动机转速传感器 G28 损坏 ·发动机转速限制损坏 ·发动机控制单元损坏 ·不允许反接变速箱（例如，滑阀箱机械失灵）	·检查电路图检查线路和插头连接 ·读取测量数据块显示组号 001 ·根据发动机故障代码 16706 排除故障 ·读取发动机控制单元故障代码并排除故障，必要时更换发动机控制单元 ·读取测量数据块，显示组号 005 和在行驶中确定哪个元件损坏或者不起作用，必要时更换单个电磁阀或滑阀箱
00545/P0702 发动机/自动变速箱电气连接（点火啮合）插头连接	·断路或短路	·根据电路图检查线路和插头连接
00545/P1781 发动机/自动变速箱电气连接（点火啮合）断路/对地短路	·发动机/变速箱控制单元管脚 20 未接	·读取测量数据块显示组号 004
00545/P1782 发动机/自动变速箱电气连接（点火啮合）对正极短路	·拔下发动机控制单元插头时，打开了点火开关 ·发动机控制单元损坏	·读取发动机控制单元故障代码并排除故障 ·更换发动机控制单元
00549 燃油消耗信号 对地短路 正极断路/短路 不可靠信号	·发动机和变速箱控制单元之间线路触点松动 ·车载电脑短路 ·发动机和变速箱之间接地线或者正极断路或短路（到 35 号脚） ·发动机控制单元和车载电脑之间连线短路以及发动机控制单元损坏	·根据电路图检查线路和插头连接 ·检查车载电脑 ·读取测量数据块，显示组号 009 ·进行电气检查 ·读取发动机控制单元存储器并排除故障，必要时更换发动机控制单元
00638/P0702 发动机/变速箱电器连接 2 断路或对正极短路	·正极断路或者短路 ·接地线短路 ·发动机/变速箱控制单元之间未接（到 41 号管脚）	·根据电路图检查线路和插头连接 ·读取测量数据块，显示组号 009
00638/P1767 发动机/变速箱电器连接 2 对地短路	·变速箱控器未得到节气门信号 ·插头拔掉了	·读取发动机控制单元故障代码并排除故障，必要时，更换发动机控制单元 ·进行电气检查
65535 控制单元损坏	·控制单元 J217 损坏	·更换发控制单元

3. 读取测量值组

利用 VAS5051/5052 进入“02-010.02”即可读取自动变速器控制单元内的测量值组（数据流），可通过数据值情况进行自动变速器相关情况分析。表 13-11 所示为是大众车自动变速器电控单元的测量值组的测量参考值与含义。

表 13-11 大众 01N 自动变速器测量值组内容

显示区域 1 2 3 4	显示组号	显示区域	说明
读测量数据块 1 → P 0.8 V 0% 00000111	001	1 2 3 4	换挡杆位置 节气门电位计电压 加速踏板数值 开关位置
读测量数据块 2 → 0.983A 0.985A 12.76 V 2.50 V	002	1 2 3 4	电磁阀 N93 实际电流 电磁阀 N93 额定电流 蓄电池电压 车速传感器 G68 上的电压
读测量数据块 3 → 0km/h 900rpm 0 0%	003	1 2 3 4	车速 发动机转速 所选择的挡位 加速踏板的数值
读测量数据块 4 → 100000 0 P 0km/h	004	1 2 3 4	电磁阀 所选择的挡位 换挡杆的位置 车速
读测量数据块 5 → 40℃ 0011011 0 900 r/min	005	1 2 3 4	ATF 温度 换挡器输出 所选择的挡位 发动机转速
读测量数据块 6 →	006	1、2 3、4	可以被忽略
读测量数据块 7 → 1H +/- 200rpm 900rpm 0%	007	1 2 3 4	所选择的挡位（+与-显示区域 2 有关） 锁止离合器打滑 发动机转速 加速踏板的数值
读测量数据块 8 →	008	1、2 3、4	可以被忽略

（三）自动变速器传感器及开关信号测量

电控液力自动变速器电控系统采集了大量的传感器和开关信号，有些是与发动机控制单元共用的，其检测方法相同。

1．车速传感器

用万用表测量其电阻，捷达车阻值应为 800～900 Ω；用磁铁靠近车速传感器并迅速移开，反复进行几次，测量传感器信号电压，捷达车应为 2.2～2.5 V。不正常则更换车速传感器。

2．油温传感器

可将油温传感器放入盛有水的容器中加热，测量其不同温度时的电阻值。捷达车油温传感器温度在 20℃时阻值约为 0.247 MΩ，60℃时阻值约为 48.8 kΩ，120℃时阻值约为 7.4 kΩ。若阻值不符应更换传感器。

3．各种控制开关

自动变速器控制开关较多，有超速挡开关、多功能开关、模式开关、强制降挡开关、制动开关等。通常用万用表检测开关端子的导通情况，开关导通时阻值极小（小于 1 Ω），开关断开时阻值为无穷大。多功能开关触点较多，需分别检测。

（四）电控自动变速器执行器的检测

电子控制装置的执行器是各种电磁阀。

1．换挡电磁阀的检测

电子控制自动变速器的换挡电磁阀大多数采用的是开关电磁阀。

（1）用万用表测量电磁阀线圈电阻，如图 13-18 所示，阻值一般为 10～16 Ω，有的车型如捷达车阻值应为 55～65 Ω。若电磁阀线圈短路、断路或阻值不符合标准，应更换。

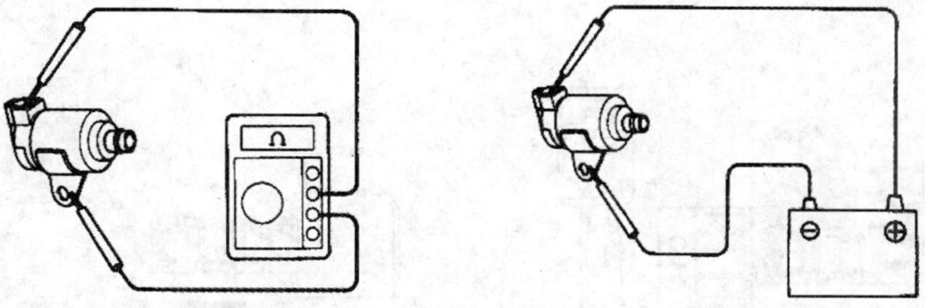

（a）换挡电磁阀电阻测量　　（b）换挡电磁阀通电测试

图 13-18　换挡电磁阀检测

（2）将 12 V 电源加到电磁阀上，如图 13-18（b）所示，此时应能听到电磁阀工作的“喀哒”响声，否则应更换电磁阀。

（3）换挡电磁阀的机械检测，拆下 1 号、2 号电磁阀。

（4）将压缩空气（490 kPa）吹入电磁阀进油口。电磁阀线圈不通电时，如图 13-19（a）所示，进油口和泄油口应不通气；通电后，进油口和泄油口应相通，如图 13-19（b）所示，否则说明电磁阀损坏，应更换。

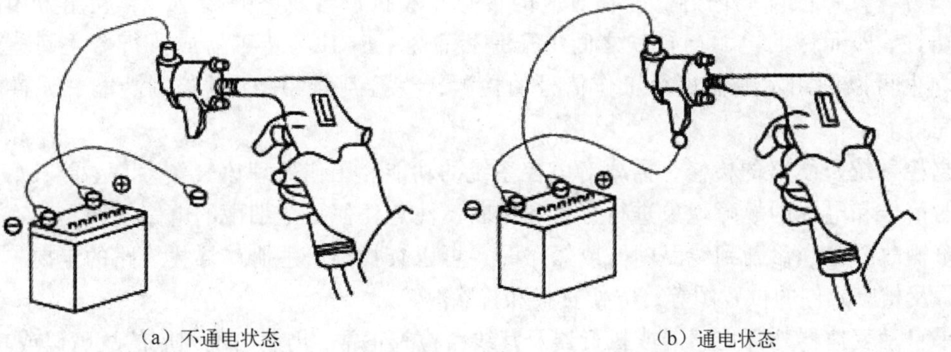

（a）不通电状态　　（b）通电状态

图 13-19　换挡电磁阀的检测

2．油压调节电磁阀的检测

油压调节电磁阀大多采用脉冲式电磁阀（线性电磁阀），用于控制油压或锁止离合器锁止时的液压，分别称做调压电磁阀、锁止离合器电磁阀，其电阻值不大，在进行模拟测试时应注意不能直接将其接在电蓄电池正负极桩上，应串接一个可变电阻，其检测步骤如下：

（1）用万用表测量电磁阀线圈电阻值，一般为 3.4～4.0 Ω，捷达车为 4.5～6.5 Ω。若电磁阀线圈短路、断路或电阻值不符合标准，应更换。

（2）将蓄电池电源串联一个可变电阻，或直接用可调电源检测，如图 13-20（a）所示，供电电流不得超过 1 A。逐渐增加电压，检查阀门的运动情况，随电压增加，阀门应缓慢伸出，切断电源后，阀门应缩回。

（3）无可调电源或电阻，则用一个 8～10 W 的灯泡，与电磁阀线圈连接。切记不可直接与 12 V 电源连接，否则会烧毁电磁阀线圈。通电时，电磁阀阀芯向外伸出；断电时，电磁阀阀芯向内缩入，如图 13-20（b）所示，如有异常，说明电磁阀损坏，应更换。

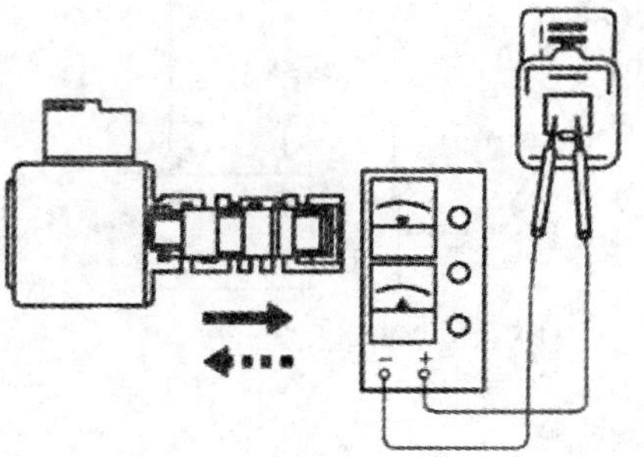

(a)

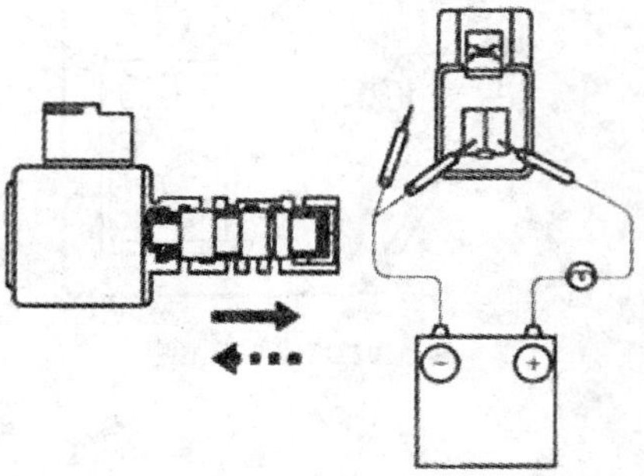

(b)

图 13-20　油压调节电磁阀的检测

（五）电控单元及线路检测

当传感器与执行器检测正常，而出现相应故障码不能清除，或有的功能缺失，要对车辆自动变速器的线路进行分析和检修。如图 13-21 所示为丰田 A341E 的电控自动变速器的控制线路，在电路分析时主要应区分控制单元的电源与搭铁、传感器线路、执行器线路、控制单元模块四个部分，针对故障码内容，查找对应的传感器和执行器线路的端子号，利用万用表测量线路的导通性，即元件的电源与搭铁之间电压是否正常，ECU 与传感器或执行器之间信号线是否导通等。也可以利用示波器进行工作信号的检测，直接判断 ECU 的控制功能、元件性能及线路是否完好。

对电控系统及线路的检修，需要对电控系统的功能和工作原理比较熟悉，才能较好地根据表现出来的信号和电源的故障现象进行分析和诊断，注意任何一个细微的电路问题，都有可能形成重大的车辆故障。当诊断到线路断路或短路时，可以查找维修手册，寻找线路的走向，线路中间的插接器及相应元件的位置图等，方便查找和排除故障。

如果自动变速器外部传感器或执行器及其线路检查正常，仍然出现相应的故障码或功能异常，怀疑电控单元工作异常时，应先根据电路图查找电控单元的工作条件是否满足，例如电源和搭铁，关联的输入信号等是否正常，最后再更换 ECU 进行确认以排除故障。如需检测电控单元的工作条件是否正常，或要检测多个信号是否到达 ECU（或从 ECU 输出）时，可参考维修手册，直接找到 ECU 的插接器，依据电路图和 ECU 端子检测表，在插接器相应端子进行检测电压或电阻检查，能较快达到检测目的。

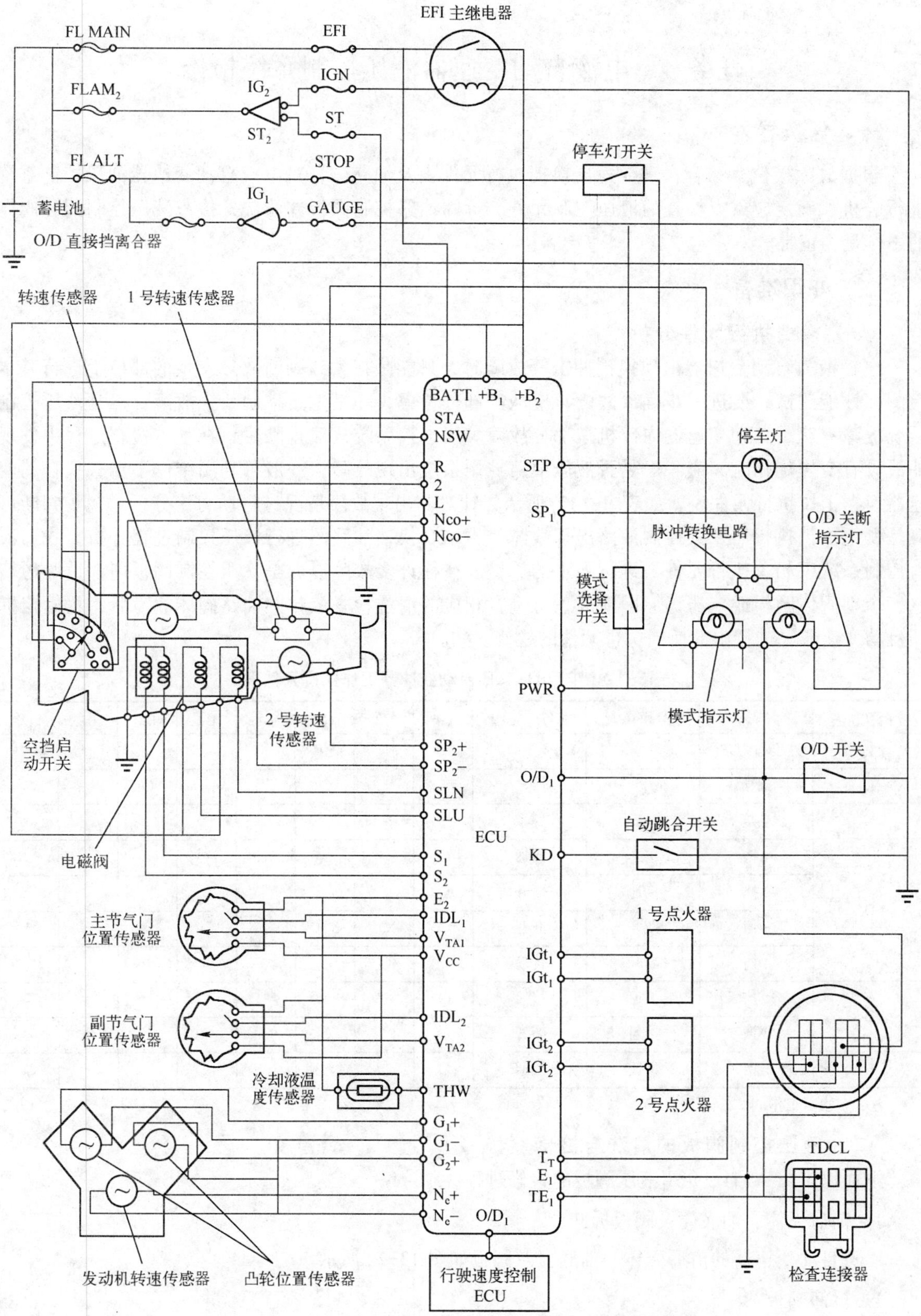

图 13-21　A341E 和 A342E 自动变速器控制系统线路图

任务 4　电液自动变速器液压控制系统检修

一、任务导入

根据故障挡位，结合自动变速器换挡执行元件表及油路图，对电液自动变速器油压控制系统进行分析，确定应重点检查的液压控制元件，拆卸油路控制阀板并清洗，检查液压控制阀各阀体的工作是否正常。

二、知识准备

（一）换挡执行元件分析

电控液力自动变速器出现换挡冲击等故障时，只能是在大致判断故障发生的部位上进行基本检测和性能测试，要进一步确诊故障，应从三部分考虑，一是电子控制系统故障；二是液压控制系统故障；三是自动变速器内部机械部分故障。当电控系统故障排除后，在基本检查过程中发现油液没有变黑烧糊时，应考虑是否液压油路控制系统出现故障，一般可利用维修手册查找自动变速器换挡工作执行元件表，如表 13-12 所示，针对其出现故障情况进行动力流分析，初步判断可能是哪个换挡执行器及其控制油路出现故障，再结合换挡油路图进行液压控制过程分析，找出液力控制系统中相关执行元件，进行人工的拆检。往往许多故障原因是液压控制阀板内油道脏污堵塞、个别阀体磨损或卡滞等原因造成，可进行相应的清洗检查。排除油路阀体故障后，再确定拆卸自动变速器，进行内部换挡执行元件的检修。

表 13-12　丰田 U340E 自动变速器工作执行元件表

换挡杆位置	挡　位	1 号电磁阀	2 号电磁阀	C1	C2	C3	B1	B2	B3	F1	F
P	停车挡										
R	倒挡					○			○		
N	空挡										
D	1 挡	接通	接通	○							○
	2 挡	接通	断开	○				○		○	
	3 挡	断开	断开	○	○			○			
	4 挡	断开	接通		○		○	○			
Z	1 挡	接通	接通	○							○
	2 挡	接通	断开	○			○	○		○	
L	1 挡	接通	接通	○					○		○

注：○表示工作。

（二）液压控制阀板的清洗与检修

下面以丰田 A341E 介绍液压阀板的检修过程。

1．前后壳体、油底壳及阀板拆卸

参考自动变速器的前后壳体、油底壳及阀板如图 13-22 所示。

1）拆卸阀板

① 清洁变速器外部。

② 拆除所有安装在自动变速器壳体上的零部件，如加油管、空挡启动开关、车速传感器、输入轴传感器等。

③ 从自动变速器前方取下液力变矩器。

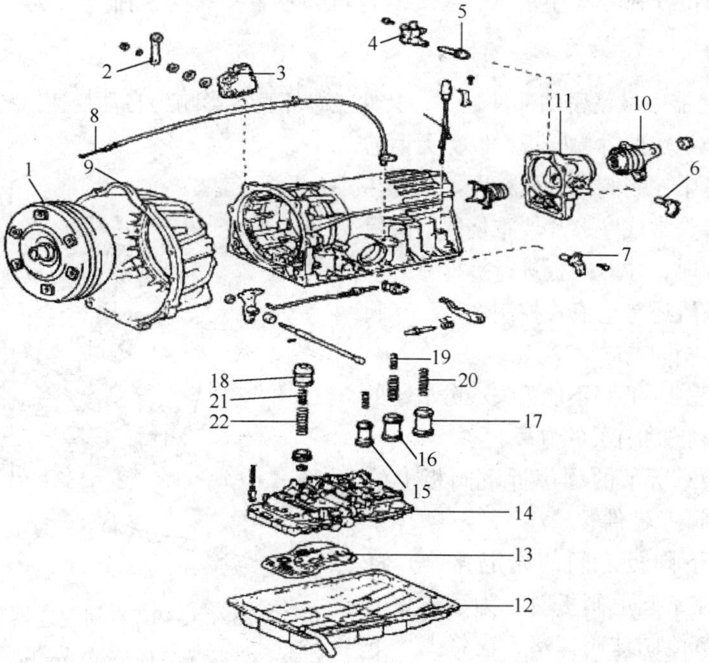

图 13-22　A341 和 A342E 自动变速器分解图

1—变扭器；2—手动阀摇臂；3—挡位开关；4—车速表传感器；5—车速表传感器驱动齿轮；6—车速传感器；7—输入轴转速传感器；8—节气门拉索；9—变扭器壳；10—输出轴凸缘；11—后端壳；12—油底壳；13—进油滤网；14—阀板；15、16、17、18—减振器活塞；19、20、21、22—减振弹簧

④ 松开紧固螺栓，拆下自动变速器前端的液力变矩器壳。

⑤ 拆除输出轴凸缘和自动变速器后端壳，从输出轴上拆下车速传感器的感应转子。

⑥ 拆下 19 只油底壳连接螺栓后，用维修专用工具的刃部插入变速器与油底壳之间，切开所涂密封胶，注意不要损坏油底壳凸缘。

⑦ 检查油底壳中的颗粒：拆下磁铁，观察其收集的金属颗粒。若是钢（磁性）性材料，则说明轴承、齿轮和离合器钢片存在磨损；若是黄铜（非磁性）材料，则说明是衬套磨损。

⑧ 拆下连接在阀板上的所有线束插头。

⑨ 拆下 4 个电磁阀，拆下与节气门阀连接的节气门拉索。

⑩ 用螺丝刀把液压油管小心地撬起取下。

⑪ 松开进油滤网与阀板之间的固定螺栓，从阀板上拆下进油滤清器。

⑫ 拆下阀板与自动变速器壳体之间的连接螺栓，取下阀板总成阀板上的螺栓，除了一部分是固定在变速器壳体上之外，还有许多是上下阀板之间的连接螺栓。在拆卸阀板总成时，应对照该车型的维修手册，认准阀板与自动变速器之间的固定螺栓；或在拆卸阀板时，应先松开阀板四周的固定螺栓，再检查阀板总成是否松动。若未松动，可将阀板中间的固定螺栓逐个松开少许，直至阀板松动为止，此时即可找出阀板上所有固定在自动变速器壳体上的螺栓，阀板总成以整体结构装在自动变速器的下部，是重要部件，又有精密的配合偶件，稍有差错，散落碰伤，就会影响自动变速器的正常工作，所以不要轻易分解。

⑬ 取出自动变速器壳体油道中的止回阀和弹簧。

⑭ 取出自动变速器壳体油道中的蓄压器活塞。方法是：用手指按住蓄压器活塞，向蓄压器活塞周围相应的油孔中吹入压缩空气，将蓄压器活塞吹出。

⑮ 拆下手控阀拉杆和停车闭锁爪，必要时也可卸下手控阀操纵轴。

2．阀板的分解

阀板是自动变速器中最精密的部件之一，其性能好坏直接影响到自动变速器的换挡规律。在拆检自动变速器时，并非一定要拆检阀板，以免无谓的拆装，破坏阀板内各个控制阀的装配精度。只有在自动变速器换挡规律失常或摩擦片严重烧毁、阀板内沾有大量摩擦粉末时，才对阀板进行拆检修理。不论是液力式控制系统还是电液式控制系统，其阀板的检修方法是基本相同的。

阀板的分解应特别小心，不能丢失或分散小的节流阀、安全阀、随动阀和有关的弹簧。

（1）按图 13-23 所示的顺序拆下阀板上的手控阀阀芯及电磁阀等零件。

（2）松开上、下阀板之间的固定螺栓，将上、下阀板分开。在拿起上阀板时，为了防止上阀板油道内的单向节流阀球阀掉落，应将上、下阀板之间的隔板和衬垫与上阀板一同拿起，并将上阀板油道一面朝上放置，用木锤轻轻敲击隔板，防止小的球阀黏在隔板上，然后再取下隔板。如图 13-24 所示，注意认清上、下阀板油道中所有球阀等零件的位置并画在简图上，同时测量并记下不同直径的球阀的位置，然后才能取出球阀等零件，做进一步的分解及阀板清洗工作。特别是在没有详细技术资料的情况下检查自动变速器时，更要特别注意。如果阀板油道内的某个球阀或其他小零件掉出，由于阀板油道的形状十分复杂，往往会因找不到这些小零件的原有位置而不能正确安装，导致修理后的自动变速器工作异常。

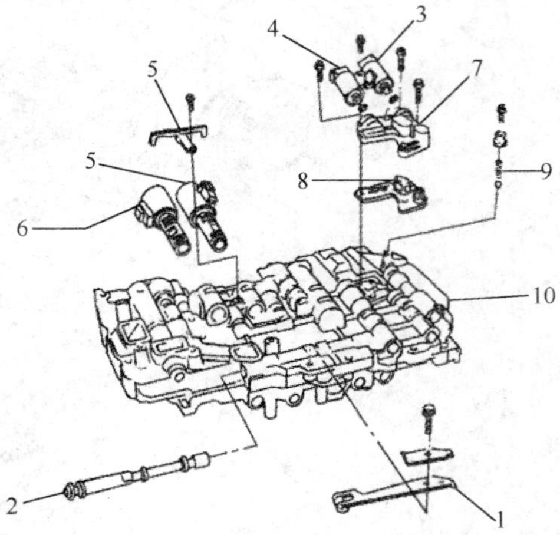

图 13-23 A340E 自动变速器手控阀和电磁阀的拆除

1—手控阀摇臂定位弹簧；2—手控阀；3、4—换挡电磁阀；5—油压电磁阀；6—锁止电磁阀；7—换挡电磁阀底座；8—换挡电磁阀滤网；9—泄压阀；10—阀板

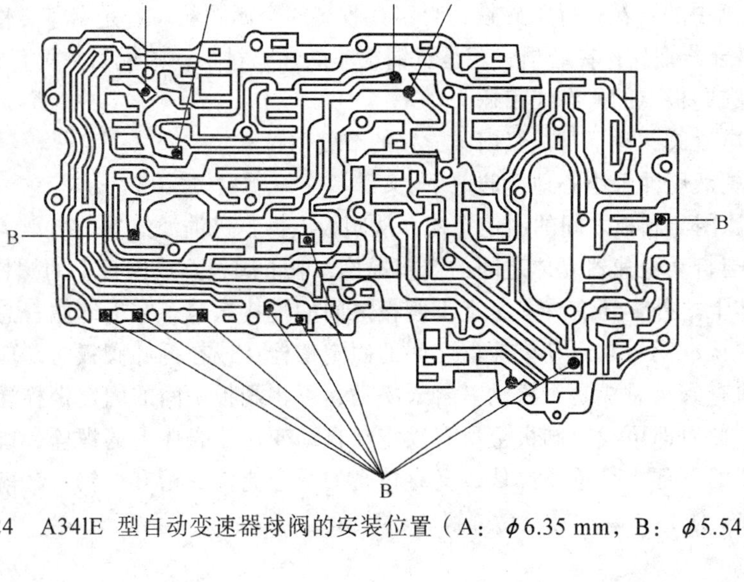

图 13-24 A341E 型自动变速器球阀的安装位置（A：ϕ6.35 mm，B：ϕ5.54 mm）

（3）在上阀板一侧取下隔板，取出阀板油道内的所有单向阀球阀。

（4）如图 13-25 和图 13-26 所示的顺序拆出上、下阀板中所有的控制阀。在拆出每个控制阀

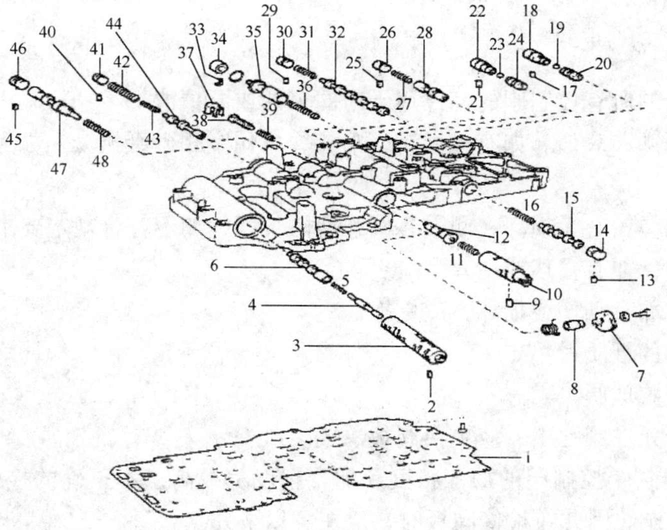

图 13-25　A340E 自动变速器上阀板的分解

1—隔板和衬垫；2、9、13、17、21、25、29、33、40、45—锁销；3—锁止控制阀阀套；4—锁止控制阀；5、11、16、27、31、36、39、42、43、48—弹簧；6—锁止继动阀；7—节气门阀凸轮；8—销套；10—强制降挡阀；12—节气门阀；14、18、22、26、30、34、41、46—挡塞；15—3—4 挡换挡阀；19、23—止回阀球阀；20、24—止回阀；28—倒挡控制阀；32—2、3 挡换挡阀；35—前进挡蓄压器活塞；37—锁片；38—节气门阀调节螺钉；44 一前进挡蓄压器节流阀；47—次调压阀

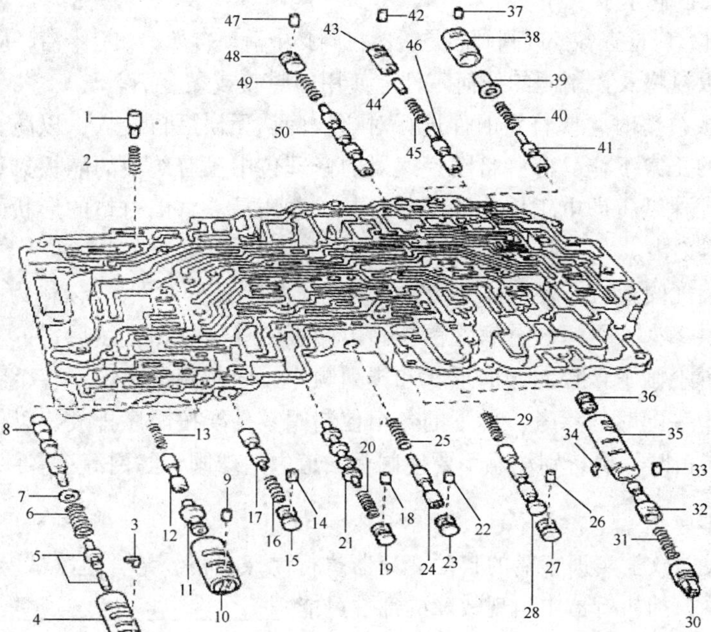

图 13-26　A341E 和 A342E 自动变速器下阀体分解图

1—止回阀；2、6、13、16、20、25、29、31、4、45、49—弹簧；3、9、14、18、22、26、33、34、37、42、47—锁销；4、10、35、38、43—阀套；5、11、36、39、44—阀杆；7—垫圈；8—主油路调压阀；12—锁止控制阀；15、19、23、27、30、48—柱塞；17—止回阀；21—电磁转换阀；24—电磁调节阀；28—截止阀；32—减振器控制阀；41—滑行调节阀；46—滑行调节阀；50—1～2 挡换挡阀

时，应先取出锁销和挡塞，再让阀芯和弹簧从阀孔中自由落出。若阀芯在阀孔中有卡滞，不能自由落出，可用木锤或橡皮锤敲击阀板，将阀芯震出。不要用铁丝或钳子伸入阀孔去取阀芯，以免损坏阀孔内径或阀芯。

3．阀板零件的检修

（1）将上下阀板的所有控制阀的零件用干净的煤油或酒精清洗。

（2）检查控制阀阀芯表面，如有轻微刮伤痕迹，可用金相砂纸抛光。如控制阀卡死在阀孔中，应更换阀板总成。

（3）检查各个阀弹簧有无损坏，测量各阀弹簧的长度，如不符合规定要求，应更换。

（4）检查滤油器，如有损坏或堵塞，应更换。

（5）检查隔板，如有创伤或损坏，应更换。

（6）更换隔板上的纸质衬垫。

（7）更换所有塑胶球阀。

（8）如控制阀卡死在阀孔中，应更换阀板总成。

（9）由于阀板中各个控制阀的加工精度和配合精度都极高，不正确的检修方法往往会损坏控制阀，影响其正常工作。因此在检修阀板时，应注意以下几点。

4．拆检注意事项

（1）拆检阀板时，切不可让阀芯等重要零件掉落，不要将铁丝、螺丝刀等硬物伸入阀孔中，以免损伤阀芯和阀孔的精密配合表面。

（2）阀板分解后的所有零件在清洗后，可用压缩空气吹干。不允许用棉布擦拭，以免沾上细小的纤维丝，造成控制阀卡滞。

（3）装配阀板时，应检查各控制阀阀芯是否能在阀孔中活动自如。如有卡滞，应清洗后重新安装。

（4）不能在阀板衬垫及控制阀的任何零件上使用密封胶或黏合剂。

（5）在更换隔板衬垫时，要将新旧件进行对比，确认无误后再装入，以防止因零件规格不符而影响自动变速器的正常工作。有些自动变速器的修理包中没有阀板的隔板衬垫，在维修中如果旧衬垫破损，可用青稞纸（即电工用绝缘纸）自制。方法是：将旧衬垫的形状画在青稞纸上，用割纸刀和圆冲照原样刻出。

（6）在分解、装配阀板时，要有详细的技术资料（如阀板分解图），以作为对照。如果在检修时没有这些资料可供参考，可以在分解之前先画出阀板的外形简图，然后每拆一个控制阀，就在阀板简图的相应位置上画下该控制阀的形状和排列顺序，同时测量并记下各个弹簧的外径、自由长度和圈数，以作为装配时的参考。拆下的各个控制阀零件要按顺序排放，以便于重新安装。另外，在分开上、下阀板时，要特别注意不要使阀板油道中的球阀、滤网等小零件掉出。

三、任务实施

引导问题1：根据教学实训车辆的自动变速器执行元件表格，结合道路试验中各挡工作情况，分析可得主要变速器换挡执行器中出现故障的部件可能________________________。

引导问题2：参考各挡液压油路图分析，在液压控制阀体中，参与上述出现故障的换挡执行器油路工作的元件有____，另外影响到换挡冲击的其他压力调节阀有________________________，它们都将在阀体的拆洗中重点检查。

引导问题3：你是否备有自动变速器的液压控制阀体的分解图？如果没有，将怎样进行分解前的准备工作？将你作的阀体分解记录图表或相片附在工作任务单中，以备查验。

任务 5　关联故障的诊断与案例学习

一、电液自动变速器常见故障诊断

（一）汽车不能行驶

1．故障现象

发动机运转正常，无论选挡杆位于任何前进挡或倒挡，汽车都不能行驶。

2．故障原因

（1）无油：油面过低或自动变速器油严重变质。

（2）进油滤网堵塞：油泵损坏或主油路严重泄漏。

（3）油压电磁阀：控制单元或线路有故障。

（4）选挡杆和手控阀摇臂间的连接杆或拉线松脱：手控阀保持在空挡或驻车挡位。

（5）前进挡离合器：倒挡离合器或制动器严重打滑。

（6）变矩器故障或其传动板折断。

（7）停车闭锁机构或汽车其他部位有故障。

3．故障诊断与排除

（1）首先排除汽车其他总成的故障，如制动能否正常解除，有无严重拖滞现象，传动系工作是否正常等。

（2）若故障指示灯闪亮，应先读取故障代码，并按故障代码的提示排除故障，电子控制系统主要故障部位在主油路油压电磁阀，若电子控制系统故障排除后仍不能行驶，则继续下列检查。

（3）检查油面高度和油质，若油面过低或无油，应检查自动变速器油底壳、散热器、油管等部位有无泄漏，根据情况修复并按规定补充自动变速器油；若油液呈乳胶状，则为散热器损坏，混入了发动机冷却液，应维修或更换散热器；若自动变速器油变黑，且油液中含有黑色渣粒，可能是离合器或制动器烧损，导致自动变速器严重打滑。

（4）检查选挡杆与手控阀摇臂之间的连接杆或拉线，如有松脱，应予以装复，并重新调整选挡杆的位置。

（5）进行失速试验，若失速转速过高，说明离合器或制动器烧损打滑；若失速转速过低，则液力变矩器失效，导致动力不足，应更换变矩器。

（6）检测主油路油压，若主油路没有油压，可能是油泵不工作；若主油路油压过低，可能是油泵进油滤网堵塞、油泵损坏、安全阀失效或主油路严重泄漏，应拆检自动变速器，进行相应检修；若冷车时主油路有一定的油压，但热车后油压明显下降，说明油泵磨损严重，应更换油泵。

（7）若主油路油压正常，且变速器油变黑、有渣粒，应拆检自动变速器，检测离合器与制动器间隙、摩擦片的磨损情况及活塞、油路的密封性。

（二）汽车不能升挡

1．故障现象

（1）汽车行驶中自动变速器始终保持在 1 挡，不能升入 2 挡及高速挡。

（2）行驶中自动变速器可以升入 2 挡，但不能升入 3 挡或超速挡。

2．故障原因

自动变速器不能升挡的主要原因在电子控制系统。

（1）节气门位置传感器、车速传感器或线路有故障。

（2）换挡电磁阀或线路有故障。

（3）换挡阀卡滞。

（4）2挡或高速挡制动器、离合器及其油路有故障。

（5）强制降挡开关、制动开关、挡位开关、控制单元或线路有故障。

3. 故障诊断与排除

故障诊断时，应试车观察汽车是只有1挡还是在某一挡位不能升挡，根据具体故障现象查找相关的故障原因，检修相关故障部位。

（1）若故障指示灯亮，应先读码并按提示进行检修，可能是车速传感器、节气门位置传感器、强制降挡开关、制动开关、换挡电磁阀、控制单元及线路故障，根据检测结果排除相应故障。

（2）若无论节气门开度多大，汽车只能以某一特定挡位运行，可能是因为电子控制系统出现故障或控制单元存在故障码，使控制系统执行了锁挡，应排除控制系统故障或消除故障码。

（3）按规定重新调整节气门拉线。

（4）检查油面高度和油质。

（5）检查主油路油压，如不正常，应拆检阀板或变速器。

（6）清洗滤网检修油泵。

（7）分解阀板，检查相应换挡阀是否卡滞，如不能修复，应更换阀板。

（8）分解自动变速器，检查相关离合器或制动器的磨损情况，并用压缩空气检查其油路或活塞有无泄漏，根据情况修复或更换。

（三）汽车行驶无力

1. 故障现象

（1）起步加速无力：发动机运转正常，选挡杆挂入任何前进挡位均起步困难，加速无力；当车速达到一定值后。汽车在各挡运行正常。

（2）行驶中加速无力：汽车在行驶中能够正常换挡，但加速无力，或在某个挡位时加速无力，加速时发动机转速明显升高而车速上升缓慢。

（3）平直路面行驶基本正常，但上坡或重载时行驶无力，且发动机转速很高。

2. 故障原因

汽车行驶无力的原因是自动变速器打滑，起步加速无力的主要故障原因为液力变矩器导轮单向离合器打滑，不再具有增扭作用，使液力变矩器变成了耦合器。而行驶中加速无力的主要故障原因是主油路油压过低，换挡执行元件打滑。具体原因如下：

（1）油面过低，油液变质。

（2）液力变矩器导轮单向离合器失效。

（3）进油滤网堵塞，油泵损坏。

（4）主油路油压过低。

（5）离合器、制动器打滑或其油路泄漏。

（6）油压电磁阀故障。

3. 故障诊断与排除

诊断时，应试车确诊是起步加速无力，还是行驶加速无力。

（1）若故障指示灯亮，则提取故障码，并按故障码提示排除相应故障，多为油压电磁阀故障，根据情况排除。

（2）检查油面高度，过低需检查有无漏油之处，并按规定加油。若油变黑且有黑色颗粒，则可能是执行元件摩擦片烧损。

（3）路试，若只是起步加速无力，可能是变矩器导轮单向离合器打滑，也可能是前进挡执行元件打滑。做失速试验，若失速转速过低，则为液力变矩器导轮单向离合器打滑，应拆检变矩器，检查导轮单向离合器，如果两个方向均能旋转，即可确认单向离合器失效，应更换变矩器。若失速转速过高，可能是前进挡离合器或制动器打滑。

（4）如果汽车行驶加速无力，要确认是所有挡位加速无力还是仅在某一挡位加速无力。将选挡杆拨入不同的位置，让汽车行驶，若自动变速器升至某一挡位时发动机转速突然升高，而车速没有相应地提高，即说明该挡位打滑。打滑时发动机的转速越容易升高，说明打滑现象越严重。根据打滑现象出现的规律，还可以判断产生打滑的是哪一个换挡执行元件。

下面以丰田自动变速器为例进行分析：

① 若自动变速器在所有前进挡都有打滑现象，则为前进离合器打滑。

② 若自动变速器在选挡杆位于“D”位时1挡有打滑现象，而在选挡杆位于“L”位或“1”位时的1挡不打滑，则为前进单向离合器打滑；若不论选挡杆位于“D”位或“L”位或“1”位时，1挡都有打滑现象，则为低速挡及倒挡制动器打滑。

③ 若自动变速器只在选挡杆位于“D”位时的2挡有打滑现象，而在选挡杆位于“S”位或“2”位时的2挡不打滑，则为2挡单向离合器打滑；若不论变速杆位于“D”位或“S”位或“2”位时，2挡都有打滑现象，则为2挡制动器打滑。

④ 若自动变速器只在3挡有打滑现象，则为倒挡及高速挡离合器打滑。

⑤ 若自动变速器只在超速挡时有打滑现象，则为超速制动器打滑。

⑥ 若自动变速器在倒挡和高速挡时都有打滑现象，则为倒挡及高速挡离合器打滑。

⑦ 若自动变速器在倒挡和1挡时都有打滑现象，则为低速挡及倒挡制动器打滑。

（5）将选挡杆分别拨至“D”、“2”、“L”、“R”挡位，如果自动变速器不论前进挡或倒挡均打滑，可能是主油路油压过低所致，需检测主油路油压。如主油路油压过低应拆检油泵、清洗或更换滤网、检查主油道的密封性、检修或更换阀板。若自动变速器仅在某一挡位打滑，应拆解变速器，检查该挡位离合器或制动器是否磨损严重，其活塞及油道密封圈有无破损，并根据情况维修或换件。

（四）自动变速器异响

1．故障现象

在汽车行驶过程中，自动变速器内始终有异常响声，停车挂空挡后异响消失。

2．故障原因

（1）油泵因磨损严重或自动变速器油面过低、过高而产生异响。

（2）液力变矩器因锁止离合器、导轮单向离合器等损坏而产生异响。

（3）行星齿轮机构异响。

（4）换挡执行元件异响。

3．故障诊断与排除

（1）检查自动变速器油面高度。

（2）用举升器将汽车升起，启动发动机，在空挡、前进挡、倒挡等状态下检查自动变速器产生异响的部位和时刻。

（3）若在任何挡位下自动变速器中始终有连续的异响，通常为油泵或变矩器异响，应拆检自动变速器，检查油泵和变矩器，不正常则更换。

（4）若自动变速器只在行驶中才有异响，空挡时无异响，则为行星齿轮机构异响，对此应分解自动变速器，检查行星排各个零件有无磨损，齿轮有无断裂，单向离合器有无磨损、卡滞。轴承或止推垫片有无损坏等，如有异常，应予以更换。

（五）自动变速器无前进挡

1．故障现象

（1）汽车倒挡行驶正常，在前进挡时不能行驶。

（2）选挡杆在“D”位时汽车不能起步，在“S”位、“L”位或“2”、“1”位等前进低速挡时可以起步。

2．故障原因

（1）前进离合器严重打滑。

（2）前进单向离合器打滑或装反。

（3）前进离合器油路严重泄漏。

（4）选挡杆调整不当。

3．故障诊断与排除

（1）检查选挡杆的调整情况，如有异常，应按规定程序重新调整。

（2）测量前进挡主油路油压，若油压过低，说明主油路严重泄漏，应拆检自动变速器，更换前进挡油路上各处的密封圈和密封环。

（3）若前进挡的主油路油压正常，应拆检前进挡离合器。如果摩擦片磨损严重或烧焦，应更换摩擦片。

（4）若主油路油压和前进挡离合器均正常，则应检查前进挡单向离合器，观察其是否装反，有无打滑现象。如装反应重新安装，打滑则更换新件。

（六）自动变速器无超速挡

1．故障现象

（1）汽车行驶中，车速已升至超速挡范围，但自动变速器仍不能升入超速挡。

（2）车速达到超速挡工作范围后，采用提前升挡（即松抬加速踏板几秒后再踩下）的方法也不能使自动变速器升入超速挡。

2．故障原因

（1）超速挡开关、超速挡电磁阀或线路有故障。

（2）节气门位置传感器、车速传感器、自动变速器油温传感器、发动机水温传感器有故障。

（3）超速制动器、超速离合器严重打滑或超速单向离合器失效。

（4）超速离合器、制动器油路泄漏。

（5）3—4 挡（4 速变速器）或 4—5 挡（5 速变速器）换挡阀卡滞。

（6）挡位开关、制动开关或线路、控制单元或线路有故障。

3．故障诊断与排除

（1）若故障指示灯亮，应首先进行仪器检测或人工读码，按提示查找故障部位，并检修或更换相关电子元件。故障部位可能在超速挡开关、超速挡电磁阀、水温传感器、油温传感器、车速和节气门位置传感器、挡位开关、制动开关或控制单元及其相关线路。

（2）用举升机将汽车举起或悬空驱动轮，运转发动机，让自动变速器在前进挡运行。检查在空载状态下自动变速器的升挡情况，如果在无负荷状态下仍不能升入超速挡，说明液压控制系统有故障，可能是超速挡换挡阀卡滞。如果在空载状态下能够升入超速挡，且升挡车速正常，说明液压控制系统基本正常。不能升挡的原因为超速执行元件打滑，如果能够升入超速挡，但升挡后车速提不高、发动机转速下降，说明超速离合器或超速单向离合器卡死，应检修自动变速器。

（3）拆卸并分解阀板，检查超速挡换挡阀，若不能修复，则更换阀板。

（4）拆检自动变速器，检查超速挡单向离合器是否失效，超速离合器、制动器是否磨损过度，其活塞及油道密封圈有无破损漏油，视情维修或更换。

（七）自动变速器无倒挡

1. 故障现象

选挡杆在任何前进挡位时汽车均能向前行驶，且能正常换挡，但选挡杆在“R”位时，汽车不能向后行驶。

2. 故障原因

倒挡时，部分变速器的电子控制系统没有参加工作，有的变速器的电子控制系统仅进行调压控制，倒挡的液压控制也比较简单，主调压阀和节气门阀进行调压，液压油不经过换挡阀，由手控制阀控制直接进入倒挡离合器和制动器，因此，无倒挡的主要故障原因是倒挡制动器、离合器烧损或其油路油压过低。

（1）自动变速器油变质。

（2）倒挡油压过低。

（3）倒挡离合器、制动器打滑，倒挡单向离合器失效。

（4）选挡杆与手控制阀的连接和调整不当。

3. 故障诊断与排除

（1）检查油质，若变黑，可能是倒挡离合器和制动器烧损。

（2）检查选挡杆与手控制阀的连接情况，松动或位置不当应重新调整。

（3）检查“R”位时的油压，油压过低应检查倒挡油道的密封情况。

（4）拆检自动变速器，检查倒挡离合器、制动器是否烧损或磨损过度，其活塞及油道是否漏油，并更换损坏的摩擦片、压盘或密封圈。

（八）挂挡后发动机怠速易熄火

1. 故障现象

（1）汽车起步时，踩下制动踏板，将选挡杆由“P”位或“N”位换入任何前进挡或倒挡时发动机易熄火。

（2）在前进挡或倒挡行驶中，踩下制动踏板时发动机易熄火。

2. 故障原因

此故障的主要故障原因是液力变矩器锁止离合器一直处于结合或半结合状态。

（1）锁止电磁阀或线路故障。

（2）锁止继动阀或锁止信号阀卡在锁止位置。

（3）锁止离合器不能分离或分离不彻底。

（4）车速传感器、挡位开关、控制单元或线路有故障。

（5）发动机怠速过低。

3．故障诊断与排除

（1）在空挡或停车挡时，检查、调整发动机怠速。

（2）若故障指示灯闪亮，应先读码，并根据提示检修锁止电磁阀、车速传感器、控制单元及线路等。

（3）若电子控制系统正常，应拆检阀板，检查锁止继动阀和锁止信号阀，不能修复则更换。

（4）若上述情况均正常，则为变矩器锁止离合器故障。拆卸变速器，将行星齿轮变速器的输入轴插入变矩器，锁住输入轴，转动变矩器壳，若不能转动或转动阻力非常大，说明锁止离合器不能正常分离，应更换液力变矩器。

（九）自动变速器升挡过迟

1．故障现象

（1）在汽车行驶中，升挡车速明显高于标准值，升挡前发动机转速偏高。

（2）必须采用提前升挡的操作方法，才能使自动变速器升入高速挡或超速挡。

2．故障原因

（1）节气门拉线或节气门位置传感器调整不当。

（2）节气门位置传感器、车速传感器损坏或信号不良。

（3）主油路油压或节气门油压过高。

（4）强制降挡开关短路。

（5）油压电磁阀工作不良。

（6）控制单元或控制线路有故障。

3．故障诊断与排除

（1）若故障指示灯亮，应首先进行仪器检测或人工读码，按提示查找故障部位，并检修或更换相关电子元件，应重点检查节气门位置传感器和车速传感器信号是否正常。

（2）检查节气门拉线或节气门位置传感器的调整情况，如果不符合标准，应重新予以调整。

（3）检查强制降挡开关，如有短路，应予以修复或更换。

（4）测量怠速时的主油路油压，并与标准值进行比较，若油压太高，应通过节气门拉线或节气门位置传感器予以调整。若调整无效，应检查油压电磁阀的工作情况。最后拆检阀板，检查主油路调压阀或节气门阀，并检查换挡阀是否工作不良。

（十）自动变速器跳挡

1．故障现象

汽车在前进挡行驶时，即使加速踏板和制动踏板保持不动，自动变速器仍会经常出现突然降挡现象，降挡后发动机转速异常升高，并产生换挡冲击。

2．故障原因

自动变速器跳挡的主要原因是电子控制系统工作不良，多为传感器或换挡电磁阀的连接器接触不良、搭铁不良所致。

(1) 节气门位置传感器、车速传感器有故障。

(2) 控制线路中的连接器接触不良。

(3) 控制系统电路搭铁不良。

(4) 换挡电磁阀接触（搭铁）不良。

(5) 控制单元有故障。

3. 故障诊断与排除

(1) 利用仪器进行故障自诊断，如有故障码出现，按所显示的故障码查找故障原因。

(2) 检查节气门位置传感器和车速传感器，并检查其导线连接器，如有异常应更换。

(3) 检查控制系统电路各搭铁线的接触状态，如果搭铁不良应予以修复和紧固。

(4) 拆下自动变速器油底壳，检查各换挡电磁阀线束连接器，如有松动应予以修复。

(5) 检查控制单元连接器，并检测各端子的工作电压，若有异常应予以修复或更换。

二、故障诊断实例

实例 1 雷克萨斯 LS300 1 挡升 2 挡冲击

1. 故障现象

一辆发动机型号为 3VE-FE，装有 A540E 自动变速器的雷克萨斯 LS300 轿车，1 挡升 2 挡时感到有明显的振动和冲击，其他挡位换挡正常，无冲击感。

2. 故障诊断与排除

A540E 是丰田公司的一种前驱动 4 速自动变速器，由带有锁止离合器的变矩器、三行星排辛普森式 4 速行星齿轮变速器、电液式控制系统、主减速器和差速器组成（自动变速驱动桥）。其超速行星排布置在前后行星排的后面，由于换挡冲击明显，而故障指示灯不亮，因此机械和液压控制系统出现故障的概率很大。

首先检查并调整了节气门拉线，故障依旧，于是拆下变速器进行解体检查。因为其他挡位换挡正常，只是在 1 挡升 2 挡时出现严重的换挡冲击，故障部位应当在 1 挡和 2 挡换挡执行元件及其控制油路，应进行重点检查。超速排位于变速器后部，相对独立，且其他挡位换挡正常，可以排除超速排故障的可能性，因而不需分解超速排。经检查，离合器片、制动片、制动带均完好，单向离合器也锁止良好，没有打滑现象，但在分解 2 挡制动器时，发现一个厚片法兰（钢片）装反了，制动器间隙过小，于是自认为是因间隙太小使之接合太快，造成换挡冲击，所以未分解阀板，将 2 挡制动器间隙调整好，组装变速器试车，故障现象仍然存在。经过上述检修，判断自动变速器机械部分一切正常，换挡冲击的原因应当在液压油路。

升起汽车，放掉变速器油，拆下油底壳之后，将阀板拆下并分解，重点检查 2 挡油路。在 1—2 挡换挡阀到 2 挡制动器活塞的油路中设置有一个用以改善换挡品质的单向节流阀，其作用是在换挡执行元件接合时延缓油压增大的速度，以减小换挡冲击，但检查时却没有发现这个小钢球。仔细查看阀板油路，其他的单向球阀都在，也没有错位多余的球阀，显然球阀是在前面检修阀板时丢失了。于是按规定尺寸和材质配上了一个 4.5 mm 的钢珠，装复后试车，故障排除。

实例 2 捷达都市先锋自动变速器轿车车速始终过低。

1. 故障现象

一辆捷达都市先锋自动变速器轿车，车速始终过低，无升挡迹象，甚至发动机转速达到 3 000～

4 000 r/min 时车速只有 35 km/h。

2．故障诊断与排除

使用故障诊断仪 V.A.G1552 检测自动变速器，查询故障码为 00518，故障内容是节气门电位计 G69 信号超出允许值。将汽车用举升机举起，变速器挂上“D”挡，踩下加速踏板，观察 V.A.G1552 数据块 003 组第 3 区，看到挡位由 1H（1 挡机械）到 2H（2 挡机械）反复变化。此时阅读自动变速器数据块中 001 组第 2 区节气门电位计电压值，不管将节气门打开到多大，总是显示 3 V。

再使用 V.A.G1552 检测发动机电控系统，查询故障码为 00518，阅读数据块 001 组第 3 区，无论怎样变换节气门角度其显示值总是 57°。显然，节气门电位计 G69 损坏。自动变速器电控单元是根据车速信号和节气门电位计信号自动变换挡位，如果控制单元收不到节气门电位计信号或者节气门电位计信号始终是一个固定的数据，控制系统就要按应急程序运行。通过查询自动变速器和发动机的故障码与阅读数据块都说明节气门电位计 G69 损坏。更换节气门总成，并按要求对发动机和自动变速器电控系统进行节气门基本调整，然后路试，进行换挡试验，升降挡正常；当发动机转速在 3 000 r/min 时，对应的车速约为 105 km/h，变速器正处于“D”挡中的四挡运行。路试表明自动变速器工作正常，故障排除。

实例 3　雷克萨斯 LS400 行驶无高速

1．故障现象

一辆 1994 款 LS400 轿车，最高车速只能达到 120 km/h，再行驶一段时间后，最高车速仅能达到 90 km/h 左右。

2．故障诊断与排除

首先向驾驶员了解汽车状况，驾驶员反映，该车最初的表现是最高车速下降，节气门较大时也只能达到 120 km/h。因为很少高速行车，也没有特别关注，可行驶一段时间后，即使加速踏板踩到底，最高车速仅能达到 90 km/h 左右。随后上路试车，将选挡杆上的超速挡开关按下（ON），在良好路面行车，发现变速器升挡车速较高，且升不了超速挡。发动机转速达 4000 r/min 以上，车速还达不到 90 km/h。在试车过程中能够感觉到明显的动力不足、变速器打滑现象，且故障出现时，仪表盘上的故障指示灯一直没亮。按动超速挡开关，仪表盘上的“OD OFF”指示灯亮灭正常，而出现故障时“OD OFF”指示灯不亮，说明变速器自诊断系统未检测到电子控制系统的故障。

从故障现象分析，故障部位可能在变速器的机械和液压控制系统。在对自动变速器分解之前，检查了变速器液面高度和油质，油温 70° C 左右时其油液痕迹处于油尺上热态（HOT）标记的范围以下，即油面偏低，同时发现不但油液的颜色已呈极深的暗褐色，而且伴随着烧焦的气味，表明自动变速器油已严重变质；做失速试验，失速转速很高，说明变速器内部的离合器有严重打滑现象。放掉变速器油，拆下油底壳，发现在油液中和油壳底部含有类似离合器或制动器摩擦片的固体碎渣，于是将自动变速器拆卸、分解。检查超速排时发现，超速排制动器的摩擦片及超速排离合器的摩擦片和个别压板已有不同程度的烧蚀和损坏。再继续拆检，其他元件基本正常，拆检完毕后，清洗自动变速器，更换超速排制动器和离合器的摩擦片和压板，将自动变速器装复到车上，并按原厂要求加注自动变速器油，启动发动机进行路试。在开始行驶的 100 km 内，选挡杆在“D”位时，可以自动从 3 挡升入超速挡，并且随着节气门开度的增大，车速能达到 140 km/h 左右，但继续试车时，随着节气门开度增大，车速却逐渐降低。汽车行驶到 200 km 左右时，自动变速器不仅不能从 3 挡升入超速挡，而且还从 3 挡降至 2 挡，此后即使将加速踏板踩到底，最高车速也只能达到 90 km/h 左右。变速器又出现了打滑现象，看来离合器烧片不是故障产生的本质原因。

回厂后进行油压试验，检测主油路油压，发现选挡杆在“D”位时，怠速时的油压约为 200 kPa，失速工况下的油压还不足 350 kPa，远远低于正常值。更换损坏的活塞密封环，并将轻度烧蚀的摩擦片修复。组装变速器，再次进行试车，故障现象消失。

检修自动变速器时，不能只依据故障的表面现象去判断故障部位，必须仔细分析和研究，找到故障的本质原因。

实例 4　新捷达王 GTX 轿车自动变速器不能自动换挡。

1. 故障现象

一辆新捷达王 GTX 轿车，行驶里程 13 万公里，自动变速器不能自动换挡。

2. 故障诊断与排除

新捷达王 GTX 轿车装备的是 01M 四速自动变速器。接车后试车，发现该车无论将选挡杆挂入哪一位置，自动变速器都始终在一个挡位上运行。首先我们用诊断仪 VAS5051 调取故障码，读到一个 G38 信号电压低故障，并且在 ABS 系统中读到一个右后轮车速传感器的故障码。消码后试车，又重复出现上述故障码。G38 为自动变速器输入转速传感器，安装在自动变速器的正上方。用万用表测量其阻值为无穷大，而正常值应为 800～900 Ω，说明转速传感器损坏。更换后试车，故障依旧。考虑到该车可能是在故障模式下运行，自动变速器电控单元是根据变速器转速信号和节气门位置信号自动变换挡位的，如果控制单元接收不到转速信号或者节气门位置信号，自动变速器就无法自动升挡。于是重新清除故障码，自动变速器工作正常，而且 ABS 系统中的右后轮车速传感器故障码也不再出现。

思　考　题

1. 电子控制液力自动变速器换挡冲击的原因有哪些？
2. 试述电液自动变速器常见换挡冲击故障的诊断思路。
3. 汽车自动变速器的基本性能测试有哪些项目，这些项目分别有什么作用？
4. 写出进行汽车自动变速器失速测试和油压测试的方法与步骤？
5. 液力自动变速器的液压阀体的检修方法与注意事项有哪些？
6. 说说汽车故障诊断计算机在电液自动变速器的检修中有哪些应用项目？
7. 如何对自动变速器内的电磁阀进行性能检测？
8. 汽车自动变速器不能升档的故障原因是什么，如何诊断？
9. 分析自动变速器车辆在怠速时易熄火的原因有哪些，怎样诊断排除？

模块五　汽车电器故障诊断

项目 14　启动机不能启动的故障诊断

【学习目标】

- 能描述启动、电源系统的常见故障现象。
- 会分析启动机不能启动的常见故障原因及部位。
- 会分析电源系统（发电机）常见故障原因及部位。
- 能结合车型特点和故障征兆制定启动机启动困难、不着车的故障诊断方案。
- 能根据维修手册，对电源和启动系统故障进行检修。

【案例引入】

冬季的某一天气温突然降到很低，小王一大早要赶回公司开会，没料到车子启动不了，昨天这车还没有一点故障征兆，现在钥匙打到启动挡只听到“嗒”的一声，听不到启动机和发动机运转的声音了，是电池没电还是启动机坏了？这可急坏了小王，请你帮他排除故障解决问题。

任务 1　启动机不启动的故障分析与诊断思路

一、任务导入

认识轿车不能启动的故障症状，根据教学车辆的故障现象，分析故障的可能原因，并制定诊断的流程步骤。

二、知识准备

（一）启动系统电路分析

目前轿车的启动系统电路图可参考图 14-1 所示。分析图中工作过程可知，对于带有防盗系统的汽车，当钥匙开启解除防盗功能后，智能进入控制单元（防盗控制单元）即接通防盗报警继电器，使启动信号线路能通过驻车位置开关继电器线圈，连接驻车空挡位置开关（配自动变速器车辆），如果此时驻车空挡位置开关处于 P 或 N 挡，则驻车空挡位置开关继电器接地。当点火开关置于 START 挡时，驻车空挡位置开关继电器闭合，启动信号可达启动机的电磁继电器，使启动机能正常启动。如果车辆没有接收到正确的防盗解除信号，则防盗系统起作用，防盗报警继电器不吸合，汽车不能启动。

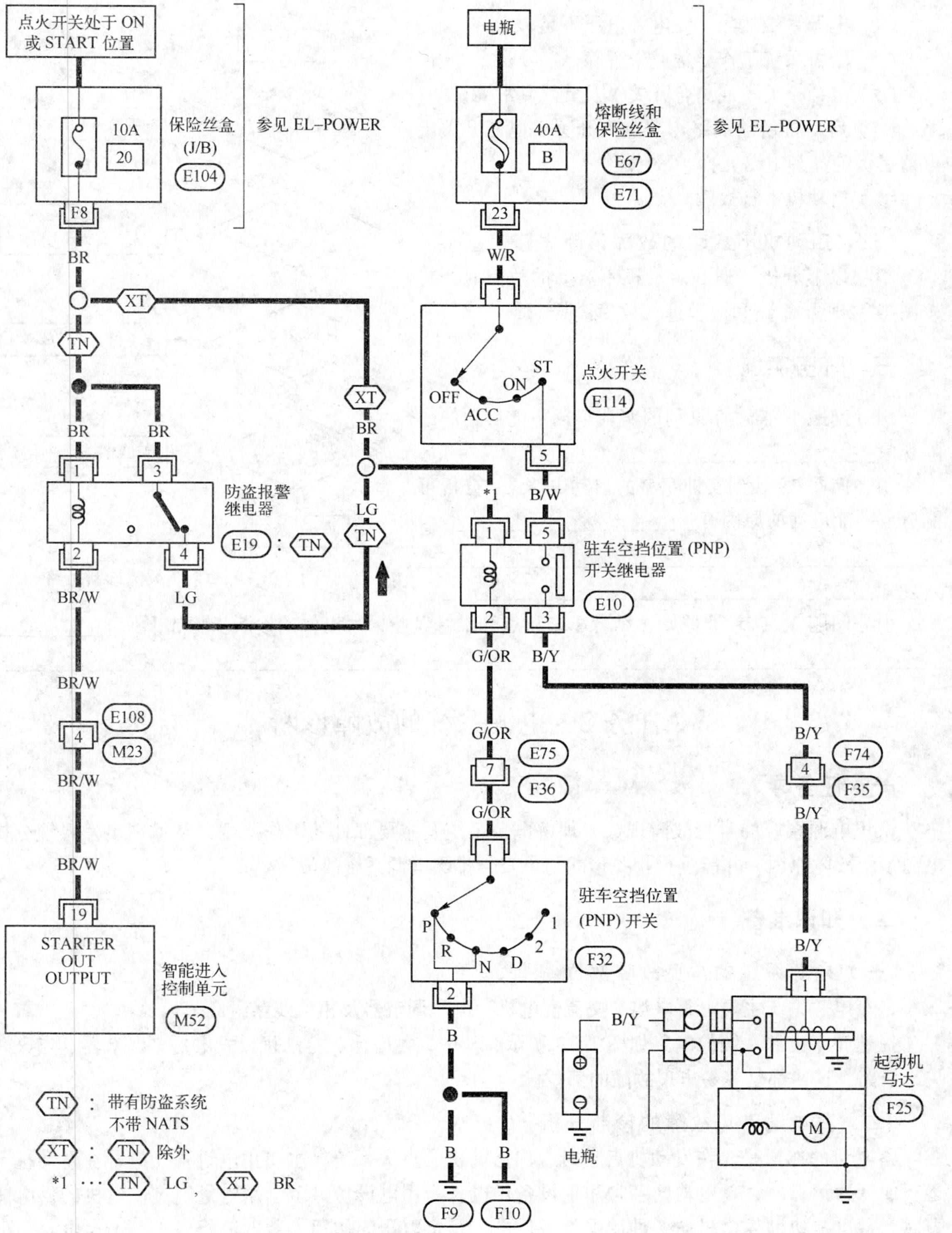

图 14-1　日产车启动系统电路图

（二）启动系统不能启动故障原因分析

根据以上工作过程分析可知，不能启动的故障原因可从以下几方面考虑：

（1）电源系统故障，使电源电压不足。

（2）防盗系统工作异常或未解除。

（3）空挡开关（或离合开关）及其线路故障。

（4）启动机启动线路（含点火开关、电磁开关继电器、保险丝等电路元件）故障。

（5）启动机本身故障。

（三）启动机不启动的故障诊断思路

根据以上分析，遇到启动机不启动的故障时，可按图 14-2 所示思路和流程进行故障诊断。

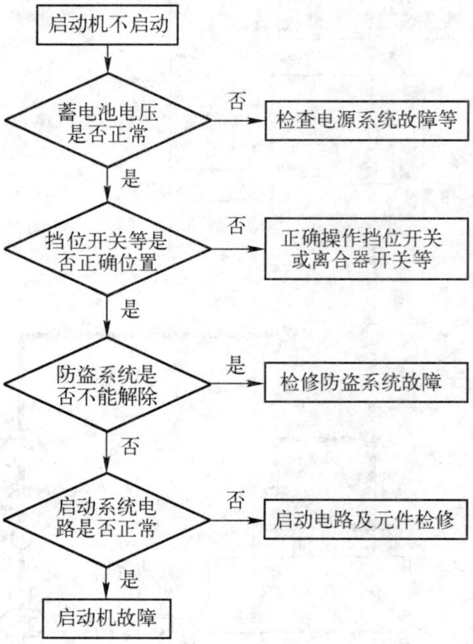

图 14-2　启动系统故障诊断思路

三、任务实施

引导问题 1：描述你见到的实训车辆不能启动的故障现象__________________________________。

引导问题 2：找到实训车型的启动电路图，分析可能造成不能启动的原因有____。

引导问题 3：按诊断原则，结合车型特点和维修经验，写出你的诊断步骤如下：____。

任务 2　电源系统的故障诊断

一、任务导入

认识电源系统的常见故障现象，理解电源系统及主要部件的工作原理，从原理出发系统分析电源系统故障原因，并能进行相关诊断与检查，排除电源系统故障。

二、知识准备

（一）电源系统的常见故障部位

汽车电源系统主要由蓄电池、交流发电机、电压调节器及相关线路组成。

捷达轿车电源系统的电路如图 14-3 所示，其中，蓄电池、启动机、发电机、调节器、点火开关、线路，这些都是容易出现故障的部位。

（二）蓄电池常见故障的诊断分析

蓄电池的作用是，在发动机启动时，向启动机、点火系统等主要用电设备供电；在发动机不运行或低速运行时，蓄电池向各种用电设备供电；当用电设备过多、用电量超过发电机的供电能力时，蓄电池协助发电机向各种用电设备供电，稳定电压的作用；蓄电池相当于一个大电容，可以吸收电路中瞬间的过电压，以保护用电设备蓄电池常见的故障，例如极板硫化、电池自放电、极板活性物质脱落、内部短路等。

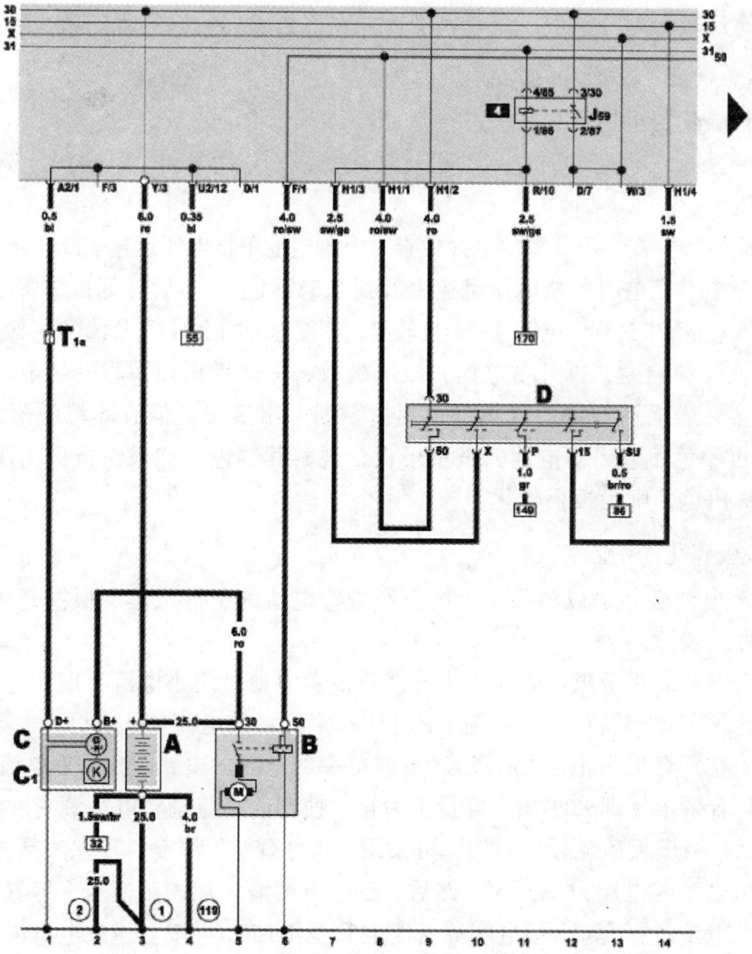

图 14-3 捷达轿车电源系统电路

A—蓄电池；B—启动机；C—发电机；C1—调节器；D—点火开关

1. 蓄电池极板硫化

1）硫化现象和特征

蓄电池极板硫化就是在极板上形成一层粗大而又坚硬的硫酸铅再结晶体。蓄电池在放电过程中所形成的硫酸铅，原是细小的颗粒，叫做一次性结晶体，一经充电，即可消失。如果蓄电池长期处于半放电状态，极板上的硫酸铅会在温度升高时溶解到电解液中，而当温度降低时，又会再次结晶，附在极板上，越结越大，越结越厚，这种再结晶的硫酸铅很难溶解，并且由于其结构致密，导电性差，严重堵塞了极板的孔隙，使参与化学反应的活性物质减少，蓄电池的容量降低，内阻增大，严重时，蓄电池将不能继续使用。

2）蓄电池极板硫化产生的原因

（1）蓄电池长期充电不足，或在半放电状态下长期放置。

（2）封存或停驶车辆的蓄电池，未能定期进行补充充电和进行充放电循环。

（3）启用新蓄电池时，初充电进行得不认真，致使极板在保管中形成的硫酸铅没有彻底消除。

（4）电解液液面过低，极板的裸露部分与空气接触逐渐硫化。

（5）电解液密度过高，环境温度变化剧烈，温差大，会加快硫化进程。

3）蓄电池极板硫化的检查与判断

对蓄电池极板硫化，可用下列方法进行判别：

（1）就车启动法。车辆启动时，启动机转动乏力，开灯时，灯光变红并迅速熄灭，则为蓄电池过度放电或硫化。

（2）用高率放电计检查。用高率放电计检查时，蓄电池单格电压迅速下降且不稳定为极板硫化。

（3）蓄电池充电。充电时单格电压迅速上升到 2.8V 以上，然后降低再缓慢上升，在充电终了时，电压不超过 2.5 V；充电过程中电解液的温度较高，密度上升则不明显，“沸腾”现象出现得较早。

（4）极板的硬度和响度，拆开蓄电池，取出极板，一是极板硬而脆，敲击时声音响亮，二是极板表面气泡很多，表面活性物质成糊状，用指甲划不出痕迹，但有碎粒脱落，则为极板硫化。

（5）观察极板颜色。取出蓄电池的正负极板，观察其颜色，如果正极板为浅棕色，表面有白色斑点，负极为灰白色，则为极板硫化。

4）蓄电池极板硫化的消除方法

极板硫化的蓄电池必须加以消除，否则会影响蓄电池的正常工作。根据硫化程度的不同，可采用不同的方法加以消除。

（1）小电流充电法。对于极板硫化不十分严重的蓄电池可用小电流长期充电的方法加以消除，其方法是用初次充电的第二阶段充电电流（约 1/3 额定容量的电流值、或更小的电流，进行长时间（40～50 h）充电，直到充足为止，然后以 20 h 放电率的电流放电，再次以小电流充电，如此反复，直至蓄电池容量符合要求（即 80%额定容量）为止。使用前，应调整电解液密度和液面高度。

（2）水处理法。当极板硫化较严重时，可采用“水处理法”修复。其方法是先将蓄电池用 20 h 放电率放电到单格电池的电压为 1.75 V，然后，倒出电解液，加入蒸馏水，静置 1 h，然后，用初充电第二阶段充电电流进行充电。待电解液密度上升至 1.150，再按上述放电电流放电至终止电压。接着再以原来的充电电流进行充电，直到电解液密度不再上升。如此反复，最后当蓄电池容量达额定容量的 80%时，表示处理工作基本完成。调整好电解液密度 1.28 g/cm^3 和液面高度即可使用。

（3）化学药剂去硫法。对于极板硫化严重的蓄电池，可采用添加化学药剂的方法去硫。其方法是：先将蓄电池用 20 h 放电率将电放光，倒出电解液，再用蒸馏水冲洗一次，然后配制密度为 1.100～1.150 的电解液，在电解液中按重量比加入 0.5%～1%的纯碳酸钾或碳酸钠，以不使电解液密度有显著改变为限，将混合好的电解液，注入电池中，使液面达到规定高度，然后再用蓄电池额定容量 1/20 的电流充电，当单格电池电压达 1 V 时，将电流减半直至充足。然后再放电、充电，如此反复，直至容量恢复到 80%额定容量为止。充电终了不需将电池内的电解液倒出，按规定调整好电解液密度和高度后，即可使用。

2．蓄电池放电

1）蓄电池自行放电的原因及处理

（1）自行放电原因。

充足了电的蓄电池，在不使用的情况下，逐渐失去电量的现象叫自放电。产生自放电的原因主要是电解液不纯净，含有较多的金属杂质所致。此外，当蓄电池极板质量不佳，蓄电池导线搭铁、极板短路、隔板损坏以及蓄电池外部不清洁或蓄电池存放温度过高等都会造成自放电。

对于自放电的蓄电池，应首先检查外部的清洁情况，清除外溢液体与污物，然后再检查并排除导线搭铁短路之处。对电解液杂质过多，可更换电解液，用蒸馏水清洗内部，重新加注电解液并充电，如极板含有杂质，可通过完全放电后，使极板上的杂质溶解到电解液中，然后更换电解液，再进行充电。待充足电后，用高率放电计测试电压，单格电压若能保持在 1.7 V 以上，且能持续 5 s 以上，则可投入使用。

（2）防止蓄电池严重自放电的措施。

① 要保证电解液的纯净，必须用蒸馏水和蓄电池专用硫酸配制电解液。

② 要经常保持蓄电池表面清洁、干燥、封胶应无裂缝，以避免蓄电池电极间短路。

③ 添加蒸馏水时，不得让金属杂质掉进蓄电池中，造成电解液不纯净。

④ 及时清理蓄电池底部的沉淀物。

⑤ 修理蓄电池时，要仔细检查隔板质量，凡有破损的不得用来组装蓄电池。

⑥ 组装蓄电池时，要保持工作间的清洁，操作时应防止任何金属掉入蓄电池。

⑦ 长期放置不用的蓄电池，每月应进行一次补充充电，以补偿自放电造成的容量损失并使上下层电解液混合均匀。

2）蓄电池对外放电的诊断与排除

（1）蓄电池对外放电的原因。

① 接线柱腐蚀而导致接触不良。

② 电线绝缘层破损。

③ 蓄电池及电气设备内部短路。

（2）故障诊断与排除

① 关闭车上所有用电设备。

② 断开蓄电池搭铁线，将大量程电流表接在蓄电池负极与接地线之间。

③ 调节电流表量程，读取读数，如读数不超过 10 mA，则线路正常。

④ 若电流表读数超过 10 mA，则依次拆断熔丝，观察电流表读数，找出故障电路并排除故障。

⑤ 若在有熔丝的电路未发现故障，则应拆掉无熔丝组件的导线，如发电机、启动机、点火系统、仪表系统等，找出故障电路并排除故障。

（二）发电机的常见故障原因与诊断

发电机与充电警告灯的工作原理可参考图 14-4 所示。这是一种利用三极管控制故障警告灯的电路，当点火开关 S 闭合时，励磁电路如下（他励）：蓄电池正极→点火开关 S→充电指示灯→调节器→发电机励磁绕组→搭铁。这时，充电指示灯亮。

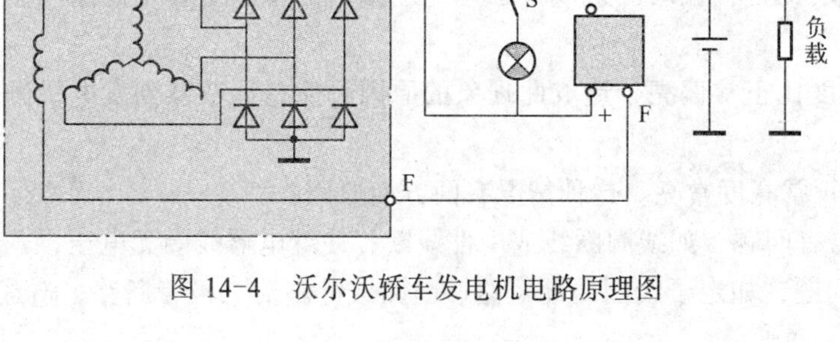

图 14-4　沃尔沃轿车发电机电路原理图

当发动机启动后，发电机的输出电压高于蓄电池的电动势，二极管 VD 导通，同时，VD 将充电指示灯短路，充电指示灯熄灭，表示发电机正常工作。

蓄电池的充电电路为：发电机的火线接线柱 B→VD→蓄电池正极。

励磁电路为（自励）：发电机的火线接线柱 B→调节器→发电机励磁绕组→搭铁

1. 发电机故障灯常亮的故障

1）故障现象

发动机运转，发电机报警灯常亮，即使提高发动机转速也不熄灭。

2）故障原因

（1）发电机或调节器故障。

（2）线路发生短路。

（3）继电器盒故障。

（4）发电机皮带断裂。

3）故障诊断和排除

方法一：先检查发电机传动带是否断裂，若传动带良好，调好张紧力后按图 14-5 所示流程进行故障诊断。

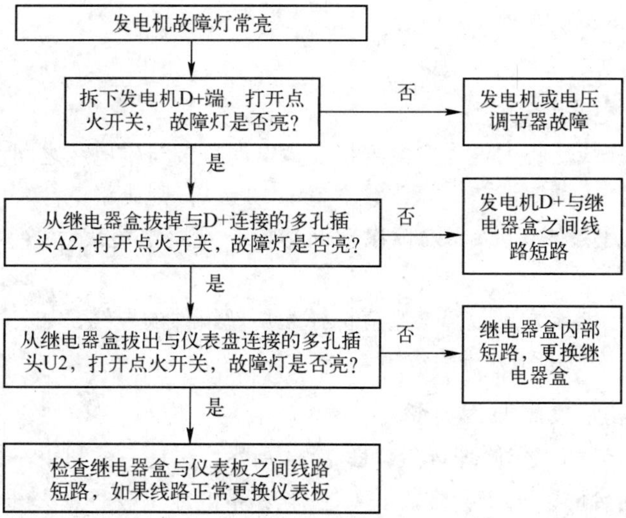

图 14-5　发电机故障灯常亮诊断流程

方法二：利用经验具体分析充电指示灯只亮不灭的几种情况：

（1）指示灯亮度比正常偏暗。造成指示灯亮度偏暗的原因主要是磁场线圈断线或炭刷接触不良等。

（2）指示灯亮度比正常偏亮，造成此现象的原因可能是调节器到发电机磁场连接线搭铁或磁场线圈局部短路等。

（3）指示灯以正常亮度常亮。这种情况有两方面原因：

① 磁场继电器有问题，如线圈断线或中性线断，使继电器线圈无电压；

② 发电机有问题，如定子线圈局部短路、断路或硅整流二极管断路，造成中性线电压低落，

无法使磁场继电器触点吸合。如果由于第一个原因，发电机以一定转速运行，仍可以充电，只是因为激磁电流小，充电量稍小。若由于第二个原因，则因发电机本身有问题，所以表现为不充电或在高速运转时充电很小。

对于充电指示灯亮度正常，且常亮不灭的故障，可以用“直接激磁法”判断故障原因。其方法是：用一根短导线跨接发电机输出端和磁场接线柱，加大油门，使发电机转速提高，如果指示灯灭，则说明故障与第一个原因无关，可能电压调节器有故障。如果指示灯不灭，则故障是第一个原因或者是发电机严重损坏（发电机轻度损坏，提高转速运转时，仍可使中性线电压达到一定值，使继电器触点吸合指示灯灭）。

另外，指示灯亮度正常，而常亮不灭，有时可能是因为磁场继电器的触点接触不良而产生。这种情况，可以看到继电器触点有吸合，但指示灯不灭。这样只需对触点加以清理，故障即可排除。

2．发电机警告灯一直不亮

1）故障现象

电池电量充足时，正常打开点火开关到点火挡时（未启动发动机），仪表盘上发电机警告灯不亮。

2）故障原因

（1）报警灯被烧坏。

（2）发电机及调节器故障。

（3）继电器盒或线路断路。

3）故障诊断

充电指示灯不亮时，应检查以下内容：指示灯灯泡是否断丝；指示灯电源线是否断路；熔断器是否松脱；调节器到磁场连接线断路，发电机硅整流二极管是否击穿或失效。检查时，不要急于拆卸仪表盘检查指示灯线路，而是要先打开调节器盖子，检查继电器触点是否处于吸合状态。若硅二极管击穿，引用万用表测量发电机输出端对壳的正反向电阻，反向电阻很小，说明二极管击穿。

3．充电指示灯时亮时灭

发动机正常运转时，发电机有时会点亮，并且亮度正常。

这种现象说明发电机充电不稳或不充电。此时，可按发电机故障排除的一般方法检查。

三、任务实施

引导问题 1：分别利用万用表和放电计对蓄电池性能进行检测，说说你的检测步骤：

____。

引导问题 2：请在车辆漏电检测过程中，按下表要求完成工作并填表：

操作步骤	操作内容	电流表数据	相关熔丝 A/编号
1	关闭所有电器，锁车 10 s 内		
2	关闭所有电器，锁车 3 min 后或更久（休眠状态）		
3	打开左后车门（门灯亮）		
4	只开前室内灯时		
5	打开尾箱盖时		

引导问题 3：利用发动机综合分析仪，测量充电电流波形图，并进行分析。

引导问题 4：实训车辆出现了发电机不充电的故障，请你制定并记录诊断步骤和相关结果：____。

任务 3　启动系统不能启动的故障诊断

一、任务导入

根据启动电路分析，分析启动系统不能启动的故障原因，并制定诊断流程按流程进行诊断。

二、知识准备

（一）启动机的组成及特点

启动机是用来启动发动机的，如图 14-6 所示，它主要是由电动机部分、传动机构和操纵机构三部分组成。

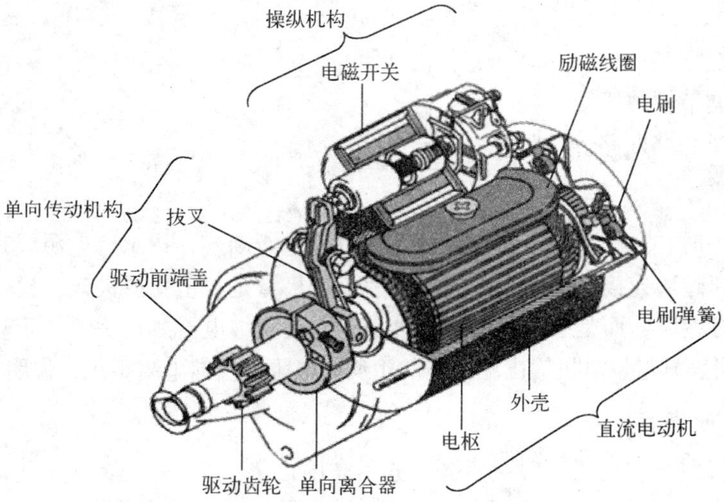

图 14-6　电磁操纵强制啮合启动机的组成构造

1. 电动机部分

电动机部分为一直流串激电动机，其作用是产生扭矩。它的构造由磁极、电枢、换向器和电刷等主要部分组成。由于它在汽车上是短时间工作的，而且工作时电流很大，所以在结构上有以下特点：

① 磁极：由铁芯及励磁绕组组成，固定在机壳内壁上。为了使启动机的扭矩增大，所设置的磁极数量也较多，一般的为四极，大功率启动机也有六极的。

② 电枢：由铁芯及电枢绕组组成，电枢绕组与励磁绕组串联，都是用矩形裸铜线绕制。电枢绕组采用波绕法。

③ 换向器：它与电枢装在同一轴上，由石墨青铜衬套支承。

④ 电刷：用铜与石墨粉压制而成，导电性能好又耐磨。

2. 传动机构

其作用是在发动机启动时，将启动机小齿轮啮入飞轮环齿，将启动机扭矩传递给发动机曲轴；

而在发动机启动后使启动机小齿轮与飞轮环齿自动脱开。它主要由单向离合器和小齿轮组成。

3. 操纵机构

在现代车辆中采用电磁操纵式，驾驶者通过点火开关，直接或由启动继电器操纵启动机磁力启动开关使传动齿轮进入啮合状态。

（二）启动系统故障现象与部位

启动机故障在汽车故障中也占了较大比例，通常表现为：

（1）启动机启动时无任何反应；

（2）启动机启动时无力；

（3）启动机启动时空转；

（4）启动机启动时不能启动而发出“哒哒”异响；

（5）启动机正常工作异响。

按照启动系统出现故障的部位分通常有蓄电池故障、启动机故障、点火开关故障和控制电路故障等。而点火开关故障和控制电路故障涉及电路和防盗等系统，这些系统故障在相关项目或任务中再进行阐述。

（三）启动机不能启动故障诊断

检测之前保证蓄电池已充电，且电磁开关上的导线接头、发动机、车身与蓄电池之间接地线接触良好，无氧化和烧蚀。故障诊断流程如图 14-7 所示。根据故障诊断流程图，在排除启动机外部电路和部件的故障之后，启动机的故障主要表现在以下几部分：

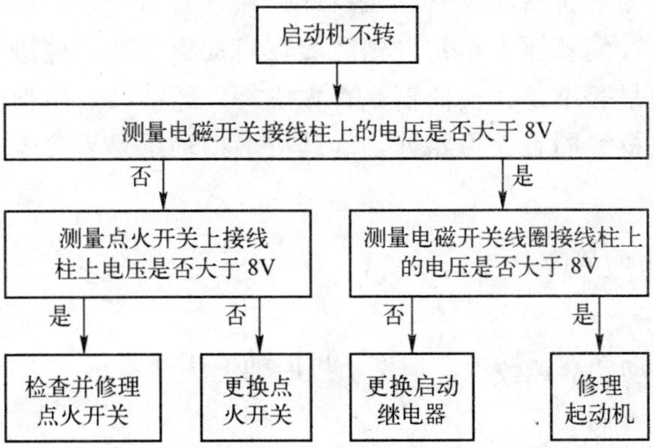

图 14-7 启动机不转故障诊断流程

（1）启动开关触点烧蚀或因调整不当而不能闭合。

（2）启动机的整流子脏污，电刷磨损过甚，电刷弹簧弹力不足，电刷在电刷架中卡死。

（3）启动机内部励磁绕组或电枢绕组有断路、短路或搭铁故障。

（4）电磁操纵式启动机，电磁铁线围断路、接触盘接触不良等。

接通启动机开关，启动机不转时，应立即松开开关，打开大灯或按动喇叭，以判断蓄电池和供电线路有无故障。若大灯不亮或喇叭不响，应检查蓄电池的电容量是否过低；蓄电池极桩头是否太脏；卡子和极柱的连接是否松动等。若大灯亮或喇叭响，且响声正常，表明蓄电池及供电线路良好。然后再用导线将启动机开关上的接线柱接通，如果启动机转动，说明触点和触盘导电不良。如果启动机还不转，说明故障在启动机内部，判断方法是当用导线连接启动机开关接线柱时，无火花表明启动机内部断路，火花强烈表明启动机内部有搭铁或短路的地方。应将启动机卸下，解体检修。对于用电磁开关的启动机，检查开关有无故障，可用一根导线将启动机和蓄电池的火线相连接，此时，若启动机转动，说明启动机开关有故障。再将继电器盖打开，用导线将其触点直接相连，若启动机转动，那么就是继电器有故障。应查继电器触点是否烧蚀，线路是否短路、断路等。

（四）启动机其他故障诊断

1．启动机运转无力

1）故障现象

启动时，启动机转速太低，发动机不能启动。

2）故障原因

（1）蓄电池亏电。

（2）线路接触不良或接线柱被氧化。

（3）启动机故障。

（4）发动机故障导致转动阻力太大

3）故障诊断与排除

在排除发动机故障导致转动阻力太大的基础上，按以下步骤方法进行故障诊断。

当接通启动机开关后，启动机虽能转动，但转速很慢，转速不匀，转动无力，不能使发动机启动时，首先要考虑到蓄电池的存电是否充足，导线的连接是否良好。如果蓄电池充电较足，各部线路连接紧固，可用粗导线将启动机开关接线柱接通，若启动机转动有力，应检查开关触点是否已严重烧蚀或接触不良；倘若还不正常，则故障在启动机本身，应进一步检查电刷的磨损是否过多，电刷体弹簧的弹力是否不足，换向器是否太脏等。经清洁、更换电刷后，故障仍不能排除时，再检查磁场线圈和电枢线圈有无短路处，启动机电枢轴承是否过于松旷，电枢轴是否弯曲，电枢是否与磁场极铁擦碰。

2．启动时启动机空转的故障

1）故障现象

启动机接通开关，启动及高速转动，但发动机曲轴无法转动。

2）故障原因

（1）直接操纵式的拨叉脱槽，不能拨动驱动小齿轮，或其行程调整不当，不能进入啮合。

（2）电磁控制式的电磁开关铁芯行程太短。

（3）电枢移动式辅助线圈短路或断路，不能将电枢带到工作位置。

（4）单向离合器打滑。

（5）飞轮牙齿严重磨损或打坏。

3）启动时启动机空转的检查与排除

启动机空转的主要原因是单向离合器打滑。倘若有时空转，有时能驱动曲轴，则有可能是启动机驱动齿轮和止推垫圈的间隙调整不当，或开关接触过早，只要加以调整，故障即可排除。还有可能是飞轮齿环有部分损坏，当启动机驱动齿轮正好与损坏了的环齿相遇时，就不能驱动曲轴旋转，后两种情况在接通启动开关时，均伴有碰撞声。损坏了飞轮齿环应更换或将旧齿环压出，换一面使用。因单向离合器打滑导致启动机空转，一般是没有碰击声的。检查单向离合器是否打滑，应拆开启动机，将电枢握紧固定，然后用力向逆时针方向转动单向活轮，如转不动，而向顺时针方向能转动，即为良好。如果正、反两个方向都能转动，就不能使用，应更换新件。采用惯性式传动装置的启动机，发生空转故障的原因，多为齿轮移动的轨槽不清洁，阻碍驱动齿轮的滑行，拆开检查清洗即可排除故障。

（五）启动机的检修

以奥迪轿车启动机检查与修理为例：

1. 电枢线圈的检修

检查电枢线圈一般用万用表的电阻挡进行测量。检查时用万用表电阻挡测量换向器与铁芯之间的电阻，若有电阻值，则说明电枢线圈与铁芯短路，这时应更换电枢或修理电枢线圈。然后再用万用表测量换向器之间的电阻，若电阻值为无穷大，则说明换向器之间有断路故障，应找出焊接不良之处，重新焊好，或更换电枢。

2. 电枢轴的检修

用千分表检查电枢轴的弯曲度，一般不应超过 0.050 mm，否则应对其进行校正。检查电枢轴轴颈与衬套之间的配合间隙，如果间隙超过 0.1 mm，则应更换衬套。

3. 换向器的检查

换向器与电刷运转时相对磨损，检查内容主要检测换向器表面磨损情况，测量其表面圆跳动和直径，如果其圆跳动量超过 0.05 mm，则必须对其进行修整；如果换向器的直径小于其最小限度值时，则应更换电枢。

4. 炭刷及其弹簧的检修

检查炭刷的磨损情况，如长度低于 8.5 mm 时，则应更换炭刷，检查炭刷弹簧的弹力，弹力应在 18～24 N 之间，如果弹簧弹力过小，应更换炭刷弹簧。

5. 单向离合器及驱动小齿轮的检修

检查单向离合器是否正常，顺时针转动驱动小齿轮应轻松平滑，逆时针转动小齿轮应处于锁止状态。如果单向离合器工作不正常，应进行检修或更换。驱动小齿轮的齿如果严重损伤或磨损，应更换驱动小齿轮。

6. 电磁开关的检修

电磁开关用万用表的欧姆挡进行检查。检查吸拉线圈时，将万用表触针分别接线柱 50 和接线柱 C 上，看是否导通。如不通，则说明吸拉线圈断路，应对其进行拆修或更换吸拉线圈；检查保持线圈时，将万用表触针接线柱 50 和电磁开关壳体上，看其是否导通。如不通，则说明保持线圈断路，应拆修或更换。

三、任务实施

引导问题 1：如果发动机没有响声，启动时要判定启动机启动线路是否故障，在启动时可直接在启动机__________处测量________________，就可初步确定线路无故障。

引导问题 2：如果在发动机启动时听到嗒一声，接着就没听到启动机运转的响声，小王说这是蓄电池电量不足，否则就一定是电磁开关不良，你认为对吗？

引导问题 3：对于不能运转的启动机，拆检启动机，写出启动机中五个可能出现故障的部位：____。

引导问题 4：用万用表电阻挡测量换向器与铁芯之间的电阻，若有电阻值，则说明电枢线圈与铁芯________，这时应更换或修理_________。然后再用万用表测量换向器之间的电阻，若电阻值为__________，则说明换向器之间有断路故障，应找出焊接不良之处，重新焊好，或更换电枢。

引导问题 5：对于奥迪轿车启动机炭刷及其弹簧的检修：检查炭刷的磨损情况，如长度低于________mm 时，则应更换炭刷，检查炭刷弹簧的弹力，弹力应在 ___________之间，如果弹簧弹力过小，应更换炭刷弹簧。

任务 4　关联故障的诊断与案例学习

案例 1　马自达 6 轿车不能启动故障

1. 故障现象

一辆马自达 6 因不能启动来修理厂检修。

2. 故障诊断与排除

试车时，只能听到启动机的“咔嗒”声，却不见启动机转动，怀疑启动机内部触点烧损或是无启动机电源。但车主介绍此故障已有很长时间了，而且越来越严重，每次都须推车启动，曾去过两家修理厂检修过启动机，但总是拆下启动机试验时工作有力，但只要装上试车就是不工作。为了证实车主所说，将车在举升机上举起，人为用螺钉旋具将启动机电源接线柱与控制端接线柱短接，启动机可以顺利启动，从而证实故障不在启动机本身，应在启动挡的控制电路中。从以往经验看，启动机不工作或工作无力，除启动机自身故障外，多为蓄电池电压不足或是蓄电池接线柱不良，在大电流作用下蓄电池内电阻过大造成电压损耗而下降。一般情况下，在启动期间，蓄电池电压降至 9 V 以上为正常。从以上短路试验及分析，排除蓄电池电压问题；从吸力开头有“咔嗒”声说明控制电源也无问题。反复启动仔细观察，总觉得“咔嗒”声好像不够清脆有力，是否吸力开关电磁力不足呢?根据这一思路分析认为：① 两个电磁线圈中有一个不工作；② 电磁线圈通电电流不足。经检查两个电磁线圈没问题，于是将检查重点放在控制电路上。将万用表正极接在启动机的控制接线柱上，负极接地，点火开关置于 ON 挡，测得电压为 12 V；点火开关置于启动挡时，测得电压为 7 V 左右。由此证明控制电路中一定有线路压降，那么线路压降是什么引起的呢?从电路图中可以清楚地看到，除了线路和接头外，只有切断继电器、空挡开关和点火开关，应重新检查。本着先易后繁的原则，先从继电器查起，在发动机室左侧继电器盒中找到启动切断继电器，取下并打开检查，触点是个常闭触点，没发现有接触不良现象。为了确认问题不在继电器上，用导线将继电器插座的触点两点短路（代替继电器），重新试车，故障依旧。于是又对空挡开关进行检查，也没问题；并且将变速杆挂在 P 挡和 N 挡，问题如故。看来只好检查点火开关了。首先用万用表测量点火开关的 ST 引脚，启动时也为 7 V 左右，从而证明点火开关 ST 触点接触不良。经更换点火开关后，故障彻底排除。

一般来讲，启动系统故障的检修较为简单，在日常检修中常常是处理启动机内部的触点烧损变形、接触不良、小齿轮松旷而更换、电刷磨损过度而更换，启动控制电路故障较少。马自达系列车型启动控制有两种：一种为点火开关直接控制吸力开关电源；另一种为加有继电器控制吸力开关电源。马自达 929 轿车属后一种，由于吸力开关电磁线阻值较小，电流较大，易造成触点处烧损，当接触不良时将产生线路压降，电磁线圈电流小，吸力减弱，使启动机触点开关接触不良而不工作。

案例 2　搭铁线不良导致启动机转速低

1. 故障现象

捷达 GTX 新车因启动机转速低而无法启动车辆，有时出现行驶中加速滞后、排气管放炮等现象，同时出现冷却液温度报警灯和机油压力报警灯闪亮。

2. 故障诊断与排除

询问车主，此故障没有规律，有时行驶数十公里不出现，有时行驶几公里便出现多次。一人启动发动机，另一人用万用表测量给启动机供电的各点电压，蓄电池空载电压为 12.5 V，启动时电压为 12 V。

启动机转速低的原因有：蓄电池电能不足、启动机故障、启动机的电源线或搭铁线接触不良。通过以上测量，说明蓄电池无故障，由于是新车，启动机损坏的可能性也不大；而报警灯同时报警，其反映的应不是真实情况，只有当搭铁线接触不良或发电机有整流管击穿故障时才会发生，所以应检查接触不良的原因。当检查蓄电池负极电缆接至发动机后端的搭铁线时，发现紧固螺栓松动，把此螺栓拧紧，故障不再出现。

案例 3　一相电枢绕组烧断导致发电机功率下降

1. 故障现象

捷达 GiX 轿车发动机启动后，充电指示灯熄灭，但因蓄电池亏电造成启动机转速低，有时发动机不能启动。

2. 故障诊断与排除

关闭所有用电器，当发动机怠速或低速运转时，充电指示灯熄灭，测量发电机输出电压最高只有 12.5 V。由于充电指示灯工作正常，因此充电灯电路和发电机励磁电路没有故障。分解发电机，测量六只整流二极管良好，测量三相电枢绕组发现有一相断路，在只有二相绕组发电的情况下，导致发电机输出功率下降，造成蓄电池亏电。充电指示灯是否点亮，是由蓄电池电压和 D+端电压的差值确定的。发电机正常工作时，D+端是发电机六只二极管组成的三相全波整流电路的输出电压。此电压用来提供励磁电流，与发电机输出端电压相等，充电指示灯熄灭。当有一相绕组断路后，发动机怠速及低速运转时，D+端电压也下降，使充电指示灯灯光暗红。当发动机转速提高后，由二相整流输出电路输出的电流刚好能够提供励磁电流时，D+端电压与蓄电池电压相等，此时充电指示灯熄灭。修复断路的电枢绕组（或更换发电机），故障排除。

思　考　题

1. 汽车电源系统的常见故障有哪些，其原因与部位是什么？
2. 蓄电池亏电的故障原因有哪些？
3. 如何对汽车电器及线束漏电故障进行检测与诊断？
4. 发电机充电灯常亮的原因是什么？写出其故障诊断流程和方法。
5. 发电机充电电流不稳的原因有哪些？怎样排除发电机充电电流不稳的故障？

项目 15 汽车空调系统制冷不足的故障诊断

【学习目标】

- 会描述汽车空调系统组成、原理及常见故障现象。
- 会分析汽车空调系统制冷不足等常见故障原因及部位。
- 能针对故障现象，从原理出发结合车型及故障特点制定空调诊断方案。
- 能够进行汽车空调系统性能的检查和测试。
- 能根据维修手册等相关资料，懂得操作各种仪器设备对空调系统常见故障进行诊断与检修。
- 能将本次诊断排除的故障编写成案例或技术公报。

【案例引入】

一辆日产天籁轿车进厂报修空调系统出现问题，车辆在启动后初期感觉空调制冷正常，但行驶一段时间后，觉得车内越来越热，制冷不足，请你对此车辆进行故障诊断和排除故障。

任务 1 汽车空调系统制冷不足的故障分析与诊断方案

一、任务导入

认识汽车空调系统制冷不足等常见故障的现象与特点，结合汽车空调系统的工作原理，分析故障发生的可能原因，拟定诊断的流程方案。

二、知识准备

（一）制冷不足的故障现象

制冷不足的故障一般表现为制冷量不充足，空调系统长时间运行，车厢内温度虽能够下降，但吹风口吹出的风不冷，没有清凉舒适的感觉。

（二）制冷不足的故障原因分析

1. 汽车制冷系统工作及部件功能分析

1）主要部件功能

制冷系统一般由压缩机、冷凝器、蒸发器、膨胀阀或孔管、储液干燥器、高低压管路、控制系统等组成，其功能如表 15-1 所示。

表 15-1　空调系统组成部件功能

部　　件	功能说明
压缩机	吸入、压缩和排出制冷剂，使制冷剂循环流动
冷凝器	冷却制冷剂从压缩机排出，并变成液态制冷剂
储液罐	除去制冷剂中的异物，并暂时存贮液态制冷剂
制冷剂压力传感器	将制冷剂压力转变为电压，输入 ECM 控制冷却风扇等
蒸发器	雾态的液体制冷剂在鼓风机电机送风作用下蒸发变成气体。蒸发过程吸热，从而冷却空气
膨胀阀	通过吸入功能，将高压液态制冷剂变成雾态低压液态制冷剂
鼓风机电动机	吸入车内空气或新鲜的车外空气，并强迫吸入空调，在车内循环流动

2）制冷工作过程

空调系统采用蒸汽压缩式制冷原理对空气进行冷却，还具有除湿和净化空气的作用。其工作原理如图 15-1 所示。

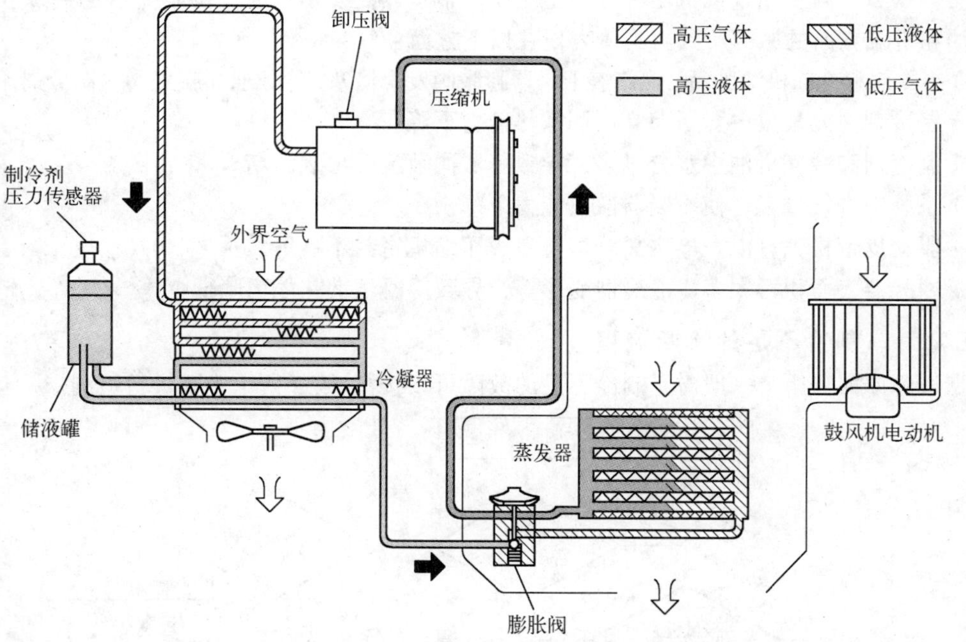

图 15-1　制冷系统工作原理

制冷系统工作包括以下过程：

（1）压缩过程。制冷剂 R134a 在蒸发器中吸收车内热量而气化为低压低温的制冷剂蒸汽，然后被吸入空调压缩机。

（2）放热过程。压缩机在发动机驱动下旋转，将制冷剂 R134a 蒸汽压缩成高压高温的气体送入冷凝器；制冷剂被环境空气冷却，在冷凝器中放出热量后，由气态冷凝成液态。

（3）节流过程。液态制冷剂经储液器过滤除去水分后，高温高压的制冷剂通过节流装置（膨胀阀或孔管）的节流、减压作用，体积突然变大，成为低温、低压的液雾状混合物进入蒸发器。

（4）吸热过程。低温、低压的制冷剂在蒸发器内吸收周围空气中的大量热量，由液态变成气态，又被吸入压缩机，开始下一个循环的工作。如此周而复始地循环，使车内温度降低。

在系统工作过程中，系统具有防冻保护和安全保护功能。为防止蒸发器结冰，系统会监测蒸发器空气温度，而且发送给 A/C 自动放大器的电压信号使 A/C 继电器关闭和停止压缩机。而位于储液罐上的制冷剂压力传感器对制冷系统起到保护作用，防止压力过高或过低对其造成损坏。如果系统内的压力超过或低于规定值，制冷剂压力传感器就会检测制冷剂管路内的压力，并向 ECM 发送电压信号。例如，日产天籁车系，当制冷剂压力传感器检测到的高压侧的压力高于 3 119 kPa（31.19 bar，31.8 kg/cm^2，452 psi），或低于 118 kPa（1.18 bar，1.2 kg/cm^2，17 psi）时，ECM 会使 A/C 继电器关闭并停止压缩机的工作。此外制冷系统还利用安装在压缩机后端的卸压阀来保护。当制冷系统内的压力升高到非正常水平（大于 3 600 kPa（36.0 bar，36.7 kg/cm^2，522 psi））时，卸压阀的卸压口就会自动打开，并将制冷剂释放到空气中去。

2. 制冷不足的故障原因分析

正常的轿车制冷系统在外界温度为 34℃左右，出风口温度为 0～5℃，此时车厢内温度应达到 20～25℃。若达不到此温度，说明空调系统有问题。故障的主要原因之一是膨胀阀出口制冷剂流量不足，因此导致膨胀阀出口制冷剂流量下降的一切因素，均可以导致系统制冷不足。此外，系统高低压侧压力、温度超过或低于标准值也会引起制冷不足。所以，空调制冷不足主要是制冷剂、冷冻机油和机械方面的原因所致。具体表现在以下方面：

（1）制冷剂和冷冻机油脏污，使储液干燥器膨胀阀发生堵塞，导致通向膨胀阀的制冷剂流量下降。

（2）制冷剂注入量太多，引起高压侧散热能力下降。

（3）制冷剂和冷冻机油中水分过多，导致膨胀阀节流孔出现冰堵。

（4）系统中空气过多，使冷凝器散热能力下降。

（5）驱动皮带松弛打滑、电磁离合器打滑、压缩机密封不良等。

（6）冷凝器表面积污太多、冷凝器变形等，导致冷凝器散热能力降低。

（三）汽车制冷不足的诊断流程

根据故障原因分析，一般对于制冷不足的故障可以按图 15-2 所示步骤进行检测。

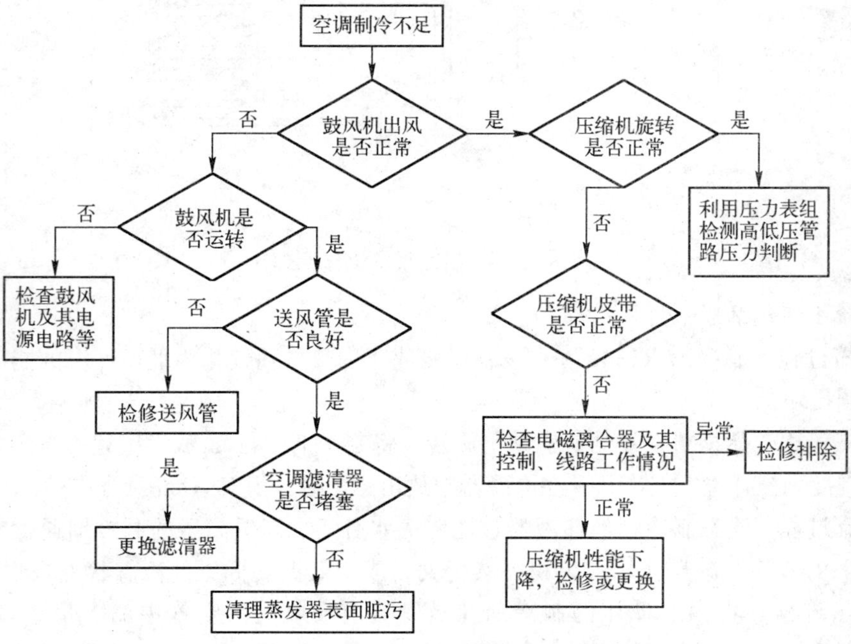

图 15-2 空调制冷不足诊断流程

三、任务实施

引导问题 1：感受实训车辆的空调制冷情况，请描述故障现象：____________________

引导问题 2：在汽车空调系统中，压缩机的功能是____________________膨胀阀的功能是____，膨胀阀出现故障的故障表现有________、________、________等。

引导问题 3：制冷剂注入量太多，会引起________能力下降。冷凝器________、________等，导致冷凝器散热能力降低。

任务 2　空调制冷不足的诊断与检测

一、任务导入

根据故障诊断思路展开故障诊断与检测，掌握各种空调检修仪器的使用方法和技能，分析测得的各元件参数及性能，排除实训车辆的空调制冷不足的故障。

二、知识准备

（一）空调系统故障码的读取

现代空调系统采用了计算机控制，为了精细对系统的控制，在系统中使用了大量的传感器，只要有一个出现故障，将使整个系统工作出现问题，所以通过解码器，或专用诊断计算机，采用故障码或数据流捕获故障点，再进行维修处理变得非常方便。

故障码的读取方法一般有两种方法，一是利用诊断仪器，进入空调电控单元的自诊断，按诊断仪器的指引进行操作即可。另一种方法是利用人工方法调码，早期的采用自动空调的汽车都备有手工调码的功能，以下以 LS400 为例进行介绍。

丰田 LS400 轿车自动空调系统具有故障自诊断功能，诊断操作可直接在空调控制器按钮上进行，其故障代码可从温度显示屏上读取。

（1）将点火开关置于 ON 位置，同时按下 AUTO 键和 REC 键，检查指示灯在 2 s 内是否连续亮灭 4 次，且蜂鸣器发出声音。指示灯检查结束后，自动进入故障代码检查。要取消检查模式时，按下 OFF 键即可。若要分步显示，可按下 Λ 键。每次按下 Λ 键，显示器就变化一次，故障代码按从小到大的顺序显示。

（2）故障代码显示时，如果蜂鸣器发出声音，表明是当前故障，否则为历史故障代码。

（3）环境温度为 −30℃或更低时，即使系统正常，故障代码也可能被输出。

（4）如果检查是在黑暗的地方进行，可能显示故障代码 21。因此，应在日光传感器上点亮一盏灯进行故障代码检查。如果故障代码 21 仍然显示，说明日光传感器电路有故障。

（5）压缩机不工作（故障代码 22）仅作为当前故障被显示，可按下列步骤确定故障代码：在发动机工作的同时，进入故障代码检查模式；按下 REC 键进入驱动器检查模式；按下 AUTO 返回故障代码检查模式，约 3 s 后显示故障码。故障码如表 15-2 所示。

表 15-2 LS400 轿车空调系统故障代码

故障代码	故障原因	故障代码	故障原因
00	正常	32	进气风挡位置传感器电路断路或短路
11	车内温度传感器电路断路或短路	33	空气混合风挡位置传感器电路断路； 进气伺服电动机电路断路或短路； 空气混合伺服电动机电路断路或短路
12	环境温度传感器电路断路或短路		
13	蒸发器温度传感器电路断路或短路		
14	水温传感器电路断路或短路	34	进气风挡位置传感器电路断路； 进气伺服电动机电路断路或短路； 进气伺服电动机锁死
21	太阳能传感器电路断路或短路		
22	压缩机同步传感器电路断路或短路		
31	空气混合风挡位置传感器电路断路或短路		

（二）空调检修仪器的认识

在空调系统的检修过程中会用到多种设备和仪器，品种和功能如表 15-3 所示。其中有的设备使用需注意以下一些事项：

表 15-3 空调检修设备功能一览表

工具名称		说明
回收/再循环/再加注设备（ACR4）		功能：制冷剂回收、再循环和再加注
电子检漏仪		电源：DC 12 V（点烟器）； 功能：检查冷气管路制冷剂是否泄漏
歧管压力表（带软管和耦合器）		功能：检测冷气管路压力； 标识：歧管压力表上显示 HFC-134a（R-134a）； 接头尺寸：螺纹尺寸 1/2″-16 ACME
维修软管 高压侧软管 低压侧软管 通用软管	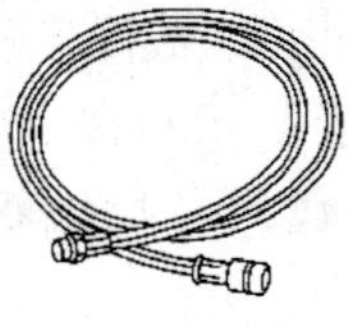	软管颜色： 低压侧软管：蓝底黑色条纹； 高压侧软管：红底黑色条纹； 通用软管：黄色底黑色条纹或绿底黑色条纹； 与歧管压力表配合使用的软管： 1/2″-16 ACME
维修耦合器 高压侧耦合器 低压侧耦合器	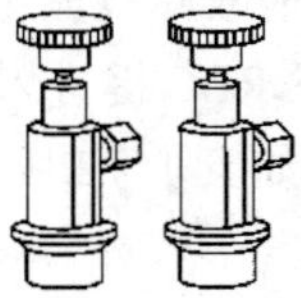	功能：连接冷气管路与维修软管使用； 可选 M14 × 1.5 接头或永久连接的

续表

工具名称		说　　明
制冷剂称重仪		功能：用于称量制冷剂的重量； 接头尺寸：螺纹尺寸 1/2″-16 ACME
真空泵 （包括隔离阀）	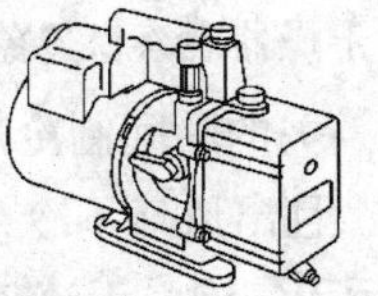	功能：用于冷气管路抽真空； 容量： 空气排量：4 CFM 微米等级：20μm

1．真空泵的使用

真空泵内的润滑剂与 HFC-134a（R-134a）A/C 系统指定润滑剂不兼容，真空泵的通风侧暴露在空气中，因此，真空泵的润滑剂可能流出真空泵进入维修软管中。

当泵在抽真空后关闭，且有软管与其连接时，这种情况有可能发生。为了防止这种流动发生，在软管与泵连接处附近安装一个手动阀，如图 15-3 所示。

通常真空泵都有手动隔离阀。关闭这个阀，就可将维修软管与泵隔离。对于没有隔离阀的泵，就在靠近泵的末端使用一根带手动截止阀的软管来完成这个功能。关闭这个阀，就可将软管与泵隔离。

如果软管有自动截止阀，则从泵上断开软管。只要这个软管与泵连接，自动阀就会打开，润滑剂就会流入。

某些单向阀可以在真空状态时打开，非真空状态时关闭。这些阀会限制泵抽高度真空的能力，因此不推荐使用。

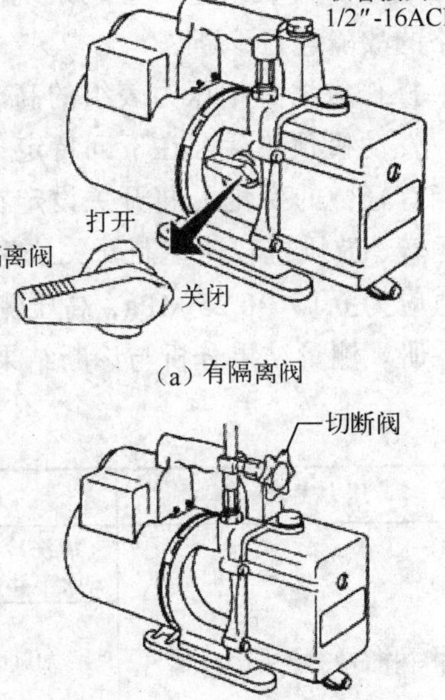

（a）有隔离阀

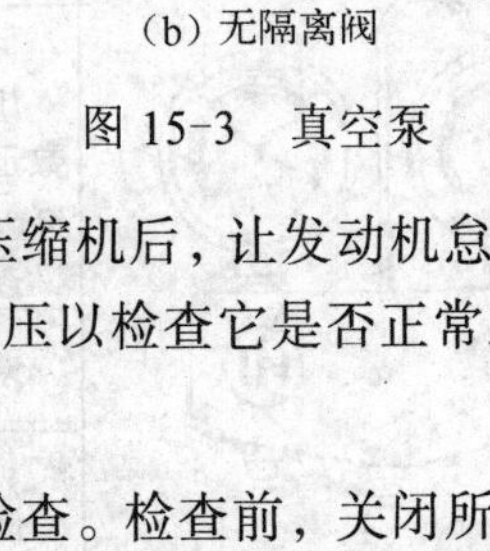

（b）无隔离阀

图 15-3　真空泵

2．压缩机

注意在拆卸压缩机维修冷气系统时，应塞住压缩机所有的开口，防止湿气和外界物质进入。

拆下压缩机后，其存放方式应和安装在车上时相同。更换或修理压缩机时，注意润滑机油的加注量应符合要求。保持离合器与皮带轮的摩擦面清洁。如果摩擦面上有润滑剂污渍，请用干净的废布沾稀释剂进行擦拭。

压缩机维修工作完成后，用手顺时针和逆时针转动压缩机轴至少各转 5 圈。这将使压缩机内部的润滑剂均匀分布。装好压缩机后，让发动机怠速运转，同时让压缩机工作一小时。更换压缩机电磁离合器后，对新零件加电压以检查它是否正常工作。

（三）检查制冷剂的数量

制冷剂数量及工作状态可利用储液干燥器玻璃观察窗口来进行检查。检查前，关闭所有车门，温度控制开关在最冷（COOL）位置，鼓风机控制开关在最高（HI）位置，进气控制开关在内循环（REC）位置，打开空调（A/C）开关，发动机在 1 500 r/min 下运转。观察窗迹象如图 15-4 所示。

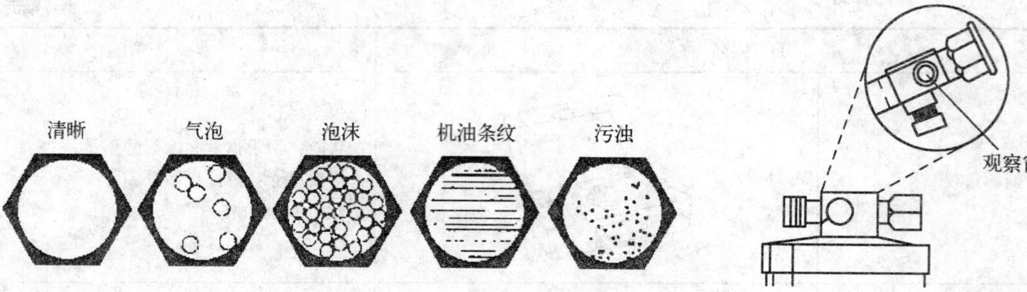

图 15-4　储液干燥器观察窗迹象

（1）清晰、无气泡。交替开、关空调，若开、关的瞬间制冷剂出现泡沫，然后变澄清，说明制冷剂适量；交替开、关空调，若观察不到任何现象，且出风口不冷，压缩机进出口没有温度差，说明制冷剂漏光；若出风口冷度不够，而且关闭压缩机后无气泡、无流动现象，说明制冷剂过多。

（2）有气泡且气泡不断流过，说明制冷剂不足；如果泡沫很多，可能有空气。

（3）偶尔出现气泡，且时而伴随有膨胀阀结霜，说明系统中有水分；若无膨胀阀结霜现象，可能是制冷剂略少或有空气。

（4）有长串油纹，观察窗也有条纹状的油渍，说明润滑油过多。

（四）系统压力测试与诊断

利用压力表组进行空调系统高低压管路压力测量，结合其他一些现象，可以对空调系统循环管路的故障进行诊断。

操作方法是把压力表组的高、低压两侧分别接在压缩机的检修阀或高低压管路的充、排气阀上，发动机预热后，在下列特定条件下，从压力表组读取压力值（由于环境的影响，表上指示值可能有轻微的变化）：将开关设定在内循环状态、空气进口处温度为 30～35℃、发动机在 1500 r/min 下运转、鼓风机转速控制开关位于最高挡、温度控制开关处于最冷位置。R134a 空调系统低压侧压力值应为 0.15～0.25 MPa，高压侧应为 1.37～1.57 MPa，不同车型其标准值有差别，具体应参考维修手册。测量结果分析与诊断结果可参考表 15-4 所示。

表 15-4　制冷剂系统症状检查表

压力表显示	制 冷 循 环	可能的原因	校 正 措 施
高压侧和低压侧的压力都太高	清洗冷凝器后，压力返回正常水平并迅速下降	制冷循环中的制冷剂加注过多	减少制冷剂直至获得规定的压力
	冷却风扇的空气吸入量不足	冷凝器制冷性能不足； 冷凝器散热片堵塞； 冷却风扇转动异常	清洁冷凝器； 必要时检查并修理冷却风扇
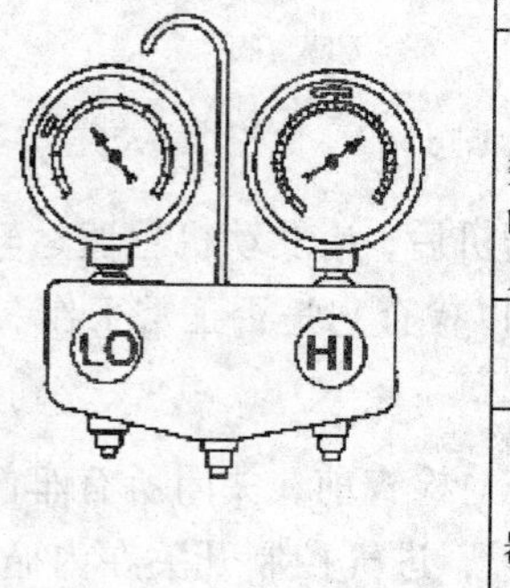 	低压管不冷； 压缩机停止工作后，高压读数迅速降低大约 196 kPa（1.96 bar，2 kg/cm^2，28 psi）。此后又逐渐降低	冷凝器内热交换不良； （压缩机停止工作后，高压降低过慢）； 制冷循环中有空气	反复抽真空并重新加注系统
	发动机有过热的趋势	发动机冷却系统故障	检查并维修每个发动机冷却系统
	低压管区域的温度低于蒸发器出口附近的温度； 低压管有时候结霜	低压侧的液态制冷剂过多； 制冷剂排出量过多； 与规定值相比，膨胀阀的开度偏小； 膨胀阀调整不正确	更换膨胀阀

续表

压力表显示	制 冷 循 环	可能的原因	校 正 措 施
高压侧压力太高，低压侧压力太低 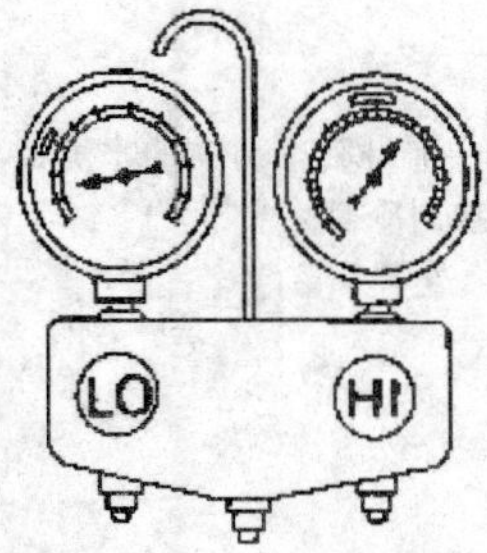	冷凝器的上侧及高压侧很热，但是储液罐却不热	压缩机及冷凝器之间的高压管或零件堵塞或损坏	检查、修理或更换故障零件； 检查润滑剂是否被污染
高压侧的压力太低，低压侧压力太高 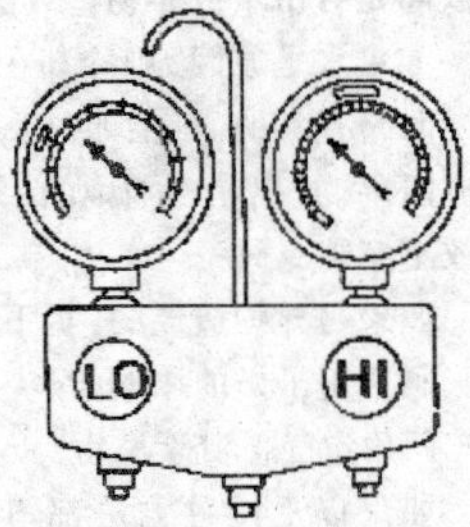	压缩机停止工作后，高压侧和低压侧压力很快相等	压缩机加压操作不正常； 压缩机内部密封件损坏	更换压缩机
	高压侧和低压侧的温度没有差异	压缩机加压操作不正常； 压缩机内部密封件损坏	更换压缩机
高压侧和低压侧的压力过低 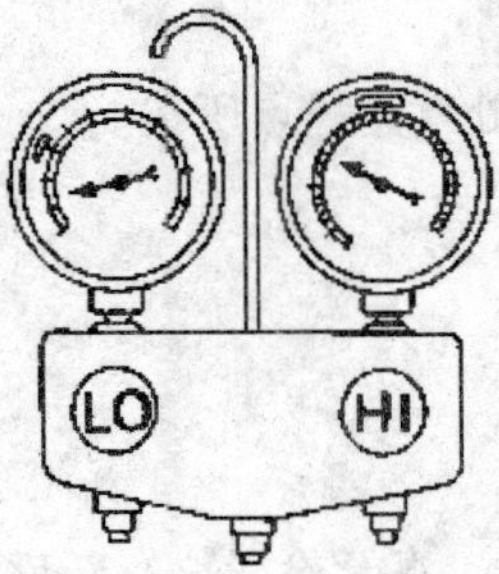	储液罐出口与进口之间的温差很大。出口处温度太低； 储液罐入口处与膨胀阀处结霜	储液罐内部有点轻微堵塞	更换储液罐； 检查润滑剂是否被污染
	与靠近储液罐的区域温度相比，膨胀阀进口处的温度极低； 膨胀阀入口结霜； 高压侧的某些地方存在温差	安装在储液罐与膨胀阀之间的高压管阻塞	检查并修理故障部件； 检查润滑剂是否被污染
	用手触摸膨胀阀及储液罐，感觉发温或轻微发凉	注入的制冷剂偏少； 接头或部件泄漏	检查制冷剂是否泄漏。请参见制冷剂泄漏。
	膨胀阀本身结霜时，其进口与出口处有较大温差	与规定值相比，膨胀阀略微关闭； 膨胀阀调整不正确； 膨胀阀有故障； 出口和进口可能阻塞	用压缩空气清除异物； 更换膨胀阀； 检查润滑剂是否被污染
	低压管区域的温度低于蒸发器出口附近的温度	低压管阻塞或破损	检查并修理故障部件； 检查润滑剂是否被污染
	气流量不足或太少	蒸发器结冰	检查进气传感器电路； 请参见诊断步骤； 更换压缩机； 修理蒸发器散热片； 更换蒸发器； 检查鼓风机电动机电路。请参见诊断步骤

续表

压力表显示	制冷循环	可能的原因	校正措施
低压侧有时变成负压 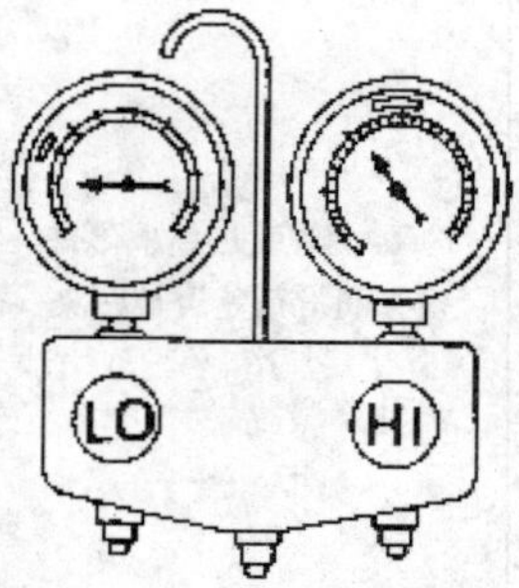 	空调系统不起作用，并且不能循环冷却车厢内的空气； 当压缩机停止工作又重新启动后，系统只连续工作一段时间	制冷剂不能循环排出； 湿气在膨胀阀出口及进口处结冰； 水与制冷剂混合	排出制冷剂中的水分或更换制冷剂； 更换储液罐
低压侧变成负压 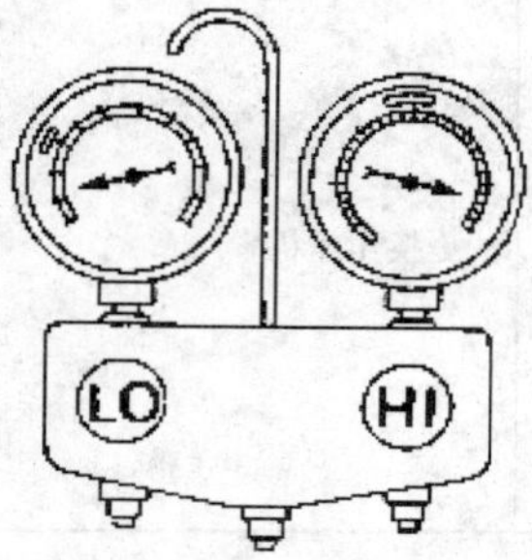 	储液罐或膨胀阀管路的前/后侧结霜或结露	高压侧关闭导致制冷剂不能流动； 膨胀阀或储液罐结霜	在霜融化之前，不要使用系统。重新启动系统，检查这个故障是否由水或异物造成的； 如果水是原因，则冷却在开始时是正常的。随后水结冻造成阻塞。排出制冷剂中的水分或更换制冷剂； 如果是异物造成的，拆下膨胀阀并用干燥的压缩空气（非车间用空气）清除异物； 如果以上两种方法都不能解决故障，就更换膨胀阀； 更换储液罐； 检查润滑剂是否被污染

（五）空调系统检漏方法

1. 皂泡检漏法

对于有些漏点某些检修仪器难以进入的部位，要确定泄漏的确切位置，应用皂泡检漏法。

（1）调好皂泡溶液（用肥皂粉加水即可），溶液的浓度要粘稠到用刷子一抹就可形成气泡的程度。

（2）将全部接头或可疑区段抹上皂液，观察皂泡是否出现，皂泡形成处就是漏点所在。

2. 电子检漏仪检漏法

电子检漏仪的使用应遵照制造厂家有关规定进行检查。检查步骤如下：

（1）转动控制器敏感性旋钮至OFF或ON位置。

（2）接入电源，打开开关。如果不是电池供电，应有5 min的升温期。

（3）升温期结束后，将探头放置在疑点处，调整控制器和敏感性旋钮，直至检漏仪有新反应为止。移动探头，反应应当停止，若继续反应，则是敏感性调整得过高。

（4）移动导漏软管，依次在各接头、密封件和控制装置处进行检查。

（5）断开和系统连接的真空软管，检查各真空软管接头处有无制冷剂蒸汽。

（6）如果发生漏点，检漏仪就会出现反应，发出警报。

（7）探头和制冷剂的接触时间不应过长，不要把制冷剂气流或严重泄漏的地方对准探头，否则会损坏探测仪敏感元件。

3．真空检漏法

真空检漏是对制冷系统抽真空，然后保持一段时间，观察检测系统中真空压力表的指针变化，判断空调系统有无泄漏。抽真空与检漏操作如下：

（1）将歧管压力表上的高、低压软管分别与压缩机高、低压阀的接口相连，将歧管压力表的中间软管与真空泵相连，如图 15-5 所示。压缩机高、低压阀处于微开位置，歧管压力表座上的手动高、低压阀处于闭合位置。

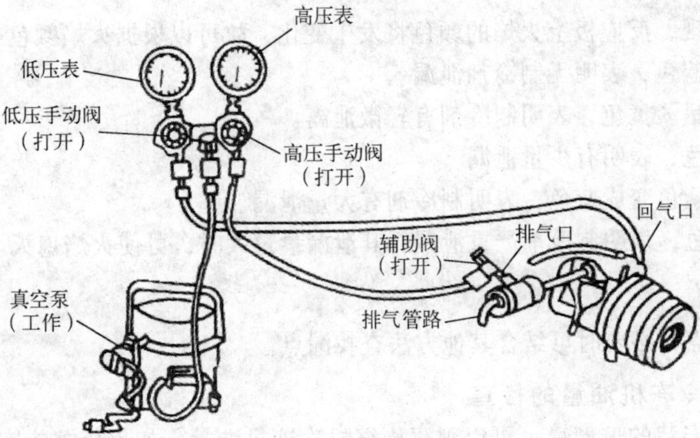

图 15-5　真空泵的连接

（2）打开歧管压力表的手动高、低压阀，启动真空泵，观察压力表，将系统压力抽真空至 98.70～99.99 kPa。

（3）关闭歧管压力表的手动高、低压阀，观察压力表指针指示的压力是否回升，如有回升说明系统泄漏，应进行检漏修复。若压力表指针保持不动，则打开手动高、低压阀，启动真空泵继续抽真空 15～30 min，使压力表指针稳定。

（4）关闭歧管压力表手动高、低压阀，然后关闭真空泵。

4．染料或荧光检漏法

把黄色或红色的颜料溶液引入空调系统，可以确定泄漏点和压力漏点，也就是染料检漏。染料能指出漏点的准确位置，在漏点周围有红色和黄色两种染料积存，并且不会影响系统的正常运行。有的制冷剂中含有染料。

1）准备工作

将压力表组接入系统，放掉系统中的制冷剂；拆下表座中间软管换接一根长 152 mm、两端带坡口螺母的铜管；铜管的另一端和染料容器相接，中间软管的一端也接在染料容器上，而另一端则和制冷剂罐接通。

2）使染料进入系统

启动发动机并怠速运转，调整控制器到最凉位置；缓和地打开低压侧手阀，使染料进入系统；向系统充注制冷剂，应为实际量的一半。让发动机连续运行 15 min，然后关闭发动机和空调系统。

3）观察系统

观察软管和接头是否有染料溶液泄漏现象，如果发现漏点，应按要求修理。染料可以保留在系统内，对系统无害。如果是荧光染料，观察时应配戴专用的荧光眼镜。

5．试漏灯检漏法

1）试漏灯的调试

（1）打开节气门，点燃气体，调节火焰，高度应在反应板上 12.7 mm 左右为宜。

（2）火焰高度应烧至铜反应板变成樱红色为止。

（3）降低火焰高度，使其在反应板上 6.35 mm 或与反应板平齐

2）泄漏程度的判定

如有制冷剂出现，反应板上火焰的颜色将发生变化，故可以根据火焰颜色来判定泄漏程度。

（1）火焰呈淡蓝色，表明无制冷剂泄漏。

（2）火焰边缘呈淡黄色，表明制冷剂有轻微泄露。

（3）火焰呈黄色，表明有少量泄漏。

（4）火焰由红紫色变成蓝色，表明制冷剂有大量泄漏。

（5）火焰呈紫色，表明制冷剂严重泄漏，其泄漏量过大时，可使火焰熄灭。

3）漏点的查找

仔细查找泄漏点，必要时可结合其他方法查找漏点。

（六）压缩机冷冻机油量的检查

通过压缩机上安装的玻璃镜，可以观察压缩机冷冻机油量。如果压缩冷冻机油油面达到视镜高度 80%的位置，一般认为是合适的。如果油面在此界限以上，应放出多余的机油；若油面在此界限之下，则应添加。

未装观察镜的压缩机，可用量油尺检查其油量，油面应在上下限之间。这种压缩机有的只有一个油塞，油塞下面装有油尺，有的油塞没有油尺，需另外用专用油尺插入检查。

对于维修后的机油补充，可参考表 15-5 所示。

表 15-5　日产阳光轿车的空调系统冷冻机油加注标准值

更换部件名称	需补加润滑油量/mL	
压缩机	按换下的旧压缩机倒出油量再加上 30	
蒸发器	40～60	
储液干燥器	10～30	
冷凝器	无渗漏痕迹	10～30
	有渗漏痕迹	40～60
软管	无渗漏痕迹	可不加量
	有渗漏痕迹	60
系统漏气	无渗漏痕迹	可不加量
	有渗漏痕迹	60
更换全系统部件		120～150

（七）空调系统主要部件的检查

1．空调压缩机的检查

（1）经验诊断方法。如果有压缩机单元故障现象，如内部噪声、制冷不足等，按照表 15-6 所示执行故障诊断。

（2）检测压缩机电磁离合器的电阻值。用万用表测量电磁离合器线圈的电阻值，标准值为 3.7 ± 0.2 Ω，若电阻值小于 3.5 Ω为短路。

2．空调膨胀阀的检查

（1）将歧管计量装置与膨胀阀及制冷剂罐相连，再将膨胀阀感温包浸泡在可调水温的容器中，如图 15-6 所示。

（2）关闭歧管压力表高低压手动阀。

表 15-6　压缩机单元故障诊断表

症　状	检查方法	检查清单	结　果	动　作
A/C 打开时，压缩机单元发出噪声（咔哒声或滚动声）	冷却系统内部压力	用歧管表检查：使压缩机以高于 2000 r/min 的速度运转，高压表的指示值应比正常值低 1.421～1.470 MPa，低压表的指示值应比正常值低 0.147～0.196 MPa	高压侧和低压侧的压力都太高*2	注入适量制冷剂
			高/低压不规则*2	仅更换压缩机
	检查压缩机油状况	采样压缩机油并判断	参见压缩机润滑剂中说明的标准	判断结果 1：仅更换压缩机； 判断结果 2：更换压缩机和储液罐
制冷不足*1	压缩机机身	检查压缩机旋转。如果卡死或黏着，采样压缩机油并判断		
	冷却系统内部压力	用歧管表检查； 如果高压和低压之间的差别很小或几乎相同，则采样压缩机油并判断		
行驶过程中，出口温度暂时上升	—	—	—	仅更换压缩机

*1：首先根据各故障的诊断进行检查。请参见诊断步骤。

*2：仅适用于可变排量压缩机。

（3）转动制冷剂罐开启阀，将管路中的空气排净。

（4）拧开高压阀手柄，并将高压侧的压力调到 0.49 MPa，记录低压表读数和水温。将两个实测值与图 15-7 所示膨胀阀的压力和温度曲线进行比较，如绘出的曲线落在两条曲线之间，说明膨胀阀工作正常，否则应进行调整或更换。

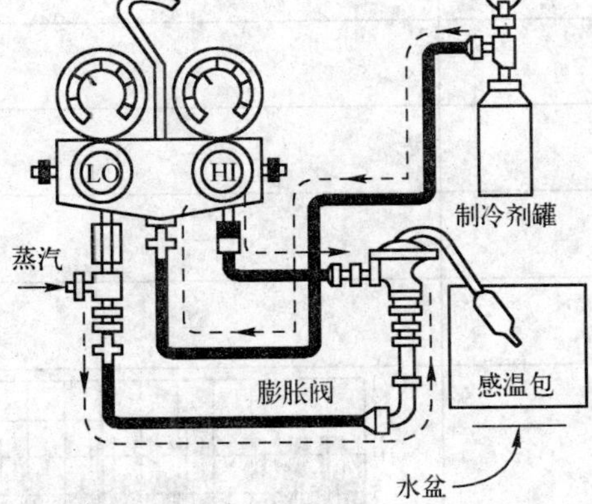

图 15-6　空调系统膨胀阀的检查

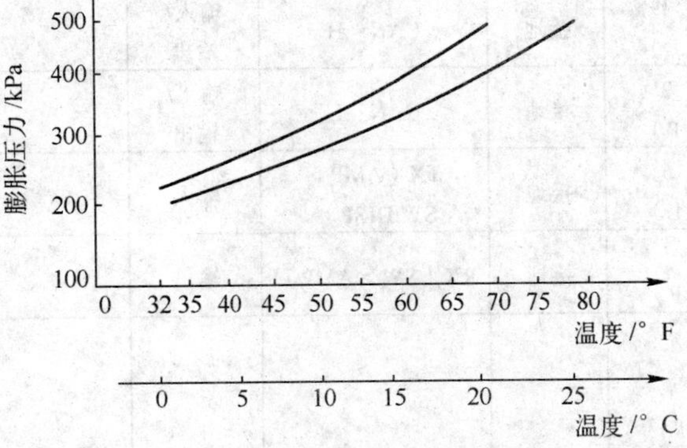

图 15-7　膨胀阀的压力与温度曲线

3．压缩机传动带的检查

用 50 N 的力垂直压下传动带，带向下挠曲 5～10 mm 为正常，否则应调整传动皮带。

4．鼓风机串联电阻的检测

用万用表检测温度熔丝电阻可得到鼓风机串联电阻。

（1）测量电阻 A，阻值约为 3.3 Ω时，连接板正常；阻值无穷大时，连接板出现故障。

（2）测量电阻 B，阻值约为 0.8 Ω时，连接板正常；阻值无穷大时，连接板出现故障。

5．空气分配箱的检测

启动发动机，将空气鼓风机调到四挡运行，按表 15-7 所示的要求，检测空气分配箱的工作状况，同时观察空气进口及各出风口真空阀的位置，正常情况应与此表对应，否则应调整或维修空气分配箱。

表 15-7　空气分配箱的检测

项　目		OFF 关	A/C MAX 空调最大	A/C NORM 空调正常	A/C BI-LEV 空调双向	VENT 通风	HEAT 加热	DEFROST 除霜
空气进口	循环空气	打开	打开	关闭	关闭	关闭	关闭	关闭
	新鲜空气	关闭	打开	打开	打开	打开	打开	打开
出风口	仪表盘	关闭	打开	打开	打开	打开	打开很小	打开很小
	下出风口	关闭	关闭	关闭	打开	关闭	打开	打开很小
	除霜	关闭	关闭	关闭	打开很小	关闭	打开很小	打开

（八）空调电路分析与检测

控制电脑各端子的含义和测量值如表 15-8 所示，如果测量的数据不在标准范围内，应按图 15-8 所示的电路图进行线路检查和元件的检测。

表 15-8　空调控制电脑端子测量值

端子号（导线颜色）		说　明		状　态	测量值（近似值）
+	−	信号名称	输入/输出		
1（L）	接地	CAN　H	输入/输出	—	—
2（P）	接地	CAN　L	输入/输出	—	—
6（L）	接地	TX（AMP > SW·DISP）	输入	—	—
7（P）	接地	RX（SW > AMP）	输出	—	—
10（L/R）	接地	LAN 信号	输入/输出	点火开关处于 ON 位置	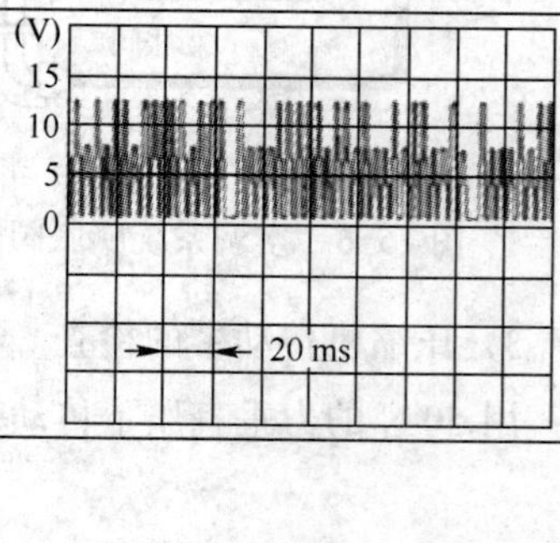

续表

端子号（导线颜色）		说　明		状　态	测量值：（近似值）
11（L/W）	接地	各门电机电源	输入	点火开关处于 ON 位置	蓄电池电压
12*（O）	接地	ION ON/OFF 信号	输出	鼓风机风扇 ON	0 V
				鼓风机风扇 OFF	12 V
15（O）	接地	日照传感器信号	输入	—	0～4.8 V 输出电压随日照强度变化
16（R/G）	接地	进气传感器信号	输入	—	0～4.8 V 输出电压随进气温度变化
17（V/W）	接地	ACC 电源	—	点火开关处于 ACC 位置	蓄电池电压
19（B）	接地	接地	—	点火开关处于 ON 位置	0 V
20（G/W）	接地	来自点火开关的电源	—	点火开关处于 ON 位置	蓄电池电压
26（GR）	接地	后窗除雾器反馈信号	输入	后车窗除雾器开关：OFF	0 V
				后车窗除雾器开关：ON	12 V
27（GR/W）	接地	后车窗除雾器 ON 信号	输出	—	12 V
				按下后车窗除雾器开关时	0 V
28*（G/Y）	接地	离子控制模式输出信号	输出	清洁模式	12 V
				离子控制模式	0 V
32（L/Y）	接地	鼓风机电机控制信号	输出	点火开关处于 ON 位置 风扇速度：1 挡 （手动）	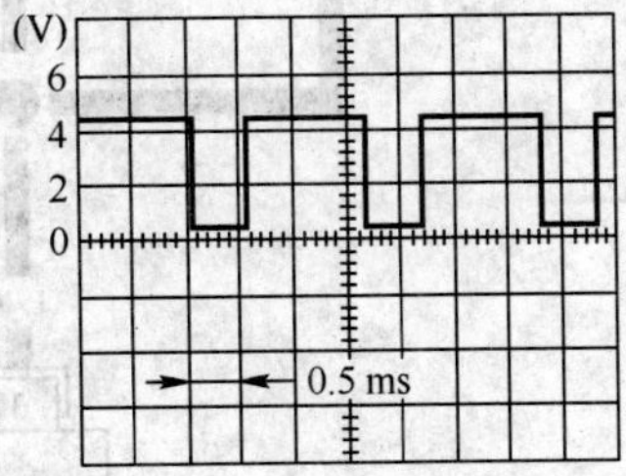
34（P）	接地	A/C 自动放大器连接识别信号	输出	点火开关处于 ON 位置	5 V
35（O/B）	接地	环境温度传感器信号	输入	—	0～4.8 V 输出电压随环境温度变化
36（LG）	接地	车内传感器信号	输入	—	0～4.8 V 输出电压随车内温度变化
37（B/Y）	接地	传感器接地	—	点火开关处于 ON 位置	0 V
39（B）	接地	接地	—	点火开关处于 ON 位置	0 V
40（Y/R）	接地	蓄电池电源	—	点火开关处于 OFF 位置	蓄电池电压

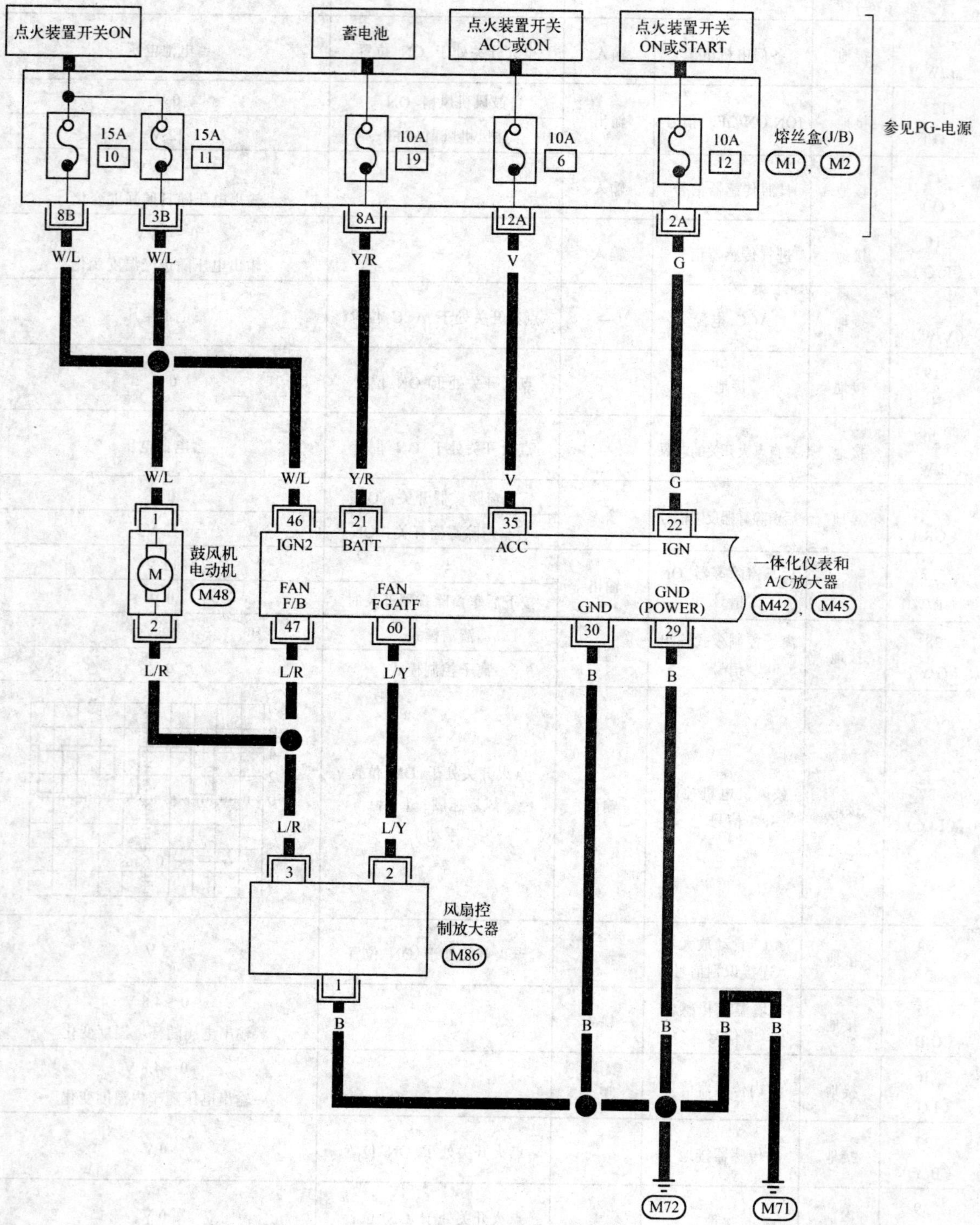

图 15-8 天籁车空调电路（节选）

三、任务实施

引导问题 1：实训车辆采用的是否自动空调？分别用人工方法和仪器法读取其故障码为____。

引导问题 2：观察故障车辆制冷过程中，鼓风机的出风量是否正常，如果鼓风机不运转，写出你的诊断步骤：________________________________。

引导问题 3：用压力表组检测空调系统在工作时，其高压侧压力为__________，低压侧压力为__________，与正常工作范围相比，是否正常：________________。

引导问题 4：测量冷凝器进口温度是________，出口温度是__________，其结果与正常范围相比________________________________。

引导问题 5：请你按维修手册规范检测方法，对膨胀阀进行测试，并作出膨胀阀压力与温度对应变化曲线图，将其粘贴到实训报告表上，并分析其结果是否正常。

引导问题 6：如果空调系统制冷剂不足，当外部检查无漏点，如何对蒸发器进行检查，请描述你将采用的方法及步骤：____。

引导问题 7：在维修制冷系统时，利用真空表进行抽真空，其作用主要是__________、__________、________________________。

任务 3 关联故障的诊断与案例学习

一、其他空调系统故障的原因

（一）空调系统不制冷

1. 故障现象

启动发动机并稳定在 1500 r/min 左右运行 2 min，打开空调开关及鼓风机开关，冷气口无冷风吹出。

2. 故障原因

（1）熔断器熔断，电路断路。

（2）鼓风机开关、鼓风机电动机或其他电器元件损坏。

（3）压缩机驱动皮带过松、断裂，密封性差或其电磁离合器损坏。

（4）制冷剂过少或无制冷剂。

（5）储液干燥器（或积累器）、膨胀阀滤网（或膨胀管）、管路或软管堵塞。

（6）膨胀阀感温包损坏。

（7）膨胀阀不能关闭，低压表读数太高，蒸发器流出液体制冷剂。

（二）空调系统异响或振动

1. 故障现象

空调系统进行工作时，发出异常的声响或出现振动。

2. 故障原因

（1）压缩机驱动皮带松动、磨损过度，皮带轮偏斜，皮带张紧轮轴承损坏等。

（2）压缩机安装支架松动或压缩机损坏。

（3）冷冻机油过少，使配合副出现干摩擦或接近干摩擦。

（4）由于间隙不当、磨损过度、配合表面油污、蓄电池电压低等原因造成电磁离合器打滑。

（5）电磁离合器轴承损坏，安装不当。

（6）鼓风机电动机磨损过度或损坏。

（7）系统制冷剂过多，工作时产生噪声。

二、故障诊断案例

案例 1　捷达都市先锋轿车空调制冷效果不佳

1. 故障现象

一辆 1999 年产捷达都市先锋轿车，行驶里程 15 万 km，汽车在使用过程中，空调制冷效果差，车内温度高。

2. 故障诊断与排除

用测温仪在空调出风口检测，空调运行时车内最低温度只有 16℃。该车压缩机能够正常运转，故障可能在空调管路系统。接上压力表测高、低压测的系统压力，以确认故障范围。启动发动机，将转速控制在 1 500～2 000 r/min，让压缩机工作，低压表读数为 0.26 MPa，高于标准值（0.12～0.20 MPa），高压表的读数为 1.90 MPa，也高于标准值（1.20～1.50 MPa），高、低压侧压力均偏高。如果冷凝器散热不良、制冷系统有空气、制冷剂过量、风扇带松动或膨胀阀损坏，都会出现高、低压侧压力均高出标准值的情况。观察管路系统中的视镜，该车制冷系统工作时，视镜中没有气泡流动；当提高或降低转速时，又会出现气泡。关闭空调后，视镜内立即产生气泡且随后消失，可见制冷剂量正常。压缩机工作时视镜内未见有细小泡沫，因此制冷系统中也没有空气。

检查冷凝器，发现冷凝器的翅片布满灰尘，好像覆盖了一层硬壳，已经严重影响了冷凝器的散热效果。从压缩机过来的高温高压制冷剂，在冷凝器中得不到良好的冷却，空调制冷效果当然不佳。拆掉冷凝器的固定螺栓，清洁冷凝器，又检查了风扇带，发现风扇皮带老化现象严重，有很多裂纹，更换风扇带，将冷凝器固定螺栓拧紧。装复试车，空调运行良好，制冷效果恢复正常。

案例 2　捷达都市先锋轿车制冷效果时好时坏

1. 故障现象

一辆捷达都市先锋轿车，空调运行时，车内送风一阵凉，一阵不凉，制冷效果时好时坏。

2. 故障诊断与排除

据车主反映，该车以前曾发生过撞车事故，更换过冷凝器和部分空调管路。仔细观察该车故障现象，车内送风凉与不凉，与压缩机离合器的工作与否并无直接关系。可能该车制冷系统内含有水分，因为水分在管路循环系统中容易冻结形成冰堵，阻塞制冷剂在管路中的循环流动，一旦冰塞溶化，又恢复正常工作状态。堵塞现象往往发生在制冷系统内部通道截面较小的位置，易于堵塞的部件绝大部分处于制冷系统的高压侧，如干燥过滤器、膨胀阀滤网等。

为了进一步确认故障，将压力表分别接在管路中的高、低压侧。启动发动机，打开空调开关，空调运转之后，高压表显示基本正常，低压表指示接近零，且压力表的指针产生不规则的剧烈摆动，无法看清具体数值。仔细查看高压管路，发现膨胀阀附近有轻微结霜现象。当制冷系统内部存在水分或干燥剂吸湿能力达到饱和后，往往会出现空调制冷效果时好时坏的现象。此车以前曾发生过撞车事故，更换过冷凝器和部分空调管路，可能是在安装检修、更换制冷系统部件时，系统进入空气，而空气中含有微量水分，容易在膨胀阀处结冰，堵塞制冷剂的流动，降低制冷效果，严重时，还会导致冷凝器压力急剧上升，造成系统管路爆裂。更换干燥过滤器，同时用压力表反复抽真空，排出系统内的水分，并充注适量的制冷剂。维修工作完成后，空调运行正常，故障排除。

案例 3　风神蓝鸟轿车空调异响

1. 故障现象

一辆风神蓝鸟轿车，其空调系统工作时，中央通风道里总是发出“吱吱”的轻微响声。

2. 故障诊断与排除

经检查诊断，认为是中央通风道里的叶板轴因缺乏润滑而发出的声音，也可能是带动叶板轴转动的执行器有故障。经维修人员检查和故障现象，以为找到了故障根源，将杂物箱及其护板拆下，然后让空调系统工作。经进一步检查，确定响声是从蒸发箱护套里的排水管堵塞，气流带动里面的积水旋转，从而发出涡流声。但打开蒸发箱护套，发现里面并没有积水，且非常干净，无堵塞。使空调系统工作，并用听诊器仔细查听。当将听诊器头搭在膨胀阀上时，“吱吱”的响声比较清晰，从而确定响声发自膨胀阀。解体膨胀阀检查，发现膨胀阀里的高压弹簧刚性过大，使得节流面过小。由于节流面过小，空调系统工作时制冷剂的压力又很高，所以发出“吱吱”的节流响声。更换新的膨胀阀后，异响声消失，故障排除。

思　考　题

1. 汽车空调制冷系统由哪几部分组成？各有什么作用？
2. 试说明汽车空调制冷系统的常见故障部位与原因。
3. 如何利用歧管压力表判断空调系统故障部位？
4. 写出空调不制冷的故障诊断流程图。
5. 如何通过储液罐的观察窗确定制冷剂情况是否正常。
6. 试述空调系统制冷剂泄漏点查找的方法。

参 考 文 献

[1] 王秀贞.汽车故障诊断技术[M].西安：西安电子科技大学出版社，2007.

[2] 李春明.汽车故障诊断方法与维修技术[M].北京：北京理工大学出版社，2009.

[3] 秦兴顺.汽车简单故障诊断与排除[M].北京：人民交通出版社，2010.

[4] 崔选盟.汽车故障诊断技术[M].北京：人民交通出版社，2005.

[5] 潘伟荣.汽车故障诊断与检测技术[M].重庆：重庆大学出版社，2009.

[6] 张建俊.汽车检测技术[M].北京：高等教育出版社，2008.

[7] 罗念宁.汽车诊断与检测技术[M].北京：北京大学出版社，2009.

[8] 王盛良.汽车故障诊断与检测技术[M].北京：机械工业出版社，2010.

[9] 闵永军.汽车故障诊断与维修技术[M].北京：高等教育出版社，2004.

[10] 王绍光.汽车电子学[M].北京：清华大学出版社，2005.

[11] 宋福昌.电子控制高压共轨柴油机故障检修[M].北京：国防工业出版社，2007.

[12] 解福泉.汽车典型电控系统构造与维修[M].北京：人民交通出版社，2011.

[13] 张凤山.国产轿车故障诊断与排除实例精选[M].北京：机械工业出版社，2008.

[14] 李东江.汽车电控系统的万用表检测[M].北京：机械工业出版社，2003.

[15] 刘步丰.汽车自动变速器及其检修[M].北京：人民邮电出版社，2009.

[16] 汪立亮.汽车维修精选案例：分析与点评[M].北京：国防工业出版社，2006.

[17] 嵇伟.汽车电喷发动机常见故障诊断与分析[M].北京：机械工业出版社，2008.